教育部人文社会科学重点研究基地

兰州大学敦煌学研究所

国家社科基金冷门绝学研究专项学术团队项目

《敦煌河西碑铭与河西史研究》

（项目编号：21VJXT002）

教育部人文社会科学重点研究基地重大项目

《敦煌通史》（项目编号：16JJD770024）

《敦煌通史》学术顾问

郝春文 荣新江 张涌泉

敦煌通史

两汉卷

郑炳林 司豪强 著

国家出版基金项目
NATIONAL PUBLICATION FOUNDATION

『十四五』国家重点图书出版规划项目

主　编 郑炳林
副主编 魏迎春 李军

读者出版传媒股份有限公司
甘肃教育出版社

图书在版编目（CIP）数据

敦煌通史. 两汉卷 / 郑炳林主编 ； 魏迎春，李军副主编 ；郑炳林，司豪强著. -- 兰州 ：甘肃教育出版社，2023.4（2024.3 重印）

ISBN 978-7-5423-5568-3

Ⅰ. ①敦… Ⅱ. ①郑… ②魏… ③李… ④司… Ⅲ. ①敦煌—地方史—汉代 Ⅳ. ①K294.24

中国国家版本馆CIP数据核字(2023)第020400号

敦煌通史　两汉卷

郑炳林　主　编

魏迎春　李　军　副主编

郑炳林　司豪强　著

策　　划　薛英昭　孙宝岩

项目负责　刘正东　董宏强

责任编辑　谢　璟　张玉霞　董宏强

装帧设计　石　璞

出　版　甘肃教育出版社

社　址　兰州市读者大道 568 号　730030

电　话　0931-8436489(编辑部)　0931-8773056(发行部)

传　真　0931-8435009

发　行　甘肃教育出版社　印　刷　山东新华印务有限公司

开　本　787 毫米×1092 毫米　1/16　印　张　41.75　插　页　6　字　数　550 千

版　次　2023 年 4 月第 1 版

印　次　2024 年 3 月第 2 次印刷

书　号　ISBN 978-7-5423-5568-3　定　价　168.00 元

第三节　天马传说、骏马贸易与李广利征大宛 …………… 222
第四节　西汉敦煌居卢訾仓城修筑与归属 ………………… 243

第五章　新莽至东汉初年的敦煌郡 ………………………… 269

第一节　汉新之际敦煌及河西周边局势的恶化 ………… 271
第二节　新莽经敦煌对西域的治理 ……………………… 292
第三节　新末至东汉初敦煌及河西地区的归属变迁 …… 306

第六章　东汉河西战略定位变迁（上）………………………… 361

第一节　光武帝对河西的接管及对凉州的战略定位 …… 363
第二节　明帝进击北匈奴、西域与河西定位的调整 …… 375
第三节　章帝时河西地区经济与外交功能的凸显 ……… 391
第四节　和帝至安帝初年凉州边塞形势的转变 ………… 399

第七章　东汉河西战略定位变迁（下）………………………… 415

第一节　“弃凉州”之议始末与牵制叛羌的新定位 …… 417
第二节　安帝至灵帝时期河西军事价值的提升 ………… 444
第三节　凉州人控制下的东汉政府与凉州之间的关系 …… 454
第四节　曹操控制下的东汉政府对河西的经略 ………… 472

第八章　东汉敦煌郡的职官考察 …………………………… 487

第一节　东汉敦煌太守及其相关事迹梳理 ……………… 489
第二节　敦煌设置的西域官员——以中郎将与西域副校尉为中心 ……………………………………………… 547

第九章　东汉经敦煌对西域的经营 ………………………… 565

第一节　东汉经敦煌与北匈奴争夺伊吾、车师 ………… 568
第二节　东汉经敦煌对鄯善、于阗、莎车等南道诸国的经营 ……………………………………………………… 591

目录

第一章 敦煌的早期历史 …………………………………… 001

第一节 敦煌名称的起源与丝绸之路的开启 ………… 003

第二节 秦至西汉前期的敦煌及河西 ………………… 031

第三节 汉武帝对匈奴的战争与对河西的占领 ……… 049

第二章 西汉敦煌郡、两关的设置与移民实边 …… 067

第一节 西汉敦煌郡的设置与敦煌城的修筑 ………… 069

第二节 西汉敦煌郡玉门关与阳关的设置 …………… 092

第三节 西汉对敦煌郡的移民 ………………………… 114

第三章 西汉经敦煌对匈奴、南羌的经营 ………… 131

第一节 西汉经敦煌及河西对匈奴经营 ……………… 133

第二节 西汉经敦煌对南羌的经营 …………………… 149

第四章 西汉经敦煌对西域的经营 ………………… 179

第一节 西汉经敦煌开通南道及经营鄯善 …………… 182

第二节 西汉经敦煌开通北道及经营车师 …………… 206

总　序

《敦煌通史》这套书从酝酿到完成已经有十多个年头了。2007年我与林甘泉先生在京西宾馆参加首批国家社科基金重大招标项目评审，评审间隙林先生问我，兰州大学敦煌学研究所能不能出面组织完成一部《敦煌通史》，作为国家社科基金重大项目选题。虽然当时有关于敦煌历史的小册子，但是都不足以呈现敦煌的历史。于是，我从此就将完成《敦煌通史》作为我们的工作计划，并一直在做这方面的准备工作。李军在读博士期间，原来准备让他撰写张氏归义军的历史作为博士学位论文，尽管最后他的学位论文研究的不是这个阶段的敦煌史，但也为撰写这个阶段敦煌的历史做了准备。陈继宏、杜海、陈光文入校攻博之后，我给他们选定的博士学位论文方向分别是吐蕃时期敦煌史研究、曹氏归义军史研究、西夏元明清敦煌史研究。到兰州大学敦煌学研究所制定“十三五”规划时，又将《敦煌通史》列为基地重大规划项目。2022年12月，我主持的2021年度国家社科基金冷门绝学研究专项学术团队项目《河西碑铭与河西史研究》开题，根据专家的建议将河西史研究部分改为敦煌史研究，以避开西北师范大学简牍研究院田澍团队的研究方向错位发展。这样一来，《敦煌通史》就成为两个项目共同完成的课题研究。经过十余年持续不断的研究，在甘肃教育出版社的努力下，《敦煌通史》即将完成并得到国家出版基金的资助。

对于敦煌历史开始的时间，我们都会想到汉武帝元狩二年（前121）匈奴浑邪王杀休屠王后投降汉朝，自金城河西西至盐泽空无匈奴，西汉政府在河西敦煌驻军屯田；元鼎六年（前111）又置敦煌郡，并移民实边。实际上敦煌的历史要比这早很多，敦煌与中原王朝的交往应当始于西周穆王（穆天子）时期，根据《穆天子传》的记载，周穆王即位十五年来到今敦煌和罗布泊一带。《山海经》记载敦薨之山出敦薨之水，敦薨之水西流进入盐泽，盐泽即罗布泊。这些都是关于敦煌最早的记载，就是说敦煌在先秦已经被中原王朝所了解和认识。关于敦煌名称的来源，有多种说法，一直争论不休，莫衷一是，有认为是外来语言的音译，也有认为敦煌和武威、张掖一样，名称来自西汉政府的美好愿望。总而言之，关于敦煌的历史还有很多谜团需要我们去研究。因此我们将《敦煌通史》的上限确定在西汉，兼及先秦敦煌历史；下限以清末为界，部分内容兼及近代。民国及当代的敦煌历史，敦煌研究院的历史已经将其囊括其中，等将来有专家撰写敦煌研究院的院史时一定会做详细的论述。

敦煌的历史实际上就是中国西北史的缩影，也是中原王朝与西域的关系史。因为从西汉开始到唐代，中原王朝经营西域的基地就是敦煌，敦煌的历史与中原王朝对西域的经营关系密切。西汉敦煌郡有西域都护的军备物资存储仓库——居卢訾仓城，西域诸城邦入贡皆经由敦煌进入中原，中原派遣到西域的官吏驻军也都经由敦煌送往迎来，因此东汉敦煌有华戎所交之都会之称。曹魏时期有仓慈、皇甫隆等担任敦煌太守，发展敦煌郡并维护陆上丝绸之路的畅通。十六国时西凉建都敦煌，后北凉消灭西凉占据敦煌。北魏灭北凉后，设敦煌镇。隋代的敦煌依旧是通使西域的咽喉之地，有三条道路从敦煌出发前往鄯善、高昌和伊吾。唐代前期以敦煌作为经略西域的基地，安史之乱爆发后，河西精兵东调，吐蕃趁机进攻，河西节度使在吐蕃的打击之下，从凉州迁徙到敦煌，最后在敦煌以“勿徙他境”为条件被迫投降。大中二年（848）张议潮起兵赶走盘踞敦煌六十余年的吐蕃官吏，敦煌进入了张氏归义军时期，敦煌在脱离中原王朝管辖六十余年后再次归附唐朝，成为唐朝管辖的一部分。后梁乾化四年（914）曹议金代替西汉金山白衣帝张承奉成为归义军节度使，敦煌进入了曹氏归义军时期。敦煌文献中保存了大量归义军时期的档案资料，使这个时期敦煌的精彩历史展现在世人面前。宋景祐三年（1036）西夏占领敦煌，敦煌进入西夏统治时期，此后又经历了元明清时期，这个时期相关文献资料记载都比较少，也是敦煌历史研究的空白。敦煌从西汉到清代经历将近两千年的风风雨雨，最繁荣的时期又尤以西汉、十六国、归义军时期最为精彩。其他时段如曹魏、隋、唐前期和吐蕃时期的敦煌历史也呈现出风云变幻、波澜壮阔的画面，牵动着当时整个西北历史的发展。我们力图用自己的研究将各个时段敦煌历史的面貌重现出来，这就是撰写《敦煌通史》的目的。

根据敦煌历史发展的实际情况，我们将敦煌的历史划分为两汉、魏晋北朝、隋及唐前期、吐蕃占领时期、张氏归义军时期、曹氏归义军时期、西夏元明清等七个阶段，分七卷撰写。具体分工为：郑炳林、司豪强承担两汉卷，杜海承担魏晋北朝卷和曹氏归义军即五代宋初归义军卷两卷，吴炯炯承担隋及唐前期卷，陈继宏承担吐蕃时期敦煌史卷，李军承担张氏归义军即晚唐归义军卷，陈光文承担西夏元明清卷。《敦煌通史》没有将敦煌艺术史纳入其中。我们知道敦煌石窟艺术是敦煌史的重要组成部分，因其内容非常丰富，自成体系，用有限的文字根本无法将其论述清楚，加之我们团队的张景峰教授主持国家社科艺术基金重大项目

《丝绸之路艺术史》，故在《敦煌通史》中不再叙述。

我从事敦煌学研究已经有四十多年了，但是将敦煌的历史从先秦讲授到明清根本做不到，就是汉唐敦煌的历史也很难讲清楚，我最熟悉的部分也就归义军时期的敦煌历史而已，我多年讲授的也是敦煌归义军的历史。不仅我是这样，其实整个敦煌学界很难有人可以将两千年的敦煌历史弄清楚，将两千年的敦煌历史讲清楚。我们完成这部书就是给从事敦煌学研究的学者提供一个参考，同时也为初入敦煌学领域的研究者提供了解敦煌的路径。至于我们是否达到目的，还得由敦煌学界去评判。

《敦煌通史》各卷的完成人主要是我和我的学生，他们中除了李军任职西北大学历史学院、司豪强还在攻读博士学位之外，其他人都在兰州大学敦煌学研究所工作。兰州大学敦煌学研究起步于20世纪80年代，研究机构从1979年的敦煌学研究小组，到1982年的敦煌学研究室，又发展到1999年教育部人文社会科学重点研究基地兰州大学敦煌学研究所。2017年以敦煌学为牵头学科组建的“敦煌丝路文明与西北民族社会”学科群入选兰州大学“双一流”建设名单，2019年成立敦煌与西域文明研究院。学科建设从1983年的敦煌学硕士授权点，一路发展到1998年的敦煌学博士学位授权点，2003年的博士后科研流动站，2007年的国家重点（培育）学科，2011年的中国史一级学科博士学位授权点、敦煌学二级学科博士学位授权点。现在研究所有历史文献学、敦煌学两个专业招收攻读博士、硕士的研究生。截至2022年底，研究所毕业硕士三百余人，博士一百七十余人。毕业的博士中有六十余人晋升教授，七十余人晋升副教授，二十余人被遴选为博士生指导教师，八人获全国百篇和省级优秀博士学位论文奖。他们分布在全国各个高校和科研单位，逐渐成为敦煌学研究的中坚力量。研究所现有科研人员二十四人，其中有教授十四人，副教授五人，讲师五人；有长江学者特聘教授一人，青年长江学者一人，“国家特殊人才支持计划”青年拔尖人才一人，国务院学位委员会中国史学科评议组成员一人，甘肃省领军人才第一层次人选一人，甘肃省宣传文化系统“四个一批”人才一人，甘肃省优秀青年文化人才一人。研究所完成学术著作百余部，丛书十七种，共五百余册。获省部级优秀成果奖二十余项，国家和省级图书奖十余项。研究所创办的CSSCI来源期刊《敦煌学辑刊》是本学科研究成果的重要刊布平台。研究所承担科技部国家科技支撑计划国家文化创新项目、国家社科基金重大项目、国家社科基金冷门绝学专项学术团队项目、国家社科基金重点项目和一般项目、教育部重大攻关项目、国家文物局重大委托项目、甘肃省社科基金重点项目等省部级项目一百六十余项，获项目经费三千余万元。特别是兰州大学敦煌学研究所自1999年与敦煌研究院联合共建以来，优势互补，珠联璧合，在各方面都有很大发展。在敦煌学、胡语文献、石窟艺术等领域研究优势显著。敦煌研究院的专家参与兰州大学敦煌学人才培养和合作研究，对兰州大学敦煌学人才培养水平的提升起了很大的作用。

郑炳林

2023年3月

前　言

《敦煌通史》是我完成《敦煌碑铭赞辑释》增订本及《敦煌写本碑铭赞研究》之后最想完成的一项研究工作。我从事敦煌通史的研究工作实际上也正是从完成《敦煌碑铭赞辑释》的三万字序言“敦煌碑铭赞及其有关问题”开始，当时我仅仅是想完成一部关于敦煌归义军史的专著，然而在完成归义军史研究的过程中，开始将敦煌历史研究的时间往前追溯到西汉时期，从而将敦煌归义军史的研究变成了敦煌通史研究。因为我主要从事的是晚唐五代宋初归义军敦煌史的研究，对敦煌早期的历史了解不多，没有形成一个完整的概念，所以我们此前进行的研究也呈现出碎片化的特点，很难将整个敦煌历史连贯起来。就研究的上限来说，最多也就到十六国时期，至于两汉时期的敦煌历史可说是一片模糊，特别是西汉时期的敦煌历史更是模糊中的空白。直到真正开始展开敦煌通史的研究工作后，我最初设想的仍是敦煌通史中的两汉部分仅仅占一章，撰写内容方面也是偏重自己比较熟悉的部分，但是设想的大纲总是被研究的冲动打破，先是在研究过程中将西汉单独变成一章，而后扩展成两章乃至三章、四章，最后就形成了现在我们看到的两汉时期敦煌历史的内容达到了九章、五十五万字的体量。当然今天呈现到大家面前的这部研究成果——《敦煌通史：两汉卷》，远远称不上是两汉敦煌历史研究的终结，而只能说是开了一个头，甚至这个头是否开得好，也还很难说。因为研究两汉敦煌史对我们而言其实也是一个新的开始。

从研究的地理范畴来看，两汉时期的敦煌郡大致包括今敦煌市、瓜州县、肃北蒙古族自治县及阿克塞哈萨克族自治县等地区。《汉书·地理志下》记载西汉敦煌郡下辖敦煌、冥安、效谷、渊泉、广至、龙勒六县[①]，到《续汉书·郡国志五》记载东汉时期敦煌郡的基本行政区划并未改变[②]。

汉、唐是敦煌历史上最为辉煌的两个时期，也是研究内容最为丰富的两个时期，前者有简牍资料，后者有敦煌文献。敦煌出土汉简数量众多，主要包括斯坦因等在敦煌地区搜集的汉简、甘肃省文物考古研究所发掘的马圈湾汉简和悬泉置汉简等。其中尤其以悬泉汉简数量最为庞大、内容最为丰富，牵涉到西汉敦煌历史的方方面面，它不仅记载着敦煌的历史，而且也涉及很多关于敦煌周边的历史，特别是敦煌及河西的历史、敦煌与西域关系史，有着非常丰富的记载，这就为我们研究敦煌与河西诸郡、敦煌与西域的关系提供了方便。

《汉书·西域传》记载了西汉与西域诸国交往的主要内容，但还有很多交往都没有记载，或者记载非常少，敦煌汉简可以弥补正史记载的不足，帮助我们了解西汉敦煌郡在东西交流中的繁荣景象。如敦煌悬泉汉简记载了很多关于敦煌悬泉置迎送西域诸国

---

① [汉] 班固撰，[唐] 颜师古注《汉书》卷二八下《地理志下》，北京：中华书局，1962年，第1614页。

② [晋] 司马彪撰，[南朝梁] 刘昭注补《续汉书·郡国志五》，[南朝宋] 范晔撰，[唐] 李贤等注《后汉书》，北京：中华书局，1965年，第3521页。

使节的信息，包括这些来客所属的国家、接待他们的经过和接待标准及负责护送人员情况等等，这些内容在正史中或者没有记载，或者记载很少。另外，通过丰富的汉简记载，我们还可以得知敦煌市场上很多物品都来自长安，敦煌居民主要是从中原各个地方迁徙而来，他们中有士兵，有罪犯，还有很多无法在中原生存的贫穷百姓。士兵们轮番戍守敦煌，分别戍守着沿边要塞或者前往西域的交通路线上的亭燧，经过一段时间就要轮换，而接送他们的任务就落在这些属于交通接待机构的各个置上。还有不同类型的罪犯，通过邮驿系统来到敦煌服刑，一旦刑满或者因减刑到期，再由这些邮驿系统将他们送回原籍。贫民、士兵、罪犯及其家属汇集在敦煌的同时也将中原各个地方的文化都带到敦煌地区，因此西汉时期敦煌地区的文化并不因为地处边地而落后，反而因为中原各色人等特别是官员犯罪徙边敦煌，使敦煌地区的汉文化发展水平与中原地区一样且更具有特色。东来西往的形形色色的人汇聚于敦煌，特别是外来的诸国国王、贵人以及他们派遣的客使会集在敦煌，使汉朝西陲边郡——敦煌郡逐步成为一个极具“国际性”的都会城市，屹立在中西交通的道路之上。这些珍贵而丰富的资料在悬泉汉简、马圈湾汉简等敦煌出土汉简中都有所保存，通过对敦煌汉简的梳理和研究，一个面貌全新的西汉敦煌郡展现在我们的面前。

正史中关于新莽时期的敦煌郡记载也非常少，除简略记载车师后部和戊己校尉史陈良、终带等叛逃匈奴及王莽出兵征伐焉耆外，再无更多信息。敦煌汉简同样留下这个时期的很多记载，有些记载可以同正史相印证，有些可以弥补正史记载的不足。比如敦煌马圈湾出土的大量木简涉及新莽时期出使、征伐西域之事，这对研究新莽时期中原与西域的关系有着不可估量的价值。另外，敦煌悬泉汉简记载有新莽始建国、始建国天凤、始建国地皇等年号的内容，表明敦煌郡的行政机构并未因为中原地区大乱而停止运转，而是仍然按部就班地处理其行政事务。因此敦煌汉简是研究新莽时期敦煌历史的珍贵资料，没有这些资料，很多历史的真相将会被埋没。

敦煌出土简牍属于东汉时期的较少，且有限的有明确纪年的汉简集中在东汉前期尤其是光武帝时期。因此在研究东汉敦煌历史时，所能利用的资料远不及西汉中后期及王莽时期丰富，我们只能尽可能充分地挖掘正史中的相关记载，当然在有些地方还是会结合汉简与敦煌文献的相关记载进行研究，以体现汉简与敦煌文献在敦煌历史研究中的价值和作用。

总体而言，两汉敦煌历史的研究不仅要依靠正史，还应当关注敦煌出土的简牍资料，这些资料能够把我们带到一个全新世界。我们在对两汉敦煌郡研究的过程中，已经开始有意摒弃过去单一而简略的研究状态，从而转向更系统、多方面的具体探讨。因此，这些研究不管有哪些成绩或者不足，都可以对两汉敦煌历史从宏观转向微观、从空泛转向具体起到一定的积极作用。我们希望这一研究过程能够为敦煌学界发展带来推动作用，哪怕这些研究得到的赞许远少于批评，还是企盼学术界能够更多地关注两汉时期敦煌历史的研究，这无论从哪些方面看，都是非常值得的。当然，因为两汉敦煌历史的研究是我们初涉的研究领域，所以研究中难免存在很多问题和错误，我们诚恳地希望学术界以各种方式给我们提出来，如果将来有可能，我们将在这部书的修订版中加以纠正。或许这个过程会长一些，但是一定会完成。

郑炳林　于兰州大学敦煌学研究所

2022年3月11日

第三节　东汉经敦煌对焉耆、龟兹、疏勒等北道诸国的经营 ……………………………………………………………… 605
第四节　东汉与北匈奴残部在西域的对抗——以永元八年（96）系因减死“诣敦煌戍”为线索 ……………… 615
结　语 ……………………………………………………………… 635
参考文献 …………………………………………………………… 640

第一章

敦煌的早期历史

敦煌文献记载敦煌的历史实际上应当从敦煌名称的起源开始，特别是对西汉时期的历史有很多记载，如敦煌地理文书中“寿昌海”条记载汉武帝元鼎四年（前113）屯田敦煌界，表明敦煌名称的使用要早于敦煌郡的设置；“悬泉水”条记载李广利征大宛事件；“破羌亭”和“大井泽”条记载西汉破羌将军辛武贤讨羌和昆弥；“古塞城”条记载汉武帝元鼎六年（前111）将军赵破奴出令居，析酒泉置敦煌郡；“古效谷城”条记载汉武帝元封六年（前105）济南崔不意为渔泽都尉教人力田，以勤效得谷，建立效谷县；“古长城”条记载汉武帝西通月氏、大夏及以公主妻乌孙王事件；“石城镇”条记载西汉以来对楼兰（鄯善）的经营；“蒲昌海”条记载先秦对黄河源的认识和地理观念；“伊州”条记载其历史从周穆王伐西戎昆吾献赤刀开始等。

第一节　敦煌名称的起源与丝绸之路的开启

敦煌是丝绸之路上的一颗明珠，丝绸之路是中外文明交流永恒的通途，西方文明通过丝绸之路进入中国，对中国历史产生了巨大的影响；中国古代文明通过丝绸之路向西方传播，也促进西方文明的进步。过去学术界一般认为丝绸之路的开启始于汉武帝遣张骞出使西域，敦煌的名称始于汉武帝元鼎六年（前111）设置敦煌郡，敦煌文献的记载也基本上印证了这一看法。但我们通过研究并结合学术界近年的研究成果发现，敦煌名称的出现要早于敦煌郡的设置，丝绸之路的开启也远早于张骞出使西域。

敦煌名称的起源及其与中原地区的交往，我们可以从以下几个方面进行探讨：其一，敦煌作为地名起源何时；其二，作为敦煌地区代称三危起源何时及其所指；其三，敦煌天马传说问题；其四，与黄河源相关的记载；其五，周穆王与西王母的记载与敦煌的关系。

一、敦煌名称的起源与《山海经》记载的敦薨

首先是敦煌名称的起源。从敦煌文献记载看，敦煌一名的使用要早于敦煌郡的设置。敦煌郡的设置年代众说纷纭，然最早不

过元鼎六年（前111）。P.5034《沙州地志》“寿昌海”条云：“《〔汉〕书·孝武本纪》云：‘元鼎四年秋，马生渥洼水中，作〔天〕马之歌。’李斐云：‘南阳新野有暴利〔长，当武〕帝时遭刑，屯田敦煌〔界〕。’”[①]《史记集解》对“得神马渥洼水中”注云：“李斐曰：‘南阳新野有暴利长，当武帝时遭刑，屯田敦煌界……’”[②]实际上渥洼水出天马事应在元狩三年（前120），而非元鼎四年（前113）（见下文）。既然提及敦煌界，似表明敦煌一名在元狩三年（前120）已经使用，当然也不能排除李斐作注时是以敦煌郡地名附会尚未置郡之时敦煌所发生之事。《史记·大宛列传》记载：“始月氏居敦煌、祁连间。”[③]又《汉书·西域传》载大月氏“本居敦煌、祁连间”“始张骞言乌孙本与大月氏共在敦煌间”[④]。张骞出使西域在汉武帝开拓河西之前，张骞带回的情报中出现敦煌，并称乌孙与大月氏共在敦煌间，显然敦煌这一地名称谓在西汉开拓河西前已然存在。《史记·大宛列传》《汉书·西域传》所载大月氏、乌孙在先秦生活的情况，皆据张骞自西域返汉后的汇报情况撰写，敦煌一词应从张骞开始使用，而张骞情报中敦煌一词也是从河西迁徙到西域的大月氏、乌孙人口中得知，因此敦煌只能是根据西域大月氏、乌孙等地的胡语地名音译而来的。

河西四郡中，酒泉并未赋予更多含义，就是以城下有泉，其

---

① 图版参上海古籍出版社等编《法藏敦煌西域文献》第34册，上海：上海古籍出版社，2005年，第125页；录文参郑炳林《敦煌地理文书汇辑校注》，兰州：甘肃教育出版社，1989年，第45页。

② ［汉］司马迁撰，［南朝宋］裴骃集解，［唐］司马贞索隐，［唐］张守节正义《史记》卷二四《乐书》，北京：中华书局，2014年，第1401页。

③《史记》卷一二三《大宛列传》，第3838页。

④ ［汉］班固撰，［唐］颜师古注《汉书》卷九六上《西域传上》，北京：中华书局，1962年，第3890—3891页、3902页。

味若酒，故名酒泉。而其他三郡皆有特别含义，张掖有断匈奴之右臂，自张其掖之意；武威有彰显西汉威武之意；而敦煌被解释具有大而盛的含义，该解释最早见于《汉书》颜师古注引东汉应劭《风俗通义》，其文曰："敦，大也。煌，盛也。"[①]这很可能是西汉建立敦煌郡时赋予敦煌作为地名的含义。《元和郡县图志·陇右道下》："敦，大也，以其开广西域，故以盛名。"[②]《通典·州郡四》："武帝开其地，后分酒泉置敦煌郡。敦，大也。煌，盛也。"[③]都是在此基础上继承和阐释而已。这显然是汉武帝设置敦煌郡后，根据自己的远大宏图给敦煌增加的含义，因此敦煌的原意并非大而盛。

敦煌的最初含义到底是东汉应劭所称的大而盛，还是有别的含义，抑或是音译而来？《山海经·北山经》记载边春之山出杠水、灌题之山出匠韩之水、敦薨之山出敦薨之水，这三条水皆从南往北流，折而西流进入泑泽，实为河源：

> 边春之山。……杠水出焉，而西流注入泑泽。
>
> 灌题之山。……匠韩之水出焉，而西流注入泑泽。
>
> 敦薨之山。……敦薨之水出焉，而西流注于泑泽，出于昆仑之东北隅，实惟河原。[④]

这三条水实为疏勒河的三条支流，即昌马河、榆林河和党河。

---

① 《汉书》卷二八下《地理志下》，第1614页。

② ［唐］李吉甫撰，贺次君点校《元和郡县图志》卷四〇《陇右道下》，北京：中华书局，1983年，第1026页。

③ ［唐］杜佑撰，王文锦等点校《通典》卷一七四《州郡四》，北京：中华书局，2016年，第4544页。

④ ［晋］郭璞注，［清］郝懿行笺疏，沈海波校点《山海经》第三《北山经》，上海：上海古籍出版社，2015年，第90、92、94页。

这三条河流除了榆林河径流比较短外，党河和昌马河的源头都在疏勒南山主峰附近。古代这三条河流汇合进入疏勒河，西流进入罗布泊。敦薨之水即今党河，敦煌是从敦薨而来的，这个看法逐渐被学术界证实①。敦薨的发音在西北方言中与敦煌接近，因此敦薨在张骞从西域带回的情报信息中被记为敦煌，敦煌名称一旦被中央政府使用，其原有的名称敦薨就被绝对代替，渐遭遗忘。特别是汉武帝置河西四郡后，每个郡名都被赋予新的含义，敦煌也有了大而盛的含义，作为敦薨就不再被人提起，退出历史的视野。

《山海经·北山经》关于敦薨的记载与敦煌脱离关系，与《水经注》有很大关系，郦道元撰写《水经注》时引用《山海经》记载时比勘有误，将流经敦煌的敦薨之山出敦薨之水，比勘为流经焉耆地境的塔里木河支流开都河。《水经注·河水二》记载：

> 大河又东，右会敦薨之水，其水出焉耆之北敦薨之山，在匈奴之西，乌孙之东。《山海经》曰：敦薨之山，敦薨之水出焉，而西流注于泑泽，出于昆仑之东北隅，实惟河源者也。二源俱道，西源东流，分为二水，左水西南流，出于焉耆之西，迳流焉耆之野，屈而东南流，注于敦薨之渚。右水东南流，又分为二，左右焉耆之国。……西去乌垒四百里，南会两水，同注敦薨之浦。东源东南流，分为二水，涧澜双引，洪湍浚发，俱东南流，迳出焉耆之东，导于危须国西。国治危须城，西去焉耆百里。又东南注，流

① 李正宇《“敦薨之山”、“敦薨之水”地望考——兼论“敦薨”即“敦煌”》，《敦煌研究》2011年第3期，第78—82页。

于敦薨之薮。川流所积，潭水斯涨，溢而为海。①

我们根据《山海经》的记载及论述，得知郦道元将一条西北流向的河水比勘为东南流向的河流；其次郦道元注《水经》时，急需将敦薨之水与敦薨之渚、敦薨之浦和敦薨之薮联系起来，当时敦煌地区经过两汉、魏晋及十六国的开发，特别是疏勒河下游的开发，党河与疏勒河交汇之地的环境发生很大的变化，部分沼泽地带缩小或者消失，魏晋十六国时期的乌泽等已经不见记载，说明这些湖泽已经规模不再。所以郦道元注《水经》，只好另寻水源将敦薨之水和敦薨之渚对应起来。敦薨之渚或者敦薨之薮，原意就是指广阔的水泽地带，这里指的很可能是唐代玉女泉附近形成的兴胡泊。P.2005《沙州都督府图经》记载：

> 一所兴胡泊，东西十九里，南北九里，深五尺。
>
> 右在州西北一百一十里。其水咸苦，唯泉堪食，商胡从

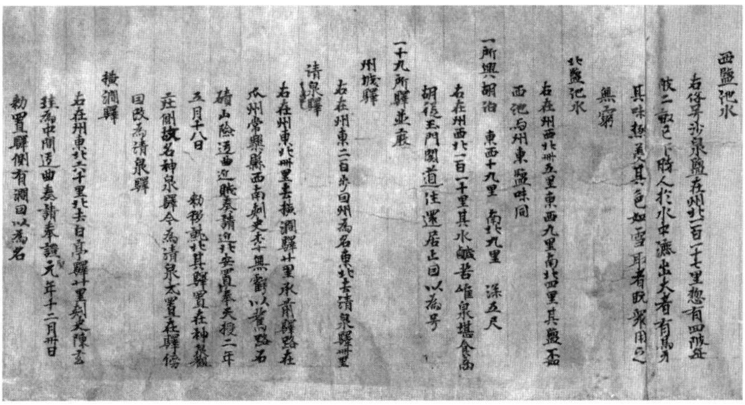
西鹽池水
右俗号沙泉鹽在州北一百一十七里總有四陂每
陂二畝已下時人於水中漉出大者有馬牙
其味極美其色如雪取者既衆用之
無窮
北鹽池水
右在州西北卌五里東西九里南北四里其鹽在
西池與州東鹽味同
一所興胡泊　東西十九里　南北九里　深五尺
右在州西北一百一十里其水鹹苦唯泉堪食商
胡從玉門關道往還居止因以為号
一十九所驛並廢
州城驛
右在州東二百步因州為名東北去清泉驛卌里
清泉驛
右在州東北卌里去横澗驛廿里承前驛路在
瓜州常樂縣西南刺史李無虧以舊路石
磧山險迂曲近賊奏請近北安置奉天授二年
五月十八日　勅移就北其驛置在神泉觀
莊側故名神泉驛今為清泉太置在驛傍
因改為清泉驛
横澗驛
右在州東北六十里北去白亭驛廿里刺史陳玄
珪為中間迂曲奏請奉證聖元年十二月卅日
勅置驛側有澗因以為名

图1-1 P.2005《沙州都督府图经》

① ［北魏］郦道元著，陈桥驿校证《水经注校证》卷二《河水》，北京：中华书局，2007年，第39—40页。

玉门关道往还居止，因以为号。①

P.2691《沙州城土境》记载："兴胡泊，州西北一百一十里。"② S.788《沙州图经》记载："凉兴胡泊，县西北一百五十余里，水皆苦，唯北不可涉，商胡从玉门关往来，皆止于此。"③凉兴胡泊，其名应与西凉凉兴郡有关，凉兴郡辖乌泽县，乌泽县名很可能源自凉兴胡泊。兴胡泊是形成于瓜沙二州水汇之地的湖泽，这个湖泽可能即十六国时期的乌泽，也是西汉时期昆仑障所在之地。汉代沿河湖修建军事亭障，其中经过常乐县到玉门关的亭障名之为昆仑障，昆仑是黑色意思，很可能这段疏勒河就称之为黑河。因此所谓乌泽和唐代的兴胡泊应是《山海经》记载的敦薨之薮。本来是敦煌地区的湖泽，经过郦道元比勘成为焉耆附近的博斯腾湖，南辕北辙。郦道元这种比勘错误的影响，使得从此再也没有人将敦薨之水同敦煌的党河联系起来，更不会将敦薨之薮同兴胡泊联系起来。敦薨一词渐渐淡出人们的视野，敦薨之水和敦薨之薮、敦薨之渚逐渐被人遗忘，敦煌就彻底代替敦薨成为敦煌的通用名称。

《山海经》是约在战国至西汉初形成的一部地理著作，原三十二篇，今本十八卷（篇）④。因此关于敦薨之山出敦薨之水西

---

① 图版参上海古籍出版社等编《法藏敦煌西域文献》第1册，上海：上海古籍出版社，1995年，第49页；录文参郑炳林《敦煌地理文书汇辑校注》，第9页。

② 图版参上海古籍出版社等编《法藏敦煌西域文献》第17册，上海：上海古籍出版社，2001年，第266页；录文参郑炳林《敦煌地理文书汇辑校注》，第39页。

③ 图版参中国社会科学院历史研究所等编《英藏敦煌文献（汉文佛经以外部分）》第2卷，成都：四川人民出版社，1990年，第165页；录文参郑炳林《敦煌地理文书汇辑校注》，第56页。

④ 中国历史大辞典·科技史卷编纂委员会编《中国历史大辞典·科技史卷》

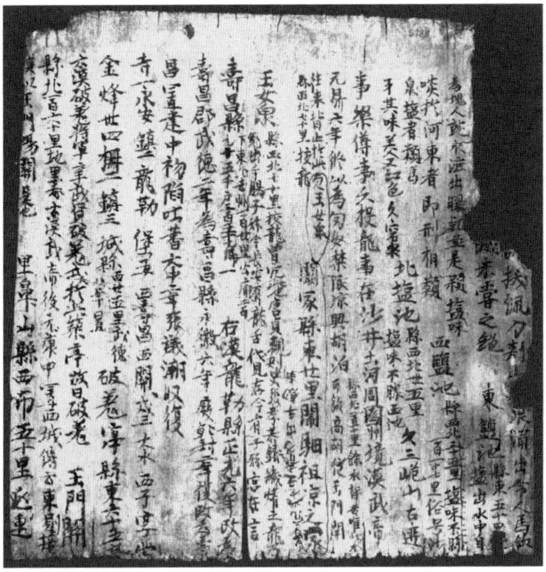

图1-2 S.788《沙州图经》

流入泑泽的记载，反映的应是战国至西汉初的情况。如此记载不误，则可能早在战国时期中原地区已对敦煌和疏勒河流域的地理地貌状况有了一定了解，我们可将其记载同张骞出使西域等问题联系起来考虑。

敦煌一词的使用，最初也是音译，而并没有固定为敦煌。《汉书·张骞传》记载："天子数问骞大夏之属，骞既失侯，因曰：'臣居匈奴中，闻乌孙王号昆莫。昆莫父难兜靡本与大月氏俱在祁连、焞煌间，小国也。……'"①在张骞给汉武帝提供的情报中，并未将敦煌名称固定下来，因此称之为敦薨、焞煌。这些与后来的敦煌应当都是一种音译。敦煌最早使用时应当是元狩三年（前120）暴利长屯田敦煌界开始，最后在元鼎六年（前

（接上页），上海：上海辞书出版社，2000年，第55—56页。

①《汉书》卷六一《张骞传》，第2692页。

111）赵破奴置敦煌郡才正式定名。敦薨、焞煌变为敦煌而赋予大而盛的含义，或许是当时屯田卒努力的结果，暴利长能够将匈奴境内余吾水出天马搬迁到敦煌界渥洼水出天马以迎合汉武帝的嗜好①，他们也同样可能会将敦薨、焞煌变成敦煌并赋予大而盛的含义以迎合汉武帝开拓疆域的愿望。因此敦煌名称的固定及大而盛含义的赋予可能是西汉移民文化的产物。

二、三危山与黑水有关问题

敦煌的名山圣迹中，著名的有三危和黑水。在先秦的典籍中记载有三危和黑水，很可能就是现在的三危山和疏勒河，这对确定敦煌的历史具有重要的作用。

三危在敦煌文献中经常出现并且成为敦煌的异名。在晚唐五代归义军时期的敦煌，将护佑敦煌的三危山和金鞍山称之为东有三危大圣、西有金鞍毒龙。敦煌文献所见三危记载有：P.2691

图1-3 三危山

① 详见下文。

《沙州城土境》记载："三危山，州东南三十里。"[①]S.5448《敦煌录一本》记载："州南有莫高窟，去州二十五里，中过石碛，带山坡至彼斗下谷中，其东即三危山。"[②]P.3929《敦煌古迹二十咏》有三危山咏："峗山镇群望，岫崿陵穹仓（苍）。万古不毛发，四时含雪霜。岩连九陇险，地窜三苗乡。风雨暗溪谷，令人心自伤。"[③]三危最早见于《尚书·舜典》记载："窜三苗于三危。"孔颖达疏认为："三危，西裔。"[④]《尚书·禹贡》记载："三危既宅，三苗丕叙。"孔颖达疏："西裔之山，已可居。"[⑤]又载："导黑水，至于三危，入于南海。"孔颖达疏："黑水自北而南经三危，过梁州，入南海。"[⑥]《汉书·地理志上》记载："黑水、西河惟雍州。……三危既宅，三苗丕叙。……浮于积石，至于龙门西河，会于渭汭。"颜师古注："三危，山名，已可居也。三苗，本有苗氏之族，徙居于此，分而为三，故曰三苗。"[⑦]同志又云："道弱水，至于合黎，余波入于流沙。道黑水，至于三危，入于南海。"颜师古注："黑水出张掖鸡

① 图版参上海古籍出版社等编《法藏敦煌西域文献》第17册，第266页；录文参郑炳林《敦煌地理文书汇辑校注》，第40页。

② 图版参中国社会科学院历史研究所等编《英藏敦煌文献（汉文佛经以外部分）》第7卷，成都：四川人民出版社，1992年，第92页；录文参郑炳林《敦煌地理文书汇辑校注》，第86页。

③ 图版参上海古籍出版社等编《法藏敦煌西域文献》第30册，上海：上海古籍出版社，2003年，第208页；录文参郑炳林《敦煌地理文书汇辑校注》，第138页。

④《十三经注疏》之二，［汉］孔安国传，［唐］孔颖达等正义，黄侃经文句读《尚书正义》卷三《虞书·舜典》，上海：上海古籍出版社，1990年，第38页。

⑤《十三经注疏》之二《尚书正义》卷六《夏书·禹贡》，第84页。

⑥《十三经注疏》之二《尚书正义》卷六《夏书·禹贡》，第86页。

⑦《汉书》卷二八上《地理志上》，第1532页。

山，南流至敦煌，过三危山，又南流而入于南海。”[①]基本上都是引用《尚书·禹贡》的内容，而颜师古注将三危山地望确定在敦煌。《史记·五帝本纪》记载：“迁三苗于三危，以变西戎。”[②]《史记集解》：“马融曰：‘西裔也。’”《史记正义》注云：“《括地志》云：‘三危山有三峰，故曰三危，俗亦名卑羽山，在沙州敦煌县东南三十里。’……又《山海经》云《大荒北经》‘黑水之北，有人有翼，名曰苗民’也。”[③]马融认为三危为西裔，且汉代已开始将三危山比勘为敦煌的三危山。这些记载都将三危山指向敦煌，唯一难以成立的是黑水经三危入南海，因此对《禹贡》作注疏的除指向敦煌外，还在其他地方寻找黑水和三危。如郑玄、孔安国等认为益州滇池有黑水祠，三危山在鸟鼠西南，即甘南川西北，黑水自北而南经三危山过梁州入南海[④]。实际上只要能够确定黑水，并对黑水流入南海给予一个合理解释，就不难确定三危的地理位置。

《史记正义》引《括地志》：“黑水源出伊州伊吾县北百二十里，又南流二千里而绝。三危山在沙州敦煌县东南四十里。”[⑤]《太平寰宇记·陇右道四》“沙州敦煌县”条记载：

> 三危山，其山有三峰，故曰三危……在县东南二十里。书“窜三苗于三危”，是此山。又云：“导黑水，至于三危，入于南海。”盖黑水自北而南，经三危，过梁州，入南海。……[⑥]

---

① 《汉书》卷二八上《地理志上》，第1532页。

② 《史记》卷一《五帝本纪》，第34页。

③ 《史记》卷一《五帝本纪》，第35页。

④ 《史记》卷二《夏本纪》，第88—89页。

⑤ 《史记》卷二《夏本纪》，第88页。

⑥ ［宋］乐史撰，王文楚等点校《太平寰宇记》卷一五三《陇右道四》，北

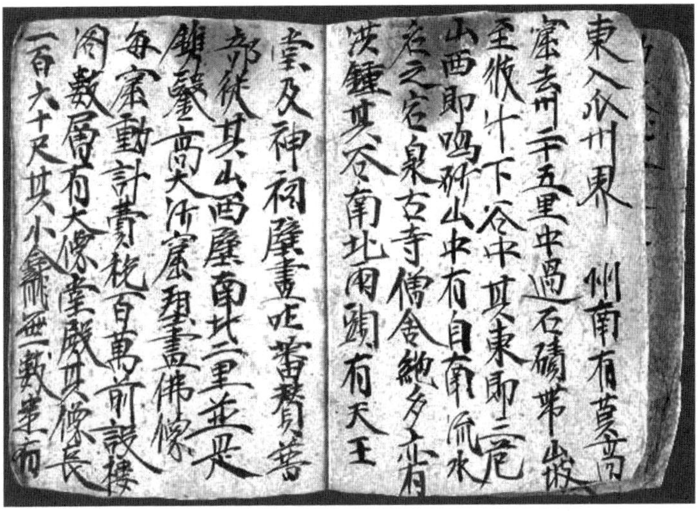
東入瓜州界　州南有莫高
窟去州廿五里中過石磧帶山坡
至彼斗下谷中其東即三危
山西即鳴沙山中有自南流水
名之宕泉古寺僧舍絕多亦有
洪鍾其谷南北兩頭有天王
堂及神祠壁畫吐蕃贊普
部從其山西壁南北二里並是
鐫鑿高大沙窟塑畫佛像
每窟動計費稅百萬前設樓
閣數層有大像堂殿其像長
一百六十尺其小龕無數

图1–4　S.5448《敦煌录一本》

所谓“黑水源出伊州伊吾县”，据《元和郡县图志·陇右道下》记载伊州伊吾县：“咸池湖，在县南三百里。周回百余里。州东北四涧水并南流，至州南七八里合流为一水。侧近皆有良田。”[①]柔远县：“柳谷水，有东西二源，出县东北天山，南流十五里合。”[②]这两条水都与黑水对不上。S.367《沙州伊州地志》记载伊州伊吾县：“源泉水，县北十里。第二水，县东北五里。第三水，县东北九里。凡三水皆临崖涌出，南流入碛即绝。”纳职县：“城北泉，去县廿里，在坎下涌出，成湍流入蒲昌海也。”[③]黑水可能指纳职县的城北泉，发洪水时流入蒲昌海。但这一推测，实

(接上页）京：中华书局，2007年，第2956页。

① ［唐］李吉甫撰，贺次君点校《元和郡县图志》卷四〇《陇右道下》，第1029—1030页。

② ［唐］李吉甫撰，贺次君点校《元和郡县图志》卷四〇《陇右道下》，第1030页。

③ 图版参中国社会科学院历史研究所等编《英藏敦煌文献（汉文佛经以外部分)》第1卷，成都：四川人民出版社，1990年，第158页；录文参郑炳林

际难以成立，一者城北泉水流有限，二者即便洪水泛滥也不可能翻越库鲁克塔格山，最多流入库鲁克果勒，即南大湖中。则发端于伊州的河流未见有符合经三危山流入南海者。

黑水可能指疏勒河，疏勒河在古代曾称黑水。《太平广记》“沙州黑河”条载：

图1-5　疏勒河上游

> 北庭西北沙州有黑河，深可驾舟，其水往往泛滥，荡室庐，潴原野，由是西北之禾稼尽去，地荒而不可治，居人亦远徙，用逃垫溺之患。其吏于北庭沙洲者，皆先备牲酎，望祀于河浒，然后敢视政，否即淫雨连月，或大水激射，圮城邑，则里中民尽鱼其族也。唐开元中，南阳张嵩奉诏都护于北庭，挈符印至境上，且召郊迎吏讯其事。或曰：

（接上页）《敦煌地理文书汇辑校注》，第67—68页。

> “黑河中有巨龙，嗜羔特犬彘，故往往漂浪腾水，以觊郡人望祀河浒。我知之久矣。”即命致牢醴，有筵席。密召左右，执弓矢以俟于侧。嵩率僚吏，班于河上，峨冠敛板，罄折肃躬。俄顷，有龙长百尺自波中跃而出，俄然升岸，目有火光射人。离人约有数十步，嵩即命彀矢引满以伺焉。既而果及于几筵，身渐短而长数尺。方将食，未及，而嵩发矢，一时众矢共发，而龙势不能施而摧。龙既死，里中俱来观之，哗然若市。嵩喜已除民害，遂以献上，上壮其果断，诏断其舌，函以赐嵩，且子孙承袭在沙州为刺史，至今号为龙舌张氏。①

这条记载内容有很多错误，特别是关于黑河地点的记载，北庭与沙州没有任何关系，北庭西北有沙漠，特别是沙陀碛就在这一带，但是唐代设置行政建置沙州在敦煌，而北庭所隶属的州只有庭州，庭州西北基本上没有州的设置。因此《太平广记》记载错误来自宋代对西域地区行政区划的陌生和作者对西域的无知。就其记载内容来看，与P.3721《瓜沙两郡史事编年并序》记载相同：

> 乙卯，张嵩刺史京来。开元三年张嵩刺史赴任敦煌，到郡日，问郡人曰：“此州有何利害?”郡人悲泣而言：“州城西八十五里，瓜、沙二州水尾下，有一玉女泉，每年各索童男童女二人祭享。如若不依，即降霜雹，损害田苗。其童男童女初闻惊惧，哀恋父母，既出城外，被神收摄魂

① ［宋］李昉等编《太平广记》卷四二〇《沙州黑河》，北京：中华书局，2003年，第3423—3424页。

> 魄，全无顾恋之情，第相把手，自入泉中。”太守怒曰：“岂有妖怪害我生灵！”乃密设坛场，兼税铜铁百万余斤，统领军兵诣其泉侧……其神怕惧，乃现一龙，身长数丈，出现就坛，嗜于牲酒，久而不去。……摆头摇尾，都不舍身。刺史遂乃密索弓箭，射着龙喉，便即拔剑，斫下龙头……自此已后，一郡黎人，并无生离之苦。遂差衙前总管李思敬赍表进其龙头，皇帝大悦，敕命所司断其龙舌，却赐张嵩，永为勋荫，仍赐号曰“龙舌张氏”……遂差中使就敦煌送其龙舌也。①

有所不同的就是发生地点，一个是庭州西北沙州，另一个在敦煌西北八十五里瓜沙二州水尾下。张孝嵩（即引文所言“张嵩”）曾任沙州刺史，同时还出任过北庭节度使，甚至张孝嵩的主要事

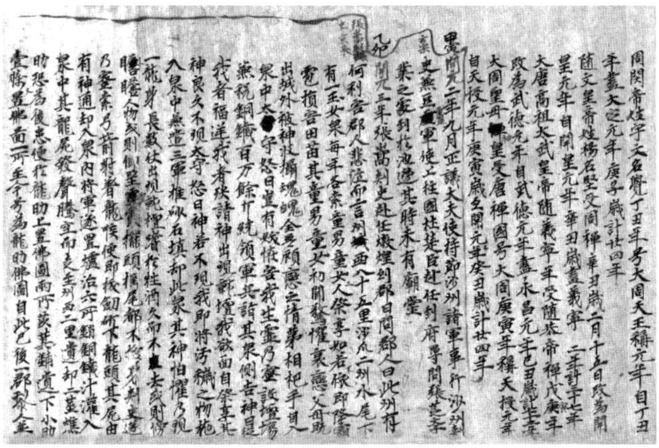

图1-6　P.3721《瓜沙两郡史事编年并序》

① 图版参上海古籍出版社等编《法藏敦煌西域文献》第27册，上海：上海古籍出版社，2002年，第119—120页；录文参郑炳林《敦煌地理文书汇辑校注》，第83—84页。

迹都发生在出任北庭节度使的任上，宋代文士分不清沙州与北庭之间的区别，撰写这个传说时误认为沙州就是北庭节度使管辖的州，于是就将敦煌西北的黑河记载成北庭节度使管辖下西北沙州的黑河。据P.3721序言的记载，其文的主要根据是“诸家记事文字及敦煌录一两卷”[①]。而S.5448《敦煌录一本》记载：

> 城西八十五里有玉女泉，人传颇有虚。每岁此郡率童男女各一人充祭湫神，年则顺成；不尔，损苗。父母虽苦生离，儿女为神所录，欢然携手而没。神龙中，刺史张孝嵩下车求〔瘼〕，郡人告之，太守怒曰：“岂有川原妖怪，害我生灵！”遂设坛、备牲泉侧，曰：“愿见本身，欲亲享。”神乃化为一龙，从水而出。太守应弦中喉，拔剑斩首，亲诣阙进上。玄宗嘉称再三，遂赐龙舌，敕号“龙舌张氏”，编在简书。[②]

由此可证，《太平广记》或将发生在敦煌的事件误记于庭州之下，或在沙州前误加庭州，其原文应是沙州西北。疏勒河实际上汉代以来就有与黑水相关的称呼，冥水流入冥泽，冥就带有黑暗的意思[③]；昆仑障，就是以黑色的湖泽建立的屏障[④]；西凉在敦

---

① 图版参上海古籍出版社等编《法藏敦煌西域文献》第27册，第119页；录文参郑炳林《敦煌地理文书汇辑校注》，第82页。

② 图版参中国社会科学院历史研究所等编《英藏敦煌文献（汉文佛经以外部分）》第7卷，第94页；录文参郑炳林《敦煌地理文书汇辑校注》，第87页；李正宇《古本敦煌乡土志八种笺证》，兰州：甘肃人民出版社，2007年，第302—303页。

③《汉书·地理志下》敦煌郡冥安县籍端水下颜师古注云：“应劭曰：‘冥水出北，入其泽。’”

④《太平寰宇记·陇右道四》“瓜州晋昌县”条记载：“白水，有昆仑障在其

煌晋昌间设立乌泽县①，乌泽就是黑色湖泽，这些记载间接表明疏勒河曾经被称为黑水。《太平寰宇记》记载瓜州有白水，那么对应的当有黑水，黑水就是疏勒河。既然黑水是指疏勒河，那么黑水流经三危山入南海就很好解释。第一，南海是指蒲昌海，疏勒河流入蒲昌海；第二，南海指中国东部海，疏勒河流入罗布泊，经地下潜流入黄河归大海。由此得知，黑水就是指疏勒河，而三危就是指敦煌三危山。

三、天马传说与敦煌关系

史籍和敦煌文献记载天马的内容比较多，因此历史上的敦煌被称为天马之乡，天马又称作龙马。敦煌天马从文献记载来看，至少有三个源头，即渥洼水出天马、李广利征大宛得天马、周时得天马。

第一，渥洼水出天马，最早记载在《史记·乐书》：

> 又尝得神马渥洼水中，复次以为《太一之歌》。歌曲曰："太一贡兮马天下，霑赤汗兮沫流赭。骋容与兮跇万里，今安匹兮龙为友。"后伐大宛得千里马，马名蒲梢，次作以为歌。……中尉汲黯进曰："凡王者作乐，上以承祖宗，下以化兆民。今陛下得马，诗以为歌，协于宗庙，先帝百姓岂能知其音邪？"上默然不说。丞相公孙弘曰："黯诽谤圣

（接上页）阳。"《通典·州郡四》记载："晋昌，汉冥安县地，武德四年改置今县。北有伊吾故城、白水，有昆仑障，汉宜禾都尉所居，故城在县界。"

①《晋书·凉武昭王李玄盛传》记载："业乃杀嗣，使人谢玄盛，分敦煌之凉兴、乌泽，晋昌之宜禾三县为凉兴郡，进玄盛持节、都督凉兴以西诸军事、领护西夷校尉。"

制，当族。”①

《史记集解》云：

> 李斐曰：“南阳新野有暴利长，当武帝时遭刑，屯田敦煌界。人数于此水旁见群野马，中有奇异者，与凡马异，来饮此水旁。利长先为土人持勒靽于水旁，后马玩习，久之，代土人持勒靽，收得其马，献之。欲神异此马，云从水中出。……”②

这些记载未言渥洼水出天马的明确年代。《汉书·武帝纪》记载元鼎四年（前113），“秋，马生渥洼水中。作宝鼎、天马之歌”③。元狩二年（前121）浑邪王投降西汉，汉武帝占领河西，于其地驻军屯田。若按《汉书·武帝纪》，则渥洼水出天马即元鼎四年（前113）由屯田卒在渥洼水获得野马。然《汉书·礼乐志》记载：“元狩三年马生渥洼水中作。”④《资治通鉴》亦将渥洼水出天马事记于元狩三年（前120）⑤。胡三省注引《资治通鉴考异》综合以上记载考证云：

> 公孙弘以元狩二年薨。汲黯以元狩三年免右内史，五年为淮阳太守，元鼎五年卒。又黯未尝为中尉。或者马生渥

① 《史记》卷二四《乐书》，第1400—1401页。

② 《史记》卷二四《乐书》，第1401页。

③ 《汉书》卷六《武帝纪》，第184页。

④ 《汉书》卷二二《礼乐志》，第1060页。

⑤ ［宋］司马光编著，［元］胡三省音注《资治通鉴》卷一九，汉武帝元狩三年，北京：中华书局，2013年，第654页。

> 洼水作歌在元狩三年，汲黯为右内史而讥之，言当族者非公孙弘也。[①]

因此渥洼水中出天马发生于元狩三年（前120）。西汉屯田于敦煌界从元狩三年已经开始，敦煌地名从浑邪王投降西汉时已经在使用。这个天马很可能就是活动于敦煌到新疆地区的普氏野马。P.3929《敦煌古迹二十咏》渥洼池天马咏记载："渥洼为小海，伊昔（西）献龙媒。花里牵丝去，云间曳练来。骖（腾）骧走天阙，灭没下张（章）台。一入重泉底，千金市不回。"[②]将敦煌发现的野马和李广利征大宛所获汗血宝马、西周所获龙马混合在一起，变成一种传说。P.3554V《谨上河西道节度公德政及祥瑞五更转兼十二时共一十七首并序》："伏惟我尚书渥洼龙种，丹穴凤雏，禀气精灵，生便五色。讨凭陵而开一道，奉献明王；封秘策而通二庭，安西来贡。天侨旧族，辄（摄）伏而归。吐谷羌浑，自投戮力。誓为肱股，讨伐大戎。"[③]张议潮出任归义军节度使时，为标榜其家族的神异，将自己的家族出身同龙马联系起来。P.3770《张族庆寺文》曰："伏惟尚书，渥洼龙种，丹穴凤雏，禀气精灵，生便五色。"[④]此为渥洼天马之说的延伸。一直到晚唐五代张承奉建立金山国，还将国家建立的根据舆论基础放在龙马出渥洼传说之上，足见渥洼出天马影响之大。

第二，李广利征大宛获天马，敦煌文献《寿昌县地境》记载

---

① 《资治通鉴》卷一九，汉武帝元狩三年，第655页。

② 图版参上海古籍出版社等编《法藏敦煌西域文献》第30册，第208页；录文参郑炳林《敦煌地理文书汇辑校注》，第138页。

③ 图版参上海古籍出版社等编《法藏敦煌西域文献》第25册，上海：上海古籍出版社，2002年，第235页。

④ 郑炳林、郑怡楠辑释《敦煌碑铭赞辑释（增订本）》，上海：上海古籍出版

图1-7 玉仙人驭天马（渭陵） 西汉晚期
（采自中国陵墓雕塑全集编辑委员会编《中国陵墓雕塑全集》第2卷，西安：陕西人民美术出版社，2009年，第28页）

寿昌县："龙勒泉，县南一百八十里。按《西域〔传〕》云：汉贰师将军李广利西伐大宛，得骏马，愍而放之。既至此泉，饮水鸣喷，辔衔落地，因以为名。龙堆泉，县南五里。昔有骏马，来至此泉，饮水嘶鸣，宛转回旋而去。今验池南有土堆，有似龙头，故号为龙堆泉。寿昌海，源出县南十里。方圆一里，深浅不测，即渥洼池水也。长得天马之所。"①P.5034《沙州地志》记载龙勒山"因其山泉为名"，其余与龙马有关系的还有："二所泉：龙勒泉，周回三步，深□□。〔右在县〕南一百八十里，按《〔凉州异物〕志》：汉贰师将军李广利西伐大宛，〔得骏马〕归，愍而放之，来至此泉，饮水鸣喷，辔〔衔落地，因以为名焉〕。"②根据《汉书·武帝纪》记载，太初元年（前104），"秋八月……遣贰师将军李广利发天下谪民西征大宛"③。"(太初）四年春，贰师

（接上页）社，2019年，第664页。

① 录文参郑炳林《敦煌地理文书汇辑校注》，第60—61页。

② 图版参上海古籍出版社等编《法藏敦煌西域文献》第34册，第124—125页；录文参郑炳林《敦煌地理文书汇辑校注》，第44页；李正宇《古本敦煌乡土志八种笺证》，第160页。

③《汉书》卷六《武帝纪》，第200页。

将军李广利斩大宛王首，获汗血马来。作《西极天马之歌》。”[①]李广利获得大宛汗血宝马的时间是太初四年（前101），而敦煌得到汗血宝马的时间将更晚。

第三，西周得天马行经敦煌。西周有善马，《史记·殷本纪》记载殷纣杀九侯、鄂侯，囚西伯昌于羑里，“西伯之臣闳夭之徒，求美女奇物善马以献纣，纣乃赦西伯”[②]。这种善马就是骊戎之文马[③]，很可能是与西方交往中所得骏马。中国古代中原王朝与西域间的马的贸易和马种的引进一直在进行，马是古代一种战略物资，通过引进改良马种防止马的退化。《史记·秦本纪》记载周穆王有骏马：“造父以善御幸于周缪王，得骥、温骊、骅骝、騄耳之驷，西巡狩，乐而忘归。”[④]周穆王以造父为御马者，说明秦的祖先是以牧马著称，他们生活的区域也是与西域最接近的地方。《史记·赵世家》记载：“造父幸于周缪王。造父取骥之乘匹，与桃林盗骊、骅骝、绿耳，献之缪王。缪王使造父御，西巡狩，见西王母，乐之忘归。而徐偃王反，缪王日驰千里马，攻徐偃王，大破之。”[⑤]《史记·秦本纪》：“非子居犬丘，好马

① 《汉书》卷六《武帝纪》，第202页。

② 《史记》卷三《殷本纪》，第137页。

③ 《史记·周本纪》记载：“帝纣乃囚西伯于羑里，闳夭之徒患之，乃求有莘氏美女，骊戎之文马，有熊九驷，他奇怪物，因殷嬖臣费仲而献之纣。”《史记正义》：“《括地志》云：‘骊戎故城在雍州新丰县东南十六里，殷、周时骊戎国城也。’按：骏马赤鬣缟身，目如黄金，文王以献纣也。”

④ 《史记》卷五《秦本纪》，第225页。

⑤ 《史记》卷四三《赵世家》，第2147页。《史记正义》：“《括地志》云：‘桃林在陕州桃林县，西至潼关，皆为桃林塞地。《山海经》云“夸父之山，北有林焉，名曰桃林，广阔三百里，中多马”，造父于此得骅骝、騄耳之乘献周穆王也。’”《史记索隐》：“《穆天子传》曰穆王与西王母觞于瑶池之上，作歌，是乐而忘归也。谯周不信此事，而云‘余常闻之，代俗以东西阴阳所出入，宗其神，谓之王父母，或曰地名，在西域，有何见乎’。”

及畜，善养息之。犬丘人言之周孝王，孝王召使主马于汧渭之间，马大蕃息。”[①]西周与西域间马的贸易很可能是通过西北少数民族部落进行的，秦的祖先充当了中间贸易使者的角色。最早中原与西域马的贸易是经过居住在河西地区的大月氏进行的。根据《史记·匈奴列传》记载，冒顿曾质于月氏，“冒顿既质于月氏，而头曼急击月氏。月氏欲杀冒顿，冒顿盗其善马，骑之亡归”[②]。大月氏畜牧的善马可能就是西周从西域得到的骏马。匈奴占领蒙古高原，中原与西域地区马的贸易必须通过匈奴地区进行。“冒顿既立，是时东胡强盛，闻冒顿杀父自立，乃使使谓冒顿，欲得头曼时有千里马。……遂与之千里马。”[③]头曼时拥有的千里马，应不是匈奴地区的原产，而是头曼时通过贸易从西域地区得到的。冒顿破灭东胡王，“既归，西击走月氏，南并楼烦、白羊河南王”[④]。其后匈奴再破月氏，占领河西走廊，由此控制了中原王朝与西域交往的通道。西汉初年，匈奴以骑兵称霸。白登之役时，“匈奴骑，其西方尽白马，东方尽青駹马，北方尽乌骊马，南方尽骍马”[⑤]。能够配成这样的阵势，足见匈奴牧马方面的实力。元光六年（前129），汉武帝开始发动对匈奴的战争，其后收复河南地，置朔方、五原郡，汉军绝幕，直至龙城。元狩二年（前121），“夏，马生余吾水中”[⑥]。应劭以为余吾水在朔方北，《中国历史地图》标注余吾水为鄂尔浑河支流土拉河[⑦]。

---

① 《史记》卷五《秦本纪》，第227—228页。
② 《史记》卷一一〇《匈奴列传》，第3493页。
③ 《史记》卷一一〇《匈奴列传》，第3494页。
④ 《史记》卷一一〇《匈奴列传》，第3494页。
⑤ 《史记》卷一一〇《匈奴列传》，第3499页。
⑥ 《汉书》卷六《武帝纪》，第176页。
⑦ 谭其骧主编《中国历史地图集》第2册，北京：中国地图出版社，1982年，第39页。

当时出产于匈奴余吾水的马受到西汉政府的青睐，被誉为天马。后来从河西敦煌等地得到乌孙马，以其品种好于匈奴余吾水的马，而被称为天马。再之后通过贸易得到大宛汗血宝马，又以之为天马。

P.5034《沙州地志》记载："龙堆泉，周回五步，〔深□□〕。右在县南五里，耆旧云：昔有骏马，〔来至此泉，饮〕水而鸣，婉转回旋而去，因以为号，今检其〔南有〕塠，有似龙头，故号龙塠。"[①]从这个记载得知，龙堆泉昔时有骏马是根据敦煌地区的古代传说，这个传说的源头很可能就是司马迁撰写《史记·殷本纪》关于西伯为殷纣王献马的根据。这个时间模糊的记载，在敦煌文献《寿昌县地境》记载中变成有具体时间的传说：

> 龙勒山，县南一百八十里。周时龙马朝出咸阳，暮至寿昌，因以此山之下，遗其衔勒，故名龙勒山。[②]

所谓"龙马"实际上就是天马。"周时"可能即指西周，敦煌关于"周时龙马"的传说很可能与周穆王有关系，周穆王曾经到敦煌及罗布泊一带，所谓"龙马"很可能就是西王母赠送周穆王的礼物。

通过这些记载得知，敦煌流传的天马之说有三个源头：一是西周龙马经由龙勒山；二是李广利征大宛获龙马放归；三是渥洼水出天马。其中最早关于龙马的传说是西周龙马朝出咸阳暮至敦煌，除此事没有被史籍证实之外，其余两件都是历史上发生在敦煌地区的真实事件，史籍中也有所记载。李广利伐大宛，《史

---

① 图版参上海古籍出版社等编《法藏敦煌西域文献》第34册，第125页；录文参郑炳林《敦煌地理文书汇辑校注》，第44页。

② 录文参郑炳林《敦煌地理文书汇辑校注》，第60页。

记》《汉书》有详细的记载，渥洼水获天马见载于《汉书·武帝纪》等。如果说先秦敦煌与中原间有频繁的来往，这种传说应当是建立在某种事实的基础之上。

四、黄河源的有关记载

黄河发端于葱岭源自罗布泊，首先见于《山海经·北山经》记载流经敦煌的敦薨之水进入泑泽，泑泽指罗布泊，“处于昆仑之东北隅，实惟河原”，即疏勒河流入之泑泽是黄河源。此外《史记·大宛列传》记载黄河发源于于阗进入罗布泊潜行地下南则河源出：

> 于阗之西，则水皆西流，注西海；其东水东流，注盐泽[①]。盐泽潜行地下，其南则河源出焉。多玉石，河注中国。[②]

《汉书·西域传》记载：

> 东则接汉，阸以玉门、阳关，西则限以葱岭。其南山，东出金城，与汉南山属焉。其河有两原：一出葱岭山，一出于阗。于阗在南山下，其河北流，与葱岭河合，东注蒲昌海。[③]

黄河发源于昆仑山这一地理观念，至少可追溯至汉武帝时期，“是时方事匈奴，兴功利，言便宜者甚众。齐人延年上书言：‘河出昆仑，经中国，注勃海是其地势西北高而东南

① 盐泽即泑泽，除此之外罗布泊还有很多名称。

② 《史记》卷一二三《大宛列传》，第3836页。

③ 《汉书》卷九六上《西域传上》，第3871页。

下也。……'"[①]西汉控制罗布泊地区是西汉开拓河西之后，"是岁汉遣骠骑破匈奴西域数万人，至祁连山。其明年，浑邪王率其民降汉，而金城、河西西并南山至盐泽空无匈奴"[②]。汉武帝在派遣使节通使西域的同时，还派人对西域地理地貌进行考察，"而汉使穷河源，河源出于阗，其山多玉石，采来，天子案古图书，名河所出山曰昆仑云"[③]。由此可见，对黄河源的勘查是当时西汉政府通使西域之后做的一件有意义的工作，目的就是将西域的实际地理地貌勘察后与古代图籍进行比勘，看看是否符合。汉武帝派遣使节勘探河源，还记载于《汉书·张骞传》：

> 而大宛诸国发使随汉使来，观汉广大，以大鸟卵及牦靬眩人于汉，天子大说。而汉使穷河源，其山多玉石，采来，天子案古图书，名河所出山曰昆仑云。[④]

通过这一记载得知，汉代以前中国流传的记载西域地理地貌的书籍很多，而且这些图籍记载的情况与实际勘察的结果一样。汉武帝开拓河西、置四郡、征大宛、通西域之后，中西交通道路经过敦煌、罗布泊、轮台、渠犁西行。《汉书·西域传》记载："于是自敦煌西至盐泽，往往起亭，而轮台、渠犂皆有田卒数百人，置使者校尉领护，以给使外国者。"[⑤]这条交通道路基本上与先秦中国认识的黄河行经路线是一致的，就是积石山到罗布泊再到昆仑墟，这基本上就是丝绸之路东段、中段的行经路线。

---

①《汉书》卷二九《沟洫志》，第1686页。
②《史记》卷一二三《大宛列传》，第3845页。
③《史记》卷一二三《大宛列传》，第3851页。
④《汉书》卷六一《张骞传》，第2696页。
⑤《汉书》卷九六上《西域传上》，第3873页。

五、周穆王西巡与西王母传说

周穆王西巡经敦煌三危山西行至昆仑丘。《竹书纪年》记载周穆王：

> 十三年，西征，至于青鸟之所憩。十七年，西征昆仑丘，见西王母……西王母来见，宾于昭宫。①

《山海经·西山经》亦载："又西二百二十里，曰三危之山，三青鸟居之。"郭璞注云："三青鸟，主为西王母取食者，别自栖息于此山也。《竹书曰》：'穆王西征至于青鸟所解也。'"郝懿行案："青鸟所解，即三危山，见《竹书》。《艺文类聚》九十一卷引郭氏《赞》云：'山名三危，青鸟所憩。往来昆仑，王母是隶。穆王西征，旋轸斯地。'"②则周穆王所至"青鸟之所憩"应即敦煌三危山。

S.367《沙州伊州地志》记载伊州：

> 伊州……右古昆吾国西戎之地，周穆王伐西戎，昆吾献赤刀是也，后语讹转为伊吾郡。《汉书·西域传》云：周衰，戎狄错居泾渭之北，伊吾之地，又为匈奴所得，汉武帝伐匈奴，收其地，其后复弃。③

这里记载的实际上就是周穆王十七年经敦煌西行征讨伊吾的西

① ［清］朱右曾辑，王国维校补，黄永年校点《古本竹书纪年辑校》，沈阳：辽宁教育出版社，1997年，第13页。

② ［晋］郭璞注，［清］郝懿行笺疏，沈海波校点《山海经》第二《西山经》，第67—68页。

③ 图版参中国社会科学院历史研究所等编《英藏敦煌文献（汉文佛经以外部

戎，如这一记载是真实的，则西周时期经敦煌北行至伊吾的路线已经开通。

图1-8 西王母图（高台县骆驼城壁画墓） 魏晋
（采自徐光冀主编《中国出土壁画全集》第9册，北京：科学出版社，2011年，第42页）

周穆王与西王母会面的记载也是我们探源丝绸之路最早开启的根据之一，二人会面的地点，文献记载就在河西走廊西部的酒泉郡。《晋书》记载前凉："酒泉太守马岌上言：'酒泉南山，即昆仑之体也。周穆王见西王母，乐而忘归，即谓此山。此山有石室玉堂，珠玑镂饰，焕若神宫。宜立西王母祠，以裨朝廷无疆之福。'骏从之。"① 《元和郡县图志》肃州酒泉县："昆仑山，在县西南八十里。周穆王见西王母，乐而忘归，即此山。"②

(接上页）分)》第1卷，第157—158页；录文参郑炳林《敦煌地理文书汇辑校注》，第66页。

①［唐］房玄龄等《晋书》卷八六《张轨传》，北京：中华书局，1974年，第2240页。

②［唐］李吉甫撰，贺次君点校《元和郡县图志》卷四〇《陇右道下》，第1023页。

《通典》酒泉县：“有九龙山、昆仑山，在县西南，体如昆仑，故名之。周穆王见王母于此山。汉平帝时，金城塞外羌献鱼盐之地，遂得西王母石室，以为西海郡。”[①]这些史籍记载有一个共同点，就是周穆王会见西王母的地点在酒泉西南昆仑山。如果结合对河西走廊居民的分析，酒泉原为“旧月支地”，瓜州“古西戎地。战国时，为月支所居”，沙州“昔舜流三苗于三危，即其地也。其后子孙为羌戎，代有其地，古谓之瓜州”[②]。居于河西地区的月氏和居于东北的东胡是先秦北方最大的势力，《史记·匈奴列传》称“当是之时，东胡强而月氏盛”。《史记正义》引：“《括地志》记载：‘凉、甘、肃、延、沙等州地，本月氏国。’”[③]月氏人为白种人，以善于经营商业著称。周穆王会见西王母，实际上就是历史上最早的中原地区领导人与西域地区领导人的会面。

随着大月氏人的西迁和小月氏人的南迁，西王母的传说也西移或者南移。所谓西王母宫在汉金城郡塞外，就是小月氏人南迁的结果，月氏人在匈奴打击之下西迁，留下的进入祁连山中，号小月氏，很可能部分人进入青海湖一带，出现了西王母宫在西海的传说。大月氏人进入中亚地区，西王母的传说也进入了中亚地区。安息在大月氏西，条枝在安息之西，“安息长老传闻条枝有弱水、西王母，而未尝见”[④]。原来弱水指黑河，西王母在酒泉，现在弱水也到中亚地区，《魏略·西戎传》记载：“前世又谬以为弱水在条枝西，今弱水在大秦西。”[⑤]《史记索隐》：

① ［唐］杜佑撰，王文锦等点校《通典》卷一七四《州郡四》，第4542页。

② ［唐］杜佑撰，王文锦等点校《通典》卷一七四《州郡四》，第4542—4544页。

③ 《史记》卷一一〇《匈奴列传》，第3492页。

④ 《史记》卷一二三《大宛列传》，第3841页。

⑤ ［晋］陈寿著，［南朝宋］裴松之注《三国志》卷三〇《乌丸鲜卑东夷传》，北京：中华书局，1982年，第860页。

图1-9 西王母墨绘砖（敦煌市佛爷庙湾墓群） 西晋
（采自敦煌博物馆官网）

"《玄中记》云：'天下之弱者，有昆仑之弱水，鸿毛不能载也。'《山海经》云：'玉山，西王母所居。'《穆天子传》云：'天子觞西王母瑶池之上。'《括地图》云：'昆仑弱水非乘龙不至。有三足神乌，为王母取食。'"[①]《史记正义》："此弱水、西王母既是安息长老传闻而未曾见，《后汉书》云桓帝时大秦国王安敦遣使自日南徼外来献，或云其国西有弱水、流沙，近西王母处，几于日所入也。"[②]流经河西的弱水也随着大月氏人的西迁，"进入"中亚地区。随着居民迁徙而原居住地地名也随之迁徙到新的地方，这在中国历史上是一种普遍现象。

① 《史记》卷一二三《大宛列传》，第3841页。

② 《史记》卷一二三《大宛列传》，第3841页。

第二节　秦至西汉前期的敦煌及河西

汉武帝取得河西之前的敦煌归属、居民及建置沿革情况，虽然历史文献中有零星的记载，但是学术界仍然没有对其总体变化进行全面的梳理。敦煌文献P.4640《阴处士碑》记载敦煌："天成厥壤，允姓曾居；地再流沙，陶唐所治。河分千流，法序九畴；据五服而为郊，开一门而展掖。"[①]《史记·五帝本纪》称"帝尧为陶唐"[②]。帝尧时肯定管辖不到敦煌，了解到敦煌是可能的。该文献论述的就是先秦时期敦煌的沿革，是说允姓曾经居住在这里，陶唐也管理到这个地区，敦煌还属于《禹贡》所记载的九畴和五服范围，显然这个记载有很大的虚冒成分，可信程度不高。周穆王西巡及会见西王母发生在河西走廊的酒泉至敦煌一带，传世文献与敦煌文献中皆留下了关于这方面的记载。然而这些记载历史久远，其中又夹杂很多传说成分，致使这些珍贵的历史记载变得扑朔迷离。先秦时期的敦煌及河西居民情况众说纷纭，莫衷一是。至于秦至西汉初年这一时期的敦煌及河西地区的

① 郑炳林、郑怡楠辑释《敦煌碑铭赞辑释（增订本）》，第214页。
②《史记》卷一《五帝本纪》，第53页。

历史基本上是可以梳理清楚的。欲厘清秦至西汉初年敦煌及河西地区的情况，需要解决三个问题，即乌孙、大月氏时期的敦煌，匈奴右部统治下的敦煌，以及张骞出使西域经过河西的情况。

一、乌孙、月氏时期的敦煌及河西

汉武帝自匈奴手中夺取敦煌及河西之地，而匈奴进据河西前，敦煌及河西地区生活的主要是乌孙人和大月氏人。

秦至西汉初年敦煌及河西地区居民应当进行了三次更替[①]。首先是乌孙、大月氏生活时期的敦煌。《史记·大宛列传》记载：

> 骞既失侯，因言曰："臣居匈奴中，闻乌孙王号昆莫，昆莫之父，匈奴西边小国也。匈奴攻杀其父，而昆莫生弃于野。……单于怪以为神，而收长子。及壮，使将兵，数有功，单于复以其父之民予昆莫，令长守于西域。昆莫收养其民，攻旁小邑，控弦数万，习攻战。单于死，昆莫乃率其众远徙，中立，不肯朝会匈奴。匈奴遣奇兵击，不胜，以为神而远之，因羁属之，不大攻。……"天子以为然，拜骞为中郎将，将三百人，马各二匹，牛羊以万数，赍金币帛直数千巨万，多持节副使，道可使，使遣之他旁国。[②]

由此可知，乌孙在昆莫之父时，是匈奴西边小国，匈奴杀其父，降服其民而役使之。这里没有记载乌孙最初生活的地区。《汉书·西域传下》记载乌孙略有不同：

---

① 乌孙、月氏—匈奴—汉。

②《史记》卷一二三《大宛列传》，第3845—3846页。

> 乌孙国，大昆弥治赤谷城。……东与匈奴，西北与康居，西与大宛，南与城郭诸国相接。本塞地也，大月氏西破走塞王，塞王南越县度，大月氏居其地。后乌孙昆弥击破大月氏，大月氏徙西臣大夏，而乌孙昆莫居之，故乌孙民有塞种、大月氏种云。
>
> 始张骞言乌孙本与大月氏共在敦煌间，今乌孙虽强大，可厚赂招，令东居故地，妻以公主，与为昆弟，以制匈奴。语在《张骞传》。武帝即位，令骞赍金币往。[①]

从这些记载看，乌孙最早和大月氏共同生活于“敦煌间”。《汉书·张骞传》亦云：“昆莫父难兜靡本与大月氏俱在祁连、焞煌间，小国也。大月氏攻杀难兜靡，夺其地，人民亡走匈奴。”[②]《史记·大宛列传》记载：“始月氏居敦煌、祁连间。”[③]这两条记载进一步明确了乌孙原来的生活地域与大月氏一致，皆在“祁连、焞煌间”。颜师古对此注曰：“祁连山以东，焞煌以西。”[④]焞煌即敦煌，颜注将祁连比勘为天山，这样祁连、敦煌间，只能在祁连山东，敦煌之西。如此乌孙、大月氏故地即在西域东部。然《后汉书·西羌传》又载：“湟中月氏胡，其先大月氏之别也，旧在张掖、酒泉地。”[⑤]这处记载表明大月氏故地在河西走廊。此后还有不少史籍对祁连山位置存在歧义，由此导致古今学

---

① 《汉书》卷九六下《西域传下》，第3901—3902页。

② 《汉书》卷六一《张骞传》，第2691—2692页。

③ 《史记》卷一二三《大宛列传》，第3838页。

④ 《汉书》卷六一《张骞传》，第2692页。

⑤ ［南朝宋］范晔撰，［唐］李贤等注《后汉书》卷八七《西羌传》，北京：中华书局，1965年，第2899页。

者们对“敦煌、祁连间”的位置争论不休[①]。一般学界皆是在确定祁连位置的基础上，再判断月氏故地。近来李艳玲《西汉祁连山考辨》一文反其道而行，利用月氏与秦汉、匈奴等势力的相互关系考证得出月氏故地即指河西地区，再以此推证祁连位置也在河西[②]。该说论证有理，则乌孙故地也当在河西地区。事实上这一观点也是很多学者的普遍看法。

其实确定乌孙故地的位置并不复杂，且不论《后汉书》成书时间远远早于颜师古作注的年代，其对月氏故地记载（张掖、酒泉地）应更可信。单以《史记》《汉书》记载便能判断出乌孙故地所在。《史记·大宛列传》记载：

> 骞既失侯，因言曰：“……今单于新困于汉，而故浑邪地空无人。蛮夷俗贪财物，今诚以此时而厚币赂乌孙，招以益东，居故浑邪之地，与汉结昆弟，其势宜听，听则是断匈奴右臂也。……”
>
> ……骞谕使指曰：“乌孙能东居浑邪地，则汉遣翁主为昆莫夫人。”[③]

《汉书·张骞传》记载：

> 骞既失侯，因曰：“……今单于新困于汉，而昆莫地空。蛮夷恋故地，又贪汉物，诚以此时厚赂乌孙，招以东居故地，汉遣公主为夫人，结昆弟，其势宜听，则是断匈

---

① 李艳玲对史籍及诸家争论已有梳理。详参氏著《西汉祁连山考辨》，《敦煌学辑刊》2021年第2期，第14—26页。

② 李艳玲《西汉祁连山考辨》，《敦煌学辑刊》2021年第2期，第18—21页。

③《史记》卷一二三《大宛列传》，第3845—3846页。

奴右臂也。……”①

《汉书·西域传下》记载：

> 骞既致赐，谕指曰：“乌孙能东居故地，则汉遣公主为夫人，结为昆弟，共距匈奴，不足破也。”②

显然《史记》《汉书》记载张骞向汉武帝进言使乌孙东迁及张骞与乌孙交涉二事时，在编排方面稍有不同，《史记》将此二事皆记于《大宛列传》，《汉书》则将之分别载于《张骞传》《西域传下》。除此之外，二者所载内容基本一致，唯一记载不同之处在于“故浑邪地空”与“昆莫地空”、“招以益东，居故浑邪之地”与“招以东居故地”的差别，这也是其中最关键的问题。即《史记》称张骞欲使乌孙东迁至浑邪故地，《汉书》称张骞欲使乌孙东迁至昆莫故地亦即乌孙故地。班固撰写《汉书》时汉朝对乌孙的了解程度更深，由此可以对司马迁《史记·大宛列传》内容作出订正和补充。然二者毕竟记载的是相同之事，在关键的迁居地问题上不会存在两种方案， 浑邪故地无疑即等同于乌孙故地，则“敦煌、祁连间”当位于河西地区。同时，这些记载还表明汉武帝自元狩二年（前121）占据河西后至张骞建言招引乌孙东徙期间，对如何治理新得的河西地区尚未形成成熟的意见，甚至最初不愿直接管理。

关于月氏人活动区域，自汉以降史籍中记载颇多。如《史记·大宛列传》记载：“始月氏居敦煌、祁连间。”③《后汉书·西

---

① 《汉书》卷六一《张骞传》，第2692页。

② 《汉书》卷九六下《西域传下》，第3902页。

③ 《史记》卷一二三《大宛列传》，第3838页。

羌传》又载："湟中月氏胡，其先大月氏之别也，旧在张掖、酒泉地。"[①]《史记正义》引《括地志》云："凉、甘、肃、延、沙等州地，本月氏国。"[②]《史记正义》云："凉、甘、肃、瓜、沙等州，本月氏国之地。"[③]又云："初，月氏居敦煌以东，祁连山以西。敦煌郡今沙州。祁连山在甘州西南。"[④]此类记载还有很多，基于这些记载，目前学界基本认同大月氏曾活动于河西地区。

秦至汉初大月氏的生活地区和乌孙人一样，都在河西地区。约在西汉初年[⑤]，大月氏人击败并赶走乌孙人欲独占河西。不久匈奴又击破大月氏，结束了大月氏在河西的统治。大月氏被匈奴打败后，大批部众辗转西迁至中亚，亦有部分月氏人保据南山，称之为小月氏，有时亦称之南山羌。而乌孙被大月氏击败后，投靠了匈奴，在匈奴的帮助下逐渐强大起来，在帮助匈奴击败逃至伊犁河流域的大月氏后重新在西域建立政权。另外，有不少研究者认为分布于河西走廊地区的沙井文化和骟马文化就是月氏和乌孙在河西活动的遗存[⑥]。当然这一观点未必确凿，亦存在反对者[⑦]。

---

① 《后汉书》卷八七《西羌传》，第2899页。

② 《史记》卷一一〇《匈奴列传》，第3492页。

③ 《史记》卷一二三《大宛列传》，第3834页。

④ 《史记》卷一二三《大宛列传》，第3839页。

⑤ 钱伯泉《乌孙和月氏在河西的故地及其西迁的经过》，《敦煌研究》1994年第4期，第104—112页。

⑥ 高荣《月氏、乌孙和匈奴在河西的活动》，《西北民族研究》2004年第3期，第23—32页。杨富学《河西考古学文化与月氏乌孙之关系》，《丝绸之路研究集刊》第1辑，北京：商务印书馆，2017年，第29—45页。

⑦ 李水城、水涛《公元前1千纪的河西走廊西部》，李水城《东风西渐：中国西北史前文化之进程》，北京：文物出版社，2009年，第125—127页。

二、匈奴统治时期的敦煌及河西

《汉书·匈奴传》记载："匈奴，其先夏后氏之苗裔，曰淳维。唐虞以上有山戎、猃允、薰粥，居于北边，随草畜牧而转移。"[①]表明匈奴在秦至汉初活动于中原王朝"北边"。

关于匈奴占据河西的时间，《史记·匈奴列传》记载：

> 及冒顿以兵至，击，大破灭东胡王，而虏其民人及畜产。既归，西击走月氏，南并楼烦、白羊河南王。悉复收秦所使蒙恬所夺匈奴地者，与汉关故河南塞，至朝那、肤施，遂侵燕、代。是时汉兵与项羽相距，中国疲于兵革，以故冒顿得自强，控弦之士三十余万。……右方王将居西方，直上郡以西，接月氏、氐、羌。[②]

《史记·匈奴列传》记载：

> 其明年（汉文帝前元四年），单于遗汉书曰："……今以小吏之败约故，罚右贤王，使之西求月氏击之。以天之福，吏卒良，马强力，以夷灭月氏，尽斩杀降下之。定楼兰、乌孙、呼揭及其旁二十六国，皆以为匈奴。诸引弓之民，并为一家。北州已定，愿寝兵休士卒养马……"……公卿皆曰："单于新破月氏，乘胜，不可击。……"汉许之。
>
> 孝文皇帝前六年，汉遗匈奴书曰："皇帝敬问匈奴大单于无恙。使郎中係雩浅遗朕书曰：'……今以小吏败约故，

① 《汉书》卷九四上《匈奴传上》，第3743页。

② 《史记》卷一一〇《匈奴列传》，第3494—3496页。

罚右贤王使西击月氏，尽定之……’……”[①]

《史记·大宛列传》记载：

> 故时强，轻匈奴，及冒顿立，攻破月氏，至匈奴老上单于，杀月氏王，以其头为饮器。始月氏居敦煌、祁连间，及为匈奴所败，乃远去，过宛，西击大夏而臣之。[②]

《汉书·西域传上》记载：

> 大月氏本行国也……控弦十余万，故强轻匈奴。本居敦煌、祁连间，至冒顿单于攻破月氏，而老上单于杀月氏，以其头为饮器，月氏乃远去，过大宛，西击大夏而臣之。[③]

从这些记载来看，中原楚汉相争时期，冒顿趁机灭东胡，重夺河南地，并“西击走月氏”。从《史记》仅言“击走”观之，此次匈奴尽管击败月氏，但并未彻底破灭其国。冒顿击走大月氏后，匈奴右部以“月氏、氐、羌”为邻，可以佐证大月氏此时期仍盘踞在河西走廊西部，当然冒顿此次击败大月氏至少使其部众稍向西迁。我们推测在楚汉交锋之际，匈奴势力占据了河西走廊东部，而大月氏仍盘踞西部。否则匈奴右部所接者当是楼兰等西域诸国，不会是月氏。

然《汉书·匈奴传上》记载：“（匈奴）右王将居西方，直上

① 《史记》卷一一〇《匈奴列传》，第3501—3502页。《汉书·匈奴传》与此记载基本一致。

② 《史记》卷一二三《大宛列传》，第3838页。

③ 《汉书》卷九六上《西域传上》，第3890—3891页。

郡以西，接氐、羌。”[①]《史记索隐》标字亦无“月氏”[②]。这似又表明上述推论有误，匈奴右部已不与大月氏接境。但我们认为这或是《汉书》撰写时漏记，当然也并不能排除是班固修史时有意对《史记》进行修正。毕竟随着汉朝与大月氏接触增多，对月氏与匈奴历史了解程度可能更详，因此修改的可能也是存在的。之所以怀疑《汉书》有漏记之嫌，是因为冒顿二次进攻大月氏的记载。

文帝前元三年至前元四年（前177—前176）[③]，匈奴冒顿单于使“右贤王，使之西求月氏击之……以夷灭月氏，尽斩杀降下之。定楼兰、乌孙、呼揭及其旁二十六国，皆以为匈奴”。这条记载首先表明匈奴与大月氏的战争再度打响，并且较之冒顿初次“击走”月氏，此次战争更加激烈。大月氏遭到“夷灭”之重创，从“尽斩杀降下之”看，匈奴正是通过此役彻底击溃了大月氏，将其所据之敦煌及河西地区完全占领。其次，依右贤王击败、平定西部诸国的次序来看，匈奴应是先“夷灭”月氏，再“定楼兰、乌孙、呼揭及其旁二十六国”，既然右贤王是从东向西进军，且先破月氏，再定西域，那么这就进一步印证了彼时大月氏所处位置在西域以东的河西走廊西部地区[④]。结合大月氏在很长一段时期内是西部大国的背景，我们推测文帝前元三年至前元四年（前177—前176）匈奴击破大月氏于河西，极大地震撼了邻近的

---

① 《汉书》卷九四上《匈奴传上》，第3751页。

② 《史记》卷一一〇《匈奴列传》，第3496页。

③ 尽管冒顿给汉文帝书信是在文帝前元四年（前176），然右贤王向西进军是在前元三年（前177）侵扰上郡边地失败之后。故知此次右贤王西征时间当在文帝前元三年至前元四年间。

④ 高荣亦持此论，认为：“当时月氏的活动地区也不会距楼兰等国太远。否则，先借道诸国，再远征月氏是难以想象的。”参见氏著《月氏、乌孙和匈奴在河西的活动》，《西北民族研究》2004年第3期，第23—32页。

楼兰等西域诸国，因此楼兰等国纷纷归顺匈奴。另外，此时匈奴始“定”乌孙，联系“大月氏攻杀难兜靡，夺其地，人民亡走匈奴”[①]之事，则很可能大月氏攻乌孙之战大致发生在匈奴攻破大月氏稍早之时。据此我们进一步推测：先是大月氏欲兼并乌孙之地，后至大月氏已经或将要结束对乌孙战争之际，匈奴右贤王出其不备突袭大月氏，上演了“螳螂捕蝉，黄雀在后”的戏码，一举瓦解了大月氏在河西的统治，迫使大月氏再次西迁。乌孙残部也抓住时机归顺了最终的胜利者——匈奴[②]。

匈奴冒顿单于死后，继任的老上单于也对大月氏进行了打击，取得杀死月氏王的战绩。然根据冒顿单于二次击破大月氏后楼兰等西域诸国归顺的史实来看，文帝前元三年至前元四年（前177—前176），匈奴无疑已控制了敦煌及河西之地，甚至将其势力范围伸张至西域诸国，建立起“诸引弓之民，并为一家，北州已定”的霸业。则老上单于在位时，匈奴对大月氏的打击实际上是双方在敦煌以西的西域进行的较量，已与敦煌及河西无涉。

汉文帝前元三年至前元四年（前177—前176）后，敦煌及河西地区成为匈奴右部管辖下的地方。匈奴右部的控制范围，《史记·大宛列传》记载：

> 而楼兰、姑师邑有城郭，临盐泽。盐泽去长安可五千里。匈奴右方居盐泽以东，至陇西长城，南接羌，鬲汉道焉。[③]

---

① 《汉书》卷六一《张骞传》，第2691—2692页。

② 钱伯泉已对此进行过类似推证，结论大致相同，然其推测的具体年份、季节，未必确凿。详见氏著《乌孙和月氏在河西的故地及其西迁的经过》，《敦煌研究》1994年第4期，第104—112页。

③ 《史记》卷一二三《大宛列传》，第3836—3837页。

换言之，匈奴右部的辖区东至陇西郡长城[①]与西汉分界，西抵罗布泊，以楼兰、姑师为邻，南以祁连山与西羌分界。按匈奴制度，单于之下“置左右贤王，左右谷蠡，左右大将，左右大都尉，左右大当户，左右骨都侯。……而左右贤王、左右谷蠡最大国，左右骨都侯辅政”[②]。则匈奴右部当以右贤王、右谷蠡王、右骨都侯最为尊贵。另外，右贤王、右谷蠡王之下的右部诸小王亦“各有分地，逐水草移徙”[③]。而河西地区水草丰茂，因此驻牧的匈奴部落甚多。

《史记·卫将军骠骑列传》记载元狩二年（前121）春，霍去病率万骑出陇西“逾乌盭，讨遬濮，涉狐奴，历五王国……过焉支山千有余里，合短兵，杀折兰王，斩卢胡王，诛全甲，执浑邪王子及相国、都尉，首虏八千余级，收休屠祭天金人”[④]。同年夏，霍去病“逾居延，遂过小月氏，攻祁连山，得酋涂王……获五王，五王母，单于阏氏、王子五十九人，相国、将军、当户、都尉六十三人……赐校尉从至小月氏爵左庶长。鹰击司马破奴再从骠骑将军斩遬濮王，捕稽沮王……校尉句王高不识，从骠骑将军捕呼于屠王王子以下十一人”[⑤]。从霍去病等人的这些战功中可以得知河西及其附近地区都有哪些匈奴部落活动，乃至部

---

① 《史记·匈奴列传》称秦昭襄王时，攻灭义渠，“于是秦有陇西、北地、上郡，筑长城以拒胡”。陇西长城即指秦昭襄王长城陇西郡段。《史记·秦始皇本纪》记载，秦始皇统一后曾“西北斥逐匈奴……城河上为塞”。后匈奴趁秦末大乱夺回失地，复与汉朝以秦昭襄王长城为界。张骞出使归来是在元朔三年（前126），距卫青夺取河南地仅一年，当时西汉尚未建立起稳固的黄河防线，匈奴右部仍活动于陇西长城外亦在情理之中。

② 《汉书》卷九四上《匈奴传上》，第3751页。

③ 《汉书》卷九四上《匈奴传上》，第3751页。

④ 《史记》卷一一一《卫将军骠骑列传》，第3546页。

⑤ 《史记》卷一一一《卫将军骠骑列传》，第3548页。

落实力强弱。

《史记·匈奴列传》记载：

> 其秋，单于怒浑邪王、休屠王居西方为汉所杀虏数万人，欲召诛之。浑邪王与休屠王恐，谋降汉……浑邪王杀休屠王，并将其众降汉。凡四万余人，号十万。于是汉已得浑邪王，则陇西、北地、河西益少胡寇。[①]

这条史料表明在汉武帝元狩二年（前121）之前的一段时期内，驻牧河西的匈奴诸部以浑邪王与休屠王为尊，因此匈奴与西汉河西战争失利的主要负责人即浑邪、休屠二王。《史记·大宛列传》又云："其明年，浑邪王率其民降汉，而金城、河西西并南山至盐泽空无匈奴。"[②]结合浑邪王降汉后"陇西、北地、河西益少胡寇"得知，浑邪王与休屠王驻牧河西时期曾是进犯西汉西部边塞的陇西、北地等郡的主要力量。因此随着浑邪王杀休屠王归汉，河西之地"空无匈奴"，汉朝西部边防压力也大大减轻。至于匈奴右部之"最大国"——右贤王的驻牧地则在朔方高阙（在今内蒙古杭锦后旗东北）以西或以北六七百里之处。其进攻的主要方向也不在西汉陇西、北地二郡，而是在西汉新设置的朔方郡[③]。

---

①《史记》卷一一○《匈奴列传》，第3515页。

②《史记》卷一二三《大宛列传》，第3845页。

③《史记·匈奴列传》记载："于是汉遂取河南地，筑朔方，复缮故秦时蒙恬所为塞，因河为固。……是岁，汉之元朔二年也。……匈奴右贤王怨汉夺之河南地而筑朔方，数为寇，盗边，及入河南，侵扰朔方，杀略吏民甚众。其明年春，汉以卫青为大将军，将六将军、十余万人，出朔方高阙击胡。右贤王以为汉兵不能至，饮酒醉，汉兵出塞六七百里，夜围右贤王。右贤王大惊，脱身逃走，诸精骑往往随后去。汉得右贤王众男女万五千人，裨小王十余

又据《汉书·地理志下》记载："武威郡，故匈奴休屠王地。"[①]"张掖郡，故匈奴昆邪王地。"[②]可知浑邪王驻牧地在休屠王驻牧地以西，主要在张掖郡。浑邪王虽驻牧张掖，然其控制范围应可涵盖张掖以西的河西走廊西部地区，否则浑邪王降后，何以河西地区会出现"空无匈奴"之局面。由此来看，西汉势力占据河西之前，敦煌地区应当隶属于浑邪王管辖。

以上就是秦汉之际，河西地区居民变化、政权更替的主要脉络。概言之，敦煌及河西在秦至西汉初年先是乌孙人与大月氏人活动区域，其后可能存在大月氏独占河西情况，之后便是匈奴右部占据河西，敦煌所在的河西西部地区归于浑邪王统辖。直到元狩二年（前121），敦煌及河西地区纳入西汉统治。

三、张骞出使西域行经敦煌及河西

汉武帝取得河西地区之前的最大壮举就是张骞出使西域。张骞出使西域的目的是联合大月氏共击匈奴，同时获取西域地区相关信息。《史记·大宛列传》记载张骞出使西域：

> 张骞，汉中人。建元中为郎。……汉方欲事灭胡，闻此言，因欲通使。道必更匈奴中，乃募能使者。骞以郎应募，使月氏，与堂邑氏胡奴甘父俱出陇西。经匈奴，匈奴得之，

（接上页）人。"可知右贤王与西汉主要围绕朔方展开争夺战，我们推测卫青重创右贤王，致使匈奴右部根本军事力量受损。因此河西浑邪王能够未受右部右贤王等势力的阻扰，顺利归降西汉，应当与此前右贤王实力受损有关。另外，造成"陇西、北地、河西益少胡寇"的原因抑或不仅仅是由于河西浑邪王的归顺，还可能与以右贤王为核心的匈奴右部整体实力受损相关。

① 《汉书》卷二八下《地理志下》，第1612页。

② 《汉书》卷二八下《地理志下》，第1613页。

传诣单于。[①]

《汉书·张骞传》也记载张骞出使西域：

> 时匈奴降者言匈奴破月氏王，以其头为饮器，月氏遁而怨匈奴，无与共击之。汉方欲事灭胡，闻此言，欲通使，道必更匈奴中，募能使者。[②]

张骞出使西域去时“经匈奴中，匈奴得之”[③]，后匈奴对其监控减弱，张骞得以逃出匈奴抵达大宛等西域诸国。张骞从大月氏、大夏返汉时，“并南山，欲从羌中归，复为匈奴所得”[④]。则其归程行经的主要地方是羌中。羌中，应该是指羌人生活的地区，即洮河以西的河湟地区和柴达木盆地。《史记·秦始皇本纪》记载秦始皇并六国后，“地东至海暨朝鲜，西至临洮羌中，南至北向户，北据河为塞，并阴山至辽东”[⑤]。按照《括地志》的记载，临洮应是羌中的一部分，实际上按照秦朝的疆域范围，秦的西部疆域到临洮，邻接羌中，即羌人生活的地区。《汉书·靳歙传》记载：“从定三秦，别西击章平军于陇西，破之，定陇西六县，所将卒斩车司马、候各四人，骑长十二人。”[⑥]靳歙平定陇西郡之后没有西行用兵，说明陇西郡是秦汉之际中原政府管辖的最西部郡。《汉书·郦商传》记载：“沛公为汉王，赐商爵信成君，

---

① 《史记》卷一二三《大宛列传》，第3833页。
② 《汉书》卷六一《张骞传》，第2687页。
③ 《史记》卷一二三《大宛列传》，第3833页。
④ 《史记》卷一二三《大宛列传》，第3835页。
⑤ 《史记》卷六《秦始皇本纪》，第308页。
⑥ 《汉书》卷四一《靳歙传》，第2086—2087页。

以将军为陇西都尉。别定北地郡，破章邯别将于乌氏、栒邑、泥阳，赐食邑武城六千户。”[①]郦商从陇西郡出兵平定北地郡，陇西郡紧邻北地郡，此二郡是西汉开拓河西前最西部的两个郡。

“经匈奴”即道经匈奴，“出陇西”即自陇西郡出发进入匈奴地区。西汉初期，与河西一带匈奴接触的主要是陇西郡和北地郡，从陇西郡往西经匈奴管辖的河西走廊，最好的行经路线是经兰州、永登翻越乌鞘岭进入河西走廊。但是我们推测张骞的行经路线是从兰州翻越乌鞘岭，沿着祁连山的北麓经匈奴与羌人的接合部往西到西域地区。张骞从亲身经历得出当时通使大夏的情况：“今使大夏，从羌中，险，羌人恶之；少北，则为匈奴所得。”[②]羌中道经过青藏高原或者祁连山脉，其道路艰险有两方面的原因：首先，羌中道所经过的各个部落间没有统属关系，且矛盾很深，很难协调放行；其次，羌中地区自然环境恶劣，道路难行。就是匈奴与诸羌交通都不是很顺利，张骞西行更是如此。诸羌与西汉关系并不密切，特别是附属于羌和匈奴的小月氏更是如此。所谓“少北”，就是靠近匈奴地区行走，往往会被匈奴捕捉。出发时，张骞没有从羌中道前往西域，而是出陇西经匈奴，被匈奴得之。羌中道危险，而靠近匈奴地区则易被匈奴俘获。就是说张骞很可能是从羌中少北西行的，然后被匈奴所得，他应当走的是祁连山北麓羌与匈奴的接合部。

张骞被匈奴俘虏后，在匈奴中生活了十余年。其活动区域主要在包括河西走廊在内的匈奴右部地区，这一点既见载于《汉书·张骞传》“居匈奴西”[③]，还可以从汉武帝对匈奴的战争中

---

① 《汉书》卷四一《郦商传》，第2074页。

② 《史记》卷一二三《大宛列传》，第3843—3844页。《汉书》卷六一《张骞传》，第2690页。

③ 《汉书》卷六一《张骞传》，第2688页。

得到证实。张骞被封博望侯的主要功绩是出使西域和作为卫青的行军向导助其取得胜利。元狩二年（前121）霍去病两次分别从陇西郡、北地郡出兵攻打匈奴都取得胜利，除了赵破奴对匈奴地区情况很了解外，很可能也得益于张骞出使西域得到的情报信息。最了解匈奴右部河西地区的山川形势和物产水草的，只有在这一带生活了十余年时间的张骞，因此敦煌及河西地区的取得或亦为张骞的主要贡献。张骞出使西域的目的是联合大月氏共同对付匈奴。因大月氏适应了西域的环境，不愿再与匈奴为敌，故张骞此次出使没有达到预期目的。但是"骞身所至者，大宛、大夏、康居，而传闻其旁大国五六，具为天子言其地形，所有"①。这些信息的获得，使汉武帝首次对西域有所了解，特别是增强了汉武帝出兵征伐匈奴的决心。获取西域地区的信息是张骞出使的主要收获，之后了解出使地方风土人情、山川形势等几乎成为汉朝使者的共同职责，如张安世长子张千秋与霍光子霍禹以中郎将击乌桓，"还，谒大将军光，问千秋战斗方略，山川形势，千秋口对兵事，画地成图，无所忘失"②。同样汉武帝也向张骞询问西域国家的山川地形和人物物产等信息。这些信息对汉武帝对匈奴战争的胜利起到了重要作用。张骞出使大月氏收集的情报主要有西汉通往西域的交通道路及西域各国的物产、气候、居民等内容。另外，张骞还长期生活在匈奴右部，收集了匈奴地区的交通和自然环境等情况，这为其以后在汉匈战争中充当向导储备了知识。张骞所获情报中有些是其实际勘察的，有些是道听途说的，如西南夷通西域的消息就是道听途说，汉武帝对西南夷的用兵检验出这一情报的不可靠。但是张骞亲身经历的地区，战争进行得非常顺

① 《汉书》卷六一《张骞传》，第2689页。

② 《汉书》卷五九《张汤传》，第2656—2657页。

利，这些得益于其情报的准确。《史记·大宛列传》记载：

> 骞以校尉从大将军击匈奴，知水草处，军得以不乏，乃封骞为博望侯。是岁元朔六年也。其明年，骞为卫尉，与李将军俱出右北平击匈奴。匈奴围李将军，军失亡多；而骞后期当斩，赎为庶人。[①]

卫青在朔方作战的主要对手是匈奴右部之右贤王。张骞能在对匈奴右部作战过程中，“知水草处，军得以不乏”，可见其对匈奴右部山川地形较为熟悉。而对于右北平以北的匈奴左部张骞就比较生疏，所以其所率军队延误了军期。霍去病攻打河西地区的匈奴就显得异常顺利，这可能就与张骞两次被俘期间主要活动于匈奴右部有关。敦煌名称的使用也可能与张骞有关，是他在作为行军向导的过程中将敦薨作为敦煌。张骞是汉中人，如果他使用的是关中语言，这样敦煌和敦薨的发音基本上就没有很大的区别。

张骞出发时是经河西走廊西行，其从西域返回的路线同样也计划经河西走廊。张骞从西域地区返回，原计划是经过羌中道，避免被匈奴所抓捕，但是最后还是没有幸免。那么张骞是最终没有走羌中道还是经过羌中道时被某个政权所俘交给匈奴，我们倾向后者。张骞从西域返回时被俘的地点是哪里，我们推测是在罗布泊地区，该地是匈奴与西域诸国接合部，罗布泊之东是匈奴管辖区。《史记·大宛列传》称：“匈奴右方居盐泽以东……南接羌，鬲汉道焉。”[②]张骞从西域返回很显然傍南山走羌中道，即

---

① 《史记》卷一二三《大宛列传》，第3845页。

② 《史记》卷一二三《大宛列传》，第3837页。

图1-10 莫高窟第323窟 汉武帝获金人及张骞出使西域故事画 唐

从疏勒经莎车、于阗、且末、楼兰，楼兰往东是匈奴控制区，往东南经婼羌、狼何羌准备过柴达木盆地到湟水流域，最终到西汉陇西郡，这就是羌中道，历史时期这条道路经常被使用。但是在某个环节出了问题，导致张骞复为匈奴所得。鉴于当时小月氏与匈奴之间关系甚好，而张骞经羌中道东行首先必须经过婼羌和狼何羌（小月氏种），故张骞很可能就是被狼何羌俘虏送给匈奴，而不是被匈奴直接俘虏。

第三节　汉武帝对匈奴的战争与对河西的占领

敦煌文献P.3535《河西诸州地理形势处分语》记载，凉州："故雍州之西界，实武威之旧区"；甘州："禹分九土，导弱川之向西流；李陵爰书，接贰师而坐张掖"；肃州："州得酒泉之郡，乡连会川之郊；控骍马之途，据玉门之险"；沙州："地疏龙勒，境控阳关"[①]。对河西敦煌的历史沿革和地理形势论述比较到位。汉武帝对敦煌及河西的占领是秦汉王朝历代经营西北的结果。秦曾灭西戎、义渠，开地千里，置陇西郡、北地郡作为经营西北的重镇，后又遣蒙恬击败匈奴取得河南地，设置九原郡，作为防御匈奴基地。秦汉之际，匈奴利用楚汉之争，攻占河南地。汉初，匈奴又西击大月氏，占领河西地区，与西羌邻接，致使西汉政府的北部和西部处于匈奴包围之下，对外交往的通道完全被截断，乃至都城长安都处于匈奴威胁之下。西汉继承秦代疆土，经营西北仍主要依靠陇西、北地二郡进行。为突破匈奴的包围，打开对外交往的通道，汉武帝派张骞出使西域，准备联合与

①上海古籍出版社等编《法藏敦煌西域文献》第25册，第208页。定名为《书仪》，前部残缺，《河西诸州处分语》抄写于书仪的中间。

匈奴有宿仇的大月氏共同对付匈奴，虽然没有达到目的，但是张骞出使获取到西域和匈奴的人文地理等诸多重要情报。尚未等到张骞返回，汉武帝从元光六年（前129）便开始发动对匈奴的战争。战争初期西汉主要是经北方的上谷、代郡、云中、雁门攻击匈奴，最终成功收复河南地，置朔方、五原郡，并以朔方、五原郡、高阙塞为基地继续攻打匈奴。西汉政府在朔方一带的用兵，基本解除了匈奴对其北方的威胁。元狩二年（前121），汉武帝开始以陇西、北地郡为基地，对盘踞河西的匈奴发动战争，以解除匈奴对西汉西部的威胁。汉武帝连续遣霍去病攻打河西,并取得胜利，于是此年浑邪王投降西汉，河西地区被西汉占领，敦煌由此纳入西汉版图。此后西汉政府置河西四郡，开始经营西域。河西特别是敦煌的取得，是西汉政府开通丝路通道的关键。本节我们将从秦汉政府对西北的经营和匈奴对西汉西北疆域的威胁、汉武帝对河西匈奴的战争与浑邪王投降西汉、西汉占领河西对西北格局的影响等方面展开论述。

图1-11　P.3535《河西诸州地理形势处分语》

一、秦汉政府对西北的经营和匈奴对西汉西北疆域的威胁

秦汉之际，中原王朝西北疆域的外来威胁主要是西羌和大月氏，匈奴击败大月氏占领河西后，西北疆域的外来威胁就变成匈

奴和西羌。匈奴占领河西和东胡之后，实现了对中原王朝北方和西北的合围，也隔断了中原王朝与西域间的交往。

秦国经过数代艰苦经营，在西北边疆先后设置陇西、北地、上郡。《汉书·匈奴传》记载：

> 而魏有西河、上郡，以与戎界边。其后，义渠之戎筑城郭以自守，而秦稍蚕食之，至于惠王，遂拔义渠二十五城。惠王伐魏，魏尽入西河及上郡于秦。秦昭王时，义渠王与宣太后乱，有二子。宣太后诈而杀义渠戎王于甘泉，遂起兵伐灭义渠。于是秦有陇西、北地、上郡，筑长城以距胡。①

秦始皇并六国后，西北边疆仍以陇西郡、北地郡、上郡以西的秦昭襄王长城为限，与匈奴、大月氏、西羌等分界，当时秦朝西北边疆未及黄河，大抵至天水、平凉、庆阳一带。至秦始皇帝三十三年（前214），“西北斥逐匈奴。自榆中并河以东，属之阴山，以为三十四县，城河上为塞。又使蒙恬渡河取高阙、陶山、北假中，筑亭障以逐戎人。徙谪，实之初县”②。至此秦朝西北边疆进一步开拓，得以沿河筑塞，移民置县。概言之，秦朝在北部取得河南地并渡河筑塞至阴山，西部陇西、北地二郡辖境亦向西扩展至黄河沿线。

楚汉相争之际，冒顿单于初次击败大月氏，匈奴势力扩展至河西走廊东部，其对西汉边境③的威胁从单一北部，变成北部和

---

① 《汉书》卷九四上《匈奴传上》，第3747页。

② 《史记》卷六《秦始皇本纪》，第323页。

③ 关于西汉继承、接受秦朝西北疆域的历程。《汉书·高帝纪上》记载汉王二年（前205），汉军还定关中。十一月，“汉王还归，都栎阳，使诸将略地，拔陇西……缮治河上塞”；正月，“诸将拔北地，虏雍王弟章平”；六月，

图1-12 匈奴王金冠 战国

西北部。不仅如此，冒顿还“南并楼烦、白羊河南王。悉复收秦所使蒙恬所夺匈奴地者，与汉关故河南塞，至朝那、肤施，遂侵燕、代”[1]。致使秦始皇对河南地及黄河沿线的经略功亏一篑，西汉北部防线被迫收缩。

匈奴进犯西汉的重点虽在北部边疆的上郡、云中、代、雁门等地，然对西部边疆的进犯亦不乏有之。高后五年（前183），西汉“发河东、上党骑屯北地。……（六年）匈奴寇狄道，攻阿阳。……七年冬十二月，匈奴寇狄道，略二千余人”[2]。狄道、阿阳在汉初皆属陇西郡，表明匈奴从大月氏夺取河西走廊东部后，从西面进犯汉朝西疆更加便捷。

汉高帝、高后时对匈奴基本采取以防御为主的策略，匈奴来犯即驱赶出境而已，不主动进行战争，并采取和亲政策缓解匈奴对西汉边境的侵犯。这种局势到汉文帝时期没有发生大的变化，然而匈奴对西汉西北边疆的侵犯却愈演愈烈。文帝前元三年（前

（接上页）“雍地定，八十余县，置河上、渭南、中地、陇西、上郡。……兴关中卒乘边塞”。由此观之，西汉二年汉高帝刘邦已经基本全盘接手了秦朝的西部边疆，仍以陇西、北地二郡为支撑，以黄河一线为边界，并注重恢复巩固黄河边塞防线。

①《史记》卷一一〇《匈奴列传》，第3494—3495页。

②《汉书》卷三《高后纪》，第99页。

177）五月，“匈奴入北地，居河南为寇。帝初幸甘泉。六月，帝曰：‘汉与匈奴约为昆弟，毋使害边境，所以输遗匈奴甚厚。今右贤王离其国，将众居河南降地……非约也。其发边吏骑八万五千诣高奴，遣丞相颍阴侯灌婴击匈奴。’匈奴去”①。上郡治所高奴距离长安七百余里，右贤王所居河南地距离长安千余里，北地郡治所方渠距离长安也很近，约七百里。因此一旦匈奴右部进犯北地、上郡，长安便面临威胁。匈奴右贤王此次进犯西汉失败后，转而攻灭大月氏。随着右贤王击败大月氏完全占据河西走廊，匈奴右部对西汉西北边疆的威胁愈演愈烈。《汉书·文帝纪》记载：

> 十四年冬，匈奴寇边，杀北地都尉卬。遣三将军军陇西、北地、上郡，中尉周舍为卫将军，郎中令张武为车骑将军，军渭北，车千乘，骑卒十万人。上亲劳军，勒兵，申教令，赐吏卒。自欲征匈奴，群臣谏，不听。皇太后固要上，乃止。于是以东阳侯张相如为大将军，建成侯董赤、内史栾布皆为将军，击匈奴。匈奴走。②

匈奴右部不仅控制着北方诸多领地、部落，还占据着河南地及河西走廊，对陇西、北地、上郡等西北诸郡乃至汉都长安都造成很大威胁，汉文帝限于国力对来犯的匈奴继续采取防御战略与和亲政策。

汉景帝即位后（前156），“遣御史大夫青翟至代下与匈奴和亲”③。景帝前元二年（前155），“秋，与匈奴和亲”④。前元

---

① 《史记》卷一〇《孝文本纪》，第538页。
② 《汉书》卷四《文帝纪》，第125—126页。
③ 《汉书》卷五《景帝纪》，第140页。
④ 《汉书》卷五《景帝纪》，第141页。

图1-13 彩绘步兵俑（咸阳杨家湾） 文帝至景帝时期
（采自中国陵墓雕塑全集编辑委员会编《中国陵墓雕塑全集》第2卷，第108页）

五年（前152），“遣公主嫁匈奴单于”[①]。表明景帝继续奉行和亲政策。景帝前元六年（前151），封“陇西太守浑邪为平曲侯”[②]，封侯的原因没有说明，我们推测可能与防御匈奴和西羌有关。这时期匈奴入边为寇，仍多在北部边塞。如景帝中元二年（前148），“匈奴入燕”[③]；中元六年（前144），“匈奴入雁门，至武泉，入上郡，取苑马”[④]；后元二年（前142）匈奴入雁门，太守冯敬战死。至于西北边疆的陇西、北地郡则相对安静。这种局势一直维持到汉武帝即位之后。

综上，从武帝之前的西汉与匈奴关系得知，匈奴占领河南地后，不断派兵入侵西汉北部疆域的上郡、云中、代、雁门等郡，威胁西汉北部疆域的安全，特别是侵上郡，迫使西汉不得不派兵

---

① 《汉书》卷五《景帝纪》，第144页。
② 《史记》卷一一《孝景本纪》，第563页。
③ 《汉书》卷五《景帝纪》，第145页。
④ 《汉书》卷五《景帝纪》，第150页。

驻防高奴，高奴距离长安仅七百余里。同时匈奴右贤王又出兵进犯北地、陇西二郡，而北地郡与陇西郡管辖范围紧邻关中，距离长安都很近，匈奴的入侵，也会直接威胁长安。所以为使都城长安稳固，西汉除在陇西、北地、上郡组织防线之外，还在长安周边地区组成第二道防线，以备不测。在此背景下，要彻底解除匈奴对西汉统治中心——关中长安地区的威胁，须从北部与西部两个方向下手。第一，最好是将北部疆域推进到黄河以北或者阴山北部地区，收复河南地，最低要求是恢复秦代的疆域范围。第二，取得河西地区，从而解除匈奴右部从陇西、北地二郡渡过黄河入侵西汉西北边境的威胁。因此，汉武帝在对匈奴战争取得初步胜利，收复河南地并越河取得阳山北假，将匈奴的势力驱逐至阴山以北地区之后，就着手经营河西地区。如果不取得河西地区，那么匈奴右部还能够通过陇西、北地入侵关中，截断西汉政府经营北部的后路，使西汉政府经营北部的策略首尾不能相顾，已有的成绩化为泡影。

二、汉武帝对河西匈奴的战争与浑邪王投降西汉

图1-14 汉武帝雕像

汉武帝元光六年（前129）开始对匈奴进行战争，其中对占领河西走廊起到决定性作用的是元狩二年（前121）汉武帝派遣霍去病主持的两次战争。第一次出陇

西郡至皋兰，斩首八千级；第二次霍去病与公孙敖出北地两千里过居延，斩首虏三万级。《史记·匈奴列传》记载取得河西的过程：

> 其明年春，汉使骠骑将军去病将万骑出陇西，过焉支山千余里，击匈奴，得胡首虏骑万八千余级，破得休屠王祭天金人。其夏，骠骑将军复与合骑侯数万骑出陇西、北地二千里，击匈奴。过居延，攻祁连山，得胡首虏三万余人，裨小王以下七十余人。[①]

《汉书·匈奴传》记载：

> 明年春，汉使票骑将军去病将万骑出陇西，过焉耆山千余里，得胡首虏八千余级，得休屠王祭天金人。其夏，票骑将军复与合骑侯数万骑出陇西、北地二千里，过居延，攻祁连山，得胡首虏三万余级，裨小王以下十余人。[②]

《西河旧事》记载祁连山的位置：

> 山在张掖、酒泉二界上，东西二百余里，有松柏五木，美水草，冬温夏凉，宜畜牧。匈奴失二山，乃歌云："亡我祁连山，使我六畜不蕃息；失我燕支山，使我嫁妇无颜色。"祁连一名天山，亦曰白山。[③]

---

①《史记》卷一一〇《匈奴列传》，第3514页。

②《汉书》卷九四上《匈奴传上》，第3768页。

③《史记》卷一一〇《匈奴列传》，第3515页。

这里的祁连山有两指，一是指酒泉、张掖间的祁连山，二是指伊吾北部的天山。因为对祁连山位置的争论颇多，所以对霍去病行军的具体路线难以最终敲定[①]。这次战争之所以这样顺利，很可能得益于张骞对河西及其周边地区地理形势情报的掌握。《汉书·霍去病传》记载："校尉张骞从大将军，以尝使大夏，留匈奴中久，道军，知善水草处，军得以无饥渴，因前使绝国功，封骞为博望侯。"[②]虽然没有记载张骞为霍去病行军做向导，但是不能排除这种可能。事实上无论张骞是否亲身参与河西之战，其所获取的情报应当都对这次攻打匈奴起了非常重要的作用。元狩二年（前121）春，骠骑将军霍去病出陇西，过焉支山千余里，鏖战皋兰下，杀折兰王，斩卢侯王，执浑邪王子，收休屠王祭天金人。《汉书·卫青霍去病传》记载：

> 其夏，去病与合骑侯敖俱出北地，异道。博望侯张骞、郎中令李广俱出右北平，异道。广将四千骑先至，骞将万骑后。匈奴左贤王将数万骑围广，广与战二日，死者过半，所杀亦过当。骞至，匈奴引兵去，骞坐行留，当斩，赎为庶人。而去病出北地，遂深入，合骑侯失道，不相得。去病至祁连山，捕首虏甚多。上曰："票骑将军涉钧耆，济居延，遂臻小月氏，攻祁连山，扬武乎觻得，得单于单桓、酋涂王，及相国、都尉以众降下者二千五百人，可谓能舍服知成而止矣。捷首虏三万二百，获五王，王母、单于阏氏、王子五十九人，相国、将军、当户、都尉六十三人，

① 李艳玲对关于"祁连"位置的诸家争论已有梳理，其文也是关于祁连山最新的研究成果。详见氏著《西汉祁连山考辨》，《敦煌学辑刊》2021年第2期，第14—26页。

② 《汉书》卷五五《卫青霍去病传》，第2479页。

> 师大率减什三，益封去病五千四百户。赐校尉从至小月氏者爵左庶长。鹰击司马破奴再从票骑将军斩遬濮王，捕稽且王，右千骑将得王、王母各一人，王子以下四十一人，捕虏三千三百三十人，前行捕虏千四百人，封破奴为从票侯。校尉高不识从票骑将军捕呼于耆王王子以下十一人，捕虏千七百六十八人，封不识为宜冠侯。校尉仆多有功，封为煇渠侯。"合骑侯敖坐行留不与票骑将军会，当斩，赎为庶人。诸宿将所将士马兵亦不如去病，去病所将常选，然亦敢深入，常与壮骑先其大军，军亦有天幸，未尝困绝也。[①]

霍去病此次西征取胜，首先，虽然明确没有张骞的向导，但应亦得益于张骞前期的情报信息；其次，张骞、李广从右北平出兵吸

图1-15 立马[②]（霍去病墓） 元狩六年（前117）

① 《汉书》卷五五《卫青霍去病传》，第2480—2481页。

② 又名"马踏匈奴"。

引了匈奴的兵力，减轻了霍去病的压力；再者，霍去病所率皆是选取之精锐，又“敢深入”，这是霍去病能够取得河西之战胜利的重要因素。

元狩二年（前121）秋，在霍去病的攻势下，浑邪王、休屠王谋降西汉。《史记·匈奴列传》记载：

> 其秋，单于怒浑邪王、休屠王居西方为汉所杀虏数万人，欲召诛之。浑邪王与休屠王恐，谋降汉，汉使骠骑将军往迎之。浑邪王杀休屠王，并将其众降汉。凡四万余人，号十万。于是汉已得浑邪王，则陇西、北地、河西益少胡寇，徙关东贫民处所夺匈奴河南新秦中以实之，而减北地以西戍卒半。①

《汉书·卫青霍去病传》记载：

> 其后，单于怒浑邪王居西方数为汉所破，亡数万人，以票骑之兵也，欲召诛浑邪王。浑邪王与休屠王等谋欲降汉，使人先要道边。是时大行李息将城河上，得浑邪王使，即驰传以闻。上恐其以诈降而袭边，乃令去病将兵往迎之。去病既度河，与浑邪众相望。浑邪裨王将见汉军而多欲不降者，颇遁去。去病乃驰入，得与浑邪王相见，斩其欲亡者八千人，遂独遣浑邪王乘传先诣行在所，尽将其众度河，降者数万人，号称十万。既至长安，天子所以赏赐数十钜万，封浑邪王万户，为漯阴侯。封其裨王呼毒尼为下摩侯，雁疵为煇渠侯，禽黎为河綦侯，大当户调虽为常乐侯。……乃分处降

---

①《史记》卷一一〇《匈奴列传》，第3515页。

者于边五郡故塞外，而皆在河南，因其故俗为属国。[①]

《汉书·金日磾传》记载：

金日磾字翁叔，本匈奴休屠王太子也。武帝元狩中，票骑将军霍去病将兵击匈奴右地，多斩首，虏获休屠王祭天金人。其夏，票骑复西过居延，攻祁连山，大克获。于是单于怨昆邪、休屠居西方多为汉所破，召其王欲诛之。昆邪、休屠恐，谋降汉。休屠王后悔，昆邪王杀之，并其众降汉。封昆邪王为列侯。日磾以父不降见杀，与母阏氏、弟伦俱没入官，输黄门养马，年十四矣。[②]

浑邪王与休屠王是匈奴派驻在河西走廊地区的统帅，从其“亡数万人”[③]后仍能率“四万余人”投降，加之亦有“颇遁去”之不愿降者来看，浑邪王与休屠王掌管的部众规模应不下十万之数。这也大致是匈奴部署在河西走廊及周边的主要军事力量。又《史记·汲黯列传》载：“居无何，匈奴浑邪王率众来降，汉发车二万乘。”[④]征发二万乘车来传之，也可佐证投降规模之大。这些

---

① 《汉书》卷五五《卫青霍去病传》，第2482—2483页。

② 《汉书》卷六八《金日磾传》，第2959页。

③ 《史记·平准书》记载：“其明年，骠骑仍再出击胡，获首四万。其秋，浑邪王率数万之众来降。”则霍去病两次西征浑邪王与休屠王驻地斩获匈奴大致四万人。又按《汉书·卫青霍去病传》记载，霍去病俘斩匈奴超过四万五千人。

④ 《史记》卷一二〇《汲黯列传》，第3777页。《汲黯列传》记载：“黯请间，见高门，曰：‘夫匈奴攻当路塞，绝和亲，中国兴兵诛之。死伤者不可胜计，而费以巨万百数。臣愚以为陛下得胡人，皆以为奴婢以赐从军死事者家；所卤获，因予之，以谢天下之苦，塞百姓之心。今纵不能，浑邪率数万之众来降，虚府库赏赐，发良民侍养，譬若奉骄子。愚民安知市买长安中物而文吏绳以为阑出财物于边关乎？陛下纵不能得匈奴之资以谢天下，又以微文杀无知者五百余人，是所谓“庇其叶而伤其枝”者也，臣窃为陛下不取

投降的匈奴先到长安，然后才置五属国而处之。浑邪王和休屠王部众投降西汉后，来自西部河西地区的威胁基本解除，“而金城、河西西并南山至盐泽空无匈奴”①。敦煌地处罗布泊以东，该地自然也“空无匈奴”开始纳入西汉管辖之下。酒泉郡设置后，敦煌地区纳入西汉酒泉郡管辖。

三、西汉占领河西对西北格局的影响

汉武帝派遣霍去病于元狩二年（前121）连续两次西击匈奴的战争都取得很大的战果，匈奴浑邪王杀休屠王投降西汉也超出了汉武帝的预料。事实上，西汉政府不仅对取得河西后如何治理缺乏准备，而且对战争的预测也处于无序之中。匈奴浑邪王率四万人投降西汉后，金城河西至罗布泊空无匈奴，即便匈奴的候骑也很少到达这一地区，河西在一段时期内成为一个管理真空之地。其后西汉政府经过数年的探索才确定移民实边、设置郡县的方针，对河西进行直接管理。总体来看，西汉夺取河西，对西北格局产生了巨大影响。

其一，关中地区尤其是汉都长安变得相对安全。此后边境发生战事，西汉政府无须再着重考虑派遣军队驻守关中周边以拱卫长安安全的问题。这时期北部边疆延展至阴山，特别是西汉修筑北部边塞之后，匈奴从北部对西汉统治腹地的威胁基本解除，至少匈奴侵边已难以对长安构成威胁。取得朔方、河西后，西北地区的北地郡、上郡从边地变成内地，西汉政府防御的重点也从北地、上郡、陇西一线，推进到朔方、河西乃至西域一带，因此得以“减北地以西戍卒半”②。

（接上页）也。’上默然，不许，曰：‘吾久不闻汲黯之言，今又复妄发矣。’”

①《史记》卷一二三《大宛列传》，第3845页。

②《汉书》卷九四上《匈奴传上》，第3769页。

图1-16 霍去病雕像（司豪强 摄）

其二，河西方面匈奴的威胁解除，西汉西北边疆获得极大扩展，开始与西羌、西域诸国以及匈奴展开对峙。其中西域城邦诸国势力较弱，难以对西汉造成威胁，只能对丝绸之路畅通与否造成影响；西羌对西汉的威胁也有限，影响所及主要在河陇地区；经过一段时间的经营，西汉的亭障和塞城从朔方的高阙塞、鸡鹿塞，逐步向西延伸至武威塞、居延塞，再向西至敦煌的阳关、玉门关塞城。因此，尽管匈奴仍是西汉北部威胁，但整体影响力在下降。浑邪王投降后，西汉占据河西，并在对匈奴战争中占据主动地位。西汉开始从东中西三个方向对匈奴形成夹击之势。匈奴右部不仅接连损失河南地与河西走廊两大根据之地，还在卫青、霍去病打击下战损及投降十余万人，因此在之后很长一段时期内遭受重创的右部难以再对汉朝西北边疆发动有效攻势。于是，单于部与左部成为匈奴发动对汉反击赖以依仗的两股力量。同时，匈奴单于部及左部也成为西汉接下来主要打击的目标。

元狩三年（前120）春，“匈奴入右北平、定襄各数万骑，杀略千余人”[①]。此次犯边应是匈奴单于部及左部针对右部失利发动的一次反击。元狩四年（前119），汉武帝再遣卫青、霍去病分率大军“绝幕击匈奴”[②]。卫青大败伊稚斜单于，“汉兵夜追之不得，行捕斩首虏凡万九千级”[③]。霍去病“出代二千余里，与左王接战，汉兵得胡首虏凡七万余人，左王将皆遁走，票骑封狼居胥山，禅姑衍，临瀚海而还”[④]。卫、霍两路进军合计歼灭匈奴将近九万人，匈奴元气大伤，丧失了战争的主动权：

> 是后匈奴远遁，而幕南无王庭。汉度河自朔方以西至令居，往往通渠置田官，吏卒五六万人，稍蚕食，地接匈奴以北。[⑤]

西汉虽在对匈奴战争中取得胜利，但亦损失巨大，加上霍去病早逝，西汉很久不能出兵北击匈奴，匈奴亦不能入边为寇。其后，西汉政府设置河西四郡，开始重点经营西域诸国，意图“断匈奴右臂”[⑥]，“以分匈奴西方之援国”[⑦]。如此，元狩四年（前

---

① 《汉书》卷九四上《匈奴传上》，第3769页。
② 《汉书》卷九四上《匈奴传上》，第3769页。
③ 《汉书》卷九四上《匈奴传上》，第3769页。
④ 《汉书》卷九四上《匈奴传上》，第3770页。
⑤ 《汉书》卷九四上《匈奴传上》，第3770页。
⑥ 《史记》卷一二三《大宛列传》，第3846页。
⑦ 《汉书》卷九四上《匈奴传上》，第3773页。

图1-17 甘肃肃北县马鬃山地区[①]（司豪佳 摄）

119）漠北大战后，匈奴在很长时期内不能对西汉边境构成威胁，西汉西北边疆得以在较为安定的环境下向西向北推进。

其三，西汉在河西、西域的经营，使汉、匈交锋的重心开始向西倾移。汉武帝元封六年（前105），匈奴儿单于继位，为避开西汉的进攻，匈奴将统治中心西移。原先“诸左方王将居东方，直上谷以往者，东接秽貉、朝鲜；右方王将居西方，直上郡以西，接月氏、氐、羌；而单于之庭直代、云中”[②]，儿单于时，“单于益西北，左方兵直云中，右方兵直酒泉、敦煌”[③]。匈奴左部西移至原单于王庭的位置，右部在酒泉、敦煌的北部，王庭继续居中。匈奴的西移，使西汉的北部压力减轻。随之而来的是匈奴对河西诸郡形成直接威胁，其目的是形成胡与羌的联合，夺回被西汉占领的匈奴右部领地。此后西汉攻击匈奴的出兵地点主要有两个，一个是上郡，一个是居延遮虏障。而匈奴入侵西汉主

① 马鬃山地处汉敦煌郡北缘。

②《史记》卷一一〇《匈奴列传》，第3495—3496页。

③《汉书》卷九四上《匈奴传上》，第3774页。

攻方向也发生了变化，一个是云中、定襄、五原、朔方一带，一个是河西走廊的酒泉、张掖一带[①]。换言之，因为西汉占据河西走廊，设置郡县、亭障，并以此为根据联络乌孙等西域诸国，逐步隔绝了匈奴与西羌、西域之间的联系，限制乃至压缩了匈奴的生存发展空间[②]。加之匈奴在漠北大战中元气大伤，所以在很长一段时期内匈奴即便面对西汉挑衅、引诱，也始终“不肯为寇于汉边，休养士马，习射猎”[③]，即匈奴一面休养生息、恢复国力，一面对西汉采取避而远之的策略。到乌维单于末年至儿单于在位，匈奴重新开始“侵犯汉边”[④]，而进犯的重心也向西汉的新拓之西北边疆——河西走廊发生转移，意图打破西汉对其西部的封锁，联合西羌、西域扭转局势。于是，汉匈交战、争夺的重点有明显西移倾向。

其四，汉武帝占领河西走廊之后，对西羌的防范力度也逐渐升级。西羌主要生活在河湟地区以及祁连山及以南的柴达木盆地，往东可以侵犯陇西、天水等郡，形成对西汉西部疆域的威胁；往西经婼羌出兵鄯善，可通过车师前后部同匈奴建立联系，

---

①《汉书·匈奴传》记载太初三年：“其秋，匈奴大入云中、定襄、五原、朔方，杀略数千人，败数二千石而去，行坏光禄所筑亭障。又使右贤王入酒泉、张掖，略数千人，会任文击救，尽复失其所得而去。闻贰师将军破大宛，斩其王还，单于欲遮之，不敢，其冬病死。”

②《汉书·匈奴传上》记载：“汉度河自朔方以西至令居，往往通渠置田官，吏卒五六万人，稍蚕食，地接匈奴以北。”同传又云：“而西置酒泉郡以隔绝胡与羌通之路。又西通月氏、大夏，以翁主妻乌孙王，以分西方之援国。又北益广田至眩雷为塞，而匈奴终不敢为言。”可见西汉不仅在令居至朔方一线对匈奴疆域展开“蚕食”，联盟乌孙、大月氏等，还屯田筑塞于眩雷、居延，这些举措无疑是在刻意挤压匈奴生存空间，实现逐步削弱其国的目的。

③《汉书》卷九四上《匈奴传上》，第3772页。

④《汉书》卷九四上《匈奴传上》，第3774页。

隔断西汉与西域的交通道路。祁连山东西延绵一千余里，号称走廊南山，有很多山口连通河西四郡，西羌可以通过这些山口进犯河西，对西起敦煌、东到武威的整个河西走廊造成威胁。西汉政府不得不动用巨大的人力、物力应付西羌。西汉筑令居塞，最初主要用于防御匈奴。随着匈奴西移，令居塞主要功能也变为防御西羌。河西四郡主要任务就是隔断胡与羌的联系，因此西汉依靠祁连山这一天然屏障，建设了东起金城塞、令居塞，西至阳关塞的河西走廊南部防线，用以防范西羌。

其五，西汉占领河西后，河西也成为西汉经略西域的跳板。对西域的经营逐渐变成西汉政府对外关系的重点，同时西通西域也是为进一步打击匈奴。

总之，西汉占领河西走廊解除了匈奴对关中长安的威胁，并使西北边疆向西向北有了极大拓展。在此背景下，西汉西北边疆面临的周边形势发生了极大改变，此后河西走廊逐渐兼具南防西羌、北阻匈奴、西通西域的作用。

图1-18 甘肃张掖山丹军马场

第二章

西汉敦煌郡、两关的设置与移民实边

西汉敦煌郡大致包括今敦煌市、瓜州县、肃北县及阿克塞县。汉朝占据河西走廊后，在此推行设置郡县、修建亭障、移民实边等一系列举措，以巩固这一新拓疆土。敦煌地处河西走廊西陲，西邻西域，也是西汉重点经营之地。本章论述西汉对敦煌的经营，主要从敦煌郡的设置与敦煌城的修筑、玉门关与阳关的设置及敦煌郡移民情况等三个方面展开。

第一节　西汉敦煌郡的设置与敦煌城的修筑

元狩二年（前121），汉武帝派遣霍去病出兵河西击败匈奴，匈奴浑邪王杀休屠王，以四万人投降西汉，汉武帝为了打开西域交通道路，加强与西域诸国交流，设置了敦煌郡。关于敦煌郡的设置时间，《汉书·地理志下》《汉书·武帝纪》和敦煌文献记载皆不同。先秦时期生活在敦煌的居民主要是大月氏和乌孙人，西汉之初他们在匈奴人的打击之下西迁，敦煌成为匈奴右部的管辖范围。大月氏和乌孙都是行国，随畜牧移徙[①]，虽然他们在敦煌可能留有村庄聚落，但是修建城池的可能性不大，因此敦煌修建城池的年代就是西汉置敦煌郡的年代。敦煌文献P.2631《吐蕃敦煌二都督三部落使建伽蓝功德记》中记载敦煌行政建制的历史，可以追溯到陶唐时期："厥今陶唐古堞，瑞应多奇；塞出流沙，人居善业。官僚沐大臣之庇，百姓承向化之风。永固桑田，长承世嗣。然覆载之恩既重，舟楫之泽殊深。遍沐秤［□］，蠲

① 《史记·大宛列传》记载大月氏："行国也，随畜牧移徙，与匈奴同俗。"《汉书·西域传》记载乌孙："不田作种树，随畜逐水草，同匈奴同俗。"

赋斯及。”[①]敦煌城是陶唐时期的古堞，后来修建延伸出流沙的塞垣，就是说敦煌城的修建由来已久，这个追述实际上记载的是先秦时期敦煌居民的分布情况，但是这个记载有很大的虚冒成分，可信程度不高。

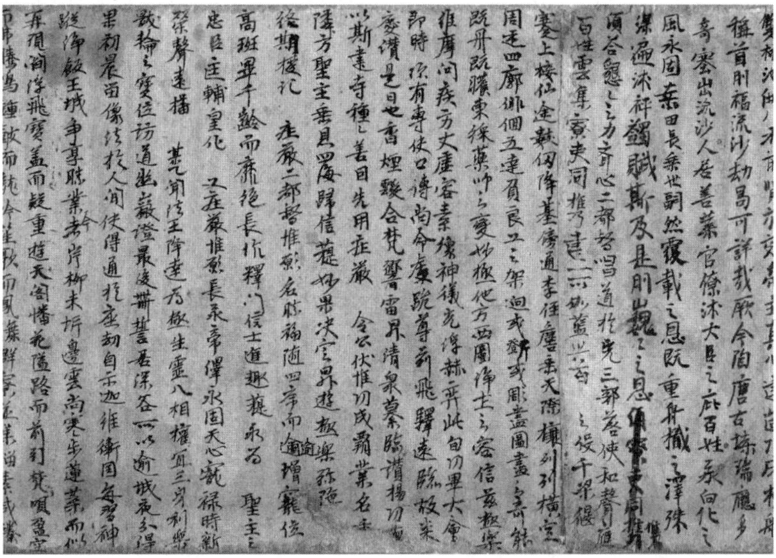

图2-1 P.2631《吐蕃敦煌二都督三部落使建伽蓝功德记》

敦煌地理文书P.2691《沙州城土境》、S.5693《瓜沙两郡史事编年并序》和P.3721《瓜沙两郡史事编年并序》等都记载敦煌城修建于元鼎六年（前111），是否可以确定敦煌郡的设置年代就在元鼎六年（前111）？汉武帝命赵破奴主持敦煌的置郡和敦煌城的修筑，赵破奴在置敦煌郡时不仅修筑了敦煌城，而且围绕着敦煌郡城修筑了一系列防御体系。我们主要从敦煌郡城的修筑和敦煌郡防御体系两个方面加以论述。

① 郑炳林、郑怡楠辑释《敦煌碑铭赞辑释（增订本）》，上海：上海古籍出版社，2019年，第139页。

一、从骠侯赵破奴与河西敦煌的取得

赵破奴，《史记》《汉书》没有为其单独立传，而是在《史记·卫将军骠骑列传》《汉书·卫青霍去病传》中附有《赵破奴传》，简略记载了赵破奴的生平事迹。根据《史记·卫将军骠骑列传》附《赵破奴传》记载：

> 将军赵破奴，故九原人。尝亡入匈奴，已而归汉，为骠骑将军司马。出北地时有功，封为从骠侯，坐酎金失侯。后一岁，为匈河将军，攻胡至匈河水，无功。后二岁，击虏楼兰王，复封为浞野侯。后六岁，为浚稽将军，将二万骑击匈奴左贤王，左贤王与战，兵八万骑围破奴，破奴生为虏所得，遂没其军。居匈奴中十岁，复与其太子安国亡入汉。后坐巫蛊，族。[①]

《汉书·卫青霍去病传》附《赵破奴传》记载与之基本相同：

> 赵破奴，太原人。尝亡入匈奴，已而归汉，为票骑将军司马。出北地，封从票侯，坐酎金失侯。后一岁，为匈河将军，攻胡至匈河水，无功。后一岁，击虏楼兰王，后为浞野侯。后六岁，以浚稽将军将二万骑击匈奴左王。左王与战，兵八万骑围破奴，破奴为虏所得，遂没其军。居匈奴中十岁，复与其太子安国亡入汉。后坐巫蛊，族。[②]

---

① ［汉］司马迁撰，［南朝宋］裴骃集解，［唐］司马贞索隐，［唐］张守节正义《史记》卷一一一《卫将军骠骑列传》，北京：中华书局，2014年，第3563页。

② ［汉］班固撰，［唐］颜师古注《汉书》卷五五《卫青霍去病传》，北京：中华书局，1962年，第2493页。

从这段记载中得知，赵破奴曾经逃亡到匈奴生活了很长时间，汉武帝时期归汉，为骠骑将军霍去病司马，因功被封为从骠侯；后因酎金失侯，又为匈河将军出兵征匈奴至匈奴河水，不见匈奴，无功而返；率军出征楼兰虏其王，因功封为浞野侯；以浚稽将军出兵征匈奴，兵败被俘，后逃归汉朝。《汉书》中没有记载赵破奴置敦煌郡修筑敦煌城的过程，很可能赵破奴置敦煌郡的功绩相对于征伐匈奴、楼兰等功绩来说是不足道的，因此史籍缺载。

汉武帝元狩二年（前121）夏，霍去病出北地征伐河西的匈奴，见载于《史记·匈奴列传》《史记·卫将军骠骑列传》《汉书·武帝纪》《汉书·匈奴传》《汉书·卫青霍去病传》等，唯《汉书·卫青霍去病传》记载霍去病出陇西、北地两千里，过居延，攻祁连山，捕虏甚众，赵破奴以骠骑将军司马身份参加这次战争，并因功被封为从骠侯：

> 票骑将军涉钧者，济居延，遂臻小月氏，攻祁连山，扬武乎觻得，得单于单桓、酋涂王，及相国、都尉以众降下者二千五百人，可谓能舍服知成而止矣。捷首虏三万二百，获五王，王母、单于阏氏、王子五十九人，相国、将军、当户、都尉六十三人，师大率减什三，益封去病五千四百户。赐校尉从至小月氏者爵左庶长。鹰击司马破奴再从票骑将军斩遬濮王，捕稽且王，右千骑将［得］王、王母各一人，王子以下四十一人，捕虏三千三百三十人，前行捕虏千四百人，封破奴为从票侯。校尉高不识从票骑将军捕呼于耆王王子以下十一人，捕虏千七百六十八人，封不识为宜冠侯。校尉仆多有功，封为煇渠侯。①

①《汉书》卷五五《卫青霍去病传》，第2480—2481页。

霍去病所率领的军队在这次战争中，除霍去病之外，只有三人被封为侯。赵破奴在这次战争中起的作用很大，功绩卓著，或因赵破奴熟悉行军路线沿途的水草等情报，使霍去病的大军一路顺利，出北地两千里经居延，从北地北行千余里到匈奴河水，南下居延到祁连山，即一千余里，实际上是进行了一次战略大迂回包围，即从匈奴后方迂回至河西对浑邪王、休屠王领地进行突袭。这次对匈奴的征伐行军路线，开辟了汉武帝此后很长一段时间征伐匈奴的一条新的路线，即居延海道。

《汉书·武帝纪》记载元鼎五年（前112）："九月，列侯坐献黄金酎祭宗庙不如法夺爵者百六人，丞相赵周下狱死。"[①]《史记·建元以来侯者年表》记载："（元鼎）五年，侯破奴坐酎金，国除。"[②]则赵破奴因坐酎金失侯发生在元鼎五年（前112）。

元鼎六年（前111），武帝命赵破奴为匈河将军征匈奴，至匈奴河水，不见匈奴一人，无功而返。这件事《史记》《汉书》有多处记载。《史记·匈奴列传》记载：

> 乌维单于立三年，汉已灭南越，遣故太仆贺将万五千骑出九原二千余里，至浮苴井而还，不见匈奴一人。汉又遣故从票侯赵破奴万余骑出令居数千里，至匈河水而还，亦不见匈奴一人。[③]

匈河水，即匈奴河水，《史记索隐》引臣瓒曰："水名，去令居

① 《汉书》卷六《武帝纪》，第187页。
② 《史记》卷二〇《建元以来侯者年表》，第1238—1239页。
③ 《史记》卷一一〇《匈奴列传》，第3518页。

千里。”[①]《汉书·匈奴传》记载与之完全相同[②]。从匈奴浑邪王投降西汉，汉派遣霍去病绝幕击匈奴于阗颜山、狼居胥山，临瀚海，匈奴远遁，不肯为寇于汉边，幕南无王庭。汉武帝命赵破奴为匈河将军，出兵匈奴河水，实际上是主动出击寻找匈奴决战。从这些记载看，匈奴已经迁徙到杭爱山以西的地方，所以后期李陵、李广利从居延海攻击匈奴就是基于这个原因。赵破奴出兵匈奴河水还记载于《汉书·武帝纪》元鼎六年（前111）秋：

> 又遣浮沮将军公孙贺出九原，匈河将军赵破奴出令居，皆二千余里，不见虏而还。[③]

颜师古注引臣瓒曰：“浮沮，井名，在匈奴中，去九原二千里，见汉舆地图。”“匈河，水名，在匈奴中，去令居千里，见《匈奴传》。”[④]无论是浮沮井还是匈奴河水，都在杭爱山南部，居延海正北。此后赵破奴应当坐镇河西，是河西地区的最高军事长官，虽然史籍没有记载，但设置敦煌郡很可能就是赵破奴上书建议的。

从元鼎六年到汉武帝派遣赵破奴攻击楼兰虏其王这一期间，赵破奴应一直驻守河西。《史记·大宛列传》记载：

> 而楼兰、姑师小国耳，当空道，攻劫汉使王恢等尤甚。而匈奴奇兵时时遮击使西国者。使者争遍言外国灾害，皆有城邑，兵弱易击。于是天子以故遣从骠侯赵破奴将属国

① 《史记》卷一一〇《匈奴列传》，第3518页。
② 《汉书》卷九四上《匈奴传上》，第3771页。
③ 《汉书》卷六《武帝纪》，第189页。
④ 《汉书》卷六《武帝纪》，第189页。

> 骑及郡兵数万，至匈河水，欲以击胡，胡皆去。其明年，击姑师，破奴与轻骑七百余先至，虏楼兰王，遂破姑师。因举兵威以困乌孙、大宛之属。还，封破奴为浞野侯。[①]

由此记载得知，汉武帝派遣赵破奴击楼兰虏其王的时间在元鼎六年（前111）“至匈河水”击匈奴之“明年”，也即在元封元年（前110）。这与《汉书·卫青霍去病传》记载的“后一岁，击虏楼兰王”恰好相合，然与《史记·卫将军骠骑列传》记载的“后二岁，击虏楼兰王”相差一年。若据《史记·卫将军骠骑列传》所载，则赵破奴击楼兰事当发生于元鼎六年之“后二岁”，也即元封二年（前109）。班固修《汉书》时改“后二岁”为“后一岁”，应当是注意到《史记·大宛列传》赵破奴击楼兰事发生在“至匈河水”击匈奴事之“明年”，故作此修改。然《汉书》之修改未必正确。

细究赵破奴生平可知，无论是“后二岁”，还是“后一岁”，其所据的标准年代皆是赵破奴“坐酎金失侯”，时间在元鼎五年（前112）。六年（前111），赵破奴出令居攻匈奴至匈奴河水，无功而返。这两个时间都是确定的，另外赵破奴以浚稽将军出击匈奴最后没于匈奴的时间也明确是在太初二年（前103）[②]。此事《史记·卫将军骠骑列传》《汉书·卫青霍去病传》皆将其系于赵破奴“击虏楼兰王”事之“后六岁”。以太初二年（前103）向前追溯六年，即为元封二年（前109）。即元封二年（前109）之“后六岁”正对应太初二年（前103）。若是元封元年（前110），则应是“后七岁”。另外，也可以正向推导，易知元鼎六年（前

① 《史记》卷一二三《大宛列传》，第3849页。《汉书·张骞传》记载略同。
② 《汉书》卷六《武帝纪》，第201页。

111）须经八年才能到太初二年（前103）。“后六岁”既然确定，则赵破奴击楼兰事只能发生在元鼎六年（前111）的两年之后。因此，若《史记·卫将军骠骑列传》《汉书·卫青霍去病传》所附之《赵破奴传》可信，则《汉书》修改有误。同时，也能确定赵破奴击楼兰事的确发生在元鼎六年（前111）击匈奴于匈河水之事的“后二岁”，即元封二年（前109）[①]。《史记·大宛列传》《汉书·张骞传》记载的“明年”有误。当然这一推论是建立在《赵破奴传》可信的基础上[②]。

元封二年（前109）击楼兰事毕后，赵破奴应一直驻守敦煌，直到元封四年（前107）秋，“单于使来，死京师”[③]，“于是匈奴数使奇兵侵犯边。汉乃拜郭昌为拔胡将军，及浞野侯屯朔方

---

①《史记·建元以来侯者年表》记载赵破奴：“以匈河将军元封三年击楼兰功，复侯。”“三年，侯破奴元年。”《史记集解》徐广在《史记·卫将军骠骑列传》“后二岁”下注曰：“元封二年。”在《史记·大宛列传》“还，封破奴为浞野侯”下注曰：“元封三年。”《资治通鉴》亦将该事系于元封三年（前108）。这样赵破奴击楼兰还可能发生在元封三年（前108），但我们认为元封三年（前108）或是赵破奴班师、封浞野侯之年份，元封二年（前109）才是其出击楼兰、姑师的年份。

②《史记·大宛列传》《汉书·张骞传》只是旁及赵破奴事，故我们认为《赵破奴传》所载的赵破奴事迹更为可靠。另外还有一种可能，《史记·大宛列传》《汉书·张骞传》记载的“明年”无误。《汉书·武帝纪》记载“匈河将军赵破奴出令居，皆二千余里，不见虏而还”事在元鼎六年（前111）秋，彼时汉朝尚以十月为岁首。则有可能赵破奴出发时在元鼎六年（前111）末，待班师返回汉境已是元封元年（前110）初。如此一来，赵破奴自匈奴班师之后的“明年”便恰好是在元封二年（前109），正合该年征楼兰事，即《史记·大宛列传》《汉书·张骞传》取班师之年份，《赵破奴传》取出兵之年份，《史记》《汉书》的记载便不存在抵牾。然此推论缺乏实据，仅列于此，备为一说。

③《汉书》卷六《武帝纪》，第196页。

以东，备胡”[①]。赵破奴方离开河西改屯朔方以东。太初二年（前103），“遣浚稽将军赵破奴二万骑出朔方击匈奴，不还”[②]。

我们从赵破奴在河西地区驻军停留的时间看，他于元鼎六年（前111）秋天攻击匈奴于匈奴河水，不见匈奴一人，无功而返回河西。至元封二年（前109）出兵击楼兰、姑师，虏楼兰王，直到元封四年（前107）秋才离开河西。这个阶段赵破奴是河西敦煌的最高军事长官。元鼎六年（前111）出兵攻打匈奴时，汉武帝命令赵破奴带领“属国及郡兵数万”[③]，及元封二年（前109）亦命其“将属国骑及郡兵数万击姑师”[④]。因此只有他才有这样的权力主持修筑敦煌郡城和置敦煌郡，敦煌文献记载赵破奴主持敦煌郡城的修筑，应当有其根据。赵破奴曾参与对河西地区匈奴右部浑邪王、休屠王战争，浑邪王杀休屠王投降西汉，那么很可能赵破奴也参与迎接浑邪王部众投降事宜。河西地区的军事部署应当是在赵破奴指挥下进行的，元鼎六年（前111）秋，赵破奴从令居塞出兵至匈奴河水，应当也是率领西汉政府在河西地区的驻军，就是说从元狩二年（前121）浑邪王投降西汉之后，赵破奴有可能一直驻守河西地区。

二、武帝置敦煌郡与敦煌郡城的修筑

汉武帝打败匈奴占领河西地区，最初并没有考虑移民实边、设置郡县直接管辖。张骞建议将原来居住在河西地区而被匈奴赶到西域地区的乌孙人迁徙到河西地区，恢复冒顿单于击败大月氏之前河西的格局，实现断匈奴之右臂的目的。张骞出使乌孙，并

①《史记》卷一一〇《匈奴列传》，第3520页。
②《汉书》卷六《武帝纪》，第201页。
③《史记》卷一二三《大宛列传》，第3849页。
④《汉书》卷九六上《西域传上》，第3876页。

对乌孙王承诺“乌孙能东居浑邪地，则汉遣翁主为昆莫夫人”。但是乌孙王年老，其国又远汉，“其大臣皆畏胡，不欲移徙，王不能专制。骞不得其要领”[①]。张骞将乌孙移徙到浑邪王故地的目的没有达到，迫使西汉政府开始移民实边，进行直接管辖，敦煌郡就是在这种背景之下设置的。

汉敦煌郡是分酒泉郡而设置的，至于敦煌郡的设置时间，由于《汉书》《史记》等记载的矛盾，故学术界有多种说法[②]，总之最早设置年代为元鼎六年（前111），最晚为后元年间（前88—前87）。首先是《汉书·地理志下》记载：

> 敦煌郡，武帝后元年分酒泉置，正西关外有白龙堆沙，有蒲昌海。[③]

后元（前88—前87）是汉武帝死亡前最后使用的年号，前后只使用了两年。元狩二年（前121）夏，霍去病出居延征匈奴，同年秋，浑邪王杀休屠王投降西汉，若要等到三十年后的后元年间才

---

① 《史记》卷一二三《大宛列传》，第3846页。

② 主要参见张维华《汉河西四郡建置年代考疑》，《中国文化研究汇刊》第2卷，1942年。后收入氏著《汉史论集》，济南：齐鲁书社，1980年，第309—328页；张春树《汉代河西四郡的建置年代与开拓过程的推测：兼论汉初向西扩张的原始与发展》，《汉代边疆史论集》，台北：食货出版社，1977年，第77—91页；刘光华《汉武帝对河西的开发及其意义》，《敦煌学辑刊》1980年总第1辑，第53—62页；王宗维《汉代河西四郡始设年代问题》，《西北史地》1986年第3期，第88—98页；周振鹤《西汉政区地理》，北京：商务印书馆，2017年，第171—183页；李并成《河西走廊历史地理》第1卷，兰州：甘肃人民出版社，1995年，第33—34页；甘肃省文物考古研究所、吴礽骧《河西汉塞调查与研究》，北京：文物出版社，2005年，第13—16页。

③ 《汉书》卷二八下《地理志下》，第1614页。

置敦煌郡，就显得太晚。根据《汉书·韦贤传》记载汉武帝“北攘匈奴，降昆邪十万之众，置五属国，起朔方，以夺其肥饶之地；东伐朝鲜，起玄菟、乐浪，以断匈奴之左臂；西伐大宛，并三十六国，结乌孙，起敦煌、酒泉、张掖，以鬲婼羌，裂匈奴之右肩”[①]。似乎敦煌郡的设置时间是在东伐朝鲜置朝鲜四郡之后。又据《汉书·西域传》记载：“其后骠骑将军击破匈奴右地，降浑邪、休屠王，遂空其地，始筑令居以西，初置酒泉郡，后稍发徙民充实之，分置武威、张掖、敦煌，列四郡，据两关焉。”[②]西汉置酒泉郡后，发徙民充实之，设置敦煌郡，因此敦煌郡不会推迟到三十年之后才设置。因此根据当时的情况更确定是元鼎六年（前111）置敦煌郡比较可靠。敦煌文献多处记载西汉敦煌郡的设置是赵破奴所为，因此赵破奴在河西的活动就成了敦煌郡设置的关键。《汉书·武帝纪》元鼎六年（前111）记载：

> 秋……又遣浮沮将军公孙贺出九原，匈河将军赵破奴出令居，皆二千余里，不见虏而还。乃分武威、酒泉地置张掖、敦煌郡，徙民以实之。[③]

浮沮井在九原北两千里匈奴境内，匈河水在令居北一千里匈奴境内，大概指今天蒙古国的拜达里格河，在居延的正北方，赵破奴返还的最佳路线就是沿着李陵的退军路线回到酒泉的居延。《史记·匈奴列传》记载：

> 乌维单于立三年，汉已灭南越，遣故太仆贺将万五千骑出九原二千余里，至浮苴井而还，不见匈奴一人。汉又遣

① 《汉书》卷七三《韦贤传》，第3126页。

② 《汉书》卷九六上《西域传上》，第3873页。

③ 《汉书》卷六《武帝纪》，第189页。

> 故从骠侯赵破奴万余骑出令居数千里，至匈河水而还，亦不见匈奴一人。①

《汉书·匈奴传下》记载元鼎三年（前114）乌维单于立，汉武帝出巡郡县，南诛两越，不击匈奴，匈奴亦不入边：

> 乌维立三年，汉已灭两越，故遣太仆公孙贺将万五千骑出九原二千余里，至浮苴井，从票侯赵破奴万余骑出令居数千里，至匈奴河水，皆不见匈奴一人而还。②

以上二者所记载是同一件事情，根据这些记载，汉先置武威、酒泉二郡，然后从中分出张掖、敦煌二郡。而《汉书·西域传上》记载：

> 汉兴至于孝武，事征四夷，广威德，而张骞始开西域之迹。其后骠骑将军击破匈奴右地，降浑邪、休屠王，遂空其地，始筑令居以西，初置酒泉郡，后稍发徙民充实之，分置武威、张掖、敦煌，列四郡，据两关焉。自贰师将军伐大宛之后，西域震惧，多遣使来贡献，汉使西域者益得职。于是自敦煌西至盐泽，往往起亭，而轮台、渠犁皆有田卒数百人，置使者校尉领护，以给使外国者。③

从记载中看，汉武帝先置酒泉郡，后置武威、张掖、敦煌郡。敦

---

①《史记》卷一一〇《匈奴列传》，第3518页。
②《汉书》卷九四下《匈奴传下》，第3771页。
③《汉书》卷九六上《西域传上》，第3873页。

煌文献虽然没有记载置敦煌郡的具体时间，但是记载了沙州城筑造时间，应当说修筑敦煌城就是设置敦煌郡。

P.2691《沙州城土境》记载敦煌郡设置时间是元鼎六年（前111）：

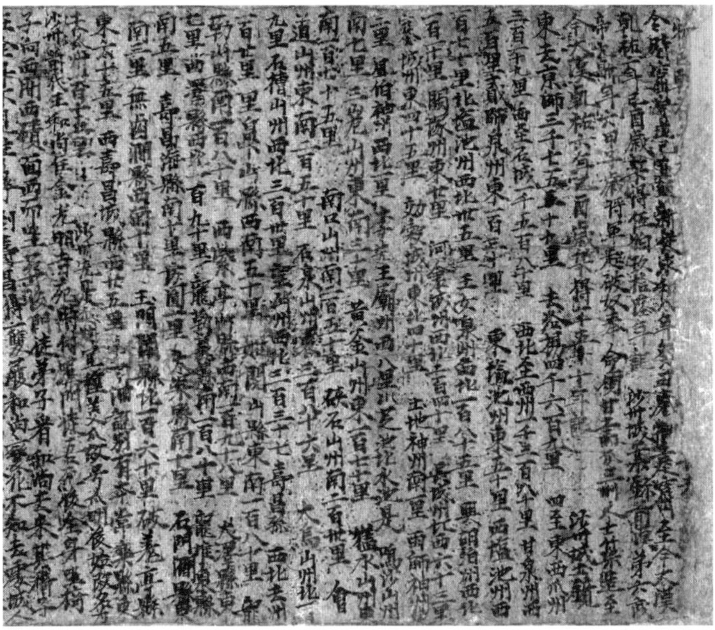

图2-2 P.2691《沙州城土境》

> 沙州城，案从前汉第六武帝元鼎六年甲子岁，将军赵破奴奉命领甘、肃、瓜三州人士筑造，至大汉乾祐六年己酉岁，算得一千五十年记。[①]

这条资料中有些错误：汉武帝是前汉第五位皇帝而不是第六位，

① 图版参上海古籍出版社等编《法藏敦煌西域文献》第17册，上海：上海古籍出版社，2001年，第266页；录文参郑炳林《敦煌地理文书汇辑校注》，兰州：甘肃教育出版社，1989年，第39页。

但若算上吕后执政时期，汉武帝就是第六位皇帝，《史记》为吕后列本纪，说明吕后是汉惠帝的实际执政者，而皇帝是惠帝，因此这篇文书将汉武帝排为前汉的第六位皇帝就是基于这个事实；元鼎六年（前111）岁次庚午而不是岁次甲子，岁次甲子是元狩六年（前117）；五代后汉乾祐年号只使用三年，而乾祐六年是后周广顺三年（953），岁次癸丑，而已酉是乾祐二年（949），从乾祐二年岁次己酉往前推一千五十年应当是太初四年（前101），此处的一千五十年应当是一千六十年。剔除这些文献抄写错误，由此得知沙州城的筑造时间应当是元鼎六年（前111），因此敦煌郡的设置时间也是元鼎六年。元鼎六年（前111）修筑敦煌城，还可以从S.5693《瓜沙两郡史事编年并序》和P.3721《瓜沙两郡史事编年并序》的记载中得到印证：

> 自前汉高祖姓刘名邦乙未年登极，至武帝元鼎六年庚午岁筑沙州城。①

这两件文献的记载印证了P.2691《沙州城土境》筑造敦煌郡城的时间是汉武帝元鼎六年（前111），应当是在赵破奴主持下设置敦煌郡。

筑造敦煌郡城和设置敦煌郡就发生在赵破奴为匈河将军攻打匈奴至匈河水的同年，因出兵匈奴是在秋季，故筑城、置郡时间当在元鼎六年（前111）冬季至夏季之间。其间赵破奴还修筑了塞城、土河等防御体系。根据《史记·匈奴列传》元封六年（前

① 图版参中国社会科学院历史研究所等编《英藏敦煌文献（汉文佛经以外部分）》第9卷，成都：四川人民出版社，1994年，第79页；上海古籍出版社等编《法藏敦煌西域文献》第27册，上海：上海古籍出版社，2002年，第119页；录文参郑炳林《敦煌地理文书汇辑校注》，第80、82页。

图2-3 沙州城遗址（焦响乐 摄）

105）记载：

> 乌维单于立十岁而死，子乌师庐立为单于。年少，号为儿单于。是岁元封六年也。自此之后，单于益西北，左方兵直云中，右方直酒泉、燉煌郡。[①]

这个时期匈奴在西汉的打击之下西移，右部管辖地域在酒泉、敦煌郡之北，表明元封六年（前105）敦煌郡已经设置。

三、土河和古塞城的修筑与敦煌郡的管辖范围

根据《汉书·地理志下》记载，敦煌郡下辖县有六，即敦煌、冥安、效谷、渊泉、广至、龙勒，户一千二百，口三万八千三百三十五[②]。这是汉平帝元始二年（2）时的规模，也是西汉敦煌

① 《史记》卷一一○《匈奴列传》，第3520页。

② 《汉书》卷二八下《地理志下》，第1614页。

郡逐渐发展的结果，但并不能说明汉武帝元鼎六年（前111）置敦煌郡时，就管辖有西到龙勒、东到渊泉这样大的范围。又据颜师古注得知，效谷县应当是元封六年（前105）之后才设置的[①]，当时的敦煌郡还不包括龙勒、效谷二县在内。

汉武帝元鼎六年（前111）置敦煌郡时管辖范围有多大，史籍中没有明确的记载，但是我们可以通过敦煌文献对敦煌古迹的有关记载窥之大概。元鼎六年赵破奴在修筑敦煌城置敦煌郡的同时，还修建敦煌郡周边的军事建置，主要有古塞城、土河。P.2005《沙州都督府图经》记载：

> 古塞城
>
> 右周回州境，东在城东卌五里，西在城西十五里，南在州城南七里，北在州城北五里。据《汉书》：武帝元鼎六年将军赵破奴出令居，析酒泉，置敦煌郡。此即辟土疆，立城郭，在汉武帝时。又元帝竟宁〔元年〕，单于来朝，上书

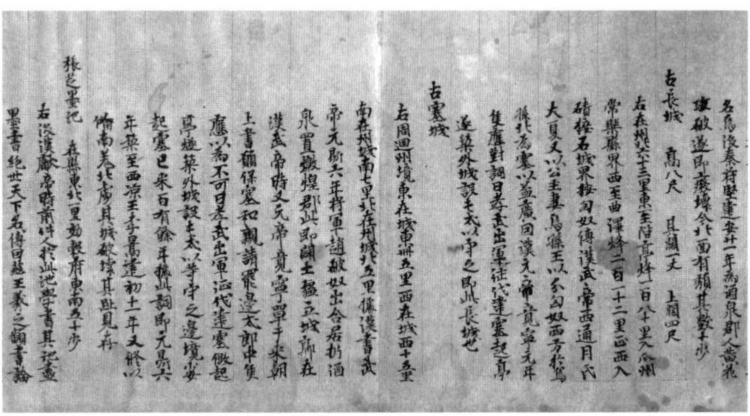

图2-4 P.2005《沙州都督府图经》

① 《汉书》卷二八下《地理志下》，第1615页。

> 愿保塞和亲，请罢边戍，郎中侯应以为不可，曰："孝武出军征伐，建塞徼，起亭燧，筑外城，设屯戍以等守之，边境少安，起塞已来，百有余年。"据此词，即元鼎六年筑。[①]

塞城是敦煌郡的组成部分，南边七里到鸣沙山，西到都乡河，北到北府，东部稍远，将位于敦煌东三十里的效谷城也包含进来。西汉时期在敦煌城周边有两个重要机构，一个是中部都尉，另一个是鱼泽都尉。赵破奴修筑敦煌郡城时所建的塞城是郡城防御体系的重要组成部分，重点是保障郡城的安全。至于敦煌城周的两个屯田单位——中部都尉和鱼泽都尉，他们很可能都有自己的防卫建置，如鱼泽障和步广障等，赵破奴修筑塞城的工作很可能就是将这两个防御体系连接起来，以保障新置的敦煌郡城的安全。

赵破奴划定了敦煌郡的管辖范围，主要表现在开凿土河，成为敦煌郡防御匈奴的主要屏障。S.788《沙州图经》记载：

> 土河，周围州境，汉武帝元鼎六年修，以为匈奴禁限。[②]

土河是围绕敦煌周边修筑的防御屏障，主要是为防御匈奴骑兵进犯的壕沟，因没有水流，故俗称土河。既然文献记载土河是元鼎

① 图版参上海古籍出版社等编《法藏敦煌西域文献》第1册，上海：上海古籍出版社，1995年，第57页；录文参郑炳林《敦煌地理文书汇辑校注》，第15页。

② 图版参中国社会科学院历史研究所等编《英藏敦煌文献（汉文佛经以外部分）》第2卷，成都，四川人民出版社，1990年，第165页；录文参郑炳林《敦煌地理文书汇辑校注》，第56页。

六年（前111）修筑，那么很可能与敦煌郡的设置有关，或者就是汉代赵破奴筑造敦煌城时为了加强敦煌郡的防御能力而修建的军事建置。P.2005《沙州都督府图经》记载：

> 一所土河
>
> 右周回州境，东至碛口亭，去州五百一十里一百步，西至白山烽，去州卅里，南至沙山七里，北去〔至〕神威烽，去州卅七里。汉武帝元鼎六年立，以为匈奴禁限。①

这个记载将土河范围描述得很详细，通过这个记载可得知敦煌郡初置时的管辖范围：西部三十里到白山烽，白山烽的位置，就在唐沙州马圈口堰稍西的地方，马圈口堰往东就进入敦煌的水利灌溉的农耕区，宜秋渠就在州西南二十五里，引甘泉水，两岸修堰十里，因此最初汉敦煌郡管辖西部以农业水利灌溉区为限。北部管辖范围到神威烽三十七里，根据这件文书记载四十里泽在州北四十里，又按敦煌文献记载唐代敦煌水渠的位置，最北部的水渠距离沙州城一般不超过四十里，所以汉代敦煌郡北部管辖范围亦以敦煌农业灌溉区为限。而南部到鸣沙山七里，这与其他敦煌文献记载鸣沙山的位置相一致。汉代敦煌郡的郡治在西部，但是敦煌郡的管辖范围主要在东部，东至碛口亭去州五百一十里一百步。根据《元和郡县图志·陇右道下》记载瓜州："东南至肃州四百八十里。西至沙州三百里。"②肃州玉门县："东至州二百

① 图版参上海古籍出版社等编《法藏敦煌西域文献》第1册，第56页；录文参郑炳林《敦煌地理文书汇辑校注》，第14页。

② ［唐］李吉甫撰，贺次君点校《元和郡县图志》卷四〇《陇右道下》，北京：中华书局，1983年，第1027页。

二十里。”[①]就是说汉敦煌郡的管辖范围到达酒泉郡玉门县西五十里的地方，大约是在西汉酒泉郡干齐县的西部。

图2-5 鸣沙山

从元鼎六年（前111）修筑土河的范围推知，汉武帝置敦煌郡初期，龙勒县还不属于敦煌郡管辖。汉武帝同时期还设置阳关、玉门关，并设置阳关都尉和玉门关都尉，龙勒县当属于这两个关都尉所管辖，是军队屯垦的地方。

元鼎六年（前111），赵破奴不仅修筑了敦煌城和敦煌郡的防御体系，还修建敦煌的灌溉系统，开发了敦煌农业耕作区。P.2005《沙州都督府图经》记载：

> 马圈口堰
>
> 右在州西南廿五里。汉元鼎六年造，依马圈山造，因山名焉。其山周回五十步，自西凉已后，甘水湍激，无复

① ［唐］李吉甫撰，贺次君点校《元和郡县图志》卷四〇《陇右道下》，第1024页。

此山。[①]

马圈口堤堰是元鼎六年敦煌地区移民的结果，因此可以推断敦煌地区水利灌溉工程很可能都是敦煌置郡时期移民的杰作。这项水利工程虽然完成于汉武帝元鼎六年，但是其开始时间应当是元狩二年（前121）浑邪王投降西汉之后，随着西汉驻军进入敦煌之后，为了屯田而开始修建的水利工程，完成的时间是元鼎六年（前111），主持修建水利工程的人虽然没有记载，但是根据驻军的最高长官是赵破奴，我们有理由认为是在他的负责之下进行的。这在《汉书·匈奴传》中也有相应的记载："是后匈奴远遁，而幕南无王庭。汉度河而自朔方以西至令居，往往通渠置田官，吏卒五六万人，稍蚕食，地接匈奴以北。"[②]这里记载的"往往通渠置田官"，动用吏卒五六万人，其中很可能就包括在河西敦煌的屯田士兵，敦煌的水利工程很可能就开始于这个时期。元鼎六年（前111）敦煌置郡，敦煌的管理由军队转给行政，水利灌溉系统工程也同时移交给敦煌郡地方政府。

敦煌郡的水利灌溉工程对于敦煌郡至关重要，直到唐代仍有很多描述，这些记载内容应当是从汉代流传下来的。P.2005《沙州都督府图经》"甘泉水"条也记载到马圈口堤堰工程修建：

> 又东北流八十里，百姓造大堰，号为马圈口。其堰南北一百五十步，阔廿步，高二丈，总开五门，分水以灌田园。荷锸成云，决渠降雨，其腴如泾，其浊如河。加以节气少

① 图版参上海古籍出版社等编《法藏敦煌西域文献》第1册，第47页；录文参郑炳林《敦煌地理文书汇辑校注》，第8页。

② 《汉书》卷九四上《匈奴传上》，第3770页。

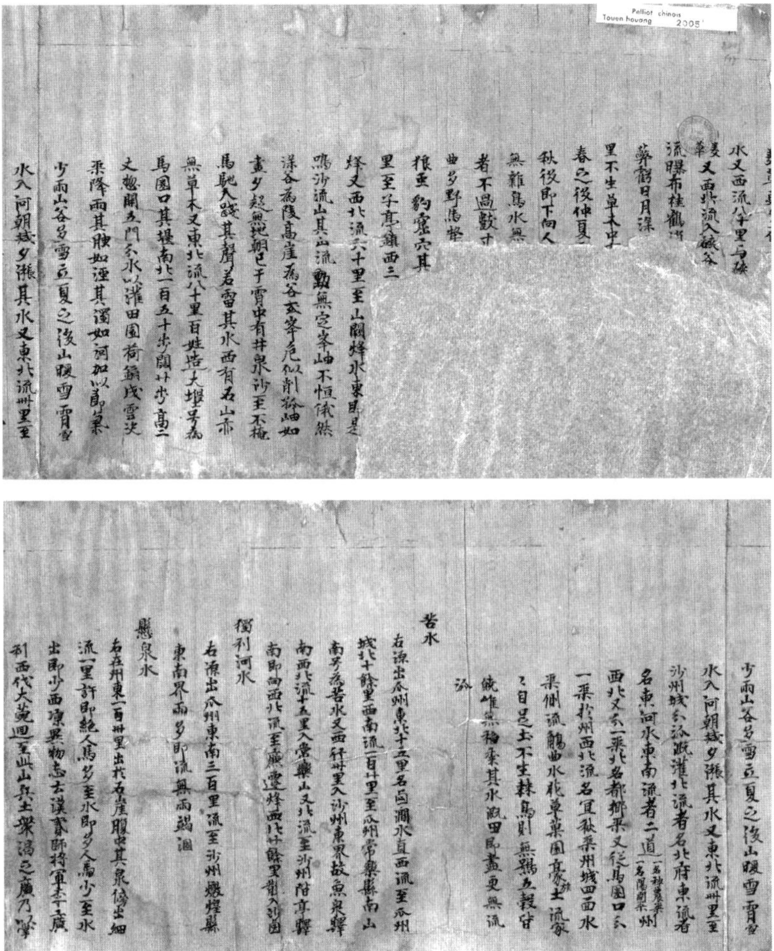

图2-6 P.2005《沙州都督府图经》

雨，山谷多雪，立夏之后，山暖雪消，雪水入河，朝减夕涨。其水又东北流卌里至沙州城，分派溉灌。北流者，名北府。东流者，名东河。水东南流者二道：一名神农渠，一名阳开渠。州西北又分一渠，北名都乡渠。又从马圈口分一渠，于州西北流，名宜秋渠。州城四面水渠侧，流觞

> 曲水，花草果园，豪族士流，家家自足。土不生棘，鸟则无鸮。五谷皆饶，唯无稻黍。其水溉田即尽，更无流派。[①]

从记述修建马圈口堰文中使用的语言，似乎是将敦煌马圈口工程同关中秦代修建的郑国渠作比较，这里透露出来的信息就是最初修筑甘泉水水利灌溉工程的人即是来自关中等地的移民，这项水利工程是中原地区移民的杰作。赵破奴奉命建敦煌郡，首先就是如何将大量移民安置下来，安置的主要任务就是进行耕作和建立灌溉系统，将敦煌地区的土地开发出来。根据P.3560《敦煌水渠》（或称之为《敦煌行水法则》）记载："亦无古典可凭，环（还）依当乡古老相传之语，递代相传，持为节度。"[②]这些水利灌溉规定应当是最初完成水利灌溉工程时留下的用水规则，是汉代移民留下来的。P.2507《水部式》记载："沙州用水浇田，令县官检校。仍置前官四人，三月以后，九月以前行水时，前官各借官马一匹。"[③]从这些记载来看，西汉在沿边设置新的郡级政区——敦煌郡的同时，也修建水利灌溉设施。

通过研究得知，敦煌郡的设置和敦煌城的修筑是在西汉匈河将军赵破奴的主持下进行的工程。赵破奴作为骠骑将军霍去病司马参与进军河西攻击匈奴的战争，浑邪王杀休屠王投降西汉之后，赵破奴很可能也参与迎接和安置这些降汉匈奴人的工作，同

---

① 图版参上海古籍出版社等编《法藏敦煌西域文献》第1册，第43—44页；录文参郑炳林《敦煌地理文书汇辑校注》，第5页。

② 图版参上海古籍出版社等编《法藏敦煌西域文献》第25册，上海：上海古籍出版社，2002年，第317页；录文参郑炳林《敦煌地理文书汇辑校注》，第93页。

③ 图版参上海古籍出版社等编《法藏敦煌西域文献》第15册，上海：上海古籍出版社，2001年，第2页；录文参郑炳林《敦煌地理文书汇辑校注》，第102页。

时率军驻守河西地区。之后匈奴在西汉的打击之下远遁，不敢为寇汉边，从此幕南无王庭。元鼎六年（前111）汉武帝命赵破奴为匈河将军出击匈奴前，他主持修筑敦煌郡城并置敦煌郡。为巩固敦煌郡城的防御修筑了塞城，赵破奴将原来敦煌的广步都尉和效谷的鱼泽都尉连接起来，还沿着敦煌郡的北部沿边修筑防御体系土河，通过土河的记载得知元鼎六年（前111）敦煌郡初置时的管辖范围。随着大量移民进入敦煌郡，为了安置移民发展经济，赵破奴还主持修建了敦煌的水利灌溉系统，马圈口堤堰就是他留下的水利工程项目，而且一直使用至唐五代。综上，赵破奴于元鼎六年（前111）完成置敦煌郡中的敦煌郡城的修筑和塞城、土河防御体系的修筑，并主持修建了敦煌的水利工程。敦煌郡的设置，完成了敦煌地区从军事建置向行政区划的转变。

第二节　西汉敦煌郡玉门关与阳关的设置

敦煌郡紧邻西域，西汉政府为通西域，在设置敦煌郡的同时，还修筑玉门关与阳关，形成了拥四郡而据两关的局面。玉门关最初设置于敦煌郡东部，太初四年（前101）李广利征大宛得胜后，西汉政府将玉门关移到敦煌郡的西北部，作为经营西域的军事塞城。玉门关设置后，西汉政府为方便与西域通使，又在玉门关以南设置阳关。阳关自设置之始就是西汉通使的主要关隘，西汉政府派往西域的使节都是经由阳关前往西域地区，包括细君公主都是经阳关出塞；西域诸国的使团也经阳关进入西汉境内，西汉与西域诸国间的距离也以阳关为起点计算。玉门关、阳关的设置时间以及这两个关塞的得名，坊间俗称与实际情况有很大出入，我们就这些问题结合历史典籍记载进行一些探讨，力图厘清这些记载上的混乱。

一、西汉西部塞城的变化

西汉初年，以秦昭襄王长城为塞与匈奴分界。陇西郡与北地郡最初是西汉的西部边郡，二郡除置太守、都尉（郡尉）之外，还曾置将军[①]，以防御匈奴的进犯。

汉武帝元狩二年（前121），浑邪王杀休屠王降汉后，“而金城、河西西并南山至盐泽空无匈奴。匈奴时有候者到，而希矣”[②]。河西开始归于西汉管辖。元狩四年（前119）漠北大战后，“匈奴远遁，而幕南无王庭。汉度河而自朔方以西至令居，往往通渠置田官，吏卒五六万人，稍蚕食，地接匈奴以北”[③]。匈奴远遁后，西汉跨越黄河在朔方郡到令居之间驻军屯田。令居既是自朔方沿黄河西岸至令居的屯田带的终点[④]，也是西汉经营河西的最初据点。《汉书·西域传》记载：“其后骠骑将军击破匈奴右地，降浑邪、休屠王，遂空其地，始筑令居以西，初置酒泉郡，后稍发徙民充实之，分置武威、张掖、敦煌，列四郡，据两关焉。”[⑤]《汉书·张骞传》又载：“而汉始筑令居以西，初置酒泉郡，以通西北国。”颜师古注引臣瓒曰：“令居，县名也，属金城。筑塞西至酒泉也。”[⑥]则令居塞修建时间当早于酒泉郡的设置时间，抑或令居与酒泉同时设置[⑦]。而令居塞修筑时间不晚于元鼎二年（前115）[⑧]。所谓始筑令居以西，即指西汉政府

① 《史记》卷一一〇《匈奴列传》，第3507页。
② 《史记》卷一二三《大宛列传》，第3845页。
③ 《史记》卷一一〇《匈奴列传》，第3517页。
④ 关于朔方至令居屯田带研究，可参徐龙国《秦汉城邑考古学研究》，北京：中国社会科学出版社，2013年，第187—188页；刘光华《汉代西北屯田研究》，兰州：兰州大学出版社，1988年，第64—70页。
⑤ 《汉书》卷九六上《西域传上》，第3873页。
⑥ 《汉书》卷六一《张骞传》，第2694页。
⑦ 黄文弼认为“令居，武帝元鼎二年筑，则酒泉之设置亦当在是时”。详见氏著《河西四郡建置年代考》，《西北史地论丛》，上海：上海人民出版社，1981年，第106页。
⑧ 关于令居塞修建时间。《史记·平准书》记载元鼎六年：“数万人发三河以西骑击西羌，又数万人度河筑令居。”《后汉书·西羌传》记载：“及武帝

开始修筑令居塞以西的长城、亭障，新修的亭障延伸到新置的酒泉郡境内。这表明地处河西走廊东端的令居塞难以完成隔绝胡与羌的战略使命，然其在河西“地空”与置郡之间这一时期，作为西汉西境塞城发挥了过渡作用。西汉可以令居为支点进一步向西修建亭障，这为酒泉等四郡设置奠定了基础。至酒泉郡设置后，西汉西部便以酒泉郡为塞①。

酒泉郡西部和北部设置塞城，其中西部塞城是修筑于酒泉之

(接上页) 征发四夷，开地广境，北却匈奴，西逐诸羌，乃度河、湟，筑令居塞；初开河西，列置四郡……时先零羌与封养牢姐种解仇结盟，与匈奴通，合兵十余万，共攻令居、安故，遂围枹罕。汉遣将军李息、郎中令徐自为将兵十万人击平之。”此次西羌反叛爆发于元鼎五年（前112），叛羌攻击令居说明之前令居塞已经修筑，且修筑令居塞的时间似在设置四郡之前。《水经注·河水二》“又东过金城允吾县北”条下云：“水出令居县西北塞外，南流迳其县故城西。汉武帝元鼎二年置，王莽之罕虏也。”则令居置县时间在元鼎二年（前115），而令居塞修建时间也不应晚于元鼎二年（前115）。由此观之，元鼎六年（前111）西汉发数万人“筑令居”并非令居始筑时间，而是在进一步完善令居的防御体系，很可能即与“始筑令居以西”军事工程相关联。《后汉书·西羌传》称元鼎六年（前111）李息、徐自为平定西羌后，“羌乃去湟中，依西海、盐池左右。汉遂因山为塞，河西地空，稍徙人以实之”。则西汉应是依祁连山修建防范羌人的亭障塞城，这与数万人“筑令居”应属配套工程。又，令居屯田自元狩四年（前119）开始，则令居塞在元狩四年（前119）或已初步修筑，用以安顿屯田戍卒，至元鼎二年（前115）具备置县条件后得以置县。又至元鼎六年（前111），令居塞再次得到强化。至于“始筑令居以西”与酒泉郡设置时间大体一致，暂时不能确定其时间。

① 酒泉置郡年代众说纷纭，大致存在元狩二年（前121）说、元鼎二年（前115）说、元鼎四年（前113）以降说、元鼎六年（前111）说、太初元年（前104）说、不确定说六种说法。对前人诸说梳理研究，可参［日］池田雄一著，郑威译《中国古代的聚落与地方行政》，上海：复旦大学出版社，2017年，第311—314页。令居设置早于酒泉置郡，或与之同时的前提是否定元狩二年（前121）之说。我们认为酒泉置郡当至少在元鼎二年（前115）张骞招乌孙归故地失败，归国之后。

图2-7 汉龙勒县城遗址
（采自甘肃省地方史志编纂委员会编《甘肃省志·文物志》，第149页）

西、敦煌之东的玉门关，北部塞城是修筑于居延的遮虏障。太初三年（前102），“汉使光禄徐自为出五原塞数百里，远者千余里，筑城障列亭至庐朐，而使游击将军韩说、长平侯卫伉屯其旁，使强弩都尉路博德筑居延泽上”①。《史记正义》引《括地志》云：“汉居延县故城在甘州张掖县东北一千五百三十里，有汉遮虏障，强弩都尉路博德之所筑。”②至于玉门关设置的时间较居延遮虏障修筑时间更早。

二、西汉敦煌郡玉门关的修筑

《史记·大宛列传》记载：

---

①《史记》卷一一〇《匈奴列传》，第3522页。

②《史记》卷一一〇《匈奴列传》，第3523页。

> 于是天子以故遣从骠侯破奴将属国骑及郡兵数万，至匈河水，欲以击胡，胡皆去。其明年，击姑师，破奴与轻骑七百余先至，虏楼兰王，遂破姑师。因举兵威以困乌孙、大宛之属。还，封破奴为浞野侯。王恢数使，为楼兰所苦，言天子，天子发兵令恢佐破奴击破之，封恢为浩侯。于是酒泉列亭鄣至玉门矣。①

《汉书·张骞传》记载略同：

> 于是天子遣从票侯破奴将属国骑及郡兵数万以击胡，胡皆去。明年，击破姑师，虏楼兰王。酒泉列亭鄣至玉门矣。②

据《汉书·地理志下》，敦煌郡龙勒县有玉门关，酒泉郡有玉门县③。即便此处是指玉门关，其位置也未必就在敦煌郡。这里明确记载修筑亭障是"酒泉列亭障至玉门"，而不是敦煌列亭障至玉门，这似表明这次修筑亭障在酒泉郡境内，而不在敦煌郡境内④。此次修建亭障显然偏重军事用途，则玉门应当指玉门关。修筑酒泉至玉门亭障工程的时间是赵破奴虏楼兰王攻破姑师之后，此前赵破奴自令居出击匈奴时，出动"属国骑及郡兵数万"⑤，至元封二年（前109）出击楼兰、姑师时，亦"将属国骑及郡兵数

① 《史记》卷一二三《大宛列传》，第3849—3850页。
② 《汉书》卷六一《张骞传》，第2695页。
③ 《汉书》卷二八下《地理志下》，第1614页。
④ 关于西汉玉门关位置的确存在敦煌以东的说法。相关研究可参王蕾《汉唐时期的玉门关与东迁》，《西域研究》2020年第2期，第96—108页；张俊民《玉门关早年移徙新证——从小方盘汉简T14N3的释读说起》，《石河子大学学报（哲学社会科学版）》2021年第1期，第92—97页等。今从此说。
⑤ 《史记》卷一二三《大宛列传》，第3849页。

万”[①]。很可能西汉政府就是利用这支军队修筑酒泉到敦煌东界的玉门之间的长城和塞城。

赵破奴出击姑师、虏楼兰王事应在元封二年（前109），封浞野侯在元封三年（前108）（见上文），因此列亭障至玉门的时间应当在赵破奴攻破楼兰、姑师，班师封侯后的元封三年（前108）。我们推测西汉置酒泉郡时，就修筑了令居塞至酒泉的亭障；元封三年（前108）又修筑了酒泉境内的亭障至玉门。既称“列亭障至玉门”，则此时期玉门关已经设置。

这次列亭障仅仅到玉门，没有记载到敦煌，似表明此玉门关还不在敦煌郡境内。再者，太初元年（前104），汉武帝“以广利为贰师将军，发属国六千骑及郡国恶少年数万人以往”[②]征大宛，兵败而还。《汉书·李广利传》记载：

> 引而还。往来二岁，至敦煌，士不过什一二。使使上书言：“道远，多乏食，且士卒不患战而患饥。人少，不足以拔宛。愿且罢兵，益发而复往。”天子闻之，大怒，使使遮玉门关，曰：“军有敢入，斩之。”贰师恐，因留屯敦煌。[③]

结合李广利行军“往来二岁”及其留屯敦煌后的“其夏，汉亡浞野之兵二万余于匈奴”[④]来看，李广利班师抵达敦煌的时间显然在太初二年（前103）。李广利屯田敦煌却在玉门关外，加之如果是敦煌西北的玉门关，玉门关之外一片戈壁沙漠，难以屯田。则

---

① 《汉书》卷九六上《西域传上》，第3876页。
② 《汉书》卷六一《李广利传》，第2699页。
③ 《汉书》卷六一《李广利传》，第2699页。
④ 《汉书》卷六一《李广利传》，第2699页。

此玉门关应在敦煌之东、酒泉之西[①]。

再次，军正任文反击匈奴的事迹对确定彼时玉门关位置亦有助益。《史记·匈奴列传》记载：

> 其秋，匈奴大入定襄、云中，杀略数千人，败二千石而去，行破坏光禄所筑城列亭鄣。又使右贤王入酒泉、张掖，略数千人。会任文击救，尽复失得而去。是岁，贰师将军破大宛，斩其王而还。匈奴欲遮之，不能至。[②]

《汉书·西域传上》记载：

> 后贰师军击大宛，匈奴欲遮之，贰师兵盛不敢当，即遣骑因楼兰候汉使后过者，欲绝勿通。时汉军正任文将兵屯玉门关，为贰师后距，捕得生口，知状以闻。上诏文便道引兵捕楼兰王。将诣阙，簿责王，对曰："小国在大国间，不两属无以自安。愿徙国入居汉地。"上直其言，遣归国，亦因使候司匈奴。匈奴自是不甚亲信楼兰。[③]

军正是军中执法官。任文以军正屯玉门关既是充当李广利后援，也当有监督李广利之职司。根据《汉书·武帝纪》记载太初三年

---

① 早在1913年，沙畹已经据李广利事迹提出玉门关始置于敦煌以东。王国维、劳榦、侯玉臣、侯晓星、李并成、谭世宝、洪光慧、周运中等皆从此说，并各自提出不同的始置地点。而夏鼐、向达、陈梦家等则坚持认为玉门关始置于敦煌以西。王蕾已对相关前人研究有详细梳理，参见氏著《汉唐时期的玉门关与东迁》，《西域研究》2020年第2期，第96—108页。

②《史记》卷一一〇《匈奴列传》，第3523页。

③《汉书》卷九六上《西域传上》，第3877页。

（前102）秋，“（匈奴）又入张掖、酒泉、杀都尉”[①]。可以确定匈奴此次进犯酒泉、张掖的时间是在太初三年（前102）秋。任文作为军正对李广利军行使监督之权并为其后援需要一定的军事实力作为支撑，加之其能轻易捕获楼兰王，还通过“捕得生口”及时获取军事情报，种种证据显示任文掌握着一支不可小觑的精锐军队。正因如此，任文能够成功击退匈奴的来犯。任文出兵攻击入侵酒泉、张掖的匈奴的时间是在太初三年（前102）秋，至于其屯兵玉门关的时间，《汉书·西域传上》称是在李广利击大宛出发后，为其后援。李广利初次击大宛是在太初元年（前104），其后二次出发击大宛是在太初三年（前102）。《资治通鉴》将任文屯玉门关事系于太初四年[②]，应当认为其事发生于李广利二次伐大宛之际，其实任文屯玉门也有可能发生于李广利初次伐大宛之时。若从初次，则军正任文在太初元年（前104）已然屯于玉门关，此年李广利出击大宛后，匈奴骑兵游曳于楼兰，“欲绝勿通”。任文出兵虏楼兰王，武帝“亦因使候司匈奴”，使匈奴与楼兰关系疏远。其后太初二年（前103）武帝“使使遮玉门关”，负责监督李广利军，阻其入关者，应即任文所领之军。至太初三年（前102），李广利再次出击大宛后，匈奴入侵酒泉、张掖，任文自玉门关发兵击退匈奴；若从二次，则任文是在太初三年（前102）李广利出发再击大宛之际以军正屯于玉门关，李广利出发后，任文西击楼兰虏其王，又东出酒泉、张掖，击退匈奴。任文所屯之玉门关应当在敦煌以东的酒泉郡境内。否则若任文所屯玉门关在敦煌以西，距酒泉较远，距张掖更远。消息传达

---

① 《汉书》卷六《武帝纪》，第201页。

② ［宋］司马光编著，［元］胡三省音注《资治通鉴》卷二一，汉武帝太初四年，北京：中华书局，2013年，第727页。

及出兵路途中耗时较长，难免延误军机，加之长途救援，匈奴以逸待劳，很难击退敌军。我们推测P.2005《沙州都督府图经》记载土河向东所到达的地方，即“右周回州境，东至碛口亭，去州五百一十里一百步”[①]。碛口亭所处的位置，很可能就是最初设置玉门关的位置。

复次，汉武帝初置玉门关在酒泉郡西部之说，还可由敦煌文献的记载得到印证。P.3535《河西诸州地理形势处分语》记载肃州：“州得酒泉之郡，乡连会川之郊；控驿马之途，据玉门之险。”沙州：“地疎龙勒，境控阳关。”[②]我们从撰写内容格式特点分析，这些内容主要抄写韦奥《诸道山河地名要略》中的处分语而形成，可以肯定韦奥作《诸道山河地名要略》时所参考的地理文献，将玉门关放在酒泉郡境内而不是敦煌郡境内，就是说汉武帝最初设置玉门关是在酒泉郡西部。又，敦煌汉简记载：

> ☑长。酒泉玉门都尉护众、候畸兼行丞事，谓天陈，以次为驾，当舍传舍，诣行在所。……厩以传信，从事如律令。（T14N3[③]）[④]

张俊民最近的研究成果《玉门关早年移徙新证——从小方盘汉简T14N3的释读说起》一文据敦煌汉简1922A简文所云“大始三年

① 图版参上海古籍出版社等编《法藏敦煌西域文献》第1册，第56页；录文参郑炳林《敦煌地理文书汇辑校注》，第14页。

② 图版参上海古籍出版社等编《法藏敦煌西域文献》第25册，第208页。

③《疏勒河流域出土汉简》编号435，《敦煌汉简》编号2438。

④ 张俊民《玉门关早年移徙新证——从小方盘汉简T14N3的释读说起》，《石河子大学学报（哲学社会科学版）》2021年第1期，第94页。此释文为张氏融合诸家释文所作。

闰月辛酉朔乙卯，玉门都尉护众，谓千人尚、尉丞无署，就”[①]得出护众任玉门都尉的时间当在太始三年（前94）前后的结论，并考证认为酒泉玉门都尉所发传文书的第一站是酒泉郡天㑊县（置）。由此推断玉门都尉府应距离天㑊县（置）最近，这样首站才能是天㑊[②]。也即认为在太始三年（前94）前后，玉门关尚在酒泉郡管辖范围内，在此之后才迁徙至敦煌郡。这一推断有理有据，大致正确。在此基础上可进行更为细致的推论。首先，《汉书·地理志下》“敦煌郡龙勒县”条下云：“有阳关、玉门关，皆都尉治。”[③]而“酒泉郡玉门县”条下并无都尉设置。由此可判定所谓“玉门都尉”即指“玉门关都尉”，简文既已明确“酒泉玉门都尉”，那么玉门关都尉曾属酒泉郡管辖应无疑义。并且这一时期敦煌郡早已设置（前111），玉门关都尉归属的并非敦煌郡设置之前管辖范围更广的酒泉郡，而是与敦煌郡并立之酒泉郡；其次，太始三年（前94）“玉门都尉护众”前无“酒泉”或是省略，抑或是护众在任玉门关都尉期间，恰逢玉门关西迁至敦煌，其隶属关系或在从酒泉郡转至敦煌郡的交接阶段，故“玉门都尉”前不书“酒泉”，也不书“敦煌”。如此推论成立，则玉门关西移是在护众期间完成；再者，若《玉门关汉简》T14N3书写时间更早，则很可能玉门关到敦·1922A书写的太始三年（前94）已发生西移，然后酒泉的玉门都尉存档文书也随之搬移至敦煌；反之，则敦·1922A“玉门都尉”前应是省略了“酒泉”。如此一来，玉门关西移当至少在太始三年（前94）之后。但无论如何，如简文可信，则玉门关都尉最初隶属酒泉郡，其后玉门关与

---

① 白军鹏《敦煌汉简校释》，上海：上海古籍出版社，2018年，第75页。

② 张俊民《玉门关早年移徙新证——从小方盘汉简T14N3的释读说起》，《石河子大学学报（哲学社会科学版）》2021年第1期，第92—97页。

③《汉书》卷二八下《地理志下》，第1614页。

玉门关都尉西移至敦煌郡应当是可以成立的。

在确定玉门关最初置于酒泉郡西、敦煌以东的基础上，可以进一步探讨关于敦煌玉门关设置的相关问题。《汉书·西域传》记载：

> 西域以孝武时始通……东则接汉，阸以玉门、阳关，西则限以葱岭。……蒲昌海，一名盐泽者也，去玉门、阳关三百余里，广袤三百里。①

颜师古注引孟康曰："二关皆在敦煌西界。"②可见敦煌西界的玉门关建成后成为西域与汉朝的分界。

关于敦煌玉门关的设置时间，史籍中没有明确记载。我们只能根据一些相关线索对敦煌玉门关修建设置过程进行大致推测。李广利二征大宛时，史称"贰师起敦煌西"③。这里既能理解成汉军从敦煌出发向西进军④，还可理解成汉军是从敦煌西出兵，如此则敦煌西部或已存在汉朝关塞⑤。《汉书·李广传》记载：

---

①《汉书》卷九六上《西域传上》，第3871页。

②《汉书》卷九六上《西域传上》，第3871页。

③《史记》卷一二三《大宛列传》，第3856页；《汉书》卷六一《李广利传》，第2702页。

④《资治通鉴》卷二一，汉武帝太初三年，胡三省注云："起，发也。谓发敦煌而西也。"即胡注持自敦煌出发向西之说。

⑤《汉书·李广利传》云："（武帝）赦囚徒扞寇盗，发恶少年及边骑，岁余而出敦煌六万人，负私从者不与。……而发天下七科適，及载糒给贰师，转车人徒相连属至敦煌。"如此规模的军队及补给人员汇聚敦煌，若李广利屯于敦煌西，则敦煌西很可能已修筑塞城，以容纳这些军队人员。当然也可能李广利及这些军队人员屯于敦煌城内，但我们认为这会影响敦煌地方行政和正常生活，因此这种可能性较低。

> （李陵）拜为骑都尉，将勇敢五千人，教射酒泉、张掖以备胡。数年，汉遣贰师将军伐大宛，使陵将五校兵随后。行至塞，会贰师还。上赐陵书，陵留吏士，与轻骑五百出敦煌，至盐水，迎贰师还，复留屯张掖。①

从李陵“出敦煌，至盐水”看，这个塞应在敦煌，故出塞即为出敦煌，或即后来的玉门关或者阳关。如此来看，汉武帝遣李广利二征大宛，敦煌西部有可能已筑有塞城，然该塞城还没有正式的名称。另外，《汉书·西域传上》记载：

> 其后骠骑将军击破匈奴右地，降浑邪、休屠王，遂空其地，始筑令居以西，初置酒泉郡，后稍发徙民充实之，分置武威、张掖、敦煌，列四郡，据两关焉。自贰师将军伐大宛之后，西域震惧，多遣使来贡献，汉使西域者益得职。于是自敦煌西至盐泽，往往起亭，而轮台、渠犁皆有田卒数百人，置使者校尉领护，以给使外国者。②

太初四年春（前101）李广利征服大宛之后，汉朝开始修筑敦煌至罗布泊的烽燧，敦煌的玉门关也可能修筑在此时期。若此推测成立，则敦煌玉门关的设置至早在太初四年（前101）春之后。

《寿昌县地境》记载：

> 玉门关，县北一百六十里。汉武帝元鼎九年置，并有都尉。《西域传》东即限以玉门、阳关也。③

---

① 《汉书》卷五四《李广传》，第2451页。

② 《汉书》卷九六上《西域传上》，第3873页。

③ 录文参郑炳林《敦煌地理文书汇辑校注》，第61—62页。

这里有个问题，就是敦煌文献将汉武帝置敦煌东界玉门关的时间与敦煌西界玉门关设置的时间混在一起记载。所谓“元鼎九年”是指玉门关的最初设置时间，也即酒泉列亭障至玉门的元封三年（前108）[①]，这个玉门关应当在敦煌以东，而不是敦煌西北。敦煌文献记载的玉门关一般都是指敦煌西界之玉门关。如P.2691《沙州城土境》寿昌县记载：“玉门关，县北一百六十里。”[②]P.5034《沙州地志》二古关记载：“玉门关，周回一百二十步，高三丈。”[③]又叙述阳关得名是因其地理位置在玉门关之南之故。S.5448《敦煌录一本》记载有阳关和玉门关的关系：“州西有阳关，即故玉门关。”[④]此条记载似表明阳关和玉门关最初是一个关，后分为两个关。

S.788《沙州图经》记载玉门关设置的时间：

> 玉门关，县东北一百六十里。《地里志》云：汉武帝后元康中置，《西域传》云：东则接［汉］，厄以玉门、阳关是也。[⑤]

---

① 元鼎年号仅到六年，元鼎九年实际上是元封三年（前108）。

② 图版参上海古籍出版社等编《法藏敦煌西域文献》第17册，第266页；录文参郑炳林《敦煌地理文书汇辑校注》，第41页。

③ 图版参上海古籍出版社等编《法藏敦煌西域文献》第34册，上海：上海古籍出版社，2005年，第126—127页；录文参郑炳林《敦煌地理文书汇辑校注》，第46页。

④ 图版参中国社会科学院历史研究所等编《英藏敦煌文献（汉文佛经以外部分）》第7卷，成都：四川人民出版社，1992年，第94页；录文参郑炳林《敦煌地理文书汇辑校注》，第87页。

⑤ 图版参中国社会科学院历史研究所等编《英藏敦煌文献（汉文佛经以外部分）》第2卷，第165页；录文参郑炳林《敦煌地理文书汇辑校注》，第57页；李正宇《古本敦煌乡土志八种笺证》，兰州：甘肃人民出版社，2007年，第218页。

汉武帝有“后元”年号而无“元康”年号，李正宇认为此处当衍一“康”字，应作“汉武帝后元中置”①。应是。由此推测，约在太初四年（前101）李广利征大宛后，玉门关由酒泉西部西移，最初迁徙到后来的阳关位置（敦煌西南）。后来因为西域各国使节入塞进贡并窥汉，为防止军事部署外泄，于汉武帝后元年间（前88—前87）将玉门关北移至敦煌西北一百七十里的小方盘城一带，而在原来玉门关旧址置阳关。这一推测正好与P.5034《沙州地志》记载汉武帝后元年阳关置都尉②相符合，置关都尉就表明设置阳关。

关于玉门关的得名。首先，按照中国习惯山南水北为阳，若玉门关为小方盘城，处于疏勒河故道南岸，应当为阴关；其次，玉门关名称来源玉门。《史记·项羽本纪》记载：“汉王逃，独与滕公出成皋北门，渡河走脩武。”③《史记·高祖本纪》记载：

图2-8 西汉玉门关遗址（小方盘城遗址）

① 李正宇《古本敦煌乡土志八种笺证》，第231—232页。

② 图版参上海古籍出版社等编《法藏敦煌西域文献》第34册，第127页；录文参郑炳林《敦煌地理文书汇辑校注》，第46页。

③《史记》卷七《项羽本纪》，第415页。

图2-9 小方盘城周边地貌（司豪强 摄）

“汉王跳，独与滕公共车出成皋玉门，北渡河。”[①]对此《史记集解》云：“徐广曰：‘北门名玉门。’”[②]《汉书·高祖纪》亦载：“汉王跳，独与滕公共车出成皋玉门。”[③]唐颜师古对“成皋玉门”注曰：“张晏曰：成皋北门。”[④]由此得知，玉门指北门，那么玉门关就是位于敦煌的北部关口。再者，根据五行，北门称玄武门，五行为水，四季为冬，颜色尚黑。冬天天寒，杀气重，故行刑一般放在冬天进行。北门又名为凶门，凡出军打仗，必凿凶门而出，因此北门与军事有关，作为敦煌的北部关口的玉门关，应是一座军事关口。

玉门关是一个军事关隘，西汉出敦煌对西域进行军事行动一般经过玉门关。如汉武帝征和四年（前89）派遣开陵侯率领六国兵击车师，返回的军队就经过玉门关进入敦煌，“朕发酒泉驴橐

① 《史记》卷八《高祖本纪》，第472页。
② 《史记》卷八《高祖本纪》，第415页。
③ 《汉书》卷一上《高帝纪》，第42页。
④ 《汉书》卷一上《高帝纪》，第42页。

驼负食，出玉门迎军”[①]。若上文推测为真，则彼时玉门关应不在后来的玉门关位置，但是玉门关作为军事关塞的职能已很明显。汉元始中开新道，出玉门关出五船北通车师后部[②]，主要是为方便对车师控制并对此地用兵。玉门关的军事性质还可通过唐兜事件看出，《汉书·西域传下》记载：

> 又去胡来王唐兜，国比大种赤水羌，数相寇，不胜，告急都护。都护但钦不以时救助，唐兜困急，怨钦，东守玉门关。玉门关不内，即将妻子人民千余人亡降匈奴。匈奴受之，而遣使上书言状。[③]

唐兜是婼羌国王，《汉书·西域传上》又称“出阳关，自近者始，曰婼羌”[④]。则婼羌进入汉境应从阳关更近，但是唐兜选择绕道北行从玉门关降汉，此事再次表明玉门关是一个军事关口，凡是军事行动都必须经由玉门关进出。一般很少见使者行经玉门关[⑤]，可见作为军事关隘的玉门关，对一般行旅应是不开放的。

三、阳关名称来源和设置时间

阳关的名称来源和设置时间，是学术界很少质疑的问题，但是当我们对这些记载文献进行详细梳理之后，仍然有很多问题得不到解决。

关于阳关得名，既有史籍的记载也有敦煌文献的记载。一般

---

① 《汉书》卷九六下《西域传下》，第3913页。

② 《汉书》卷九六下《西域传下》，第3924页。

③ 《汉书》卷九六下《西域传下》，第3924—3925页。

④ 《汉书》卷九六上《西域传上》，第3875页。

⑤ 西域使者自玉门关入关的情况也是存在的。如悬泉汉简Ⅱ90DXT0213③：

认为阳关因在玉门关之南，故曰阳关[①]。如《元和郡县图志·陇右道下》记载阳关："以居玉门关之南，故曰阳关。"[②]P.5034《沙州地志》亦载阳关："以在玉门关南，号曰阳关。"[③]按山南水北为阳原则，玉门关（小方盘城）位于疏勒河故道的南侧，符合水南为阴，将关命名为玉门关是正确的。然阳关所处地理位置很难符合山南水北这一原则，故将玉门关之南的关塞称之为阳关。此处存在一个疑问，阳关设置于何时，是玉门关设置之后所置的吗？考察史实可知，阳关一带的开发远早于玉门关。渥洼水出天马传说，发生于浑邪王投降汉朝之后的第二年即元狩三年（前120），见载于《史记·乐书》[④]和《汉书·礼乐志》[⑤]，因此李斐记载的南阳新野暴利长屯田敦煌界之渥洼水的时间当在元狩三年（前120）前后。即元狩三年（前120）有一批屯田吏卒在阳关一带屯戍。又据P.4640《阴处士碑》记载："公姓阴，字加

（接上页）6+T0214③：83记载："甘露二年正月庚戌，敦煌大守千秋、库令贺兼行丞事，敢告酒泉大守府卒人：安远侯遣比胥楗罢军候丞赵千秋上书，送康居王使者二人、贵人十人、从者六十四人。献马二匹、橐他十匹。私马九匹、驴卅一匹、橐他廿五匹、牛一。戊申入玉门关，已阅［名］籍、畜财、财物。"

① 另有一说，称阳（杨）姓某官逃出此关，因名阳关。S.5448《敦煌录一本》记载："因沙州刺史阳明诏追拒命，奔出此关，后人呼为阳关。"南宋周辉《清波杂志》又载："汉将杨兴败走，出此关，因以为名。"对此李正宇认为："天下名关，假名于叛亡之徒，岂有此理？不足取也。"此说应是。参见氏著《古本敦煌乡土志八种笺证》，第189页。

② ［唐］李吉甫撰，贺次君点校《元和郡县图志》卷四〇《陇右道下》，第1027页。

③ 图版参上海古籍出版社等编《法藏敦煌西域文献》第34册，第126—127页；录文参郑炳林《敦煌地理文书汇辑校注》，第45—46页。

④《史记》卷二四《乐书》，第1401页。

⑤《史记·乐书》虽载渥洼水出神马，但未载具体时间。《汉书·礼乐志》记载："元狩三年马生渥洼水中作。"

(嘉）政，其先源南阳新野人也……就阴山之封秩，大漠斯平；据火候于敦煌，阳关得势。”[①]也表明元狩二年（前121）浑邪王降汉后确有一批来自南阳郡的士兵屯田敦煌阳关渥洼水附近。这批人中有可能就有来自南阳郡附近的阳关聚，阳关聚在颍川郡阳翟县[②]。《水经注·颍水》颍水“又东南过阳翟县北”下注云：“颍水东南流迳阳关聚，聚夹水相对，俗谓之东、西二土城也。”[③]阳关聚属颍川郡，敦煌名族陈氏等就从颍川郡迁徙而来。阳关聚在成皋之南，如果成皋北门有玉门之称，那么阳关聚很可能与之有某种联系。古代移民有将其原居住地名带到新的地方的习惯，以示不忘祖籍。屯田吏卒是一种短期行为，用阳关命名屯田地名，就是寄希望回归故里。因此阳关有可能而因这批屯田吏卒得

图2-10 西汉阳关遗址（古董滩）
（采自郑炳林、李军著，贾慧、赵粉琴、马凌飞译《丝路明珠：敦煌》，兰州：甘肃教育出版社，2021年，第335页）

① 郑炳林、郑怡楠辑释《敦煌碑铭赞辑释（增订本）》，第214页。

②《后汉书·光武帝纪》记载阳翟县有阳关：“光武将数千兵，徼之于阳关。”李贤注曰：“聚名也。郦元《水经注》曰：‘颍水东南经阳关聚，聚夹颍水相对。’在今洛州阳翟县西北。”

③［北魏］郦道元著，陈桥驿校证《水经注校证》卷二二《颍水》，北京：中华书局，2007年，第512页。

名。西汉在这一地区设置关塞之时，阳关就从移民迁出地的聚名变成关隘的名称。

阳关修筑的时间，据P.5034《沙州地志》记载阳关：

> 武帝后元〔□〕年置都〔尉〕……存，以居玉门〔关〕之南，因以……①

“后元”是汉武帝死亡前最后使用的年号，仅仅使用两年。从这条史料来看，设置阳关的时候，敦煌西界已经设置了玉门关，只有这样才可能取名为阳关。这个推测我们可以从S.788《沙州图经》的记载中得到证实：

> 玉门关，县东北一百六十里。《地里志》云：汉武帝后元康中置。②

汉武帝仅有“后元”年号而无“元康”年号。应当是汉武帝后元年中置。“康”字，或是“年”字之误，抑或衍字。玉门关北移至龙勒县东北一百六十里之地应在汉武帝后元年间（前88—前87）。另外S.5448《敦煌录一本》记载到阳关称：

> 州西有阳关，即故玉门关，因沙州刺史阳明诏追拒命，奔出此关，后人呼为阳关。接鄯善城，险阻乏水草，不通

---

① 图版参上海古籍出版社等编《法藏敦煌西域文献》第34册，第127页；录文参郑炳林《敦煌地理文书汇辑校注》，第46页。

② 图版参中国社会科学院历史研究所等编《英藏敦煌文献（汉文佛经以外部分）》第2卷，第165页；录文参郑炳林《敦煌地理文书汇辑校注》，第57页；李正宇《古本敦煌乡土志八种笺证》，第218页。

人行。[①]

如其所载不误，玉门关设置早于阳关。我们推测太初四年（前101）李广利伐大宛后，西汉将玉门关西移至敦煌西部，今阳关镇位置，作为军事和通使的关口。至武帝后元年间（前88—前87）外来使节很多且大多都有窥汉意图，西汉政府为避免将关塞的军事布防暴露在外来使节面前，故另设关隘作为军事关隘，专门处理军事事务。于是，玉门关北移至敦煌西北一百七十里的地方，又将故玉门关所在的关隘命名为阳关，这样一来就与阳关在玉门关之南相符。另外结合此前推测，西汉政府在为故玉门关所在关塞更名之时很可能考虑到当地屯田吏卒很多籍贯为阳关聚，因而以之为关名。中国古代移民将原籍地名带到新的地方，作为

图2-11　阳关大道（司豪强 摄）

① 图版参中国社会科学院历史研究所等编《英藏敦煌文献（汉文佛经以外部分）》第7卷，第94页；录文参郑炳林《敦煌地理文书汇辑校注》，第87页。

村落名称较为常见。敦煌的北府渠、北府庄和都乡河、都乡里皆是如此。当时阳关地区很可能已有了阳关聚一类的村落，因此玉门关北迁后，理所当然就将故玉门关改名为阳关。后为加强其文化含义，才出现了在玉门关之南故名阳关的说法。

《汉书·西域传》虽记载“自玉门、阳关出西域有两道”[①]，但是在记载到西域诸国至汉境的方位与里程时，多以阳关为参照。这表明一般使节都经过阳关而不走玉门关，可进一步佐证玉门关是一个军事关隘，而军事性质以外的使者、商旅等往来西域、中原之间时会经过阳关[②]。

图2-12　墩墩山烽燧[③]
（采自甘肃省地方史志编纂委员会编《甘肃省志·文物志》，第328页）

结合上述考证推测，太初四年（前101）李广利征大宛后，西汉在敦煌设置玉门关。玉门关起初兼有军事和出使、行商等功

① 《汉书》卷九六上《西域传上》，第3872页。
② 王蕾、卢山冰《汉唐时期阳关的盛衰与丝路交通》，《西北大学学报（哲学社会科学版）》2020年第6期，第95—104页。
③ 位于今敦煌市阳关镇寿昌村西北阳关遗址范围，有“阳关耳目”之称。

用，其后随着西汉政府对西域军事活动的日益频繁，同时与西域诸国通使活动密切，不仅仅是西汉使节出使外国，更多的是外国使者进入西汉，这样就涉及很多军事安全方面的纰漏，尤其会暴露西汉在敦煌郡的驻军情况。为防范西汉敦煌郡的军情外泄，须将一般性的管理行商使者的关塞同军事关隘区分开来，因此西汉政府在玉门关之外又分置阳关，主要供行商使者通行。

第三节 西汉对敦煌郡的移民

匈奴浑邪王杀休屠王并率其众四万余人投降西汉，从此河西西至罗布泊空无匈奴。西汉政府原来准备把匈奴从河西驱赶到中亚的乌孙人迁回到河西地区，约为昆弟之国，以断匈奴之右臂。元鼎二年（前115），汉武帝派遣张骞出使乌孙，转达西汉政府的意愿，但是他们已经适应了中亚舒适的气候条件和生活环境，不愿意再迁徙回河西走廊[①]。西汉政府只能对河西地区采取移民实边，设置郡县，进行直接管理[②]。从西汉政府取得敦煌之初和置

---

①《资治通鉴》卷二〇，汉武帝元鼎二年记载："浑邪王既降汉，汉兵击逐匈奴于幕北，自盐泽以东空无匈奴，西域道可通。于是张骞建言：'乌孙王昆莫本为匈奴臣，后兵稍强，不肯复朝事匈奴，匈奴攻不胜而远之。今单于新困于汉，而故浑邪地空无人，蛮夷俗恋故地，又贪汉财物，今诚以此时厚币赂乌孙，招以益东，居浑邪之地，与汉结昆弟，其势宜听，听则是断匈奴右臂也。既连乌孙，自其西大夏之属皆可招来而为外臣。'……骞既至乌孙，昆莫见骞，礼节甚倨。骞谕指曰：'乌孙能东居故地，则汉遣公主为夫人，结为兄弟，共距匈奴，匈奴不足破也。'乌孙自以远汉，未知其大小，素服属匈奴日久，且又近之，其大臣皆畏匈奴，不欲移徙。"

②《资治通鉴》卷二〇，汉武帝元鼎二年记载："乌孙王既不肯东还，汉乃于浑邪王故地置酒泉郡，稍发徙民以充实之，后又分置武威郡，以绝匈奴与羌通之道。"

敦煌郡之后，不停地向敦煌地区移民。敦煌写本碑铭就记载到西汉移民敦煌的情况，另外敦煌地理文献和文学作品也记载到西汉移民敦煌的具体史实。本节我们就利用敦煌文献的有关记载，考订史籍的相关事实，将西汉敦煌移民的真实面貌展现给学术界。

西汉敦煌移民从匈奴浑邪王投降汉朝就已经开始。浑邪王投降汉朝之后，河西不仅空无匈奴，就是其他民族也不见记载，西汉军队首先进入河西地区进行屯田，因此第一代敦煌移民就是这些戍守敦煌的军队戍卒，而且具有明显的地域性。敦煌移民从敦煌置郡之前已经开始，最初移民是军事性质的屯田，主要有军队屯田和罪犯贬谪屯田，敦煌文献P.4640《阴处士碑》记载敦煌阴氏的祖先是参加汉武帝派遣征伐匈奴的部队，后戍守敦煌：

> 公姓阴，字加（嘉）政，其先源南阳新野人也。齐经九合，琀弁清于星蘩；汉约三章，鬊髫明于箴管。荣升紫府，贵践黄门；宿承玉斗之更，早达金门之诏。既乃跃鳞水上，一挺龙门，下说窖中，三冬豹变。犹郑人佐矩，募隼旟以先驰；若秦并列城，选牛刀而宠俊。就阴山之封秩，大漠斯平；据火候于敦煌，阳关得势。亦犹王箭（翦）远屠楚国，预固庄田；甘茂将伐宜阳，先盟息壤。塞门八阵，略地终身。野战十年，留连已此，至今为敦煌县人矣。[①]

所谓“就阴山之封秩，大漠斯平；据火候于敦煌，阳关得势”，就是指汉武帝元朔年间（前128—前123）派遣军队从阴山征伐匈奴因战功得到封秩，这些军队主要从阴山一带出征，部分军队绝

① 郑炳林、郑怡楠辑释《敦煌碑铭赞辑释（增订本）》，第214页。

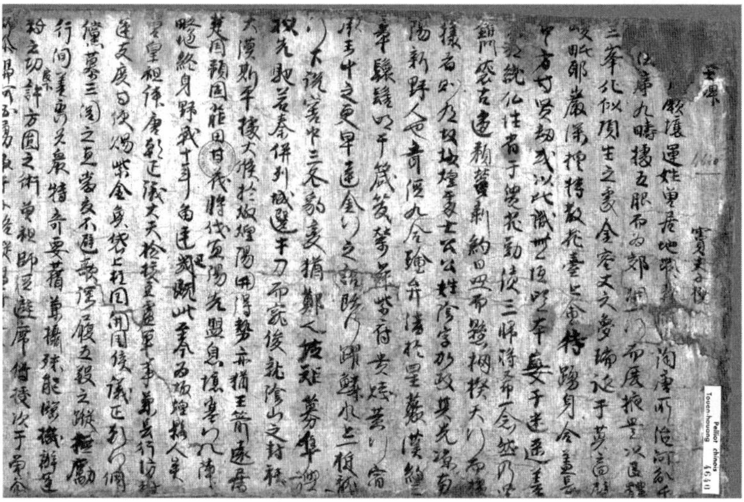

图2-13 P.4640《阴处士碑》

幕北至龙城、余吾水等[①]；元狩年间（前122—前117）汉武帝派遣霍去病等征伐河西地区的匈奴，部分军队驻守敦煌阳关。阴嘉政的祖先率军参加这些军事行动并得到封秩，他率领的这支军队应当以南阳新野人为主，屯田于敦煌界渥洼池的暴利长就加入了这支部队。敦煌文献中就记载了敦煌龙勒渥洼水一带有从南阳迁移而来的罪犯在此进行屯田。

P.5034《沙州地志》记载：

---

①《汉书·武帝纪》记载汉武帝派遣军队进攻匈奴多经阴山往漠北，元朔二年春正月，“匈奴入上谷、渔阳，杀略吏民千余人。遣将军卫青、李息出云中，至高阙，西至符离，获首虏数千级。收河南地，置朔方、五原郡”。五年“大将军卫青将六将军兵十余万人出朔方、高阙，获首虏万五千级”。“六年春二月，大将军卫青将六将军兵十余万骑出定襄，斩首三千级。还，休士马于定襄、云中、雁门。……夏四月，卫青复将六将军绝幕，大克获。”元狩四年夏“大将军卫青将四将军出定襄，将军去病出代，各将五万骑。步兵踵军后数十万人。青至幕北围单于，斩首万九千级，至阗颜山乃还”。

> 一〔所〕海水：
>
> 蒲昌海。
>
> 右出寿昌县东南十里，去州一百廿里。方圆可一里，〔其〕深浅不测，地多芦苇，其水分流二道，一道入寿〔昌〕县南溉田，一道向寿昌东溉田。旧名渥洼水，《〔汉〕书·孝武本纪》："元鼎四年秋，马生渥洼水中，作〔天〕马之歌。"李斐云："南阳新野有暴利〔长，当武〕帝时遭刑，屯田敦煌〔界，数于此水旁见群野〕马，中有奇异者，与凡马异，来饮此水，利〔长先〕作土人，持绊勒于水傍，后马玩习久，人代土人持绊勒收得其马，献之。神异此马，云从水〔中〕出。"渥洼水即此海也。①

从渥洼水引水灌溉田苗的大渠、长支渠很可能就是当时这些屯田人的杰作。这条记载最初见载于《汉书·武帝纪》元鼎四年（前113）秋马生渥洼水中之颜师古注："秋，马生渥洼水中。作宝鼎、天马之歌。"颜师古注云："李斐曰：'南阳新野有暴利长，当武帝时遭刑，屯田敦煌界，数于此水旁见群野马中有奇（异）者，与凡马［异］，来饮此水。利长先作土人，持勒绊于水旁。后马玩习，久之代土人持勒绊收得其马，献之，欲神异此马，云从水中出。'"②这个记载还见于敦煌文献《寿昌县地境》和S.5448《敦煌录一本》等中。根据《汉书·武帝纪》记载，元光五年（前129）西汉派遣卫青等出兵攻打匈奴至龙城；元朔二年（前127）卫青出兵至高阙，收复河南地，置朔方、五原郡；

① 图版参上海古籍出版社等编《法藏敦煌西域文献》第34册，第125页；录文参郑炳林《敦煌地理文书汇辑校注》，第44—45页；李正宇《古本敦煌乡土志八种笺证》，第161页。

② 《汉书》卷六《武帝纪》，第184—185页。

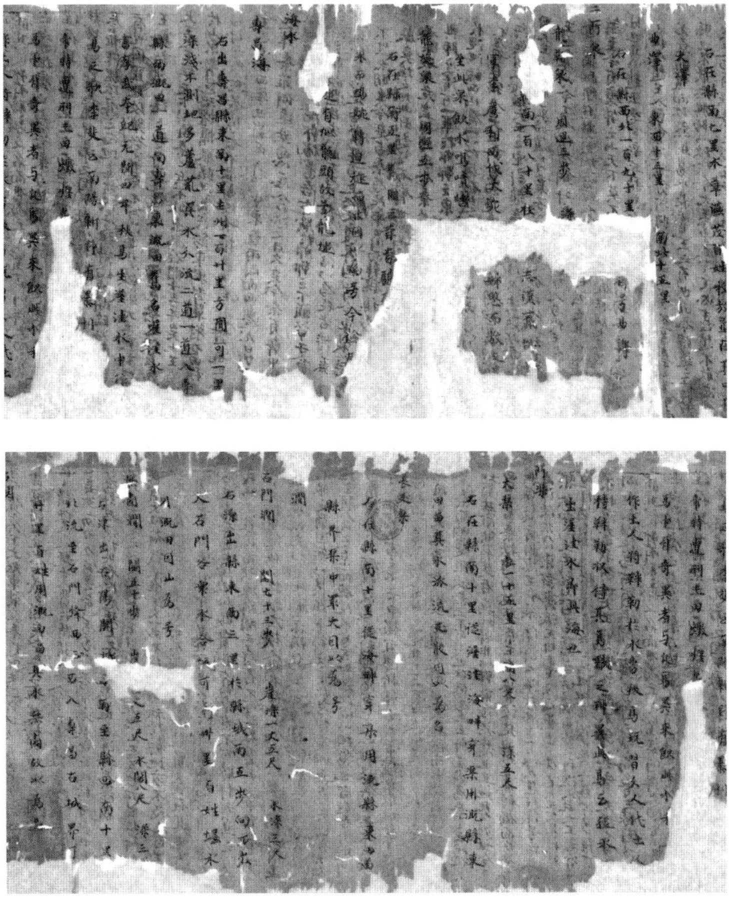

图2-14 P.5034《沙州地志》

元朔六年卫青将六将军绝幕大克获；元狩二年（前121）霍去病出陇西至皋兰。“夏，马生余吾水中……将军去病、公孙敖出北地二千里，过居延，斩首虏三万余级。”[①]其年秋，匈奴浑邪王杀休屠王以四万人降汉，汉遣霍去病迎降，以其地为武威、酒泉郡，并在敦煌地区设置屯田官征发戍卒屯田。

① 《汉书》卷六《武帝纪》，第176页。

《汉书·地理志下》记载：

> 自武威以西，本匈奴昆邪王、休屠王地，武帝时攘之，初置四郡，以通西域，鬲绝南羌、匈奴。其民或以关东下贫，或以报怨过当，或以悖亡道，家属徙焉。[①]

《汉书·卜式传》记载：

> 岁余，会浑邪等降，县官费众，仓府空，贫民大徙，皆卬给县官，无以尽赡。式复持钱二十万与河南太守，以给徙民。[②]

这表明元狩二年（前121）浑邪王降汉之后，西汉就进行大规模的移民，这些移民的迁出地就包括河南郡在内。《汉书·武帝纪》记载：

> （元狩）四年冬，有司言关东贫民徙陇西、北地、西河、上郡、会稽凡七十二万五千口，县官衣食振业，用度不足，请收银锡造白金及皮币以足用。[③]

《汉书·匈奴传上》记载：

> 是后匈奴远遁，而幕南无王庭。汉度河自朔方以西至令居，往往通渠置田官，吏卒五六万人，稍蚕食，地接匈奴

---

① 《汉书》卷二八下《地理志下》，第1644—1645页。

② 《汉书》卷五八《卜式传》，第2625页。《汉书·张汤传》记载："会浑邪等降汉，大兴兵伐匈奴，山东水旱，贫民流徙，皆卬给县官，县官空虚。"

③ 《汉书》卷六《武帝纪》，第178页。

以北。[①]

元狩四年（前119）漠北大战后的移民实边屯田应当是元狩二年的继续，包括河西地区在内。汉武帝在河西置屯田官，征发戍卒往河西地区屯田，应包括敦煌地区在内。《汉书·礼乐志》天马之歌下记载“元狩三年马生渥洼水中作”[②]。很可能遭刑戍守敦煌的暴利长就是随军北征匈奴的士兵，他们在元狩二年（前121）编造了马生余吾水中的故事，来到敦煌界渥洼水旁屯田，为了讨好汉武帝，又继续编造了马生渥洼水中的故事。暴利长等遭刑罪犯很可能是参加对匈奴战争中因犯罪而被贬谪到敦煌屯田的。这些记载说明敦煌开始移民并进行屯田最早可追溯至敦煌置郡前的元狩三年（前120）。

敦煌设郡之后，大规模的移民开始，生活在钜鹿的索氏就是在元鼎六年（前111）徙居敦煌的，虽然他们有避祸的原因在里面，但是这些记载透露出来一个信号，就是汉朝置敦煌郡的同时就开始大规模移民到敦煌。元封四年（前107）汉朝有一次大的移民实边活动，很可能涉及敦煌郡，《汉书·万石君传》记载：“元封四年，关东流民二百万口，无名数者四十万，公卿议欲请徙流民于边以适之。”[③]既然是徙流民于边，才建立的敦煌郡应当在移民的范围。但是这次徙流民于边是否执行，尚没有记载加以证实[④]。

敦煌文献也有汉朝中原居民徙居敦煌的记载，敦煌的清河张

---

① 《汉书》卷九四上《匈奴传上》，第3770页。

② 《汉书》卷二二《礼乐志》，第1060页。

③ 《汉书》卷四六《万石君传》，第2197页。

④ 《汉书·万石君传》记载元鼎五年（前112）万石君子石庆为丞相，元封四年（前107）：“上以为庆老谨，不能与其议，乃赐丞相告归，而案御史大夫

氏、钜鹿索氏就是西汉时移居敦煌的。P.2625《敦煌名族志》记载了清河张氏迁徙敦煌的过程：

> ［前汉宣帝］时有司隶校尉张襄者，赵王敖□□，□准襄奏霍光妻显毒杀许后。帝以光有大功，寝其事。襄惧，以地节元年自清河绎幕举家西奔天水，病卒。子□□年来适此郡，家于北府，俗号北府张。史策□□，子孙莫睹。①

司隶校尉张襄在西汉属于高级官吏，敢出面奏霍光妻显毒杀许后，并不是一般人敢为或能为的事情，霍光因为拥立宣帝有功，

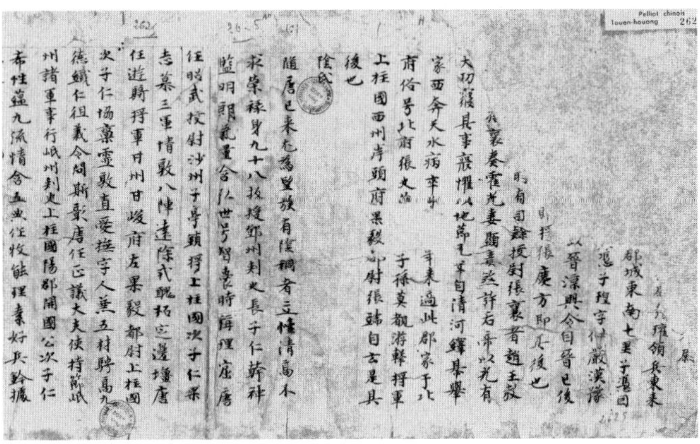

图2-15 P.2625《敦煌名族志》

（接上页）以下议为请者。庆惭不任职，上书曰：‘臣幸得待罪丞相，疲驽无以辅治。城郭仓廪空虚，民多流亡，罪当伏斧质，上不忍致法。愿归丞相侯印，乞骸骨归，避贤者路。’”遭到皇帝的批评：“君不绳责长吏，而请以兴徙四十万口，摇荡百姓，孤儿幼年未满十岁，无罪而坐率，朕失望焉。”

① 图版参上海古籍出版社等编《法藏敦煌西域文献》第16册，上海：上海古籍出版社，2001年，第329页；录文参郑炳林《敦煌地理文书汇辑校注》，第110页。

地位非常显赫，敢奏霍光妻毒杀许后，实际上就是站在霍光敌对面，应当具有一定实力才敢这样做。从其家族出身于赵王张敖来看，张氏家族是非常厉害的。同卷记载钜鹿索氏迁徙敦煌的过程：

> 索氏，右其先商王帝甲，封子丹于京索，因而氏焉。武王灭商，迁之于鲁，封之为侯。秦并六国，庄侯索番致仕，国除。汉武帝时，太中大夫索抚，丞相赵周直谏忤旨，徙边，以元鼎六年从钜鹿南和迁于敦煌。凡有二祖，号南索、北索。初，索抚在东，居钜鹿之北，号为北索。至王莽天凤三年，鸣开都尉索骏复西敦煌，骏在东，居钜鹿之南，号为南索。莫知其长幼，咸累代官族。后汉有索颙，明帝永平中为西域代〔戊〕己校尉，居高昌城。[①]

钜鹿索氏同清河张氏一样，都是官宦之家，即所谓“累代官族”。索氏家族迁徙敦煌同张氏一样，因得罪皇帝或者当权者为避祸而主动移居敦煌[②]。西汉索氏迁徙敦煌，还可以从S.530《大唐沙州释门索法律义辩和尚功德记碑》记载中得到证实：

> 总斯具善美者，其惟钜鹿索和尚欤。和尚俗姓索，香号义辩。其先商王帝甲之后，封子丹于京索间，因而氏焉。远祖前汉太中大夫抚，直谏飞龙，既犯逆鳞之势，赵周下狱，抚恐被诛，以元鼎六年自钜鹿南和徙居于流沙，子孙

---

① 图版参上海古籍出版社等编《法藏敦煌西域文献》第16册，第330—331页；录文参郑炳林《敦煌地理文书汇辑校注》，第112页。

②《汉书·百官公卿表下》记载元鼎五年：“九月辛巳，丞相周下狱死。”

因家焉，遂为敦煌人也。[①]

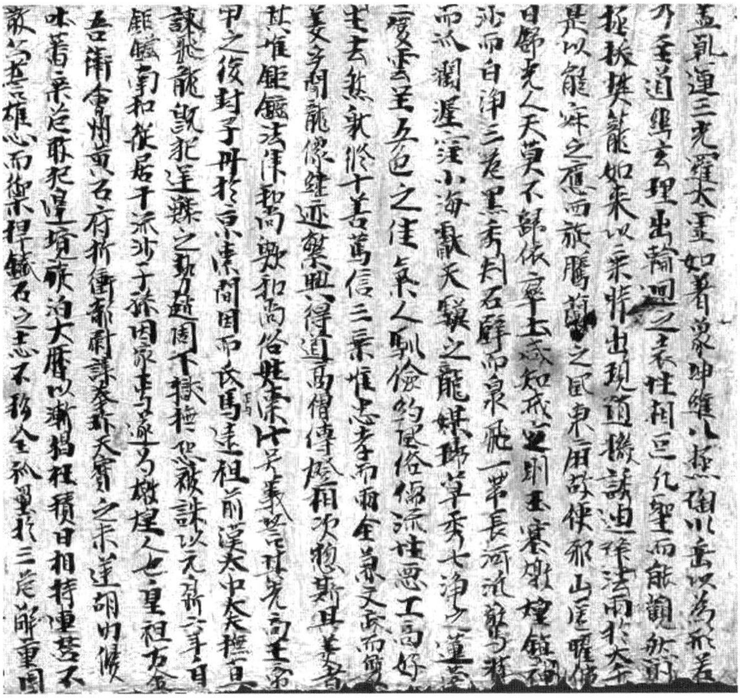

图2-16 S.530《大唐沙州释门索法律义辩和尚功德记碑》

《汉书·武帝纪》记载元鼎五年（前112）：“九月，列侯坐献黄金酎祭宗庙不如法夺爵者百六人，丞相赵周下狱死。”颜师古注引臣瓒曰：“《食货志》南越反时卜式上书愿死之。天子下诏褒扬，布告天下，天下莫应。列侯以百数，莫求从军。至酎饮酒，少府省金，而列侯坐酎金失侯者百余人。而表云赵周坐为丞相知

① S.530《大唐沙州释门索法律义辩和尚功德记碑》，P.4640作《沙州释门索法律窟铭》，图版及录文见郑炳林、郑怡楠辑释《敦煌碑铭赞辑释（增订本)》，第323、292页。

列侯酎金轻下狱自杀。然则知其轻不纠擿之也。”[①]索抚可能与赵周因同事犯罪，因其情节较轻被贬谪徙边，正逢敦煌设郡，需要大量移民，于是迁徙敦煌。P.2005《沙州都督府图经》记载效谷城：

> 古效谷城，周回五百步。
>
> 右在州东北卅里，是汉时効谷县。本是渔泽鄣，桑钦说：汉孝武元封六年，济南崔不意为渔泽都尉，教人力田，以勤効得谷，因立为县名焉。……今北面有颓基数十步。[②]

这条记载还见载于《汉书·地理志下》“敦煌郡效谷县”条下颜师古注：“本鱼泽障也，桑钦说孝武元封六年济南崔不意为鱼泽尉，教力田，以勤效得谷，因立为县名。”[③]崔不意担任的是鱼泽都尉，是汉代在敦煌鱼泽障设置的屯田官，为军事官员，因此他管辖下的人应当是屯田士兵或者刑徒之类，也有像从武都分徙而来的氐、羌等，肯定不是从内地迁徙而来的居民，因为只有他们才会疏于耕种，将作战部队变成屯田卒，在河西地区很常见[④]。鱼泽障西汉哀帝时还存在，属于当时移民的地点。《汉书·孙宝传》记载：

> 哀帝即位，征宝为谏大夫，迁司隶。初，傅太后与中山

---

① 《汉书》卷六《武帝纪》，第187页。

② 图版参上海古籍出版社等编《法藏敦煌西域文献》第1册，第56页；录文参郑炳林《敦煌地理文书汇辑校注》，第15页。

③ 《汉书》卷二八下《地理志下》，第1614—1615页。

④ 《汉书·昭帝纪》记载始元二年：“冬，发习战射士诣朔方，调故吏将屯田张掖郡。”颜师古注：“调谓发选也。故吏，前为官职者。令其部率习战射士于张掖为屯田也。”

孝王母冯太后俱事元帝，有却，傅太后使有司考冯太后，令自杀，众庶冤之。宝奏请覆治，傅太后大怒，曰："帝置司隶，主使察我。冯氏反事明白，故欲擿觖以扬我恶。我当坐之。"上乃顺指下宝狱。尚书仆射唐林争之，上以林朋党比周，左迁敦煌鱼泽障候。①

从这些记载得知汉敦煌鱼泽障至汉哀帝时仍然不断移民屯田，而且移民的地点是敦煌郡鱼泽障，就是说敦煌郡效谷县已经设置，但是鱼泽都尉并没有废除，作为一个屯田机构仍然保留，继续接收从中原地区迁徙的移民，这些移民多数是官员犯罪被贬谪至敦煌的。而最大的一次官员犯罪移民是汉武帝征和二年（前91）卫太子事件中被牵连的官吏。《汉书·公孙贺传》记载汉武帝时卫太子因巫蛊牵连，杀江充，发兵攻丞相府。太子兵败，畏罪自杀：

诸太子宾客，尝出入宫门，皆坐诛。其随太子发兵，以反法族。吏士劫略者，皆徙敦煌郡。②

这个事件卷入的人数很多，牵扯面很广，涉及事件而犯罪的人不在少数，因此这次被迁徙到敦煌郡的人数众多。据《曹全碑》记载，曹全祖上也是汉武帝时期移民至敦煌的：

世宗廓土斥竟，子孙迁于雍州之郊，分止右扶风，或在安定，或处武都，或居陇西，或家敦煌，枝分叶布，所在

① 《汉书》卷七七《孙宝传》，第3261页。《汉书·傅喜传》记载唐林时为尚书令。
② 《汉书》卷六六《公孙贺传》，第2881—2882页。

为雄。[①]

西汉世宗是汉武帝的庙号。至于曹全祖上是因何种原因以及具体何时迁徙敦煌的，碑文没有详细记载，可能也是因酎金或卫太子事件受到牵连迁徙敦煌的。《汉书·成帝纪》记载永始二年（前15）将作大匠解万年因营昌陵工程三年不成被徙敦煌：

> 十二月，诏曰："前将作大匠万年知昌陵卑下。不可为万岁居，奏请营作，建置郭邑，妄为巧诈，积土增高，多赋敛徭役，兴卒暴之作。卒徒蒙辜，死者连属，百姓罢极，天下匮竭。……万年佞邪不忠，流毒众庶，海内怨望，至今不息，虽蒙赦令，不宜居京师。其徙万年敦煌郡。"[②]

将作大匠万年姓解，其因罪徙居敦煌郡还见载于《汉书·陈汤传》，从事中郎陈汤与将作大匠相善，受万年鼓动上奏徙民营昌陵，因地势低下三年不成而获罪：

> 制曰："廷尉增寿当是。汤前有讨郅支单于功，其免为庶人，徙边。"又曰："故将作大匠万年佞邪不忠，妄为巧诈，多赋敛，烦徭役，兴卒暴之作，卒徒蒙辜，死者连属，毒流众庶，海内怨望，虽蒙赦令，不宜居京师。"于是汤与万年俱徙敦煌。[③]

---

① 毛远明《汉魏六朝碑刻校注》第2册，北京：线装书局，2008年，第57页。
② 《汉书》卷十《成帝纪》，第322页。
③ 《汉书》卷七〇《陈汤传》，第3026页。《汉书·翟方进传》记载："商素憎陈汤，白其罪过，下有司案验，遂免汤，徙敦煌。"

倡议者从事中郎陈汤和将作大匠解万年营作昌陵失败，而被谪徙敦煌郡。“久之，敦煌太守奏‘汤前亲诛郅支单于，威行外国，不宜近边塞’。诏徙安定。”后议郎耿育奏，陈汤不宜“老弃敦煌，正当西域通道”，“天子还汤，卒于长安”①。《资治通鉴》汉成帝永始二年（前15）记载：

卫将军王商恶陈汤，奏“汤妄言昌陵且复发徙；又言黑龙冬出，微行数出之应。”廷尉奏“汤非所宜言，大不敬。”诏以汤有功，免为庶人。徙边。……将作大匠万年佞邪不忠，毒流众庶，与陈汤俱徙敦煌。②

陈汤因功还徙长安，而解万年之徙敦煌未见回归，足见敦煌移民一直在进行中。汉哀帝时期仍然向敦煌移民，《汉书·李寻传》记载因学术之争而引发的狱案，一批文士被迁徙到敦煌：

初，成帝时，齐人甘忠可诈造《天官历》《包元太平经》十二卷，以言“汉家逢天地之大终，当更受命于天，天帝使真人赤精子，下教我此道”。忠可以教重平夏贺良、容丘丁广世、东郡郭昌等，中垒校尉刘向奏忠可假鬼神罔上惑众，下狱治服，未断病死。贺良等坐挟学忠可书以不敬论，后贺良等复私以相教。哀帝初立，司隶校尉解光亦以明经通灾异得幸，白贺良等所挟忠可书。事下奉车都尉刘歆，歆以为不合五经，不可施行。而李寻亦好之，光曰：“前歆父向奏忠可下狱，歆安肯通此道？”时郭昌为长安令，

① 《汉书》卷七〇《陈汤传》，第3027—3028页。
② 《资治通鉴》卷三一，汉成帝永始二年，第1043—1044页。

> 劝寻宜助贺良等。寻遂白贺良等皆待诏黄门，数召见，陈说："汉历中衰，当更受命。成帝不应天命，故绝嗣。今陛下久疾，变异屡数，天所以谴告人也。宜急改元易号，乃得延年益寿，皇子生，灾异息矣。得道不得行，咎殃且亡，不有洪水将出，灾火且起，涤荡民人。"哀帝久寝疾，几其有益，遂从贺良等议。于是诏制丞相御史："……其大赦天下，以建平二年为太初元年，号曰陈圣刘太平皇帝。……"后月余，上疾自若。贺良等复欲妄变政事，大臣争以为不可许。贺良等奏言大臣皆不知天命，宜退丞相御史，以解光、李寻辅政。上以其言亡验，遂下贺良等吏，而下诏曰："……贺良等反道惑众，奸态当穷竟。"皆下狱，光禄勋平当、光禄大夫毛莫如与御史中丞、廷尉杂治，当贺良等执左道，乱朝政，倾覆国家，诬罔主上，不道。贺良等皆伏诛。寻及解光减死一等，徙敦煌郡。[①]

李寻"治《尚书》，与张孺、郑宽中同师。宽中等守师法教授，寻独好《洪范》灾异，又学天文月令阴阳"[②]，其他如解光等人，在阴阳等方面都有很高的造诣，应当说这是一次很大的文化迁徙，敦煌文化的发展得益于这些文士们的来徙。从这条记载推知，汉武帝击败匈奴取得河西敦煌之地，就以各种形式不断向这里移民。这些移民有犯法的豪强大姓，也有失去土地的贫民，还有刑徒、戍边的官吏兵卒和犯法的官吏等。就这些被迁徙到敦煌的居民构成来说，社会上层占据了很大部分，他们徙居敦煌的同时，也将中原地区的先进汉文化引进到敦煌地区，敦煌地区得以

① 《汉书》卷七五《李寻传》，第3192—3194页。
② 《汉书》卷七五《李寻传》，第3179页。

逐渐发展起来。西汉政府向敦煌地区移民是一个漫长的过程，从敦煌置郡之前就已经开始，直到西汉末年仍然继续进行。《汉书·薛宣传》记载：

> 久之，哀帝初即位，博士申咸给事中，亦东海人也，毁宣不供养行丧服，薄于骨肉，前以不忠孝免，不宜复列封侯在朝省。宣子况为右曹侍郎，数闻其语，赇客杨明，欲令创咸面目，使不居位。会司隶缺，况恐咸为之，遂令明遮斫咸宫门外，断鼻唇，身八创。
>
> 事下有司……上以问公卿议臣。丞相孔光、大司空师丹以中丞议是，自将军以下至博士议郎皆是廷尉。况竟减罪一等，徙敦煌。①

后“况私从敦煌归长安，会赦”②。薛况徙敦煌肯定不是一个人的行为，而是举家迁徙敦煌，私自归长安，因潜藏其父家，遂与敬武长公主私乱，公主饮药死，薛况枭首于市，可能其妻子仍然留居敦煌。另外杨明是否一起迁徙，虽然没有记载，但很可能一同徙敦煌。

随着敦煌郡的建置，敦煌地区的自然灾害等现象都见载于史籍中，《汉书·武帝纪》中就记载了蝗灾波及敦煌，太初元年（前104）秋八月，汉武帝遣贰师将军李广利发天下谪民西征大宛，“蝗从东方飞至敦煌”③。这次自然灾害还见载于《汉书·五行志中之下》：“太初元年夏，蝗从东方蜚至敦煌。三年秋，复

---

①《汉书》卷八三《薛宣传》，第3394—3396页。

②《汉书》卷八三《薛宣传》，第3397页。

③《汉书》卷六《武帝纪》，第200页。

蝗。”[①]这可能是从关东地区移民至敦煌的人的认知，因为河南山东一带的蝗灾是主要灾害，是他们将敦煌地区的蝗灾与关东蝗灾对比的结果，这也是史书中第一次记载发生在敦煌地区的自然灾害。

从西汉敦煌移民得知，浑邪王降汉后，西汉派遣军队戍守敦煌界进行屯田，形成了第一批西汉敦煌移民；西汉劝说乌孙回迁河西以断匈奴之右臂的计划没有实现，就开始对河西敦煌进行直接管理，置敦煌郡的同时，将中原地区大量的贫民迁徙至敦煌，移民实边；在治理河西敦煌的过程中，移民敦煌不断进行，特别是将犯罪的高级官员和文士发配敦煌，这些人都是西汉社会的上层，具有很高的文化造诣，他们迁徙敦煌实际上形成了敦煌的文化移民，汉代敦煌地区的文化实际上就是在这个基础上建立起来的。

---

① 《汉书》卷二七中之下《五行志中之下》，第1435页。

第三章

西汉经敦煌对匈奴、南羌的经营

西汉政府设置敦煌等河西四郡之后，河西走廊成为防御匈奴的主要地区。此后，匈奴不断从河西走廊的北方入侵并骚扰，力图形成胡与羌的联合，隔断西汉政府与西域诸国的联系。在此背景下，敦煌郡肩负起经营匈奴、羌人和西域的任务。本章先就西汉政府经敦煌对匈奴、南羌的经略进行探讨。

第一节　西汉经敦煌及河西对匈奴的经营

汉武帝元鼎六年（前111）派遣赵破奴置敦煌郡，并设置了敦煌郡的防御体系——塞城与土河，“以为匈奴禁限”[①]，可见敦煌郡设立伊始，防御匈奴便成为其主要职责。尤其元封六年（前105）后匈奴在西汉统治中心西移，“单于益西北。左方兵直云中，右方兵直酒泉、敦煌”[②]。使得敦煌及河西面临来自匈奴的压力及须承担的经略匈奴的职责都进一步增强。

一、西汉河西诸郡沿线塞城的修筑与对匈奴的防御

西汉以浑邪王、休屠王故地置酒泉郡，此后以酒泉郡为基地开始对匈奴进行战争。而在敦煌置郡前，其地属酒泉郡管辖。西汉经河西对匈奴作战的主要路线大致有：出令居经石羊河流域武威塞北浚稽山到匈奴的匈河水；出居延塞到伊吾北部的天山；出

① 图版参上海古籍出版社等编《法藏敦煌西域文献》第1册，上海：上海古籍出版社，1995年，第56页；郑炳林《敦煌地理文书汇辑校注》，兰州：甘肃教育出版社，1989年，第14页。

② ［汉］班固撰，［唐］颜师古注《汉书》卷九四上《匈奴传上》，北京：中华书局，1962年，第3774页。

敦煌经莫贺延碛到伊吾往西到车师前部、车师后部。彼时匈奴因遭汉军打击而势衰，主体部分北逃，至元封六年（前105）又西移。甚至一段时期内，匈奴单于“终不肯为寇于汉边，休养士马，习射猎，数使使好辞甘言求和亲”[①]。与此同时，汉朝在与匈奴作战中也损失惨重，匈奴作为汉朝北方首要威胁的基本事实仍未改变。

《史记·匈奴列传》记载：

> 是时汉东拔秽貉、朝鲜以为郡，而西置酒泉郡以鬲绝胡与羌通之路。汉又西通月氏、大夏，又以公主妻乌孙王，以分匈奴西方之援国。又北益广田至胘雷为塞，而匈奴终不敢以为言。[②]

由此观之，西汉为对付匈奴，至少采取了三方面的工作：其一，设酒泉郡以隔断胡与羌之路；其二，联合西域的大月氏、大夏和乌孙，以分离匈奴西方之援国；其三，从北方益广田至胘雷筑塞（《汉书》作“眩雷”）。关于眩雷塞，颜师古注引服虔曰：“眩雷，地在乌孙北也。”[③]又《汉书·地理志下》“西河郡增山县”条下云：“有道西出眩雷塞，北部都尉治。”[④]二者记载差异颇大，史念海对此曾作考证，认为这两条记载前者失之过远，后者失之过近。眩雷塞大致设置在河南地西侧黄河以西，汉朝之后设

---

① 《汉书》卷九四上《匈奴传上》，第3772页。

② ［汉］司马迁撰，［南朝宋］裴骃集解，［唐］司马贞索隐，［唐］张守节正义《史记》卷一一〇《匈奴列传》，北京：中华书局，2014年，第3519页。

③ 《汉书》卷九四上《匈奴传上》，第3773页。

④ 《汉书》卷二八下《地理志下》，第1618页。

置的窳浑、三封、临戎三县以南的乌兰布和沙漠之中[①]；张文平据最新的考古调查与发掘成果将内蒙古阿拉善左旗敖伦布拉格镇镇政府西北约11千米处的乌兰布拉格障城认定为眩雷塞所在[②]；当然这一说法也存在质疑意见，如李鑫鑫认为西汉眩雷塞似当位于内蒙古磴口县西南的狼山西南余脉中[③]。尽管对眩雷塞具体位置的描述还存在差异，然其大概位置处在河南地之黄河以西一带应当可以成立，则眩雷塞的经营当属西汉向河南地以西经营的重要组成部分。西汉政府的这些举措使其对匈奴右部乃至之后西移后的匈奴主体部分开始形成钳形夹击之势。这个钳形的核心部分是敦煌及河西边塞，西翼是以乌孙为代表的附汉西域诸国，而东翼是眩雷塞及朔方、西河等诸郡。

眩雷塞位置处于河西以东、河南地以西，故推测其修筑意在将北方防御体系与河西防御体系进行直线对接。当然眩雷塞设置时，河西的塞城设置或许并不完善。然而这并不妨碍西汉确有这方面意图。西汉在河西用以抵御匈奴的塞城包括早期的令居塞，也包括其后陆续修筑的武威塞、休屠塞、居延塞、玉门关、阳关等及各自配套的亭障工程。具体来说，河西四郡自东向西，每郡皆有塞城亭障。

武威郡有武威塞。武威县北为休屠泽，武威塞应当就在武威郡武威县北休屠泽一带。《史记·匈奴列传》记载："其明年春，汉使浞野侯破奴将二万余骑出朔方西北二千余里，期至浚稽

---

① 史念海《新秦中考》，《中国历史地理论丛》1987年第1期，第119—160页。

② 张文平《西汉眩雷塞小考》，中国人民大学北方民族考古研究所等编《北方民族考古》第2辑，北京：科学出版社，2015年，第191—197页。

③ 李鑫鑫《西汉"眩雷塞"新考》，《内蒙古社会科学》2020年第4期，第63—70页。

山而还。”[①]《史记索隐》引应劭云浚稽山：“在武威县北。”[②]《汉书·武帝纪》颜师古注引应劭曰：“浚稽山在武威塞北。”[③]武威县和武威塞似乎在同一个地方。又据《汉书·赵充国传》记载：“又武威县、张掖日勒皆当北塞，有通谷水草。”[④]表明武威郡武威县有塞城、亭障，是河西走廊北塞的组成部分。《汉书·地理志下》记载武威郡武威县：“休屠泽在东北，古文以为猪野泽。”[⑤]休屠县：“都尉治熊水障。北部都尉治休屠城。”[⑥]由此观之，武威塞或筑于武威县北休屠泽一带。另外休屠县筑有熊水障，北部都尉又治于休屠城，可见休屠县也是武威郡重要的军事基地。《史记·大宛列传》记载太初三年（前102），“益发戍甲卒十八万酒泉、张掖北，置居延、休屠以卫酒泉”[⑦]。其中居延显然是指居延塞，推测此处的“休屠”或指修建于武威休屠县的熊水障，或指休屠城，或指修筑于武威县北休屠泽一带的武威塞。

张掖郡有居延塞，西汉政府非常重视通过张掖居延塞经营匈奴。《汉书·武帝纪》记载太初三年（前102）西汉派遣“强弩都尉路博德筑居延”[⑧]。《括地志》记载：

> 汉居延县故城在甘州张掖县东北一千五百三十里，有汉遮虏鄣，强弩都尉路博德之所筑。李陵败，与士众期至遮

① 《史记》卷一一〇《匈奴列传》，第3521页。
② 《史记》卷一一〇《匈奴列传》，第3522页。
③ 《汉书》卷六《武帝纪》，第201页。
④ 《汉书》卷六九《赵充国传》，第2978页。
⑤ 《汉书》卷二八下《地理志下》，第1612页。
⑥ 《汉书》卷二八下《地理志下》，第1612页。
⑦ 《史记》卷一二三《大宛列传》，第3854页。
⑧ 《汉书》卷六《武帝纪》，第201页。

虏鄣，即此也。[①]

《汉书·地理志下》张掖郡居延县："居延泽在东北，古文以为流沙。都尉治。"颜师古注曰："阚骃云武帝使伏波将军路博德筑遮虏障于居延城。"[②]可见当时居延塞即指遮虏障，在居延泽。汉武帝太初三年（前102）修筑居延塞，主要是为防御匈奴对河西地区的骚扰。

酒泉郡曾置玉门关，后西移敦煌。另据《汉书·地理志下》记载酒泉郡的塞城有会水县的偃泉障、东部障、干齐县的西部障[③]。敦煌郡的关隘最著名的是玉门关和阳关，玉门关、阳关是西汉政府经营西域的军事、通使的两个重要关塞。此外，敦煌郡还设置昆仑障、鱼泽障[④]。其中位于广至县的昆仑障，设置宜禾都尉，主要目的就是防御来自敦煌北部以及伊吾方向的匈奴侵犯。

汉武帝在设置敦煌等河西四郡之外，还着手修筑了河西北边的防御体系——河西长城。河西长城东连黄河边塞，向西延伸至敦煌乃至西域，又遥相与朔方一带的高阙塞、鸡鹿塞、眩雷塞呼应。河西长城沿线的关键节点还设置了一批塞城，这些塞城成为西汉政府防御匈奴入侵河西及经营匈奴的军事据点，在抵御匈奴骚扰河西地区的战略中发挥了重要作用。

二、西汉经敦煌及河西对匈奴的经营

西汉取得河西走廊后，设置敦煌等四郡，其主要目的是隔断

---

① 《史记》卷一一〇《匈奴列传》，第3523页。
② 《汉书》卷二八下《地理志下》，第1613页。
③ 《汉书》卷二八下《地理志下》，第1614页。
④ 《汉书》卷二八下《地理志下》，第1614—1615页。

图3-1 六工城遗址[①]

图3-2 居延泽

① 位于今瓜州县南岔乡六工村西南3千米处。汉代。由大小两城组成，大城疑为宜禾县城，小城疑为昆仑障。

胡与羌之路，以保障西部边疆的安全。同时，西汉政府也意在将河西作为连接中原和西域的桥梁，加强同西域各国之间的交往。而匈奴失去河西之后，一方面在西域各国的影响力不断减弱，另一方面难以再同西羌联合夹击汉朝西北边疆。为扭转劣势，匈奴主要从武威郡的武威塞、张掖郡的居延塞和酒泉、敦煌二郡北部进犯河西，西汉的军队也主要从这三个方向反击匈奴。此外，匈奴还不断尝试通过各种渠道和手段联络西羌，以打通胡与羌的通道，促成胡与羌的联合。

匈奴失去河西后又接连遭受西汉军事打击，由盛转衰。元封六年（前105），匈奴乌维单于死，儿单于即位，将匈奴的统治中心西移，右方直对酒泉、敦煌郡：

> 自是后，单于益西北，左方兵直云中，右方兵直酒泉、敦煌。①

由此推知，云中至酒泉之间，就是匈奴王庭直对的地方，就是说居延塞以东到朔方郡是匈奴单于王庭管辖的地方，河西走廊须同时防御来自匈奴单于与右部的侵扰与威胁，其中敦煌郡直面匈奴右部。

敦煌郡设置后成为西汉经营西域的基地，同时辅助经营匈奴。《史记·大宛列传》记载："其明年，击姑师，破奴与轻骑七百余先至，虏楼兰王，遂破姑师。"②赵破奴击破楼兰、姑师为联合乌孙进而抵御匈奴奠定了基础。

出敦煌、酒泉二郡前往匈奴右部是西汉对匈奴战争采用的重

---

①《汉书》卷九四上《匈奴传上》，第3774页。

②《史记》卷一二三《大宛列传》，第3849页。

要行军路线。《史记·李将军列传》记载天汉二年（前99），汉武帝派遣贰师将军李广利进攻天山附近的匈奴，行军路线就是出酒泉到天山：

> 数岁，天汉二年秋，贰师将军李广利将三万骑击匈奴右贤王于祁连天山，而使陵将其射士步兵五千人出居延北可千余里，欲以分匈奴兵，毋令专走贰师也。陵既至期还，而单于以兵八万围击陵军。陵军五千人，兵矢既尽，士死者过半，而所杀伤匈奴亦万余人。且引且战，连斗八日，还未到居延百余里，匈奴遮狭绝道，陵乏食而救兵不到，虏急击招降陵。①

《史记集解》："徐广曰：'出敦煌至天山。'"②《括地志》云："祁连山在甘州张掖县西南二百里。天山，一名白山，今名初罗漫山，在伊吾县北百二十里。伊州在京西北四千四百一十六里。"③《史记》没有记载李广利行军路线，但是记载了他攻打位于天山的匈奴右贤王部，依据徐广的说法是"出敦煌"。敦煌昆仑障即为西汉出敦煌北行至东天山（今哈密地区北部的东天山一带）的关塞，当然李广利也有可能出酒泉经西部障或者偃泉障前往东天山。为了解救被围东天山的李广利，汉武帝派遣李陵率步卒五千出居延塞北行千余里攻击匈奴单于部。李陵经由居延塞出兵，就是说居延塞北行即可达匈奴单于的管区，李陵出兵北行是冲着单于庭而去的，最终此战以李陵失败投降告终。

---

①《史记》卷一〇九《李将军列传》，第3477—3478页。

②《史记》卷一〇九《李将军列传》，第3478页。

③《史记》卷一〇九《李将军列传》，第3478页。

征和三年（前90）正月，匈奴入侵五原、酒泉，杀两都尉，汉武帝派遣李广利、商丘成、马通等出兵攻打匈奴，其中重合侯马通就从酒泉出兵。《汉书·武帝纪》记载：

> 三年春正月，行幸雍，至安定、北地。匈奴入五原、酒泉，杀两都尉。三月，遣贰师将军广利将七万人出五原，御史大夫商丘成二万人出西河，重合侯马通四万骑出酒泉。成至浚稽山，与虏战，多斩首。通至天山，虏引去，引降车师。皆引兵还。广利败，降匈奴。①

这次战争还见载于《汉书·匈奴传上》：

> 其年，匈奴复入五原、酒泉，杀两部都尉。于是汉遣贰师将军七万人出五原，御史大夫商丘成将三万余人出西河，重合侯莽通将四万骑出酒泉千余里。……重合侯军至天山，匈奴使大将偃渠与左右呼知王将二万骑要汉兵，见汉兵强，引去。重合侯无所得失。是时，汉恐车师兵遮重合侯，乃遣闿陵侯将兵别围车师，尽得其王民众而还。②

莽通即马通③。马通的行军路线同天汉二年（前99）贰师将军李广利、李陵出兵路线相同，都是出酒泉攻打天山的匈奴。李广利投降匈奴后很长一段时间，西汉都没有主动出击攻打匈奴，对匈

---

①《汉书》卷六《武帝纪》，第209页。

②《汉书》卷九四上《匈奴传上》，第3778—3779页。

③《汉书·武帝纪》记载后元元年六月："侍中仆射莽何罗与弟重合侯谋反，侍中驸马都尉金日磾、奉车都尉霍光、骑都尉上官杰讨之。"颜师古注引孟康曰："征和三年言重合侯马通，今此言莽，明德马后恶其先人有反，易姓莽。"

奴采取消极性防御[①]。而作为酒泉要塞的偃泉障、西部障和敦煌郡的昆仑障，既是西汉政府出击匈奴的出兵要塞，也是西汉防御匈奴南下入侵河西的边防要塞。同时，它们作为出使西域北道的关塞同敦煌郡的玉门关、阳关一样，地位逐步提高，成为西汉政府经营西域的主要关隘。

西汉政府为了加强河西防御力量，向河西派遣屯田官吏和士兵，《汉书·昭帝纪》记载始元二年（前85）："冬，发习战射士诣朔方，调故吏将屯田张掖郡。"颜师古注曰："调谓发选也。故吏，前为官职者。令其部率习战射士于张掖为屯田也。"[②]西汉政府将原来从事官职而退职下来的人，令他们率领习战射兵士屯田于张掖郡，是为了加强张掖郡北部的防御力量，以此抵御来自北方匈奴的进犯。

元凤三年（前78），匈奴出兵攻击酒泉、张掖，希冀收复失地。《汉书·匈奴传上》记载：

> 明年，单于使犁汙王窥边，言酒泉、张掖兵益弱，出兵试击，冀可复得其地。时汉先得降者，闻其计，天子诏边警备。后无几，右贤王、犁汙王四千骑分三队，入日勒、屋兰、番和。张掖太守、属国都尉发兵击，大破之，得脱者数百人。……自是后，匈奴不敢入张掖。[③]

匈奴单于派遣犁汙王分三队入侵西汉河西地区的日勒、屋兰、番和，很显然犁汙王的部队绕过居延塞，从居延塞东部穿越巴丹吉

① 《汉书·卫青霍去病传》记载："自青围单于后十四岁而卒，竟不复击匈奴者，以汉马少，又方南诛两越，东伐朝鲜，击羌、西南夷，以故久不伐胡。"

② 《汉书》卷七《昭帝纪》，第221页。

③ 《汉书》卷九四上《匈奴传上》，第3783页。

林沙漠、北大山、龙首山进入到今天山丹到永昌一线进行骚扰，山丹之南就是著名的扁都口，是河西走廊进入青海的主要通道，也是西汉胡与羌相通之路。这次犁汙王南侵既是试探西汉政府的实力，也是希望打通羌胡联盟的通道。西汉政府事先得到消息，动用张掖太守、张掖属国的兵力进行拦截，几乎全歼犁汙王的部队。匈奴选择这些地方，是因为这里是河西走廊最狭窄的地方，是石羊河流域和张掖河流域的分水岭，占领这个地区，就能将西汉的河西分割成东西不相统属的两块，基本上实现隔绝西汉与西域交往的通道。此后，随着“是时汉边郡烽火候望精明，匈奴为边寇者少利，希复犯塞”①。

敦煌郡在对匈奴战争中的地位提高，还可从西汉与乌孙的关系中体现出来。《汉书·宣帝纪》记载本始二年（前72）：

> 匈奴数侵边，又西伐乌孙。乌孙昆弥及公主因国使者上书，言昆弥愿发国精兵击匈奴，唯天子哀怜，出兵以救公主。秋，大发兴调关东轻车锐卒，选郡国吏三百石伉健习骑射者，皆从军。御史大夫田广明为祁连将军，后将军赵充国为蒲类将军，云中太守田顺为虎牙将军，及度辽将军范明友、前将军韩增，凡五将军，兵十五万骑，校尉常惠持节护乌孙兵，咸击匈奴。②

---

①《汉书》卷九四上《匈奴传上》，第3784页。

②《汉书》卷八《宣帝纪》，第243—244页。《汉书·五行志中之上》记载：“宣帝本始三年夏……先是五将军众二十万征匈奴。”颜师古注：“本始三年，御史大夫田广明为祁连将军，后将军赵充国为蒲类将军，云中太守田顺为武牙将军，及渡辽将军范明友、前将军韩增，凡五将军，兵十五万骑。校尉常惠持节护乌孙兵，咸击匈奴，是为二十万众也。”《汉书·杜周传》记载杜缓：“缓少为郎，本始中以校尉从蒲类将军击匈奴。”颜师古注：“臣瓒曰：‘征蒲类海，故以为名。’”

汉朝按照当时的出兵对象任命将军，祁连指天山，蒲类指蒲类海（今新疆巴里坤湖）。这次西汉出兵十五万，加上乌孙兵，总兵力达到二十余万众。汉军应当是从敦煌往北过伊吾经蒲类海、天山攻打匈奴，行军路线也即唐代的伊吾道，敦煌郡是这次军事行动的军队和物资的集结地。《汉书·匈奴传上》记载本始二年（前72）汉出五将军合乌孙击匈奴，其中度辽将军范明友三万余骑出张掖，后将军赵充国为蒲类将军三万余骑出酒泉，应当是从居延塞遮虏障和敦煌塞城出兵到伊吾北部的蒲类海，“蒲类将军兵当与乌孙合击匈奴蒲类泽。乌孙先期至而去，汉兵不与相及。蒲类将军出塞千八百余里，西去候山，斩首捕虏，得单于使者蒲阴王以下三百余级，卤马牛羊七千余”[①]。赵充国行军路线应当是沿着伊吾道到蒲类海。就是说这个时期敦煌郡到天山北麓的交通道路应已存在。

五将军出兵斩获较少，俱无功。唯有校尉常惠与乌孙兵有较大的收获，“校尉常惠与乌孙兵至右谷蠡庭，获单于父行及嫂、居次、名王、犁汙都尉、千长、将以下三万九千余级，虏马牛羊驴骡橐驼七十余万。汉封惠为长罗侯。然匈奴民众死伤而去者，及畜产远移死亡不可胜数。于是匈奴遂衰耗，怨乌孙”[②]。其后丁零、乌孙、乌桓又趁机攻击匈奴，“凡三国所杀数万级，马数万匹，牛羊甚众。又重以饿死，人民死者什三，畜产什五，匈奴大虚弱，诸国羁属者皆瓦解，攻盗不能理。其后汉出兵三千余骑，为三道，并入匈奴，捕虏得数千人还”[③]。即在西汉政府及乌孙、乌桓、丁零的联合打击之下，匈奴更趋衰弱，汉朝边境自

---

① 《汉书》卷九四上《匈奴传上》，第3786页。
② 《汉书》卷九四上《匈奴传上》，第3786页。
③ 《汉书》卷九四上《匈奴传上》，第3786—3787页。

此少事。

三、西汉经敦煌联合西域诸国以制匈奴

西汉进入西域之前，匈奴控制着罗布泊以东的地区。“匈奴西边日逐王置僮仆都尉使领西域，常居焉耆、危须、尉黎间，赋税诸国，取富给焉。”[①]汉武帝时始通西域，李广利征大宛前，赵破奴曾攻克匈奴控制下的楼兰和车师。贰师将军李广利征大宛，匈奴准备遮其道路。出于军事、出使考虑，西汉沿敦煌至罗布泊修筑烽燧，此举有利于保障交通路线的安全。至汉宣帝时，使者郑吉都护南北道，匈奴更弱，僮仆都尉由此罢。

汉宣帝时，匈奴衰弱，已无法构成对河西走廊的威胁。西汉塞外诸城的防御强度有所削弱[②]，开始将打击匈奴的重点放在西域的经营上，即通过西域诸国来对付匈奴。宣帝时期西汉政府与匈奴争夺焦点在车师。《汉书·匈奴传上》记载：

> 其明年，西域城郭共击匈奴，取车师国，得其王及人众而去。单于复以车师王昆弟兜莫为车师王，收其余民东徙，不敢居故地。而汉益遣屯士分田车师地以实之。其明年，匈奴怨诸国共击车师，遣左右大将各万余骑屯田右地，欲以侵迫乌孙西域。后二岁，匈奴遣左右奥鞬各六千骑，与左大将再击汉之田车师城者，不能下。[③]

西汉政府同匈奴争夺车师地区，占领车师可便于汉朝从西部对匈奴构成钳形攻击之势，对匈奴而言，也可通过车师控制西域，进

---

① 《汉书》卷九六上《西域传上》，第3872页。

② 《汉书·匈奴传上》云：“是时匈奴不能为边寇，于是汉罢外城，以休百姓。”

③ 《汉书》卷九四上《匈奴传上》，第3788—3789页。

而威胁敦煌等河西地区。加之此时西汉政府对河西地区的控制已然稳固，匈奴想通过酒泉、张掖打通与西羌的通道基本不可能。在此情势下，匈奴为了联合西羌只得绕道罗布泊进入羌中，车师处于连接胡与羌之路的关键节点，其南部是罗布泊，亦即西汉长城的西端。控制车师，就可以经车师轻易进入羌中，因此匈奴出兵攻击车师的另一层意图当是维护胡与羌之路的通畅。西汉政府出兵车师、攻打东天山的蒲类，或也有隔绝胡与羌之路的用意。

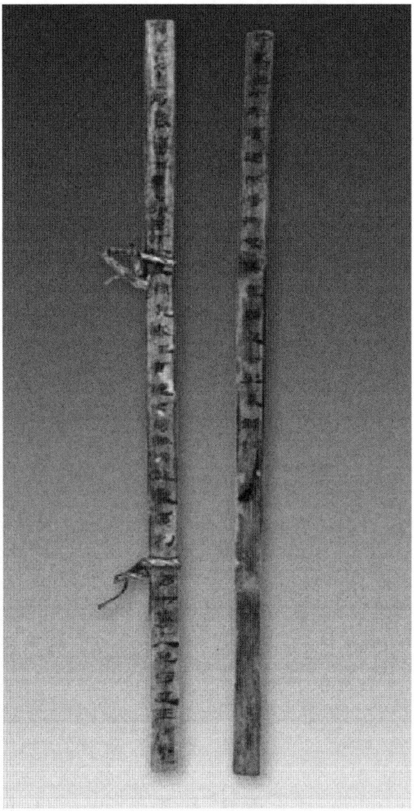

图3-3 神爵二年悬泉厩佐迎送日逐王廪食册（I 90DXT0309③：167—168）

（采自甘肃省地方史志编纂委员会编《甘肃省志·文物志》，第1381页）

通过西汉与匈奴在车师、东天山地区的争夺，可以看出匈奴统治中心西移之后，敦煌在抵御匈奴、阻止胡与羌联合中起的作用越来越大，特别是设置敦煌郡和修筑敦煌至盐泽烽火台后，匈奴与西羌的联系只能绕道罗布泊地区，胡与羌在入侵西汉边境上很难达成一致，有效地缓解了西汉西北部边疆的压力。

神爵二年（前60），匈奴日逐王先贤掸因与新任单于握衍朐鞮有隙，率其众数万骑投降西汉，获封归德侯。四年（前58），姑夕王“与乌禅幕及左地贵人共立稽侯狦为呼韩邪单于，发左地兵四五万人，西击握衍朐鞮单于”[1]。此后匈奴开始陷入分裂混战，五单于争立，国势愈衰。在此背景下，汉朝转而通过支持呼韩邪单于经略匈奴，加之经营西域对抗匈奴的战略主要由西域都护执行，敦煌及河西在经营匈奴方面的重要性相对有所降低。然而即便西汉扶植的呼韩邪单于最终胜出，款塞入朝，并“上书愿保塞上谷以西至敦煌，传之无穷，请罢边备塞吏卒，以休天子人民”[2]。敦煌及河西针对匈奴的边塞防务也并未罢废。

图3-4 “单于天降”瓦当（包头市九原区召湾27号汉墓） 西汉
（采自包头博物馆官网）

① 《汉书》卷九四上《匈奴传上》，第3790—3791页。
② 《汉书》卷九四下《匈奴传下》，第3803页。

我们从西汉政府经敦煌、河西经营匈奴的探讨中得知，西汉政府置敦煌郡之后，修筑了沿边塞城东起高阙塞，往西经鸡鹿塞、眩雷塞、武威塞、居延塞、偃泉障、东部障、西部障、昆仑障、玉门关、阳关，形成了一条严密的防御体系。特别是随着匈奴统治中心西移，敦煌在经营匈奴的地位中愈发重要。在对匈奴右部的战争中，由酒泉和敦煌北部出兵匈奴右部也是西汉政府经常采用的行军路线。同时，匈奴为重新建立胡、羌联盟，尝试对河西张掖至敦煌一线用兵，然在西汉政府的严密防御下，匈奴对敦煌及河西的进攻屡屡挫败，这使得匈奴与羌人的交往不得不绕道罗布泊地区进行。与之相对的西汉政府也开始经敦煌联合西域诸国制约匈奴。

第二节 西汉经敦煌对南羌的经营

敦煌郡的南部和西南比邻南山羌、小月氏诸种，因此在西汉经营羌人的过程中，敦煌也起了重要的作用。西汉政府占领河西走廊之后，截断胡与羌交通之路，匈奴多次派兵希望从张掖、酒泉打通与西羌的交通，都未成功。特别是西汉政府在河西走廊北部沿线修筑长城和关塞之后，羌胡交通之路被彻底截断。匈奴横穿河西走廊进入祁连山与西羌联系基本上不可能，故曾一度派遣使者绕道罗布泊，进入南山羌、小月氏活动区域，促成羌人诸种解仇结约，与匈奴结盟，共同对付西汉，致使羌人不断出兵侵扰河西走廊及金城等西汉边境。与此相对的西汉政府也通过对羌人的经营保障西北边疆稳定。本节我们将从南山羌的形成、匈奴与羌人的结盟、西汉政府出兵平定西羌及敦煌对南山羌的经营等方面进行研究。

一、南山羌与小月氏诸部落

南山羌，又称南羌。《汉书·地理志下》记载河西走廊中西部诸郡的河流都出自“南羌中”。关于“南羌中”，既可以将南羌作为一个地名，也可以将羌中作为一个地名。《史记·大宛列传》《汉书·张骞传》都记载张骞从西域返回时，准备经由羌中而返，因此学界往往将《汉书·地理志下》的“羌中”也作为一个地名理解，而将“南”作为一个方位解释。我们通过研究认为，南羌实际上是对生活在羌人西北而附属于西羌的小月氏等杂胡的总称，南羌中是指南山羌地区之内，张骞行经的羌中就是指羌人地区。

图3-5 昌马河（马振颖 摄）

南羌的活动范围与敦煌相接，根据《汉书·地理志下》敦煌郡冥安县记载：“南籍端水出南羌中，西北入其泽，溉民田。”龙勒县：“氐置水出南羌中，东北入泽，溉民田。”[①]南籍端水即今疏勒河，疏勒河上游昌马河，发源于祁连山中：“源出疏勒

① 《汉书》卷二八下《地理志下》，第1614页。

南山与陶赖南山间的疏勒脑，西北流经沼泽地，汇山区冰雪融水及深山区降水，至花儿地后折向北流入昌马盆地，称昌马河；出昌马峡后进入河西走廊冲积平原，河道呈放射状，河水大量渗漏，成为潜流；至冲积扇前缘出露形成10道泉水河，诸泉水河北流至布隆吉汇合，称布隆吉河；西流经双塔水库，引灌安西绿洲；至敦煌市北，党河从南汇入，再向西注入哈拉湖（又名黑海子，今名榆林泉）。”①汉代昌马峡以上、榆林河冥安县以南都是属于南山范围，即南山羌的活动范围。氐置水即今党河，“内陆河，曾名氐置水、龙勒河、甘泉水、都乡河。在省境西北部。清代始称党河，是党金郭勒的简称。党金系人名，‘郭勒’蒙古语为‘河流’。上游有大水河与奎腾河，分别源出肃北蒙古自治县八音泽尔肯乌拉和崩坤大坂，沿谷地西北流，在盐池湾汇合，再西北流，纳党河南山和野马河南山间诸支流，至党城湾进入山前冲积洪积平原，切穿鸣沙山，经党河水库拐向东北入敦煌绿洲，至敦煌市北注疏勒河”②。从这些记载看，党河党城湾以上即南羌中。从西汉开始将祁连山及其以南的青藏高原称为南山，而将生活在这里的羌人称为南山羌。为什么记载中说敦煌郡这两条水出南羌中，就是说这两条水上源流经的地方是羌人生活的地方，党河自肃北自治县党城湾以上就进入祁连山中，汉唐以来，党城湾之南就是南山地方，汉代就是南山羌生活的地方，所以记载为出南羌中。因此汉代敦煌郡的南境与羌毗邻，是西汉政府经营羌的主要基地。

南羌的生活地域还有酒泉南部的祁连山中。《汉书·地理志

① 焦北辰主编《中华人民共和国地名词典·甘肃省》，北京：商务印书馆，1995年，第352—353页。

② 焦北辰主编《中华人民共和国地名词典·甘肃省》，第353页。

图3-6 甘肃阿克塞县西南阿尔金山南侧地区[①]（司豪佳 摄）

下》“酒泉郡禄福县”条云：“呼蚕水出南羌中，东北至会水入羌谷。”[②]呼蚕水即今北大河，又称讨赖河，“源出青海省祁连山区纳嘎尔当沼泽地，西北流经陶赖进入甘肃省境，经陶赖南山间宽广谷地，汇集南北两山30多条支流，北流过铁镜山，出祁连山进入河西走廊，称北大河；经嘉峪关市南，东流入酒泉市境，有洪水坝河、丰乐河等河由南汇入；西北流切穿走廊北山，经鸳鸯池、解放村水库，过金塔绿洲注入黑河”[③]。北大河自铁镜山之南，流经区域主要是祁连山牧区，西汉时属于南羌生活的区域，所以西汉酒泉郡南部毗邻的也是南山羌。

《汉书·地理志下》记载张掖郡觻得县：“羌谷水出羌中，东

① 这一地区正处于汉敦煌郡以南，在西汉时曾属于南山羌活动区域。
② 《汉书》卷二八下《地理志下》，第1614页。
③ 焦北辰主编《中华人民共和国地名词典·甘肃省》，第354页。

北至居延入海，过郡二，行二千一百里。”[①]黑河“曾名合黎水、羌谷水、鲜水、覆表水、副投水、张掖水、甘州河……源出祁连山系之走廊南山，东南流经走廊南山与陶赖山之间，沿途纳许多支流；至青海省祁连县黄藏寺，汇东南来的八宝河（又名俄博河）后，折向北进入甘肃省境，切穿走廊南山，出鹰落峡入河西走廊；再东北流至张掖市北，山丹河从东南注入；再转向西北，经临泽县，汇梨园河，过高台县入正义峡，穿合黎山，经金塔县东，入内蒙古自治区额济纳旗。合黎山以北称弱水，亦名额济纳河……干流鹰落峡以上的祁连山区，流域面积1.1万平方千米，是黑河水量主要补给区，年径流量15.7亿立方米，为河西诸河之冠”[②]。黑河鹰落峡以上的地区，也是游牧区域。《汉书·地理志下》记载羌谷水出羌中，而不说南羌中，似在表明这里属于羌的生活范围，而不是南羌的范围。张掖河东流经黄藏寺，汇合来自东南的八宝河，由此向北流入鹰落峡，这个拐弯的地方形状就像一个镰刀，很可能就是《汉书·赵充国传》记载的“击罕羌，入鲜水北句廉上，去酒泉八百里，去将军可千二百里”的句廉上[③]，“分兵并出张掖、酒泉合击罕、开在鲜水上者”[④]，也是西汉罕羌、开羌生活的地方。这里北面是罕羌、开羌活动的区域，南部的浩亹河是先零羌活动的区域。西汉赵充国击西羌从湟水流域的先零羌开始然后到罕羌，之后进行屯田主要在湟水和浩亹水流域。由此得知，先零羌的分布主要在湟水和浩亹水，而鲜水主要生活的是罕羌和开羌。将羌谷水记载作“出羌中”，而不记载南

① 《汉书》卷二八下《地理志下》，第1613页。

② 焦北辰主编《中华人民共和国地名词典·甘肃省》，第354页。

③ 《汉书》卷六九《赵充国传》，第2980—2981页。颜师古注：“句廉，谓水岸曲而有廉稜也。”

④ 《汉书》卷六九《赵充国传》，第2977页。

羌中，表明这里是南羌与西羌混合居住的地区。

图3-7 甘肃阿克塞县南部大苏干湖①

流经武威郡有两条河流，即谷水和松陕水，《汉书·地理志下》记载武威郡姑臧县："南山，谷水所出，北至武威入海，行七百九十里。"苍松县："南山，松陕水所出，北至揟次入海。"②这两条河即今流经武威市古浪县的古浪河和流经武威的石羊河，特别是石羊河汇集了杂木河、西营河、东大河等，这些河流虽然源自祁连山，但是多处于祁连山北麓，径流短。石羊河："曾名谷水、马城河、白亭河、大河……上游为山区性河流，包括古浪、黄羊、杂木、金塔、西营、东大、西大河等，汇集祁连山东段冷龙岭、乌鞘岭、毛毛山以北山区冰川积雪融水和降水，年径流总量17亿立方米。山区河流呈树枝状，干流出山时，切穿山体，形成峡谷，今多为水坝址。"古浪河："曾名松陕水。在古浪县西部。上游名为龙沟河，源出天祝藏族自治县毛毛山北麓，

① 属汉敦煌郡以南地区。

② 《汉书》卷二八下《地理志下》，第1612页。

西北流至龙沟堡折向北，纳张家河、黄羊川河、柳条河，经古浪峡进入河西走廊。长137千米，古浪峡以上流域面积887平方千米。年径流总量0.76亿立方米，以降水补给为主。为山区性河流，水流湍急，多峡谷。”[①]《汉书·地理志下》记载谷水和松陕水时称出南山，即祁连山，而不说其出南羌中，说明祁连山东段属于西羌的生活区域，不属于南羌的活动范围。

通过以上记载可知，祁连山黑河上源以西的地方主要生活着南山羌。由此推知，敦煌以南的青海柴达木盆地即青海海西州地区属于南山羌即南羌的活动范围，生活在这一区域的各个羌人部落如罕羌、狼何羌都属于南山羌，他们皆为河西杂胡，在匈奴打击之下进入南山，附属于西羌，成为西羌的一部分，因为他们生活区域主要在南山（祁连山）之南的地方，故称南山羌。

南山羌是曾生活在河西走廊的大月氏的后裔。汉初，大月氏被匈奴击败，大批部众西迁，“其余小众不能去者，保南山羌，号小月氏”[②]。即月氏残部从河西走廊进入祁连山及其以南地区，整个河西走廊之南的祁连山中及其之南都生活有小月氏。所谓南山羌应即小月氏，是指一个区域内归属于西羌的杂胡总称。《汉书·卫青霍去病传》记载：“票骑将军涉钧耆，济居延，遂臻小月氏，攻祁连山，扬武乎觻得，得单于单桓、酋涂王，及相国、都尉以众降下者二千五百人。”[③]这表明祁连山一带生活的主要是小月氏人，祁连山在张掖郡西南，即张掖郡西南祁连山就是小月氏的活动区域，《汉书·地理志下》记载这里属于南羌中，则更说明南羌就是小月氏。这里记载的小月氏实际上已经成

① 焦北辰主编《中华人民共和国地名词典·甘肃省》，第356—358页。
②《汉书》卷九六上《西域传上》，第3891页。
③《汉书》卷五五《卫青霍去病传》，第2480页。

为匈奴右部管辖下的小王或者附属性的地域政权。根据《汉书·赵充国传》记载，这里生活的主要是罕羌，所以罕羌也应是南羌即小月氏的一部分。狼何羌也是南山羌之一部。《汉书·赵充国传》记载征和五年（前88）匈奴使人至小月氏，传告诸羌联合攻击河西故地，匈奴通过小月氏传话给诸羌，说明小月氏是包括狼何羌在内南羌诸部。“狼何小月氏种在阳关西南”，曾向匈奴借兵，“欲击鄯善、敦煌以绝汉道”[①]。狼何羌借兵匈奴，选择从鄯善、敦煌间攻击以绝汉道，其原因是自匈奴失去河西之后，匈奴与西羌相联系的所谓胡与羌通之路，就是绕道罗布泊进入羌中，因此罗布泊地区是双方争夺激烈的地区。

《汉书·西域传上》记载出阳关最近者为婼羌，“辟在西南，不当孔道……西北至鄯善，乃当道云”[②]。鄯善当汉道冲，西通且末，在西域最东垂，近汉，当白龙堆道，常主发导，负水担粮，送迎汉使，“自玉门、阳关出南道，历鄯善而南行”[③]。因此距离鄯善最近的是婼羌，而后应是狼何羌，张骞出使西域返回时欲并南山，“欲从羌中归，复为匈奴所得”[④]。张骞被俘并送交匈奴扣押，应当是隶属于小月氏的婼羌或者狼何羌所为，这也表明当时小月氏亲匈奴的一种政治态度。

《水经注·河水二》亦记载有小月氏活动区域：

> 阚骃曰：县西有卑禾羌海者也。世谓之青海，东去西平二百五十里。湟水东流迳湟中城北，故小月氏之地也。《十三州志》曰：西平、张掖之间，大月氏之别，小月氏

① 《汉书》卷六九《赵充国传》，第2973页。

② 《汉书》卷九六上《西域传上》，第3875页。

③ 《汉书》卷九六上《西域传上》，第3889页。

④ 《史记》卷一二三《大宛列传》，第3835页。

之国。[①]

由此观之，小月氏活动的区域包括青海湖以东至湟中城（今青海湟源县西北），就是说东起青海湖东湟中城，西至婼羌，北至祁连山中的党河、疏勒河、北大河、张掖河上游祁连山地区，都是小月氏活动范围[②]。另外《三国志》裴松之注引《魏略·西戎传》记载："敦煌西域之南山中，从婼羌西至葱岭数千里，有月氏余种葱茈羌、白马、黄牛羌，各有羌豪，北与诸国接，不知其道里广狭。"[③]可见小月氏还广泛分布在婼羌以西，葱岭以东，南道诸国以南地区，也即昆仑山脉一线。

综之，南羌也即小月氏，是鄯善、敦煌、酒泉、张掖之南的祁连山地区，乃至阿尔金山、昆仑山地区，以及祁连山之南的青海海西州的柴达木盆地中归附西羌的南迁杂胡统称。这种居民结构一直延续到晚唐五代宋初的归义军时期。虽然吐谷浑、吐蕃政权不断进入，这里的南山人也不断更换统治者，但是南羌基本居民结构的核心没有发生过大的变化。

---

① ［北魏］郦道元著，陈桥驿校证《水经注校证》卷二《河水》，北京：中华书局，2007年，第48页。

② 通过《水经注》所载"湟中城北，故小月氏之地"可进一步对罕羌属于南山羌也即小月氏问题进行讨论。赵充国率汉军抵达罕羌所在鲜水上游地区后，罕羌首领靡忘使人来言："愿得还复故地。"罕羌与先零羌彼此征战，在汉军击败罕羌以南的先零羌后，罕羌向汉朝请求迁回故地。这似表明先零羌侵占了罕羌故地，使其被迫迁徙至鲜水上游。从地理位置来看，"湟中城北，故小月氏之地"正在罕羌所在的鲜水流域以南，先零羌活动区域北缘。如此则罕羌属于小月氏一支，本居湟中城附近的可能性很大。

③ ［晋］陈寿著，［南朝宋］裴松之注《三国志》卷三〇《魏书·乌丸鲜卑东夷传》，北京：中华书局，1982年，第859页。

图3-8 青海湖

二、西汉绝胡与羌通之路

西汉的西羌生活在陇西郡之西、祁连山之南的地域。西汉初年，匈奴击败月氏，“威震百蛮，臣服诸羌。景帝时，研种留何率种人求守陇西塞，于是徙留何等于狄道、安故，至临洮、氐道、羌道县”[①]。《汉书·李广传》又载汉景帝时李广为陇西太守，“羌尝反，吾诱降者八百余人，诈而同日杀之”[②]。这些记载表明西汉政府取得河西走廊之前，曾通过陇西郡经营西羌，然西汉地方政府未能妥善处理西羌问题。张骞初次出使西域，“还，并南山，欲从羌中归，复为匈奴所得”[③]。张骞也明确提

① [南朝宋] 范晔撰，[唐] 李贤等注《后汉书》卷八七《西羌传》，北京：中华书局，1965年，第2876页。

② 《汉书》卷五四《李广传》，第2446页。

③ 《史记》卷一二三《大宛列传》，第3835页。

到“今使大夏，从羌中，险，羌人恶之”[①]。西羌对汉朝使者态度恶劣，甚至张骞两次为匈奴擒获很可能有西羌从中作梗。这也充分说明武帝未取河西走廊前，羌人与匈奴关系更为亲密，与西汉关系较为疏远。当然因西羌诸种内争不断，故或许存在其他情况。比如靠近陇西的羌人部落或有如研种一样选择附汉者，而远离汉境的羌人如南山羌诸部或许有选择臣服匈奴者。无论是哪种情况，西羌部分种落选择与匈奴联合都已对西汉西疆构成威胁。

匈奴打败大月氏占领河西走廊，与羌结盟，不仅截断了西汉对外交流的通道[②]，还形成了对西汉的战略包围。这个大包围的接合部是胡与羌的通道，也即河西走廊地区。西汉政府为冲破匈奴与羌的合围，便通过战争冲破胡羌封锁，打通与西域的通道。正是在此背景下，汉武帝夺取河西走廊，并通过经略河西切断羌

图3-9 李广画像砖（敦煌市佛爷庙湾墓群） 魏晋
（采自敦煌博物馆官网）

---

① 《史记》卷一二三《大宛列传》，第3843页。

② 匈奴截断西汉与西方交流的陆上通道，意味着西汉难以向外寻找有力盟国，而匈奴在诸羌之外，还可额外依仗西域诸国之力。此消彼长之下，西汉在与匈奴对抗之初处于战略被动局面。

胡交通及打击西羌势力。《汉书·卫青霍去病传》称："自青围单于后十四岁而卒，竟不复击匈奴者，以汉马少，又方南诛两越，东伐朝鲜，击羌、西南夷，以故久不伐胡。"[①]《汉书·匈奴传上》记载：

> 是时汉东拔濊貉、朝鲜以为郡，而西置酒泉郡以隔绝胡与羌通之路。又西通月氏、大夏，以翁主妻乌孙王，以分匈奴西方之援国。[②]

《后汉书·西羌传》又载：

> 及武帝征伐四夷，开地广境，北却匈奴，西逐诸羌，乃度河、湟，筑令居塞；初开河西，列置四郡，通道玉门，隔绝羌胡，使南北不得交关。于是障塞亭燧出长城外数千里。[③]

这些记载充分表明汉武帝在出兵攻击匈奴的同时也对羌人用兵。武帝打击西羌的目的或取得的实际效果有二：一是开拓疆土，二是打击胡与羌之结盟。

西汉打击西羌及绝胡与羌通之路的具体举措，既包括通过军事行动夺取河西走廊，也包括移民实边、设置郡县、修筑含令居塞在内的军事亭障工程。与此针锋相对的是西羌也联合匈奴对西汉进行侵扰。《汉书·武帝纪》记载元鼎五年（前112）九月西羌

---

① 《汉书》卷五五《卫青霍去病传》，第2490页。
② 《汉书》卷九四上《匈奴传上》，第3773页。
③ 《后汉书》卷八七《西羌传》，第2876页。

联合匈奴进攻河西：

> 西羌众十万人反，与匈奴通使，攻故安、围枹罕。匈奴入五原，杀太守。六年冬十月，发陇西、天水、安定骑士及中尉，河南、河内卒十万人，遣将军李息、郎中令徐自为征西羌，平之。[①]

图3-10 西汉羌人斗殴册（Ⅱ 90DXT0214①：124、26；Ⅱ 90DXT0114③：440）

（采自甘肃省地方史志编纂委员会编《甘肃省志·文物志》，第1384页）

西羌在元鼎五年（前112）九月出兵十万攻打西汉陇西郡，次月

① 《汉书》卷六《武帝纪》，第188页。

（元鼎六年冬十月）西汉动员十万兵卒还击，平定西羌。这次西羌与西汉的大决战，以西羌失败告终。此战后，西羌威胁暂时消除。《后汉书·西羌传》称元鼎六年（前111）李息、徐自为平定西羌后，“始置护羌校尉，持节统领焉。羌乃去湟中，依西海、盐池左右。汉遂因山为塞，河西地空，稍徙人以实之”[①]。加之同年西汉遣赵破奴出令居攻打匈奴及敦煌郡很可能设置于此年，以上这些包括设置护羌校尉、依山筑塞、移民河西、军事进攻及设置郡县等，皆是西汉为隔断通胡与羌之路所采取的重要举措。

河西四郡设置之后，匈奴与西羌的通使之路基本被隔断，匈奴想要与西羌联合的首选就是再次打通河西走廊南北通道。这些通道有这样几条：最东部是匈奴从匈奴河水南下进入休屠泽，经武威县、休屠县，这条道路受武威郡南祁连山冷龙岭的阻隔，只能绕经令居塞进入湟水流域，由于这条道路途经西汉武威、令居等关塞，匈奴通过非常困难；往西，匈奴可经居延塞穿越黑河流域进入祁连山，过祁连山北麓的扁都口，进入青海大通河流域、湟水流域，这里都是羌族主体先零羌的生活地域，而且删丹以北是匈奴所谓的斗柄入汉之地，是河西走廊最为狭窄的地方，匈奴入侵屋兰、删丹、日勒、番和很快就能冲破西汉防线，沟通先零羌；再往西，匈奴可越过酒泉郡的关塞偃泉障、西部障，沿着北大河流域进入祁连山，经呼蚕水、羌谷水进入浩亹水，经过罕羌地域进入先零羌的地域；其次向西，匈奴还可经敦煌郡昆仑障，沿着极端水或者氐置水进入南羌中，穿越祁连山经过哈拉湖到达德令哈，即到达南山羌的地域。然而西汉占领河西之后，西汉政府沿着河西走廊北部边界修筑长城和塞城，同时在南部也修筑有针对羌人的军事防御工程，建成了一道隔断羌胡通道的防御屏

① 《后汉书》卷八七《西羌传》，第2877页。

障，致使匈奴与西羌难以通过河西走廊进行联系。匈奴为冲破这道屏障，多次出兵入侵张掖、酒泉，试图夺回失地。《汉书·武帝纪》记载太初三年（前102）匈奴“又入张掖、酒泉，杀都尉”[①]。这次入侵很可能是匈奴打通胡与羌之路的一次尝试。另外，《汉书·匈奴传上》记载元凤三年（前78）：

> 明年，单于使犁汙王窥边，言酒泉、张掖兵益弱，出兵试击，冀可复得其地。时汉先得降者，闻其计，天子诏边警备。后无几，右贤王、犁汙王四千骑分三队，入日勒、屋兰、番和。张掖太守、属国都尉发兵击，大破之，得脱者数百人。……自是后，匈奴不敢入张掖。[②]

此次匈奴选择入侵之地是河西走廊最为狭窄的地方，这很可能也是一次匈奴打通羌胡通道的尝试，就是经张掖郡删丹县进入祁连山同诸羌联合共同对付西汉政府。然而匈奴数次出兵始终未能突破河西走廊的封锁，打通胡与羌之路。

除尝试突破河西走廊防线外，匈奴还同时选择绕经西域同羌人建立联系，即绕经阳关、玉门关外，穿越罗布泊地区，经婼羌、狼何羌生活的地域与先零羌结盟。天汉二年（前99）汉武帝派遣李广利出酒泉与右贤王战于天山，派遣李陵出居延攻击匈奴王庭，都或有防止匈奴通过右地经罗布泊实现胡与羌的结盟的意图。征和三年（前90）匈奴入酒泉杀都尉，于是汉武帝遣重合侯马通率四万骑出酒泉至天山击匈奴，这次马通虽然没有能与匈奴交战，但取得了“因降车师”的战绩[③]。西汉在东天山、车师地

① 《汉书》卷六《武帝纪》，第201页。

② 《汉书》卷九四上《匈奴传上》，第3783页。

③ 《汉书》卷六《武帝纪》，第209页。

区的作战对于将匈奴势力阻挡于西域之外，乃至进一步阻断匈奴通羌之路都是一次有益的尝试。《汉书·赵充国传》记载元康三年（前63）赵充国答汉宣帝问时提到西羌问题：

> 至征和五年，先零豪封煎等通使匈奴，匈奴使人至小月氏，传告诸羌曰："汉贰师将军众十余万人降匈奴。羌人为汉事苦。张掖、酒泉本我地，地肥美，可共击居之。"以此观匈奴欲与羌合，非一世也。间者匈奴困于西方，闻乌桓来保塞，恐兵复从东方起，数使使尉黎、危须诸国，设以子女貂裘，欲沮解之。其计不合。疑匈奴更遣使至羌中，道从沙阴地，出盐泽，过长坑，入穷水塞，南抵属国，与先零相直。臣恐羌变未止此，且复结联他种，宜及未然为之备。后月余，羌侯狼何果遣使至匈奴籍兵，欲击鄯善、敦煌以绝汉道。[①]

由此观之，匈奴联合诸羌夺回河西走廊的战略意图始终未曾放弃。另外这里明确指出匈奴通使羌中的路线，即从匈奴右部出发，经沙阴地、盐泽、长坑、穷水塞、属国，抵达先零羌活动区域。这里的诸多地名难以明确方位，然而从匈奴的使者到达小月氏委托其向诸羌传达结盟意愿之事来看，小月氏（也即南山羌）成为匈奴沟通诸羌的中间桥梁。加之地处"阳关西南"[②]的狼何羌（小月氏种）首先与匈奴接触、借兵，且所要攻击的地区也是在河西走廊最西端的敦煌郡与西域最东端的鄯善国。显然紧邻敦煌的狼何羌是匈奴通使诸羌的重要一环，联系到先零羌是匈奴通

---

① 《汉书》卷六九《赵充国传》，第2973页。征和年号仅使用了四年，征和五年即后元元年，此年改元。

② 《汉书》卷六九《赵充国传》，第2973页。

使的主要对象，则易推知匈奴通使西羌是经狼何羌后南下抵达先零羌之地，这也正应合了匈奴联系诸羌须经小月氏“传告”。如此，至少盐泽可以确定指罗布泊，由此推测长坑很可能就是指白龙堆一带的地形，穷水塞应当是指河流的终端，都属于罗布泊至两关之间的地名或者青海柴达木盆地一带的地名，属于南羌地域的范围。南抵属国，与先零羌相直，实际上就是到达直对张掖属国南面的先零羌的地域，即羌谷水和浩亹水的上源部分，北面直对张掖属国管辖范围。赵充国曾经于天汉二年（前99）随贰师将军李广利出酒泉征匈奴，本始二年（前72）以蒲类将军出兵酒泉攻击蒲类海一带的匈奴，故其对这一带的地理应当非常熟悉，对匈奴绕道接触诸羌的路线也很熟悉。

通过以上考察来看，西汉占领河西走廊不仅突破了匈奴的战略包围，还通过置郡、移民、修筑亭障等一系列举措切断了胡与羌交流的南北通道。匈奴为夺回失地及重新打通胡与羌交流的河西通道，与西汉在河西屡有交锋。在河西走廊防线难以突破的情况下，匈奴同时也在绕道罗布泊同西羌进行接触、联合。匈奴与西羌的谋划之一便是攻破敦煌、鄯善，以隔绝西汉通西域之路；西汉政府则恰恰相反，其意欲通过对敦煌、鄯善、乌孙的控制与拉拢及对东天山、车师地区的争夺，努力将匈奴势力阻挡在西域之外，以此彻底隔绝胡与羌通之路。

三、西汉征先零羌与敦煌对南山羌的经略

随着匈奴问题的逐渐解决，西羌的问题则变得越来越重要。诸羌种落主要分布在祁连山南、黄河大小榆谷及湟水流域，其种各有豪，不相统属，且相互攻击。南山羌在西汉与诸羌的战争中发挥了重要作用。光禄大夫义渠安国使行诸羌，处置失当，先零羌渡湟水畜牧，郡县不能禁。《汉书·赵充国传》记载：

> 元康三年，先零遂与诸羌种豪二百余人解仇交质盟诅。上闻之，以问充国，对曰："羌人所以易制者，以其种自有豪，数相攻击，势不壹也。往三十余岁，西羌反时，亦先解仇合约攻令居，与汉相距，五六年乃定。……"后月余，羌侯狼何果遣使至匈奴藉兵，欲击鄯善、敦煌以绝汉道。充国以为"狼何，小月氏种，在阳关西南，势不能独造此计，疑匈奴使已至羌中，先零、罕、开乃解仇作约。到秋马肥，变必起矣。宜遣使者行边兵豫为备，敕视诸羌，毋令解仇，以发觉其谋"。[①]

所谓"解仇交质盟诅"，就是先零羌等诸种落以互遣质子作为担保进行结盟，这个事件是在匈奴使者的协调或者监督之下进行的。其中实施胡与羌的结盟的主要推手是属于南山羌的狼何羌，狼何羌生活的地域在敦煌"阳关西南"[②]，邻近婼羌。狼何羌向匈奴借兵攻打敦煌、鄯善，意图切断西汉政府通使西域的孔道。西汉要制约西羌，最好的策略便是分化、离间诸羌，使之放弃解仇盟诅，维持诸种内争的现状。赵充国的计策无疑是正确的，但负责执行这一计划的义渠安国处置失当，诛杀先零诸豪三十余人，斩首其种人千余级，此举不仅没有让诸羌毋令解仇，反倒激化了汉羌间矛盾，致使神爵元年（前61）春，"诸降羌及归义羌侯杨玉等恐怒，亡所信向，遂劫略小种，背畔犯塞，攻城邑，杀长吏"[③]。后诸羌攻击败义渠安国于浩亹，安国被迫引还令居。

西羌反叛后，西汉政府迅速动员军队进行镇压。《汉书·宣

① 《汉书》卷六九《赵充国传》，第2972—2973页。

② 《汉书》卷六九《赵充国传》，第2973页。

③ 《汉书》卷六九《赵充国传》，第2973页。

帝纪》记载神爵元年（前61）三月：

图3-11 赵充国雕像

> 西羌反，发三辅、中都官徒弛刑，及应募佽飞射士、羽林孤儿，胡、越骑，三河、颍川、沛郡、淮阳、汝南材官，金城、陇西、天水、安定、上郡骑士、羌骑，诣金城。夏四月，遣后将军赵充国、强弩将军许延寿击西羌。①

汉宣帝先是征发大量军队使其汇聚于金城，这些军队来自全国各地，成分复杂，既包括地方之“材官”“骑士”，又包括中央之“羽林孤儿”，还有附汉之少数民族武装。总体来看，此次征军范围在西羌以东地区。其后，宣帝又派遣后将军赵充国作为这支

① 《汉书》卷八《宣帝纪》，第260页。

军队的统帅。赵充国先至金城县，汉军也陆续抵达金城，待“兵满万骑”[①]后，赵充国即率众渡河自东向西进击西羌，兵锋直抵落都、西部都尉。又命其子赵卬“将期门佽飞、羽林孤儿、胡越骑为支兵，至令居”[②]。西羌叛军欲绝汉军粮道而失利，赵充国随即谋划拉拢罕羌、开羌及被胁迫之小种，以孤立叛羌主力——先零羌。先零羌“阻石山木”[③]，赵充国军难以速胜，与之展开对峙。

西汉政府除在金城以西征发军队外，同时还命“武威、张掖、酒泉太守各屯其郡”[④]。约在此年（前61）六月，正值赵充国与先零羌对峙并拉拢罕羌、开羌之际，酒泉太守辛武贤对击破叛羌提出与赵充国不同见解。《汉书·赵充国传》详细记载了赵

图3-12 骑吏与羌人女子（酒泉市果园乡西沟村7号墓） 魏晋
（采自徐光冀主编《中国出土壁画全集》第9册，第19页）

① 《汉书》卷六九《赵充国传》，第2975页。
② 《汉书》卷六九《赵充国传》，第2976页。
③ 《汉书》卷六九《赵充国传》，第2981页。
④ 《汉书》卷六九《赵充国传》，第2977页。

充国、辛武贤和西汉政府间关于如何对西羌进行战争的讨论过程。破羌将军酒泉太守辛武贤认为：

> 郡兵皆屯备南山，北边空虚，势不可久。或曰至秋冬乃进兵，此虏在竟外之册。今虏朝夕为寇，土地寒苦，汉马不能冬，屯兵在武威、张掖、酒泉万骑以上，皆多羸瘦。可益马食，以七月上旬赍三十日粮，分兵并出张掖、酒泉合击罕、开在鲜水上者。虏以畜产为命，今皆离散，兵即分出，虽不能尽诛，亶夺其畜产，虏其妻子，复引兵还，冬复击之，大兵仍出，虏必震坏。[①]

辛武贤主张从诸羌中比较弱的罕、开进行讨伐。我们从辛武贤的建议中得知，出张掖、酒泉兵合击罕、开在鲜水上者，鲜水指青海湖或者张掖河，这个区域毗邻张掖、酒泉郡。辛武贤建议先用兵罕、开羌，实际上是欲达到先削弱先零羌之羽翼助力，再击先零则易的效果。赵充国认为辛武贤的策略实为轻取冒进，若依其计很可能损兵折将，为夷狄耻笑，并再次重申了先诛首恶先零羌，后劝降罕、开羌的策略才是“全师保胜安边之册”[②]。然而西汉政府出于节约军费开支，迅速结束战争的考虑，加之也更为赞许辛武贤的策略，于是宣帝“即拜酒泉太守武贤为破羌将军，赐玺书嘉纳其册”[③]，并下敕书让赵充国：

> 皇帝问后将军，甚苦暴露。将军计欲至正月乃击罕羌，羌人当获麦，已远其妻子，精兵万人欲为酒泉、敦煌寇。

① 《汉书》卷六九《赵充国传》，第2977页。
② 《汉书》卷六九《赵充国传》，第2978页。
③ 《汉书》卷六九《赵充国传》，第2979页。

> 边兵少，民守保不得田作。今张掖以东粟石百余，刍稾束数十。转输并起，百姓烦扰。……
>
> 今诏破羌将军武贤将兵六千一百人，敦煌太守快将二千人，长水校尉富昌、酒泉候奉世将婼、月氏兵四千人，亡虑万二千人，赍三十日食，以七月二十二日击罕羌，入鲜水北句廉上，去酒泉八百里，去将军可千二百里。将军其引兵便道西并进，虽不相及，使虏闻东方北方兵并来，分散其心意，离其党与，虽不能殄灭，当有瓦解者。……①

其后赵充国又上书据理力争，最终使宣帝态度转变，废弃辛武贤之议，仍从赵充国之原定方针。然宣帝敕书中还是能反映一些信息，西汉政府担心罕羌为酒泉、敦煌寇，进一步说明罕羌活动的区域毗邻酒泉、敦煌郡，或至少处在一个能够对酒泉、敦煌造成威胁的距离。则《汉书·地理志下》记载的敦煌郡氐置水、南籍端水和酒泉郡呼蚕水、张掖郡羌谷水上源的祁连山及其以南地区很可能属于罕羌势力范围。另外西汉政府增派给辛武贤的部队中除有敦煌、酒泉郡兵外，还有“长水校尉富昌、酒泉候奉世将婼、月氏兵四千人”。婼，羌名，即指婼羌；月氏，即小月氏。西汉政府将婼羌和小月氏的兵力置于增兵计划之列，表明此时期婼羌、小月氏已然附汉。当然小月氏也即南山羌种落众多，分布广泛，难以尽数降汉，很可能只是有部分种落归顺了汉朝。前文研究又指出狼何羌即属小月氏种，其地“在阳关西南”，靠近敦煌、婼羌。单以地理位置来看，狼何羌是符合与婼羌共同出兵的条件的，然西羌反叛的前一年还在向匈奴借兵欲击鄯善、敦煌以绝汉道，如果狼何羌的态度持续到西羌反叛之后则宣帝恐难以征

① 《汉书》卷六九《赵充国传》，第2979—2980页。

召狼何羌助汉平叛。但是西汉政府既然敢于征调敦煌、酒泉及婼羌、小月氏兵南下进攻罕羌，却并不担忧狼何羌与匈奴联合对敦煌、酒泉等地进行釜底抽薪，似又表明汉朝已经解决了狼何羌这一隐患。另外，《汉书·赵充国传》记载狼何羌借兵匈奴击汉事后，赵充国认为狼何羌独木难支，怀疑匈奴已与先零羌等结成联盟，其后西汉政府遣义渠安国“行视诸羌，分别善恶”[①]，然义渠安国处置的仅仅是先零羌，并未提及汉朝如何处理狼何羌。我们推测：汉朝既已收到狼何羌意图不轨的消息应当不会坐视不理，故不论狼何羌向匈奴借兵是否成功，相信西汉政府断然不会允许近在咫尺的狼何羌对敦煌郡、鄯善国及中原通西域之孔道构成威胁。如此一来，很可能在义渠安国行视先零羌的同时，地处河西西部的敦煌、酒泉郡也已通过武力或和平手段解决了狼何羌问题。正因如此，宣帝敕书命令辛武贤率军南下时不必再担忧狼何羌这一隐患，自婼羌、敦煌、酒泉一线皆敢抽调兵力南下平叛。若此推测成立，则“月氏兵”很可能是已然附汉的狼何羌兵。当然也不排除是其他早已归顺的小月氏种落奉诏参战。

图3-13 悬泉汉简Ⅰ 90DXT0210③：6

神爵元年（前61）七月，赵充国击破先零羌，先零羌渡湟水北逃，汉军尾随其后斩获颇多。随后汉军抵达罕羌活动区域，也即鲜水

① 《汉书》卷六九《赵充国传》，第2973页。

（张掖河）上游[①]。赵充国采取怀柔手段，最终使罕羌“不烦兵而下”[②]。至此汉朝对西羌的战争取得阶段性胜利，赵充国提出的先破先零羌，促使罕羌归降的计划已初步实现。其后，赵充国提出罢骑兵、留步兵屯田的制敌方略，经过多次上书，宣帝采纳其计。与此同时，因破羌将军辛武贤、强弩将军许延寿主张继续进攻，宣帝兼采其计。于是，“强弩出，降四千余人，破羌斩首二千级，中郎将卬斩首降者亦二千余骑，而充国所降复得五千余人。诏罢兵，独充国留屯田”[③]。次年（前60），先零羌平定，“初置金城属国以处降羌”[④]。征伐西羌胜利，罢遣辛武贤归酒泉太守官，赵充国复为后将军卫尉。

敦煌文献中记载了西汉在经营西羌过程中留下来的遗迹破羌亭，表明汉代的敦煌设置承担着羌族经营的重要职责。P.5034《沙州地志》记载：“汉破羌将军辛武贤败羌戎……〔破〕羌亭。”[⑤]《寿昌县地境》记载：“〔破羌〕亭，县东六十五里。前

① 《汉书·赵充国传》记载成帝时使杨雄图画赵充国而颂之，其颂文称：“于罕之羌，天子命我，从之鲜阳。”所谓鲜阳指鲜水之阳，山南水北是为阳。可见赵充国进入的罕羌活动区域是在鲜水之北。

② 《汉书》卷六九《赵充国传》，第2983页。

③ 《汉书》卷六九《赵充国传》，第2992页。

④ 《汉书》卷六九《赵充国传》，第2993页。先零羌失败的重要外部因素是匈奴未曾出兵夹击汉朝。事实上据《汉书·匈奴传上》神爵元年（前61）丁令入侵，匈奴分兵击之；神爵二年（前60）匈奴单于曾“将十万余骑旁塞猎，欲入边寇”，后谋泄，遂罢兵。这些记载似表明匈奴曾欲趁机入侵汉朝，只是最终未能成行。匈奴不仅未能与羌人夹击汉朝，反而因不久后单于病死，其内部陷于权力斗争，日逐王降汉，匈奴愈发衰弱。至此，匈奴与诸羌交通结约暂告一段落。

⑤ 图版参上海古籍出版社等编《法藏敦煌西域文献》第34册，上海：上海古籍出版社，2005年，第127页；录文参郑炳林《敦煌地理文书汇辑校注》，第46页。

汉破羌将军辛武贤败破羌戎讫，于此筑亭，故号破羌亭。”[①]S.788《沙州图经》记载沙州寿昌县：“破羌亭，县东六十五里，云汉破羌将军破羌戎，于此筑亭，故曰破羌。”[②]P.2691《沙州城土境》也记载到破羌亭的位置：“破羌亭，县东六十五里。”[③]关于破羌亭修筑时间也即辛武贤此次击破羌人的时间，有以下三种推测：

其一，辛武贤任酒泉太守时，因狼何羌借兵匈奴欲攻敦煌、鄯善，故辛武贤率酒泉郡兵相助敦煌镇压狼何羌，战胜之后筑亭纪念胜利。

其二，神爵元年（前61）六月，辛武贤封破羌将军，本欲使之率军南下击罕羌，后计划作废。直到同年秋，赵充国使罕羌归顺后患疾，宣帝方诏破羌将军辛武贤诣赵充国屯驻之地，为其副将[④]。其后宣帝兼用赵充国屯田之计与辛武贤进击之策，辛武贤

---

① 录文参郑炳林《敦煌地理文书汇辑校注》，第61页。

② 图版参中国社会科学院历史研究所等编《英藏敦煌文献（汉文佛经以外部分）》第2卷，成都：四川人民出版社，1990年，第165页；录文参郑炳林《敦煌地理文书汇辑校注》，第57页。

③ 图版参上海古籍出版社等编《法藏敦煌西域文献》第17册，上海：上海古籍出版社，2001年，第266页；录文参郑炳林《敦煌地理文书汇辑校注》，第41页。阎文儒曾对破羌亭具体位置有所考察，认为石峨博可能即破羌亭遗址。参见氏著《敦煌史地杂考》，《文物参考资料》1951年第5期，第96—126页。

④ 辛武贤赴赵充国屯驻之地——鲜水上游，应当是从酒泉郡或张掖郡出发。从张掖走，即过祁连山北麓的扁都口，进入青海罕羌生活地域；从酒泉走，即可沿着北大河流域进入祁连山，经呼蚕水、羌谷水进入罕羌生活的鲜水上游。《汉书·赵充国传》记载辛武贤最初计划是：“分兵并出张掖、酒泉合击罕、开在鲜水上者。”同传又称：“今诏破羌将军武贤将兵六千一百人，敦煌太守快将二千人，长水校尉富昌、酒泉候奉世将婼、月氏兵四千人，亡虑万二千人，赍三十日食，以七月二十二日击罕羌，入鲜水北句廉上，去酒泉八百里。”可见无论是从辛武贤的规划还是宣帝的诏命都是从酒泉郡或张掖郡越

才得以“斩首二千级”[①]，建立功勋。此时汉军对西羌作战整体上是从向西向北追击先零羌及其附属之败军。故有可能是辛武贤追击先零羌或其胁迫之小种羌人至敦煌境内，战胜后筑亭纪念。

其三，宣帝既已下诏使辛武贤率“敦煌太守快将二千人，长水校尉富昌、酒泉候奉世将婼、月氏兵四千人”南下击罕羌，或许在宣帝改变诏令之前，破羌将军辛武贤已与敦煌太守快等会师于敦煌郡，他们已经先着手打击敦煌郡周边的南山羌敌对势力，然后向南逐步推进，之后接到诏令不再攻击罕羌，遂与赵充国会师于鲜水上游。如果是这种情况，破羌亭当是为纪念辛武贤与敦煌太守快等击败南山羌而修筑。

其四，《汉书·赵充国传》记载：“辛武贤自羌军还后七年，复为破羌将军，征乌孙至敦煌，后不出，征未到，病卒。”[②]那么破羌亭也可能是辛武贤再度任破羌将军期间修筑。

以上这四种推测中，可能性最低的是第一种。一者破羌亭既是“破羌将军破羌戎”所筑，那么辛武贤即便果真有破狼何羌之功，彼时在酒泉太守任上的他也不符合文书所载之条件；第四种可能性也相对较低，尽管辛武贤再次获封破羌将军且曾到达敦煌，但是从有限的记载来看，他对付的主要敌人已变为乌孙，且此时羌患已基本消弭，故此时期筑破羌亭可能性也较低。在基本排除其他两种推测之后，破羌亭修筑时间大致可确定在神爵元年（前61）。考虑到彼时汉朝打击的主要目标是先零羌，则辛武贤

（接上页）过祁连山，进入青海地区。另外，赵充国在评价辛武贤计划时亦称：“武贤欲引万骑兵，分为两道出张掖，回远千里。”这条记载似将辛武贤出兵抵达罕羌生活地区与赵充国会师的路线确定为自酒泉率军向东南进入张掖，走扁都口道，进入青海抵达鲜水上游的罕羌生活地区。

① 《汉书》卷六九《赵充国传》，第2992页。

② 《汉书》卷六九《赵充国传》，第2995页。

或是追击先零羌残部抵达敦煌郡取得胜利，或是从敦煌郡出兵直接打击附属于先零羌的南山羌之一部。破羌亭的位置也是敦煌进入南羌必经之地，唐代将这条道路称之为把疾道，这条行军路线因破羌亭的修筑而得到彰显。如此来看，辛武贤筑破羌亭除彰显自身功勋外，也有加强敦煌对南羌防范的意图。

辛武贤在敦煌郡击败羌人的过程中当有敦煌郡兵的参与。此前宣帝诏“破羌将军武贤将兵六千一百人，敦煌太守快将二千人”南下击罕羌虽未能成行，然从中不难看出破羌将军辛武贤所率军队不仅包括酒泉郡兵，还应包括敦煌郡兵。敦煌汉简记载：

> 制诏酒泉大守：敦煌郡到戍卒二千人，茭酒泉郡，其徼、候如品。司马以下，与将卒长吏，将屯要害处。属大守察地刑，依阻险，坚辟垒，远候望，毋……（敦1780A）[①]

王国维判断此简是神爵元年（前61）宣帝赐酒泉太守制书，简文反映的是敦煌戍卒征调至酒泉，由时任酒泉太守的辛武贤负责[②]。这也印证了辛武贤所统军队中包括敦煌郡兵。除辛武贤率敦煌郡兵在破羌亭附近击败羌人外，敦煌太守快也曾在对羌战争中有所建树。悬泉汉简记载：

> 敦煌大守快使守属充国送牢羌斥候、羌候，琅何羌□君

① 敦煌汉简的简号基本是统一的。这些简在《敦煌汉简》《敦煌汉简校释》等相关出版物中都可以检索到，页码不再赘注。以下引用诸简可参甘肃省文物考古研究所编《敦煌汉简》，北京：中华书局，1991年；白军鹏《敦煌汉简校释》，上海：上海古籍出版社，2018年。

② 王国维著，黄爱梅点校《王国维手定观堂集林》，杭州：浙江教育出版社，2014年，第340—341页。

> 彊藏，奉献诣行在所，以令为驾二乘传。十一月辛未留宿。人十二。神爵二年十一月癸卯朔丙午敦煌大守……以次为驾，当舍传舍，如律令。（I 90DXT0210③：6）[①]

此事发生在神爵二年（前60）十一月，反映的是汉羌战事结束后，敦煌太守快派人护送归义羌人十二人赴京奉献。其中“琅何羌”即指狼何羌。张德芳认为狼何羌既在阳关西南，由敦煌太守派人护送顺理成章[②]。由此观之，牢羌也当在敦煌郡附近，属南山羌。同时，狼何羌进京奉献表明狼何羌问题的确已经得到解决，且狼何羌在西汉征讨先零羌战争中很可能对汉朝有所帮助。《汉书·赵充国传》记载：

> 羌若零、离留、且种、儿库共斩先零大豪犹非、杨玉首，及诸豪弟泽、阳雕、良儿、靡忘皆率煎巩、黄羝之属四千余人降汉。封若零、弟泽二人为帅众王，离留、且种二人为侯，儿库为君，阳雕为言兵侯，良儿为君，靡忘为献牛君。初置金城属国以处降羌。[③]

① 悬泉汉简的简号是统一的，这些简在《悬泉汉简（壹）》《悬泉汉简（贰）》等相关出版物中都可以检索到，页码不再赘注。以下引用诸简可参胡平生、张德芳《敦煌悬泉汉简释粹》，上海：上海古籍出版社，2001年；郝树声、张德芳《悬泉汉简研究》，兰州：甘肃文化出版社，2008年；甘肃简牍博物馆等编《悬泉汉简（壹）》，上海：中西书局，2019年；甘肃简牍博物馆等编《悬泉汉简（贰）》，上海：中西书局，2020年。

② 张德芳《两汉时期的敦煌太守及其任职时间》，西北师范大学历史文化学院等编《简牍学研究》第5辑，兰州：甘肃人民出版社，2014年，第156—179页。

③《汉书》卷六九《赵充国传》，第2993页。

西汉政府击败先零羌后，对于战争中有功及积极降汉的羌豪分别封为王、侯、君。“琅何羌□君彊藏”表明狼何羌首领彊藏已被西汉政府封“君”，若零、靡忘等获封时未提及彊藏，或说明彊藏与若零等并非同一批次受封，但这并不妨碍狼何羌在汉朝对羌作战期间有所建树。彊藏因功获封再次说明神爵元年（前61）宣帝征召的“月氏兵”有可能即指狼何羌兵，即彊藏因出兵助汉平叛得以封君。彊藏封君及其赴京奉献之事反映出狼何羌已成为汉朝坚定的附庸。在狼何羌从亲匈奴阵营向亲汉阵营转化的过程中，敦煌郡应当发挥了至关重要的作用。通过牢羌、狼何羌联袂进京奉献一事可以看出敦煌郡对于西汉政府经略南山羌有着重要意义。

图3-14 敦煌归义羌人名籍（悬泉置遗址） 汉

（采自甘肃省地方史志编纂委员会编《甘肃省志·文物志》，第1383页）

我们通过对西汉征伐西羌及敦煌郡经营南羌的相关记载探讨得知，张掖、酒泉、敦煌郡之南的祁连山区是南山羌的活动范围，南山羌是大月氏西迁后遗留河西并逃往南山地区的种落，他们与先零等诸羌混居，包括狼何、牢等诸种。在先零羌等西羌强大时，南羌作为其帮凶，助其交通匈奴，甚至借兵匈奴袭击鄯善、敦煌以绝汉道，并常为敦煌、酒泉寇。因此南山羌也是西汉敦煌、酒泉乃至张掖向南防御的主要对象[①]。神爵元年（前61）西汉出兵攻打先零羌，酒泉太守辛武贤被汉宣帝授予破羌将军参与战争，其间在敦煌郡击破叛羌，为彰显其功绩，便于当地修筑了破羌亭。汉朝对先零羌作战胜利的意义不仅在于平定叛乱及促进湟水流域、鲜水流域的开发，一定程度上促进了敦煌郡对其周边的狼何、牢等南羌诸种的经营。而狼何羌等南山羌的稳定又间接为西汉经敦煌通西域之路的畅通增加了一层保障。

① 关于西汉敦煌郡对南羌的经营与安置除了本节探讨的之外，还有其他相关内容。通过悬泉汉简记载可知西汉政府在敦煌郡除破羌亭之外还修筑有弱羌亭、安羌亭、羌备城坞垣、南塞等，基本构成了抵御羌人的防御体系。还设置有护羌使者幕府这一经营南羌的机构。关于这方面详细内容不再赘言，详参郑炳林《西汉经敦煌郡对南山羌的经营》，《国学学刊》2022年第1期，第32—49页。关于敦煌南部边塞，在今敦煌市阳关镇寿昌村山水沟东戈壁滩有一条11.8千米长的砂石堆筑墙体，俗称“风墙子”“南湖塞墙”。有主张其属于汉代，有主张属于西凉，亦有主张此为保护村庄的防风或防洪墙。可参甘肃省地方史志编纂委员会编《甘肃省志·文物志》，北京：文物出版社，2018年，第323页。

第四章

西汉经敦煌对西域[①]的经营

① 本章探讨的“西域”主要是指敦煌郡阳关、玉门关以西，葱岭以东地区，也即狭义的西域。西域地区在汉武帝时被称为“西北国”“西国”等，大致到汉宣帝以郑吉为西域都护并置幕府，才开始正式使用西域一词指代河西走廊以西地区。详参郑炳林、许程诺《从匈奴西域到西汉通西北国与通西域》，《敦煌学辑刊》2021年第4期，第1—13页。

西汉置敦煌郡的同时就开始了对西域地区的经营。汉武帝经营西域的出发点就是对付匈奴，“患其兼从西国，结党南羌，乃表河西，列四郡，开玉门，通西域，以断匈奴右臂，隔绝南羌、月氏”[①]。即通过经营河西走廊及西域地区，隔绝匈奴与西域诸国、羌人、小月氏等西方势力的联合，以分匈奴之势。最终“单于失援，由是远遁，而幕南无王庭”[②]也正得益于汉朝在西域的经营。

敦煌郡在汉朝经营西域过程中有着重要地位，这主要表现在其扼守汉朝通西域之门户的地理位置。西汉通西域自敦煌出发可分南北两道，南道经鄯善往西至于阗往中亚，北道经车师、焉耆、疏勒等国往中亚。元狩二年（前121），汉武帝占领河西走廊后，与西域通使正式开始。张骞出使乌孙是西汉政府派出的第一批使节，这些使节行进路线史籍缺载，但敦煌地区是使节行进必经之地。此外，敦煌郡还是西汉政府经略西域的军事基地、文化交汇之地及西域都护的重要依仗[③]。西域地区局势变化很多时候也是敦煌郡长官上报给中央政府。这些职能与定位无不彰显出敦

---

①［汉］班固撰，［唐］颜师古注《汉书》卷九六下《西域传下》，北京：中华书局，1962年，第3928页。

②《汉书》卷九六下《西域传下》，第3928页。

③ 敦煌郡是西域都护的重要依靠。《汉书·陈汤传》记载成帝建始四年：“西域都护段会宗为乌孙兵所围，驿骑上书，愿发城郭敦煌兵以自救。”陈汤以为“且兵轻行五十里，重行三十里，今会宗欲发城郭敦煌兵，历时乃至，所谓报仇之兵，非救急之用也”。由此得知，作为西汉政府治理西域的最高机构——西域都护府，应以屯田吏士为直属军事力量，遇到敌袭，难以应对时则征发西域城郭诸国兵及敦煌兵作为外援。西域都护出现紧急情况时，第一时间想到敦煌兵，表明西域都护的主要后盾就是邻近的敦煌郡驻军。但西域都护又无权调动敦煌驻军，须报请中央政府同意敦煌才会发兵，加上距离较远，因此作为西域都护后盾的敦煌驻军经常难以做到及时援助，而更多的是作为报仇之兵使用。

煌郡在西汉经营西域过程中拥有着不可取代的特殊地位。

西汉政府经敦煌对西域的经营情况复杂，难以一一备述。故本章仅选取西汉经敦煌开通南道及经营鄯善、西汉经敦煌开通北道及经营车师、天马传说及骏马贸易与李广利征大宛、西汉敦煌居卢訾仓城修筑与归属四个重点方面或事件展开探讨。希冀通过不同角度加深对敦煌郡在西汉经营西域过程中有着重要地位的理解。

第一节 西汉经敦煌开通南道及经营鄯善

鄯善国，“本名楼兰”[①]，地处西域东缘，是西汉经略西域的要冲之地，亦是出敦煌至西域南道的始经之国。以下我们将从西汉出敦煌经鄯善开通南道、西汉与匈奴对以鄯善为中心的罗布泊地区的争夺及西汉经敦煌对鄯善的经营等方面展开探讨。

一、西汉出敦煌经鄯善开通西域南道[②]

西域南道即出敦煌经鄯善西行抵达中亚的交通路线，其通行道路大致沿塔里木盆地南缘。西汉政府对西域南道的探索要早于敦煌郡的设置。《史记·大宛列传》记载：“留岁余，还，并南山，欲从羌中归。”[③]此处南山当指昆仑山脉，即张骞从中亚返

① 《汉书》卷九六上《西域传上》，第3875页。

② 考古和文献证据都表明西域道早在先秦已然开通，在汉代早于张骞初次出使西域归国前，也有康居入朝的记载。但在张骞之前，西域与中原的联系基本是单向的、民间的，张骞“凿空”的意义主要在于使中原王朝与西域诸国开启了互通使节的时代（参余太山《张骞西使新考》，《西域研究》1993年第1期，第40—46页）。因此所谓“开通西域南道”及下文“开通西域北道”皆指西汉政府与西域诸国产生官方层面的双向交流通道。

③ ［汉］司马迁撰，［南朝宋］裴骃集解，［唐］司马贞索隐，［唐］张守节

回汉地行经路线应当就是沿昆仑山北缘的西域南道①。浑邪王降汉，西汉取得河西走廊后，“而金城、河西西并南山至盐泽空无匈奴”。西汉进入河西的军队应是沿祁连山至罗布泊进行了探索才得到这一情报。自金城沿祁连山北侧通罗布泊路线的最西段就是敦煌至鄯善的路线。河西最初仅置酒泉郡，酒泉郡设置的主要目的之一便是“通西北国”②。正如预期那般，酒泉置郡后，汉朝与西域诸国间的交流日趋频繁。《史记·大宛列传》记载：“诸使外国一辈大者数百，少者百余人……汉率一岁中使多者十余，少者五六辈，远者八九岁，近者数岁而反。”③《汉书·西域传》亦载：

> 初，武帝感张骞之言，甘心欲通大宛诸国，使者相望于道，一岁中多至十余辈。楼兰、姑师当道，苦之，攻劫汉使王恢等，又数为匈奴耳目，令其兵遮汉使。汉使多言其国有城邑，兵弱易击。于是武帝遣从票侯赵破奴将属国骑及郡兵数万击姑师。王恢数为楼兰所苦，上令恢佐破奴将兵。破奴与轻骑七百先至，虏楼兰王，遂破姑师，因暴兵威以动乌孙、大宛之属。④

从这些记载看，当时楼兰（即鄯善）已成为西域道上的当道之

(接上页) 正义《史记》卷一二三《大宛列传》，北京：中华书局，2014年，第3835页。

① 郑炳林《西汉初年的羌中和羌中道考》，《庆贺饶宗颐先生95华诞——敦煌学国际学术研讨会论文集》，北京：中华书局，2012年，第813—827页。

②《史记》卷一二三《大宛列传》，第3848页。

③《史记》卷一二三《大宛列传》，第3848页。

④《汉书》卷九六上《西域传上》，第3876页。

国，因此经楼兰通西域诸国的道路在汉通使西域之初就已开通。太初元年（前104）李广利初次征大宛，《史记·大宛列传》云："贰师将军军既西过盐水，当道小国恐，各坚城守，不肯给食……比至郁成。"①即初次征大宛路线仅知首站盐水与终点站郁成，盐水即罗布泊，位于鄯善故都楼兰城东，郁成国在今吉尔吉斯斯坦奥什东北。自罗布泊至郁成其间道路不详，到太初三年（前102）李广利二征大宛时：

> 于是贰师后复行，兵多，而所至小国莫不迎，出食给军。至仑头……自此而西，平行至宛城……初，贰师起敦煌西，以为人多，道上国不能食，乃分为数军，从南北道。②

仑头，又作轮台，在今新疆维吾尔自治区轮台县东南玉古尔地。李广利此次征大宛从敦煌出发，后"分为数军"，分别从南、北道行军，李广利率主力过轮台向西"平行至宛城"，即应是经西域北道过龟兹、疏勒等国抵达大宛。另由"校尉王申生、故鸿胪壶充国等千余人"从南道行军，抵达郁成。然此处记载并未交代敦煌至轮台之间的行军具体路线。鉴于彼时伊吾、车师地区尚处于匈奴控制下③，汉朝难通行，因此推测李广利所率主力汉军应当是经罗布泊、鄯善一带转而向北，进入北道，之后到达轮台受阻。又据《汉书·西域传上》记载："后贰师军击大宛，匈奴欲遮之，贰师兵盛不敢当，即遣骑因楼兰候汉使后过者，欲绝勿

① 《史记》卷一二三《大宛列传》，第3853—3854页。

② 《史记》卷一二三《大宛列传》，第3855—3856页。

③ 《汉书·西域传下》记载："武帝天汉二年，以匈奴降者介和王为开陵侯，将楼兰国兵始击车师，匈奴遣右贤王将数万骑救之，汉兵不利，引去。"这表明直到天汉二年（前99），车师还牢牢掌控于匈奴之手。

通。”[1]匈奴兵欲于楼兰遮挡贰师将军的部队和汉使后过者，表明李广利军是经过楼兰西行东归的，即楼兰（鄯善）是李广利征大宛的必经之地。这进一步印证了上述推测应当是正确的。

图4-1 楼兰故城三间房遗址（张世奇 提供）

李广利自大宛班师的路线也是经过鄯善的。《汉书·西域传下》记载：“初，贰师将军李广利征大宛，还过杅弥，杅弥遣太子赖丹为质于龟兹。”[2]杅弥，又作扜弥。另外，《汉书·李广传》记载：

> 数年，汉遣贰师将军伐大宛，使陵五校兵随后。行至塞，会贰师还。上赐陵书，陵留吏士，与轻骑五百出敦煌，至盐水，迎贰师还，复留屯张掖。[3]

---

① 《汉书》卷九六上《西域传上》，第3877页。
② 《汉书》卷九六下《西域传下》，第3916页。
③ 《汉书》卷五四《李广传》，第2451页。

李陵将轻骑五百出敦煌至盐水迎接李广利归来之师，表明李广利行军路线经盐水，也即罗布泊。前者李广利初次伐大宛亦经罗布泊，这说明罗布泊也是汉军必经的一站。加上此前的鄯善，那么汉军自大宛至敦煌返程的路线至少可确定经扜弥、鄯善、罗布泊这三个点。扜弥、鄯善皆属南道之国，由此可以确定李广利军是沿南道返回敦煌。同时也反映出至迟到李广利征大宛的太初年间（前104—前101）西域南道已经开通。

敦煌通鄯善之路，是连接敦煌与西域南道的关键[①]。P.5034《沙州地志》云："西子亭山，右在县西南一百九十八里，东接龙勒山，西经〔故〕樊石戍西出，连延接石城镇南山，汉开鄯〔善〕南路，因山置亭，其山石紫色，故号紫亭，时人语讹名曰

图4-2　喀拉墩遗址（扜弥国故址）

（采自祁小山、王博《丝绸之路·新疆古代文化》，乌鲁木齐：新疆人民出版社，2008年，第60页）

① 甚至在汉通西域之初，北道亦须经鄯善中转，详见下文考证。

子亭。”[①]这里记载的应是敦煌至鄯善之南线道路，由敦煌赴鄯善亦当有“北路”。南路大致路线为出敦煌阳关，西南经龙勒山、紫亭，复向西出□樊石戍（汉时名称不详）抵达鄯善（唐石城镇）。李正宇据近年在阿克塞县西北部发现的汉代烽燧，考证此条“汉唐阳关通鄯善（唐石城镇）古道”大致路线为：“盖自阳关西南行，至崔木土沟，循沟西南行，入梧桐沟，又西南过青石沟，又西南经安南古垒往鄯善。”[②] 至于北路，《汉书·西域传》记载：“然楼兰最在东垂，近汉，当白龙堆，乏水草，常主发导负水儋粮，送迎汉使。”[③]《三国志》裴松之注引《魏略·西戎传》所载中道的具体路线是：“从玉门关西出，发都护井，回三陇沙北头，经居卢仓，从沙西井转西北，过龙堆，到故楼兰，转西诣龟兹，至葱岭，为中道。”[④]这说明从敦煌出玉门关向西过白龙堆可抵达位于罗布泊西岸附近的楼兰城[⑤]。既然楼兰负责“负水儋粮”在白龙堆一带迎送汉使，那么可以确定此路即是西汉与鄯善的通使之路。李广利军到鄯善应当走的也是这条路。因

① 图版参上海古籍出版社等编《法藏敦煌西域文献》第34册，上海：上海古籍出版社，2005年，第124页；录文参郑炳林《敦煌地理文书汇辑校注》，兰州：甘肃教育出版社，1989年，第44页；李正宇《古本敦煌乡土志八种笺证》，兰州：甘肃人民出版社，2007年，第160页。

② 李正宇《古本敦煌乡土志八种笺证》，第175页。

③《汉书》卷九六上《西域传上》，第3878页。

④［晋］陈寿著，［南朝宋］裴松之注《三国志》卷三〇《魏书·乌丸鲜卑东夷传》，北京：中华书局，1982年，第859页。

⑤ 楼兰故城也即楼兰故都的城址经考察位于东经89°55′22"，北纬40°20′55"，楼兰更名鄯善后，国都也向西南迁移至扜泥城（位于今新疆若羌县）。此后楼兰（鄯善）都城不再靠近罗布泊。参见侯灿《魏晋西域长史治楼兰实证——楼兰问题驳难之一》，《敦煌研究》2001年第4期，第105—111页、183页；侯灿《楼兰研究析疑——楼兰问题驳难之二》，《敦煌研究》2002年第1期，第66—72页。

此路位于“南路”以北，故可将其称为“北路”。

敦煌通鄯善的北路开通时间应当早于南路。一者，南路的终点鄯善（唐石城镇）其实是楼兰更名鄯善后，所迁之新都——扜泥城。此路迂回向西南，不经罗布泊而直达扜泥城，显然是之后汉朝政府为连接鄯善新都而开辟之新路；二者，《史记·大宛列传》记载：“汉去我远，而盐水中数败，出其北有胡寇，出其南乏水草。”[①]这条记载再次印证了盐水也即罗布泊是西汉通西域初期必经之地。罗布泊以东至敦煌玉门关以西为砾质荒漠——白龙堆。白龙堆以北的伊吾、蒲类海、车师一带皆由匈奴牢牢控制，即所谓“北有胡寇”，难以通行。因此，西汉至鄯善只能通过“乏水草”的白龙堆，再由楼兰“负水儋粮”以作接应，才能抵达罗布泊、楼兰城。而南路不经罗布泊，显然在西汉通西域初期尚未开辟；三者，《三国志》裴松之注引《魏略·西戎传》云：“从玉门关西出，经婼羌转西，越葱岭，经县度，入大月氏，为南道。”[②]婼羌地处阳关西南，《汉书·西域传上》称其“辟在西南，不当孔道”[③]，显然至迟到曹魏时期婼羌已经成为南道当道之国。这条过婼羌的道路大体与敦煌通鄯善之南路相吻合。这似意味着南路开辟的同时，婼羌也得以跻身南道当道诸国之列。班固编《汉书》时既然称婼羌不当孔道，则表明西汉时这条道路尚不存在，如此“汉开鄯□（善）南路”可能发生在东汉时期[④]。

关于西域南道当道诸国。《汉书·西域传上》记载：“自玉门、阳关出西域有两道。从鄯善傍南山北，波河西行至莎车，为

① 《史记》卷一二三《大宛列传》，第3852页。
② 《三国志》卷三〇《魏书·乌丸鲜卑东夷传》，第859页。
③ 《汉书》卷九六上《西域传上》，第3875页。
④ 汉昭帝元凤四年（前77），楼兰更名鄯善，迁都扜泥；至迟到汉宣帝神爵

南道；南道西逾葱岭则出大月氏、安息。”[①]《元和郡县图志·陇右道下》亦云：“阳关，在县西六里。以居玉门关之南，故曰阳关。本汉置也，谓之南道，西趣鄯善、莎车。”[②]由此来看，鄯善、莎车二国是南道的重要节点。《汉书·西域传上》又载出敦煌阳关向西的诸国有婼羌、鄯善、且末、小宛、精绝、戎卢、扜弥、渠勒、于阗、皮山、莎车。其中婼羌“辟在西南，不当孔道”[③]，小宛“辟南不当道”[④]，戎卢“辟南不当道”[⑤]。除此三国明确记载不属当道之国外，因扜弥直接“西通于阗”，故位于扜弥以南，且与婼羌、戎卢这些辟南不当道之国东西并列的渠勒，也当属辟南不当道之国。剩余诸国自东向西依次为鄯善、且末、精绝、扜弥、于阗、皮山、莎车，这七国基本确定属于南道当道之国。至此已可勾勒出自敦煌经鄯善向西至莎车的西域南道的行经路线[⑥]。当然，南道到莎车并非终结，自莎车可向西北到

（接上页）元年（前61）汉朝便能调动婼羌兵参与对先零羌之战。鄯善迁都扜泥对西汉而言，意味着已出现开辟一条不绕罗布泊而直通鄯善新都且更安全新路的需求，至于宣帝时婼羌乃至狼何、牢等敦煌周边的南山羌问题的解决则意味着开辟一条经婼羌通扜泥城的新路已具备充分条件。因此我们推测亦有可能最早到宣帝时期出敦煌经婼羌活动区域至鄯善扜泥城的南路已经开辟，只是这条新路尚不完善，仅仅作为一条辅助性质的支路存在。当然，这仅仅是对班固《汉书》称婼羌不当孔道的另一种解释，或许西汉时这条南路尚未开辟，直到东汉始开此路亦未可知。

① 《汉书》卷九六上《西域传上》，第3872页。

② ［唐］李吉甫撰，贺次君点校《元和郡县图志》卷四〇《陇右道下》，北京：中华书局，1983年，第1027页。

③《汉书》卷九六上《西域传上》，第3875页。

④《汉书》卷九六上《西域传上》，第3879页。

⑤《汉书》卷九六上《西域传上》，第3880页。

⑥ 关于敦煌阳关到鄯善及南道当道诸国之间的里程，《汉书·西域传上》亦有记载，此不赘言。

疏勒，进入西域北道；亦可向正西越葱岭，到达大月氏、安息诸国，亦可向西南经蒲犂、乌秅抵达罽宾、乌弋山离。事实上在莎车的前一站，也即其国以东的皮山，便有道路可折向西南。皮山“西南至乌秅国千三百四十里，南与天笃接……西南当罽宾、乌弋山离道”[①]。《汉书·西域传上》称乌弋山离：“东与罽宾、北与扑挑、西与犂靬、条支接。……自玉门、阳关出南道，历鄯善而南行，至乌弋山离，南道极矣。”[②]这一记载似表明南道最远到达的国家是乌弋山离，但乌弋山离西境既与犂靬、条支相接，自然也会有道路通达。因此所谓“南道极矣”或许并非指实际意义上的南道的终结，而更多的是反映出汉朝对葱岭以东的西

图4-3　敦煌悬泉置遗址
（采自甘肃省地方史志编纂委员会编《甘肃省志·文物志》，序后附图）

---

① 《汉书》卷九六上《西域传上》，第3881—3882页。
② 《汉书》卷九六上《西域传上》，第3888—3889页。

域诸国交通地理情况的熟悉程度到达何种程度。

综上，西汉通西域初期，西域南道就已开通。其路线大致是：出敦煌向西穿越白龙堆，抵达位于罗布泊沿岸的楼兰城（楼兰故城，鄯善旧都），然后向西过且末、精绝、扜弥、于阗、皮山到莎车，后可越葱岭抵达大月氏、安息等中亚诸国。这就是史籍记载的南道主干线路。然在实际使用中多数情况下是南北道交叉使用[①]，从鄯善、莎车乃至途中诸国基本都有支路联通北道诸国，另外婼羌、戎卢、渠勒这些游离于南道诸国以南之地亦有支路连接南道主干路。正因如此，李广利二征大宛时才敢分兵从南北两道进军，到大宛再行会师。其班师时也应自大宛至疏勒，后经莎车转入南道最终抵达敦煌。另外，南道开通后的使用频次较之北道更多，其主要原因应是南道距离匈奴控制地较远，相对比较安全[②]。

西域南道的开通及繁荣与敦煌郡有着密不可分的关系。汉成帝时西域都护郭舜上言称："敦煌、酒泉小郡及南道八国，给使者往来人马驴橐驼食，皆苦之。"[③]可见作为连接中原与西域枢纽的敦煌需要承担接待、供给西域客使的义务，并且这一记载似

① 《汉书·西域传上》云："南道西踰葱岭则出大月氏、安息。……北道西踰葱岭则出大宛、康居、奄蔡焉。" 汉成帝时西域都护郭舜上言称："敦煌、酒泉小郡及南道八国，给使者往来人马驴橐驼食，皆苦之。"可见在西域两道的实际使用过程中，北道对应的康居等国也通过南道进入敦煌。另外，前文统计南道自鄯善至莎车当道之国确定者有七国，这里所谓"南道八国"或加上北道之国疏勒，因疏勒有路西接康居，南接莎车；抑或加上辟南不当道之婼羌，当然此说成立的前提是此时敦煌通鄯善之南路已经开辟且取代北路成为南道新的主干道。

② 殷晴《汉代丝路南北道研究》，《新疆社会科学》2010年第1期，第121—128页。

③ 《汉书》卷九六上《西域传上》，第3893页。

表明当时招待客使的负担主要就是由敦煌、酒泉和南道八国承担的。汉朝与西域间通使频繁对于中西文化、经济的交流以及西汉西北边疆的开拓与稳定有着积极的促进意义，但与此同时也给西汉政府尤其是敦煌、酒泉郡等交通必经节点带来了沉重的负担。至于南道，因其是汉通西域之路的主要行走路线，故其当道八国也承担着招待使者的相应义务。除此之外，汉朝素有遣使报送客使归国的传统①。敦煌郡还承担着护迎送汉使、客使的任务。这一点可从敦煌悬泉汉简中得到印证。Ⅰ 90DXT0205②：15记载："□敢言之。敦煌、龙勒、广至、冥安、渊泉遣吏御送使者出。"Ⅰ 90DXT0206②：11记载："永光元年十一月甲子朔丁丑，冥安丞光谓效谷遣御持传马送迎客往来过稟，各如牒，今写劵墨移书到受簿入，十一月报，毋令缪，如律令。""客"是指西域诸国使者。这些记载涉及敦煌郡管辖的六县，表明须承担接待、迎送汉使与客使任务的不仅包括敦煌郡，还包括其下辖六县。另外，Ⅰ 90DXT0111②：35记载："出茭八十七石。以食译马百一十六匹送迎客使者积六百九十六食，食五十斤。"Ⅰ 90DXT0111②：38记载："·桓筑迎送客，小筑令端正齐壹。功。"Ⅰ 90DXT0112③：114记载："出鸡一只。以食使者王君所将客留宿再食东。"又真实反映了汉使、客使经过悬泉置接待情况。总之，悬泉汉简的记载说明敦煌郡及其下辖诸县、置都面临着接待、迎送西汉及西域诸国使团的任务。其中就包括提供这些汉使、客使所需的行资，即食物和交通工具。至于送客方面，敦煌方面是全程护送，还是仅仅将客使护送至下一站不得而知，我们认为后者可能性更

---

①《汉书·匈奴传上》云："汉遣使者报送其使，单于使左右难汉使者。"《汉书·西域传上》云："汉使关都尉文忠送其使。"

大。无论如何，招待、迎送汉朝与西域的来往使者无疑是扼守汉通西域道路出口的敦煌郡需要肩负的重要使命之一。

图4-4 悬泉置遗址
（采自甘肃省地方史志编纂委员会编《甘肃省志·文物志》，第132页）

图4-5 悬泉置出土的汉简
（采自郑炳林、李军著，贾慧、赵粉琴、马凌飞译《丝路明珠：敦煌》，第367页）

经敦煌来往的西域使团与汉朝使团，穿梭于中原与西域之间，在官方通使之外通常还有着商业目的。《史记·大宛列传》记载张骞出使乌孙“将三百人，马各二匹，牛羊以万数，赍金币帛直数千巨万，多持节副使，道可使，使遗之他旁国”[①]，张骞之后诸使西域者“一辈大者数百，少者百余人，人所赍操大放博望侯时”[②]。再者西汉“其使皆贫人子，私县官赍物，欲贱市以私其利外国”[③]。汉使在通过“天子致赐”[④]方式将汉朝货品输送西域诸国的同时，乌孙等西域国家也会回馈礼物朝贡汉朝，这种通使实际上具有官方贡赐贸易的性质。《汉书·西域传上》还记载罽宾“奉献者皆行贾贱人，欲通货市买，以献为名”[⑤]，康居“何故

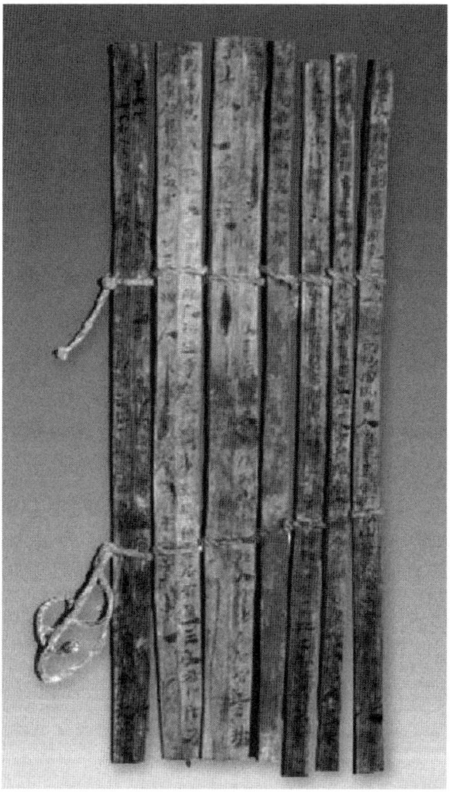

图4-6 永光五年康居王使者自言献驼直不如实册（Ⅱ 90DXT0216②：866—883）

（采自甘肃省地方史志编纂委员会编《甘肃省志·文物志》，第1378页）

① 《史记》卷一二三《大宛列传》，第3846页。
② 《史记》卷一二三《大宛列传》，第3848页。
③ 《史记》卷一二三《大宛列传》，第3849页。
④ 《史记》卷一二三《大宛列传》，第3846页。
⑤ 《汉书》卷九六上《西域传上》，第3886页。

遣子入侍？其欲贾市为好，辞之诈也”[①]。其实西域诸国同西汉打交道或多或少都存有通商谋利的念头，其中尤以罽宾、康居最为典型，这些打着官方通使名义进行的中西贸易活动，离不开敦煌郡及其他沿道各站点的保护与接待，因此西汉时期的敦煌郡俨然已经成为中西方商品贸易的中转站和集散地。敦煌郡在与西域诸国交涉方面还发挥着其他类型的重要作用，此处不再做一一重点讨论[②]。

二、西汉经敦煌对鄯善、罗布泊地区的经营

罗布泊是西汉占领河西走廊前匈奴直接管辖区的西界。《史记·匈奴列传》记载汉文帝时，匈奴“定楼兰、乌孙、呼揭及其旁二十六国，皆以为匈奴”[③]。表明早在文帝时，匈奴已降服西域楼兰等二十六国。同时，《史记·大宛列传》又称：“匈奴右方居盐泽以东，至陇西长城，南接羌，鬲汉道焉。”[④]且浑邪王降汉后，“而金城、河西西并南山至盐泽空无匈奴”[⑤]。皆说明匈奴右部直接管辖的最西端是罗布泊。《汉书·西域传上》云：

① 《汉书》卷九六上《西域传上》，第3893页。

② 黎虎曾对关于包括敦煌郡在内的这种缘边地方政府所担负的外交职责有细致考察，这些外交职能主要包括接待来使、供应使者、接送侍子、接送和亲公主、接受文书、招纳内附、转付赏赐、遣使出境、签订条约、开展互市等十方面，当然这并不意味着敦煌郡承担上述所有外交职责，但在敦煌郡与西域诸国打交道中有不少符合上述职能类型之处。另外，黎氏还对包括阳关、玉门关在内的边防关塞所具备的外交功能进行了较为充分的研究。详参氏著《汉唐外交制度史（增订本）》，北京：中国社会科学出版社，2019年，第113—138页。

③ 《史记》卷一一〇《匈奴列传》，第3501页。《汉书·西域传上》云：“西域诸国大率土著，有城郭田畜，与匈奴、乌孙异俗，故皆役属匈奴。”

④ 《史记》卷一二三《大宛列传》，第3837页。

⑤ 《史记》卷一二三《大宛列传》，第3845页。

“匈奴西边日逐王置僮仆都尉，使领西域，常居焉耆、危须、尉黎间，赋税诸国，取富给焉。”[①]结合这些记载看，匈奴降服西域诸国后，很可能由于诸城邦国家“与匈奴、乌孙异俗”[②]，故并未将其纳入右部的直接管辖，而是由右部的日逐王遣僮仆都尉进行间接管理。僮仆都尉的主要职能是收取赋税，可见匈奴对西域采取羁縻统治，管控较为松散。另外，相较河西走廊有休屠、浑邪等诸王驻牧，河南地有白羊、楼烦等诸王驻牧而言，匈奴对偌大的西域地区仅仅派遣僮仆都尉进行管理，可见其对西域重视程度较低。至于罗布泊正好处于匈奴右部直接管辖地区与僮仆都尉羁縻之西域地区的分界，这与西汉以敦煌阳关、玉门关作为汉地与西域分界有所区别。汉武帝占领河西走廊后，西汉势力范围开始逼近罗布泊，彼时罗布泊以西的西域诸国及以北的东天山、车师地区却仍在匈奴控制之下，于是罗布泊成为汉、匈新的分界。然西域与匈奴拥有漫长的边境，若仅仅是交界地，尚不足以使罗布泊地区（含罗布泊、鄯善、白龙堆等地）成为双方反复争夺的关键所在。

分析罗布泊地区成为汉、匈争夺重点的原因须从战略角度出发。汉武帝设置河西四郡，隔断胡与羌通之路，使匈奴与西羌南北不得相交通。匈奴与西羌欲实现再度联合，只能通过攻击河西走廊重新打通南北通道或选择绕道罗布泊经南羌（小月氏）与西羌建立联系这两种途径。在河西走廊防线难以打穿的情势下，绕道成为胡、羌联系更容易实现的方式。在胡、羌双方绕道接触的过程中，罗布泊地区是必经之地。不仅如此，罗布泊地区也是西汉通西域的必经之地。如此一来，匈奴须经罗布泊地区联合羌

① 《汉书》卷九六上《西域传上》，第3872页。

② 《汉书》卷九六上《西域传上》，第3872页。

人，西汉需要破坏这种联合且自身亦须经罗布泊地区通往西域，西汉与西域的连接又不符合匈奴利益，于是匈奴也须阻扰乃至隔绝汉道畅通。简言之，西汉与匈奴皆欲在罗布泊地区建立自身的通道并阻断彼此的通道。基于这些原因，罗布泊及附近的鄯善自然就成为西汉与匈奴乃至羌人争夺的重点。西汉经敦煌对以鄯善为中心的罗布泊地区的经营便是在这种背景下开始的。

西汉通西域之初就已认识到鄯善（楼兰）地理位置的关键，并随即同匈奴展开对鄯善控制权的争夺。《史记·大宛列传》记载：

> 外国亦厌汉使人人有言轻重，度汉兵远不能至，而禁其食物以苦汉使。……而楼兰、姑师小国耳，当空道，攻劫汉使王恢等尤甚。而匈奴奇兵时时遮击使西国者。……于是天子以故遣从骠侯破奴将属国骑及郡兵数万，至匈河水，欲以击胡，胡皆去。其明年，击姑师，破奴与轻骑七百余先至，虏楼兰王，遂破姑师。因举兵威以困乌孙、大宛之属。还，封破奴为浞野侯。王恢数使，为楼兰所苦，言天子，天子发兵令恢佐破奴击破之，封恢为浩侯。[①]

姑师即车师，鄯善与车师是《汉书·西域传上》记载的西域南、北道的起始国。由此观之，在汉武帝通西域之初，南北两道已具雏形。彼时扼守两道“入口”的鄯善、车师皆为匈奴附庸。因匈奴对西域重视程度不够，仅派驻僮仆都尉羁縻诸国，故汉使尽管面临“外国”厌恶、食物短缺及恶劣的自然环境等诸多困难，但仍能频繁往返西域。匈奴在西域的力量注定其难以在沿道诸国逐一派兵拦截，于是选择南北两道“入口”的楼兰、车师二国重点

① 《史记》卷一二三《大宛列传》，第3849—3850页。

设防拦截汉使。《汉书·西域传上》记载："楼兰、姑师当道，苦之，攻劫汉使王恢等，又数为匈奴耳目，令其兵遮汉使。"[①] 作为匈奴附庸的鄯善、车师不仅自己攻劫汉使，还充当匈奴耳目，将汉使情报报告给匈奴让其出兵拦截攻击。从匈奴在鄯善、车师设防一事来看，尽管匈奴丢失河西走廊，兵败漠北，暂时无力在中原北方同西汉对抗，但仍在西域地区掌握主导权。匈奴极力限制西汉将势力延伸至西域，既是为保全其在西域的利益，亦是防范西汉联合乌孙等西域诸国变得更加强盛。在此情势下，汉武帝两度遣赵破奴出兵，先攻匈奴，再击车师、鄯善，最终得以在西域打开局面。尤其是元封二年（前109）[②]击车师、鄯善之战取得了"虏楼兰王，遂破姑师"的胜利[③]，西汉击降鄯善，对于保障西域道敦煌至鄯善段的畅通具有重要意义。这也为之后李广利出兵大宛奠定了基础。然西汉降服鄯善后，对其掌控依旧不够稳定。《汉书·西域传上》记载：

> 楼兰既降服贡献，匈奴闻，发兵击之。于是楼兰遣一子质匈奴，一子质汉。后贰师军击大宛，匈奴欲遮之，贰师兵盛不敢当，即遣骑因楼兰候汉使后过者，欲绝勿通。……上诏文便道引兵捕楼兰王。将诣阙，簿责王，对曰："小国在大国间，不两属无以自安。愿徙国入居汉地。"上直其

① 《汉书》卷九六上《西域传上》，第3876页。

② 一说元封三年（前108），详见前文考证。

③ 赵破奴仅用轻骑七百就取得俘虏楼兰王、击破姑师的战绩，属于轻骑远程奔袭，出其不意。即在楼兰、姑师毫无准备的情况下凭借冒险取得胜利，但是这给汉武帝造成一个错觉，就是西域诸国兵弱易击。这间接导致了汉武帝仓促出兵征大宛，李广利初战告败。

> 言，遣归国，亦因使候司匈奴。匈奴自是不甚亲信楼兰。[①]

鄯善夹于汉、匈之间，不得不在两国之间摇摆。这种两属局面，直到昭帝元凤四年（前76），西汉屯田伊循才得到改变。但纵使鄯善两属，也好过此前匈奴完全掌控该国的局面。至少这时期鄯善不敢再明目张胆攻击汉使，汉朝也可以利用鄯善帮助自己经营西域。

李广利征大宛胜利后，西汉政府开始有意加强对罗布泊地区的经营。《史记·大宛列传》记载：

> 而汉发使十余辈至宛西诸外国，求奇物，因风览以伐宛之威德。而敦煌置酒泉都尉；西至盐水，往往有亭。而仑头有田卒数百人，因置使者护田积粟，以给使外国者。[②]

《汉书·西域传上》亦载：

> 自贰师将军伐大宛之后，西域震惧，多遣使来贡献，汉使西域者益得职。于是自敦煌西至盐泽，往往起亭，而轮台、渠犁皆有田卒数百人，置使者校尉领护，以给使外国者。[③]

起亭，即修筑烽火台。西汉政府在敦煌至盐泽（即盐水，也即罗布泊）之间[④]修筑用作预警的“亭”，而非防御的“亭障”，表明

① 《汉书》卷九六上《西域传上》，第3877页。

② 《史记》卷一二三《大宛列传》，第3857页。

③ 《汉书》卷九六上《西域传上》，第3872页。

④ 汉朝的亭障系统在过罗布泊后甚至向西北延伸至孔雀河沿岸，与之后的西

汉武帝意在建立敦煌至罗布泊间的预警体系而不是防御体系。敦煌与罗布泊间隔着白龙堆荒漠，不具备修筑系统军事防御工程及驻军的条件，这应是汉武帝选择建立预警体系而非防御体系的主要原因。通过前文研究可知，从西汉始通西域到李广利征大宛的太初年间（前104—前101），汉使西行的必经之路是敦煌—白龙堆—罗布泊—楼兰城。乌孙又称汉使："而盐水中数败，出其北有胡寇，出其南乏水草。"[①]出敦煌以后这段路程都在罗布泊地区行进，而当时匈奴活跃于罗布泊地区北部，这是导致西汉使者或军队在罗布泊地区经历"数败"的主要人为因素。换言之，匈奴在罗布泊地区仍掌握主动权，时刻威胁汉与西域间的通道。李广利征大宛后，汉武帝欲同西域建立更加密切的联系自然需要建立预警系统，如此一来当罗布泊地区出现敌情的时候，便可通过

图4-7 罗布泊

（接上页）域都护府、轮台等屯田机构相连接。然这部分亭障是否是此时修筑不详。

①《史记》卷一二三《大宛列传》，第3852页。

烽火台将情报迅速传递到敦煌，以此为过往使节提供保护和帮助，降低匈奴对西汉通西域道造成的风险。

此外，为克服罗布泊地区“乏水草”这种恶劣的自然环境，西汉还命靠近白龙堆荒漠的鄯善“常主发导负水儋粮，送迎汉使”[①]。这种规定一方面使鄯善不堪其苦，另一方面降低了因自然条件造成的西域道罗布泊地区段的风险。总之，西汉通过修筑烽火台与命鄯善“负水儋粮，送迎汉使”保障了敦煌至罗布泊道路的安全，这些举措也使匈奴通过罗布泊地区联系羌人愈发困难，即对胡与羌通之路设置了障碍[②]。

鄯善两属于匈奴与西汉，这种游离性的关系使得无论是匈奴还是西汉，都非常注意其国王的人选。《汉书·西域传上》记载：

> 征和元年，楼兰王死，国人来请质子在汉者，欲立之。质子常坐汉法，下蚕室宫刑，故不遣。……楼兰更立王，汉复责其质子，亦遣一子质匈奴。后王又死，匈奴先闻之，遣质子归，得立为王。[③]

西汉在此次楼兰王人选上的错失先机，直接导致其在与楼兰关系

① 《汉书》卷九六上《西域传上》，第3878页。西汉对鄯善的这种规定出现时间不详，或许在西汉降服该国之初就已出现。

② 《汉书·赵充国传》记载宣帝元康三年：“羌侯狼何果遣使至匈奴藉兵，欲击鄯善、敦煌以绝汉道。”狼何羌向匈奴借兵攻击鄯善、敦煌之间不仅可以断绝汉通西域之路，还可打通胡与羌通之路。另外，相对军事防御工程完备的敦煌郡而言，罗布泊地区的鄯善应当才是匈奴与狼何羌更容易突破的重点。狼何羌借兵之事足以看出匈奴、羌人曾企图进犯鄯善、敦煌之间，以此打乱西汉在这一地区的部署，并借机打通胡与羌通之路。

③ 《汉书》卷九六上《西域传上》，第3877页。

图4-8 敦煌的汉长城遗址

中再次处于劣势。新即位的楼兰王不肯朝见天子，“后复为匈奴反间，数遮杀汉使。其弟尉屠耆降汉，具言状”①。楼兰王遮杀汉使的行径引起西汉政府强烈不满，这直接导致了昭帝元凤四年（前77）派遣傅介子刺杀楼兰王事件。《汉书·西域传》详细记载事件过程：

> 元凤四年，大将军霍光白遣平乐监傅介子往刺其王。……既至楼兰，诈其王欲赐之，王喜，与介子饮，醉，将其王屏语，壮士二人从后刺杀之，贵人左右皆散走。介子告谕以“王负汉罪，天子遣我诛王，当更立王弟尉屠耆在汉者。汉兵方至，毋敢动，自令灭国矣”。介子遂斩王尝归首，驰传诣阙，县首北阙下。……乃立尉屠耆为王，更名其国为鄯善，为刻印章，赐以宫女为夫人，备车骑辎重，丞

① 《汉书》卷九六上《西域传上》，第3878页。

> 相将军率百官送至横门外，祖而遣之。王自请天子曰："身在汉久，今归，单弱，而前王有子在，恐为所杀。国中有伊循城，其地肥美，愿汉遣一将屯田积谷，令臣得依其威重。"于是汉遣司马一人，吏士四十人，田伊循以填抚之。其后更置都尉，伊循官置始此矣。①

图4-9 悬泉汉简
(I 90DXT0111②：73)

敦煌文献《寿昌县地境》记载石城镇和屯城都与西汉经营鄯善有关：

> 石城，本汉楼兰国。《汉书·〔西域传〕》云：去长安六千一百里。地多沙卤，少田出玉。傅介子既杀其王，汉立其弟，更名鄯善。……
>
> 屯城，西去石城一百八十里。鄯善质子尉屠耆归，单弱，请天子：国中有伊循城，地肥美，愿遣一将屯田积谷，得依其威重。于是汉遣司马及吏士屯田伊循以镇之，即此也。②

敦煌文献关于汉代楼兰历史沿革的记载基本上都来自《汉书·西

---

①《汉书》卷九六上《西域传上》，第3878页。

② 录文参郑炳林《敦煌地理文书汇辑校注》，第61页。P.5034《沙州地志》亦有类似记载。录文参同书，第46—47页。

域传》，但有所不同的是敦煌文献将石城镇和屯城的遗迹同历史记载相结合，增加历史的真实感，亦可相互印证。元凤四年（前77），西汉派遣傅介子刺杀楼兰王安归，更立尉屠耆为王，更名楼兰为鄯善，并在鄯善的伊循城派遣司马及吏士屯田，这些举措增强了西汉与鄯善关系的密切度。从之后元康三年（前63）南山羌借兵匈奴谋划攻打鄯善、敦煌，以绝汉道一事来看，西汉政府在经营鄯善问题上的果决确有必要性和先见之明。

西汉政府最初遣往伊循的司马及吏士，很可能是从邻近的敦

图4-10 傅介子墓石猴

图4-11 傅介子墓石马

（采自甘肃省地方史志编纂委员会编《甘肃省志·文物志》，第216页）

煌郡征调派遣。通过悬泉汉简的记载：

> 敦煌伊循都尉大仓谓过所县……□传舍从者如律令（Ⅰ 90DXT0111②：73）

可知伊循都尉是受敦煌太守节制的，由此前推伊循司马很可能也是如此。由此来看，伊循屯田同敦煌郡的管理是一体的，若无附近敦煌郡及玉门、阳关两都尉声援和支持，也难以形成对鄯善国亲匈奴势力的威慑，达到既定目标[①]。另外，通过悬泉汉简的其他记载我们还能得知，其屯戍人员也会从敦煌以外地区，如从金城郡征发[②]，但无疑这些人还须转经敦煌郡调配才能到达伊循。屯田伊循城表明西汉政府对鄯善的管理程度加深，这对敦煌通西域之路尤其是南道的稳定具有重要意义。

---

① 西域都护府设置后，伊循屯田机构后改归西域都护府管辖，考证过程见下文。

② 张德芳《从出土汉简看汉王朝对丝绸之路的开拓与经营》，《中国社会科学》2021年第1期，第143—155页。

第二节 西汉经敦煌开通北道及经营车师

匈奴管理西域地区主要通过日逐王下设置僮仆都尉进行，僮仆都尉常居焉耆、危须、尉黎间，而从东天山地区到达焉耆的通道须经车师地区，故车师也是连接匈奴右部东天山到塔里木盆地诸国的主要通道。由此，车师成为匈奴与西汉政府争夺的战略要

图4-12 塔里木盆地中间的塔克拉玛干大沙漠

地。另外，车师与西域北道也有着千丝万缕的关系，因此本节旨在探究西汉通西域之初的西域北道与车师的联系及西汉与匈奴争夺车师、经营车师的情况，并分析敦煌郡在这一过程中发挥的作用。

一、西汉出敦煌开通西域北道

西域北道指出敦煌沿塔里木盆地北缘通中亚之路。《汉书·西域传》记载北道：

> 自车师前王庭随北山，波河西行至疏勒，为北道；北道西逾葱岭则出大宛、康居、奄蔡焉。[①]

汉武帝通西域伊始，汉朝使团便开始经车师沿北道出访西域诸国。《史记·大宛列传》记载：

> 而楼兰、姑师小国耳，当空道，攻劫汉使王恢等尤甚。而匈奴奇兵时时遮击使西国者。……于是天子以故遣从骠侯破奴将属国骑及郡兵数万，至匈河水，欲以击胡，胡皆去。其明年，击姑师，破奴与轻骑七百余先至，虏楼兰王，遂破姑师。[②]

由此记载可知，因为彼时车师、鄯善皆属匈奴附庸，所以不论经车师行北道还是经鄯善行南道都面临匈奴拦截的风险。于是元封二年（前109）[③]汉武帝遣赵破奴进攻车师、鄯善，意图打通汉通

① 《汉书》卷九六上《西域传上》，第3872页。
② 《史记》卷一二三《大宛列传》，第3849页。
③ 一说元封三年（前108），详见前文考证。

西域之孔道。此时并无南北道的概念，仅有“外国道”[1]的称谓。因此所谓楼兰、姑师“当空道”，准确来说是当时楼兰、姑师地处汉通外国道之孔道。西汉对车师、楼兰的进攻取得了预期的胜利。太初年间（前104—前101）李广利两征大宛时期始见西域道分为“南北道”的记载[2]。《史记·大宛列传》记载：

> 初，贰师起敦煌西，以为人多，道上国不能食，乃分为数军，从南北道。[3]

李广利二征大宛时，因军队庞大，兵分两路就食于西域诸国，故此时的南北道应是指汉军行军路线的相对位置，即一条行军路线在北，另一条在南。其中行军路线的南道大致与《汉书·西域传》记载之南道吻合，至于行军路线的北道则与《汉书·西域传》记载的“自车师前王庭随北山，波河西行至疏勒”有出入。

前文考察李广利行军路线已知，两次出征大宛，汉军前半段选择的路线皆是自敦煌出发至罗布泊、鄯善[4]。二征大宛时，李广利所率汉军主力在过罗布泊、鄯善后，出现在轮台，自鄯善至轮台间道路史籍未载。我们推测最可能的路线就是自鄯善楼兰城沿孔雀河西北行经渠犂、尉黎到达轮台。若按《汉书·西域传》

---

① 《史记》卷一二三《大宛列传》，第3849页。

② 这并非意味着南北道直到太初年间（前104—前101）才出现，只是说直到此时史籍中才出现“南北道”的提法和概念。

③ 《史记》卷一二三《大宛列传》，第3856页。

④ 《史记·大宛列传》记载：“汉去我远，而盐水中数败，出其北有胡寇，出其南乏水草。又往往而绝邑，乏食者多，汉使数百人为辈来，而常乏食，死者过半，是安能致大军乎！”就是说前往大宛国的通道经过罗布泊，不论是南道还是北道。也即出敦煌至罗布泊应是西域道必经之路，到罗布泊、楼兰城一带西域道开始分为南北两道。

经车师前王庭（交河故城，位于今新疆吐鲁番市西北）到北道的路线，则须自鄯善先向西北，到车师前王庭，再向西南到轮台，进行大迂回式的绕道。这显然不太可能，对急于向西进攻大宛的汉军而言可能性便更低。于是可以得出推断：太初年间（前104—前101）的北道主干路不经车师前王庭，即李广利行军所经北道与《汉书·西域传》记载的北道有很大区别[①]。我们认为《汉书·西域传》所谓北道“自车师前王庭随北山”描述的很可能是西汉后期乃至东汉时期的状况，毕竟此时姑师尚未被分为“车师前后王及山北六国”[②]，也就是说车师前王庭在太初年间（前104—前101）甚至都尚未出现。

李广利行军之北道不经过车师前王庭，却不一定不经过车师

图4-13 交河故城

① 学界对《汉书·西域传》所载北道路线，早有质疑。可参黄文弼《西北史地论丛》，上海：上海人民出版社，1981年，第76页；黄烈《中国古代民族史研究》，北京：人民出版社，1987年，第437页；殷晴《汉代丝路南北道研究》，《新疆社会科学》2010年第1期，第121—128页。

②《汉书》卷九六上《西域传上》，第3873页。

控制区。《史记·大宛列传》记载："而楼兰、姑师邑有城郭，临盐泽。"[①]已有学者指出车师最初控制地域抵达库鲁克山南麓与鄯善相接，后在汉朝的打击下其在库鲁克山南麓的势力才逐渐退缩[②]，即车师势力可能一度达到罗布泊北岸附近与鄯善国相接。如此说成立，则李广利军可能在经过罗布泊一带时也经过了车师势力范围南缘，此前赵破奴对车师的攻击迫使其不敢再直面汉军兵锋而任其过境也能说通。当然也可能此前车师在遭受赵破奴打击后，其势力已向北退缩远离罗布泊、鄯善，撤出孔道。如果是这种情况，则李广利征大宛时不经车师。

李广利二征大宛过轮台后，"自此而西，平行至宛城"[③]。其后沿天山南侧诸国，西行到郁成、大宛。据《汉书·西域传》记载，轮台以西至龟兹，"龟兹西与姑墨接"[④]，温宿"西至尉头三百里……东通姑墨二百七十里"[⑤]，尉头"南与疏勒接，山道不通，西至捐毒千三百一十四里，径道马行二日"[⑥]，疏勒"西当大月氏、大宛、康居道"[⑦]，捐毒"西北至大宛千三百里"[⑧]。也就是说，轮台向西可经龟兹、姑墨、温宿、尉头、疏勒、捐毒等国至大宛，当然尉头可直通捐毒，或许可不经疏勒。但整体来看，以这些城邦诸国为点进行连线，应当就是北道主干路的路线。

综上，至迟在武帝太初年间（前104—前101）西域北道已经

---

① 《史记》卷一二三《大宛列传》，第3836—3837页。
② 殷晴《汉代丝路南北道研究》，《新疆社会科学》2010年第1期，第121—128页。
③ 《史记》卷一二三《大宛列传》，第3855页。
④ 《汉书》卷九六下《西域传下》，第3911页。
⑤ 《汉书》卷九六下《西域传下》，第3910—3911页。
⑥ 《汉书》卷九六下《西域传下》，第3898页。
⑦ 《汉书》卷九六下《西域传下》，第3898页。
⑧ 《汉书》卷九六下《西域传下》，第3897页。

开通，只是最初的北道并非以《汉书·西域传》所谓车师前王庭为起点。彼时北道与南道分歧在于楼兰城、罗布泊一带[①]，即由敦煌西出经白龙堆到罗布泊、鄯善后，向东南往且末为南道。向西北溯孔雀河而上，行经渠犁、尉黎到达轮台，再向西经龟兹、姑墨、温宿、尉头、疏勒、捐毒等诸国，可通大宛等西域诸国，是为北道。至于车师成为北道起点，应是随着西汉争夺、经营车师出现的新情况。

宣帝时，匈奴内乱，五单于争立。最强的两股势力在竞争中脱颖而出，其中势弱的呼韩邪单于选择款塞附汉，最强的郅支单于屠戮汉使谷吉等后，“自知负汉，又闻呼韩邪益强，遂西奔康居”[②]。其后匈奴郅支单于部与康居联合攻击乌孙，“又遣使责阖苏[③]、大宛诸国岁遗，不敢不予”[④]。即郅支单于部与康居已威胁到西域北道内属国的安全，到汉元帝建昭三年（前36），西域副校尉陈汤“矫制发城郭诸国兵、车师戊己校尉屯田吏士”[⑤]合兵四万余人西击郅支。《汉书·陈汤传》记载了陈汤的出兵路线：

> 即日引军分行，别为六校，其三校从南道踰葱岭径大宛，其三校都护自将，发温宿国，从北道入赤谷，过乌孙，涉康居界，至阗池西。[⑥]

---

① 孟凡人的研究进一步将西域南北道的分途点准确比勘为“楼兰道”的居卢仓，同时认为土垠遗址即为居卢仓所在。参见氏著《楼兰新史》，北京：光明日报出版社，1990年，第50—53页。

② 《汉书》卷七〇《陈汤传》，第3009页。

③ 西域国名，又名奄蔡，居康居北。

④ 《汉书》卷七〇《陈汤传》，第3009页。

⑤ 《汉书》卷七〇《陈汤传》，第3010页。

⑥ 《汉书》卷七〇《陈汤传》，第3011页。

这些城郭诸国分布在南、北道，应当是南道参战诸国兵走南道，而北道参战诸国兵与车师戊己校尉屯田吏士在西域都护率领下走北道，此处的北道与太初年间（前104—前101）李广利征大宛所行之北道又有所差别。所谓“发温宿国”应指北道诸国兵与汉屯田吏士在温宿集结出发，其后自温宿向西北至乌孙都城赤谷城（在今吉尔吉斯斯坦伊塞克湖东南伊什特克附近）穿越乌孙境内抵达康居。这意味北道西行至温宿出现分叉，向西南可经尉头、疏勒、捐毒等国抵达大宛等中亚诸国；向西北可经赤谷城，横越乌孙抵达康居。这条经过乌孙的西北道路，开通时间至迟在建昭三年（前36），但从西汉与乌孙交往经过来看，很可能这条道路在汉通西域之初已经出现。

北道使用情况虽不及南道频繁，但依旧是汉通西域之路不可或缺的一条主干路线。同时西汉经略北道也离不开敦煌郡的支持，前文南道部分探讨的敦煌郡对经略西域所须承担的诸多职责及因西域南道的繁荣而使敦煌成为中西交汇之商业都会的情况亦皆同样适用于北道。

二、西汉与匈奴在车师的争夺经营

西汉经营车师的目的是进一步削弱匈奴，其对车师的争夺始于元封二年（前109）[①]赵破奴出兵攻破姑师。是役，“破奴与轻骑七百余先至，虏楼兰王，遂破姑师……王恢数使，为楼兰所苦，言天子，天子发兵令恢佐破奴击破之，封恢为浩侯”[②]。《汉书·景武昭宣元成功臣表》又云浩侯王恢：“以故中郎将将兵捕得车师王，侯。”[③]足见赵破奴与王恢率军进攻车师，取得

① 一说元封三年（前108），详见前文考证。

② 《史记》卷一二三《大宛列传》，第3849—3850页。

③ 《汉书》卷一七《景武昭宣元成功臣表》，第660页。

了破其国、虏其王的胜利。因此战后不久，“及宛西小国欢潜、大益，宛东姑师、扜罙、苏薤之属，皆随汉使献见天子”[①]。这进一步表明赵破奴、王恢的作战已使车师附于西汉，但此战后没有见到西汉政府在车师采取任何实质性的举措。这再次印证了有可能“当空道”的车师势力已撤出孔道，以致汉朝起初对经营车师缺乏足够重视。

《汉书·西域传下》记载：

> 武帝天汉二年，以匈奴降者介和王为开陵侯，将楼兰国兵始击车师，匈奴遣右贤王将数万骑救之，汉兵不利，引去。[②]

由此记载可知，至迟在天汉二年（前99）匈奴已重新夺回了对车师的控制权。此次西汉对车师发动的攻击并非是孤立存在的。与此同时，《汉书·武帝纪》记载天汉二年（前99）：

> 夏五月，贰师将军三万骑出酒泉，与右贤王战于天山，斩首虏万余级。又遣因杅将军出西河，骑都尉李陵将步兵五千人出居延北，与单于战，斩首虏万余级。陵兵败，降匈奴。[③]

《史记·李将军列传》记载：

---

① 《史记》卷一二三《大宛列传》，第3851页。
② 《汉书》卷九六下《西域传下》，第3922页。
③ 《汉书》卷六《武帝纪》，第203页。

> 数岁，天汉二年秋，贰师将军李广利将三万骑击匈奴右贤王于祁连天山，而使陵将其射士步兵五千人出居延北可千余里，欲以分匈奴兵，毋令专走贰师也。陵既至期还，而单于以兵八万围击陵军。①

《汉书·匈奴传》记载：

> 其明年，汉使贰师将军将三万骑出酒泉，击右贤王于天山，得首虏万余级而还。②

结合这些记载不难发现，天汉二年（前99）西汉政府在东天山、

图4-14 东天山与巴里坤草原

① 《史记》卷一〇九《李将军列传》，第3477页。
② 《汉书》卷九四上《匈奴传》，第3777页。

车师、居延塞三个方向同时发起了攻势，显然这是一场蓄谋已久的战争，其目的应是继续打击匈奴势力。从三支军队的规模及李陵奉命支援李广利都可看出，李广利率领三万骑攻击东天山地区（今哈密地区北部的东天山一带）的匈奴右贤王是西汉政府的主要战略目标。

太初四年（前101），“而敦煌置酒泉都尉，西至盐水，往往有亭”[①]。酒泉都尉可能是因敦煌境内的酒泉塞而设置的关城驻守官员[②]。李广利出兵出酒泉击右贤王，应当就是从敦煌酒泉塞出兵的，而不是酒泉郡。西汉出兵攻打匈奴右贤王所在的东天山，行军路线最短最方便的是走唐伊吾道，而不是从远在东边的酒泉郡经过戈壁荒漠穿越马鬃山到达东天山。既然派遣李陵出居延塞向北进攻意在“分匈奴兵”，支援李广利军，那么同年开陵侯“将楼兰国兵始击车师”应当亦有支援东天山战事的意图。据此推测西汉谋划打击盘踞东天山的匈奴右贤王部时，同时设计了从右贤王部的东西两面即车师、居延方向发起进攻，以分散李广利军的压力，如此车师、居延方向的进攻可能皆是佯攻。当然因开陵侯击车师具体月份不详，故也存在另外一种可能，即开陵侯击车师时受匈奴右贤王阻挠而遭遇失利，西汉政府因此才遣李广利出兵打击右贤王。但无论如何，西汉对车师的经营无疑从一开始就是与匈奴右部的争夺相伴而行。

天汉二年（前99）开陵侯率楼兰兵击车师失败后，《汉书·西域传下》记载：

> 征和四年，遣重合侯马通将四万骑击匈奴，道过车师

① 《史记》卷一二三《大宛列传》，第3857页。

② 《史记集解》徐广曰：“一云‘置都尉’。又云敦煌有渊泉县，或者‘酒’字当为‘渊’字。”即对“敦煌置酒泉都尉”也存在不同见解。

北，复遣开陵侯将楼兰、尉犁、危须凡六国兵别击车师，勿令得遮重合侯。诸国兵共围车师，车师王降服，臣属汉。[①]

《汉书·武帝纪》亦载：

(征和) 三年春正月，行幸雍，至安定、北地。匈奴入五原、酒泉，杀两都尉。三月，遣贰师将军广利将七万人出五原，御史大夫商丘成二万人出西河，重合侯马通四万骑出酒泉。成至浚稽山，与虏战，多斩首。通至天山，虏引去，因降车师。皆引兵还。广利败。[②]

此战还可在《汉书·西域传下》汉武帝轮台诏中得到印证：

轮台西于车师千余里，前开陵侯击车师时，危须、尉犁、楼兰六国子弟在京师者皆先归，发畜食迎汉军。又自发兵，凡数万人王各自将，共围车师，降其王。诸国兵便罢，力不能复至道上食汉军。汉军破城，食至多，然士自载不足以竟师，强者尽食畜产，羸者道死数千人。朕发酒泉驴橐驼负食，出玉门迎军。[③]

征和三年（前90）[④]西汉再遣开陵侯率楼兰、尉犁、危须等西域六国[⑤]兵攻击车师。结合以上记载来看，征和三年（前90）汉武

① 《汉书》卷九六下《西域传下》，第3922页。
② 《汉书》卷六《武帝纪》，第209页。
③ 《汉书》卷九六下《西域传下》，第3913页。
④ 从《汉书·武帝纪》。
⑤ 焉耆应当在此六国之列，焉耆与尉犁、危须邻近，三国曾为匈奴僮仆都尉

帝针对匈奴寇五原、酒泉边境事件发动了一场声势浩大的反击。具体来说，西汉遣李广利、商丘成、马通统率合计十余万军队分别从五原、西河、酒泉三个方向对匈奴发起进攻，其中率四万骑出酒泉[①]的马通主要负责打击驻牧东天山地区的匈奴右贤王部。而开陵侯击车师之战实际上是西汉针对东天山右贤王部军事行动的组成部分，也即负责从侧面牵制车师力量，防止马通遭到匈奴右贤王与车师的两面夹击。从这一角度来看，此次车师之战与天汉二年（前99）的车师之战是极为相似的，即都是在侧面策应汉军主力发动的东天山战事。有所不同的是，西汉政府此次对车师的进攻准备得更加充分，参战军队不仅包括之前参战的楼兰兵，还增加了尉犁、危须等城邦五国兵及汉军。同时，西汉又遣“危须、尉犁、楼兰六国子弟在京师者皆先归，发畜食迎汉军”[②]，保障汉军行军通道的畅通及战略物资的供应。于是，尽管西汉未能对匈奴右贤王部造成打击，但取得了降服车师“尽得其王民众而还”[③]的胜果。可以说西路汉军没有完成打击主要目标的任务，却实现了对次级目标车师进行打击的任务。

（接上页）驻牧地。尉犁、危须已附汉，推测焉耆亦当附汉。《汉书·西域传下》记载焉耆国专设有“击车师君、归义车师君各一人”，另外车师太子军宿为“焉耆外孙，不欲质匈奴，亡走焉耆”，皆表明焉耆似早已倒向西汉阵营。

① 此处的“酒泉”也不排除是指敦煌郡酒泉塞的可能。

② 从楼兰、尉犁、危须等六国兵参与对车师作战并沿途给汉军提供“畜食”来看，此次汉军对车师的进攻是出敦煌西行至罗布泊、楼兰城，沿着孔雀河西北行，至危须、尉犁一带后，转向东北行至车师前王庭位置，进入车师地区。这条通道应当就是当时的敦煌通车师之南线道路；李广利、马通向东天山进攻也可到车师北，这应是敦煌通车师之北线道路，这意味着从敦煌至车师前王庭尚无直接通道连接。这也印证了车师前王庭应当不是实际上的北道起点。

③《汉书》卷九四上《匈奴传上》，第3779页。

汉武帝对车师战争取得胜利后依旧没有出兵占领车师，以至于匈奴能很容易卷土重来。于是，“昭帝时，匈奴复使四千骑田车师”[①]加强了对车师的控制[②]。这种情况持续到汉宣帝即位，遣五将军与乌孙兵击匈奴，匈奴“车师田者惊去，车师复通于汉”[③]。车师王乌贵时，“与匈奴结婚姻，教匈奴遮汉道通乌孙者”[④]。

宣帝地节三年（前67），西汉与匈奴在车师展开一次规模巨大的争夺战。《汉书·匈奴传上》记载：

> 其明年，西域城郭共击匈奴，取车师国，得其王及人众而去。单于复以车师昆弟兜莫为车师王，收其余民东徙，不敢居故地。而汉益遣屯士分田车师地以实之。其明年，匈奴怨诸国共击车师，遣左右大将各万余骑屯田右地，欲以侵迫乌孙西域。后二岁，匈奴遣左右奥鞬各六千骑，与左大将再击汉之田车师城者，不能下。[⑤]

这是西汉政府继征和三年（前90）后第二次动员西域诸国联军攻打车师，此战汉朝再次夺取车师，并开始通过屯田积谷来加强对车师的管理，然匈奴不肯轻易舍弃车师，于是屡屡派遣军队阻挠西汉在车师的屯田活动。《汉书·西域传下》记载：

> 单于大臣皆曰“车师地肥美，近匈奴，使汉得之，多田

---

① 《汉书》卷九六下《西域传下》，第3922页。
② 《汉书·西域传下》记载：“昭帝时，公主上书，言‘匈奴发骑田车师，车师与匈奴为一，共侵乌孙，唯天子幸救之！’”
③ 《汉书》卷九六下《西域传下》，第3922页。
④ 《汉书》卷九六下《西域传下》，第3922页。
⑤ 《汉书》卷九四上《匈奴传上》，第3788页。

积谷，必害人国，不可不争也”。果遣骑来击田者，吉乃与校尉尽将渠犂田士千五百人往田，匈奴复益遣骑来，汉田卒少不能当，保车师城中。匈奴将即其城下谓吉曰：“单于必争此地，不可田也。”围城数日乃解。后常数千骑往来守车师，吉上书言：“车师去渠犂千余里，间以河山，北近匈奴，汉兵在渠犂者势不能相救，愿益田卒。”公卿议以为道远烦费，可且罢车师田者。诏遣长罗侯将张掖、酒泉骑出车师北千余里，扬威武车师旁。胡骑引去，吉乃得出，归渠犂，凡三校尉屯田。①

这一时期汉匈双方对车师的争夺进入白热化，双方都更加重视车师的战略地位。这种状况出现的原因是西汉在西域诸国卓有成效的经营已使南道及部分北道诸国及乌孙都加入西汉阵营，如此一来车师便成为西汉与匈奴右部在西域对峙的最后缓冲区。因此当西汉击败车师后不是撤军反而选择在此地屯田之事立刻引发了匈奴的警惕。其后匈奴不断向车师增兵给西汉屯田者施压，西汉亦派遣渠犁屯田兵增援车师。最终这场对峙是西汉方面因“公卿议以为道远烦费”而选择了暂时退让。

《汉书·西域传下》还记载了此次汉、匈在车师对峙的更多细节与后续：

车师王之走乌孙也，乌孙留不遣，遣使上书，愿留车师王，备国有急，可从西道以击匈奴。汉许之。于是汉召故车师太子军宿在焉耆者，立以为王，尽徙车师国民令居渠犂，遂以车师故地与匈奴。车师王得近汉田官，与匈奴绝，

① 《汉书》卷九六下《西域传下》，第3923页。

> 亦安乐亲汉。后汉使侍郎殷广德责乌孙，求车师王乌贵，将诣阙，赐第与其妻子居。是岁，元康四年也。其后置戊己校尉屯田，居车师故地。[①]

西汉将故车师太子军宿立为车师王，并迁车师国民于渠犂，撤出车师故地。而匈奴以“车师王昆弟兜莫为车师王，收其余民东徙，不敢居故地”[②]，其采取的策略其实与西汉如出一辙。经过西汉移民渠犂、匈奴又东徙其民，车师地区的原住民数量大减。之后西汉置戊己校尉屯田车师故地，所需吏士应当也是从敦煌及河西乃至中原征调。加之匈奴也还活跃在这一地区。此时的车师实际上已经成为汉人、匈奴人、车师人混居之地，成为汉、匈在西域地区对峙的最前线。此外，此次西汉降服车师后，“分以为车师前后王及山北六国”[③]。这无疑进一步削弱了车师国本身的力量，分裂后的车师前后国及山北六国更加便于西汉政府管理。但这使车师的话语权更进一步被削弱，难以再如汉武帝时代那般影响乃至左右西域北部局势。

车师和鄯善一样，也游离于西汉与匈奴之间，然西汉政府对车师的经营策略与鄯善不同。西汉对鄯善仅仅是支持其摆脱匈奴的控制，并驻守屯田士卒，使之作为通使、经营西域的一个重要据点。而车师地邻匈奴，匈奴对其控制更为重视，西汉派遣前往车师的屯田吏卒，在匈奴持续不断的军事打击之下，难以驻扎下来，以致多次被匈奴骑兵围困，或者逐出车师，从而不能进行屯田事务。车师夹于汉、匈之间的恶劣地缘环境，使其无法做到两属的平衡交往，附汉必然遭到匈奴的攻击，反之亦然，以至于车

---

① 《汉书》卷九六下《西域传下》，第3924页。
② 《汉书》卷九四上《匈奴传上》，第3788页。
③ 《汉书》卷九六上《西域传上》，第3873页。

师缺乏必要的生存空间。西汉、匈奴又都采取徙民、屯田、驻兵等策略，使很多车师原住民都迁徙出车师地区，加之西汉还对车师进行了肢解，这直接造成车师丧失话语权，完全沦为了西汉与匈奴两个大国进行军事对峙的战场。西汉与匈奴围绕着车师展开的争夺，最终演变成一场以屯田对屯田、以军队对军队的拉锯战。这种争夺一直延续至神爵二年（前60）匈奴日逐王先贤掸降汉，匈奴罢僮仆都尉，西汉置西域都护，紧接着“匈奴内乱，五单于争立，日逐、呼韩邪携国归化，扶伏称臣”[①]，汉、匈双方在车师乃至西域的争夺才以西汉胜利而暂告一段落。

① 《汉书》卷九四下《匈奴传下》，第3814页。

第三节 天马传说、骏马贸易与李广利征大宛

敦煌郡的龙勒县、龙勒泉和龙堆泉等都因骏马而得名。根据古代典籍和敦煌文献的内容，有记载西汉敦煌郡渥洼池出天马，有记载西周得天马朝出咸阳暮至敦煌，亦有记载汉武帝得天马愍而放归朝出长安暮至敦煌。敦煌地理文书P.2005《沙州都督府图经》“悬泉水”条，P.3929《敦煌古迹二十咏》“渥洼池”条，S.367《沙州伊州地志》“龙勒泉”和“龙堆泉”条，敦煌写本《寿昌县地境》“龙勒泉”“龙堆泉”和“寿昌海”条，P.5034《沙州地志》“龙勒泉”“龙堆泉”和“寿昌海”条等都记载到骏马的各种传说，敦煌写本碑铭赞和发愿文也都记载了敦煌出骏马。这些记载基本上都源自汉武帝派遣李广利出敦煌征大宛获天马的事迹，这个事件的起因与汉武帝好骏马而向大宛求贰师马及西汉与西域间的骏马贸易皆有关系。因此本节将从渥洼池出天马与汉武帝对骏马的偏爱、西汉与西域间骏马的贸易、李广利征大宛的经过等方面来进行论述。

一、从马生余吾水到马生渥洼水

西汉的军队配置最初以步兵车战为主，后发展到步骑相间搭

配，自始至终骑兵不占主导地位，究其原因是马匹缺乏。汉景帝中元四年（前146），“御史大夫绾奏禁马高五尺九寸以上，齿未平，不得出关”[①]。足见西汉对马匹的珍视程度。西汉与匈奴的战争争夺的主要对象也包括马，汉景帝中元六年（前144）“六月，匈奴入雁门，至武泉，入上郡，取苑马。吏卒战死者二千人”[②]。匈奴与西汉围绕边地进行的战争，很多情况下都与马匹的争夺有关。

汉武帝对匈奴战争中出现过两个传说，即余吾水出天马和渥洼池出天马。这两个传说分别发生在西汉北部匈奴地方与西汉西部的敦煌地区，前者是西汉军队征伐匈奴行军至余吾水发现了余

图4-15 渥洼池

① 《汉书》卷五《景帝纪》，第147页。
② 《汉书》卷五《景帝纪》，第150页。

吾水出天马，后者是敦煌界屯戍兵士发现了渥洼池出天马。初看二者虽似不存在关联，但仔细分析二者间却有某种内在联系：第一，这两个事件都发生在汉武帝对匈奴战争期间；第二，这两个事件发生的时间相距很近；第三，这两个事件都是征戍士兵制造出来的；第四，他们都是迎合汉武帝的爱好编造出来的。

马出余吾水的编造是基于匈奴地区出骏马这一事实。《史记·匈奴列传》记载匈奴："其畜之所多则马、牛、羊。其奇畜则橐驼、驴骡、駃騠、騊駼、驒騱。"[①]冒顿单于时东胡强盛，"欲得头曼时有千里马。冒顿问群臣，群臣皆曰：'千里马，匈奴宝马也。勿与。'冒顿曰：'奈何与人邻国而爱一马乎？'遂与之千里马"[②]。平城之役时，"匈奴骑，其西方尽白，东方尽駹，北方尽骊，南方尽骍马"[③]。冒顿给吕后的信中自称"长于平野牛马之域""因献马，遂和亲"[④]。表明匈奴地区以出产骏马著称。至孝文帝时，冒顿单于遗汉书称："以天之福，吏卒良，马力强，以灭夷月氏，尽斩杀降下定之。"[⑤]正是基于匈奴出骏马这一现实，出征匈奴的汉军才会编造余吾水出骏马的传说。

汉武帝元光二年（前133）马邑伏击战失利之后，汉朝开始对侵犯边境的匈奴进行反击。《汉书·卫青霍去病传》记载元光六年（前129）击匈奴，"青至龙城，斩首虏数百"[⑥]；元朔元

①《史记》卷一一〇《匈奴列传》，第3483页。根据《史记集解》引徐广认为駃騠"北狄骏马"。郭璞注《尔雅》认为騊駼马，色青；《字林》云野马，《山海经》云北海有兽，其状入马，其名騊駼也。而驒騱亦为野马属。

②《史记》卷一一〇《匈奴列传》，第3494页。

③《汉书》卷九四上《匈奴传上》，第3753页。

④《汉书》卷九四上《匈奴传上》，第3755页。

⑤《汉书》卷九四上《匈奴传上》，第3757页。

⑥《汉书》卷五五《卫青霍去病传》，第2472页。

年（前128），卫青出雁门、李息出代攻打匈奴；元朔二年（前127），匈奴入上谷、渔阳，卫青、李息出云中至高阙，收复河南地；元朔五年（前124）、六年（前123）卫青将兵连续出朔方、高阙、定襄击匈奴。特别是元朔六年（前123），“卫青复将六将军绝幕，大克获”[①]。这些军事行动屡屡深入匈奴腹地。《史记·滑稽列传》记载东方朔：

> 武帝时，大将军卫青者，卫后兄也，封为长平侯。从军击匈奴，至余吾水上而还，斩首捕虏，有功来归，诏赐金千斤。[②]

这表明西汉军队已经到达余吾水上，对这一带地理地貌应该已经有所了解，这就为余吾水出骏马的编造创造了条件。元狩二年（前121），汉武帝遣霍去病出陇西至皋兰击匈奴。《汉书·武帝纪》记载：

> （三月）遣骠骑将军霍去病出陇西，至皋兰，斩首八千余级。夏，马生余吾水中。[③]

关于余吾水地望，颜师古注引应劭曰：“在朔方北也。”[④]《史

---

①《汉书·武帝纪》元朔六年颜师古注引应劭曰：“幕，沙幕，匈奴之南界也。”臣瓒曰：“沙土曰幕，直度曰绝。”颜师古曰：“应、瓒二说皆是也，而说者或云是塞外地名，非矣。幕者，即今之突厥中碛耳。李陵歌曰‘径万里兮渡沙幕’。”

②《史记》卷一二六《滑稽列传》，第3897页。

③《汉书》卷六《武帝纪》，第176页。

④《汉书》卷六《武帝纪》，第176页。

记索隐》引《山海经》云："北鲜之山，鲜水出焉，北流注余吾。"[①]谭其骧《中国历史地图集》西汉时期匈奴等部图确定为今土拉河[②]。余吾水出骏马之事可能是霍去病率领征讨匈奴的军队，抑或是戍边军队通过间接渠道得到或编造了这个消息汇报给西汉政府，用以讨好汉武帝，勾起其征伐匈奴获取骏马的决心。汉武帝虽然得到这个祥瑞，但并没有刻意做文章，很可能因为余吾水在匈奴控制之下，所以借出天马来彰显西汉的威望似乎作用有限。

古代河西地区也是出骏马的地方。《汉书·匈奴传》记载冒顿单于为太子时，"头曼欲废冒顿而立少子，乃使冒顿质于月氏。冒顿既质，而头曼急击月氏。月氏欲杀冒顿，冒顿盗其善马，骑亡归"[③]。冒顿从月氏所在的河西地区盗得善马，表明河西走廊在月氏居住时期就出产善马。西汉取得河西地区后，留居河西地区的小月氏人也可能以养马著称。前文研究已知渥洼水中出天马发生于元狩三年（前120）[④]，即在余吾水出骏马后的次年，应是属于霍去病系统的驻守敦煌的戍卒编造了渥洼水出天马之事；也即《汉书·礼乐志》记载的元狩三年（前120）："马生渥洼水中。"[⑤]

《汉书·武帝纪》记载元狩二年（前121）马生余吾水中，霍去病、公孙敖"出北地二千里击匈奴，过居延，斩首虏三万余

① 《史记》卷一一〇《匈奴列传》，第3525页。
② 参谭其骧主编《中国历史地图集》第2册，北京：中国地图出版社，1982年，第39页。
③ 《汉书》卷九四上《匈奴传上》，第3749页。
④ 详参第一章第一节"天马传说与敦煌关系"部分。
⑤ 《汉书》卷二二《礼乐志》，第1060页。

级”[①]。同年，浑邪王杀休屠王降汉，汉武帝遣霍去病迎降。于是，河西地归于汉。《史记集解》记载了渥洼水出天马的详细经过：

> 李斐曰：“南阳新野有暴利长，当武帝时遭刑，屯田燉煌界，人数于此水旁见群野马，中有奇异者，与凡马异，来饮此水旁。利长先为土人持勒靽于水旁，后马玩习，久之，代土人持勒绊，收得其马，献之。欲神异此马，云从水中出。”[②]

由此可知，汉武帝在占领河西之初便发配刑徒屯田敦煌地区，遭刑戍守敦煌的暴利长很可能就是随军北征匈奴的士兵，他们在匈奴作战时对余吾水有所了解，就编造了马生余吾水中的传说，来到敦煌界渥洼水旁屯田，为了讨好汉武帝继续编造了马生渥洼水中的故事。当然也有可能暴利长是受前一年余吾水出天马的启发，为了得到汉武帝的封赏，就选择跟风也在敦煌渥洼水编造了类似的故事。目的就是为了迎合汉武帝嗜好天马的心理。

二、西汉与西域乌孙、大宛间的骏马贸易

西汉诸帝中尤以汉武帝对马特别钟爱，《汉书·武帝纪》记载太初元年（前104）西伐大宛：

> 丁夫人、雒阳虞初等以方祠诅匈奴、大宛焉。其明年，

---

① 《汉书》卷六《武帝纪》，第176页。
② 《史记》卷二四《乐书》，第1401页。

有司言雍五畤无牢熟具，芬芳不备。乃命祠官进畤犊牢具，五色食所胜，而以木禺马代驹焉。独五帝用驹，行亲郊用驹。及诸名山川用驹者，悉以木禺马代。行过，乃用驹。①

木禺马就是木偶马，即使是皇帝祭祀都舍不得用马，而以木偶马来代替，足见汉武帝时期国家对马的重视。事实上早在对匈奴战争之前，汉武帝已经开始发展马的养殖。《汉书·食货志下》记载：

天子为伐胡故，盛养马，马之往来食长安者数万匹，卒掌者关中不足，乃调旁近郡。②

西汉军队初以步兵车战布阵为主，机动性很差，这使得汉朝前期在对匈奴的战争中被迫防御，汉武帝对马的重视及发展马的养殖就是为满足改变军队结构的需要，以对付匈奴。实际上汉武帝前期对匈作战时能够主动出塞作战并取得不俗的战绩在一定程度上也得益于西汉政府对马的重视。

汉武帝对匈奴战争取得很大胜利，但与此同时战争中马的损耗也是非常大的。《史记·卫将军骠骑列传》记载仅元狩四年（前119）卫青、霍去病出击匈奴，“两军之出塞，塞阅官及私马凡十四万匹，而复入塞者不满三万匹”③。汉朝“竟不复击匈奴者，以汉马少”④。《史记·匈奴列传》亦称元狩四年（前119）漠北之战，“汉两将军大出围单于，所杀虏八九万，而汉士卒物

① 《史记》卷一二《孝武本纪》，第612页。
② 《汉书》卷二四下《食货志下》，第1161页。
③ 《史记》卷一一一《卫将军骠骑列传》，第3556页 。
④ 《史记》卷一一一《卫将军骠骑列传》，第3558页。

故亦数万，汉马死者十余万。匈奴虽病，远去，而汉亦马少，无以复往……汉方复收士马，会骠骑将军去病死，于是汉久不北击胡”[①]。由此可见，军马的严重损耗成为迫使汉武帝不能继续发动对匈奴的大型战争的重要影响因素之一。在这种背景下，西汉政府一方面在国内继续重视马的养殖，另一方面已经将视野扩展至域外，尤其是西域盛产骏马之地。

张骞出使西域，带回了关于西域的诸多情报。其中涉及大宛国的情况，《史记·大宛列传》记载：“多善马，马汗血，其先天马子也。”[②]《汉书·西域传》亦载：“宛别邑七十余城，多善马。马汗血，言其先天马子也。”[③]颜师古注引孟康曰：“言大宛国有高山，其上有马不可得，因取五色母马置其下与集，生驹，皆汗血，因号曰天马子云。”[④]张骞在诸多情报中特意强调大宛多善马，应当也是针对汉武帝的个人爱好而汇报的，这个汇报引起了汉武帝对骏马的无限追捧。于是当西汉正式通使西域后，骏马也成为汉武帝时期对外交往中西域诸国的主要贡品之一。其中尤以乌孙马、大宛马品种优良，颇受汉武帝青睐。《史记·大宛列传》记载西汉取得河西后遣张骞出使乌孙，游说其迁回河西。尽管这次出使目的没有达到，但是“乌孙发导译送骞还，骞与乌孙遣使数十人，马数十匹报谢”[⑤]。后来，“乌孙以千匹马聘汉女，汉遣宗室女江都翁主往妻乌孙”[⑥]。乌孙遣使献马及以骏马聘汉女的行为，实际上具有官方贡赐贸易的性质。到

---

① 《史记》卷一一〇《匈奴列传》，第3558页。
② 《史记》卷一二三《大宛列传》，第3836页。
③ 《汉书》卷九六上《西域传上》，第3894页。
④ 《汉书》卷九六上《西域传上》，第3895页。
⑤ 《史记》卷一二三《大宛列传》，第3847页。
⑥ 《史记》卷一二三《大宛列传》，第3850页。

西汉通使大宛之后，又以大宛马为贸易对象。《史记·大宛列传》记载：

> 初，天子发书《易》，云“神马当从西北来”。得乌孙马好，名曰“天马”。及得大宛汗血马，益壮，更名乌孙马曰“西极”，名大宛马曰“天马”云。而汉始筑令居以西，初置酒泉郡以通西北国。……而天子好宛马，使者相望于道。诸使外国一辈大者数百，少者百余人，人所赍操大放博望侯时。其后益习而衰少焉。汉率一岁中使多者十余，少者五六辈，远者八九岁，近者数岁而反。①

大宛马相对乌孙马“益壮”，因此“天马”的称号也从乌孙马转移至大宛马头上。西汉主要通过使者贸易的方式获得大宛马。同传又称：“宛左右以蒲陶为酒……俗嗜酒，马嗜苜蓿。汉使取其实来，于是天子始种苜蓿、蒲陶肥饶地。及天马多，外国使来众，则离宫别观旁尽种蒲萄、苜蓿极望。”②由此观之，随着汉朝与西域使者来往频繁，西汉获得了一定数量的大宛天马，同时为饲养天马汉武帝还将苜蓿引进中原进行种植。尽管汉朝已通过使者贸易获得了一定数量的大宛天马，但是在汉、匈战争持续进行的背景下，骏马可以说是改变战场态势的主要战略物资，因此汉武帝对骏马的渴求或者说西汉对优良马种的需求并未就此止步。

《史记·大宛列传》记载：

① 《史记》卷一二三《大宛列传》，第3848页。
② 《史记》卷一二三《大宛列传》，第3852页。

> 而汉使者往既多，其少从率多进熟于天子，言曰："宛有善马在贰师城，匿不肯与汉使。"天子既好宛马，闻之甘心，使壮士车令等持千金及金马以请宛王贰师城善马。宛国饶汉物，相与谋曰："汉去我远，而盐水中数败，出其北有胡寇，出其南乏水草。又且往往而绝邑，乏食者多。汉使数百人为辈来，而常乏食，死者过半，是安能致大军乎？无奈我何。且贰师马，宛宝马也。"遂不肯予汉使。汉使怒，妄言，椎金马而去。宛贵人怒曰："汉使至轻我！"遣汉使去，令其东边郁成遮攻，杀汉使，取其财物。于是天子大怒。诸尝使宛姚定汉等言宛兵弱，诚以汉兵不过三千人，强弩射之，即尽虏破宛矣。①

好宛马的汉武帝在听闻"宛有善马在贰师城，匿不肯与汉使"后，最初仍欲以常规的使者贸易的方式从大宛贰师城获取这种"善马"，其后交涉失败。大宛以为西汉距离遥远、路途艰险必不能发兵攻宛，遂不肯卖贰师马给汉使，更在汉使"妄言"后悍然指使郁成攻杀汉使，取其财物，此举无疑挑战了西汉政府的底线，加之汉使"言宛兵弱"，而此前赵破奴"攻楼兰，以七百骑先至，虏其王"②更使汉武帝认定了大宛可轻易攻下，由此西汉征大宛之战爆发。

这次战争表面看似是由汉武帝的个人爱好"天马"而引起的，实际上则是围绕战略物资马种而展开的。汉武帝的最终目的应是改良西汉的马种，以及保障大宛马这种极佳的战略物资能够持续稳定地输入汉地，以此帮助汉朝在对匈奴对峙、作战过程中

① 《史记》卷一二三《大宛列传》，第3852—3853页。

② 《史记》卷一二三《大宛列传》，第3853页。

增添战争筹码。汉武帝派遣李广利征大宛，就是在这种背景之下发生的。

三、贰师将军李广利西征大宛

西汉经敦煌经营西域过程中最著名的事件就是贰师将军李广利出敦煌西征大宛。传世史籍与敦煌文献中对此事记载颇多，这些记载中尤以敦煌一处古迹——悬泉水出现频次最多。《元和郡县图志·陇右道下》记载沙州敦煌县："悬泉水，在县东一百三十里，出龙勒山腹，汉将李广利伐大宛还，士众渴乏，引佩刀刺山，飞泉涌出，即此也。水有灵，车马大至即出多，小至即出少。"[①]《太平寰宇记》引《凉州异物志》云："汉贰师将军李广利伐大宛还，士众渴乏，广利乃引佩刀刺山，飞泉涌出，三军赖此以获济。"[②]敦煌文献P.4640《沙州释门索法律窟铭》记载："玉塞敦煌，镇神沙而白净；三危黑秀，刺石壁而泉飞。一带长河，泛泾波而派润；渥洼小海，献天骥之龙媒。"[③] P.3929《敦煌古迹二十咏》贰师泉咏记载："贤哉李广利，为将讨匈奴；路指三危回，山连万里枯。抽刀刺石壁，发矢落金乌；志感飞泉涌，能令士马甦。"[④]P.2005《沙州都督府图经》对此记载最详：

① ［唐］李吉甫撰，贺次君点校《元和郡县图志》卷四〇《陇右道下》，第1026页。

② ［宋］乐史撰，王文楚等点校《太平寰宇记》卷一五三《陇右道四》，北京：中华书局，2007年，第2957页。

③ 郑炳林、郑怡楠辑释《敦煌碑铭赞辑释（增订本）》，上海：上海古籍出版社，2019年，第292页。

④ 图版参上海古籍出版社等编《法藏敦煌西域文献》第30册，上海：上海古籍出版社，2003年，第208页；录文参郑炳林《敦煌地理文书汇辑校注》，第138页。

悬泉水

右在州东一百卅里。出于石崖腹中，其泉傍出细流，一里许即绝。人马多至，水即多；人马少至，水出即少。《西凉录·异物志》云：汉贰师将军李广利西伐大宛，回至此山，兵士众渴乏，广〔利〕乃以掌拓山，仰天悲誓，以佩剑刺山，飞泉涌出，以济三军。人多皆足，人少不盈。侧出悬崖，故曰悬泉。①

图4-16 悬泉水
（采自郑炳林、李军著，贾慧、赵粉琴、马凌飞译《丝路明珠：敦煌》，第365页）

S.5448《敦煌录一本》亦载："贰师泉，去沙州城东三程，汉时李广利行军渴乏，祝山神以剑劄山，因之水下，流向西数十里黄

① 图版参上海古籍出版社等编《法藏敦煌西域文献》第1册，上海：上海古籍出版社，1995年，第44—45页；录文参郑炳林《敦煌地理文书汇辑校注》，第6页。

草泊。后有将渴甚，饮水泉侧而终，水遂不流，祇及平地。”[①]又P.2488、P.2621V、P.2712载乡贡士张俅撰《贰师泉赋》：

> 昔贰师兮仗钺专征，森戈矛兮深入虏庭。伐不宾之獯鬻，射芒角之狼星。才登乌岭，始誓众而前行。初涉大河，愁落日之西倾。于是北出雁门，崎岖峡斜。长城黯黯，漠漠平沙。指燕山而难进，陟渺邈之天涯。既而经过狼峤，乃渡金河。铁门险峻，玉岭嵯峨。践李陵之战所，思陈汤之止戈。直趋瀚海，掩袭雕巢。纵貔貅之百万，围十角于天罗。周獐黠虏，败衂而星驰。既乘胜而奔逐，擒名主之禄蠡。卤生俘而回捷，献赤刀于彤墀。于时回戈天堑，朱夏方兼。经敦煌之东鄙，涉西裔之危阽。皑皑大碛，穹隆岩岩。前无指梅之麓，后无濡溇之雨。三军告渴，涸困胡髯。枯山赤坂，火薄生炎。我贰师兮精诚仰天，拔佩刀兮叱咤而前。想耿恭之拜井，思夫人之濯绵。刺崖面而雳霹，随刀势而流泉。山裂地吼，鬼哭神趁。虫狼嗥叫，毒蛇吐烟。三危震而巘巘，泉水荡而潺潺。军吏大噉，相谓而言：“我将军之神威，使枯鲋而复苏。”一队队饮，一队队穿。人马多而溢涌，人马少而涓涓。于时振旅东去，神功永传。煞白马以旌信，酬圆盖而飨乾。铭常乐之乐石，纪灵通于万年。[②]

---

① 图版参中国社会科学院历史研究所等编《英藏敦煌文献（汉文佛经以外部分）》第7卷，成都：四川人民出版社，1992年，第92页；录文参郑炳林《敦煌地理文书汇辑校注》，第86页。

② 图版参上海古籍出版社等编《法藏敦煌西域文献》第14册，上海：上海古籍出版社，2001年，第277页；上海古籍出版社等编《法藏敦煌西域文献》第16册，上海：上海古籍出版社，2001年，第313页；上海古籍出版社等编《法藏敦煌西域文献》第17册，上海：上海古籍出版社，2001年，第327页。此处以P.2712为底本进行录文。

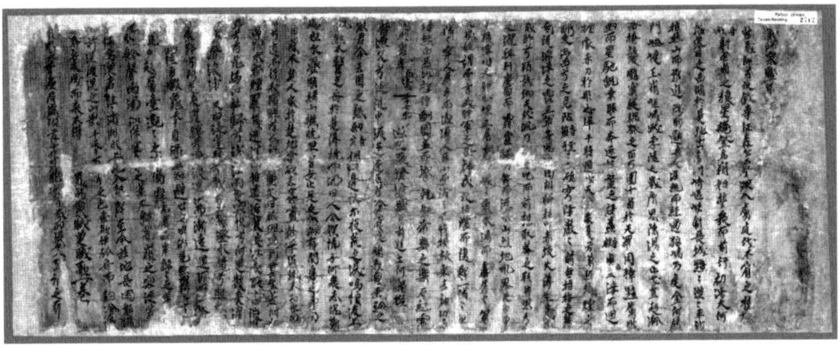

图4-17 P.2712《贰师泉赋》

通过这些记载得知，直到晚唐五代宋初，贰师泉（悬泉水）的传说仍然影响巨大，为敦煌当地民众所称颂。

除敦煌贰师泉的得名与李广利征大宛有关之外，寿昌县龙勒泉的得名也与李广利征大宛有关。《寿昌县地境》记载：

> 龙勒泉，县南一百八十里。按《西域传》云：汉贰师将军李广利西伐大宛，得骏马，愍而放之。既至此泉，饮水嘶鸣，辔衔落地，因以为名。[①]

所谓李广利西伐大宛得骏马，可与《史记·大宛列传》记载的李广利二征大宛取胜后“汉军取其善马数十匹，中马以下牡牝三千匹”[②]相印证。另外，李广利征大宛获天马与龙勒泉的关系，还见载于P.5034《沙州地志》：“龙勒泉，周回三步，深□□。〔右在县〕南一百八十里，按《〔凉州异物〕志》：汉贰师将军李广利西伐大宛，〔得骏马〕归，愍而放之，来至此泉，饮水鸣

① 录文参郑炳林《敦煌地理文书汇辑校注》，第60页。
② 《史记》卷一二三《大宛列传》，第3856页。

喷，辔〔衔落地，因以为名焉〕。”[①]其内容大致与《寿昌县地境》相同。S.367《沙州伊州地志》亦载：“《〔凉州异物〕志》云：汉贰师将军〔李广利西伐大宛，得〕骏驹以归，愍而放之，来至〔此泉，饮水喷鸣，辔衔落地，因〕以为龙勒泉。”[②]通过这些记载可知，龙勒泉是因李广利征大宛获天马得名。李广利前后两次征大宛皆出敦煌，又在敦煌进行屯田与集结军队活动且持续了较长时间，因此敦煌留下很多关于他与天马的传说是情理之中的事情。

李广利征大宛共有两次，出兵时间分别在太初元年（前104）和太初三年（前102）。《汉书·李广利传》记载太初元年（前104）李广利征大宛的经过：

> 太初元年，以广利为贰师将军，发属国六千骑及郡国恶少年数万人以往，期至贰师城取善马，故号“贰师将军”。故浩侯王恢使道军。既西过盐水，当道小国各坚城守不肯给食，攻之不能下，下者得食，不下者数日则去。比至郁成，士财有数千，皆饥罢。攻郁成城，郁成距之，所杀伤甚众，贰师将军与左右计：“至郁成尚不能举，况至其王都乎？”引而还。往来二岁，至敦煌，士不过什一二。使使上书言：“道远，多乏食，且士卒不患战而患饥。人少，

① 图版参上海古籍出版社等编《法藏敦煌西域文献》第34册，第124—125页；录文参郑炳林《敦煌地理文书汇辑校注》，第44页；李正宇《古本敦煌乡土志八种笺证》，第160页。

② 图版参中国社会科学院历史研究所等编《英藏敦煌文献（汉文佛经以外部分）》第1卷，成都：四川人民出版社，1990年，第157页；录文参郑炳林《敦煌地理文书汇辑校注》，第65页；李正宇《古本敦煌乡土志八种笺证》，第241页。

> 不足以拔宛。愿且罢兵，益发而复往。”天子闻之，大怒，使使遮玉门关，曰：“军有敢入，斩之。”贰师恐，因留屯敦煌。①

前文研究已考察出李广利班师抵达敦煌的时间是在太初二年（前103），且李广利屯田敦煌却在玉门关外，表明此玉门关位置应在敦煌之东，酒泉之西。这次战争因汉武帝轻敌导致失败，这种轻敌的来源一方面是此前赵破奴与王恢对车师、鄯善突袭取胜给汉武帝造成了西域诸国兵弱易击的错觉，另一方面是曾经出使大宛的姚定汉等“言宛兵弱，诚以汉兵不过三千人”便可轻易取胜。

初征大宛失败后不久，“汉亡浞野之兵二万于匈奴”②。面对李广利、赵破奴的接连失利，西汉朝堂上下都希望结束西征大宛的战争，但汉武帝的态度坚决，“天子已业诛宛，宛小国而不能下，则大夏之属轻汉。而宛善马绝不来，乌孙、仑头易苦汉使矣，为外国笑”③。于是，西汉开始准备发动更大规模的征宛战争。关于此次征大宛的准备情况，《史记·大宛列传》有详细的记载：

> 赦囚徒材官，益发恶少年及边骑，岁余而出敦煌者六万人，负私从者不与。牛十万，马三万余匹，驴骡橐它以万数。多赍粮，兵弩甚设，天下骚动，传相奉伐宛，凡五十余校尉。宛王城中无井，皆汲城外流水，于是乃遣水工徙

① 《汉书》卷六一《李广利传》，第2699页。
② 《史记》卷一二三《大宛列传》，第3854页。
③ 《史记》卷一二三《大宛列传》，第3854页。

> 其城下水空以空其城。益发戍甲卒十八万酒泉、张掖北，置居延、休屠以卫酒泉，而发天下七科适，及载糒给贰师。转车人徒相属至敦煌。而拜习马者二人为执驱校尉，备破宛择取其善马云。[①]

负私从者应即私负，属于个人负担衣装和马匹的从行者，而非公家发配者[②]。很可能是指为军队提供供给的人员。从记载中看到出敦煌的军队就有六万人，牛马驴骡骆驼等十余万头，这还并未统计负私从者，这样算来当时在敦煌集结准备出兵的军队和供给人员规模庞大，恐达十余万人。《汉书·西域传上》亦载："于是天子遣贰师将军李广利将兵前后十余万伐宛，连四年。"[③]可见整个太初年间（前104—前101）连续四年的时间，前后十余万的军队加上未知数量的负私从者都在敦煌集结。因此李广利征大宛尤其是二征大宛可以说伴随着庞大规模的战争动员，同时也意味着这是西汉经营西域的重要一战。

李广利二征大宛经过了充足的准备，最终取得胜利。关于此次李广利军出征的路线前文已经有了较为细致的考察，考证过程不再赘述，其具体行军路线是：李广利军出敦煌后，出敦煌向西至罗布泊、楼兰城，其后"分为数军，从南北道"[④]。李广利亲率主力沿孔雀河西北行至轮台向西经龟兹等国抵达大宛，这条路线也即当时的北道；另一支汉军自楼兰城向西南至且末，然后向

---

①《史记》卷一二三《大宛列传》，第3854页。《汉书·李广利传》记载略同。

②《汉书·匈奴传上》记载："其明年春，汉谋以为'翕侯信为单于计，居幕北，以为汉兵不能至。'乃粟马，发十万骑，私负从马凡十四万匹，粮重不与焉。"颜师古注曰："私负衣装者及私将马从者，皆非公家发与之限。"

③《汉书》卷九六上《西域传上》，第3895页。

④《史记》卷一二三《大宛列传》，第3856页。

西经精绝、扜弥、于阗、皮山、莎车、疏勒等国抵达郁成、大宛。

从战争结果来看，李广利兵围宛城，大宛贵人以“杀王毋寡而出善马”[①]降汉，协议达成后“宛乃出其善马，令汉自择之，而多出食食给汉军。汉军取其善马数十匹，中马以下牡牝三千余匹，而立宛贵人之故待遇汉使善者名昧蔡以为宛王，与盟而罢兵。终不得入中城。乃罢而引归”[②]。除大宛都城战事之外，李广利还惩戒了参与遮杀汉使、汉军的郁成王。在基本达成此次出军目的后，李广利率军班师。

从战争影响来看，西汉通过战争不仅成功使大宛纳质臣服，还借此震慑了大宛以东的西域诸国（狭义），乃至以西的中亚诸国。《史记·大宛列传》记载：“贰师将军之东，诸所过小国闻宛破，皆使其子弟从军入献，见天子，因以为质焉。……而汉发使十余辈至宛西诸外国，求奇物，因风览以伐宛之威德。”[③]可见李广利击败大宛大大提升了汉朝在西域诸国之中的威望，且西汉政府有意将这种威望进一步扩展至中亚。另外，随着李广利征大宛取得胜利，西汉与大宛间马的贸易也逐渐正常化[④]，大批大宛、乌孙等地的良马得以通过敦煌进入汉地，这对于西汉在与匈奴作战中的战马严重消耗具有一定的补充作用，对于西汉马种的改良甚至更深层次骑兵战力提升也都具有重要意义。敦煌因地处

---

① 《史记》卷一二三《大宛列传》，第3855页。

② 《史记》卷一二三《大宛列传》，第3855—3856页。

③ 《史记》卷一二三《大宛列传》，第3856—3857页。

④ 《汉书·西域传上》云：“宛王蝉封与汉约，岁献天马二匹。”《汉书·冯奉世传》在冯奉世击破反汉之莎车国后，称：“大宛闻其斩莎车王，敬之异于它使。得其名马象龙而还。”可见直到汉宣帝时，大宛良马还在始终持续地流入汉地。

中原与西域贸易的枢纽地带，故亦有很多良马留在这里，这无疑促进了敦煌及河西成为西汉政府良马的生产基地。魏晋以降河西墓葬壁画中马的图像大量出现，马俑作为陪葬品频繁出现在墓葬中，在敦煌文献中也有大量关于马的描写，可以说敦煌及河西形成了一种马文化，而这种马文化与西域骏马输入汉地及李广利征大宛获天马之间存在一定的历史渊源。

此外，西汉敦煌郡在经营西域中的基地作用，也在李广利征大宛过程中充分凸显出来。前后两征大宛合计十余万汉军及大量军队供给人员都是在敦煌集结、整顿，并经敦煌西行，并且李陵

图4-18 铜奔马（武威雷台） 东汉晚期[①]
（采自甘肃省博物馆官网）

① 关于武威雷台墓，还有说法其应属于西晋、前凉时期。

图4-19 执戟铜骑士（武威雷台） 东汉晚期
（采自甘肃省博物馆官网）

“与轻骑五百出敦煌，至盐水，迎贰师还”[①]，又《汉书·西域传上》称：

> 后贰师军击大宛，匈奴欲遮之，贰师兵盛不敢当，即遣骑因楼兰候汉使后过者，欲绝勿通。时汉军正任文将兵屯玉门关，为贰师后距，捕得生口，知状以闻。上诏文便道引兵捕楼兰王。……遣归国，亦因使候司匈奴。[②]

① 《汉书》卷五四《李广传》，第2451页。
② 《汉书》卷九六上《西域传上》，第3877页。

可见敦煌郡不但负责李广利军的前期备战，而且在征宛汉军出发后承担着居后以抗击随时可能出现的匈奴军队、保障敦煌至鄯善通道畅通及战胜后接应行动的顺利等多重复杂的军事职能。在敦煌建郡初期，能够承担这样大规模的军事行动，足见敦煌地位之重要，以及敦煌设郡前至设郡初期这一阶段的屯垦建设与农业环境得到很大发展，因此才得以支撑大量军队在此备战。这也表明到太初年间（前104—前101）李广利征大宛时，敦煌郡的整体规模业已形成。

第四节　西汉敦煌居卢訾仓城修筑与归属

敦煌西北的大方盘城，斯坦因将其比勘为敦煌文献记载的河仓城，其后向达、阎文儒对斯坦因这一说法给予肯定[①]。李正宇《敦煌大方盘城及河仓城新考》认为大方盘城实际上是昌安仓遗址，李氏从四方面否定大方盘城非河仓城：其一，大方盘城距沙州里程与河仓城距沙州里程不相符合；其二，大方盘城规模远远大于河仓城；其三，两座仓城损坏程度上亦不相同，河仓城“其城颓毁，其址犹存”，而大方盘城外垣和基址皆保存完好；其四，从大方盘城、河仓城同曲泽烽之间关系加以分析判断大方盘城非河仓城。其后李氏根据斯坦因曾于大方盘城挖掘汉简中有一枚简记载有“昌安仓”，认为该简为昌安仓的“出入簿”，故确定这座城就是西汉昌安仓。后1979年甘肃省文物工作队在玉门关

① ［英］奥利尔·斯坦因著，向达译《斯坦因西域考古记》，乌鲁木齐：新疆人民出版社，2013年，第167页；［英］奥利尔·斯坦因著，中国社会科学院考古研究所主持翻译《西域考古图记（修订版）》第2卷，桂林：广西师范大学出版社，2019年，第666—679页；向达《唐代长安与西域文明》，北京：商务印书馆，2015年，第355、385页；阎文儒《敦煌史地杂考》，《文物参考资料》1951年第5期，第96—126页。

外马圈湾遗址发掘有记载前往昌安仓的简两枚，确定大方盘城乃汉昌安仓[①]。李岩云《敦煌河仓城址考》认为李正宇观点是正确的，并称："2005年七八月间，敦煌市博物馆在玉门都尉府以西的榆树泉盆地发现一座古城，其位置、规模、保存现状，与敦煌文献《沙州都督府图经》《敦煌录》《沙州归义军图经略抄》中有关河仓城的记载是一致的。"[②]但这些论述仍显不足。第一，大方盘城发现昌安仓简并不能说明这个城就是昌安仓，毕竟记载昌安仓的简还发现于小方盘城西北3.2千米和马圈湾等地；第二，即便河仓城的位置已经确定，也仅能说明大方盘城并非河仓城遗址，而不能说明大方盘城即为昌安仓，大方盘城并非非此即彼不可，其真实称谓或与河仓城、昌安仓皆无关系。因此大方盘城在汉朝的具体称谓，很可能还有重新认识的必要。根据敦煌出土汉简记载，汉代敦煌有很多仓库。敦煌郡有郡仓，其所属诸县，乃至两关都尉、中部都尉、宜禾都尉、鱼泽都尉等，还有候官、交通线路上的负责接待的置和亭隧，都设有仓储机构，因此根据大方盘城发掘的一枚简而确定其为昌安仓，证据稍显不足。以大方盘城这样规模的城池，并非史籍中默默无闻的昌安仓所能比拟的[③]。在寻找大方盘城"身份"的过程中，西汉历史上著名的居卢仓引起了我们的注意。居卢仓，敦煌汉简称之为居卢訾仓、居卢訾城。西汉最初是为对乌孙用兵修筑居卢訾仓，当双方关系危机得到化解，居卢訾仓变成西域都护府战备物资的存储基地。本节我们将从西汉乌孙关系变化探讨居卢訾仓的修筑原因、位置、配套漕运工程及居卢訾仓权属转变等问题。

---

① 李正宇《敦煌大方盘城及河仓城新考》，《敦煌研究》1991年第4期，第72—80页。

② 李岩云《敦煌河仓城址考》，《敦煌研究》2013年第6期，第86—92页。

③ 敦煌有昌安亭，昌安仓很可能仅仅是一处靠近昌安亭的"亭仓"。

一、西汉乌孙关系恶化与破羌将军辛武贤修筑居卢訾城

居卢訾仓是汉宣帝时西汉与乌孙关系恶化的产物。当时西汉与乌孙间的矛盾争执主要来自两方面：其一是乌孙王继承人选择，其二是乌孙狂王与解忧公主间的矛盾冲突。这两方面的矛盾升级导致西汉与乌孙间矛盾激化，甚至到达了战争的边缘。

汉武帝为加强与乌孙的关系，将细君公主嫁给乌孙昆莫（又作“昆弥”，王号也）猎骄靡。猎骄靡死后，其孙岑陬即位，汉又将解忧公主嫁岑陬。岑陬死，子泥靡尚小，其季父子翁归靡继立，“号肥王，复尚楚主解忧”[①]，约定待泥靡大，以国归之。解忧公主与翁归靡生三男两女，长男元贵靡。

图4-20 细君公主蜡像
（采自祁小山、王博《丝绸之路·新疆古代文化》，第241页）

宣帝本始二年（前72），匈奴击乌孙，解忧公主与翁归靡向西汉求救。于是，宣帝五将军分道出兵击匈奴，同时“遣校尉常惠使持节护乌孙兵，昆弥自将翕侯以下五万骑从

① 《汉书》卷九六下《西域传下》，第3904页。

西方人”[①]，常惠与翁归靡率领乌孙兵大破匈奴右部，乌孙自取所虏获，西汉政府又遣常惠持金币赏赐乌孙有功贵人。其后乌孙为进一步巩固与西汉的关系再次请求和亲，《汉书·西域传下》记载：

> 元康二年，乌孙昆弥因惠上书：“愿以汉外孙元贵靡为嗣，得令复尚汉公主，结婚重亲，畔绝匈奴，愿聘马骡各千匹。”诏下公卿议，大鸿胪萧望之以为“乌孙绝域，变故难保，不可许”。上美乌孙新立大功，又重绝故业，遣使者至乌孙，先迎取聘。昆弥及太子、左右大将、都尉皆遣使，凡三百余人，入汉迎取少主。上乃以乌孙主解忧弟子相夫为公主，置官属侍御百余人，舍上林中，学乌孙言。……使长罗侯光禄大夫惠为副，凡持节者四人，送少主至敦煌。未出塞，闻乌孙昆弥翁归靡死，乌孙贵人共从本约，立岑陬子泥靡代为昆弥，号狂王。惠上书：“愿留少主敦煌，惠驰至乌孙责让不立元贵靡为昆弥，还迎少主。”事下公卿，望之复以为“乌孙持两端，难约结。前公主在乌孙四十余年，恩爱不亲密，边竟未得安，此已事之验也。今少主以元贵靡不立而还，信无负于夷狄，中国之福也。少主不止，徭役将兴，其原起此”。天子从之，征还少主。[②]

然《汉书·萧望之传》记载：“神爵二年，遣长罗侯惠使送公主配元贵靡。”[③]《资治通鉴》亦将此事系于神爵二年（前

① 《汉书》卷九六下《西域传下》，第3905页。
② 《汉书》卷九六下《西域传》，第3905—3906页。
③ 《汉书》卷七八《萧望之传》，第3279页。

60）[①]，这就与《汉书·西域传下》记载的元康二年（前64）出现时间差异。《资治通鉴考异》曰："《乌孙传》请昏在元康二年。《望之传》云'神爵二年'。按元康二年，望之未为鸿胪，盖误以神爵为元康也。"[②]但我们认为或许元康二年（前64）是翁归靡因常惠上书请婚的时间，而神爵二年（前60）是常惠护送少主至敦煌的时间。敦煌悬泉汉简关于元康二年（前64）至神爵二年（前60）期间西汉与乌孙的通使有很多记载[③]，可为研究这一阶段的西汉与乌孙关系提供更多的历史细节。但无论具体时间有何差异，都不影响此次结亲失败的结果，这使西汉与乌孙的关系蒙上了一层阴影。

另外，狂王泥靡与解忧公主之间不和，更使西汉与乌孙的关系雪上加霜。解忧与泥靡不睦，加之泥靡"暴恶失众"[④]，遂与汉使魏和意、副候任昌谋杀泥靡。刺杀失败导致泥靡"其子细沈瘦会兵围和意、昌及公主于赤谷城"[⑤]，赖西域都护郑吉发诸国

---

①［宋］司马光编著，［元］胡三省音注《资治通鉴》卷二六，汉宣帝神爵二年，北京：中华书局，2013年，第884—885页。

②《资治通鉴》卷二六，汉宣帝神爵二年，第885页。

③ 长罗侯常惠是西汉经营乌孙的主要执行者，悬泉汉简中有关于常惠的很多记载。如：Ⅱ 90DXT0213③：5记载："元康三年四月戊寅，前将军臣增后将……臣舜、长罗侯臣惠，承制诏侍御史曰：军司马憙与校尉马褒……为驾二封轺传，载从者一人。"Ⅱ 90DXT0214②：298记载："☑县泉置度侍少主、长罗侯用吏。"Ⅰ 90DXT0112③：68记载："出鸡十只一枚。以过长罗侯军长史二人，军候丞八人，司马丞二人，凡十二人。其九人再食。三人一食。"Ⅰ 90DXT0112③：69记载："出牛肉百八十斤。以过长罗侯军长史廿人，斥候五十人，凡七十二人。"类似记载在悬泉汉简中还有很多，这些记载印证了敦煌郡在西汉政府经营乌孙方面发挥了重要作用，也说明当时西汉与乌孙来往密切。

④《汉书》卷九六下《西域传下》，第3906页。

⑤《汉书》卷九六下《西域传下》，第3906页。

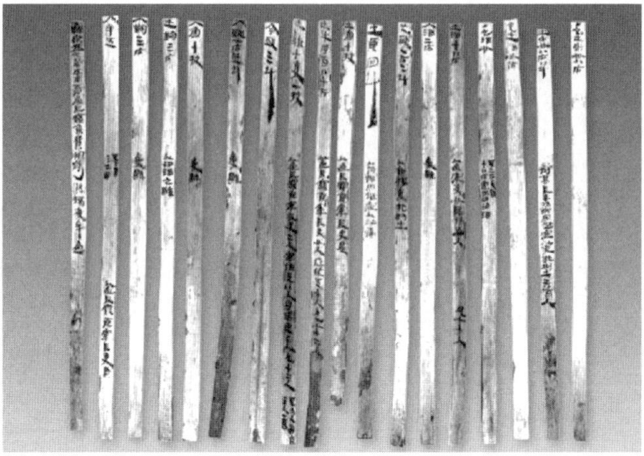

图4-21 元康五年悬泉置过长罗侯费用簿
（Ⅰ 90DXT0112③：61—78）
（采自甘肃省地方史志编纂委员会编《甘肃省志·文物志》，第1375页）

兵解救。后西汉政府征魏和意等归长安治罪，遣使带医药治泥靡，并赏赐安抚之，同时派遣车骑将军长史张翁调查事状。尽管西汉政府对刺杀事件显示出高度重视并竭力试图弥补，但此事还是导致了西汉与乌孙关系降至冰点。不仅如此，这场刺杀事件还成为引发乌孙国内动荡的导火索。《汉书·西域传下》记载：

图4-22 解忧公主蜡像
（采自祁小山、王博《丝绸之路·新疆古代文化》，第241页）

初，肥王翁归靡胡妇子乌就屠，狂王伤时惊，与诸翕侯俱去，居北山中，扬言

> 母家匈奴兵来，故众归之。后遂袭杀狂王，自立为昆弥。汉遣破羌将军辛武贤将兵万五千人至敦煌，遣使者案行表，穿卑鞮侯井以西，欲通渠转谷，积居庐仓以讨之。[①]

狂王泥靡本就是岑陬与胡（匈奴）妇所生子，只是鉴于翁归靡即位时约定待泥靡大，使之即位，加之其本身得到乌孙贵人拥立，属于得位正而且迅速稳定了局面，故西汉隐而未发，被迫接受了其即位的事实。此时作为“翁归靡胡妇子”的乌就屠发动叛乱，并声称“母家匈奴兵来”，即乌就屠是借匈奴之势笼络部众，弑王上位。西汉政府难以接受又一位亲匈奴的乌孙昆弥出现，毕竟连续两位拥有匈奴血统的昆弥上位对西汉政府花费很长时间才建立起来的西汉—乌孙联盟而言很可能造成毁灭性打击，甚至可能引发匈奴与乌孙联合[②]、汉朝在西域统治动摇等一系列坏的连锁反应。于是，甘露元年（前53）宣帝再度命酒泉太守辛武贤“复为破羌将军，征乌孙至敦煌”[③]，居庐訾仓便在此时修筑。

二、敦煌居庐訾仓城应即大方盘城

居庐訾仓是甘露元年（前53）西汉政府为对乌孙用兵而修建的储备军事物资的仓库。关于居庐訾仓的位置，《三国志》裴松之注引《魏略·西戎传》记载：

> 从玉门关西出，发都护井，回三陇沙北头，经居卢仓，

① 《汉书》卷九六下《西域传下》，第3907页。

② 《汉书·匈奴传下》云：“（郅支单于）闻汉出兵谷助呼韩邪，即遂留居右地。自度力不能定匈奴，乃益西近乌孙，欲与并力，遣使见小昆弥乌就屠。”匈奴郅支单于确曾联系“胡妇子”乌就屠意图建立联盟，可见西汉政府反对乌就屠成为乌孙昆弥，担忧其倒向匈奴从而对汉朝不利的确是有必要的。

③ 《汉书》卷六九《赵充国传》，第2995页。

从沙西井转西北，过龙堆，到故楼兰。[①]

这是迄今为止关于居卢訾仓位置最完整明确的记载。它明确指出了居卢訾仓的相对位置是在玉门关以西，都护井以西，三陇沙以北。近世以来随着敦煌及西域地区汉简的出土亦有关于居卢訾仓的记载，围绕居卢訾仓尤其是其位置所在的讨论持续了一个世纪。王国维、岑仲勉、黄文弼、日本学者森鹿三、孟凡人、张德芳等诸多学者都对这一问题进行过探讨。大致来说居卢訾仓位置出现过海头、土垠遗址之说。尤其孟凡人根据土垠遗址中发现的4枚记载"居卢訾仓"内容的汉简，认为居卢訾仓位于土垠遗址的说法[②]受到大多数学者的认可。张德芳最新的成果《"居卢訾仓"的记载及其百年探寻》又根据《魏略·西戎传》对孟氏之说提出质疑，虽然他没有提出居卢訾仓的准确位置，但也提供了有益的思路，即认为居卢訾仓的位置当在敦煌榆树泉盆地以西至罗布泊东北岸以东寻找[③]。总之，基本所有的观点都认为居卢訾仓位于西汉玉门关也即小方盘城以西至罗布泊一带，分歧之处在于有的学者认为居卢訾仓位于罗布泊西岸的土垠遗址，有的学者则认为居卢訾仓当位于罗布泊以东或东北方位。但我们经过考察认为以上这些观点实际上是陷入了一个误区，即错将《魏略·西戎传》记载的曹魏的玉门关等同于西汉的玉门关（小方盘城）。

---

① 《三国志》卷三〇《魏书·乌丸鲜卑东夷传》，第859页。

② 孟凡人《楼兰新史》，第60—83页；孟凡人《罗布淖尔土垠遗址试析》，《考古学报》1990年第2期，第169—186页。

③ 张德芳对关于居卢訾仓位置的诸多前人学者观点已进行过梳理总结，故不赘述。在此基础上其本人亦有创见，参见氏著《"居卢訾仓"的记载及其百年探寻》，中共金塔县委等编《金塔居延遗址与丝绸之路历史文化研究》，兰州：甘肃教育出版社，2014年，第520—526页。

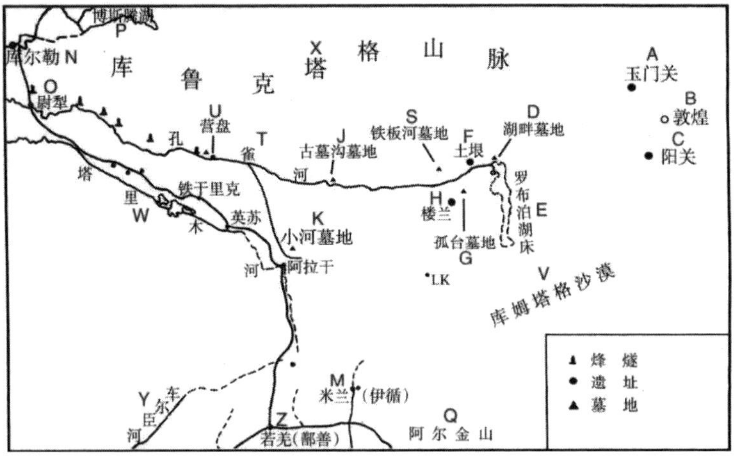

图4-23 罗布淖尔地区主要古迹分布示意图
（采自祁小山、王博《丝绸之路·新疆古代文化》，第24页）

李正宇认为东汉时期，随着北新道的开通，汉朝在敦煌郡东部的冥安县（唐晋昌县）新置玉门关，李并成赞成此说①。当然这种说法也存在质疑，如王素认为"伊吾路的开辟，对旧玉门关的罢废，新玉门关的设置，可能都有影响，但这种影响在短期内绝不可能导致玉门关的废置"②。其主要依据就是《后汉书·班超传》记载的："臣不敢望到酒泉郡，但愿生入玉门关。"③毕竟若玉门关东移，则班超无须进入玉门关，只要抵达敦煌便已进入汉地，班超的话便失去意义。此说应是。但这仅能说明班超时期玉门关应当尚未东移，却不能说明东汉末到曹魏时玉门关

① 参见李正宇《新玉门关考》，《敦煌研究》1997年第3期，第1—13页；李并成《东汉中期至宋初新旧玉门关并用考》，《西北师大学报（社会科学版）》2003年第4期，第103—106页。

② 王素《高昌史稿：交通编》，北京：文物出版社，2000年，第179页。

③［南朝宋］范晔撰，［唐］李贤等注《后汉书》卷四七《班超传》，北京：中华书局，1965年，第1583页。

不曾东移。

《汉书·西域传下》记载："汉遣破羌将军辛武贤将兵万五千人至敦煌，遣使者案行表，穿卑鞮侯井以西，欲通渠转谷，积居庐仓以讨之。"[①]颜师古注云："孟康曰：'大井六通渠也，下泉流涌出，在白龙堆东土山下。'"[②]居庐仓即居卢仓、居卢訾仓，位于卑鞮侯井以西，亦位于都护井以西。因此前人基本认为卑鞮侯井即都护井，两者可能是不同时期对同一井渠的称谓[③]。在这一结论基础上，我们需要重新确定卑鞮侯井也即都护井的位置[④]。敦煌文献P.2005《沙州都督府图经》记载：

> 大井泽，东西卅里，南北廿里。
>
> 右在州北十五里。《汉书·西域传》汉遣破羌将军辛武贤讨昆弥，至敦煌，遣使者按行，悉穿大井，因号其泽曰大井泽。[⑤]

---

① 《汉书》卷九六下《西域传下》，第3907页。

② 《汉书》卷九六下《西域传下》，第3907页。

③ 参见王国维《流沙坠简》序，收入氏著《观堂集林（外二种）》，石家庄：河北教育出版社，2001年，第410页；岳邦湖、钟圣祖著，甘肃省文物局编《疏勒河流域汉代长城考察报告》，北京：文物出版社，2001年，第81—82页；张德芳《"居卢訾仓"的记载及其百年探寻》，中共金塔县委等编《金塔居延遗址与丝绸之路历史文化研究》，第520—526页；达吾力江·叶尔哈力克《汉武边塞与西域屯田——轮台、渠犁屯田考古发现初论》，《历史研究》2018年第6期，第154—166页。

④ 前人学者们大多接受了《魏略·西戎传》记载的都护井也即卑鞮侯井在玉门关以西的设定，因此多将这一井渠比勘为西汉玉门关（小方盘城）以西的榆树泉盆地。但在玉门关可能发生东移的情况下，有必要再对这一井渠所在位置重新进行考量。

⑤ 图版参上海古籍出版社等编《法藏敦煌西域文献》第1册，第46—47页；录文参郑炳林《敦煌地理文书汇辑校注》，第8页。

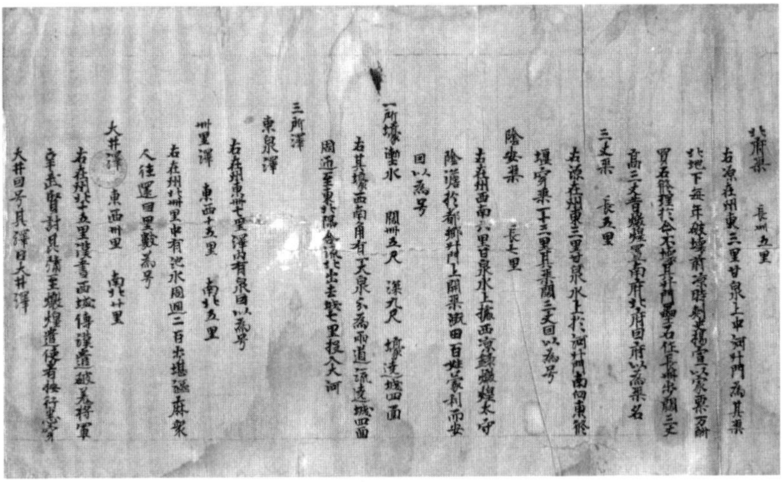

图4-24 P.2005《沙州都督府图经》

这条记载表明西汉的卑鞮侯井，即孟康所谓“大井六通渠”之地，也即都护井，在唐朝被称为“大井泽”，其位置在沙州城（汉敦煌城）北十五里，处于西汉玉门关（小方盘城）以东。这就表明《魏略·西戎传》记载的“从玉门关西出，发都护井”[①]中的玉门关与西汉玉门关相比位置已经向东转移。即到鱼豢著《魏略》的曹魏时期，玉门关应当已东移到冥安县位置。如此方能符合都护井（卑鞮侯井）在玉门关以西的记载。至于都护井向西“回三陇沙北头，经居卢仓”也不难理解，敦煌以西、以北地区很多都是戈壁荒漠、盐碱地，三陇沙很可能就是都护井以西一个比较典型的沙丘地区[②]，时人以此作为地标。居卢訾仓大致就

① 《三国志》卷三〇《魏书·乌丸鲜卑东夷传》，第859页。

② 《西河旧事》据考是东晋时期撰成，其文曰：“流沙积在玉门关外，有三断石，极大，呼为三陇。”（参见曲直敏《〈西河旧事〉考略》，《敦煌学辑刊》2019年第3期，第150—163页）此时的玉门关应指东移后的西玉门关，则三陇沙应该是因这一沙丘区拥有极大之“三断石”而得名。这或许是敦煌城西北方位，西汉玉门关内的某处盐碱地因被风割成一条条沙丘，而且从这条

在三陇沙地区以北或者西北的位置。沙西井应当就是西行路上一处取水点，而“过龙堆”就是过白龙堆。孟康的注表明卑鞮侯井，“下泉流涌出，在白龙堆东土山下”，说明卑鞮侯井修渠通到白龙堆以东的某一土山的山下位置。这里的白龙堆应当是指整个罗布泊沙漠，也即指罗布泊至西汉玉门关之间的这片区域[①]。《汉书·地理志下》记载敦煌郡“正西关外有白龙堆沙”[②]，表明敦煌玉门关大致就是白龙堆沙漠的西界，正印证了上述观点。此前很多学者认为白龙堆仅仅是指罗布泊东部、东北部的沙漠地区，实则是缩小了白龙堆范围，这显然是将三陇沙定位在西汉玉门关以西且夸大了其范围而致误。否则罗布泊沙漠内何以出现土山？即便存在，也很难想象辛武贤能够将敦煌城北十五里的卑鞮侯井渠工程修筑至数百公里外的罗布泊沙漠之内。且不论自然条件恶劣，工程难以推进，单凭卑鞮侯井属于居卢訾仓的配套工程，是在为攻打乌孙作战前准备，就不难判断辛武贤不可能耗费如此巨大人力、时间去完成一项通到罗布泊沙漠之内的浩大工程。这样一来，进行一项短期注定无法完工的工程，岂非很容易耽误出兵乌孙的时机？由此判断居卢訾仓和三陇沙都在西汉玉门关塞内，三陇沙在敦煌城西位置，位于三陇沙北头的居卢訾仓当在敦煌城西北位置，也即在罗布泊沙漠以东，西汉玉门关附近或

（接上页）记载来看三陇沙实际是一块比较小的区域，它仅仅特指“三断石”所在及周边地区，而非很多学者认为它是库木塔格沙漠那样广阔的一片区域。根据焦北辰主编《中华人民共和国地名词典·甘肃省》记载敦煌：“党河两岸及南湖为绿洲，周围多流沙，疏勒河终端多盐沼地。”（北京：商务印书馆，1995年，第226页）即古代敦煌城所在的绿洲周边多有流沙，出现“三陇沙”这种地貌不足为奇。

① 复旦大学历史地理研究所《中国历史地名辞典》编委会《中国历史地名辞典》，南昌：江西教育出版社，1986年，第233页。

② 《汉书》卷二八下《地理志下》，第1614页。

以东的位置，它处在距卑鞮侯井不太远而能够通渠抵达的地方。如此，辛武贤方能在短期内完成这项水渠灌溉工程及居卢訾仓城的建设工程，实现“通渠转谷，积居庐仓”的目标，进而能在一个较短时期内完成战前准备工作，不会错过出兵乌孙，干涉其王位归属的时机。

图4-25 敦煌西部雅丹地貌[①]

此外，《汉书·西域传》记载：“破羌将军不出塞。”[②]《汉书·赵充国传》亦称：“复为破羌将军，征乌孙至敦煌，后不出。”[③]这个“塞”应指玉门关，所谓“不出”即指不出汉塞玉门关作战。这表明破羌将军辛武贤进行的通渠转谷、积居卢仓等一系列活动都是在敦煌塞内进行，因此才有不出塞之说。孟凡人

① 地处西汉玉门关（小方盘城）以西，属罗布泊沙漠东缘。

② 《汉书》卷九六下《西域传下》，第3907页。

③ 《汉书》卷六九《赵充国传》，第2995页。

主张居卢訾仓位于土垠遗址，不仅不符合《魏略·西戎传》记载的相对位置，还存在三个不合理之处：其一，当时西汉已在罗布泊西岸进行伊循屯田，似无必要在邻近的土垠遗址再修仓库；其二，即便需要再修居卢訾仓，这项工程也应就近由伊循都尉负责，而非远在敦煌的破羌将军负责；其三，自敦煌以北十五里处的卑鞮侯井妄图穿越整个罗布泊沙漠向位于罗布泊西岸的土垠遗址修渠无异于天方夜谭，何况分明可就近引罗布泊、孔雀河水，何须舍近求远自敦煌以北引水？这些都说明居卢訾仓不可能位于土垠遗址。另外，位于榆树泉盆地以西、罗布泊以东的说法通过前文考证也可一并排除。

讨论至此，对于居卢訾仓的位置，我们基本可形成三点认识：第一，居卢訾仓处于卑鞮侯井经过通渠能够达到的地方，如此才能符合“通渠转谷”的记载；第二，居卢訾仓是在敦煌郡管辖的范围之内，也即玉门关内，以此才能符合“破羌将军不出

图4-26 大方盘仓城遗址（杨润泽 摄）

塞”还能主持这项工程的条件；第三，居卢訾仓位于卑鞮侯井以西，卑鞮侯井本身位于敦煌城以北十五里处，以此推知居卢訾仓位于敦煌城西偏北或西北方位。目前在敦煌境内发现的汉代遗址中，仅有位于西汉玉门关所在的小方盘城东北方向不远处的大方盘城符合以上特征。因此，我们认为大方盘城应即西汉居卢訾仓城遗址。

三、敦煌修筑居卢訾仓城与通渠积谷水道工程

居卢仓工程属于系统工程，其大体可分为两个部分：第一是修建居卢訾仓城，第二是开凿通往居卢訾城的水上运输渠道。其中工程量最大的不是居卢訾仓城的修筑，而是水上运输渠道的开通。

敦煌大致从元鼎六年（前111）置郡伊始就开始进行水利灌溉工程的修筑，根据敦煌文献记载马圈口堤堰等都是这个时期修筑的[①]，又据悬泉汉简记载西汉敦煌郡还修筑了很多水利工程，并且设有一套完整的水利灌溉系统的管理机构，为了敦煌水利工程修筑顺利发展，中央政府派遣河津都尉巡视，解决水利工程中的问题。可以说敦煌的水渠基本上都是西汉时期开凿的，西汉敦煌郡具有开凿漕渠的能力和经验[②]。这些水利建设经验为居卢訾城水道运输工程修建准备了条件，保障了敦煌郡居卢訾仓的修建和漕渠的开凿。

“穿卑鞮侯井以西”水利工程是以穿卑鞮侯井为起点，姑且称之为“卑鞮侯井工程”。李正宇疑作“大通渠”，并对此进行

---

① 郑炳林、张静怡《西汉敦煌郡的设置和敦煌城的修筑》，《敦煌学辑刊》2021年第2期，第3—13页。

② 郑炳林、许程诺《西汉敦煌郡的水利灌溉研究》，《敦煌研究》2022年第4期，第130—141页。

过考证：

> 颇疑所谓“大通渠”，不过是从敦煌向北开渠，穿过大井泽，北入疏勒河一段而已。这一段不过五十余里，既入疏勒河后，可就疏勒河道略加疏通。而西抵“白龙堆东土山下”。如此，省工省时而易办。今见卌里泽中有苦沟一道北趋，或即其遗迹。若此，则孟康注与当年之工程量、民力及地理形势皆可相合而无抵牾。[①]

这一考证结果结合实地考察，将疏勒河、党河的地理形势与《汉书·西域传》、孟康注乃至P.2005《沙州都督府图经》的记载紧密结合起来，基本是可以采信的。如此一来，卑鞮侯井工程的工程量不会太大，是辛武贤能够短期实现的目标，符合既不耽误出兵乌孙又能完成备战的条件。因此我们认为当时辛武贤就是想通过修渠的方式将党河与疏勒河道进行连接，借助党河、卑鞮侯井工程及疏通过后的疏勒河将敦煌郡的粮食运送到玉门关附近[②]，以备之后汉军出玉门关讨乌孙取用。同时出于军粮存贮和取用方便的双重考量，辛武贤选择在玉门关以东不远处修筑居卢訾仓（也即大方盘城）。

悬泉汉简中也有关于敦煌修渠及辛武贤的相关记载：

> 1.□效谷长禹、丞寿告遮要、县泉置，破羌将军将骑万人从东方来，会正月七日，今调米、肉、厨、乘假自致受

---

① 李正宇《古本敦煌乡土志八种笺证》，第75—76页。

②《太平广记》“沙州黑河”条载：“北庭西北沙州有黑河，深可驾舟，其水往往泛滥，荡室庐，潴原野。”说明敦煌的党河或疏勒河水道的确是可以通航的。又据P.2005《沙州都督府图经》记载：“卌里泽，东西十五里，南北

图4-27 党河（杨润泽 摄）

作，毋令客到不办与，毋忽，如律令。（Ⅱ 90DXT0114④：340A）

2.甘露二年四月庚申朔丁丑，乐官令充敢言之：诏书以骑马助传马，送破羌将军、穿渠校尉、使者冯夫人。军吏远者至敦煌郡，军吏晨夜行，吏御逐马，前后不相及，马罢亟，或道弃，逐索未得，谨遣骑士张世等，以物色逐各如牒，唯府告部、县官、旁郡：有得此马者以与世等，敢言之。（Ⅴ 92DXT1311④：82）

（接上页）五里。右在州北卌里，中有池水，周回二百步，堪沤麻，众人往还，因以里数为号。大井泽，东西卅里，南北廿里。右在州北十五里。”卌里泽、大井泽皆在敦煌以北。按方位来看，大井泽之外，卌里泽可能也在修渠路线上，则辛武贤修渠时很可能利用了这些天然湖泽，即将大井泽、卌里泽等湖泽进行连接可以更加节省人力与工程量。当然也可能是这些湖泽只是辛武贤修渠留下的遗迹，而非天然湖泽。

3.甘露二年十一月丙戌，富平侯臣延寿、光禄勋臣显，承制诏侍御史曰：穿治渠军猥候丞□、万年、漆光、王充诣校尉作所，为驾二封轺传，载从者各一人，轺传二乘。传八百卌四。

御史大夫定国下扶风厩承书以次为驾，当舍传舍，如律令。（Ⅱ 90DXT0214③：73A）

4.☐刑士诣敦煌塞外穿海廉☐（Ⅴ 92DXT1311③：228）

5.甘露四年六月辛丑，郎中马上使护敦煌郡塞外漕作仓穿渠，为驾一乘传，载从者一人，有请诏。外卅一。

御史大夫万年下谓，以次为驾，当舍传舍，从者如律令。七月癸亥食时西。（Ⅱ 90DXT0115④：34）

6.初元年八月戊子……

御史少史任增诏迎护敦煌塞外穿临渠漕……（Ⅱ 90DXT0115③：463）

悬泉汉简中还有一些相关的简，今不一一罗列。以上仅选取了其中有代表性的六枚简加以论述。通过这些简文内容可知，辛武贤率军抵达敦煌当在甘露二年（前52）正月，其出发时间更早，应在甘露元年（前53）末[①]，与史籍记载恰好相合。辛武贤到敦煌时，随行的还有穿渠校尉。Ⅴ 92DXT1312④：21 记载："穿渠校尉丞惠光私从者杜山羊西。"为了进行卑鞮侯井工程，西汉政府设置了专门的校尉来负责。且穿渠校尉下辖有"丞"等属官协助办公。"治渠军猥候丞□、万年、漆光、王充"等也是协助穿渠校尉的。另外，西汉政府还调集了很多外地人员（包括刑士）

① 张俊民《汉代西域漕运之渠"海廉渠"再议》，西北师范大学历史文化学院等编《简牍学研究》第7辑，兰州：甘肃人民出版社，2018年，第74—86页。

到敦煌郡参加工程[①]。这些举措足见西汉政府对此次敦煌修渠的重视。

通过这些简文，我们还可以大概形成这样的认识：甘露元年（前53），西汉与乌孙间关系恶化，西汉政府一面派破羌将军辛武贤与穿渠校尉穿渠运粮、修居卢訾仓准备军事征伐；另一面派遣冯夫人（即解忧公主侍者冯嫽[②]）前往乌孙进行政治斡旋。汉简记载显示甘露二年（前52）四月辛武贤还在敦煌，至十一月似已不见辛武贤。就是说辛武贤很可能在甘露二年（前52）四月至十一月间罢军。《汉书·西域传下》云："都护郑吉使冯夫人说乌就屠，以汉兵方出，必见灭，不如降。乌就屠恐，曰：'愿得小号。'"[③]反映的很可能是甘露二年（前52）四月冯夫人赴乌孙后，带去了破羌将军辛武贤已经出兵屯于敦煌的消息，于是不久后乌就屠妥协愿称小昆弥，矛盾化解，辛武贤不出塞。但是敦煌修渠的工程并没有因这次危机化解而结束，从简文来看直到初元元年（前48）修渠工程还在继续进行。并且水道运输工程已从玉门关塞内延伸到塞外，所谓"塞外漕作仓穿渠"，就是在玉门关之外开凿水渠，修建仓库[④]。

---

① 肩水金关汉简73EJT9：322A亦载："甘露四年六月丁丑朔壬午，所移军司马仁……□龙起里王信以诏书穿渠敦煌军。"

② 《汉书·西域传下》云："初，楚主侍者冯嫽能史书，习事，尝持汉节为公主使，行赏赐于城郭诸国，敬信之，号曰冯夫人。为乌孙右大将妻，右大将与乌就屠相爱，都护郑吉使冯夫人说乌就屠。"

③ 《汉书》卷九六下《西域传下》，第3907页。

④ 我们认为敦煌市博物馆在榆树泉盆地发现的古城，即便可以确定是河仓城，也不太可能修建于李广利征大宛时期。彼时敦煌郡塞外还是以匈奴势力更强，将军储仓库设于塞外安全难以保障，李岩云认为该城"既有湖泊作为天然保护屏障，又有重兵防护"实际难以实现，其错误地将李广利屯兵的玉门关外等同于小方盘城所在，彼时李广利应是屯于敦煌，玉门关尚在敦煌以

图4-28 冯嫽蜡像
（采自祁小山、王博《丝绸之路·新疆古代文化》，第241页）

玉门关塞外也有湖泽分布。《寿昌县地境》记载：“曲泽，县西北一百九十里。其泽迂曲，故以为名。”① P.5034《沙州地志》记载：“曲泽，东西十三里，南北十五里。右在县西北一百九十里。”② P.2691《沙州城土境》寿昌县记载：“曲泽，县西北一百九十里。”③ 玉门关在寿昌县北一百六十里，而曲泽在寿昌县西北一百九十里，根据地望考之，当在今敦煌市榆树泉一带。这一

（接上页）东而尚未西移。如此，所谓重兵屯于塞外的榆树泉不太可能。因此，我们认为若该古城果真是河仓城，可能修筑于甘露四年（前50）及之后的敦煌郡“塞外漕作仓穿渠”时期。此时期匈奴式微，西汉控制西域，安全有所保障，且敦煌郡又在塞外穿渠作仓，位于玉门关以西的榆树泉盆地又靠近湖泽，正是穿渠建仓的绝佳之所。

① 录文参郑炳林《敦煌地理文书汇辑校注》，第60页。

② 图版参上海古籍出版社等编《法藏敦煌西域文献》第34册，第124页；录文参郑炳林《敦煌地理文书汇辑校注》，第44页。

③ 图版参上海古籍出版社等编《法藏敦煌西域文献》第17册，第266页；录文参郑炳林《敦煌地理文书汇辑校注》，第40页。

带还有西桐海，P.3451《张淮深变文》记载："回鹘王子，领兵西来，犯我疆场。潜于西桐海畔，蚁聚云屯，远侦烽烟，即拟为寇。"[①]所谓"穿海"应即指开凿连接西桐海、曲泽等湖泽的水利工程。张俊民研究认为从甘露元年到初年元年（前53—前48）持续进行的是一项国家级的水利工程，漕渠的名称唤作"海廉渠"，位置在敦煌玉门关塞外，大致在新疆境内。得出这种结论的重要前提是汉代之后孟康注文及敦煌卷子将敦煌北部大井泽与卑鞮侯井联系起来，是牵强揣测之词[②]。由此张氏基本否定了P.2005《沙州都督府图经》对辛武贤与大井泽的记载。对此，我们首先认为时隔千年，否定古人记载，尤需慎重。再者，通过现有汉简记载来看，塞外修渠事最早见于甘露四年（前50）六月辛丑，在此之前甘露二年（前52）辛武贤与穿渠校尉主持的水利工程并无任何记载表明其位置是在塞外，反而有孟康注及P.2005《沙州都督府图经》的记载都称辛武贤所修水渠是在敦煌塞内，《汉书·西域传下》记载辛武贤"不出塞"也佐证了这一点。因此，我们认为张氏所谓"海廉渠"工程的确是在敦煌郡塞外进行，但它与居卢訾仓、卑鞮侯井工程并不完全等同，二者或许是一脉相承，是同一项水利工程的不同阶段，即前期是破羌将军辛武贤与穿渠校尉负责修筑居卢訾仓及卑鞮侯井工程，后期敦煌郡的水利修筑从玉门关塞内延伸到塞外，也即所谓"海廉渠"工程。

除在塞外推进"海廉渠"工程外，敦煌郡塞内的穿渠活动也

---

① 录文参郑炳林《敦煌本〈张淮深变文〉研究》，《西北民族研究》1994年第1期，第141—155页。西桐海或即曲泽。

② 张俊民、贾丽英《西北汉简中"海廉渠"初探》，张德芳主编《甘肃省第三届简牍学国际学术研讨会论文集》，上海：上海辞书出版社，2017年，第93—99页；张俊民《汉代西域漕运之渠"海廉渠"再议》，第74—86页。

持续进行。I 90DXT0116②：117记载："▨八月己丑朔庚寅，县泉置啬夫弘移渊泉府，调穿渠卒廿一人。"V 92DXT1410③：50记载："初元三年正月，戍卒省助贫民穿渠冥安名簿。"这两枚简的记载似表明敦煌郡渊泉县、冥安县也是运输水渠经过的地方，进一步推测或许这项水渠也能连接卑鞮侯井水渠，运粮至居卢訾仓。果真如此，则此二县水渠可称得上居卢訾仓运输水渠的东段工程。另外，这些记载还说明直到初元三年（前46）敦煌郡的水利工程仍在进行。

通过以上考证来看，居卢訾仓漕运渠道的工程量要远超仓城修建的工程量，因此工程持续的时间也要长很多。这些水利工程的修筑对于敦煌郡诸县乃至敦煌以东地区将战略物资输送至玉门关附近的居卢訾仓，甚至玉门关塞外具有极为重要的意义。

四、敦煌居卢訾仓归属西域都护府

神爵二年（前60，一说"三年"），随着匈奴日逐王归附西汉，罢僮仆都尉，西汉设西域都护于西域，"匈奴益弱，不得近西域"[①]。西汉派遣冯夫人镇抚乌孙，并将其国一分为二，目的就是维护西汉政府在乌孙的政治地位。毕竟此时期西汉需要的不再是一个强大乌孙作为对匈作战的盟国，而是防范乌孙成为破坏西汉在西域统治秩序的隐患。对乌孙分而治之后，西汉政府基本无须再派遣军队征伐西域[②]，只需更加注重巩固西域都护在西域的政治军事地位，以此保障汉朝在西域的统治。在此背景下，敦煌郡居卢訾仓开始纳入西域都护府的管辖。

---

① 《汉书》卷九六上《西域传上》，第3874页。

② 甘露元年（前53）西汉派遣破羌将军辛武贤征乌孙，应当是西域都护单独面对尚未分裂的西域大国——乌孙力有不逮，此后随着乌孙分裂，西域都护在西域的统治愈发从容，基本再无需敦煌发兵支援。

这一时期西域都护府设置不久，西域都护治于乌垒城，其职责为“督察乌孙、康居诸外国动静，有变以闻。可安辑，安辑之；可击，击之”[①]。西域地区设置的驻军和屯田机构如车师戊己校尉、渠犁校尉、赤谷校尉[②]等都属西域都护府管辖，西域都护府及各处屯田机构都需要大量的物资供给，其中很多物资都是经由河西特别是敦煌郡供给，并由交通线路转运到西域地区。

西域都护府成为西汉政府管理西域诸国军事、通使事务的机构，意味着一切军事行动都需经由西域都护进行，曾作为征伐乌孙的军储仓库被设计建造的居卢訾仓，也就理所当然划归西域都护管辖，变成西域都护府在敦煌郡设置的军事物资仓储机构。敦煌马圈湾汉简记载：

7.西域都护领居卢訾仓守司马鸿再拜言鸿□□（马圈湾57[③]）

8.西域都护领居卢訾仓守司马鸿叩头死罪死罪（马圈湾95）

土垠遗址出土汉简亦载：

9.河平四年十一月庚戌朔辛酉，别守居卢訾仓、车师戊校。（罗布淖尔15）

---

① 《汉书》卷九六上《西域传上》，第3874页。
② 《汉书·西域传下》云：“汉复遣长罗侯将三校屯赤谷。”三校应指三校尉。
③ 本书所有敦煌马圈湾汉简释文、编号均引自张德芳《敦煌马圈湾汉简集释》，兰州：甘肃文化出版社，2013年。释文出处一律简称为“马圈湾+编号”，下文不再另外出注。

这三枚简明确揭示出敦煌居卢訾仓归属西域都护府管理的史实。前二简反映了当时西域都护使下属的“司马”（一说“守司马”）鸿兼领居卢訾仓，后一简则反映出汉成帝河平四年（前25）居卢訾仓由西域都护府下属的车师戊校兼领。由此来看，西域都护府采取使西域任职的官吏以本官兼领居卢訾仓的方式对居卢訾仓进行管理。其实被划归西域都护府管辖的不仅只有居卢訾仓，悬泉汉简记载：

10.入上书一封，车师己校、伊循田臣强。九月辛亥日下铺时，临泉译汉受平望马登（益）。（V 92DXT1310③：67A）

负责鄯善伊循城屯田事务的伊循都尉原本是受敦煌太守节制的，到此时也改由西域都护府统辖，西域都护同样使车师己校以本官

图4-29　大方盘城通小方盘城的古道
（采自郑炳林、李军著，贾慧、赵粉琴、马凌飞译《丝路明珠：敦煌》，第348页）

兼领伊循屯田事务，这与管理居卢訾仓的方式如出一辙。这表明西域都护府设置后，经历了一个职能扩大、完善的阶段，在这一过程中与原本负责西域事务的敦煌郡就有了职能和管辖范围的划分，原属敦煌郡下辖的居卢訾仓与伊循屯田机构应当就是在双方明确彼此职能与分工时被划归给西域都护府管理。

根据悬泉汉简记载来看，甘露四年（前50）之后，西汉政府才开始拓展玉门塞外穿渠工程，而在甘露三年（前51）几乎没有见到与此工程有关的活动。这似表明西汉政府应当是经过一段时间的考虑之后，才最终决定将居卢訾仓正式划归西域都护府统辖。即西汉政府对居卢訾仓的定位开始由过去供应破羌将军及自敦煌出征之汉军的军备仓库转变成为专门供应西域都护府的军备物资储存、转运仓库，其主要职责应是将内地发往西域地区的物资集中于敦煌，然后经水道先转运至居卢訾仓，再经居卢訾仓转运至西域地区。这就解释了为何在乌孙征伐行动取消后，与居卢訾仓配套的穿渠工程不仅没有彻底宣告结束，反而在甘露四年（前50）开始将水渠工程延伸至玉门关塞外。其原因无外乎是西域都护府力图尽可能地延长水路运输线路，以期进一步方便物资运输。由此可进一步推测约在甘露四年（前50）[①]西汉政府已将居卢訾仓划归给西域都护府使用，西域都护府在接手居卢訾仓的同时，很可能选择了继续推进居卢訾仓的水道配套工程。辛武贤主持居卢訾仓工程仅仅一年，很难彻底完成与之配套的水道工程。因此甘露四年（前50）后敦煌郡境内的部分水渠修筑及塞外穿渠（即所谓“海廉渠”工程）等后续工程很可能都是在西域都护主持下，或是在西域都护与敦煌太守共同主持下完成的。乃至

① 从工程进度看，甘露四年（前50）的居卢訾仓已没有理由作为对乌孙用兵进行通渠转谷，应是此时已转而为其他机构转运物资，这个机构就是西域都护府，因为敦煌郡塞外的事务都由西域都护府管辖。

居卢訾仓以东的卑鞮侯井水道之后被称为“都护井”，很可能即指这项水利工程的后续工作由西域都护主持或参与完成。当然，还有可能是因为卑鞮侯井水道的主要用途变为供应居卢訾仓也即供应西域都护府及西域各处屯田所需物资，所以后世将其称为“都护井”。

敦煌郡居卢訾仓改属西域都护府管辖之后，在西汉治理西域过程中发挥着重要作用。根据土垠出土汉简记载，到西汉成帝元延五年（前8，实为绥和元年）居卢訾仓还在继续使用[①]。《魏略·西戎传》的记载又表明直到曹魏时期，居卢訾城仍然是敦煌通西域中道的必经之地。由于史籍记载的匮乏，致使很长时期内人们对其认识不足，西域与敦煌汉简的记载将尘封两千年的居卢訾仓展现在世人面前，通过对居卢訾仓的探讨可以清楚看出敦煌郡在西汉经营管理西域过程中的基地作用，以及在西域都护府设置后的管辖范围扩大、明确的过程中对其提供的支持和帮助。

图4-30　汉广至县城遗址（破城子城址）
（采自甘肃省地方史志编纂委员会编《甘肃省志·文物志》，第153页）

① 罗布淖尔17简记载：“元延五年二月甲辰朔己未□□□出□尉临居卢訾仓以己卯即日到守。”

第五章

新莽至东汉初年的敦煌郡①

① 敦煌在新莽时先改称“文德”，后改称“敦德”，本章为便于论述不作改称，仍称敦煌郡。

西汉末年，外戚王氏势力崛起，逐渐凌驾于皇权之上。王莽掌权时，位于边地的敦煌郡受其改制波及，周边局势愈发动荡。随着其篡位野心实现，敦煌郡成为新莽属郡。然新莽统治不过昙花一现，王莽改制失败，导致天下大乱，敦煌与其所属河西地区成为命运共同体，隗嚣、更始、窦融等先后控制这一地区。与此同时，西汉皇族苗裔——刘秀悄然崛起于关东河北之地，重建汉室，史称“东汉”。东汉政权建立后，短短数年之间，便夺取二京，控制了原西汉之大部分疆土。彼时窦融已主政河西，又历经数年徘徊，窦融及河西诸郡太守们最终决定归顺东汉，其后他们又为这一决定的落实付出了诸多努力。最终，饱经战乱、饥荒与权力更迭的敦煌郡及河西地区重新归于刘氏汉室统治。

第一节　汉新之际敦煌及河西周边局势的恶化

汉平帝年幼登基，权柄操持于王莽之手，其后王莽权势与日俱增，最终篡位称帝，建立新朝。新朝存在时间仅有十五年。若从主政算起，最多也就二十多年时间。这期间王莽推行的一系列改革举措由于不合历史时宜，特别是在边疆治理上采取的一些违反常理的做法，使原本友好的汉匈、汉羌关系出现危机，就是与西域都护府管辖下的西域诸国的关系也陷入了危机。可以说王莽举措的失误把西汉政府百年来在边疆治理上建立的局面全部葬送。于是，王莽辅政至其建立新朝这一时期又成为西北边塞局势由好转坏的转折阶段。本节将对王莽统治下的敦煌及河西周边地区出现的新的局势变化进行大致梳理。尤其侧重研究王莽强硬、激进的政策对敦煌郡乃至西北边塞局势所造成的恶劣影响。另外，因与敦煌郡最紧密相关的西域问题内容较多，故将新朝建立后王莽对西域的治理情况于下文单辟一节进行探讨。

一、王莽辅政时对车师后部、婼羌归降匈奴的处理

元寿二年（前1），年幼的汉平帝即位，太皇太后王政君临

朝，王莽辅政，“百官总己以听于莽”①，这时期西汉王朝已日薄西山。承平日久的西域局势也开始动荡不安。《汉书·西域传下》记载：

> 元始中，车师后王国有新道，出五船北，通玉门关，往来差近，戊己校尉徐普欲开以省道里半，避白龙堆之阸。车师后王姑句以道当为拄置，心不便也。地又颇与匈奴南将军地接，普欲分明其界然后奏之，召姑句使证之，不肯，系之。姑句数以牛羊赇吏，求出不得。……其妻股紫陬谓姑句曰：“矛端生火，此兵气也，利以用兵。前车师前王为都护司马所杀，今久系必死，不如降匈奴。”即驰突出高昌壁，入匈奴。
>
> 又去胡来王唐兜，国比大种赤水羌，数相寇，不胜，告急都护。都护但钦不以时救助，唐兜困急，怨钦，东守玉门关。玉门关不内，即将妻子人民千余人亡降匈奴。匈奴受之，而遣使上书言状。是时，新都侯王莽秉政，遣中郎将王昌等使匈奴，告单于西域内属，不当得受。单于谢罪，执二王以付使者。②

车师后王国，即车师后部，“治务涂谷”③，在今新疆吉木萨尔县南。当时戊己校尉徐普为避开白龙堆沙漠，开辟车师通敦煌的更为便捷的新通道（应即后世所谓“北新道”），与当道的车师后部产生冲突。徐普为迫使车师后王姑句就范，采取了拘押软禁

① ［汉］班固撰，［唐］颜师古注《汉书》卷十二《平帝纪》，北京：中华书局，1962年，第348页。

② 《汉书》卷九六下《西域传下》，第3924—3925页。

③ 《汉书》卷九六下《西域传下》，第3921页。

的手段，致使姑句在惊惧之下逃遁匈奴。同时，去胡来王唐兜迫于赤水羌侵逼压力，求助于汉之西域都护（驻乌垒城，今新疆轮台东）、敦煌郡玉门关都尉[①]无果，亡入匈奴。

关于“去胡来王”问题。据《汉书·西域传上》记载：

> 出阳关，自近者始，曰婼羌。婼羌国王号去胡来王。去阳关千八百里……辟在西南，不当孔道。户四百五十，口千七百五十，胜兵者五百人。西与且末接。随畜逐水草，不田作，仰鄯善、且末谷。……西北至鄯善，乃当道云。[②]

结合两条材料来看，“去胡来王”为婼羌国王之称号，则唐兜应为婼羌王。婼羌是羌人的一支，从记载看也是距阳关最近的西域小国，然《汉书·西域传上》在介绍鄯善国时称其“去阳关千六百里”[③]，则鄯善似比婼羌距阳关更近，这或与游牧政权居无定所的特点有关。考察史实，婼羌国无明确国都，而分布范围较广，结合该国人口较少、民众又逐水草而居来看，婼羌国王应是随民众一道时常迁徙。西汉时其游牧范围当在敦煌郡西南直至渠勒以西，西域南道诸国以南的广大地区（今新疆南部及青海北缘阿尔金山脉、昆仑山脉及柴达木盆地一带）[④]。正因如此，其游牧区域距阳关最近也便顺理成章[⑤]。

---

① 《汉书·地理志下》“敦煌郡龙勒县”条载：“有阳关，玉门关，皆都尉治。”可见玉门关设置都尉。

② 《汉书》卷九六上《西域传上》，第3875页。

③ 《汉书》卷九六上《西域传上》，第3875页。

④ 关于婼羌活动范围相关研究，可参魏迎春、郑炳林《汉婼羌国管辖范围与南山羌中道考》，郑炳林、尹伟先主编《2010丝绸之路与西北历史文化学术讨论会论文集》，兰州：甘肃人民出版社，2013年，第1—11页。

⑤ 学界关于去胡来、婼羌关注颇多，诸说纷纭，难以定论。可参岑仲勉《汉

图5-1 阳关烽燧遗址

据考，赤水羌是今青海地区羌族中的一支，地处婼羌以东[①]。则赤水羌活动范围大体也在敦煌郡周边。赤水羌实力更强，故能数次侵犯婼羌，并最终迫使其迁离本土。从婼羌与赤水羌斗争失利后向汉求援一事观之，婼羌为内属之国，而赤水羌似未内属。这一点从汉遣使告匈奴单于及“造设四条”二事可以窥知。《汉书·匈奴传》记载：

> 会西域车师后王句姑、去胡来王唐兜皆怨恨都护校尉，将妻子人民亡降匈奴……单于受置左谷蠡地，遣使上书言

(接上页) 书西域传地里校释》，北京：中华书局，1981年，第1—6页；王宗维《秦汉之际河西地区的民族及其分布》，《兰州大学学报（社会科学版）》1985年第3期，第88—97页等；王宗维《“敦煌”释名——兼论中国吐火罗人》，《新疆社会科学》1987年第1期，第61—72页。

① 岑仲勉《汉书西域传地里校释》，第5—6页。

> 状："臣谨已受。"诏遣中郎将韩隆……使匈奴，告单于曰："西域内属，不当得受，今遣之。"……单于叩头谢罪，执二虏还付使者。诏使中郎将王萌待西域恶都奴界上逆受。单于遣使送到国，因请其罪。使者以闻，有诏不听，会西域诸国王斩以示之。乃造设四条：中国人亡入匈奴者，乌孙亡降匈奴者，西域诸国佩中国印绶降匈奴者，乌桓降匈奴者，皆不得受。遣中郎将王骏、王昌、副校尉甄阜、王寻使匈奴，班四条与单于，杂函封，付单于，令奉行，因收故宣帝所为约束封函还。①

由此观之，车师后部与婼羌皆是"佩中国印绶"之西域内属国。婼羌受赤水羌侵犯，而西域都护拖延救援，以致唐兜怨恨之下率部出走。故都护当有救护婼羌之责，若赤水羌亦为西汉藩属则都护应作中间调停，而非直接出兵援助婼羌，可见赤水羌并非内属部族。赤水羌击败婼羌，意味着一支并不亲汉的羌人势力入主敦煌西南地区。而且玉门关不纳婼羌入关，使婼羌无法进入敦煌郡境内寻求庇佑，从而只能北降匈奴。同时车师后部居敦煌西北，亦叛降匈奴，如此，敦煌西部的局势显然开始朝着不利汉朝的方向发展。

为扭转局势，王莽开始向匈奴、西域施压。自汉武帝以降，匈奴屡遭汉军重创，兼逢内乱，至呼韩邪单于时，选择依附汉朝方能稳定国内局势。此后，匈奴名义上称臣于汉朝，汉匈两国得以维持了较长时期的和平局势。此时王莽主政下的西汉政府仍旧保持着对匈奴的主动权，故能挟恩迫使匈奴交还姑句、唐兜二王，并申斥其过，令其不可擅自接纳四类降者。此外，匈奴乌珠

① 《汉书》卷九四下《匈奴传下》，第3818—3819页。

留单于请求赦免二王之罪，王莽不仅置之不理，还更为极端地召集西域诸王，“陈军斩姑句、唐兜以示之”[①]。这种激烈的雷霆手段固然可以震慑西域，使诸国不敢再轻易改弦更张。但如此处置明显有失公允。姑句、唐兜二王的叛汉行径，在很大程度上是由戊己校尉徐普粗暴扣押姑句、西域都护但钦救援延误以及敦煌郡闭关不纳造成的，所以西域、敦煌的地方官员对此事件也要负一定责任。然而西汉政府不对涉事官员进行惩处，而仅仅简单粗暴地将姑句、唐兜公开处刑，杀鸡儆猴了事。这样的举措只会令西域诸国阳奉阴违，同时损害汉朝在这一地区的威信，动摇自身统治基础。此后的历史走向证明：这种强力压制，不可久持，收一时之效，而遗患无穷。

二、王莽辅政时对西羌的经略

除在西域立威外，王莽对西羌活动地区也格外重视。据《汉书·王莽传上》记载：

> 莽既致太平，北化匈奴，东致海外，南怀黄支，唯西方未有加。乃遣中郎将平宪等多持金币诱塞外羌，使献地，愿内属。宪等奏言：“羌豪良愿等种，人口可万二千人，愿为内臣，献鲜水海、允谷盐池，平地美草皆予汉民，自居险阻处为藩蔽。……”事下莽，莽复奏曰：“太后秉统数年，恩泽洋溢，和气四塞，绝域殊俗，靡不慕义。越裳氏重译献白雉，黄支自三万里贡生犀，东夷王度大海奉国珍，匈奴单于顺制作，去二名，今西域良愿等复举地为臣妾，昔唐尧横被四表，亦亡以加之。今谨案已有东海、南海、

① 《汉书》卷九六下《西域传下》，第3925页。

北海郡，未有西海郡，请受良愿等所献地为西海郡。……”奏可。又增法五十条，犯者徙之西海。徙者以千万数，民始怨矣。①

可见元始四年（4）的西部边疆已沦为王莽政治作秀的舞台。为营造出四夷宾服的盛世景象以标榜自身功绩，王莽不惜耗费钱财诱使塞外羌人归顺。于是，羌豪良愿率部献地归顺成为王莽宣扬四方来朝的最后一块拼图，至少形式上实现了“西方有加”。此时匈奴顺从，河西局势相对安定，王莽的西部政策并非出于国家军事战略考虑，更遑论为百姓谋利。这种许以重利、招揽羌人的手段，及为凑齐“四海”之郡的虚名在湟中建郡的举措固然为汉朝开拓了边疆，但在周边形势基本平稳的形势下进据湟中地区显然会制造新的矛盾。而且为充实西海郡，王莽刻意“增法五十条”，犯者辄发配西海郡。这种粗暴的做法只会引发国内民怨，损害政府威信。

图5-2 新莽西海郡故城遗址（金银滩三角城古城遗址）

① 《汉书》卷九九上《王莽传上》，第4077—4078页。

西海郡设置后不久，居摄元年（6）：

> 是岁，西羌庞恬、傅幡等怨莽夺其地作西海郡，反攻西海太守程永，永奔走。莽诛永，遣护羌校尉窦况击之。二年春，窦况等击破西羌。[2]

虎符石匮正面

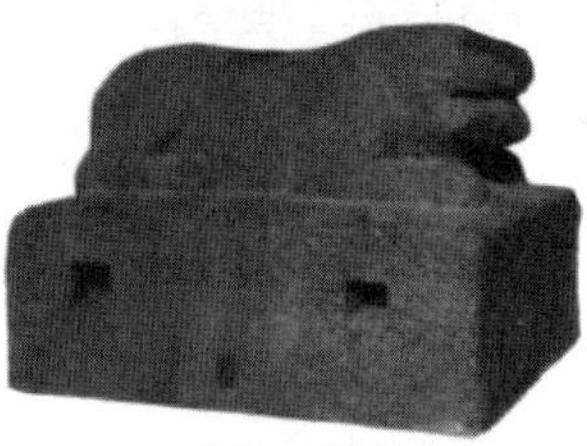

虎符石匮侧面

图5-3 西海郡虎符石匮[1]
（采自国家文物局主编《中国文物地图集·青海分册》，北京：中国地图出版社，1996年，第97页）

王莽置西海郡，挤压了羌人生存空间，从而引发了湟中局势动荡。西羌起兵击走西海太守，后败于窦况，如此西汉暂时在湟中取得胜利，压制了羌人的反抗。从西域陈军斩姑句、唐兜二王，到“造设四条”令匈奴单于遵从，再到置西海郡、压迫西羌，可以明显看出王莽在处理西部事务方面摒弃怀柔手段，推行激进的御边方针，一味地依仗强力压制周边势力的敌意。这种简单粗暴的对外战略显然已经为河西地区周边形势动荡埋下了隐患。敦煌郡位于河西走廊之突出部，属于匈奴、西域、西羌三大势力交汇地区，随着周边诸势力敌意的增强，不难推知该地所面临的压力也会提升。

① 铭文曰：西海郡虎符石匮。始建国元年十月癸巳。工河南郭戎造。
② 《汉书》卷九九上《王莽传上》，第4087页。

图5-4 西海郡故城发现大泉五十背范（青海海晏县西海郡博物馆藏）

三、新朝建立后与匈奴关系的转变

始建国元年（9），王莽废汉建新，对汉朝制度进行了诸多改革。《汉书·王莽传中》记载：

> 又曰："天无二日，土无二王，百王不易之道也。汉氏诸侯或称王，至于四夷亦如之，违于古典，缪于一统。其定诸侯王之号皆称公，及四夷僭号称王者皆更为侯。"①
>
> 五威将奉符命，赍印绶，王侯以下及吏官名更者，外及匈奴、西域，徼外蛮夷，皆即授新室印绶，因收故汉印绶。……莽策命曰："普天之下，迄于四表，靡所不至。"其东出者，至玄菟、乐浪、高句骊、夫余；南出者，隃徼外，历益州，贬句町王为侯；西出者，至西域，尽改其王为侯；

① 《汉书》卷九九中《王莽传中》，第4105页。

> 北出者，至匈奴庭，授单于印，改汉印文，去“玺”曰“章”。单于欲求故印，陈饶椎破之……单于大怒，而句町、西域后卒以此皆畔。[①]

从这段记载来看，王莽不仅对内改易名号，还妄图将四夷纳入其改制范围。仅以敦煌郡邻近之西域与匈奴来看，以往无论是匈奴还是西域诸国虽然名义上臣属于西汉政府，但是实际上仍各自为政。相较而言，因置有西域都护与戊己校尉，西汉政府对于西域诸国尚能进行管辖、约束。而匈奴之前因内乱受汉恩惠，得以重新振作，故单于数次觐见汉帝以输诚。然终西汉一朝终究未能完全控制匈奴，匈奴始终是中原王朝的北方大患。王莽甫一改朝换代，便急切渴望得到四夷承认。于是他通过派遣使者传谕四方、更换印绶的手段，以期达到目的，使“新”朝成为新的天下共主。原本这点也无可厚非，但其不该将中原内地的制度强加于四夷。过去西汉政府比较尊重周边各国、部族之传统，未剥夺诸如“单于”“王”等统治者的名号，仅是通过赐予印绶的方式使这些名号在名义上得到汉朝认可。因为这些名号原本就游离于中原传统的爵位体系之外，所以汉朝赐予印绶承认各国、部族首领之地位，不仅不会对中原造成负面影响，还能更好地彰显中原王朝有容乃大之雅量。而如今新朝初建，便将西域诸国“尽改其王为侯”，甚至不惜以欺诈、破坏等手段更换匈奴单于印绶。从匈奴单于所更印绶情况来看，汉朝所赐“故印文曰‘匈奴单于玺’，莽更曰‘新匈奴单于章’”[②]。彼时汉朝赐匈奴印绶对待单于与其部下诸王有所区别。《汉书·匈奴传下》称：

---

① 《汉书》卷九九中《王莽传中》，第4114—4115页。

② 《汉书》卷九四下《匈奴传下》，第3820页。

> 汉赐单于印，言“玺”不言“章”，又无“汉”字，诸王已下乃有“汉”言“章”。今即去“玺”加“新”，与臣下无别。①

新的单于印不仅将帝王之“玺”降格为臣下之“章”，还于前多添一“新”字。这样新印既无形中将单于与匈奴其他诸王地位差别抹平，又刻意强调了单于为王莽新朝之臣，即暗示匈奴单于与诸王无异，皆为新莽之臣。如此改易印文对匈奴乌珠留单于而言无疑是一种极大的侮辱。对于强大的匈奴，新莽都如此轻慢，至于西域诸国小国寡民，王莽更进一步“尽改其王为侯”便也顺理成章。王莽对周边势力的轻慢最终引发了广泛的不满，由此西北局势开始崩坏。

图5-5 新莽劳边使者过界中费册（74EJT21:2—10）
（肖从礼 提供）

汉平帝时，王莽“造设四条”，其中规定“乌桓降匈奴者”匈奴不可受，此条将匈奴与乌桓传统的“征税”关系打破，致使匈奴与乌桓矛盾加剧，乃至爆发战争，乌桓民众被虏至匈奴者数千②。加之易玺事件，乌珠留单于愈发怨恨王莽。《汉书·匈奴

① 《汉书》卷九四下《匈奴传下》，第3821页。
② 《汉书》卷九四下《匈奴传下》，第3820—3822页。

传下》记载：

> （单于）乃遣右大且渠蒲呼卢訾等十余人将兵众万骑，以护送乌桓为名，勒兵朔方塞下。……西域车师后王须置离谋降匈奴，都护但钦诛斩之。置离兄狐兰支将人众二千余人，驱畜产，举国亡降匈奴，单于受之。狐兰支与匈奴共入寇，击车师，杀后成长，伤都护司马，复还入匈奴。
>
> 时戊己校尉史陈良、终带、司马丞韩玄、右曲候任商等见西域颇背叛，闻匈奴欲大侵，恐并死，即谋劫略吏卒数百人，共杀戊己校尉刀护，遣人与匈奴南犁汗王南将军相闻。匈奴南将军二千骑入西域迎良等，良等尽胁略戊己校尉吏士男女二千余人入匈奴。……西域都护但钦上书言匈奴南将军右伊秩訾将人众寇击诸国。①

这一时期，匈奴与西域部分小国开始联合反抗新莽。此次匈奴出兵朔方表现得相对克制，这从出兵规模仅“兵众万骑”、特意寻找出兵名义及朔方最终并未爆发战争三点可以看出。乌珠留单于此时陈兵朔方显然示威意味更强，主要是借军事示威向王莽表达匈奴的不满，以谋取平等地位及其他利益。勒兵朔方事件标志着新匈关系已经十分严峻，这种剑拔弩张的局势最终在西域演化成真正的战争。于是，匈奴与车师后部叛汉的狐兰支联手进攻西域，导致戊己校尉部生变，新莽在车师地区的统治基本瓦解。总体而言，匈奴向西域进攻标志着新匈战争的正式开始，但西域又非传统中原汉地，故此时期双方在西域冲突尚属局部战争的范畴。

① 《汉书》卷九四下《匈奴传下》，第3822—3823页。

四、新匈战争对敦煌等缘边诸郡的影响

鉴于匈奴在西域咄咄逼人的态势，王莽随即展开战争动员。《汉书·匈奴传下》记载：

> 莽于是大分匈奴为十五单于，遣中郎将蔺苞、副校尉戴级将兵万骑，多赍珍宝至云中塞下，招诱呼韩邪单于诸子，欲以次拜之。使译出塞诱呼右犁汗王咸、咸子登、助三人，至则胁拜咸为孝单于……拜助为顺单于……传送助、登长安。莽封苞为宣威公，拜为虎牙将军；封级为扬威公，拜为虎贲将军。单于闻之，怒曰："先单于受汉宣帝恩，不可负也。今天子非宣帝子孙，何以得立？"遣左骨都侯、右伊秩訾王呼卢訾及左贤王乐将兵入云中益寿塞，大杀吏民。是岁，建国三年也。
>
> 是后，单于历告左右部都尉、诸边王，入塞寇盗，大辈万余，中辈数千，少者数百，杀雁门、朔方太守、都尉，略吏民畜产不可胜数，缘边虚耗。莽新即位，怙府库之富欲立威，乃拜十二部将率，发郡国勇士，武库精兵，各有所屯守，转委输于边。议满三十万众，赍三百日粮，同时十道并出，穷追匈奴，内之于丁令，因分其地，立呼韩邪十五子。[①]

王莽意图以重金、册封两种手段，实现对匈奴的分化瓦解。这种策略最初发挥了一定的效用，右犁汗王咸及其二子便成为归附新莽的典型代表[②]。王莽大张旗鼓进行分裂匈奴的活动，刺激了乌

① 《汉书》卷九四下《匈奴传下》，第3823—3824页。

② 事实上这仅有的一点效用都有待商榷，咸虽受莽"孝单于"之号，然在洞

珠留单于，于是匈奴开始发动更大规模的对新战争。如果说此前匈奴朔方勒兵仅为示威，而在西域这一远离中原的地区进行攻掠则是打擦边球，或者是进一步的示威和试探。因为乌珠留单于不过是怨恨于王莽折辱性质的易玺及干涉匈奴与乌桓关系二事，意欲借军事示威换回旧玺，并获取与新莽平等相处的资格。且就国力而言，继承汉朝衣钵的新莽实力更强，所以乌珠留单于对直接出兵攻打新莽表现得极为慎重，仅仅将冲突限制在西域一隅。假设王莽正视乌珠留单于的诉求，彼时双方应尚有缓和的余地。然而随着新莽肢解匈奴计划的付诸实施，乌珠留单于即便念及汉宣帝旧恩，畏惧中原实力也只得选择正面反击新莽的挑衅。

一方面乌珠留命缘边诸部大举入寇，“雁门、朔方太守、都尉”因此被杀，新莽沿边州郡损失惨重；另一方面，王莽因袭汉朝历代之积累，故“怙府库之富欲立威”。他在以政治手段分化瓦解匈奴策略的同时展开军事反击，竟欲集结三十万兵马北攻匈奴，致使“天下骚动”①。如此，两国战争从西域的局部冲突正式演变成全面战争。

此次新莽与匈奴的全面战争，对敦煌郡影响颇大。严尤在谏言中提道：

> 今天下遭阳九之阸，比年饥馑，西北边尤甚。发三十万众，具三百日粮，东援海代、南取江淮，然后乃备。计其道里，一年尚未集合，兵先至者聚居暴露，师老械弊，势不可用，此一难也。边既空虚，不能奉军粮，内调郡国，

（接上页）悉王莽军事部署后，便“驰出塞归庭，具以见胁状白单于”。可见咸并非真心归顺王莽。事见《汉书·匈奴传下》。

①《汉书》卷九四下《匈奴传下》，第3825页。

不相及属，此二难也。①

从严尤谏言来看，当时新莽境内“比年饥馑”，其中西北边塞地区尤为严重②。据《汉书·平帝纪》记载元始二年（2）：“郡国大旱，蝗，青州尤甚，民流亡。”此次旱灾、蝗灾严重，影响范围也较广。又《汉书·王莽传上》云：“每有水旱，莽辄素食。”③可证王莽辅政时，不时有水旱灾害发生。到王莽篡位后，推行钱币改革，然举措失当，“于是农商失业，食货俱废，民人至涕泣于市道”④。由此看来，新莽的连年饥荒恐是自然灾害和施政不当共同造成的。除大的时代背景外，敦煌郡所处“西北边”自然条件本就较为恶劣，产粮不足。加之又处在西域、匈奴、西羌诸方势力交汇地区，须有强兵驻防。随着王莽与周边势力交恶，边防形势愈发紧张，此地驻军只会增多，不大可能减少，这样一来在整体“饥馑”的大环境下，敦煌郡等西北边塞所面临的局面格外严峻。

新匈战争爆发后，按照王莽军事部署，须从全国征集三十万军队及“衣裘、兵器、粮食”⑤等各类军事物资。依将军严尤的估计，军队、物资调配完成所需时间要超过一年，这会使得“兵先至者聚居暴露，师老械弊，势不可用”。而且边境诸郡缺乏战争所需粮食，经由内地郡国征发也会出现新的问题。王莽最终未

① 《汉书》卷九四下《匈奴传下》，第3824页。

② 王子今认为“‘西北边’称说体现的方位显示形式，有‘北边’‘西边’合说的意义，也有显示对‘西北’方向的战略取向予以特殊关注的意义”。详见氏著《秦汉边政的方位形势：“北边”“南边”“西边”“西北边”》，《中央民族大学学报（哲学社会科学版）》2021年第3期，第147—148页。

③ 《汉书》卷九九上《王莽传上》，第4050页。

④ 《汉书》卷九九中《王莽传中》，第4112页。

⑤ 《汉书》卷九九中《王莽传中》，第4121页。

采纳此次进谏。此后事态发展果真如严尤担忧的那般。

始建国二年（10）十二月，王莽定计，诸军开始向北境集结。到三年（11）进军命令尚未下达。《汉书·王莽传中》记载：

> 是时诸将在边，须大众集，吏士放纵，而内郡愁于征发，民弃城郭流亡为盗贼，并州、平州尤甚。莽令七公六卿号皆兼称将军，遣著武将军逯并等填名都，中郎将、绣衣执法各五十五人，分填缘边大郡，督大奸猾擅弄兵者，皆便为奸于外，扰乱州郡，货赂为市，侵渔百姓。[①]

内地郡国“愁于征发”，导致流民激增，盗贼丛生，内地重兵又抽调至北方边境，难以维持稳定，但这暂时影响不到敦煌等边郡，姑且不论。王莽在河西的部署是命“奋武将军王骏、定胡将军王晏出张掖”[②]。王骏、王晏二部大军暂驻张掖，待“大众集”后，“十道并出”，击破匈奴。但正如上文所言西北边塞“饥馑”情况尤为严重，难以供应军粮。王骏、王晏二部屯驻张掖，张掖与敦煌虽被酒泉隔开，然二郡相距不远。此二部军应当便是负责对付盘踞于西域及河西以北匈奴诸部的最核心武装力量，而在进攻命令下达前，其任务应当是防御匈奴进犯。因此推测王骏、王晏应在敦煌郡、酒泉郡北缘亦部署有一部分军队，以备突发状况。如此敦煌等边郡既须高度防范匈奴军队的打击，又需要承受“先至”的军队“吏士放纵”造成的后果。有鉴于此，王莽派出监察官吏奔赴“缘边大郡”，整饬此等乱象。敦煌郡虽位置关键，然人口较少，不知是否在“缘边大郡”之列。当然，

① 《汉书》卷九九中《王莽传中》，第4125页。
② 《汉书》卷九九中《王莽传中》，第4121页。

无论监察官吏是否曾至敦煌郡，“吏士放纵”现象都未曾得到遏制。不仅如此，这些监察官吏们变本加厉，成为北境诸州郡新的麻烦制造者，王莽不能禁止。

《汉书·匈奴传下》记载：

> 初，北边自宣帝以来，数世不见烟火之警，人民炽盛，牛马布野。及莽扰乱匈奴，与之构难，边民死亡系获，又十二部兵久屯而不出，吏士罢弊，数年之间，北边虚空，野有暴骨矣。①

从这段记载来看，王莽部署在北境沿线的十二部兵数年之中，“久屯不出”，这种保守的战略使得军队疲乏，同时长期与匈奴对峙，使得北境人口减少，损失惨重。从“北边虚空，野有暴骨矣”也可看出新匈双方交锋之惨烈，敦煌郡处于对抗匈奴之最前线，在此背景下理当难以幸免。

始建国四年（12），王莽与东北高句丽、西南夷之句町交恶。五年（13），“西域诸国以莽积失恩信，焉耆先畔，杀都护但钦”②，“莽不能讨”③。新莽各方边境局势愈发糜烂。同年，匈奴单于乌珠留死，咸立，称乌累（若鞮）单于。乌累单于早前便曾受王莽招安，被封“孝单于”。天凤元年（14），乌累单于初立，欲与新莽和亲息战，后因知悉王莽杀其子登，态度遂发生转变。然新匈间关系还是短暂得到了缓解，《汉书·王莽传中》记载：

① 《汉书》卷九四下《匈奴传下》，第3826页。
② 《汉书》卷九九中《王莽传中》，第4133页。
③ 《汉书》卷九六下《西域传下》，第3927页。

> 缘边大饥，人相食。谏大夫如普行边兵，还言："军士久屯塞苦，边郡无以相赡。今单于新和，宜因是罢兵。"……（莽）然采普言，征还诸将在边者。……会匈奴使还，单于知侍子登前诛死，发兵寇边，莽复发军屯。于是边民流入内郡，为人奴婢，乃禁吏民敢挟边民者弃市。[①]

此时"先至"的军队已经屯边三年有余，北境粮食匮乏已经达到"人相食"的崩溃边缘。从如普视察反馈的情况来看，这些边军应当主要是由边郡负责提供军粮的，故称"边郡无以相赡"。前文已明言内地诸郡不堪征发之苦，流民、盗贼激增，后东北、西南战事又起，使得内地生产、运输军粮更加难以为继。而西北边郡本就陷于"饥馑"，无以自足，自然更无力供给数量庞大的边军。敦煌为西北缘边之郡，处于此种环境下更是难以为继。幸得如普进言，边境军队得以回归内地，使得敦煌郡等缘边地区的压力大大减轻。然好景不长，随着匈奴再度来袭，内地军队再次被派遣到北境驻守，早已不堪其苦的边境诸郡百姓开始大批逃亡内地。从王莽严令禁止来看，边民内逃者应是普遍现象，为避免边境更加空虚，故有此禁令。史籍虽无直接记载，然不难推知此时期敦煌郡人口减损于饥荒及逃亡内地的应不在少数。在这种情势下，王莽能维系敦煌郡局势已然不易，欲经敦煌出兵恢复西域统治便更是痴人说梦。

乌累单于在位期间（13—18），贪图王莽馈赠财物，对新莽表面上保持恭顺，"然寇盗如故"[②]。敦煌郡及河西其他诸郡皆在新匈战争中不断虚耗，军民困苦无以复加。与此同时，王莽改

---

① 《汉书》卷九九中《王莽传中》，第4138—4139页。

② 《汉书》卷九四下《匈奴传下》，第3828页。

制不休，致使“郡县赋敛，递相赇赂，白黑纷然”[①]。加之新莽与匈奴始终未能罢兵，到呼都而尸单于时，王莽再行诡诈，致使“匈奴愈怒，并入北边，北边由是坏败”[②]，故在新莽后期敦煌郡难免与其他缘边诸郡一样，在战争泥潭中愈陷愈深。

但或许相比北边、东北边而言，敦煌等河西诸郡所在的西北边境在前期所面临的匈奴军事压力最小。严尤在进谏中言道：“当在匈奴右部，兵不侵边，单于动静，辄语中国，此方面之大助也。”[③]“当”指匈奴的右骨都侯须卜当。须卜当是王昭君女婿，与其妻伊墨居次云平素主张与“中国和亲”[④]。须卜当为匈奴“用事大臣”[⑤]与妻云拥立了乌累单于，可见其在匈奴有着举足轻重的地位。又按匈奴制度：

图5-6 王昭君雕像

> 右王将居西方，直上郡以西，接氐、羌……各有分地，逐水草移徙。而左右贤王、左右谷蠡最大国，左右骨都侯

① 《汉书》卷九九中《王莽传中》，第4140页。
② 《汉书》卷九四下《匈奴传下》，第3829页。
③ 《汉书》卷九九下《王莽传下》，第4156页。
④ 《汉书》卷九四下《匈奴传下》，第3827页。
⑤ 《汉书》卷九四下《匈奴传下》，第3826页。

辅政。①

右骨都侯既居中枢辅佐单于，又于匈奴右部有“分地”，右部大致居河西走廊以北②，与新莽的西北边境对峙。须卜当在决定单于继承人问题中起到了关键作用便与“左右骨都侯辅政”的传统密不可分，其在匈奴中枢辅政地位无疑也会加强其在右部诸王中的权势。故须卜当在右部时，能约束右部“兵不侵边”，甚至与新莽暗通款曲，成为中原一大助力。当然，右部又有右贤王、右谷蠡王两大势力，须卜当未必能完全节制，但敦煌郡所处的西北边境所面临的匈奴侵逼相对较少应当是事实。天凤六年（19）③，随着王莽诱骗须卜当至塞，后胁持其入长安，强立为“须卜单于，欲出大兵以辅立之”④。匈奴呼都而尸单于盛怒之下，大举犯边，由此导致北边形势败坏。可以说正是因为王莽设计使须卜当离开匈奴，才导致匈奴亲新势力大减，由此反倒加剧了边境局势恶化。匈奴右部在失去须卜当约束后，自然只能紧随单于步伐，加入犯塞行列。所谓“北边由是坏败”⑤应当是指随着匈奴右部加入战局，新莽自西北至东北的整个北境防线开始全线面临匈奴侵寇，北境形势因此急转直下。如此一来，天凤六年（19）以后的敦煌郡所面临的战争威胁也应会大大提升便是显而易见的。

---

①《汉书》卷九四上《匈奴传上》，第3751页。

②《汉书·匈奴传上》记载匈奴儿单于时，“单于益西北。……右方兵直酒泉、敦煌”。则新莽时右部或仍居酒泉、敦煌以北。

③《资治通鉴》卷三八将须卜当入塞时间系于王莽天凤五年（18）。今采《汉书·王莽传下》，将之系于天凤六年（19）。

④《汉书》卷九四下《匈奴传下》，第3829页。

⑤《汉书》卷九四下《匈奴传下》，第3829页。

总之，新莽时期的敦煌郡大多情况下都在战争、饥荒、逃亡、课税增多、内政混乱等诸多不利因素交织下艰难支撑，摇摇欲坠。而随着新莽在西域统治的瓦解，敦煌郡失去西部的战略纵深，成为直面外敌的军事桥头堡，其战略地位却显得愈发重要。

第二节 新莽经敦煌对西域的治理

敦煌马圈湾出土汉简中有很多关于王莽时期敦煌和西域的记载，这对于研究敦煌的历史是非常珍贵的文献资料。新莽政府对西域地区的经营主要牵扯到两个事件：其一，始建国二年（10）的车师后部辅国侯狐兰支率部二千人投降匈奴及之后戊己校尉史

图5-7 马圈湾遗址旁边长城 （肖从礼 提供）

陈良、终带杀校尉刀护（一作“刁”）胁迫屯田吏士二千人投降匈奴；其二，天凤三年（16）焉耆王杀西域都护但钦反叛。前者使新莽戊己校尉屯田系统崩溃并失去对西域天山北部诸国的控制，后者直接导致新莽以西域都护为核心的西域统治秩序全面崩溃和西域的丢失。新莽政府举措失当在西域地区引起的危机对敦煌郡影响很大。以下我们将根据敦煌马圈湾汉简和《汉书·西域传》的有关记载探讨新莽政府经敦煌对西域的经营。

一、新莽对车师后部和戊己校尉两起反莽事件的处理

王莽辅政时期，车师后部便与戊己校尉徐普产生冲突，最后以车师后王姑句被王莽下令公开处死收场。换言之，车师后部与王莽早有嫌隙，到王莽篡位后，车师后部再次因供给使者之事与新莽产生激烈矛盾。《汉书·西域传下》记载：

> 建国二年，以广新公甄丰为右伯，当出西域。车师后王须置离闻之，与其右将股鞮、左将尸泥支谋曰：“闻甄公为西域太伯，当出，故事给使者牛羊谷刍茭，导译，前五威将过，所给使尚未能备。今太伯复出，国益贫，恐不能称。”欲亡入匈奴。戊己校尉刀护闻之，召置离验问，辞服，乃械致都护但钦在所埒娄城。置离人民知其不还，皆哭而送之。至，钦则斩置离。置离兄辅国侯狐兰支将置离众二千余人，驱畜产，举国亡降匈奴。①

此次车师后部“举国亡降匈奴”可谓是姑句降匈奴事件的翻版和升级，先王姑句之死未远，新王须置离又再次谋划投降匈奴。不

① 《汉书》卷九六下《西域传下》，第3925—3926页。

难推测姑句事件后，戊己校尉对车师后部的监控力度会增强，正因如此，这次谋划尚未实施便遭泄露。在此背景下，须置离还敢如此铤而走险，不计后果，究其根源是王莽频繁地搞出“新花样”（如“五威将”“右伯”）给西域诸国尤其是当道之国带来了沉重的负担。车师后部的遭遇不是个例，而是当时诸国共同面临的现实难题。西域诸国不但被贬抑名号（改王为侯），而且负担加重，于是导致了陈良等人视角下的“西域颇背叛”一幕的出现。至于车师后部的“举国亡降匈奴”不过是当时西域诸国人心向背的一个典型缩影。

《汉书·西域传下》又记载狐兰支叛汉事件的后续：

> 是时，莽易单于玺，单于恨怒，遂受狐兰支降，遣兵与共寇击车师，杀后城长，伤都护司马，及狐兰兵复还入匈奴。时戊己校尉刀护病，遣史陈良屯桓且谷备匈奴寇，史终带取粮食，司马丞韩玄领诸壁，右曲候任商领诸垒，相与谋曰：“西域诸国颇背叛，匈奴欲大侵，要死。可杀校尉，将人众降匈奴。”即将数千骑至校尉府……遂杀校尉刀护及子男四人、诸昆弟子男，独遗妇女小儿。止留戊己校尉城，遣人与匈奴南将军相闻，南将军以二千骑迎良等。良等尽胁略戊己校尉吏士男女二千余人入匈奴。①

从戊己校尉属官陈良、终带等人杀戊己校尉刀护叛降匈奴的事件来看，刚刚经历王莽篡位的西域并不稳定。官员们对新莽政府的向心力正处于历史低谷②，却遭逢匈奴纳降车师后部，击破车师

---

①《汉书》卷九六下《西域传下》，第3926页。

②《汉书·王莽传中》云：“西域但钦上言，九月辛巳，戊己校尉史陈良、终

后城长国，甚至“都护司马”亦为其所伤。戊己校尉驻地车师距匈奴甚近，而当时匈奴已撕毁“造设四条”，公然招降纳叛，并向新莽统治下的西域发动进攻。在此形势下，戊己校尉属官们忠诚度降低、恐惧感增强，因此出现了杀校尉、降匈奴的恶性事件。

匈奴先后接受车师后部狐兰支及戊己校尉属官势力的归附，在西域势力大增。而且之前乌珠留单于为姑句、唐兜二王说情，当下收容狐兰支、陈良等一系列事件为匈奴在西域树立了相对正面的形象。与此同时，王莽的统治愈发不得西域民心。前者王莽“改王为侯”已得罪西域上层，车师后部事件中，须置离是为减轻民众负担而谋划亡降匈奴，却遭处死。从当时车师后部民众“哭而送之”可以看出，民心倾向须置离。须置离之死使得新莽政府失去了车师后部的民心，这种负面影响很可能波及西域其他国家。显而易见，新匈双方在西域地区的影响力此消彼长，于是匈奴趁势“将人众寇击（西域）诸国”，新莽在西域的统治自然随之萎缩。这对于敦煌及河西而言都是极坏的情形。

车师后部狐兰支和戊己校尉史陈良、终带的反叛，基本结束了新莽政权在天山以北地区的统治。新莽政府不仅仅丢失对山北诸国的管理，还将西汉努力建立的车师戊己校尉屯田机构一并丧失。虽然其后新莽力图恢复中央政府在西域的管理，重新设置了西域都护和戊己校尉等机构，然结果却以失败告终。

二、新莽对焉耆反叛的处理及恢复西域统治的尝试

焉耆地处西域交通要道，又临近匈奴。始建国五年（13），

（接上页）带……自称废汉大将军，亡入匈奴……今狂狡之虏或妄自称亡汉将军，或称成帝子子舆……”由此观之，西汉虽亡，然其影响在官民心中根深蒂固。以陈良为代表的部分官员对新朝并不认可，故行事时仍尊汉朝名义。

“西域诸国以莽积失恩信，焉耆先畔，杀都护但钦”[①]，“莽不能讨”[②]。此前戊己校尉刀护已被陈良等人所杀，现西域都护但钦又为焉耆攻杀，至此维系新莽在西域统治的基本力量遭到毁灭性打击，新莽在西域统治遭到瓦解。

天凤三年（16），新莽政府“府帑虽未能充，略颇稍给”[③]。王莽便迫不及待派遣五威将王骏、西域都护李崇、戊己校尉郭钦等出西域，以恢复中央政府对西域的管理。《汉书·西域传》记载：

> 天凤三年，乃遣五威将王骏、西域都护李崇将戊己校尉出西域，诸国皆郊迎，送兵谷。焉耆诈降而聚兵自备。骏等将莎车、龟兹兵七千余人，分为数部入焉耆，焉耆伏兵要遮骏，及姑墨、尉犂、危须国兵为反间，还共袭击骏等，皆杀之。唯戊己校尉郭钦别将兵，后至焉耆。焉耆兵未还，钦击杀其老弱，引兵还。莽封钦为剿胡子。李崇收余士，还保龟兹。数年莽死，崇遂没，西域因绝。[④]

这次对焉耆的征讨基本上以新莽的失败而告终，主帅五威将王骏被杀，西域都护李崇收余众西退，还保龟兹，郭钦东归车师，由车师经玉门关回到敦煌。《汉书·王莽传中》亦载：

> 是岁，遣大使五威将王骏、西域都护李崇将戊己校尉出西域，诸国皆郊迎贡献焉。诸国前杀都护但钦，骏欲袭之，

---

① 《汉书》卷九九中《王莽传中》，第4133页。
② 《汉书》卷九六下《西域传下》，第3927页。
③ 《汉书》卷九九中《王莽传中》，第4142页。
④ 《汉书》卷九六下《西域传下》，第3927页。

> 命佐帅何封、戊己校尉郭钦别将。焉耆诈降，伏兵击骏等，皆死。钦、封后到，袭击老弱，从车师还入塞。莽拜钦为填外将军，封剿胡子，何封为集胡男。西域自此绝。①

王莽曾任王骏为奋武将军，为十二部将之一，命“出张掖”②，后久屯边塞。此时命其率军出敦煌入西域，意在恢复新莽在西域的统治。然王莽“积失恩信”③、贬斥诸国王号，早已激起西域很多小国的不满，于是才发生以焉耆为首的诸国攻杀但钦之事。王骏所部久屯不出，“吏士罢弊”④，待出塞入西域后，又有莎车、龟兹出兵相助，军力达到“七千余人”⑤。王骏军队向焉耆进发，先是遭遇焉耆埋伏，又有“姑墨、尉黎、危须国兵为反间”⑦，以

图5－8 “李崇之印信”铜印（新疆新和县⑥）（采自祁小山、王博《丝绸之路·新疆古代文化》，第158页）

① 《汉书》卷九九中《王莽传中》，第4146页。
② 《汉书》卷九九中《王莽传中》，第4121页。
③ 《汉书》卷九九中《王莽传中》，第4133页。
④ 《汉书》卷九四下《匈奴传下》，第3826页。
⑤ 《汉书》卷九六下《西域传下》，第3927页。
⑥ 属古龟兹地区，正印证了西域都护李崇退保龟兹、没于西域的史实。
⑦ 《汉书》卷九六下《西域传下》，第3927页。

致兵败被杀。李崇带领剩余的士兵退保龟兹，而新任戊己校尉郭钦与佐帅何封自领偏师后至，趁焉耆主力未归之际，袭击其国内老弱，后经车师退回敦煌郡。

关于这场焉耆战争，敦煌马圈湾汉简记载了更多的细节，首先是西域各国在焉耆战争中的表现：

1.逮子、詛呼、郁立师、卑陆侯，皆举国徙人民（马圈湾67）

2.车师，略诸侯，欲以威西域，贪狼桀黠狂狡，尤[①]为诸国贼乱，戊部众（马圈湾72）

3.东叶捷翕侯，故焉耆侯虏逗妻，即鄯善女（马圈湾65）

4.今共奴已与鄯善不和，则中国之大利也，臣愚以为钦将兵北（马圈湾66）

5.暴深，人民素恶共奴，尚隐匿深山危谷（马圈湾73）

6.空诸国不止，车师前附城诩行侯事，诩兄子外亡嗣当代（马圈湾84）

7.故车师后亡侯虏支，将诸亡国千余人（马圈湾85）

8.故车师后亡侯弟虏布，将兵二千余人（马圈湾86）

9.车师侯伯与妻子人民桼十桼人，愿降归德，钦将伯等及乌孙归义（马圈湾88）

10.岠恭奴，遮焉耆，殄灭逆虏（马圈湾98）

11.共奴与焉耆通谋，欲攻车师、戊部孤军、大都护（马圈湾119）

---

①《敦煌马圈湾汉简集释》作“左”，据胡平生《敦煌马圈湾木简中关于西域史料的辨证》一文（以下简称“胡文”）改为“尤”。

12.□南将军焦捇乘其力，子男皆死，今恭奴言鄯善反我，鄯善（马圈湾114）

13.击虏兵，立三面，解诸国，传闻南逆将军已伏诛，立速持（马圈湾106）

14.焉耆虏还且将黍八千人皆发，与南将军期会车师（马圈湾149）

15.车师侯其莫乃去，所部遣吏士三百余人夜往胥射之（马圈湾113）

16.共奴虏可千骑来过敦，诸尉吏在者，至鄣所部据城（马圈湾115）

17.车师绝水草道，使可以处塞，恐民与畜不能西自到者校以使利□（马圈湾862）

18.小昆弥、卑爰疐和亲，共治国大善，若不相信内计未（马圈湾486）

19.尉与车师前侯诩、车师伯、卑爰疐诸子俱求度，以已巳到，如律令。（马圈湾89A）

正月丙辰移书敦德 草（马圈湾89B）

20.已校吏士妻子羸弱，乌孙归义侯疐诸子始到大煎都候鄣（马圈湾90）

21.尉相闻徼其精勇，以坏龟兹、车师诸国，大煎都候鄣近于西域。（马圈湾108）

以上诸简皆是马圈湾出土涉及征伐西域之事的文书，胡平生《敦煌马圈湾木简中关于西域史料的辨证》称有关西域的木简总数在100支左右，胡氏又对其中87枚简排定次序，进行了细致考察，上文所引便是其中涉及王莽军战败后西域态势的部分简文

图5-9 马圈湾汉简65—70 （肖从礼 提供）

(除18简时间较早，或在王莽篡汉前)，排序依据胡文①。

另外，胡氏已就马圈湾汉简考证出焉耆之战的时间是约在天凤三年（16）六月，战争经过是：王骏遭伏击身亡，西域都护李崇收拢残部转移，何封、郭钦击焉耆老弱后，退往戊部屯田地及车师一线，遂向王莽求援，请求河西四郡精兵驰援西域。约在九

① 胡平生《敦煌马圈湾木简中关于西域史料的辨证》，《胡平生简牍文物论稿》，上海：中西书局，2012年，第196—212页。

十月间，王莽命河西精兵开赴西域，增援军队计有三批，因路途遥远，补给线过长，援军进兵苦难，吏士马畜损失惨重。后退守戊部、车师一带的王莽军面对焉耆裹挟车师后部等国与匈奴联合进攻而作战失利，只得向关内撤退①。这些考证结论基本可信，但在具体细节方面仍有继续讨论的空间。

从这些简文的内容来看，焉耆之战对西域影响很大。“共奴”“恭奴”即指匈奴②。疌子（捷枝）、詔呼（狐胡）、郁立师、卑陆侯（卑陆后）等西域诸国靠近车师、焉耆，应是在王莽军战败西域后，受到匈奴、焉耆军事压力而被迫“皆举国徙人民”，这些小国应是在王莽军征焉耆之战中支持王莽，因此战后落得如此下场。车师在经历后部狐兰支和戊己校尉史陈良、终带的反叛后，仍然存在亲莽势力，“车师侯伯与妻子人民桼十桼人，愿降归德”即是明证，佐帅何封、戊已校尉郭钦在袭击焉耆老弱后选择“从车师还入塞”的重要原因之一应当就是当时车师地区还存在亲莽势力。当然另外的客观因素应当是姑墨、尉犁、危须三国倒向匈奴、焉耆一方后，何封、郭钦军后路已断，只能选择从车师方向突围。再者，车师既然存在亲莽势力，那么王莽军可与车师军并力对付匈奴、焉耆。还有就是鄯善的态度，通过“故焉耆侯虏逌妻，即鄯善女”“今共奴已与鄯善不和”“今恭奴言鄯善反我”这几条来看，鄯善与焉耆来往密切，曾有联姻关系，匈奴已与鄯善不和表明两国的确存在交好或者联盟关系，新莽一方得到了匈奴与鄯善交恶的情报，然而匈奴一方却散布鄯善反莽的情报，对于鄯善的立场我们难以完全确定，但这些相互冲突的情报应当也会使王莽军怀疑鄯善的真实态度，这也是王莽军

① 胡平生《敦煌马圈湾木简中关于西域史料的辨证》，第196—212页。

② 《汉书·匈奴传下》记载王莽：“号匈奴曰‘恭奴’，单于曰‘善于’。”

没有选择取道鄯善入塞的重要因素之一。

何封、郭钦率领的这支王莽军在抵达车师后，得到车师的支持。又从“车师侯伯与妻子人民桼十桼人，愿降归德，钦将伯等及乌孙归义”来看，当时还有乌孙部分势力降附于郭钦，联系“乌孙归义”“小昆弥、卑爰疐和亲”“乌孙归义侯疐”数条来看，所谓“钦将伯等及乌孙归义”应指郭钦率王莽军联合车师侯伯及乌孙归义侯卑爰疐诸子势力抵御匈奴、焉耆，“歫恭奴，遮焉耆”反映的应当就是这段历史。《汉书·西域传下》记载卑爰疐是小昆弥末振将之弟：“至元始中，卑爰疐杀乌日领以自效，汉封为归义侯。两昆弥皆弱，卑爰疐侵陵，都护孙建袭杀之。”[①]可见曾作为乌孙国内凌驾于两昆弥之上的归义侯卑爰疐很可能在西汉末已经身死，到此时卑爰疐诸子投奔郭钦的王莽军，或许是在卑爰疐死后，归义侯一脉势力在乌孙已然失势，故为自保选择降附新莽。

何封、郭钦率王莽军至车师后，《汉书·王莽传中》仅有“从车师还入塞”寥寥数言，但从“共奴与焉耆通谋，欲攻车师、戊部孤军、大都护”来看，匈奴、焉耆军队与王莽军在车师再次交战，以上诸简中记载的“故车师后亡侯虏支，将诸亡国千余人”“故车师后亡侯弟虏布，将兵二千余人”“击虏兵，立三面，解诸国，传闻南逆将军已伏诛，立速持”“焉耆虏还且将桼八千人皆发，与南将军期会车师”表明参与车师之战的敌对势力包括投降匈奴的车师后部支、布统率的三千余人、焉耆的八千人及匈奴南将军统率的军队，仅仅车师后部与焉耆的军队已逾万人，再加上匈奴军队，可以想见这场车师战争的规模之大。最终何封、郭钦被迫撤出车师，撤回敦煌的一个重要原因就是敌军力

① 《汉书》卷九六下《西域传下》，第3910页。

量过于强大。另外，如粮食、兵器、御寒衣物难以补充，伤病困扰等因素，都是王莽军无法坚守车师的重要原因。这些因素在马圈湾汉简有所反映：

图5-10 敦煌马圈湾遗址 （肖从礼 提供）

22.戊部乱军□食财货尽，兵器败伤箭且众（马圈湾122）

23.前大司马以兵出，未知审所之有不，盛寒唯为乞衣（马圈湾126）

24.谷气，以故多病物故，今茭又尽，校（马圈湾169）

此外，关于敦煌郡在此次西域之战中的表现及西域战败对敦煌郡的影响在马圈湾汉简中亦有记载。上文诸简中的马圈湾115 简

“共奴虏可千骑来过敦，诸尉吏在者，至鄣所部据城”，108简“尉相闻徼其精勇，以坏龟兹、车师诸国，大煎都候鄣近于西域”反映的应当是王莽军兵败西域后，匈奴已经派兵经略龟兹、车师诸国，并且派出千人数量的骑兵逼近敦煌，于是玉门都尉下辖的大煎都候障开始警戒防御，“诸尉吏在者，至鄣所部据城”也是一派防御景象。还有马圈湾汉简记载了敦煌郡在战争过程中及战后安置败军的表现：

25.二十六日，上急责发河西三郡精兵（马圈湾51）

26.假敦德库兵奴矢五万枚，杂驱三千匹，令敦德稟食吏士，当休马审处（马圈湾80）

26.乏，故将吏士诣敦德，今车师诸国空，黠虏久疲，□[①]三辈兵宜（马圈湾79）

27.没校妻子皆为敦德还，出妻计八、九十口，宜遣吏将获续食（马圈湾116）

28.□煌[②]郡素少谷，今校部众续到，前遣人（马圈湾154）

29.候鄣，愿降归德。臣厶窃见大都护崇檄与敦德尹，亡已得乘姑墨城，毋□数西（马圈湾91）

“敦德”即敦煌，这些记载表明敦煌郡在焉耆之战失利后派遣援兵时，曾出精兵西征，并且敦煌郡还需要负责给河西四郡兵提供武器、粮食、牲畜等军资。待王莽败军自车师还塞，敦煌郡还要继续负责安置这些败军及其家属与“车师前侯诩、车师伯、卑爰

① 《敦煌马圈湾汉简集释》作“获狱”，据胡文改为“疲□”。
② 《敦煌马圈湾汉简集释》作“□为”，据胡文改为“□煌”。

疐诸子”。而“素少谷”则反映出敦煌郡前后负担这些军队、家属、西域来员的粮食殊为困难，或许需要从其他地方调粮补充。此外，敦德尹也即敦煌太守还要充当西域都护李崇与新莽政府之间的通信的“桥梁”。总之，新莽政府意图重建西域都护、戊己校尉，恢复在西域统治的军事行动宣告失败，其西北疆域被迫收缩至敦煌郡。与此同时，敦煌郡面临的军事压力大增，且因这场战争牵累，敦煌郡需要承受极重的负担，这对其发展而言可谓雪上加霜。

第三节 新末至东汉初敦煌及河西地区的归属变迁

新朝末年，王莽对外战事不断，对内改制频繁，致使百姓苦不堪言，各地纷纷暴动，中央难以压制，天下由此大乱。当时各地起事者难以计数，其中以赤眉、绿林、铜马等起义军势力最强。在此背景下，西汉皇室后裔——刘氏宗族与绿林等起义军合作进行“反新复汉”，而以刘玄为主君的更始政权成为新末第一个崛起并将势力扩展至全国的政权。天水隗嚣先据河陇，敦煌郡属之。其后隗嚣依附更始，更始遂统有包括敦煌在内的河西诸郡。更始败亡后，敦煌郡所处的河西地区在窦融治下开始进入富民强兵、保境自守的新阶段。之后窦融经过数次审时度势后，最终引领河西归顺东汉。其实从新末到东汉初这一阶段不过十余年时间，然敦煌郡及所属河西地区数易其主，至于正朔改易更是频繁。以下便对此阶段河西的归属变迁进行梳理、分析，并兼述敦煌郡在其不同历史时段的具体表现。

一、隗嚣与更始对敦煌及河西的先后掌控

（一）更始政权崛起与隗嚣占据河陇

新莽地皇三年（22），南方起事的绿林军，分为下江、新市、

平林三部。此年，刘縯、刘秀兄弟亦率舂陵子弟起事反莽，先招致“新市、平林兵”[①]，后又联合下江兵，进逼宛城。当时刘玄（字圣公）便在平林军中。

四年（23）正月，刘汉军与下江、新市、平林联军击破新莽甄阜、梁丘赐部，“百姓日有降者，众至十余万”[②]。当时“众虽多而无所统一，诸将遂共议立更始为天子”[③]。刘玄在平林中号“更始将军”，故史籍中以“更始”称之。二月辛巳，刘玄即帝位，“建元曰更始元年”[④]，以更始帝刘玄为首的“汉”政权自此建立。刘玄即位是南阳诸刘与绿林诸军妥协的结果，故更始政权建立之初就存在明显的派系对立与斗争。

三月，王凤、刘秀率众兵发颍川，攻下昆阳、定陵等地。于是，王莽命王寻、王邑集结四十余万大军，兵围昆阳。后刘秀外寻援兵，最终以少胜多解昆阳之围，大破敌军。昆阳之战成为汉、新两军的重要转折点，此役击破王莽主力，使新莽迅速走向崩溃。同时，刘縯攻陷宛城，更始以之为都。随着刘縯、刘秀兄弟功勋愈著、威望日隆，更始帝刘玄与新市、平林诸将越发忌惮，于是合谋杀害刘縯。刘秀驰归宛城谢罪，因表现恭顺躲过一劫。虽然更始政权此次内讧短期内并未影响其势力发展，但是刘縯被害无疑加速了内部分裂，为其最终覆灭埋下了伏笔。

更始政权在南阳郡发展壮大之际，天水隗崔等人也图谋起兵响应，“遂聚众数千人，攻平襄，杀莽镇戎大尹”[⑤]。新莽“改

---

① ［南朝宋］范晔撰，［唐］李贤等注《后汉书》卷一上《光武帝纪上》，北京：中华书局，1965年，第3页。

② 《后汉书》卷十四《刘縯传》，第551页。

③ 《后汉书》卷十一《刘玄传》，第469页。

④ 《后汉书》卷十一《刘玄传》，第469页。

⑤ 《后汉书》卷十三《隗嚣传》，第513页。

郡太守曰大尹”[①]，改“天水”为“填戎”，此应讹为“镇戎”。即隗崔等率众攻杀天水太守，占领该郡。后起事者共推隗嚣为主。于是，隗嚣自称“上将军”，改年号为“汉复”，以示复兴汉朝之意。此年（23）七月，隗嚣祭祀汉朝先帝，移檄周边郡国，实力迅速壮大。随后“嚣乃勒兵十万，击杀雍州牧陈庆”[②]，又占安定郡。随之攻略河西诸郡。《后汉书·隗嚣传》记载：

> 而长安中亦起兵诛王莽，嚣遂分诸将徇陇西、武都、金城、武威、张掖、酒泉、敦煌，皆下之。[③]

又据居延新简记载：

> 复汉元年十一月戊辰，居延都尉领甲渠督藨掾，敢言之，诚北（EPF22：423）[④]

考察史实，更始元年（23）九月，三辅义兵攻入长安，长安亦起兵杀莽[⑤]。如此约在九月，隗嚣遣诸将攻略河西。居延简有“复

① 《汉书》卷九九中《王莽传中》，第4103页。

② 《后汉书》卷十三《隗嚣传》，第519页。

③ 《后汉书》卷十三《隗嚣传》，第519—520页。

④ 居延新简的简号是统一的，这些简在《居延新简释校》等相关出版物中都可以检索到，页码不再赘注。以下引用诸简可参甘肃省文物考古研究所等编《居延新简：甲渠候官与第四燧》，北京：文物出版社，1990年；甘肃省文物考古研究所等编《居延新简·甲渠候官》，北京：中华书局，1994年；中国简牍集成编委会编《中国简牍集成》第9—12册，兰州：敦煌文艺出版社，2001年；马怡、张荣强主编《居延新简释校》，天津：天津古籍出版社，2013年；张德芳主编《居延新简集释》，兰州：甘肃文化出版社，2016年。

⑤ 《汉书·王莽传下》称在“十月”，其余《后汉书·光武帝纪上》《后汉书·刘玄传》《资治通鉴》卷三九皆称“九月”，今从“九月”之说。

汉”年号，这与隗嚣“汉复”年号，略有出入，薛英群疑简文“复汉”为“汉复”之误，即认为此为隗嚣年号[①]，应是。同时亦不排除史籍讹误汉简为真的可能。这可佐证隗嚣势力曾到达居延，时间至迟在十一月。如此，敦煌等诸郡“皆下之”的说法是可靠的。则这时期的敦煌等河西诸郡皆奉隗嚣为主，尊其年号。具体而言，此时隗嚣据有安定、天水、陇西、武威、金城、张掖、酒泉、敦煌、武都等河陇九郡之地[②]。

从该简文亦可得知，隗嚣统御河西后，废除王莽新制，恢复西汉制度。新莽改易名号，改“甲渠”为“甲沟”，改“居延都尉”为“居成太尉”[③]。到隗嚣时，则皆恢复汉时名称，这与其起兵檄文中宣称的“遵高祖之旧制，修孝文之遗德”[④]恰相吻合。不难推知，此时敦煌郡也在隗嚣治下恢复旧称。

（二）隗嚣应征入朝与更始控制凉州

更始元年（23）九月，隗嚣攻略河陇之际，新莽覆灭，更始攻占长安、洛阳。十月，更始帝迁都洛阳，此时其已颇具天下之主的气象。于是更始帝“使使者徇郡国，曰：‘先降者复爵位’”[⑤]，以此晓喻四方昭示汉朝兴复，督促原新莽官吏归顺更始。《后汉书·刘赐传》记载：

> 更始欲令亲近大将徇河北，未知所使。赐言诸家子独有

---

① 薛英群《新获居延简所见窦融》，《社会科学》1979年第1期，第62页。

② 李晓杰《东汉政区地理》，济南：山东教育出版社，1999年，第267—268页。

③ 居延都尉在新莽时期数次改名，最终至迟在地皇二年（21）七月改为居成太尉。详参魏振龙《新莽时期居延的更名及隶属关系考辨——以居延都尉为中心》，李学勤主编《出土文献》第15辑，上海：中西书局，2019年，第341—353页。

④《后汉书》卷一三《隗嚣传》，第519页。

⑤《后汉书》卷一六《寇恂传》，第620页。

> 文叔（刘秀）可用，大司马朱鲔等以为不可，更始狐疑，赐深劝之，乃拜光武行大司马，持节过河。[①]

刘秀成功脱离更始帝及新市、平林势力的掌控后，在河北延揽才俊，发展自身势力。二年（24）二月，更始复迁都长安，“下诏大赦……三辅悉平”[②]。在基本稳定关中局势后，更始政权又开始谋定关中以西的河陇地区，故“遣使征嚣及崔、义等”[③]。

《后汉书·隗嚣传》记载：

> 嚣将行，方望以为更始未可知，固止之，嚣不听。望以书辞谢而去……嚣等遂至长安，更始以为右将军，崔、义皆即旧号。其冬，崔、义谋欲叛归，嚣惧并祸，即以事告之，崔、义诛死。更始感嚣忠，以为御史大夫。[④]

面对更始遣使来征，隗嚣集团内部存在以军师方望为代表的反对声音。然最终隗嚣不敢违逆声威正隆的更始之意，选择携隗崔、隗义入朝觐见。隗嚣至长安后，留任朝中，不再放归陇右。隗嚣等三人困居长安，形同软禁，故此“崔、义谋欲叛归”，而隗嚣反倒凭借告发有功获得了更始帝的信任。

隗嚣入朝前后，更始政权开始将自身势力延伸至河陇地区。居延汉简中发现有数枚属于更始二年正月的简，这表明至迟到更始二年（24）正月河西已经改用“更始”年号。即在更始迁都长安、隗嚣入朝之前，河西已改奉更始正朔。足证更始影响所及，

① 《后汉书》卷一四《刘赐传》，第565页。
② 《汉书》卷九九下《王莽传下》，第4193页。
③ 《后汉书》卷一三《隗嚣传》，第520页。
④ 《后汉书》卷一三《隗嚣传》，第520页。

已至河西[①]。隗嚣奉诏入朝前，河西应还在其掌握中，则此时河西改奉更始年号并不代表更始政权已能实际控制河西，而是隗嚣以尊奉正朔方式向更始政权表示效忠之诚意。

李晓杰认为隗嚣入朝后，“其所据九郡亦当随之改属更始控制……然更始对该地区的控制及隗嚣对更始的归附亦徒具形式而已，隗嚣的割据势力依然存在”[②]。因此李氏将河陇九郡归入更始政权间接控制地区，即所谓“接受更始封号而实际仍有独立性的割据政权所控制之地区”[③]。隗嚣归附后更始政权随之控制河陇九郡当无疑义，但更始政权对河陇九郡仅仅只是徒具形式的间接控制吗？其实不然，至少从该地区的官员任免情况来看，李氏之说难以成立。

更始帝居洛阳时便已觊觎河陇地区，并对经略河陇作出前期部署。《后汉书·郑兴传》记载：

> 更始立，以司直李松行丞相事，先入长安，松以兴为长史，令还奉迎迁都。更始诸将皆山东人，咸劝留洛阳。兴说更始曰：“陛下起自荆楚，权政未施，一朝建号，而山西雄桀争诛王莽，开关郊迎者，何也？此天下同苦王氏虐政，而思高祖之旧德也。今久不抚之，臣恐百姓离心，盗

① 钟良灿《两汉之际河西所奉正朔考——以居延汉简年号简为中心》，《内蒙古大学学报（哲学社会科学版）》2017年第2期，第64页。

② 李晓杰《东汉政区地理》，第253页。

③ 李晓杰《东汉政区地理》，第246页。钟良灿认为“更始政权从未真正统治河西地区……当时的地方势力是承认更始政权的正统地位的”，这一说法与李氏间接统治看法类似。详见氏著《两汉之际河西所奉正朔考——以居延汉简年号简为中心》，《内蒙古大学学报（哲学社会科学版）》2017年第2期，第64页。

> 贼复起矣。……今议者欲先定赤眉而后入关，是不识其本而争其末，恐国家之守转在函谷，虽卧洛阳，庸得安枕乎?”更始曰：“朕西决矣。”拜兴为谏议大夫，使安集关西及朔方、凉、益三州，还拜凉州刺史。会天水有反者，攻杀郡守，兴坐免。[①]

郑兴随李松攻入关中，可谓是更始政权最早进入长安的官员。他负责协助李松打前站，为更始迁都扫清障碍。当时三辅尚未安定，诸义军形势错综复杂，乃至陇右隗嚣也遣兵参与长安攻城之战[②]。于更始而言，好消息是诸多势力皆“用汉年号，以待诏命”[③]。鉴于这种局面，郑兴才力劝更始帝趁此大势，抢占关中，还于旧都，以此占据大义名分，可迅速底定天下。以时势观之，郑兴之说实际上颇具远见。隗嚣能够在极短时间内夺取陇右、席卷河西的重要原因就是打出复兴汉朝的旗号。当时“天下同苦王氏虐政”，而敦煌等河西诸郡本就最为“饥馑”，又须对抗匈奴，可谓受王莽虐政之苦尤甚。故隗嚣仅以“汉复”旗号就能轻易传檄而定河西。但这种统治还不牢固，更多的是被大势裹挟而仓促改弦更张。因此，郑兴主张加快安抚山西（泛指关中及朔方、凉、益三州之地）百姓，争取人心是极有必要的。正因如此，更始帝迁都长安不久便征隗嚣入朝，显然是为防止拖延日久，河陇人心尽归隗氏，则汉室无向西施展之余地。

关于郑兴受命安集的地区，其中关西指传统的关中三辅地区，关于凉州、益州，《汉书·地理志上》云：“至武帝……改

① 《后汉书》卷三六《郑兴传》，第1217—1218页。

② 《汉书》卷九九下《王莽传下》，第4190页。

③ 《后汉书》卷一一《刘玄传》，第469页。

雍曰凉，改梁曰益。”[①]王莽时又改凉州为雍州，此时又复汉旧称。凉州大致为河西、陇右地区，益州大致为汉中、蜀地。从时间层面来看，更始帝迁都长安前已派郑兴“安集关西及朔方、凉、益三州”。另据《后汉书·梁统传》记载梁统：“更始二年，召补中郎将，使安集凉州。”[②]“安集凉州”的使命与郑兴任命相似，两项任命恐皆在迁都长安前，即梁统与郑兴很可能被同批派遣。其中郑兴是此次任务的总负责人，而梁统仅负责凉州。当然也可能这是隗嚣入朝后更始的任命，难以确凿。即便如此，梁统安集凉州也当属更始安集关西及朔方、凉、益三州整体战略的重要组成部分。关中及周边地区的稳定是更始政权能够定都关中的基石，因此这一战略始于更始迁都长安前，到迁都完成后也会继续执行。由此足见更始对河陇地区的布局之深远。

在隗嚣据河陇、公孙述据蜀地形势下，推测郑兴这批先遣者的任务大概是：收集关中及周边各方势力具体情报，并劝说诸方归附更始。据此可更进一步分析郑兴“还拜凉州刺史”的背景。一来应是为酬其力谏迁都、进言安集山西之功；二来应是其任务完成情况较好，相信隗嚣入朝便与郑兴安集西方有着密切关联；三来极有可能此时隗嚣已然入朝，否则更始恐难以越过隗嚣管理凉州。如此更始帝将隗嚣留任长安后，应当是迅速派遣了亲信官员分别担任河陇要职。此举意在加强中央集权，对以隗嚣为首的陇右地方势力而言无疑是一种削弱，这也是促成“崔、义谋欲叛归”的又一重要因素。即隗崔、隗义一方面是不满久困长安，另一方面应是担忧更始系势力逐渐渗入河陇，瓦解隗氏根基，才不惜铤而走险谋划西归以重掌陇右局势。

---

① 《汉书》卷二八上《地理志上》，第1543页。

② 《后汉书》卷三四《梁统传》，第1165页。

隗崔、隗义谋划逃归而伏诛与天水反叛二事之间或许也有微妙联系。隗嚣集团根基主要是在天水[①]，故其对天水的掌控可居河陇诸郡之首。偏巧郑兴就任凉州刺史后，天水发生叛乱乃至郡守被杀，反叛者能够轻易颠覆天水格局，其背后很可能是隗嚣集团的默许乃至支持。我们推测天水的隗嚣势力很可能已与长安的隗崔、隗义取得联络，待二人逃归天水，天水势力便起事反叛更始。其后或是崔、义二人先遭屠戮，故天水势力策动叛乱以示报复；或是天水势力先策动叛乱，以此向更始政权施压，争取隗嚣及崔、义二人的回归。然更始仍无意放隗嚣等回归天水稳定局势，于是崔、义被迫铤而走险。由此来看，天水叛乱与崔、义二人逃归两个事件很可能存在关联，并且这两个事件皆属天水乃至陇右地方势力反对更始系势力介入造成的矛盾激化。

更始帝能够对凉州刺史这一要职进行任免，表明其已掌握了河陇地区的官吏任免权。事实上，除郑兴任凉州刺史外，更始政权对凉州诸郡、属国亦是采取官员调动的方式进行管理统治。《后汉书·梁统传》记载："更始二年，召补中郎将，使安集凉州，拜酒泉太守。"[②]《后汉书·窦融传》亦云："（赵）萌为言更始，乃得为张掖属国都尉。"[③]此前天水太守应亦为更始任命，故其被杀才会牵连郑兴免职。虽然现已无法考稽更始政权对凉州诸郡派遣官员的具体情况，但是通过任命梁统、窦融等进入河西位列要职这一情况来看，更始对原属隗嚣的诸郡能够行使官吏任免权。尤其隗嚣老巢——天水太守都是由更始任命，遑论其他诸

---

① 《后汉书·隗嚣传》记载："隗嚣字季孟，天水成纪人也。少仕州郡。……季父崔，素豪侠，能得众。闻更始立而莽兵连败，于是乃与兄义及上邽人杨广、冀人周宗谋起兵应汉。"可见隗嚣及起事核心成员均系天水人。

② 《后汉书》卷三四《梁统传》，第1165页。

③ 《后汉书》卷二三《窦融传》，第796页。

郡。如此一来，凉州上至刺史，下至太守、属国都尉，更始政权皆可进行任命，且事后证明更始所任命的梁统、窦融确实能掌握军政实权，则凉州军政的部分实权已收归更始中央。也即更始政权在一定程度已经能够直接控制隗嚣所据旧地，由此可见李氏之说不确。虽然这期间隗氏等陇右势力亦进行了反抗，但这并不意味着天水郡形势已经脱离了更始政权的掌控。何况天水不过一郡之地，即便局势糜烂，也不足以表明原属隗嚣之九郡尽皆发生叛乱脱离更始统治。尤其是窦融、梁统直到更始败亡才联结五郡保境自立，证明更始对河西的人事调整还是取得一定成效的，至少更始中央崩溃前其所任命的河西要员并未出现反叛举动。

总之，更始政权能够直接控制凉州，但其统治并不稳固。以上列举的几个典型官职的任命，仅能证明更始政权有能力对原属隗嚣的河陇九郡，尤其是并非其核心统治区的河西诸郡进行重新洗牌，但这却并不意味着更始对这一区域的权力再分配已经彻底完成。现有史料无法证明更始在河西的统治能下沉至县，甚至无法确认除张掖属国都尉、酒泉太守之外的其他太守、都尉是否经过更始政权任命承认或向更始表达过效忠之意。如此，可得出结论：更始政权已具备了重塑河西的资格和能力，并通过任免官员的方式实现了对河西部分地区有限度的控制，但其很可能尚未控制全部郡县，也未及实现更加深入的统治。因为更始政权仅仅在一年后便迅速败亡，注定没有充足的时间巩固其在河西的统治。

事实上不仅是更始统治不稳固，隗嚣也面临同样难题。隗嚣占据敦煌等河西诸郡不过数月，便应召入朝。隗嚣势力是以天水郡为核心将其影响向外辐射，但将影响力渗透到敦煌等地需要时间，这种过程难以一蹴而就。由此角度观之，不论是隗嚣还是更始，对于敦煌及河西的统治都相当脆弱，这就为之后河西独立发展埋下了伏笔。

二、隗嚣还据故地及河西五郡的起兵保境

（一）隗嚣据“故地”已失河西敦煌

更始二年（24），更始政权开始控制包括敦煌郡在内的河西诸郡。次年（25）夏，随着赤眉军攻入关中，更始政权岌岌可危。隗嚣时在长安，积极谋划出路。《后汉书·隗嚣传》记载：

> 流闻光武即位河北，嚣即说更始归政于光武叔父国三老良，更始不听。诸将欲劫更始东归，嚣亦与通谋。事发觉，更始使使者召嚣，嚣称疾不入，因会客王遵、周宗等勒兵自守。更始使执金吾邓晔将兵围嚣，嚣闭门拒守；至昏时，遂溃围，与数十骑夜斩平城门关，亡归天水。复招聚其众，据故地，自称西州上将军。①

面对刘秀自立河北、赤眉攻入关中的局面，隗嚣先劝更始帝归政刘秀叔父刘良，以获取刘秀支持，此议不成后又与诸将谋劫更始帝东归，不料更始帝先发制人，迫使隗嚣逃归其大本营天水郡。隗嚣能轻易招聚旧部重据故地，更印证了此前天水反叛与隗嚣旧部有关，也说明更始政权对天水及陇右统治的脆弱。此处隗嚣所据“故地”是否仍指其曾经掌控的河陇九郡呢？这一点值得商榷。

《后汉书·窦融传》记载：

> 是时，酒泉太守梁统、金城太守厍钧、张掖都尉史苞、酒泉都尉竺曾、敦煌都尉辛肜，并州郡英俊，融皆与为厚

① 《后汉书》卷一三《隗嚣传》，第521页。

> 善。及更始败，融与梁统等计议曰："今天下扰乱，未知所归。河西斗绝在羌胡中，不同心勠力，则不能自守；权钧力齐，复无以相率。当推一人为大将军，共全五郡，观时变动。"议既定，而各谦让，咸以融世任河西为吏，人所敬向，乃推融行河西五郡大将军事。[①]

河西五郡在更始败亡后，开始图谋保境自守，最终推选窦融代理[②]河西五郡大将军，如此河西五郡归于窦融。《后汉书·梁统传》亦将此事时间系于"会更始败，赤眉入长安"[③]。关于隗嚣逃出长安时间，《资治通鉴》系于建武元年（25）六月[④]，"九月，赤眉入长安"[⑤]，更始败亡。由此，隗嚣重据天水时，更始政权尚未败亡。又据上文可知，更始政权为掌控凉州已经派遣了郑兴、梁统、窦融等军政要员，《后汉书·卢芳传》又载："更始至长安，征芳为骑都尉，使镇抚安定以西。"[⑥]安定以西应也包括河西地区。由此不难发现，隗嚣虽然重返天水，但是经过更始政权一年时间的"掺沙子"，此时的河陇局势已与隗嚣入朝前不可同日而语。从不久后河西五郡开始联合自立来看，隗嚣重返天水后应当无力再控制河西局面，其势力至多不过陇右数郡。李晓杰认为隗嚣当时已不能直接控制河西五郡。又，《后汉书·窦

---

① 《后汉书》卷二三《窦融传》，第796—797页。

② "行+官职+事"有临时兼摄某官之意。一般而言，下级官吏可在职级相近的上级官吏出缺时，暂时代理其职。兼行者只是临时兼任，新官到任即罢。

③ 《后汉书》卷三四《梁统传》，第1165页。

④ ［宋］司马光编著，［元］胡三省音注《资治通鉴》卷四〇，汉光武帝建武元年，北京：中华书局，2013年，第1319页。

⑤ 《后汉书》卷一上《光武帝纪上》，第24页。

⑥ 《后汉书》卷一二《卢芳传》，第506页。

融传》称“五郡其时已为窦融所统”[①]。这一说法并不准确，从现有史籍记载来看，当更始败亡的消息传至河西后，五郡才决定联合保境自立。这意味着在隗嚣回归天水至更始败亡这一时期，河西五郡尚未为窦融所统，此区域依旧归属更始政权统治。因此更始政权对河西地区的经营在一定程度上是有效的，它至少打破了隗嚣势力在河陇地区一家独大的局面。则直至建武元年（25）九月前，敦煌郡尚处于更始政权统治下，未重新归入隗嚣治下。

（二）敦煌郡参与河西“起兵保境”

随着更始政权的垮台，河西地区开始进入窦融时代。关于窦融其人生平及敦煌等河西五郡归于窦融的经过，《后汉书·窦融传》记载最详：

> 融早孤。王莽居摄中，为强弩将军司马……女弟为大司马王邑小妻。……王莽末，青、徐贼起，太师王匡请融为助军，与共东征。
>
> 及汉兵起，融复从王邑败于昆阳下，归长安。汉兵长驱入关，王邑荐融，拜为波水将军……莽败，融以军降更始大司马赵萌，萌以为校尉，甚重之，荐融为钜鹿太守。
>
> 融见更始新立，东方尚扰，不欲出关，而高祖父尝为张掖太守，从祖父为护羌校尉，从弟亦为武威太守，累世在河西，知其土俗，独谓兄弟曰：“天下安危未可知，河西殷富，带河为固，张掖属国精兵万骑，一旦缓急，杜绝河津，足以自守，此遗种处也。”兄弟皆然之。融于是日往守萌，辞让钜鹿，图出河西。萌为言更始，乃得为张掖属国

① 李晓杰《东汉政区地理》，第268页。

> 都尉。融大喜，即将家属而西。既到，抚结雄杰，怀辑羌虏，甚得其欢心，河西翕然归之。
>
> 是时，酒泉太守梁统、金城太守厍钧、张掖都尉史苞、酒泉都尉竺曾、敦煌都尉辛肜，并州郡英俊，融皆与为厚善。及更始败，融与梁统等计议曰："今天下扰乱，未知所归。河西斗绝在羌胡中，不同心戮力，则不能自守；权钧力齐，复无以相率。当推一人为大将军，共全五郡，观时变动。"议既定，而各谦让，咸以融世任河西为吏，人所敬向，乃推融行河西五郡大将军事。是时武威太守马期、张掖太守任仲并孤立无党，乃共移书告示之，二人即解印绶去。于是以梁统为武威太守，史苞为张掖太守，竺曾为酒泉太守，辛肜为敦煌太守，厍钧为金城太守。融居属国，领都尉职如故，置从事监察五郡。[①]

从窦融前期生平来看，他在新莽时期与王邑、王匡等王氏"皇亲"交往密切，并曾多次参与镇压新末叛乱，尤其还参加了光武帝刘秀的成名之战——昆阳之战。后更始军入关，窦融归降更始，依附于更始帝宠臣赵萌。后依仗赵萌，窦融辞钜鹿太守不就，转而出任张掖属国都尉。

窦融"图出河西"的原因大致有三点。一者，"东方尚扰"的现实推力。当时更始政权虽据长安、洛阳，然关东地区战乱并未停止。尤其钜鹿郡所在的河北地区，有王朗（一名王昌）自立，至更始二年（24），"赵国以北，辽东以西"[②]包括钜鹿郡在内的大片地区基本降于王朗，以刘秀为代表的更始系势力一度

① 《后汉书》卷二三《窦融传》，第795—797页。

② 《后汉书》卷一二《王昌传》，第492页。

处于下风，苦苦支撑。窦融被任命为钜鹿太守的时间大致就在王朗自立前后，纵使当时钜鹿尚未陷于王朗之手，该地区局势亦不明朗，窦融极力避免自身处于这种群雄虎视的动荡之地，故辞让钜鹿太守一职。二者，“累世在河西”的家族根基。窦融的高祖父、从祖父、从弟曾担任张掖太守、护羌校尉、武威太守等河西要职。这意味着窦氏在河西已积攒下一定的声望和人脉。三者，基于“知其土俗”客观分析。依仗家族数代在河西任官，窦融十分熟悉河西情况，这有利于其据河西避乱自保。

窦融能够最终掌控河西首先得益于其家族“世任河西为吏”。数代经营使得窦氏在河西的势力盘根错节，积聚起的威望非寻常官吏可比。其次，窦融善于“抚结雄杰，怀辑羌虏”。窦融到任不久便与河西“雄杰”交好，而且窦融又能处理好与河西羌人的关系，从而能够更好地凝聚河西诸郡及异族势力。此外，窦融所任“张掖属国都尉”位处边塞要地，下辖“精兵万骑”，雄厚的军事力量也是其掌控河西不可忽视的重要因素。如此，窦融以精锐边军为军事后盾，以世代积攒之威望为政治筹码，很快延揽了一批诸郡实权人物为己所用。这股以窦融为首的势力最终完成了河西政局的权力再分配。通过这次洗牌使党附窦融的“州郡英俊”基本占据了河西诸郡高位，而“孤立无党”者如马期、任仲等则再难于河西立足。

窦融朋党中除去酒泉、金城二郡太守外，还有张掖、酒泉、敦煌三郡都尉。据《汉书·百官公卿表上》记载：

> 郡守，秦官，掌治其郡，秩二千石。有丞，边郡又有长史，掌兵马，秩皆六百石。景帝中二年更名太守。
>
> 郡尉，秦官，掌佐守典武职甲卒，秩比二千石。有丞，

> 秩皆六百石。景帝中二年更名都尉。[①]

可见西汉时期的郡都尉官秩略低于太守，职责是辅佐太守掌管武官士卒。同时敦煌等三郡属于边郡，这些边郡又置有长史，亦掌握兵马，然官秩仅六百石。由此观之，尽管都尉不能完全掌控一郡的军事力量，但是确为一郡专司军事的最高长官。有敦煌等三郡都尉的加入，等同于增添了三郡的兵力，再有酒泉、金城二郡太守支持，窦融一系的力量无疑在河西境内难逢敌手，这也是窦融能够执掌河西五郡军政大权的资本。

河西五郡联合共推窦融代理大将军的初衷是“共全五郡，观时变动”，即在乱世中保境自守，待时而动。其背景是更始败亡，隗嚣已重新割据陇右，自称“西州上将军”[②]。那么河西何不再次投效隗嚣，而是选择保境自立呢？我们分析窦融、梁统等更始系官员已经基本控制了河西是其最重要的原因。若投效隗嚣，则隗嚣为加强对河西控制难免会派遣陇右本土官员到河西诸郡任职，而窦融、梁统等人并非隗嚣亲信，自然担忧受到排挤、闲置从而失去权柄。再者东方群雄逐鹿未果，天下大势走向尚不明朗，强如更始都一朝覆灭，此时加入隗嚣阵营无异于政治冒险，还可能会将河西拖入国内战局，并不明智。何况窦融、梁统等人组成的政治同盟终结了河西五郡一盘散沙的局面，当时的河西论实力足以与隗嚣之陇右比肩，自然无须仰他人鼻息，大可自立一方保境安民，静待时变再顺时而动。

关于河西诸郡首领的人选问题。据《后汉书·梁统传》记载：

---

① 《汉书》卷一九上《百官公卿表上》，第742页。

② 《后汉书》卷一三《隗嚣传》，第521页。

> 会更始败，赤眉入长安，统与窦融及诸郡守起兵保境，谋共立帅。初以位次，咸共推统，统固辞曰：“……今统内有尊亲，又德薄能寡，成不足以当之。”遂共推融为河西大将军，更以统为武威太守。[①]

由此来看，在当时河西五郡“英俊”组成的政治同盟之中，以梁统、窦融为尊，而梁统位次尤在窦融之上。《后汉书·梁统传》记载：“更始二年，召补中郎将，使安集凉州，拜酒泉太守。”[②]梁统曾在长安任中郎将，可谓得更始帝信重。故更始帝拜其酒泉太守，又付以“安集凉州”之重任。如此在更始授以名分的加持下梁统位次理当在众人之上，因其辞让首领，众人才重新推举窦融上位。

河西五郡之中唯武威郡不见其太守抑或都尉参与窦融、梁统组成的政治同盟中。但这仅能说明武威郡上层官员在起事中参与程度较低，而不能简单理解为武威并未参与起事。窦融从弟曾任武威太守，时隔未久，相信窦氏能在一定程度上影响武威郡局势。不难推知梁统甘愿让位窦融及此后武威太守之位能顺利交割皆与窦氏在河西的影响有着密切关联。

敦煌作为河西五郡之一，其都尉辛彤，亦为“州郡英俊”，同窦融等人交好，是其政治同盟的重要成员。于是，在辛彤的主导下，敦煌也参与了河西起兵保境之事，事后辛彤被窦融拔擢为敦煌太守。但从始至终，敦煌在五郡起事中处于从属、次要地位，难以执河西牛耳，只能唯张掖属国都尉窦融、酒泉太守梁统等强势人物马首是瞻。

---

① 《后汉书》卷三四《梁统传》，第1165页。

② 《后汉书》卷三四《梁统传》，第1165页。

三、窦融主政时期的河西及归汉前的摸索

（一）窦融主政初期河西的基本状况

窦融保据河西是在更始败亡之后，其具体时间却并非更始败亡之九月。居延新简记载：

1.更始三年十一月戊寅，甲渠守（EPF22：282）

2.更始三年十一月己卯，甲渠守候诚谓吞远（EPF22：337）

图5-11 建武三年（27）居延都尉吏奉例册（EPF22：70—79）①

（肖从礼 提供）

① 东汉建武三年（27）窦融统治河西期间留下的一份完整的财政文书。

更始政权虽在更始三年（25）九月崩溃，但河西地区至少在此年十一月还在沿用更始正朔。正常情况下，古代自长安至敦煌所需时间为一个半月到两个月①。居延塞位于河西走廊西北部，到长安距离与敦煌到长安距离所差无几，故更始败亡消息传至此处正常情况也需一个月以上时间。加之隗嚣已据陇右，长安与河西间通道未必如往常一样通畅，所需时间恐怕更长。如此一来，居延、敦煌等河西西部地区得到长安方面消息的时间较迟，且窦融及五郡太守作出更改年号的决策也须一定时间，所以河西弃用更始年号较迟，至于窦融等谋划保据河西应当与改换年号时间相当，也在十一月或更迟②。

窦融主政河西后，采取了一系列措施，稳定局势，恢复经济。《后汉书·窦融传》记载：

---

① 张德芳《古代从长安到敦煌走多长时间》，《甘肃日报》2016年9月20日，第6版。

② 关于河西五郡独立的时间。《后汉书·窦融传》称："及更始败。"《后汉书·梁统传》云："会更始败，赤眉入长安，统与窦融及诸郡守起兵保境，谋共立帅。"《后汉纪·光武皇帝纪》"建武元年"条将"于是窦融始据河西"系于"隗嚣之奔天水，复聚其众，自称西州大将军"后，并将窦融保据时间提前至"更始欲败"之时。《后汉书》《后汉纪》记载时间大致皆在更始败亡之际（建武元年九月），只是后者时间略早。日本学者鹈饲昌男据汉简考证推定以窦融为首的"河西五郡联合体制"的成立应是在公元26年11月，也即建武二年十一月。鹈饲昌男认为"及更始败"是一个模糊时期，实为忽视《后汉书·梁统传》《后汉纪·光武皇帝纪》致误。居延新简EPF22.460A记载："汉元始廿六年十一月庚申朔甲戌，甲渠障候获敢言之。"鹈饲昌男据此认为此次改正朔与真侯官"获"的出现皆表明此时河西摆脱赤眉的控制，成立"河西五郡联合体制"。其推论的一个重要前提是赤眉曾控制河西，这一论点事实上不能成立（具体论述可见下文），由此来看，其推论当误。详见［日］鹈饲昌男著，徐世虹译《建武初期河西地区的政治动向——〈后汉书·窦融传〉补遗》，中国社会科学院简帛研究中心编《简帛研究译丛》第2辑，长沙：湖南人民出版社，1998年，第247—272页。

> 融居属国，领都尉职如故，置从事监察五郡。河西民俗质朴，而融等政亦宽和，上下相亲，晏然富殖。修兵马，习战射，明烽燧之警，羌胡犯塞，融辄自将与诸郡相救，皆如符要，每辄破之。其后匈奴惩乂，稀复侵寇，而保塞羌胡皆震服亲附，安定、北地、上郡流人避凶饥者，归之不绝。……诸郡太守各有宾客，或同或异。[①]

从政治方面来看，当时河西地区处在以窦融为首的相对松散的政治联盟的统治之下。窦融任代理河西五郡大将军，仍居张掖属国，兼其都尉本职。又使“梁统为武威太守，史苞为张掖太守，竺曾为酒泉太守，辛肜为敦煌太守，库钧为金城太守”[②]，其中梁统、库钧本就为郡太守，库钧任原职，梁统从酒泉调任武威，仍任太守。史苞、竺曾、辛肜皆各居本郡，由都尉拔擢为太守。这些人皆是参与河西举事的元勋，事后酬功皆居太守高位。从“融等政亦宽和”即可看出，左右河西施政的是窦融等人而非窦融一人。诸郡太守有延揽宾客之权，其政见亦“或同或异”，等于河西诸郡形成了以本郡太守为核心的政治圈子。又《后汉纪·光武皇帝纪》称：“而太守各治其郡，尊贤养士，务欲得吏民心。”[③]恰为此论之佐证。在这种政治现状的基础上，窦融又设置“从事监察五郡”，具体监察哪些方面难以得知，但不难推知其主要功能之一应是联络五郡，确保诸郡形成的政治圈子能够服从河西大局。具体施政方面，窦融等在诸郡推行仁政、宽和待民。从军事方面来看，在窦融主导下，河西诸郡建立起了一套完备的防御体

---

① 《后汉书》卷二三《窦融传》，第797—798页。

② 《后汉书》卷二三《窦融传》，第797页。

③ ［晋］袁宏撰，张烈点校《后汉纪》卷三《光武皇帝纪》，北京：中华书局，2017年，第46页。

系。河西积极整顿军备，“修兵马，习战射，明烽燧之警”，一旦外敌犯塞，诸郡互相驰援，共同御敌。这种合作无间的防御机制多次击败犯边的匈奴，接连的军事的胜利迫使匈奴“稀复侵寇”，又使“保塞羌胡”震惧归顺，如此河西外部威胁基本消除，拥有了一个相对和平稳定的环境。从经济方面来看，相对安定的局面为河西诸郡推行休养生息政策，恢复经济提供了前提和保障，同时又吸引了“安定、北地、上郡”等地大量流民涌入，使河西人口得到充实，也为进一步开发河西提供了充足的劳动力。由此，自新莽时“比年饥馑，西北边尤甚”[①]以致边郡百姓纷纷逃亡内地的局势得到显著改善，百姓安居乐业，人口

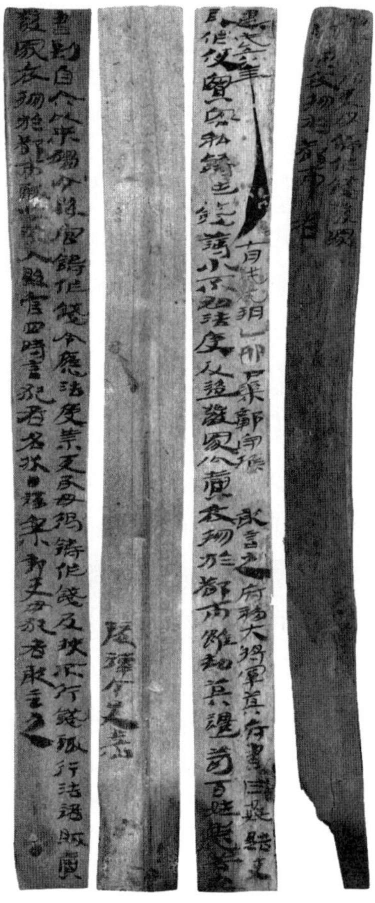

图5-12 建武六年（30） 甲渠言部吏毋铸作钱发冢贩卖衣物于都市者书（EPF22:37—39）[②]（肖从礼 提供）

① 《汉书》卷九四下《匈奴传下》，第3824页。

② 其内容是甲渠障候向大将军幕府每季度按一定要求上报的文件底稿存档。

大批回流，河西出现了“晏然富殖”的景象，进入了一个良性循环的发展期，成为乱世中的一方净土。

总之，此阶段河西诸郡虽然政治独立性增强，但施政都相对宽和，更重要的是诸郡在军事上能够同气连枝，协同作战。而窦融虽无独断之权，遇大事须“召豪杰及诸太守计议”[①]，然其负责居中监察、协调诸郡，确保了河西内部团结，足以使河西应对各类突发状况。以上这些可谓是河西百姓富足、经济恢复的制度性保障。在此背景下，敦煌太守辛彤门下也当豢养宾客，供其出谋划策。这意味着此时期敦煌郡的政治独立性得到增强，同时本郡太守、豪杰成为河西大事的决策参与者，本郡塞防也成为整个河西军事防御体系的重要组成部分。

（二）邓禹经略关中与河西正朔改易

从《后汉书·窦融传》记载来看，河西五郡奉窦融为代理大将军，后归顺东汉，奉建武年号。然从出土简牍记载来看，河西在更始败亡后，并非直接归顺东汉。在弃用更始年号后，河西曾使用建世年号。目前所发现建世年号简皆为建世二年简，兹列举数条如下：

3.☐建世二年正月甲子□，甲渠鄣□候□□□（EPT65：74A）

4.建世二年正月甲子朔癸酉，甲渠守候诚谓（EPF22：277）

5.建世二年三月甲子，甲渠鄣守候诚敢言之。府掾檄曰城北☐（EPF22：292）

6.建世二年三月癸亥朔壬申甲☐（EPF22：370A）

“建世”为赤眉刘盆子所用年号。更始三年（25）六月，刘秀即

① 《后汉书》卷二三《窦融传》，第798页。

位于鄗南，是为光武帝。他改元建武，建立政权，史称“东汉”；赤眉进兵华阴，“遂立盆子为帝，自号建世元年”[①]。九月，赤眉攻陷长安。由此观之，当赤眉占据长安消息传至河西后，窦融随即奉其正朔。到赤眉势衰，河西甚至恢复了汉平帝元始年号。居延新简记载：

7.汉元始廿六年十一月庚申朔甲戌，甲渠鄣候获敢言之。谨移十月尽十二月完兵出入簿一编敢之（EPF22：460A）

元始为汉平帝年号，仅有五年，此时河西使用元始廿六年（26）即建武二年，亦即建世二年。就目前所见有明确纪年的简文来看，建世年号在河西最早为建世二年正月，最晚为建世二年三月。至于三月之后，窦融是否已放弃建世年号尚不可知。至迟到十一月，河西改奉元始年号。次年（27），河西始奉东汉建武正朔，如此则“建世”“元始”年号在河西不过昙花一现，仅用数月便又改用“建武”年号。窦融主政后的一年多时间里河西三易正朔，这主要是基于当时复杂的国内形势变化作出的政策调整。

建武元年（建世元年，25）九月，赤眉军入主长安，更始中央政权崩溃，地方割据态势愈演愈烈。同月，光武帝攻占洛阳，其大司徒邓禹率军已攻陷河东，又向西渡河，进据左冯翊之夏阳、衙县一带，南望长安，与赤眉展开对峙。

赤眉入长安后，诸将只知争功，不思进取。《后汉书·刘盆子传》称：

三辅郡县营长遣使贡献，兵士辄剽夺之。又数虏暴吏

① 《后汉书》卷一一《刘盆子传》，第480页。

> 民，百姓保壁，由是皆复固守。[①]

与此同时，进入关中的邓禹所部表现却截然相反。《后汉书·邓禹传》云：

> 是时三辅连覆败，赤眉所过残贼，百姓不知所归。闻禹乘胜独克而师行有纪，皆望风相携负以迎军，降者日以千数，众号百万。[②]

攻克长安后赤眉政权因军纪涣散、“虏暴吏民”，在政治上表现得一塌糊涂，乃至“流闻四方，莫不怨恨，不复信向”[③]。后刘盆子哀求诸将约束军队，然不过二十余日，“赤眉贪财物，复出大掠”[④]，又因城中粮尽，遂“焚西京宫室，发掘园陵，寇掠关中”[⑤]。至此，赤眉军暴虐程度变本加厉，不仅丧失了在关中的统治基础，更失去了问鼎天下的资格。与之形成鲜明对比的是邓禹所率军队军纪严明，后来居上赢得了关中百姓拥护，又趁赤眉西向之际，占据了长安。

考察史实可知，赤眉军撤出长安与邓禹入主长安时间是在建武二年（26）正月下旬[⑥]。赤眉撤出长安后举兵西进：

> 乃自南山转掠城邑，与更始将军严春战于郿，破春，杀

---

① 《后汉书》卷一一《刘盆子传》，第481页。
② 《后汉书》卷一六《邓禹传》，第602页。
③ 《后汉书》卷一一《刘盆子传》，第483页。
④ 《后汉书》卷一一《刘盆子传》，第483页。
⑤ 《后汉书》卷一上《光武帝纪上》，第28页。
⑥ 《后汉书·光武帝纪上》记载建武二年春正月：“是月，赤眉焚西京宫室，

> 之，遂入安定、北地。至阳城、番须中，逢大雪，坑谷皆满，士多冻死，乃复还，发掘诸陵，取其宝货，遂汙辱吕后尸。……大司徒邓禹时在长安，遣兵击之于郁夷，反为所败，禹乃出之云阳。九月，赤眉复入长安，止桂宫。①

《后汉书·隗嚣传》又载：

> 建武二年，大司徒邓禹西击赤眉，屯云阳。禹裨将冯愔引兵叛禹，西向天水，嚣逆击，破之于高平，尽获辎重。于是禹承制遣使持节命嚣为西州大将军，得专制凉州、朔方事。及赤眉去长安。欲西上陇，嚣遣将军杨广迎击，破之，又追败之于乌氏、泾阳间。②

关于冯愔事件，《后汉书·邓禹传》亦记载建武元年（25）：

> （邓禹）乃分遣将军别攻上郡诸县，更征兵引谷，归至大要。遣冯愔、宗歆守栒邑。二人争权相攻，愔遂杀歆，因反击禹，禹遣使以闻。帝问使人："愔所亲爱为谁"，对曰："护军黄防。"帝度愔、防不能久和，执必相忤，因报禹曰："缚冯愔者，必黄防也。"乃遣尚书宗广持节降之。

（接上页）发掘园陵，寇掠关中。大司徒邓禹入长安。"可知长安易手时间确在建武二年正月。又，《后汉书·刘盆子传》云："建武二年正月朔，崇等大会……既罢出，各闭营自守，三辅翕然，称天子聪明。……后二十余日，赤眉贪财物，复出大掠。城中粮食尽，遂收载珍宝，因大纵火烧宫室，引兵而西。"正月朔即正月初一，二十余日后，赤眉"引兵而西"，故赤眉西撤与邓禹进入长安皆在正月下旬。

①《后汉书》卷一一《刘盆子传》，第483—484页。

②《后汉书》卷一三《隗嚣传》，第522页。

后月余，防果执愔，将其众归罪。[①]

对于冯愔反叛的时间，《资治通鉴考异》曰：“《邓禹传》，愔叛在建武元年；《隗嚣传》在二年。盖愔以元年冬末叛，延及二年；嚣拜官在二年也。”[②]此说应是。结合以上史料，冯愔事件经历了四个阶段：一、愔、歆“争权相攻”；二、愔“引兵叛禹”，“因反击禹”；三、愔攻击禹不利，转而“西向天水”，隗嚣反击，愔军败于高平；四、当愔叛后，禹遣使上奏，光武帝遣宗广劝降黄防，月余后，防执愔归降。其中至少第三阶段隗嚣击败冯愔与第四阶段黄防执冯愔归降发生在建武二年（26）初[③]。如此则冯愔之叛结束时间大致在邓禹进入长安前后。

建武二年（26）初，隗嚣在高平击败冯愔，使冯愔向天水发展的企图落空。高平之战加速了冯愔的败亡，客观上也对邓禹平叛起到了支援作用。故邓禹“承制遣使持节命嚣为西州大将军，得专制凉州、朔方事”，彼时朔方有卢芳等多股割据势力、凉州之河西有窦融自立，邓禹拜隗嚣为“西州大将军”，虽不能使其有朔方、河西二地，却给予其干预此二地事务的名义和权力。邓禹此举意在拉拢隗嚣，联合打击赤眉。

赤眉军出长安西向，“遂入安定、北地”。《后汉书·邓禹传》云“上郡、北地、安定三郡，土广地稀，饶谷多畜”[④]。赤眉军人数庞大，“众号百万”[⑤]，却陷于缺粮困境，故在撤出长

①《后汉书》卷一六《邓禹传》，第603—604页。

②《资治通鉴》卷四○，汉光武帝建武元年，第1330页。

③ 从“后月余”来看，冯愔之叛持续时间至少超过一个月。从关中到洛阳距离不远，路上所耗时间不会太久，因此冯愔之叛持续时间当在一个月到两个月间。则至迟到建武二年（26）二月，冯愔叛乱已经结束。

④《后汉书》卷一六《邓禹传》，第603页。

⑤《后汉书》卷一一《刘盆子传》，第483页。

安后，开始向“饶谷多畜”的安定、北地二郡发展。安定处于隗嚣与卢芳势力交错地带。于是，在赤眉“欲西上陇”之际，隗嚣“遣将军杨广迎击，破之”。赤眉军被迫回撤，遭杨广追击，再败于“乌氏、泾阳间”，遂被迫撤出安定，回撤途中经“阳城、番须中”又遭恶劣天气，损失进一步加剧。之后赤眉军为摆脱困境，竟罔顾此前高举的兴复汉室的旗帜，上演了一出“发掘诸陵，取其宝货”的闹剧。

至此，河西尊奉和放弃赤眉建世正朔的原因已浮出水面。奉建世正朔原因：一者，赤眉灭更始，据汉旧都长安，抢占政治中心，风头一时无二；二者，赤眉军容鼎盛，号称百万。如此当赤眉推翻更始统治以及其军事强大的相关情报传至河西后，窦融才会改换门庭，奉其正朔[①]。赤眉势力并未越过陇右到达河西，窦融尊其正朔不过是基于赤眉势大而表现出形式上的恭顺。至于放弃建世正朔原因：一者，若窦融果在建世二年（26）三月放弃建世年号，则应是正月下旬赤眉焚烧宫室、撤出长安的消息经过一个多月已传至河西西部，窦融见赤眉暴虐、民心尽失，且放弃长安根据再次沦为流窜之贼，显然难成气候，故决定放弃建世年号；二者，若窦融是在三月之后又延数月才放弃建世年号，则应是赤眉西进接连受挫、公然盗掘汉陵等一系列消息传至河西后，最终促使窦融放弃建世正朔。

---

① 日本学者鹈饲昌男据居延新简EPT59：582《传置道里簿》（详述长安通河西的传置名称及里程）认为：“可知河西势力所利用的路途，就是泾水一途。赤眉军从长安侵入安定、北地郡，也可以说意在从南面将此途封闭，使河西与中原其他地区隔绝开来，不得不受赤眉军的控制。‘建世’持续到何时，尚不得而知，不过因同年十月出现了‘元始廿六年’的年号，则隗嚣击破逼近陇西的赤眉，当是在26年的9月……即赤眉威胁河西至26年9月，在隗嚣的打击下退出河西。在与已经使用‘建武’正朔的隗嚣联合之前，于短时期内

河西放弃建世年号后，又改用故汉平帝之“元始”年号，而不直接改奉“建武”年号。其原因应与当时东汉政权在关中的表

（接上页）出现了‘元始廿六年’。‘元始廿六年’是河西地区解除赤眉的威胁后，独自使用的年号。”概言之，其观点是：赤眉进攻安定、北地二郡意在隔绝河西通中原的道路，进而“控制”“威胁”到河西，因此河西才奉“建世”年号。其后隗嚣在建武二年（26）九月击败赤眉，赤眉“退出河西”，河西威胁解除，才改奉“元始”年号。此说当误。第一，并未有任何史料表明赤眉西进与河西地区有任何牵扯。《后汉书·刘盆子传》记载：“后二十余日，赤眉贪财物，复出大掠。城中粮食尽，遂收载珍宝，因大纵火烧宫室，引兵而西。”此处明确指出赤眉退出长安西进的主要动机是缺粮。赤眉本就是组织松散、纪律败坏的流寇集团。鹈饲昌男所谓赤眉意在控制河西通中原通道，进而控制河西不过是想当然之论。赤眉若真有此等见识，又岂会蹂躏、放弃已然到手的长安，反而舍近求远去谋求夺取既无根基又处偏远的河西地区。第二，即便赤眉真有控制河西之意，事实上也不能实现。在赤眉“欲西上陇”之际，隗嚣已将其击败，又再追击击败其于“乌氏、泾阳间”。可见赤眉西进安定、北地后一败再败，是一次完全失败的行动。故鹈饲昌男提出赤眉断河西通道，再进一步以控制、威胁河西可说是无稽之谈，赤眉不能进入陇右，遑论河西，既未进入河西，也谈不上撤出河西。第三，所谓隗嚣击破赤眉当在建武二年（26）九月也难以成立。结合《后汉书·刘盆子传》《后汉书·隗嚣传》记载可知赤眉撤出长安在建武二年（26）正月末，其后经历“祀南郊”“与更始将军严春战于郿”“欲西上陇，嚣遣将军杨广迎击，破之”“追败之于乌氏、泾阳间”“至阳城、蕃须中，逢大雪”折损大量士卒后东归、“发掘诸陵”、邓禹攻其于郁夷“反为所败”等一系列事件后，才于九月“复入长安”。由此不难推知隗嚣破赤眉的时间远在九月之前。鹈饲昌男仅据汉简十月（实为十一月）出现“元始廿六年”年号，便认定河西是因赤眉撤退才改正朔，由此将隗嚣破赤眉推定在九月，显然忽视了传世文献的记载。总之，鹈饲昌男的推论问题重重，实难成立。事实上，河西改奉“建世”年号，固然与当时赤眉势大及其向西进军有关，但却与鹈饲昌男推论大相径庭。至于其进一步的推测：“‘建世’年号的使用，是（武威、张掖）二郡受赤眉军控制后的结果。”建立在赤眉曾控制河西的前提下，自然也无法成立。详见［日］鹈饲昌男著，徐世虹译《建武初期河西地区的政治动向——〈后汉书·窦融传〉补遗》，第247—272页。

图5-13　传置道里簿　（又称“居延里程简”，EPT59：582）
（肖从礼　提供）

现有关。

邓禹入关初期，取得了一些成绩。尤其是其所率军队军纪严明，以致关中百姓前来投奔者甚多，这为东汉政权树立了良好的政治形象。但时间一长，邓禹所部不足之处也逐渐暴露：

其一，内部不稳。冯愔叛乱，使关中汉军的威信受损[①]，给河西等周边势力评估东汉政权带来负面影响。

其二，进军迟缓。邓禹入关后，除接抚百姓外，并不急于进军长安。《后汉书·邓禹传》记载：

> 诸将豪杰皆劝禹径攻长安。禹曰：“不然。今吾众虽多，能战者少，前无可仰之积，后无转馈之资。赤眉新拔长安，财富充实，锋锐未可当也。夫盗贼群居，无终日之计，财谷虽多，变故万端，宁能坚守者也？上郡、北地、安定三郡，土广人稀，饶谷多畜，吾且休兵北道，就粮养士，以观其弊，乃可图也。”于是引军北至栒邑。禹所到，击破赤眉别将诸营

① 《后汉书·邓禹传》云：“自冯愔反后，禹威稍损。”

> 保，郡邑皆开门归附。西河太守宗育遣子奉檄降，禹遣诣京师。
>
> 帝以关中未定，而禹久不进兵，下敕曰：“司徒，尧也；亡贼，桀也。长安吏人，遑遑无所依归。宜以时进讨，镇慰西京，系百姓之心。”禹犹执前意，乃分遣将军别攻上郡诸县，更征兵引谷，归至大要。①

邓禹的战略是针对当时双方态势和基本现实制定的。一方面汉军面临可战士卒少与粮道不畅两大困难；另一方面邓禹认为赤眉新破长安，锋芒正盛，兼之财货粮草充足，待其自乱阵脚方是进军的最佳时机。基于这种考虑，邓禹将战略重心放在经略长安以北的上郡、北地、安定三郡，欲借三郡整顿士卒、积聚粮草，待赤眉衰敝，再伺机而动。这种徐徐图之的战略单从军事上看，具有一定的合理性，但从政治上来看，它不仅与光武帝的战略规划相冲突，更重要的是此举会使周边势力失望、警惕。毕竟邓禹率领汉军不以收复汉都长安为念，反而执意经略“北道”，如此心系汉室之势力会失望、观望，而割据者如隗嚣、卢芳则也会因邓禹势力逼近他们的地盘而倍加警惕。更重要的是此举还会动摇民心归属。原本关中百姓见邓禹军纪严明、屡屡获胜而多来归顺，此时邓禹汉军转而向北，会使“长安吏人，遑遑无所依归”。如此，长安乃至三辅百姓会对邓禹汉军大失所望②。

---

①《后汉书》卷一六《邓禹传》，第603页。

②《后汉书·刘玄传》记载：“三辅苦赤眉暴虐，皆怜更始，而张卬等以为虑，谓禄曰：‘今诸营长多欲篡圣公者。一旦失之，合兵攻公，自灭之道也。’”又，《后汉书·刘盆子传》云：“盆子号呼不已。既罢出，闭营自守，三辅翕然，称天子聪明。百姓争还长安，市里且满。”正值赤眉暴虐无度，百姓深受其苦，却不能指望屯兵北部的邓禹。于是，百姓乃至“诸营”竟将希

其三，战绩欠佳。赤眉西进受挫折返时，已两败于隗嚣，又逢大雪致军队减员，士气低落。而邓禹自正月入长安，经营数月。在此形势下，邓禹主动出击，竟兵败郁夷[①]，被迫撤出长安，驻军云阳。此役后，邓禹与赤眉基本恢复了旧时格局。《后汉书·邓禹传》又载：

> 禹引兵与延岑战于蓝田，不克，复就谷云阳。汉中王刘嘉诣禹降。嘉相李宝倨慢无礼，禹斩之。宝弟收宝部曲击禹，杀将军耿䜣。自冯愔反后，禹威稍损，又乏食，归附者离散。[②]

邓禹先后败于延岑、李宝之弟、赤眉之手，接连失利会使河西、陇右等周边势力质疑汉军实力。同时军队“乏食”，造成“归附者离散”，也加剧了邓禹的失败。

综上，建武二年（26）后半年，东汉政权在关中发展受挫，汉军屡屡败北，同时又有延岑、赤眉等多方势力角逐于关中，形势尚不明朗。于是，窦融并未贸然下注，而是暂时恢复了平帝元始年号，静观关中时局变化。此外还有另一种可能，《后汉书·郑

(接上页) 望寄托于更始帝刘玄，欲重新立之；刘玄死后，刘盆子也曾短暂约束赤眉诸部，在短期内赢得三辅民心，长安逃亡百姓重新回归。由此观之，在邓禹徘徊不进之际，长安及三辅百姓对邓禹乃至其身后的光武帝刘秀都大失所望，故先后将希望寄托于刘玄、刘盆子。因此，刘秀命邓禹“宜以时进讨”以收民心的做法应是正确的，邓禹的战略无形中降低了东汉政权的政治威信，动摇了来之不易的关中民心归属。

① 谢承《后汉书·邓禹传》云：“赤眉阳败，弃辎重走，车皆载土，以豆覆其上。”记载了邓禹中计败于赤眉的经过。参周天游辑注《八家后汉书辑注(修订本)》，上海：上海古籍出版社，2020年，第11页。

② 《后汉书》卷一六《邓禹传》，第604页。

兴传》记载："时赤眉入关，东道不通。"[①]又，《后汉书·鲍永传》云："时赤眉害更始，三辅道绝。"[②]由此可知，赤眉肆虐导致关中与周边通道曾被切断，这种"不通""道绝"究竟持续了多长时间，通道断绝又至何种程度皆不可考，但关中向河西传递消息也会受到影响。则窦融或因获取情报滞后，难以把握关中局势走向，故一时无法决定奉哪方势力为主。在此情势下，河西恢复平帝元始年号也能说得通。

四、关陇形势变化与河西归顺东汉的历程

（一）从受正朔：河西向东汉靠拢的开端

窦融归顺东汉并非一蹴而就，而是经历了一个艰难抉择的历程。西北边塞所见最早光武帝建武纪年简牍为居延新简EPT6：19号简：

> 1.☑系承弦百六。建武三年正月□□☑（EPT6：19）

可证河西改奉东汉"建武"正朔时间至迟在建武三年（27）正月。又EPF22：460A号简载："汉元始廿六年十一月庚申朔甲戌……"得知建武二年（26）十一月，河西还在使用元始年号，十二月改元可能性不大，故建武三年（27）正月应即河西改奉建武正朔的开始。

《后汉书·窦融传》记载：

> 融等遥闻光武即位，而心欲东向，以河西隔远，未能自

---

① 《后汉书》卷三六《郑兴传》，第1218页。
② 《后汉书》卷二九《鲍永传》，第1018页。

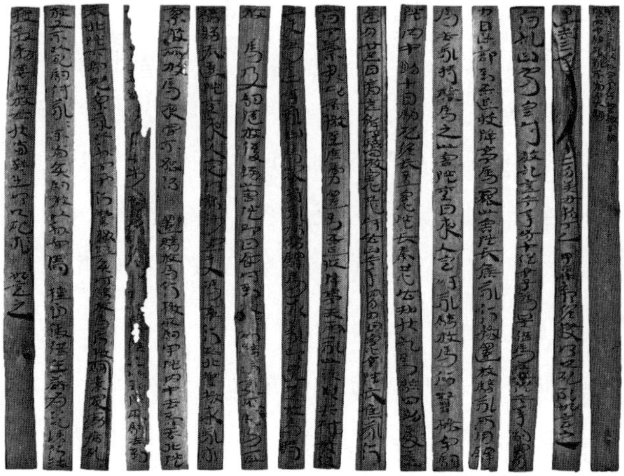

图5-14　驹罢劳病死册（EPF22：186—201）①　　　（肖从礼　提供）

通。时隗嚣先称建武年号，融等从受正朔，嚣皆假其将军印绶。②

更始覆亡后，窦融先后采用赤眉“建世”、西汉平帝“元始”年号，足见其在“择主”方面的犹豫观望及对外策略的灵活性，所谓“遥闻光武即位，而心欲东向”③显然站不住脚。当时邓禹已率汉军活动于关中，而“以河西隔远，未能自通”不过是归汉后的窦融对其迟迟不奉建武正朔的辩解。须知此前赤眉称霸关中时，河西亦未与之接境，便奉其正朔。其后河西真正决意归顺东汉时，即便隗嚣反叛，陇右道绝，窦融都能“遣司马席封间行通书”④。何况建武二年（26）陇右道路未绝，因“隔远”无法

① 此册书有明确纪年是在建武三年（27），属窦融统治河西五郡时期。
② 《后汉书》卷二三《窦融传》，第798页。
③ 《后汉书》卷二三《窦融传》，第798页。
④ 《后汉书》卷二三《窦融传》，第800页。

“自通”的说辞显然十分蹩脚。至于“嚣皆假其将军印绶”是因邓禹已承制拜“嚣为西州大将军，得专制凉州、朔方事”[①]。也即隗嚣抢占先机，故河西奉建武正朔后，名义上受其节制，隗嚣可借东汉名义册封河西要员。

关于窦融改奉建武正朔的原因。建武二年（26）后半年东汉邓禹在关中发展受挫，不足以慑服河西。而东汉整体实力或是重要诱因，但此时窦融改奉建武正朔更偏重形式，河西真正形成统一决策决定归顺东汉的时间要更迟，则此因素似乎不是决定性的。最后，最重要的影响因素应是陇右隗嚣对东汉态度愈发亲密。建武二年（26）隗嚣接受邓禹册封后，至少在明面上已归顺东汉，如此自河北、洛阳及周边、河东、关中北部地区直到陇右皆已成为东汉控制区或采其正朔，尤其陇右与河西毗邻，其政治倾向与河西关联甚大，在此态势下窦融亦顺势接受建武正朔[②]。“从受正朔”之“从”字，正印证了窦融尊建武正朔有跟风隗嚣之嫌。

奉建武正朔是河西归顺东汉的第一步。尽管河西正朔的频繁更易已使改奉正朔的实际意义遭到削弱，但此举至少为河西向东汉靠拢释放了积极的政治信号。居延新简记载：

> 2.建武四年五月辛巳朔戊子，甲渠塞尉放行候事敢言之。诏书曰：吏三百石、庶民，嫁聚[③]毋过万五千；关内侯以下至宗室及列侯子，娉聚各如令。犯者，没入所赍奴婢、

---

① 《后汉书》卷一三《隗嚣传》，第522页。

② 初师宾、任步云亦认为“正是因为刘、隗的暂时联盟，才迫使窦融改奉建武正朔”。详见初师宾、任步云《建武三年居延都尉吏奉例略考》，《敦煌学辑刊》1982年总第3辑，第90—105页。

③ “聚”通“娶”。

财物县官。有无（EPF22：45A）

3.建武四年五月辛巳朔戊子，甲渠塞尉行候事敢言之。府移使者□⧄所诏书曰：毋得屠杀牛马有无四时言。•谨案：部吏毋屠杀牛马者，敢□□⧄（EPF22：47A）

4.建武四年五月辛巳朔戊子，甲渠塞尉行候敢言之。诏书曰：吏民毋得伐树木有无四时言。•谨案：部吏毋伐树木者，敢言之。（EPF22：48A）

这三条汉简展示了建武四年（28）五月光武帝诏书传递至居延的情况。河西接受光武帝诏书后将其向下传达至关塞基层单位，似表明在河西奉建武正朔后至建武五年（29）遣使附汉前，光武帝的诏令已经能在河西地区发挥效力。当然这些诏书不过是规定嫁娶、屠杀马牛、伐树等琐事，仅可表明随着河西改奉建武正朔，东汉对河西开始具有一定的影响力，却并不代表河西实权已从窦融及诸郡太守转移至东汉中央。但是建武四年（28）河西与东汉尚未互通使者，因此简文所言诏书也不排除是河西当局为方便治理而冒用光武帝诏书名义行事。同时还可能是“节制”河西的隗嚣“承制”向河西派遣的使者①。

（二）决策东向：窦融劝服五郡归顺东汉

关于河西归顺东汉的第二步，《后汉书·窦融传》记载：

嚣外顺人望，内怀异心，使辩士张玄游说河西曰：“更始事业已成，寻复亡灭，此一姓不再兴之效。今即有所主，

① 刘钊、谭若丽认为传递“诏书”的使者是隗嚣派出，又进一步推测该使者或是辩士张玄。详参刘钊、谭若丽《汉简所见窦融时期“治所书”新探——建武初年河西官文书研究之一》，武汉大学简帛研究中心主办《简帛》第14辑，上海：上海古籍出版社，2017年，第195—207页。

便相系属，一旦拘制，自令失柄，后有危殆，虽悔无及。今豪杰竞逐，雌雄未决，当各据其土宇，与陇、蜀合从，高可为六国，下不失尉佗。”融等于是召豪杰及诸太守计议，其中智者皆曰：“汉承尧运，历数延长。今皇帝姓号见于图书……言之久矣……及莽末，道士西门君惠言刘秀当为天子，遂谋立子骏。事觉被杀，出谓百姓观者曰：‘刘秀真汝主也。’……除言天命，且以人事论之：今称帝者数人，而洛阳土地最广，甲兵最强，号令最明。观符命而察人事，它姓殆未能当也。”诸郡太守各有宾客，或同或异。融小心精详，遂决策东向。五年夏，遣长史刘钧奉书献马。①

图5-15 建武四年（28）甲渠言部吏毋嫁娶过令者书（EPF22：44、45、690）

（采自甘肃省地方史志编纂委员会编《甘肃省志·文物志》，第1342页）

这段材料所述史实发生于建武三年（27）正月至五年（29）夏四月②之间。这是河西五郡结束观望状态，决定河西未来归属的重

① 《后汉书》卷二三《窦融传》，第798页。

② 《后汉书·光武帝纪上》记载建武五年：“夏四月，旱，蝗。河西大将军窦

要阶段。在此期间河西形成统一决策，即：不行割据，归顺东汉。窦融等人的这一决策与隗嚣的抉择大相径庭。

建武三年至五年间（27—29），隗嚣与东汉关系融洽，屡屡出兵相助东汉对抗公孙述、吕鲔等敌对势力。当时隗嚣尚在犹疑阶段，“欲持两端”[①]，不愿得罪东汉。当时东汉在各处战场推进顺利，仅在建武三年（27），汉军便接连击破赤眉、青犊、邓奉、刘永等数股势力[②]，实现进一步扩张。关中方面，自光武帝遣冯异接替邓禹后，关中局势逐渐改观。汉军接连击败赤眉、延岑，“威行关中。唯吕鲔、张邯、蒋震遣使降蜀，其余悉平”[③]，关中基本平定。到建武四年（28）、五年（29）东汉依旧保持攻势，愈发显露出统一王朝的气象。如此，隗嚣在处理与东汉关系时自然愈发慎重，于是其表面向东汉称臣，实则“欲持两端，不愿天下统一”[④]，抗拒东汉干涉陇右事务[⑤]。隗嚣遣辩士游说河西的目的是先使河西树立同样的割据目标，其后便可进一步谋求实现河西、陇右乃至巴蜀的三方合纵。这可为隗嚣长久维系陇右割据增添筹码。

河西为何不追随陇右之后谋划割据，反而通过合议决定归顺东汉？分析其原因大致有如下四条：

（接上页）融始遣使贡献。”

① 《后汉书》卷一三《隗嚣传》，第524页。

② 《后汉书》卷一上《光武帝纪上》，第32—34页。

③ 《后汉书》卷一七《冯异传》，第647页。

④ 《后汉书》卷一三《隗嚣传》，第524页。

⑤ 更始时期，隗嚣能力排众议委身入朝，可见隗嚣据陇右之初还是支持汉室复兴和天下一统的事业的。隗嚣在长安时参与政变，险些身死。自长安逃归天水后的隗嚣一改其政治初衷，此后致力于维系其在陇右的割据统治。故当光武帝召其入朝时，他百般推诿。后又命其伐蜀，他也进言反对，甚至其后汉军借道伐蜀时选择公然叛汉。

图5-16 隗嚣宫遗址[①]
（采自“天水在线”公众号）

其一，窦融的政治倾向发挥了重要作用。《后汉书·班彪传上》记载：

> 彪性沈重好古。……更始败，三辅大乱。时隗嚣拥众天水，彪乃避难从之。嚣问彪曰：“往者周亡，战国并争，天下分裂，数世然后定。意者从横之事复起于今乎？……”对曰：“周之废兴，与汉殊异。昔周爵五等，诸侯从政，本根既微，枝叶强大，故其末流有从横之事……汉承秦制，改立郡县，主有专己之威，臣无百年之柄。至于成帝，假借外家，哀、平短祚，国嗣三绝，故王氏擅朝，因窃号位。危自上起，伤不及下，是以即真之后，天下莫不引领而叹。十余年间，中外搔扰，远近俱发，假号云合，咸称刘氏，

① 即甘肃天水市皇城堡遗址。

> 不谋同辞。方今雄桀带州域者，皆无七国世业之资，而百姓讴吟，思仰汉德，已可知矣。”嚣曰：“生言周、汉之埶可也；至于但见愚人习识刘氏姓号之故，而谓汉家复兴，疏矣。昔秦失其鹿，刘季逐而羁之，时人复知汉乎？”
>
> 彪既疾嚣言，又伤时方艰，乃著《王命论》，以为汉德承尧，有灵命之符，王者兴祚，非诈力所致，欲以感之，而嚣终不寤，遂避地河西。河西大将军窦融以为从事，深敬待之，接以师友之道。彪乃为融画策事汉，总西河以拒隗嚣。
>
> 及融征还京师，光武问曰：“所上章奏，谁与参之？”融对曰：“皆从事班彪所为。”[①]

班彪因秉持正统观念，主张恢复汉朝统治，与隗嚣理念相悖不受重用，故“避地河西”，投靠窦融。窦融对班彪“深敬待之，接以师友之道”，意味着班彪的主张受到窦融青睐，否则其人难以受到重视，“彪乃为融画策事汉”也可印证这一点。之后与东汉政府打交道时，班彪又助窦融草拟章奏，可见窦融是倾向于归顺汉朝的，正因如此其才能有足够耐心“小心精详”说服五郡太守，为推动河西归汉做出重要贡献。窦融倾向归汉很可能与其曾参与新莽末镇压关东起义的个人经历有关，尤其是其参与的昆阳之战，是由光武帝刘秀指挥的以少胜多的经典战役。此次亲身经历使窦融很早就对刘秀的才能有初步了解。后归顺更始，窦融拒绝出任钜鹿太守很大程度上是因河北局势混乱不堪，而刘秀却偏偏自河北崛起，削平群雄、收复二京。如此功业是窦融难以企及的，自然更易使其真心折服。如此，窦融倾向投归东汉应与其早

① 《后汉书》卷四〇上《班彪传上》，第1323—1324页。

年经历及对刘秀的了解存在关联。

其二，东汉实力冠绝天下。东汉统一战争的节节胜利给河西带来的威慑是其他任何势力都无法比拟的。当窦融召集豪杰和诸郡太守商议河西未来归属之时，有识之士在比较当时天下诸方势力后得出结论："今称帝者数人，而洛阳土地最广，甲兵最强，号令最明。"如此河西若要择主自然更倾向东汉。

其三，符命之说的流行与人心思汉思潮的影响。当时社会流传着《河图赤伏符》："刘秀发兵捕不道，四夷云集龙斗野，四七之际火为主。"[①]该符命的流传为光武帝刘秀赢得了受命于天的社会舆论支持。《河图赤伏符》产生可能与刘歆（改名刘秀）有关，光武帝只是加以利用[②]。但无论该符命是如何被制造、加工的，都不可小觑其在河西择主过程中发挥的重要影响，"智者"论事时首先谈及天命之说即缘于此。另外，新莽亡后，河西先后采用的"复汉""更始""建世""元始"等年号，皆与汉朝紧密相关，这表明河西地区"人心思汉"的思潮较为显著。《后汉纪·光武皇帝纪》记载此次河西议事亦称东汉："加以祖宗之重，百姓所归服，天人之应如此，他姓未能争也。"[③]足证河西仍对汉室皇族加以推崇，因此当政者始终尊奉汉室以凝聚河西人心。再者，河西是汉武帝时开拓之新地，不同地区的移民汇聚于此。它完全在中央政府下控制形成的新秩序，是与旧传统隔断联系的异姓者的集合体，其生存与发展完全寄托于国家之手，对中央政府有着高度依赖性[④]。这种对中央政府的依赖性与人心

① 《后汉书》卷一上《光武帝纪上》，第21页。

② 刘力耘《汉〈赤伏符〉释义》，《中华文史论丛》2017年第1期，第315—331、403—404页。

③ 《后汉纪》卷五《光武皇帝纪》，第78页。

④ 周长山《汉代地方政治史论：对郡县制度若干问题的考察》，北京：中国

思汉的思潮相糅合，促使河西对新生的东汉中央政府具有天然亲近性，这也是窦融最终归顺东汉的重要原因。

其四，河西政治权力架构与外部形势皆不利于割据。河西五郡联合的背景是“今天下扰乱，未知所归。河西斗绝在羌胡中，不同心勠力则不能自守”①。即更始中央政权崩溃后，作为隔绝羌胡的要地的河西，不仅失去来自中原的支持，还可能遭受来自国内势力的反噬，更严峻的是河西始终面临羌与胡（匈奴）两面夹击的风险。窦融虽是河西五郡共主，然五郡亦有较强的独立性，窦融及五郡太守政见并不完全相合，只是迫于形势为自保才联合对外。如此河西若要谋求割据，实际困难极大，稍有不慎，不仅割据一方难以实现，反而会使河西陷入各自为政的分裂局面，导致外敌乘虚而入。当时河西外敌不仅有匈奴、羌，还有其东面的割据势力。窦融责让隗嚣时也指出：

> 当今西州地埶局迫，人兵离散，易以辅人，难以自建。……不南合子阳，则北入文伯耳。夫负虚交而易强御，恃远救而轻近敌，未见其利也。融闻智者不危众以举事。②

在窦融看来无论西州（指陇右）还是河西都难以独自成事。若强行割据，须依仗外援，但无论是公孙述（字子阳），还是卢芳（诈称刘文伯），抑或是隗嚣，都不过“虚交”而已，不足以真心依仗，何况远救难解近危，最终强行割据也不过是“危众举事”，因此河西更倾向于归附强大的中原政权。

（接上页）社会科学出版社，2006年，第157—164页；杨龙《论两汉之际的河西窦融集团》，《咸阳师范学院学报》2011年第5期，第14—21页。

①《后汉书》卷二三《窦融传》，第797页。

②《后汉书》卷二三《窦融传》，第801页。

总之，在多种因素的综合作用下，河西五郡“决策东向”。当然，建武五年（29）窦融“遣长史刘钧奉书献马”并不意味着从此河西对东汉政府死心塌地。毕竟河西尚未与东汉进行任何实质性接触，因此河西的“决策东向”仅可说是初步定计，此次遣使也有试探之意。

（三）促成统一：接触、试探与协同作战

内部意见统一后，河西开始迈出归顺东汉的第三步也是最后一步，即遣使接触，并出兵支援东汉完成统一大业。《后汉书·窦融传》记载：

> 先是，帝闻河西完富，地接陇、蜀，常欲招之以逼嚣、述，亦发使遗融书，遇钧于道，即与俱还。帝见钧欢甚，礼飨毕，乃遣令还，赐融玺书曰：“制诏行河西五郡大将军事、属国都尉：劳镇守边五郡，兵马精强，仓库有蓄，民庶殷富，外则折挫羌胡，内则百姓蒙福。……长史所奉书献马悉至，深知厚意。今益州有公孙子阳、天水有隗将军，方蜀汉相攻，权在将军，举足左右，便有轻重。以此言之，欲相厚岂有量哉！诸事具长史所见，将军所知。王者迭兴，千载一会。欲遂立桓、文，辅微国，当勉卒功业；欲三分鼎足，连衡合从，亦宜以时定。天下未并，吾与尔绝域，非相吞之国。今之议者，必有任嚣效尉佗制七郡之计。王者有分土，无分民，自适己事而已。今以黄金二百斤赐将军，便宜辄言。”因授融为凉州牧。[①]

由上可知，在河西遣使的同一时期，光武帝也在谋求拉拢河西。

---

① 《后汉书》卷二三《窦融传》，第799页。

建武五年（29），关中平定后，巴蜀公孙述成为东汉的新的打击目标。另外，光武帝使隗嚣讨蜀、入朝皆不奉命，故知其欲持两端，对其态度转而疏远，又“遣来歙说嚣遣子入侍”[①]。同时光武帝还遣使河西，欲联合窦融给隗嚣施压，并为讨蜀增添助力。于是出现双方使者相逢于道的场面。

从赐窦融玺书的内容来看，光武帝首先对河西既成的政治现状予以承认并加以殊荣。光武帝不仅承认窦融的“行河西五郡大将军事，（张掖）属国都尉”官职，还封其“凉州牧”，使之名正言顺统领凉州。过去东汉封隗嚣“西州大将军”，专制凉州事务。此时加封窦融，显然是有意拔高窦融地位以制衡隗嚣。又，《后汉书·梁统传》云：“建武五年，统等各遣使随窦融长史刘

图5-17 汉冥安县城遗址
（采自甘肃省地方史志编纂委员会编《甘肃省志·文物志》，第152页）

① 《后汉书》卷一三《隗嚣传》，第524页。

钧诣行在所，诏加统宣德将军。”[①]《后汉纪·光武皇帝纪》亦称：“是夏，窦融及五郡太守遣使诣阙。”[②]可见河西遣使不仅只有窦融所遣之刘钧，还有五郡太守各自派遣的使者随同。如此安排不仅便于五郡自行窥探东汉真实情况，还可向光武帝暗示河西之事非决于窦融一人，河西保全之功亦是五郡合力所致。同时光武帝对五郡太守也不吝恩赏，武威太守梁统便在此背景下被加封为“宣德将军”[③]。此举显然有助于笼络窦融及五郡太守。

其次，光武帝分析了天下局势及河西的关键地位。光武帝开诚布公表示在“蜀汉相攻”局势下，河西的立场举足轻重，之后接着对窦融许诺“欲相厚岂有量哉”，向其明示日后必当受到重用。

最后，光武帝设身处地为窦融分析河西未来的出路。一者窦融可效法齐桓、晋文匡辅天子，当勉励士卒，以此成就不世伟业；二者若谋求三分天下，鼎足而立，也应当考虑顺应时局变化。再进一步点明河西与东汉间隔陇右，并非相互吞并之敌国。换言之东汉要求的底线是河西保持中立，在不为敌国前提下甚至即便窦融图谋割据河西，也不过“自适己事而已”。此处最能体现光武帝的政治智慧和气度雅量，他既给予窦融很大的考虑转圜余地，又显示出帝王的自信和包容。

此外，河西使团在入朝途中见闻及对光武帝的直接接触是窦融与五郡太守加深对东汉政府认知的一次重要契机。河西使团与光武帝接触的具体情况史不见载，不妨参考隗嚣遣马援入朝的反馈。《后汉书·马援传》记载马援：

---

① 《后汉书》卷三四《梁统传》，第1166页。

② 《后汉纪》卷五《光武皇帝纪》，第78页。

③ 敦煌与武威皆列五郡之一，也会派遣使者随刘钧入朝，只是因史籍缺载，敦煌太守辛肜是否亦获加封难以考究。

因曰："当今之世，非独君择臣也，臣亦择君矣。臣与公孙述同县，少相善。臣前至蜀，述陛戟而后进臣。臣今远来，陛下何知非刺客奸人，而简易若是？"帝复笑曰："卿非刺客，顾说客耳。"援曰："天下反覆，盗名字者不可胜数。今见陛下，恢廓大度，同符高祖，乃知帝王自有真也。"……

隗嚣与援共卧起，问以东方流言及京师得失。援说嚣曰："前到朝廷，上引见数十，每接讌语，自夕至旦，才明勇略，非人敌也。且开心见诚，无所隐伏，阔达多大节，略与高帝同。经学博览，政事文辩，前世无比。"①

正如马援所言，"君""臣"双向选择是乱世普遍现象，东汉、河西即处在双向选择阶段。马援是建武四年（28）冬出使，刘钧则在五年（29）四月，陇右、河西遣使时间接近，并且刘钧出使时东汉实力稍有增强。除战争胜利外，河西使团到访前后东汉控制区还有其他新变化，《后汉书·光武帝纪上》记载建武五年（29）：

夏四月，旱，蝗。……五月丙子，诏曰："久旱伤麦，秋种未下，朕甚忧之。将残吏未胜，狱多冤结，元元愁恨，感动天气乎？其令中都官、三辅、郡、国出系囚，罪非犯殊死一切勿案，见徒免为庶人。务进柔良，退贪酷，各正厥事焉。"……是岁，野谷渐少，田亩益广焉。②

建武五年（29）四月，东汉控制区内发生旱灾与蝗灾，为此光武

① 《后汉书》卷二四《马援传》，第830—831页。

② 《后汉书》卷一上《光武帝纪上》，第38—41页。

帝下诏整理冤狱，释放囚犯，引导官吏为政以宽。这些政策的出台加之境内战事渐息使得闲置田地减少，凋敝已久的农业经济在一定程度上得到复苏。

河西使团在“礼飨毕”后即奉命回程，停留时日不长，然洛阳距河西路途遥远，且一般使团行进速度不会太快，路上耗费时间不会太短。因此上述情况是河西使团沿途可能遇到或听闻的。马援归陇后，隗嚣问其“东方流言及京师得失”，窦融及五郡太守也必然会关注使团在东汉控制区见闻和洛阳政府施政得失这类情报，那么上述史料所反映的情况很有可能被反馈到河西。此外，关于光武帝的个人情况也当是河西各方关注的重点。马援反馈给隗嚣的情况与河西使团反馈的虽然肯定存在出入，但整体观感应该相差不大。即光武帝待人接物能推心置腹，其才略气度远胜公孙述、隗嚣之流。这一情报连同东汉境内政治、经济形势转好的见闻被反馈到河西，更可坚定窦融及五郡太守附汉之决心。尤其光武帝玺书所展现出的政治智慧与帝王气度使“河西咸惊，以为天子明见万里之外”[①]。这为河西坚定加入东汉阵营，参与之后的统一战争奠定了良好的基础。

建武六年（30），窦融为表效忠派胞弟窦友再次出使东汉。《后汉书·窦融传》称：“友至高平，会嚣反叛，道绝，驰还，遣司马席封间行通书”[②]。另外居延新简“建武初年军情简”记载：

> 5.●范君上月廿一日过当曲，言窦昭公到高平还，道不通。●天子将兵在天水。闻羌胡欲击河以西，今张掖发兵

① 《后汉书》卷二三《窦融传》，第800页。
② 《后汉书》卷二三《窦融传》，第800页。

屯诸山谷。麦孰（熟），石千二百，帛万二千。牛有贾，马如故。七月中恐急忽忽，吏民未安（EPF22：325A）

图5-18 马援像（采自清·顾沅辑《古圣贤像传略》）

裘锡圭先生考证认为这封书信大概写就于建武六年（30）七月后不久，信中反映了建武六年（30）五至八月间事[①]。窦融字周公，昭公应即其弟窦友的字，简文所言“到高平还，道不通”与《后汉书·窦融传》正相印证。“天子将兵在天水”指该年（30）四、五月间，光武帝“幸长安”“遣虎牙大将军盖延等七将军从陇道伐公孙述”[②]。光武帝虽未至天水，然汉军已至陇右天水一带。四月东汉出兵天水主要是借道攻击公孙述，五月隗嚣“疑惧，即勒兵”[③]叛汉，遂战于陇坻，汉军失利。简5还反映出此时期河西面临羌胡威胁，与东汉政府联合作战的条件尚不成熟。

隗嚣反叛后，窦融遣使发书责让，隗嚣不纳。于是，“融乃

① 裘锡圭《新发现的居延汉简的几个问题》，《中国史研究》1979年第4期，第103—110页。

②《后汉书》卷一下《光武帝纪下》，第48页。

③《后汉书》卷一三《隗嚣传》，第526页。

与五郡太守共砥砺兵马，上疏请师期”[1]。光武帝对窦融表现极为赞许，史称“尉藉之甚备”“深嘉美之”[2]。《后汉书·窦融传》记载：

> 诏报曰：“……今关东盗贼已定，大兵今当悉西，将军其抗厉威武，以应期会。”融被诏，即与诸郡守将兵入金城。[3]

光武帝下诏告知窦融汉军将不日西征，约定日期夹攻陇右。此年关东形势已然大定[4]，汉军的确可以腾出精力收拾西部局势。窦融受诏后，即率河西军队进攻盘踞在金城的先零羌封何诸种。封何诸种曾攻杀金城太守，又与隗嚣联盟，可谓是隗嚣楔在河西五郡的一颗钉子，故欲伐隗嚣，须先取封何诸种。结合简5“七月中恐急忽忽，吏民未安”及窦融责让隗嚣、通使洛阳须花费大量时间来看，窦融进攻封何至少在建武六年（30）七月后，或是河西面临的羌与匈奴犯边威胁已有缓解，窦融得以与东汉联合进兵。或如裘锡圭先生推测，简5所言“欲击河以西”之“羌胡”即指先零羌封何诸种，隗嚣叛汉前后可能联络封何诸种使之牵制河西，以避免遭到河西、东汉两面夹攻[5]。当然无论封何诸种是否就是简文之“羌胡”，都不影响窦融将其视为心头大患而首先

① 《后汉书》卷二三《窦融传》，第802页。
② 《后汉书》卷二三《窦融传》，第800、803页。
③ 《后汉书》卷二三《窦融传》，第803页。
④ 《后汉书·隗嚣传》云：“（建武）六年，关东悉平。”《后汉书·光武帝纪下》云：“（建武六年）二月，大司马吴汉拔朐，获董宪、庞萌，山东悉平。”
⑤ 裘锡圭《新发现的居延汉简的几个问题》，《中国史研究》1979年第4期，第103—110页。

拔除。然而当窦融击破封何诸种后，汉军却并未如约合击陇右，窦融只得班师。

光武帝何以失约不至？考察史实发现建武六年（30）汉军与隗嚣陇阺交战后采取守势，未再进兵陇右。反倒是隗嚣曾反攻三辅，为冯异、祭遵击破。则可能是隗嚣先发制人，汉军忙于关中防御，致使“大兵未进，融乃引还”[①]。还有可能此次约期本就是光武帝的存心试探。《后汉书·隗嚣传》记载：“时关中将帅数上书，言蜀可击之状，帝以示嚣，因使讨蜀，以效其信。”[②]光武帝以讨蜀之事试探隗嚣。隗嚣未奉诏，光武帝知其不可信。故此次也可能是光武帝在借讨陇之事试探窦融许诺出兵是否可信。毕竟窦融的可靠程度关系陇右甚至西部统一战争的进程。窦融出兵金城击破封何诸种，等于公然与隗嚣撕破脸。此战为其赢得了光武帝信任，由是“帝以融信効著明，益嘉之”[③]，并给予其超常礼遇。此后梁统遣人刺杀隗嚣辩士张玄[④]，河西诸官废弃隗嚣此前所授将军印绶[⑤]。另外，居延新简记载：

> 6.☐月甲午朔己未，行河西大将军事、凉州牧、守张掖属国都尉融使告部从事☐城、武威、张掖、酒泉、敦煌大守，张掖、酒泉农都尉。武威大守言官大奴许岑（EPF22：825A）
>
> ☐ 祭酒□从事主事术令史霸（EPF22：825B）

---

① 《后汉书》卷二三《窦融传》，第804页。

② 《后汉书》卷一三《隗嚣传》，第524页。

③ 《后汉书》卷二三《窦融传》，第804页。

④ 《后汉纪·光武皇帝纪》将梁统刺杀张玄事系于建武五年（29），与《后汉书·窦融传》记载相抵牾。

⑤ 《后汉书》卷二三《窦融传》，第805页。

7.等三人，捕羌虏斩首各二级，当免为庶人，有书。今以旧制律令，为捕斩匈奴虏反羌购赏各

如牒。前诸郡以西州书免刘玄及王便为民，皆不当行。书到，以科别从事，官奴婢以西州（EPF22：221）

8.书若郡农如玄、便等捕斩反羌免者，不应法令。皆收还玄便等及其妻子其木官。已具言所具官名、年籍毋有所遗脱，会五月朔。从事督察如律令。（EPF22：691）

9.• 捕斩匈奴虏反羌购偿科别（EPF22：222）

以上四简均属窦融颁行的“捕斩匈奴虏反羌购赏科别”册书的组成部分。张忠炜考察认为此册书颁行的时间为建武七年（31）三月[①]。“西州书”即西州大将军隗嚣所下文书[②]。建武七年（31）三月，窦融废“西州书”转而颁行“购赏科别”，意在表明河西已与隗嚣划清界限。综上，河西的种种举动旗帜鲜明地与隗嚣进行彻底决裂，为其与东汉合力平定陇右创造了良好的信任基础。

河西与陇右决裂后，隗嚣陷入东西夹攻境地，“遂遣使称臣于公孙述”[③]。建武七年（31）三月，“述以嚣为朔宁王，遣兵

① 张忠炜认为此册书由18枚简组成，并调整了简的编序。今采其说。详见氏著《〈居延新简〉所见“购偿科别”册书复原及相关问题之研究——以〈额济纳汉简〉“购赏科条”为切入点（增订稿）》，张德芳、孙家洲主编《居延敦煌汉简出土遗址实地考察论文集》，上海：上海古籍出版社，2012年，第191—214页。另外何双全也确定简6时间为建武七年（31）三月。详见氏著《窦融在河西》，《西北史地》1988年第3期，第12—21页。

② 东汉邓禹“承制遣使持节命嚣为西州大将军，得专制凉州、朔方事”。故“西州”一般代指隗嚣势力。

③《后汉书》卷一三《隗嚣传》，第527页。

往来，为之援势”[1]，陇、蜀联盟结成。同年秋，隗嚣进攻安定，于是光武帝命河西出兵协助汉军反攻陇右。后因遇雨道断，出兵计划搁浅。《后汉书·窦融传》记载：

> 秋，隗嚣发兵寇安定，帝将自西征之，先戒融期。会遇雨，道断，且嚣兵已退，乃止。融至姑臧，被诏罢归。融恐大兵遂久不出，乃上书曰：“隗嚣闻车驾当西，臣融东下，士众骚动，计且不战。嚣将高峻之属皆欲逢迎大军，后闻兵罢，峻等复疑。嚣扬言东方有变，西州豪桀遂复附从。嚣又引公孙述将，令守突门。臣融孤弱，介在其间，虽承威灵，宜速救助。国家当其前，臣融促其后，缓急迭用，首尾相资，嚣埶排迮，不得进退，此必破也。若兵不早进，久生持疑，则外长寇仇，内示困弱，复令谗邪得有因缘，臣窃忧之。惟陛下哀怜！”帝深美之。[2]

窦融上书催促光武帝早日进攻陇右，因陇、蜀结盟，使河西、东汉夹攻陇右的形势出现新的变数。从“臣融孤弱，介在其间……宜速救助”来看，蜀军入陇给河西军防增添了压力。若汉军迟迟不发，难保陇、蜀联军为解除后顾之忧，先攻河西，如此不仅河西处境岌岌可危，还会影响东汉统一大业。另外，汉军、河西军迁延不进，会使欲叛隗降汉者心生迟疑，隗嚣也会有更长时间稳固陇右局势。

《后汉书·光武帝纪下》记载：

---

① 《后汉书》卷一三《隗嚣传》，第527页。

② 《后汉书》卷二三《窦融传》，第805页。

八年春正月，中郎将来歙袭略阳，杀隗嚣守将而据其城。[①]

又《东观汉记》记载：

上闻得略阳，甚悦。左右怪上数破大敌，今得小城，何足以喜？然上以略阳嚣所依阻，心腹已坏，则制其支体易也。[②]

建武八年（32）的来歙奇袭略阳揭开了东汉进攻陇右的大幕。略阳地处陇右腹地，汉军攻陷略阳相当于将一颗钉子楔进了隗嚣的地盘，使其不得不分兵夺回略阳，以此削弱陇右防御力量。后隗嚣率陇、蜀联军精锐数万人围攻略阳数月不下，军心战力皆遭削弱。建武八年（32）闰四月，光武帝亲征隗嚣。与此同时，窦融率兵前来会师。《后汉书·窦融传》记载：

八年夏，车驾西征隗嚣，融率五郡太守及羌虏小月氏等步骑数万，辎重五千余两，与大军会高平第一。融先遣从事问会见仪适，是时军旅代兴，诸将与三公交错道中，或背使者交私语。帝闻融先问礼仪，甚善之，以宣告百僚。乃置酒高会，引见融等，待以殊礼。拜弟友为奉车都尉，从弟士太中大夫。遂共进军，嚣众大溃，城邑皆降。帝高融功，下诏以安丰、阳泉、蓼、安风四县封融为安丰侯，弟友为显亲侯。遂以次封诸将帅：武锋将军竺曾为助义侯，

① 《后汉书》卷一下《光武帝纪下》，第53页。

② ［汉］刘珍等撰，吴树平校注《东观汉记校注》卷九《来歙传》，北京：中华书局，2008年，第287页。

> 武威太守梁统为成义侯，张掖太守史苞为褒义侯，金城太守厍钧为辅义侯，酒泉太守辛肜为扶义侯。封爵既毕，乘舆东归，悉遣融等西还所镇。①

两军会师于安定郡高平县第一城。《后汉书·寇恂传》云："初，隗嚣将安定高峻，拥兵万人，据高平第一，帝使待诏马援招降峻，由是河西道开。"②此前窦融上书促战时也提到"嚣将高峻之属皆欲奉迎大军"，可见高峻早有归汉意向，随着高峻归降，汉军、河西军顺利会师。《后汉书·窦融传》称："友至高平，会嚣反叛，道绝，驰还。"③可见高平扼河西通关中之咽喉要道，隗嚣占据高平切断了河西与东汉关中之间的主干道，使两方只能通过"间行通书"④进行联系。故称攻克高平，"由是河西道开"。自此东汉与河西不再是过去的"绝域"，双方辖域相接，这不仅标志着河西与东汉政府的交流实现了正常化，还是东汉政府得以实现对河西真正统治的坚实基础。

从窦融等河西官员初次觐见光武帝的经过来看，东汉初创，官员大多不修礼仪，而窦融觐见光武帝前先问会见礼仪。足见其知尊卑有别，侍君谨慎。光武帝也投桃报李，"待以殊礼"，又大肆册封窦融以下河西诸官。在此次会师及册封活动中几乎不见敦煌郡的痕迹，但窦融所统部众中自然包含敦煌太守及郡兵。另，《后汉书·窦融传》云："（建武）七年夏，酒泉太守竺曾以弟报怨杀人而去郡，融承制拜曾为武锋将军，更以辛肜

① 《后汉书》卷二三《窦融传》，第805—806页。
② 《后汉书》卷一六《寇恂传》，第625页。
③ 《后汉书》卷二三《窦融传》，第800页。
④ 《后汉书》卷二三《窦融传》，第800页。

代之。”[①]辛彤在更始时任敦煌都尉，窦融主政拔擢为敦煌太守，建武七年（31）又代竺曾任酒泉太守。故统率敦煌郡兵随窦融与光武帝会师的不再是辛彤，至于此时窦融所任敦煌太守为何人，敦煌郡方面是否有要员接受册封皆史不见载。据《后汉书·梁统传》记载：

> 八年夏，光武自征隗嚣，统与窦融等将兵会车驾。及嚣败，封统为成义侯，同产兄巡、从弟腾并为关内侯，拜腾酒泉典农都尉，悉遣还河西。[②]

从此记载观之，光武帝对武威太守梁统的册封延及其同胞、同族兄弟，可见此次册封范围之广泛。但武威、张掖、金城、酒泉四郡太守皆封侯爵，唯不见敦煌太守居其列。出现这种情况的原因是敦煌太守为窦融新任，任官仅一年，资历功勋皆不及梁统等其他太守。然光武帝既欲广施恩惠于河西，当不会遗漏敦煌郡官员，至于册封力度和人员实难考稽。

建武十年（34），东汉彻底平定陇右，十二年（36）十一月，又定巴蜀。同年，“统与融俱诣京师，以列侯奉朝请”[③]。《后汉书·孔奋传》又云：“陇蜀既平，河西守令咸被征召。”[④]窦融及河西五郡太守、县令等官员奉诏入朝后基本改任他职不再返回河西，这表明光武帝初步实现对河西地方势力的重新洗牌，也标志着东汉政府已经实现对河西五郡的真正意义上的完全掌控。

综上，自建武三年（27）奉建武正朔至建武十二年（36）窦

---

① 《后汉书》卷二三《窦融传》，第805页。
② 《后汉书》卷三四《梁统传》，第1166页。
③ 《后汉书》卷三四《梁统传》，第1166页。
④ 《后汉书》卷三一《孔奋传》，第1098页。

融及五郡太守入朝，以窦融为首的河西五郡归顺东汉政府经历了一段观望徘徊、循序渐进的漫长过程。窦融先后采用过更始、赤眉甚至西汉平帝的年号后，才跟随陇右隗嚣，尊奉东汉光武帝建武正朔。随着东汉势力扩张，窦融又审时度势劝服五郡太守及豪杰作出了河西归顺东汉的决策。其后双方开始遣使接触，交流渐多，这一过程中双方从最初的怀疑、试探到加强互信，协同作战，关系日益紧密，这也是河西融入东汉统治的过程。在窦融等人的努力下，河西不仅未步陇右隗嚣割据后尘，反而公开与之决裂，成为坚定拥护东汉的一方势力。另外，光武帝恰如其分地处理河西问题的诸多举措也是促使河西归心的重要因素。可以说，河西五郡从更始覆亡后成为一方重要势力到东汉统一战争过程中能够以和平方式实现权力过渡，纳入东汉中央政府管辖，是河西窦融集团与东汉中央政府共同努力的结果。而居延新简的一些记载对于补充丰富这一重要历程的诸多细节具有不可替代的价值。

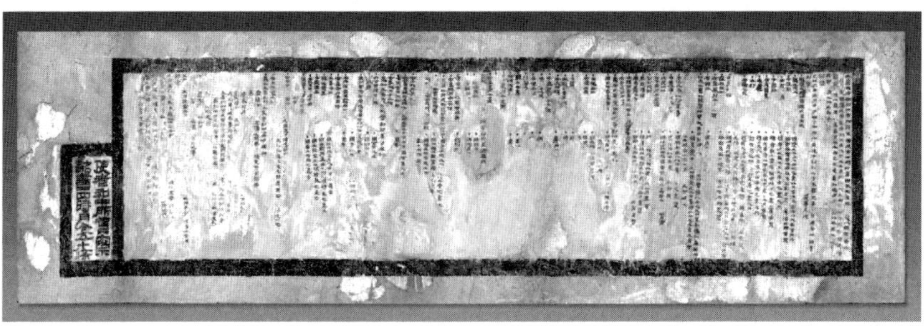

图5-19　悬泉置《四时月令诏令》墙壁题记（悬泉置遗址）　汉
（采自甘肃省地方史志编纂委员会编《甘肃省志·文物志》，中册前言附图）

第六章

东汉河西战略定位变迁（上）

敦煌郡地处河西西北隅，与河西的命运紧密相连。因此梳理东汉敦煌历史，须对河西整体的情况有所了解。河西在东汉时期的战略定位并非一成不变，而是处于一个动态演变的过程中。厘清不同时期河西战略定位的变化对更好把握敦煌郡及西域一些史事的时代背景具有重要价值。其中敦煌郡在河西战略变迁过程中的“参与”情况，尤其值得重视。另外，河西基本归属凉州统辖[①]，因此在梳理河西战略定位变迁过程中必要时也会旁及凉州的整体情况。

东汉河西战略定位的变迁史时间跨度较大、涉及内容较多，出于研究方便，故将这部分内容分为上、下两章展开论述。本章主要探讨光武帝至安帝初年这一阶段河西战略定位的演变情况。

① 河西存在归属雍州的历史阶段，但持续时段较短。

第一节　光武帝对河西的接管及对凉州的战略定位

一、光武帝对河西的接管与巩固

敦煌郡约在建武三年（27）改奉东汉正朔，五年（29）正式遣使归顺。但直到十二年（36），东汉才真正意义上开始接管包括敦煌郡在内的河西地区。《后汉书·窦融传》记载：

> 及陇、蜀平，诏融与五郡太守奏事京师，官属宾客相随，驾乘千余两，马牛羊被野。融到，诣洛阳城门，上凉州牧、张掖属国都尉、安丰侯印绶，诏遣使者还侯印绶。①

此前东汉政府忙于统一战争，出于稳定西部局势考虑，并未急于改变河西军政旧貌。直到先后平定隗嚣、公孙述，基本结束国内战事，东汉政府才开始大力整饬河西秩序。

一方面，东汉政府征召窦融与五郡太守入朝。窦融及诸太守

① ［南朝宋］范晔撰，［唐］李贤等注《后汉书》卷二三《窦融传》，北京：中华书局，1965年，第807页。

图6-1 光武帝像
（《历代帝王图》，美国波士顿艺术博物馆藏）

各自豢养宾客，加之诸郡县令亦在被召之列①，以致“驾乘千余两”。这些官员和宾客皆是窦融主政时期（25—36）河西统治集团的组成人员，帮助窦融执掌河西十余年。河西官员及宾客入朝后：凉州牧窦融“转拜为冀州牧”；武威太守梁统“更封高山侯，拜太中大夫”②；姑臧长孔奋“既至京师，除武都郡丞”③；窦融从事班彪“因召入见，举司隶茂才，拜徐令”④；窦融左护军王隆“建武中，为新汲令”⑤；窦融宾客蔡茂“后与融俱征，复拜议郎，再迁广汉太守”⑥。这些人包括州牧、太守、县长、从事、左护军及宾客，皆不再遣返河西任职。仅凭这些记载还不足以说明河西入朝官员及宾客皆被调离河西，但可表明东汉政府确有全面更易河西旧官的倾向。又，《后汉书·孔奋

① 《后汉书·孔奋传》云：“陇蜀既平，河西守令咸被征召。”
② 《后汉书》卷三四《梁统传》，第1166页。
③ 《后汉书》卷三一《孔奋传》，第1099页。
④ 《后汉书》卷四〇上《班彪传上》，第1324页。
⑤ 《后汉书》卷八〇上《文苑传上》，第2609页。
⑥ 《后汉书》卷二六《蔡茂传》，第907页。

传》云："陇蜀既平，河西守令咸被征召，财货连毂，弥竟川泽。"[①]这些"守令"携如此丰厚的财货入京，显然他们已知此次应召入朝当不会再归本职，此亦为佐证之一。可见东汉政府意图通过人事调动的方式清除窦融集团在河西地区的影响，以增强中央集权。

另一方面，《后汉书·光武帝纪下》记载建武十二年（36）："省金城郡属陇西。"[②]这意味东汉政府在将河西旧官调离河西的同时，也在推进河西的政区调整事宜。东汉对金城郡进行政区调整表明中央政府对河西地区控制力度进一步增强。同时，陇西郡并吞金城郡后，其境域将横跨黄河，突入河西，此举有助于防范河西借助地形之便图谋割据。另外，东汉与西羌的拉锯也是造成这一政区调整重要影响因素之一[③]。总之，东汉政府在真正接手河西事务后通过官员换血、政区调整两种手段顺利实现了河西军政权力的平稳过渡，并进一步增强了中央对河西的控制。

二、光武帝时期河西战略地位的变化

光武帝时期的河西战略定位也有所变化。早在统一战争过程中，光武帝已经意识到窦融治下的河西五郡对统一大业具有举足轻重的地位。《后汉书·窦融传》记载：

> 先是，帝闻河西完富，地接陇、蜀，常欲招之以逼嚣、述，亦发使遗融书，遇钧于道，即与俱还。……赐融玺书曰："……今益州有公孙子阳、天水有隗将军，方蜀汉相

① 《后汉书》卷三一《孔奋传》，第1098页。
② 《后汉书》卷一下《光武帝纪下》，第60页。
③ 李晓杰《东汉政区地理》，济南：山东教育出版社，1999年，第147—148页。

> 攻，权在将军，举足左右，便有轻重。以此言之，欲相厚岂有量哉！……”因授融为凉州牧。[①]

光武帝极为重视河西五郡，彼时其对河西的战略定位是使之制约隗嚣、公孙述，更进一步则是促使河西出兵对陇右作战，加速河陇归入汉朝统治的进程。最终敦煌等河西五郡的确为统一大业做出贡献，其地也重归汉室统治。

东汉统一战争结束后，河西的战略定位随之改变。原本在内战中发挥牵制敌方作用的河西成为“历史”，取而代之的是东汉的凉州刺史部。新生的凉州刺史部不仅囊括了原窦融治下的河西五郡，还包含原隗嚣割据的陇西、天水、安定三郡。东汉疆域拓展至河陇全境既是光武帝重塑山河的重要一环，同时也意味着过去窦融、隗嚣两个地方势力承担的抵御外敌侵扰的压力已经转变为东汉政府的责任。

凉州地处西北，三面分别与西域、西羌、匈奴接境。位于凉州西陲的敦煌郡可视为缩小版的凉州，同样面临此三方威胁。东汉对此三方策略的制定在某种程度上关系着凉州战略定位的走向。

首先，光武帝对待西域的策略与西汉、新莽乃至窦融统治河西时期皆有不同。西汉历经数代经营，在西域建立了辉煌伟业。《汉书·西域传》称：“自宣、元后，单于称藩臣，西域服从，其土地山川王侯户数道里远近翔实矣。”[②]可见西汉后期对西域掌控之强。彼时敦煌乃至凉州既是汉朝经营西域的前沿基地，又

---

① 《后汉书》卷二三《窦融传》，第799页

② ［汉］班固撰，［唐］颜师古注《汉书》卷九六上《西域传上》，北京：中华书局，1962年，第3874页。

是西域都护府的稳固后方与战略通道。到新莽时，中原王朝在西域的统治逐步崩溃。

《后汉书·西域传》记载：

> 王莽篡位，贬易侯王，由是西域怨叛，与中国遂绝，并复役属匈奴。[①]

同传又载：

> 匈奴单于因王莽之乱，略有西域，唯莎车王延最强，不肯附属。元帝时，尝为侍子，长于京师，慕乐中国，亦复参其典法。常敕诸子，当世奉汉家，不可负也。天凤五年，延死，谥忠武王，子康代立。
>
> 光武初，康率傍国拒匈奴，拥卫故都护吏士妻子千余口，檄书河西，问中国动静，自陈思慕汉家。建武五年，河西大将军窦融乃承制立康为汉莎车建功怀德王、西域大都尉，五十五国皆属焉。[②]

新莽丢失西域后，匈奴乘机“略有西域”。于是，河西从西汉经略西域的跳板，退而求其次成为新莽防御匈奴、西域的屏障。匈奴在西域重建霸权后，还有以莎车为首的数国坚持抵抗，不肯依附。到窦融统御河西时，莎车王康联络河西“自陈思慕汉家”，窦融承制对其进行册封，并在名义上使西域“五十五国皆属焉”。当时河西初附东汉，实权仍操于窦融及五郡太守之手，所

---

① 《后汉书》卷八八《西域传》，第2909页。

② 《后汉书》卷八八《西域传》，第2923页。

图6-2 汉木“纪田之印”（悬泉置）
（采自甘肃省地方史志编纂委员会编《甘肃省志·文物志》，第1676页）

谓“承制”应指窦融借汉朝名义册封莎车。莎车与河西通过彼此示好建立起初步的联盟关系。窦融可利用莎车减轻西面的压力，稳固敦煌郡防线。莎车也借由河西获得汉朝对其在西域扩张的承认。双方皆面临匈奴的军事威胁，故此次联络或许也是在坚定、支持彼此抗匈的决心，至于双方是否有实质性的合作不得而知。

从窦融册封莎车王康背景看，当时河西北部的匈奴、西南的羌人正值强盛，均对河西虎视眈眈。故窦融对外采取积极防御策略，具体到西域方面就是通过承认、拉拢莎车来减轻西境压力。此时河西的定位变为保境拒敌，本土为上。即一切以河西利益优先，这也是拉拢莎车的出发点。

光武帝底定天下后，对西域的策略有所调整。《后汉书·西域传》记载建武十四年（38）：

> （莎车王）贤与鄯善王安并遣使诣阙贡献，于是西域始通。葱领以东诸国皆属贤。十七年，贤复遣使奉献，请都护。天子以问大司空窦融，以为贤父子兄弟相约事汉，款诚又至，宜加号位以镇安之。帝乃因其使，赐贤西域都护印绶，及车旗黄金锦绣。敦煌太守裴遵上言：“夷狄不可假以大权，又令诸国失望。”诏书收还都护印绶，更赐贤以

汉大将军印绶。[①]

莎车、鄯善遣使朝贡，史称“西域始通”，可见这是西域与东汉交通的开端[②]。窦融久据河西，熟悉西域事务，故光武帝在莎车问题上先询问其意见。窦融提出意见并被采纳，由此可看出东汉在西域策略制定上存在一定的惯性。换言之，东汉政府欲借鉴河西经验，循旧例处置。之后敦煌太守裴遵上书指明“夷狄不可假以大权”，即不可授莎车王西域都护，使光武帝改变初衷，“收还都护印绶”。这一转变表明东汉在处理西域问题方面的经验日渐成熟，对西域策略在摸索中不断改进。

窦融称“贤父子兄弟相约事汉，款诚又至”是基于河西与莎车旧谊，而非东汉与莎车关系深厚。莎车仅在建武十四年（38）曾朝贡东汉一次，虽然父子三代莎车王皆声称忠于汉朝，但是因此就轻易“假以大权”，太过草率，并不符合东汉国家利益。过去窦融立足河西现实与莎车合作，既能共御匈奴侵扰，又可减少双方冲突，无可厚非。然而时移世易，莎车已摆脱了昔日在匈奴入侵下苦苦挣扎的困境。从“葱领以东诸国皆属贤”来看，莎车已成为称霸葱岭以东的西域强国。此时若东汉政府再“假以大权”会使莎车如虎添翼。莎车在西域的大肆扩张，不仅影响匈奴利益，对东汉而言亦是威胁。其后“贤自负兵强，欲并兼西域，攻击益甚”[③]，又得知东汉无意派遣都护经营西域，“遂遗鄯善王安书，令绝通汉道”[④]。可见光武帝不授其西域都护的决策是

① 《后汉书》卷八八《西域传》，第2923—2924页。

② 此前窦融交通莎车仅属河西地方与西域交通，故未算作东汉交通西域的开始。

③ 《后汉书》卷八八《西域传》，第2924页。

④ 《后汉书》卷八八《西域传》，第2924页。

正确的。

《后汉书·光武帝纪下》记载建武二十一年（45）：

> 其冬，鄯善王、车师王等十六国皆遣子入侍奉献，愿请都护。帝以中国初定，未遑外事，乃还其侍子，厚加赏赐。①

随着莎车扩张加剧，鄯善、车师等国纷纷遣使寻求东汉庇护，光武帝却不愿在此时经略西域。《后汉书·西域传》云：

> 天子报曰："今使者大兵未能得出，如诸国力不从心，东西南北自在也。"于是鄯善、车师复附匈奴，而贤益横。②

光武帝为休养国力而放弃经略西域。在此基调下，河西的定位虽仍是东汉防备西域的前线堡垒，但仅需片面防守边境即可，其作为进军西域前进基地的职能已被淡化。

光武帝放弃西域有其特定的历史背景。《后汉书·光武帝纪下》记载：

> 初，帝在兵间久，厌武事，且知天下疲耗，思乐息肩。自陇、蜀平后，非儆急，未尝复言军旅。③

长期国内征战已使光武帝产生厌战情绪。加之长期内战造成"天下疲耗"，东汉方兴未艾，亟须休养生息，恢复国力。然当时匈

① 《后汉书》卷一下《光武帝纪下》，第73页。

② 《后汉书》卷八八《西域传》，第2924页。

③ 《后汉书》卷一下《光武帝纪下》，第85页。

奴犯边不止，“杀略钞掠甚众，北边无复宁岁”[①]。东汉对付匈奴已是勉强，无力两线开战，不宜同时卷入西域战事。因此，光武帝放弃西域的决定是基于当时国情进行的战略收缩。这表明东汉对待西域问题已经从过去的借鉴、依循地方经验发展到能够从全局出发制定符合国家利益的成熟策略。这一策略也存在一定的隐患，莎车的扩张一时难以对东汉河西构成威胁，然匈奴或许会趁机入主西域。若匈奴果真重新占据西域，势必会给东汉带去更大的军事威胁和边境压力。然而在光武帝决心放弃西域后不久，匈奴国内接连发生变故。

首先，匈奴爆发严重的自然灾害，以致“人畜饥疫，死耗太半”[②]，加之乌桓趁机发难，再次遭受重创，于是“匈奴北徙，幕南地空”[③]；其次，匈奴单于死后，单于之位更迭频繁，造成国内政局动荡；再次，薁鞬日逐王比争位失败后，倒向东汉，自立单于，于是，匈奴分为南、北匈奴；最后，在东汉支持下，南匈奴实力逐步壮大，双方合作日益紧密。南匈奴诸部分屯边郡，成为东汉北边屏障，甚至“皆领部众为郡县侦罗耳目”[④]，东汉北境防线愈发稳固。而北匈奴征讨南匈奴接连失利，处于劣势，由是对东汉越发恭谨，乃至建武二十七年（51）“北匈奴遣使诣武威乞和亲”[⑤]欲以此缓和与东汉关系。

匈奴分裂后，北匈奴实力不足，一时无力侵吞西域，若想与东汉较量也需要一段恢复期。如此，匈奴趁机重据西域威胁东汉边境的状况短期内不会出现，凉州不仅可暂时放弃经略西面之西

---

① 《后汉书》卷八九《南匈奴传》，第2940页。
② 《后汉书》卷八九《南匈奴传》，第2942页。
③ 《后汉书》卷一下《光武帝纪下》，第75页。
④ 《后汉书》卷八九《南匈奴传》，第2945页。
⑤ 《后汉书》卷八九《南匈奴传》，第2945页。

域，甚至随着北方军事压力骤减，光武帝“诏罢诸边郡亭候吏卒”[①]，而北匈奴“钞兵每到南部下，还过亭候，辄谢曰：‘自击亡虏薁鞬日逐耳，非敢犯汉人也’”[②]。由此观之，匈奴的分裂使得凉州北境、西境（主要是敦煌）战略态势趋于缓和，当然这并不意味着凉州境内战事消弭，在西、北二面威胁降低的同时，西羌势力膨胀，开始威胁凉州。

《后汉书·西羌传》记载：

> 元帝时，彡姐等七种羌寇陇西，遣右将军冯奉世击破降之。……自彡姐羌降之后数十年，四夷宾服，边塞无事。至王莽辅政，欲耀威德，以怀远为名，乃令译讽旨诸羌，使共献西海之地，初开以为郡，筑五县，边海亭燧相望焉。[③]

可见西汉元帝以降数十年中，汉、羌间维持了较长时间的和平。但因王莽好大喜功，设置西海郡，激化了汉、羌矛盾，后羌人起事遭到王莽镇压，到新莽覆灭之际，羌人势力遂卷土重来。

《后汉书·西羌传》记载：

> 时王莽末，四夷内侵，及莽败，众羌遂还据西海为寇。更始、赤眉之际，羌遂放纵，寇金城、陇西。隗嚣虽拥兵而不能讨之，乃就慰纳，因发其众与汉相拒。建武九年，隗嚣死，司徒掾班彪上言：“今凉州部皆有降羌，羌胡被发左衽，而与汉人杂处，习俗既异，言语不通，数为小吏

---

① 《后汉书》卷一下《光武帝纪下》，第75页。

② 《后汉书》卷八九《南匈奴传》，第2945页。

③ 《后汉书》卷八七《西羌传》，第2877—2878页。

> 黠人所见侵夺，穷恚无聊，故致反叛。夫蛮夷寇乱，皆为此也。旧制益州部置蛮夷骑都尉，幽州部置领乌桓校尉，凉州部置护羌校尉，皆持节领护，理其怨结，岁时循行，问所疾苦。又数遣使驿通动静，使塞外羌夷为吏耳目，州郡因此可得儆备。今宜复如旧，以明威防。”光武从之，即以牛邯为护羌校尉，持节如旧。及邯卒而职省。十年，先零豪与诸种相结，复寇金城、陇西，遣中郎将来歙等击之，大破。……十一年夏，先零种复寇临洮，陇西太守马援破降之。后悉归服，徙置天水、陇西、扶风三郡。明年，武都参狼羌反，援又破降之。①

从“凉州部皆有降羌”来看，归顺汉朝的羌人部落有不少内迁汉地郡县，且多饱受小吏压迫。这意味着东汉政府不仅需要防御塞外羌人，还须提防境内羌人反叛及塞内、外诸羌相互勾结的情况。这与匈奴直接威胁边境不同，东汉政府处置起来也就更为麻烦。当时西羌主要威胁地区以金城、陇西等凉州东部、南部郡县为主。此前隗嚣割据陇右时，不以力敌，反而引导、借助羌人之力“与汉相拒”，实现了化羌乱为己用的效果。到东汉灭隗嚣，原来的“祸水东引”之策不再适用，于是光武帝采纳班彪意见，在凉州设置护羌校尉对羌人进行安抚、疏导，但羌人寇边之事仍屡屡发生。

综上，就光武帝后期的凉州周边局势来看，北面匈奴陷于分裂，由盛转衰；西面西域莎车扩张，致使诸国恐惧。然两方对凉州基本不构成威胁，唯余西羌一面，甚为活跃，犯边不止。于是凉州的战略定位从过去的主要防备匈奴转向重点防范西羌。在这

① 《后汉书》卷八七《西羌传》，第2878—2879页。

种战略调整下，敦煌郡地处凉州西北受羌人威胁较小，而西域、匈奴方面压力减轻，得以更好地休养生息。此后，终东汉一朝，羌人屡屡犯边，凉州始终作为防范、反击羌人的前沿阵地。由于这一战略定位基本保持不变，且防羌之事与凉州东部、南部诸郡关联性更强，与敦煌郡及河西相关性较小，故下文对凉州防羌之事一般不再赘述，直到安帝时期，西羌叛乱险些导致整个凉州沦为东汉弃地，彼时再对凉州羌患问题进行详论。

第二节　明帝进击北匈奴、西域与河西定位的调整

一、北匈奴控制西域与再度寇边

汉明帝永平五年（62），时隔十余年后史籍中再次出现北匈奴寇边的记载。《后汉书·南匈奴传》云："五年冬，北匈奴六七千骑入于五原塞，遂寇云中至原阳，南单于击却之，西河长史马襄赴救，虏乃引去。"①此前匈奴接连经历自然灾害、乌桓发难、南部自立等一系列打击，元气大伤，分裂后的北匈奴对付南匈奴尚且艰难，更不敢轻易越汉境一步。至此时再度来犯表明经历十年休养生息后，北匈奴已走出低谷，国力有所恢复。故敢于再度进犯汉境，彰显自身实力。

《后汉书·南匈奴传》记载：

> （南匈奴）胡邪尸逐侯鞮单于长，永平六年立。时北匈奴犹盛，数寇边，朝廷以为忧。会北单于欲合市，遣使求和亲，显宗冀其交通，不复为寇，乃许之。

① 《后汉书》卷八九《南匈奴传》，第2948页。

> 八年，遣越骑司马郑众北使报命，而南部须卜骨都侯等知汉与北虏交使，怀嫌怨欲畔，密因北使，令遣兵迎之。郑众出塞，疑有异，伺候果得须卜使人，乃上言宜更置大将，以防二虏交通。由是始置度辽营，以中郎将吴棠行度辽将军事，副校尉来苗、左校尉阎章、右校尉张国将黎阳虎牙营士屯五原曼柏。又遣骑都尉秦彭将兵屯美稷。其年秋，北虏果遣二千骑候望朔方，作马革船，欲度迎南部畔者，以汉有备，乃引去。复数寇钞边郡，焚烧城邑，杀略甚众，河西城门昼闭。帝患之。[①]

"北匈奴犹盛"亦可佐证北匈奴实力的确有很大程度的恢复，以至于"数寇边"。北匈奴实力提升的一个重要原因是其对西域的控制力度有所增强。《后汉书·西域传》记载："永平中，北虏乃胁诸国共寇河西郡县，城门昼闭。"[②]此条记载恰与上文"河西城门昼闭"相印证。说明此时期北匈奴已能驱使西域诸国对汉作战。

早在光武帝末期，"鄯善、车师复属匈奴"[③]。其后莎车王贤分裂龟兹，使其子则罗、妫塞王驷鞬分统之，"数岁，龟兹国人共杀则罗、驷鞬，而遣使匈奴，更请立王。匈奴立龟兹贵人身毒为龟兹王，龟兹由是属匈奴"[④]。《后汉书·西域传》记载：

> 莎车将君得在于阗暴虐，百姓患之。明帝永平三年，其大人都末出城……都末因此即与兄弟共杀君得。而大人休莫

① 《后汉书》卷八九《南匈奴传》，第2949页。
② 《后汉书》卷八八《西域传》，第2909页。
③ 《后汉书》卷八八《西域传》，第2924页。
④ 《后汉书》卷八八《西域传》，第2924—2925页。

> 霸复与汉人韩融等杀都末兄弟，自立为于阗王，复与拘弥国人攻杀莎车将在皮山者，引兵归。于是贤遣其太子、国相，将诸国兵二万人击休莫霸，霸迎与战，莎车兵败走，杀万余人。贤复发诸国数万人，自将击休莫霸，霸复破之，斩杀过半，贤脱身走归国。休莫霸进围莎车，中流矢死，兵乃退。①

光武帝末至明帝初，西域（狭义）唯余匈奴、莎车两国分据东、西，分庭抗礼。然莎车王贤性多猜忌、施政暴虐，其治下诸国百姓多心怀怨愤。在此背景下，于阗贵族都末率先起事，杀死莎车所遣镇将君得，其后休莫霸趁乱崛起，"自立为于阗王"，重据拘弥、皮山。其后于阗两次击败以莎车为首的西域诸国联军，先后取得"杀万余人""斩杀过半""进围莎车"的辉煌战绩。永平四年（61），于阗执莎车王贤而后杀之，遂灭莎车。《后汉书·西域传》记载：

> 匈奴闻广德灭莎车，遣五将发焉耆、尉黎、龟兹十五国兵三万余人围于阗，广德乞降，以其太子为质，约岁给罽絮。冬，匈奴复遣兵将贤质子不居徵立为莎车王，广德又攻杀之，更立其弟齐黎为莎车王，章帝元和三年也。②

《后汉书·班超传》记载：

> 是时于阗王广德新攻破莎车，遂雄张南道，而匈奴遣使

---

① 《后汉书》卷八八《西域传》，第2925页。
② 《后汉书》卷八八《西域传》，第2926页。

> 监护其国。超既西，先至于阗。……即攻杀匈奴使者而降超。①

于阗骤然崛起，攻灭莎车，然根基尚不牢固，旧属莎车之诸国也并未全部归附。北匈奴趁机裹挟西域十五国联兵进击，迫降于阗，“以其太子为质，约岁给罽絮”，又“遣使监护其国”。直到永平十六年（73），班超至于阗，广德才攻杀北匈奴使者。这意味着于阗自永平四年至十六年（61—73）长期处于匈奴使者监控之下。莎车国灭、于阗乞降标志着北匈奴在西域再无堪与抗衡之国。如此，北匈奴实力大增，既可尽得西域进献之珍宝财货，又能驱使诸国进犯东汉之河西。这是永平五年（62）后北匈奴敢于频繁犯边的重要底气，也是东汉“朝廷以为忧”的现实背景。

图6-3 班超塑像

二、明帝交通北匈奴策略的失败

北匈奴控制西域后，不仅国力大增，还在战略态势上形成了

① 《后汉书》卷四七《班超传》，第1573页。

对凉州的两面夹击之势，其中尤以敦煌等河西诸郡面临的形势最为紧迫。在此形势下，明帝为消弭边患，于是应允北匈奴“合市”“和亲”请求，并遣郑众回访匈奴。明帝此举与光武帝时对北匈奴的策略大相径庭。过去北匈奴屡请和亲，光武帝不许，甚至“不遣使者”[①]回访。值得玩味的是，此前北匈奴初次遣使诣武威求和亲时，朝议不决，当时仍为皇太子的明帝进言称：

> 南单于新附，北虏惧于见伐，故倾耳而听，争欲归义耳。今未能出兵，而反交通北虏，臣恐南单于将有二心，北虏降者且不复来矣。[②]

光武帝正是采纳其说，才不与北匈奴和亲，甚至“告武威太守勿受其使”[③]。然而时移世易，明帝即位后在北匈奴问题上却改弦易调，究其原因应与北匈奴实力增强有关。从“朝廷以为忧”来看，东汉政府在永平五年（62）面对北匈奴时已不似建武二十七年（51）时那般从容。兼并西域后的北匈奴已非昔日的疲弱之国，若明帝秉持旧见，不与交通，可能会导致两国开战，则东汉的西北边、北边都有可能遭受打击。从“显宗冀其交通，不复为寇”看，明帝意欲通过双方交通达到息事宁人、罢兵止战的目的。另外，此次妥协也反映出此时东汉政府尚未做好战争准备。

光武帝“自陇、蜀平后，非儆急，未尝复言军旅”[④]。当时北方既有匈奴虎视，又有“乌桓、鲜卑屡寇外境”[⑤]，然这些侵

---

① 《后汉书》卷八九《南匈奴传》，第2948页。
② 《后汉书》卷八九《南匈奴传》，第2945—2946页。
③ 《后汉书》卷八九《南匈奴传》，第2946页。
④ 《后汉书》卷一下《光武帝纪下》，第85页。
⑤ 《后汉书》卷一九《耿国传》，第715页。

扰不过疥癣之患，北境并未爆发大战，尤其南匈奴款塞归顺后，“由是乌桓、鲜卑保塞自守，北虏远遁，中国少事”①。安定的外部环境虽有利于休养生息，恢复国力，但久不历战阵对东汉军队而言意味着难以保持战力。再从北匈奴进犯的重点区域来看，大致有朔方、河西两处。朔方一带有南匈奴协防，看似边防稳固，但南匈奴未必十分可靠②。至于河西，光武帝放弃西域后，以敦煌为西界，依托两关，进行防备。但自匈奴分裂后，边境压力骤减，河西诸郡及居延边塞防务相比过去难免松懈。如今敦煌及河西面临的不再是一盘散沙的诸国弱旅而是北匈奴率领的西域联军，且北匈奴已从东西两面对河西形成夹攻之势，因此河西处境极为艰难。基于东汉边防的此种现实，明帝选择暂时与北匈奴妥协，既是深思熟虑的结果，同时又是无奈之举。

明帝交通北匈奴后，南匈奴中便有联络北匈奴意图北逃者，于是东汉设置度辽营“以防二虏交通”。一方面，北匈奴交通东汉另有图谋。《后汉书·郑众传》记载：

> （永平）八年，显宗遣众持节使匈奴。众至北庭，虏欲令拜，众不为屈。单于大怒，围守闭之，不与水火，欲胁服众。众拔刀自誓，单于恐而止，乃更发使随众还京师。朝议复欲遣使报之，众上疏谏曰：“臣伏闻北单于所以要致汉使者，欲以离南单于之众，坚三十六国之心也。又当扬汉和亲，夸示邻敌，令西域欲归化者局促狐疑，怀土之人绝望中国耳。汉使既到，便偃蹇自信。若复遣之，虏必自谓得谋，其群臣驳议者不敢复言。如是，南庭动摇，乌

---

① 《后汉书》卷一九《耿国传》，第716页。

② 从永平八年（65）须卜骨都侯等欲联络北匈奴北遁一事可见，南匈奴对东汉的效忠是有限度的，并非完全可靠。

> 桓有离心矣。南单于久居汉地，具知形埶，万分离析，旋为边害。今幸有度辽之众扬威北垂，虽勿报答，不敢为患。”帝不从，复遣众。①

郑众认为北匈奴并无与东汉交好之诚意，这从北匈奴对待汉使的傲慢态度及“北单于外求和亲，而数为边害”②之事皆可看出。郑众根据情报判断北匈奴“要致汉使”及请求和亲的意图有二：一为离间东汉与南匈奴关系；二为借“扬汉和亲”，巩固其在西域的统治。若其谋划得逞，可能会造成西域心怀汉室者“绝望中国”，“南庭动摇，乌桓有离心矣”的后果。尽管郑众预测的后果或有夸大成分，但其对北匈奴图谋的分析是有道理的。郑众进言的初衷是为阻止东汉政府再次遣使北匈奴，为达到此目的，他宣称在度辽营威慑下，即便明帝对北匈奴要求不予理会，北匈奴也“不敢为患”。但随后北匈奴与西域联兵进犯河西表明郑众对北匈奴的实力和魄力的评估显然有误。

另一方面，明帝为皇太子时就早已预见到东汉与北匈奴交通，“恐南单于将有二心”，此时决策更不会遗漏此点，则明帝对此决策可能会使南匈奴产生变故应有所预料。故当郑众报告须卜骨都侯有异动时，明帝很快作出反应，设置度辽营。耿国早在光武帝末期就已提出“置度辽将军，左右校尉，屯五原以防逃亡”③的方案，明帝能在郑众“上言宜更置大将，以防二虏交通”后，立刻部署解决方案，得益于“追思国言”④。由此可

---

① 《后汉书》卷三六《郑众传》，第1224—1225页。

② ［晋］袁宏撰，张烈点校《后汉纪》卷一〇《孝明皇帝纪下》，北京：中华书局，2017年，第183页。

③ 《后汉书》卷一九《耿国传》，第716页。

④ 《后汉书》卷一九《耿国传》，第716页。

见，明帝对南匈奴早存提防之心，才会留意耿国的方案。另外，明帝即便提前考虑到交通北匈奴可能会使南匈奴心怀不满也执意如此，只能说明当时北匈奴对东汉威胁加剧，明帝只能寄希望于南匈奴归顺日久，不会发生太大变故。且即便有变，东汉足以应对，两害相权取其轻，明帝只能选择暂时与北匈奴妥协、交通。

随着度辽营的设置，东汉在朔方一带的防备力量增强，北匈奴开始将进犯重点西移至河西诸郡。在这一区域，北匈奴在战略态势上处于绝对优势地位，于是出现了“永平中，北虏乃胁诸国共寇河西郡县，城门昼闭”[①]的一幕。面对北匈奴变本加厉的进犯，明帝深感忧患，并由此更加确定仅仅通过合市、和亲、遣使等和平手段难以解决北匈奴威胁。在此背景下，明帝开始积极筹划发动战争，以期彻底解决北匈奴之患。于是，敦煌及河西的战略定位开始发生转变。

三、战前的庙堂决策与重视河西、西域之议

明帝最初欲以和平方式避免战争，并非东汉实力不济，不敌北匈奴。实际上恰恰相反，《后汉书·张纯传》记载：“时南单于及乌桓来降，边境无事，百姓新去兵革，岁仍有年，家给人足。”[②]“边境无事”给东汉创造了绝佳的发展时机，至明帝时东汉已经过一个较长的平稳发展时期，其综合国力更进一层。只是北边承平日久，和平时期的边塞机制无法适应大规模战争的节奏，因此东汉与北匈奴开战主要欠缺的是备战时间。《后汉纪·孝明皇帝纪下》记载永平十三年（70）：

> 是岁，匈奴频犯塞，中郎耿秉上书曰：“中国虚费，

① 《后汉书》卷八八《西域传》，第2909页。
② 《后汉书》卷三五《张纯传》，第1196页。

> 边陲不宁，其患专在匈奴，以战去战可也。……”天子内有图匈奴志，阴纳秉言，乃召入见，使具陈其状。……每公卿论边事，秉辄预其议。顷之，太仆祭彤、虎贲中郎将马庚、显亲侯窦固、下博侯刘张、好畤侯耿忠等俱见，议兵事。秉以为孝武时始事匈奴，匈奴援引弓之类，并左衽之属，故不可得而制也。汉既得河西四郡及居延、朔方，徙民以充之，根据未坚，匈奴犹出为寇。其后羌、胡分离，四郡坚固，居延、朔方不可倾拔，虏遂失其肥饶畜兵之地，惟有西域俄复内属，呼韩邪单于请款塞，是故其势易乘也。今有南单于，形势相似；然西域尚未内属，北虏未有衅作。臣愚以为当先击白山，得伊吾，破车师，通使乌孙诸国，以断其右臂，未可先击匈奴也。伊吾亦有匈奴南呼衍一部，破此复为折其左角。观往者汉兵出，匈奴辄为乱。五单于争来，必不以五将出之故也。今可先击白山，以观其变，击匈奴未晚也。上善秉言。议者或以为今兵出白山，匈奴必并兵相助，又当分其东以离众，与秉计异。上更然之。①

由此观之，至迟到永平十三年（70），明帝已有图谋北匈奴之志。只是此时期东汉政府对出兵北匈奴之事尚未形成最终决议。从议者所论皆为出兵具体方略而非商讨是否出兵来看，北匈奴的“频犯塞”使东汉政府对和平解决北匈奴犯边之事已不抱希望，从而基本形成了“以战去战”的共识，并积极商讨出兵方略。《后汉书·班勇传》记载班勇进言：“及至永平，再攻敦煌，河西诸郡，城门昼闭。孝明皇帝深惟庙策，乃命虎臣，出征西

① 《后汉纪》卷一〇《孝明皇帝纪下》，第187—188页。

域。”[1]北匈奴挟西域攻河西，敦煌郡因地缘之故首当其冲。另外，班勇指出明帝在最终出兵前经历了一个“深惟庙策”的阶段，以上这段材料所反映的史实应即属于这一阶段。东汉与北匈奴开战的确需要进行前期准备，其实不仅庙堂筹谋进兵方略需要时间，召集军队、准备战略物资等一系列战前准备工作皆需时间。

《后汉纪》着重记载了耿秉之议及与之意见相左的“分其东以离众”之议。由此来看，这两种方略应影响最大，永平十六年（73）明帝令四道出塞进击北匈奴似乎就是在这两种方略基础上糅合而成的最终进军方案的实践。如此，更可佐证耿秉之议对东汉进攻北匈奴影响深远。在此基础上，便可探讨耿秉之议对河西战略定位的重新调整的影响。

耿秉之议主要有两点。其一，耿秉回顾了西汉自汉武帝开始解决匈奴之患的过程。尤其着重强调河西四郡、朔方、居延等地的取得与巩固在这一过程中发挥的关键作用。其二，耿秉提出应先击西域，再观时变，以破北匈奴，并进一步提出了进击西域的具体步骤，即“先击白山，得伊吾，破车师，通使乌孙诸国”。从内容来看，耿秉之议倾向于先击西域，以弱匈奴。若经略西域，必以河西为根基，故耿秉回顾历史时强调“四郡坚固”对于隔绝羌、胡（匈奴）的重要意义。以此提醒东汉政府亦应效仿西汉，先使“四郡坚固”，即先提高对河西战略地位的重视程度，为经略西域、图谋北匈奴提前打好基础。随着耿秉之议被明帝重视，河西的战略定位不再仅限于依托边塞对北匈奴、西域采取守势，而是再度成为东汉经略西域的跳板。

---

① 《后汉书》卷四七《班勇传》，第1587页。

四、明帝征讨北匈奴与河西战略地位的提升

永平十五年（72）十二月，明帝“遣奉车都尉窦固、驸马都尉耿秉屯凉州”[①]，标志着“深惟庙策”阶段基本结束，东汉政府开始落实巩固河西及出兵北匈奴的决策。《后汉书·窦固传》记载窦固：

> （永平）十五年冬，拜为奉车都尉，以骑都尉耿忠为副，谒者仆射耿秉为驸马都尉，秦彭为副，皆置从事、司马，并出屯凉州。明年，固与忠率酒泉、敦煌、张掖甲卒及卢水羌胡万二千骑出酒泉塞，耿秉、秦彭率武威、陇西、天水募士及羌胡万骑出居延塞，又太仆祭肜、度辽将军吴棠将河东、北地、西河羌胡及南单于兵万一千骑出高阙塞，骑都尉来苗、护乌桓校尉文穆将太原、雁门、代郡、上谷、渔阳、右北平、定襄郡兵及乌桓、鲜卑万一千骑出平城塞。固、忠至天山，击呼衍王，斩首千余级。呼衍王走，追至蒲类海。留吏士屯伊吾卢城。耿秉、秦彭绝漠六百余里，至三木楼山，来苗、文穆至匈奴河水上，虏皆奔走，无所获。祭肜、吴棠坐不至涿邪山，免为庶人。时诸将唯固有功，加位特进。[②]

永平十五年（72）窦固、耿秉出屯凉州，当是为次年（73）展开的军事行动进行战争准备。《后汉纪·孝明皇帝纪下》记载永平十五年（72）十一月，“匈奴寇河西”[③]。紧接着十二月，东汉

---

① 《后汉书》卷二《明帝纪》，第119页。

② 《后汉书》卷二三《窦固传》，第810页。

③ 《后汉纪》卷一〇《孝明皇帝纪下》，第191页。

便遣窦固、耿秉屯凉州，可见此次出屯除为进攻备战外，亦有防御反击之意。窦固、耿秉出屯之事显示出东汉政府开始愈发重视凉州尤其是河西诸郡的战略地位。

永平十六年（73），明帝分遣将军，四道出塞进击北匈奴。《后汉书·明帝纪》记载：

> （永平）十六年春二月，遣太仆祭肜出高阙，奉车都尉窦固出酒泉，驸马都尉耿秉出居延，骑都尉来苗出平城，伐北匈奴。窦固破呼衍王于天山，留兵屯伊吾卢城。耿秉、来苗、祭肜并无功而还。[①]

四道汉军中的两道由河西出塞。其中窦固、耿忠率“酒泉、敦煌、张掖甲卒及卢水羌胡万二千骑”出酒泉塞（一说敦煌昆仑塞[②]），主要打击盘踞西域东天山地区的北匈奴呼衍王势力；耿秉、秦彭率“武威、陇西、天水募士及羌胡万骑”出居延塞，向北进击北匈奴。可见整个凉州不论河西诸郡还是陇右诸郡皆遣军参加此役，并组成此次出击的两大主力。此时，凉州尤其是河西的主要战略定位已重新调整为东汉打击北匈奴的前沿基地。

结合耿秉之议、“分其东以离众”之议来看，窦固出击西域便是在执行耿秉当初主张的先击西域、断匈奴右臂计划。至于窦固之外的其他三支汉军的战略任务应与“分其东以离众”密切相关，尤其是高阙、平城两支汉军出击北匈奴东部，可使其无暇西顾，汉军进攻西域的计划也会更加顺利。从此战结果看，窦固击

---

① 《后汉书》卷二《明帝纪》，第120页。

② 《后汉纪·孝明皇帝纪下》记载窦固：“出敦煌昆仑塞，击南呼衍王，出塞千五百里，到蒲类海，破白山，走呼衍王。”则窦固出兵存在出酒泉塞与出敦煌昆仑塞两种记载。

破呼衍王，“留兵屯伊吾卢城”，为东汉经略西域开辟了通道。至于其他三支汉军，《后汉书·明帝纪》称“并无功而还”。然此说不确，因为耿秉、秦彭所部并非无功而返。《后汉纪·孝明皇帝纪下》记载：

> 秉出张掖居延塞，击匈林王，到沐楼山，度漠六百里余，绝无水草，得生口辞云：“匈林王转北逐水草。”秉欲将轻骑追之，都尉秦彭止之而还。……是时秉独有功。①

匈林王部活动范围距驻牧蒲类海一带的呼衍王部相对较近，该部很可能侦查到汉军北出居延塞，才向北逃遁。则耿秉、秦彭虽斩获不多，但其进军在一定程度上起到了牵制北匈奴的作用，故史载耿秉亦“有功”。如此一来，自河西出塞的两支汉军皆有功绩，对比自高阙、平城出塞的两支汉军无功而返，河西乃至凉州的地位都因此战功绩而无形中得到拔高。窦固、耿秉取胜的意义在于此后东汉政府更加重视从河西地区打击北匈奴。尤其窦固在西域初步打开局面后，东汉与北匈奴角力的主要战场便移至西域。

《后汉书·西域传》记载：

> （永平）十六年，明帝乃命将帅，北征匈奴，取伊吾卢地，置宜禾都尉以屯田，遂通西域，于阗诸国皆遣子入侍。西域自绝六十五载，乃复通焉。明年，始置都护、戊己校尉。②

① 《后汉纪》卷一〇《孝明皇帝纪下》，第191页。
② 《后汉书》卷八八《西域传》，第2909页。

《后汉书·明帝纪》记载永平十七年（74）：

> 秋八月丙寅，令武威、张掖、酒泉、敦煌及张掖属国，系囚右趾已下任兵者，皆一切勿治其罪，诣军营。
>
> 冬十一月，遣奉车都尉窦固、驸马都尉耿秉、骑都尉刘张出敦煌昆仑塞，击破白山虏于蒲类海上，遂入车师。初置西域都护、戊己校尉。①

《后汉纪·孝明皇帝纪下》记载：

> （永平）十七年秋八月丙寅，诏宥武威、张掖、酒泉、敦煌囚系右趾以下。冬十月，窦固、耿秉将万余骑击车师，王请降。于是固奏置西域都护、戊己校尉。陈穆为都护，耿恭为戊己校尉，关宠为戊己校尉。恭屯金蒲城，宠屯折中城，相去千余里。恭乃移檄乌孙大昆弥，宣喻威德，皆遣使献马，求入侍天子。②

由上可知，永平十七年（74），明帝派遣窦固、耿秉领军再出敦煌昆仑塞，进击北匈奴及其附属车师。此前车师为莎车王贤所迫，归顺匈奴，至此随着窦固、耿秉进攻顺利而再度降汉。东汉政府即以车师为根基，置“西域都护、戊己校尉”，展开驻兵屯田活动，同时又遣班超出使鄯善、于阗等国，劝说西域诸国重新附汉。班超在西域的活动卓有成效，使诸多原本依附匈奴之国重新投效东汉。这样一来，明帝经营西域以打击、削弱北匈奴的战

① 《后汉书》卷二《明帝纪》，第122页。

② 《后汉纪》卷一〇《孝明皇帝纪下》，第195页。

略取得了一定的成效。在经略西域的背景下，凉州尤其是河西地区的战略地位更为突出，这从“武威、张掖、酒泉、敦煌及张掖属国，系囚右趾已下任兵者……诣军营”可以看出。随着东汉对北匈奴、西域用兵日益频繁，河西成为支援西域战场的主要兵源征发地。同时，河西也是连接西域与中原的主要通道。它既是附汉之西域诸国侍子、使者的入朝通道，又是汉军、汉使进入西域的军事、外交通道。

综上，以北匈奴屡犯汉境为导火索，明帝开始打击北匈奴，并由此引出经略西域之事。在此背景下，东汉政府开始愈发重视凉州尤其是河西的战略地位。由此，河西地区被赋予了新的战略定位。这些新的定位包括：打击北匈奴最前沿基地、支援西域的主要兵源征发地、连接西域与中原的主要通道等等。当然这些定

图6-4 司禾府印（民丰尼雅遗址）[①] 东汉
（采自祁小山、王博《丝绸之路·新疆古代文化》，第50页）

① 尼雅遗址属于两汉时期的精绝国故地。“司禾府”这一官署未见于史书，然西汉设置宜禾都尉，治昆仑障；东汉亦在伊吾设宜禾都尉。为适应屯田需要，东汉政府很可能在南道之精绝国设置了负责屯田事务的“司禾府”。

位并非东汉首创，自汉武帝开拓河西、设置四郡伊始，河西诸郡便肩负着这些历史使命。只是在东汉初年休养生息、边境无事、放弃西域的背景下，河西地区的重要性被暂时掩盖，直至明帝改变对外战略，东汉政府才重新恢复河西旧时的战略定位。

第三节　章帝时河西地区经济与外交功能的凸显

一、班超"绥集诸国"与河西军事投入的降低

永平十七年（74），东汉击破车师，设置西域都护、戊己校尉。十八年（75），北匈奴率焉耆、龟兹二国反击汉朝，攻击西域都护。

《后汉书·明帝纪》记载：

> 焉耆、龟兹攻西域都护陈睦，悉没其众。北匈奴及车师后王围戊己校尉耿恭。①

《后汉书·章帝纪》记载：

> 诏征西将军耿秉屯酒泉。遣酒泉太守段彭救戊己校尉耿恭。②

① 《后汉书》卷二《明帝纪》，第123页。
② 《后汉书》卷三《章帝纪》，第130页。

《后汉书·耿恭传》记载：

> 时焉耆、龟兹攻殁都护陈睦，北虏亦围关宠于柳中。会显宗崩，救兵不至，车师复畔，与匈奴共攻恭。……
>
> 初，关宠上书求救，时肃宗新即位，乃诏公卿会议。司空第五伦以为不宜救。司徒鲍昱议曰："……可令敦煌、酒泉太守各将精骑二千，多其幡帜，倍道兼行，以赴其急。……"帝然之。乃遣征西将军耿秉屯酒泉，行太守事；遣秦彭与谒者王蒙、皇甫援发张掖、酒泉、敦煌三郡及鄯善兵，合七千余人，建初元年正月，会柳中，击车师，攻交河城。[①]

《后汉纪·孝章皇帝纪上》记载：

> 建初元年春正月，敦煌太守王遵、酒泉太守段彭将兵五千人破车师。[②]

焉耆、龟兹攻杀西域都护陈睦，又围攻戊己校尉关宠、耿恭，关宠上书求救，逢明帝驾崩，救援搁浅，车师复降北匈奴。章帝即位后，"乃诏公卿会议"。于是，对明帝经略西域、征伐北匈奴持反对意见的朝臣开始冒头。其后司徒鲍昱力排众议，促使章帝同意了救援计划。

关于救援西域所遣军队，《后汉书》《后汉纪》记载诸条史料各有差别。以《后汉书·耿恭传》记载最详，今采之。即由"张掖、酒泉、敦煌三郡及鄯善兵"组成援军，又"遣征西将军

① 《后汉书》卷一九《耿恭传》，第721—722页。
② 《后汉纪》卷一一《孝章皇帝纪上》，第205页。

耿秉屯酒泉，行太守事”，作为后备接应力量，同时防备北匈奴趁机偷袭河西。此事印证了这一阶段的河西诸郡充当着支援西域的主要兵源征发地与连接西域与中原的主要通道。

章帝即位后，北匈奴除与东汉争夺西域外，基本不见侵扰边境的记载，这表明明帝对北匈奴的打击及对西域的经营取得很大成效。《后汉书·西域传》记载：

> 建初元年春，酒泉太守段彭大破车师于交河城。章帝不欲疲敝中国以事夷狄，乃迎还戊己校尉，不复遣都护。二年，复罢屯田伊吾，匈奴因遣兵守伊吾地。时军司马班超留于阗，绥集诸国。①

《后汉书·班超传》亦载：

> 肃宗初即位，以陈睦新没，恐超单危不能自立，下诏征超。……超恐于阗终不听其东，又欲遂本志，乃更还疏勒。②

章帝救回戊己校尉耿恭后，便欲效法光武，放弃西域。这一点从不再设置西域都护、戊己校尉、“罢屯田伊吾”及征还班超等诸事皆可看出。然班超最终并未奉诏还京，而是选择在孤立无援的西域维系东汉的影响力。班超此次孤注一掷的决定及后续表现之后逐步扭转了东汉政府对经略西域的消极态度。

班超经略西域之初并未得到东汉政府的支持，毕竟其擅自“更还疏勒”的举动与章帝意图放弃西域的战略相违背。章帝决

---

①《后汉书》卷八八《西域传》，第2909—2910页。
②《后汉书》卷四七《班超传》，第1575页。

定全面退出西域主要是“不欲疲敝中国以事夷狄”。班超在建初三年（78）率疏勒、于阗等西域联军攻破姑墨石城后，“乃上疏请兵”[①]。其劝说章帝的核心有二：一者，西域形势大好，东汉仅需遣“步骑数百”[②]送还龟兹侍子，并立其为王，“与诸国连兵，岁月之间，龟兹可禽”[③]，“若得龟兹，则西域未服者百分之一耳”[④]。即东汉政府只需付出少许代价便可轻易控制西域，并可借此削弱北匈奴；二者，班超提出“以夷狄攻夷狄”的方针，并指出“莎车、疏勒田地肥广，草牧饶衍”[⑤]，利于屯兵。即经略西域可以实现“兵不费中国而粮食自足”[⑥]。章帝“知其功可成”[⑦]，遂在建初五年（80），“以干为假司马，将弛刑及义从千人就超”[⑧]。班超提出的不费汉地兵卒、粮草便可控制西域的思路，最终扭转了章帝的态度。于是，章帝许班超经略西域，并予以千人士卒作为支持。

总的来看，章帝时期的东汉政府不再大动干戈、耗费国力去经略西域，仅留班超及部分汉军“绥集诸国”。班超的策略是“以夷狄攻夷狄”，即借亲汉诸国之力打击敌对势力。如此，则敦煌及河西无需再耗费大量兵力、物资用以经略西域。同时班超在西域的攻伐极大牵制了西域敌对势力及北匈奴的精力，大大减轻了敦煌郡乃至河西的边防压力。这种有限度“低成本”经营西域的探索，有助于在保障边防安全的前提下节省河西乃至东汉政

---

① 《后汉书》卷四七《班超传》，第1575页。
② 《后汉书》卷四七《班超传》，第1576页。
③ 《后汉书》卷四七《班超传》，第1576页。
④ 《后汉书》卷四七《班超传》，第1575页。
⑤ 《后汉书》卷四七《班超传》，第1576页。
⑥ 《后汉书》卷四七《班超传》，第1576页。
⑦ 《后汉书》卷四七《班超传》，第1576页。
⑧ 《后汉书》卷四七《班超传》，第1576页。

府物资、人力的投入。当然，尽管班超经略西域对河西方面的依赖性相对减小，但是一些必要的支持也是不可或缺的。

二、北匈奴衰落与河西合市的展开

章帝时期，常年威胁河西的北匈奴开始日渐衰弱。《后汉书·南匈奴传》记载：

> 建初元年……时皋林温禺犊王复将众还居涿邪山，南单于闻知，遣轻骑与缘边郡及乌桓兵出塞击之，斩首数百级，降者三四千人。……八年，北匈奴三木楼訾大人稽留斯等率三万八千人、马二万匹、牛羊十万余，款五原塞降。
>
> 元和元年，武威太守孟云上言北单于复愿与吏人合市，诏书听云遣驿使迎呼慰纳之。北单于乃遣大且渠伊莫訾王等，驱牛马万余头来与汉贾客交易。诸王大人或前至，所在郡县为设官邸，赏赐待遇之。南单于闻，乃遣轻骑出上郡，遮略生口，钞掠牛马，驱还入塞。
>
> 二年正月，北匈奴大人车利、涿兵等亡来入塞，凡七十三辈。时北虏衰耗，党众离畔，南部攻其前，丁零寇其后，鲜卑击其左，西域侵其右，不复自立，乃远引而去。①

章帝时期的北匈奴在东汉与南匈奴的紧密配合打击下，多有降附。随着国力衰弱，“党众离叛”。北匈奴周边势力纷纷趁机发难，最终迫使其“远引而去”。即便在远遁之前，北匈奴也不敢再侵汉边，而是再次谋求与东汉开展边境互市贸易。章帝遂许武威太守孟云“遣驿使迎呼慰纳之”，这意味着此时期河西尤其是

① 《后汉书》卷八九《南匈奴传》，第2949—2950页。

图6-5 “驿使图”画像砖（嘉峪关市魏晋墓） 魏晋

（采自甘肃省地方史志编纂委员会编《甘肃省志·文物志》，第1502页）

武威郡成为与北匈奴贸易往来的中心。随着互市开展，北匈奴诸王大人也有进入汉地者，于是东汉政府命“所在郡县为设官邸，赏赐待遇之”。由此观之，此时期武威郡乃至河西也承担着一定的外交职能。

《后汉书·袁安传》记载：

> 元和二年，武威太守孟云上书：“北虏既已和亲，而南部复往抄掠，北单于谓汉欺之，谋欲犯边。宜还其生口，以安慰之。”诏百官议朝堂。公卿皆言夷狄谲诈，求欲无厌，既得生口，当复妄自夸大，不可开许。安独曰：“北虏遣使奉献和亲，有得边生口者，辄以归汉，此明其畏威，而非先违约也。云以大臣典边，不宜负信于戎狄，还之足示中国优贷，而使边人得安，诚便。”……帝竟从安议。[①]

武威太守孟云获知北匈奴国内不满的情报渠道，应是在互市过程中接待北匈奴贵族大人时探察得知，抑或是北匈奴正式向武威方

① 《后汉书》卷四五《袁安传》，第1518—1519页。

面抗议。但从“谋欲犯边”来看，此次孟云获取的情报并非来自北匈奴的官方抗议，北匈奴既谋犯边不会先行知会东汉方面，使其有所防备，而应是孟云趁互市之机刺探所得。由此观之，武威郡因地理位置便利之故，在这一阶段的对北匈奴外事活动中既负责接待事宜，又充当着东汉政府与北匈奴之间沟通交流的中介，甚至能够相机刺探北匈奴情报。因武威在东汉对北匈奴外事活动中属于参与程度较高的地区，武威太守孟云又熟悉北匈奴国情，故其建议在东汉政府考量北匈奴问题及制定决策时能够作为重要参考。另外，北匈奴在孟云上书的同一时期不断上演着“党众离叛”，推测在武威互市背景下，“诸王大人”进入河西，得以亲身感受彼时东汉的强盛，又获知附汉之南匈奴待遇优厚，再对比北匈奴国力之“衰耗”，难免生出心理落差，这或是加速北匈奴各部大人叛降入塞的重要原因之一。

综上，章帝时期的河西作为边境贸易中心与外交重地的战略地位和历史使命尤为突出。其后不久，北匈奴被迫远遁，其与河西之间的互市当难以为继。至章和元年（87），鲜卑攻杀北单于，其后“北庭大乱，屈兰、储卑、胡都须等五十八部，口二十万，胜兵八千人，诣云中、五原、朔方、北地降”[①]。北匈奴国势日薄西山，再难对东汉边境造成威胁，河西与之发生的经济、外交活动应当也会受到很大程度的影响。

尽管北匈奴、西域到章帝时已基本不能对河西诸郡构成威胁，但章帝即位后还是有关注凉州局势的表现。《后汉书·耿秉传》云：“肃宗即位，拜秉征西将军。遣案行凉州边境，劳赐保塞羌胡。”[②]此为章帝即位之初便较为重视凉州边境安全的力证。

---

① 《后汉书》卷八九《南匈奴传》，第2951页。

② 《后汉书》卷一九《耿秉传》，第717页。

其后随着班超在西域影响愈深，北匈奴日渐衰弱，河西面临的边防威胁愈低，其军事功能相对淡化，取而代之的是经济、外交功能有所展现。另外此时期西域诸国不乏遣使诣庭者，河西作为连接中原与西域的主要通道依旧发挥着不可替代的作用。

第四节　和帝至安帝初年凉州边塞形势的转变

和帝即位之初，外戚窦氏掌权，东汉一改昔日的保守对外政策，尤其是窦宪大破北匈奴，使西北边疆形势陡然一变。河西作为进攻北匈奴的重要桥头堡，在窦宪主持的数次攻伐北匈奴战役中，再次凸显了其战略地位的重要性。

《后汉书·和帝纪》记载：

> (永元元年) 夏六月，车骑将军窦宪出鸡鹿塞，度辽将军邓鸿出稒阳塞，南单于出满夷谷，与北匈奴战于稽落山，大破之，追至私渠比鞮海。窦宪遂登燕然山，刻石勒功而还。……
>
> (永元二年五月) 己未，遣副校尉阎磐讨北匈奴，取伊吾卢地。……
>
> 秋七月乙卯，大将军窦宪出屯凉州。九月，北匈奴遣使称臣。……
>
> (三年) 二月，大将军窦宪遣左校尉耿夔出居延塞，围北单于于金微山，大破之，获其母阏氏。[1]

---

① 《后汉书》卷四《和帝纪》，第168—172页。

伊吾卢邻近敦煌郡，阎磐攻下伊吾卢最便捷的路线是从敦煌郡出塞。北匈奴在汉军多次攻击下，有向西迁徙的迹象，故窦宪最初从朔方出塞进攻北匈奴。其后随着北匈奴主力西迁，东汉复以河西为根据，出塞进讨。“窦宪出屯凉州”的具体地点便在河西武威[①]。

图6-6 燕然山铭

（采自毛远明《汉魏六朝碑刻校注》第1册，北京：线装书局，2008年，第54页）

① 《后汉书·袁安传》云：“时窦宪复出屯武威。明年，北单于为耿夔所破。”

大将军窦宪坐镇河西震慑北匈奴，同时靠近战场也便于临机制定下一步对北匈奴的攻击策略。这为其之后遣耿夔率军出塞寻找北单于进行决战，最终取得金微山（即今阿尔泰山）大捷，重创北匈奴奠定了基础。

另外，班超经过长期经营已在西域占据绝对优势。东汉得以恢复西域都护府、戊己校尉的设置。至永元六年（94），“班超复击破焉耆，于是五十余国悉纳质内属。其条支、安息诸国至于海濒四万里外，皆重译贡献”①。这意味着西域（狭义）诸国已基本全部内属，和帝在西域建立起了自东汉建国以来最为广泛而深入的统治，这是明帝时期都未曾达到的盛况。

西域内属虽与汉地郡县在控制力度方面不可同日而语，但无论如何东汉在西域还是建立起了统治秩序。东汉将势力拓展至西

图6-7 高昌故城（张世奇 提供）

---

①《后汉书》卷八八《西域传》，第2910页。

域，意味着敦煌郡西界已不再是东汉疆土西界，东汉西部防线已由敦煌移至伊吾、车师、龟兹等西域诸处。加之西域内属后，北匈奴也遭受重创，分崩离析，已无力窥伺河西边境。如此，在失去强敌环伺的新形势下，河西诸郡的战略地位事实上已不再如往昔一般突显。

《后汉书·和帝纪》记载永元八年（96）：“八月辛酉，饮酎。诏郡国中都官系囚减死一等，诣敦煌戍。”①此次东汉政府增强敦煌郡的军事力量应当与平定车师后部叛乱、威慑“叛胡”逢侯乃至打击北匈奴呼衍王部有关。有鉴于北匈奴在西域重新活跃，和帝还采取了置“营兵三百人”及西域副校尉等诸多手段积极充实敦煌郡边防力量。而敦煌及河西新的战略定位就是作为东汉荡平北匈奴呼衍王部的策源地。关于这方面下文另有详述，此不赘言。

和帝在位期间（88—105）还比较注意改善敦煌等边郡的恶劣条件。在其诛灭窦宪，独掌大权后不久便“诏有司省减内外厩及凉州诸苑马”②。此举应有与民休养之意。另外《后汉书·和帝纪》记载：

> （永元十二年）闰月，赈贷敦煌、张掖、五原民下贫者谷。③
>
> （十三年）二月……丙午，赈贷张掖、居延、朔方、日南贫民及孤、寡、羸弱不能自存者。……（十一月）丙辰，诏曰：“幽、并、凉州户口率少，边役众剧，束脩良吏，

① 《后汉书》卷四《和帝纪》，第182页。
② 《后汉书》卷四《和帝纪》，第175页。
③ 《后汉书》卷四《和帝纪》，第187页。

进仕路狭。抚接夷狄，以人为本。其令缘边郡口十万以上岁举孝廉一人，不满十万二岁举一人，五万以下三岁举一人。”①

(十四年) 夏四月……庚辰，赈贷张掖、居延、敦煌、五原、汉阳、会稽流民下贫谷，各有差。②

(十五年) 二月，诏禀贷颍川、汝南、陈留、江夏、梁国、敦煌贫民。③

自永元十二年至十五年（100—103）的四年间，东汉政府先后三次“赈贷”或“禀贷”敦煌郡的贫民、流民。这一方面反映出在“边役众剧”与自然灾害④的双重冲击下，敦煌郡百姓生存条件恶劣，颇有流亡。除敦煌外，河西之居延、张掖也皆在“赈贷”之列，情况应与敦煌大同小异。另一方面从这些“仁政”措施也能体现出和帝对敦煌等边地的关注。这些举措可以稍稍改善敦煌、居延、张掖等地的民生，对凝聚民心、巩固河西边防而言具有促进作用。

缘北边地不仅生存条件恶劣，还存在“进仕路狭”的情况。于是，和帝针对凉州等缘边三州“进仕路狭”的问题，制定了单独的人才选拔制度，给予边郡特殊的照顾⑤。如此，东汉政府便

① 《后汉书》卷四《和帝纪》，第188—189页。
② 《后汉书》卷四《和帝纪》，第190页。
③ 《后汉书》卷四《和帝纪》，第191页。
④ 《后汉纪·孝和皇帝纪下》记载：“(永元) 十五年春二月，出廪贷郡国被灾贫民，各有差。”可见永元十五年（103）“禀贷”敦煌贫民主要是由于敦煌郡遭受了自然灾害。
⑤ 《后汉书·丁鸿传》记载和帝诛窦宪后：“鸿与司空刘方上言：‘凡口率之科，宜有阶品，蛮夷错杂，不得为数。自今郡国率二十万口岁举孝廉一人，四十万二人，六十万三人，八十万四人，百万五人，百二十万六人。不满二

可培养更多边地官吏，并寄希望于这些官吏能更好地“抚接夷狄”，稳固边疆。这一选举制度的确立反映出和帝对凉州等缘边地区极为重视。和帝这些改善边地情况的政策和举措对于北方、西北边疆的稳定具有积极意义。

《后汉书·南匈奴传》记载永元十六年（104）：

> 北单于遣使诣阙贡献，愿和亲，修呼韩邪故约。和帝以其旧礼不备，未许之，而厚加赏赐，不答其使。元兴元年，重遣使诣敦煌贡献，辞以国贫未能备礼，愿请大使，当遣子入侍。时邓太后临朝，亦不答其使，但加赐而已。①

和帝时期，东汉取得金微山大捷，迫使北单于逃遁。其后窦宪扶立的北单于於除鞬叛逃，又为汉军斩杀。紧接着西域副校尉李恂斩杀“虏帅”，再次震慑了西域的北匈奴呼衍王部，并肃清了中原与西域的通道。加之和帝既注重增强敦煌的屯戍力量，又能在人才选拔层面给予敦煌等边郡特殊照顾，还连续数年赈济敦煌及河西的贫民、流民。这一系列的战绩和举措很大程度上稳固了东汉西北边疆局势，也迫使北匈奴不得不正视自身与东汉之间存在的实力差距。这是永元十六年（104）、元兴元年（105）北匈奴两次遣使诣阙的背景。另外，当时北匈奴残余势力如呼衍王部等都活动于西域，敦煌郡作为西域进入中原首当其冲之地，于是其外交功能再次凸显，承担起接待北匈奴使者的任务。

元兴元年（105）十二月，和帝驾崩，其少子刘隆即位，是为殇帝。殇帝即位后，邓太守临朝，与此同时，西域局势开始动

（接上页）十万二岁一人，不满十万三岁一人。’帝从之。”由此观之，凉、幽、并三州缘边诸郡“举孝廉”的比例高于内地郡国。

①《后汉书》卷八九《南匈奴传》，第2957页。

荡。《后汉书·西域传》记载：

> 及孝和晏驾，西域背畔。安帝永初元年，频攻围都护任尚、段禧等，朝廷以其险远，难相应赴，诏罢都护。自此遂弃西域。北匈奴即复收属诸国，共为边寇十余岁。[①]

西域诸国反叛选择的时间节点十分巧妙。一方面，和帝朝长久以来形成的威慑力骤然消失，新君威信尚未树立；另一方面，彼时东汉头等大事是稳固朝局，无暇分散太多精力于西域事务。于是，和帝驾崩成为西域诸国摆脱汉朝统治的一个绝佳契机。

《后汉书·班勇传》记载："永初元年，西域反叛，以勇为军司马。与兄雄俱出敦煌，迎都护及西域甲卒而还。因罢都护。"[②]《后汉书·西域传》也称该年西域诸国围攻都护，诏罢都护。然此二条强调的是迎还西域都护及罢都护的时间。至于西域发动反叛的准确时间，《后汉纪·孝殇皇帝纪》记载延平元年（106）：

> 冬，西域诸国反，都护任尚上书求救，遣骑都尉班雄、校尉梁慬将五千人出塞。会尚自疏勒还，与慬共保龟兹，温宿、姑墨二国将数万人围慬月余。慬击破之，斩首数万级，道不通，慬遂留龟兹。[③]

又《后汉书·梁慬传》记载梁慬：

---

① 《后汉书》卷八八《西域传》，第2911页。
② 《后汉书》卷四七《班勇传》，第1587页。
③ 《后汉纪》卷一五《孝殇皇帝纪》，第299页。

> 延平元年拜西域副校尉。懂行至河西，会西域诸国反叛，攻都护任尚于疏勒。尚上书求救，诏懂将河西四郡羌胡五千骑驰赴之，懂未至而尚已得解。会征尚还，以骑都尉段禧为都护，西域长史赵博为骑都尉。禧、博守它乾城。它乾城小，懂以为不可固，乃谲说龟兹王白霸，欲入共保其城，白霸许之。吏人固谏，白霸不听。懂既入，遣将急迎禧、博，合军八九千人。龟兹吏人并叛其王，而与温宿、姑墨数万兵反，共围城。懂等出战，大破之。连兵数月，胡众败走，乘胜追击，凡斩首万余级，获生口数千人，骆驼畜产数万头，龟兹乃定。而道路尚隔，檄书不通。岁余，朝廷忧之。公卿议者以为西域阻远，数有背叛，吏士屯田，其费无已。永初元年，遂罢都护，遣骑都尉王弘发关中兵迎懂、禧、博及伊吾卢、柳中屯田吏士。①

这两则史料皆将西域发动反叛的时间系于延平元年（106），尤其是《后汉纪》将其时间精确锁定于延平元年（106）冬。这两则史料记事较为详细，应可采信。则西域发动叛乱时，殇帝又崩，安帝初立，皇位更迭频繁不利于东汉稳定朝局，使西域诸国有机可乘。西域战事爆发后，梁懂、班雄征河西四郡羌胡五千骑，驰援西域。这再度印证了河西对东汉经营西域的重要性。

关于北匈奴重新“收属诸国”，《后汉书·西域传》记载是在“诏罢都护。自此遂弃西域”之后；《后汉书·班勇传》记载“西域复绝，北虏遂遣责诸国”②，即北匈奴“遣责”诸国是在东汉撤出西域之后。再者，《后汉纪·孝殇皇帝纪》《后汉书·

① 《后汉书》卷四七《梁懂传》，第1591—1592页。

② 《后汉书》卷四七《班勇传》，第1587页。

梁慬传》记载西域战事时，称东汉是与龟兹、温宿、姑墨三国作战，而未提及北匈奴，由此可见北匈奴重新经略西域、制服诸国当在东汉撤出西域之后，同时也能反映出北匈奴对东汉态度的谨慎。究其原因是北匈奴在西域接连失利，使其对东汉心存敬畏。永元十六年（104）、元兴元年（105）北匈奴接连两次遣使诣阙与汉修好也正基于此。另外，东汉不是被西域诸国逼迫撤走，而是取得大捷后选择主动撤出，这也是北匈奴选择在东汉撤离后再“收属诸国”的重要原因。

关于东汉选择撤出西域的原因，余太山认为主因是“都护任尚不得人心，引起诸国叛乱，另一原因便是东汉征发羌人西征，羌人不服，沿途逃散，酿成祸乱”[①]。此说有一定道理。《后汉书·班超传》记载：

> 初，超被征，以戊己校尉任尚为都护。与超交代。尚谓超曰：“君侯在外国三十余年……宜有以诲之。”超曰：“……塞外吏士，本非孝子顺孙，皆以罪过徙补边屯。而蛮夷怀鸟兽之心，难养易败。今君性严急，水清无大鱼，察政不得下和。宜荡佚简易，宽小过，总大纲而已。”超去后，尚私谓所亲曰：“我以班君当有奇策，今所言平平耳。”尚至数年，而西域反乱，以罪被征，如超所戒。[②]

班超离任前对新任西域都护任尚分析了西域的汉军与诸国的复杂情况，认为诸国“难养易败”，这对总揽西域事务的都护而言无

① 余太山《两汉魏晋南北朝正史西域传要注》，北京：中华书局，2005年，第247页。

② 《后汉书》卷四七《班超传》，第1586页。

疑是一大挑战。班超还告诫"性严急"的任尚要在小事上宽待"塞外吏士"与西域诸国，只需"总大纲"，把握底线与原则即可，然任尚却认为班超"所言平平耳"。之后任尚"以罪被征，如超所戒"，可见任尚在任期间依旧"性严急"，严苛对待西域胡人与"塞外吏士"，直接导致西域局势的崩盘。班勇在分析此次西域反叛时也总结道："前所以时有叛者，皆由牧养失宜，还为其害故也。"[①]而且龟兹大捷后，中原与西域汉军间仍然"道路尚隔，檄书不通"。可见西域不仅只有龟兹、温宿、姑墨三国与汉朝敌对，还有其他势力阻隔中原通西域之路。这反映出任尚在任期间，汉朝在西域已大失人心，丧失了统治基础。也即西域都护任尚的"牧养失宜"应是东汉放弃西域的主要原因。

另外，关于西羌叛乱与放弃西域之间的关系，余氏认为西羌叛乱是导致罢都护、绝西域的又一重要原因，此论未必确凿。最直接的一条史料证据是"公卿议者以为西域阻远，数有背叛，吏士屯田，其费无已"，由此"遂罢都护"。可见东汉政府完全是基于西域形势以及西域拖累东汉财政的考虑才作出罢都护的决策，而非受羌乱影响。又《后汉书·班勇传》云："永初元年，西域反叛，以勇为军司马。与兄雄俱出敦煌，迎都护及西域甲卒而还。因罢都护。"[②]此处在叙述班勇、班雄出敦煌迎接西域都护、甲卒以及罢都护事时，并未提及羌乱，仅称西域反叛导致东汉放弃西域，此亦为放弃西域并未受羌乱的明证。余氏论点的一个关键支撑是"征发羌人在永初元年夏；而安帝于是年六月罢都护"[③]。即从时间线上看，羌乱应在罢都护之前，其实不然。《后汉书·安帝纪》记载永初元年（107）六月："壬戌，罢西域

① 《后汉书》卷四七《班勇传》，第1587页。

② 《后汉书》卷四七《班勇传》，第1587页。

③ 余太山《两汉魏晋南北朝正史西域传要注》，第247—248页。

都护。先零种羌叛，断陇道，大为寇掠。”[①]由此来看，当先有罢都护的决策，后才有先零羌叛乱。又，《后汉书·西羌传》记载：

> 安帝永初元年夏，遣骑都尉王弘发金城、陇西、汉阳羌数百千骑征西域，弘迫促发遣，群羌惧远屯不还，行到酒泉，多有散叛。诸郡各发兵儌遮，或覆其庐落。……先零别种滇零与钟羌诸种大为寇掠，断陇道。[②]

《后汉书·梁慬传》记载：

> 永初元年，遂罢都护，遣骑都尉王弘发关中兵迎慬、禧、博及伊吾卢、柳中屯田吏士。[③]

由上，先零羌叛乱受诸羌散叛影响，即先有羌人畏惧远屯西域而多有散叛，后有先零羌响应。最初羌人散叛仅仅是为逃避征发之苦，但酒泉等诸郡处置过激才引发了更大规模的先零等诸种羌人叛乱。直到先零羌大举寇掠、断陇道，这一地方性事件才真正升级，成为东汉中央政府关注的大事，需要派出大军进讨。此前诸郡处理逃亡羌人不过是普通的地方事件，应当不会影响东汉政府对西域事务的决策。而先零羌叛乱在东汉政府决意放弃设置都护之后，从时间顺序来看，羌乱不太可能成为东汉政府放弃西域的影响因素。

再从逻辑顺序来看，王弘发羌人“征西域”导致了羌人散

---

① 《后汉书》卷五《安帝纪》，第207页。
② 《后汉书》卷八七《西羌传》，第2886页。
③ 《后汉书》卷四七《梁慬传》，第1591—1592页。

图6-8 “汉归义羌长”铜印①（新疆新和县）

（采自祁小山、王博《丝绸之路·新疆古代文化》，第158页）

叛，并进一步引发西羌全面叛乱。王弘发羌人“征西域”与王弘发“关中兵迎憧、禧、博及伊吾卢、柳中屯田吏士”二者皆是永初元年（107）在骑都尉王弘主持下征发士卒出征西域，应属一事。②则王弘征兵意在迎接西域都护及西域军队回归。即东汉政府先定罢都护、弃西域的方针，王弘负责执行接应任务。其后因途中诸羌散叛，地方弹压过甚，激起西羌反叛。在此基础上，可以得出结论：因大规模羌乱爆发时间晚于罢都护的时间，故羌乱当不是东汉放弃西域的影响因素。反而是放弃西域方案的执行成为诱发西

① “汉归义羌长”铜印发现于新和县，即古龟兹地区，很可能反映的就是归附汉朝的诸羌受到征发屯驻、征讨西域的相关史实。

② 东汉此前出征西域一般是征发凉州诸郡兵及羌胡兵，《后汉书·西羌传》称发“金城、陇西、汉阳羌数百千骑”显然不足以解西域之难，而《后汉书·梁慬传》称发“关中兵”应当指征发关中诸郡兵。如此当是王弘照惯例征发汉、羌联军出击西域，然羌人至酒泉叛逃，致使王弘所率者以关中诸郡兵为主。另外这里的“关中兵”应指金城、陇西、汉阳等诸郡兵，这些地区广义上也可算作关中。此前不久，梁慬已征发河西四郡羌胡五千骑赴西域平叛，故此次支援西域不再由河西征发军队，而是逐次向东征发金城、陇西等诸郡兵及附属羌胡兵。

羌叛乱的催化剂[①]。

再者，西域治理难且经营成本高是放弃西域的重要因素。不少朝臣“以为西域阻远，数有背叛，吏士屯田，其费无已”。这与班超提出的“难养易败”的观点不谋而合。西域屡屡生变与其幅员辽阔、邦国林立、风俗各异的特点有关，这些特点使得不论是匈奴还是汉朝都难以真正将诸国统一于自身的国家意志之下。而且自西汉以来，西域诸国夹于匈奴与汉朝两强之间，是双方都极力争取的战略重地，这使得这些城邦国家拥有足够的摇摆空间，一旦对汉朝统治不满或汉朝势衰诸国便会转投匈奴怀抱。不仅如此，东汉经略西域对国家财政负担颇重。《后汉书·袁安传》云：“且汉故事，供给南单于费直岁一亿九十余万，西域岁七千四百八十万。”[②]如此，在北匈奴衰弱、遣使贡献的背景下，

---

①上述考证已能说明西羌叛乱与放弃西域之间的因果关系。然史籍中却存在与此考证结论有出入的史料。《后汉纪·孝安皇帝纪上》将“西羌叛，车骑将军邓骘率师击之”系于永初元年（107）五月，又将王弘迎接梁慬系于同年十二月。此条记载明显存在问题，西羌叛乱既已爆发，东汉征关中诸郡兵当以平定羌乱为先，应当无暇再顾及西域撤离事宜。退一步讲，即便可以分出兵力，彼时叛羌已断陇道，王弘需越过叛羌势力范围才能抵达西域，这显然不太现实。况且相对而言，《后汉书》记载时间及事件经过都更为翔实，故论证过程中未采此条史料。又，《后汉书·班勇传》载：“及至永元，莫不内属。会间者羌乱，西域复绝，北虏遂遣责诸国。”此次羌乱持续时间长、波及地域广，致使东汉政府在很长一段时间内不仅无力回归西域，甚至汉朝在凉州的统治都受到了很大程度的冲击。故十余年后，班勇在追溯往事时，难免将东汉政府放弃西域的决策与大约同时期的羌乱挂钩。可以说西羌叛乱成为东汉回归西域的阻力，但西羌叛乱与放弃西域两者间的因果关系却不是仅凭班勇寥寥数语便可颠倒的。况且此条史料出自班勇上书言事，西羌叛乱与放弃西域皆非其论述重点，不过是简略提及而已，其可信度自然不及上述论证过程中所列之专门叙述此事的史料。故亦不采此条史料。

②《后汉书》卷四五《袁安传》，第1521页。

图6-9 袁安墓碑
（采自毛远明《汉魏六朝碑刻校注》第1册，第59页）

西域的战略价值缩减，却反叛频发，致使东汉财政负担增大。同时，关东数州又遭遇自然灾害，使国家财政更加捉襟见肘。因此当西域生变，东汉政府便决定顺势撤出西域。

关于此次东汉撤出西域的影响。一方面，东汉决定放弃西域后，随即派遣军队打通西域通道，接应西域都护及屯田吏士。这次接应任务最终引发了西羌叛乱，《后汉书·西羌传》记载：

> 时诸降羌布在郡县，皆为吏人豪右所徭役，积以愁怨。安帝永初元年夏，遣骑都尉王弘发金城、陇西、汉阳羌数百千骑征西域，弘迫促发遣，群羌惧远屯不还，行到酒泉，多有散叛。诸郡各发兵徼遮，或覆其庐落。于是勒姐、当煎大豪东岸等愈惊，遂同时奔溃。……

> 先零别种滇零与钟羌诸种大为寇掠，断陇道。时羌归附既久，无复器甲，或持竹竿木枝以代戈矛……郡县畏懦不能制。冬，遣车骑将军邓骘，征西校尉任尚副，将五营及三河、三辅、汝南、南阳、颍川、太原、上党兵合五万人，屯汉阳。明年春，诸郡兵未及至，钟羌数千人先击败骘军于冀西，杀千余人。……于是滇零等自称“天子”于北地，招集武都、参狼、上郡、西河诸杂种，众遂大盛，东犯赵、魏，南入益州，杀汉中太守董炳，遂寇钞三辅，断陇道。[①]

骑都尉王弘的任务是打通西域道，接应汉官及汉军撤出西域。然凉州归义诸羌长期苦于地方官吏、豪右徭役，又常被征发出征西域，故“积以愁怨”。于是，此次被征发的诸羌为逃避出征西域、“远屯不还”的结局，“多有散叛”，凉州诸郡又打击过甚，最终导致西羌叛乱。东汉自地方到中央屡屡遣军讨伐而不能制，于是羌乱成为困扰安帝朝的一大麻烦。《后汉书·西羌传》又载：

> 自羌叛十余年间，兵连师老，不暂宁息。军旅之费，转运委输，用二百四十余亿，府帑空竭。延及内郡，边民死者不可胜数，并凉二州遂至虚耗。[②]

羌乱爆发最先冲击的就是凉州，其后影响并州、三辅、益州，至于间接波及的地区“延及内郡”，又不止上述地区。此次羌乱牵制了东汉西部乃至整个国家的极大精力，以至于东汉政府即便有

---

①《后汉书》卷八七《西羌传》，第2886页。

②《后汉书》卷八七《西羌传》，第2891页。

意改变既定战略，重新经略西域业已力不从心。

另一方面，北匈奴“收属诸国”后，实力有所恢复。加之东汉陷于羌乱，国力受损。于是，北匈奴与西域诸国连兵进犯东汉边境长达“十余岁”。对此，《后汉书·西域传》云：“敦煌太守曹宗患其暴害。”[①]可见敦煌因地接西域，所受侵扰尤甚。然而这一时期东汉忙于镇压羌乱，无力发起大规模反击。甚至朝中一度出现放弃凉州的论调。

---

① 《后汉书》卷八八《西域传》，第2911页。

第七章

东汉河西战略定位变迁（下）

本章主要研究自安帝到东汉灭亡这段时期，河西战略定位的发展演变情况。这一时期的东汉处于衰落期，皇位更迭也相对频繁。到董卓之乱（189）后，东汉皇帝开始沦为地方实权派手中的傀儡，天下随之大乱，河西亦陷入割据分裂局面。直到东汉临亡之际，河西才再次归于中央政府管辖。

第一节 “弃凉州”之议始末与牵制叛羌的新定位

一、邓骘提出“弃凉州”之议及其背后动机

安帝永初四年（110），大将军邓骘提出“弃凉州”之议。《后汉纪·孝安皇帝纪上》记载：

> 四年春二月，匈奴寇常山。于时西北有事，民饥，国用不足，大将军邓骘欲弃凉州，专务北边，曰：“譬家人衣坏，取一以相补，犹有所完。若不如此，将两无所保。”公卿皆以为然。[①]

《后汉书·虞诩传》对此记载略同：

> 永初四年，羌胡反乱，残破并、凉，大将军邓骘以军役方费，事不相赡，欲弃凉州，并力北边，乃会公卿集议。

① ［晋］袁宏撰，张烈点校《后汉纪》卷一六《孝安皇帝纪上》，北京：中华书局，2017年，第313页。

> 骘曰："譬若衣败，坏一以相补，犹有所完。若不如此，将两无所保。"议者咸同。①

邓骘欲弃凉州的主要原因是"国用不足""事不相赡"。关于"国用不足"的原因及表现，《后汉书·皇后纪上》"和熹邓皇后"条云：

> 自太后临朝，水旱十载，四夷外侵，盗贼内起。每闻人饥，或达旦不寐，而躬自减彻，以救灾厄，故天下复平，岁还丰穰。②

连年自然灾害、匈奴等外敌入侵、内部叛乱等因素在永初四年（110）二月前都已出现（下文有详述），这些因素使东汉国力骤然衰弱，财政入不敷出。具体表现有：

> （延平元年六月）郡国三十七雨水。己未，诏曰："自夏以来，阴雨过节……今新遭大忧，且岁节未和，彻膳损服，庶有补焉。其减太官、导官、尚方、内署诸服御珍膳靡丽难成之物。"③
>
> （永初元年）秋九月庚午，诏三公明申旧令，禁奢侈，无作浮巧之物，殚财厚葬。……壬午，诏太仆、少府减黄门鼓吹，以补羽林士；厩马非乘舆常所御者，皆减半食；诸

① ［南朝宋］范晔撰，［唐］李贤等注《后汉书》卷五八《虞诩传》，北京：中华书局，1965年，第1866页。

② 《后汉书》卷一〇上《皇后纪上》，第425页。

③ 《后汉书》卷四《殇帝纪》，第197页。

所造作，非供宗庙园林之用，皆且止。[①]

(三年) 三月，京师大饥，民相食。[②]

(三年四月) 三公以国用不足，奏令吏人入钱谷，得为关内侯、虎贲羽林郎、五大夫、官府吏、缇骑、营士各有差。[③]

(四年正月) 丙午，诏减百官及州郡县奉各有差。[④]

自永初已后，戎狄叛乱，国用不足，始封王薨，减赙钱为千万，布万匹；嗣王薨，五百万，布五千匹。[⑤]

这一时期东汉削减开支用度的对象上至宫中、诸王、百官，下至地方州郡县各级官员，东汉财政的紧张程度可见一斑。即便如此缩减用度，永初三年（109）的洛阳还是出现严重饥荒，作为东汉京师连基本的粮食供应都不能保障，足见此时东汉财富、资源储备的脆弱。更有甚者，朝廷三公竟然公开提出卖官鬻爵的方案来解决财政危机。凡此种种，足以证明永初四年（110）二月，邓骘提出"弃凉州"之议时，东汉政府"国用不足"的状况已经达到极其严重的程度。于是，减轻"军役"负担，缓解"国用不足"成为邓骘决定放弃某一局势混乱地区的直接动机和出发点。但是，这并非邓骘选择凉州作为弃地的原因。

二、从地方战略抉择角度审视凉州的相对地位及其险些沦为弃地的原因

《后汉纪》的记载表明"匈奴寇常山"是提议"弃凉州"的

① 《后汉书》卷五《安帝纪》，第207—208页。
② 《后汉书》卷五《安帝纪》，第212页。
③ 《后汉书》卷五《安帝纪》，第213页。
④ 《后汉书》卷五《安帝纪》，第214页。
⑤ 《后汉书》卷五五《刘寿传》，第1806—1807页。

图7-1 烟筒梁南墩[①]
（采自甘肃省地方史志编纂委员会编《甘肃省志·文物志》，第328页）

导火索。邓骘极力避免东汉陷于西、北两面作战的困境，显然是当时东汉国力难以支撑两线作战。除北边南匈奴因素外，巩固三辅及关东的赈灾、剿贼事宜皆是促使凉州险些沦为弃地的重要因素。这些相关因素大致可归结为三点：

其一，先北边后西边的部署。邓骘及公卿主张放弃凉州、“专务北边”的起因是南匈奴犯边。《后汉书·南匈奴传》记载：

> 永初三年夏，汉人韩琮随南单于入朝，既还，说南单于云：“关东水潦，人民饥饿死尽，可击也。”单于信其言，遂起兵反畔，攻中郎将耿种于美稷。秋，王彪卒。冬，遣行车骑将军何熙、副中郎将庞雄击之。四年春，檀遣千余

① 位于今敦煌市肃州镇姚家沟村西北。

> 骑寇常山、中山，以西域校尉梁慬行度辽将军，与辽东太守耿夔击破之。……单于见诸军并进，大恐怖，顾让韩琮曰："汝言汉人死尽，今是何等人也?"乃遣使乞降，许之。……于是赦之，遇待如初，乃还所钞汉民男女及羌所略转卖入匈奴中者合万余人。[①]

事实上，南匈奴并未做好与东汉翻脸的充足准备，此次犯边主要是想趁火打劫并借此试探东汉实力。南单于檀犯塞的底气是在听信汉人韩琮的蛊惑后，对东汉国内情况作了错误的估计。随着东汉"诸路并进"进讨，南匈奴败绩，南单于才意识到韩琮之言夸大其词，于是只得"遣使乞降"。

《后汉书·南匈奴传》对南匈奴叛乱的记载过于简略，难以展现南匈奴反叛对东汉带来的严重危害，甚至我们会由此怀疑邓骘及公卿是因高估南匈奴叛乱的严重性才提出放弃凉州、"专务北边"的主张。然而事实上叛乱的南匈奴的确是东汉边防的一大威胁。

西羌掳掠汉人转卖匈奴之事表明西羌与南匈奴之间已存在利益纠葛，羌与胡的联系显然不利于东汉。另外，东汉政府将在西线关中地区对付叛羌的梁慬调到北边对付南匈奴，也足以说明此次南匈奴反叛的严重性及东汉政府对此事的重视。早在明帝时，郑众已经指出过南匈奴若反叛可能出现的严重后果：

> 如是，南庭动摇，乌桓有离心矣。南单于久居汉地，具知形埶，万分离析，旋为边害。[②]

---

①《后汉书》卷八九《南匈奴传》，第2957—2958页。

②《后汉书》卷三六《郑众传》，第1224—1225页。

至安帝时，南匈奴归附时间更久，对汉地的了解更多。且南匈奴反叛可能会破坏原本平静的北边局势，牵动乌桓等塞北诸部一同反叛。永初三年（109）的南匈奴叛乱便是“与乌桓大人俱反”[①]，这既印证了郑众预测的可靠性，又显示出此次南匈奴叛乱的危害性之强。《后汉书·梁慬传》对东汉镇压南匈奴叛乱过程记载更详：

> （永初）三年冬，南单于与乌桓大人俱反。以大司农何熙行车骑将军事，中郎将庞雄为副，将羽林五校营士，及发缘边十郡兵二万余人，又辽东太守耿夔率将鲜卑种众共击之，诏慬行度辽将军事。庞雄与耿夔共击匈奴奥鞬日逐王，破之。单于乃自将围中郎将耿种于美稷，连战数月，攻之转急，种移檄求救。明年正月，慬将八千余人驰往赴之，至属国故城，与匈奴左将军、乌桓大人战，破斩其渠帅，杀三千余人，虏其妻子，获财物甚众。单于复自将七八千骑迎攻，围慬。慬被甲奔击，所向皆破，虏遂引还虎泽。三月，何熙军到五原曼柏，暴疾，不能进，遣庞雄与慬及耿种步骑万六千人攻虎泽。连营稍前，单于惶怖，遣左奥鞬日逐王诣慬乞降，慬乃大陈兵受之。单于脱帽徒跣，面缚稽颡，纳质。会熙卒于师，即拜慬度辽将军。[②]

自永初三年至四年（109—110），南匈奴联合乌桓作乱后，东汉派遣中央的“羽林五校营士”及征发“缘边十郡兵二万余人”平叛，又邀鲜卑相助作战。可以说南匈奴叛乱之初，东汉自中央至

① 《后汉书》卷四七《梁慬传》，第1592页。

② 《后汉书》卷四七《梁慬传》，第1592—1593页。

北边诸郡都被拖进了战争的泥潭。而乌桓、鲜卑卷入战事，又可反映出南匈奴叛乱牵涉之广。战争之初，庞雄、耿夔率偏师击破奥鞬日逐王①，南单于又“围中郎将耿种于美稷”数月，双方可谓互有胜负。到永初四年（110）正月，为扭转战争局势，东汉政府又调梁慬率军八千参与平叛。梁慬接连击败匈奴左将军、乌桓大人甚至南单于，最终联合庞雄、耿种才迫使南单于投降。可见东汉镇压南匈奴叛乱之艰难，无怪乎邓骘及公卿为平定北边，甚至不惜以放弃凉州为代价。

除南匈奴叛乱本身使东汉政府疲于应付外，凉州乃至三辅兵力被抽调至北线也是影响邓骘及公卿决定放弃凉州的重要因素。在南匈奴平叛战事中扮演重要角色的梁慬本非北边防线将领，其在延平元年至永初元年（106—107）任西域副校尉在西域同叛汉诸国作战。随着西域都护撤销，梁慬奉命撤出西域。《后汉书·梁慬传》记载：

> （永初）二年春，还至敦煌。会众羌叛，朝廷大发兵西击之，逆诏慬留为诸军援。慬至张掖日勒。羌诸种万余人攻亭候，杀略吏人。慬进兵击，大破之，乘胜追至昭武，虏遂散走，其能脱者十二三。及至姑臧，羌大豪三百余人诣慬降，并慰譬遣还故地，河西四郡复安。
>
> 慬受诏当屯金城，闻羌转寇三辅，迫近园陵，即引兵赴击之，转战武功美阳关。慬临阵被创，不顾，连破走之，尽还得所掠生口，获马畜财物甚众，羌遂奔散。朝廷嘉之，

① 考虑到十郡之兵征发完成需要一定的时间，则庞雄、耿夔所率应为偏师。庞雄既为何熙副贰，则其统率应是羽林五校营士或缘边十郡兵组成的一支偏师，耿夔作为辽东太守应统率本部辽东兵及鲜卑军。至于汉军主帅何熙及主力汉军至永初四年（110）三月方到五原曼柏。

数玺书劳勉，委以西方事，令为诸军节度。[①]

永初二年（108）春，梁慬撤回敦煌时，恰逢邓骘冀西兵败，诸羌声势大振。护羌校尉侯霸因处置诸羌失当致其反叛被征免，东汉政府“以西域都护段禧代为校尉”[②]，接替侯霸继续平定叛羌。前西域都护任尚因西域反叛被征免后，很快又被起用为征西校尉，作为邓骘副贰也参与平定叛羌。至于梁慬虽仍任西域副校尉[③]，然亦参与平羌战事。如此，除骑都尉赵博撤回河西后任职情况不明外[④]，其余的西域重要官员在回归内地后皆被派遣参与平定羌乱。如此，则段禧、梁慬等所辖西域军队也随之参与凉州平叛。《后汉书·梁慬传》云：“永初元年，遂罢都护，遣骑都尉王弘发关中兵迎慬、禧、博及伊吾卢、柳中屯田吏士。”[⑤]同传亦云：“(班勇）与兄雄俱出敦煌，迎都护西域甲卒而还。因罢都护。后西域绝无汉吏十余年。”这意味着东汉在西域的管理机构及全部军队都撤回了敦煌。从西域撤回敦煌的军队包括：王弘征发的接应汉军，班勇兄弟率领的援军，在西域伊吾、柳中的屯田部队及段禧、梁慬、赵博所统率的驻龟兹汉军[⑥]。这些军事将领及军队的回归对于东汉凉州平叛战争而言是一大助力。

---

① 《后汉书》卷四七《梁慬传》，第1592页。

② 《后汉书》卷八七《西羌传》，第2886页。

③ 《后汉书·南匈奴传》云：“四年春……以西域校尉梁慬行度辽将军。”可见即便东汉已全面撤出西域，梁慬的西域副校尉身份依旧保留至永初四年（110）春。

④ 《后汉书·安帝纪》记载永初五年：“九月，汉阳人杜琦、王信叛，与先零诸种羌攻陷上邽城。十二月，汉阳太守赵博遣客刺杀杜琦。”可知赵博在永初五年（111）任汉阳太守，至于其是否甫归内地便任此职难以考究。

⑤ 《后汉书》卷四七《梁慬传》，第1591—1592页。

⑥ 《后汉书·梁慬传》称梁慬与段禧、赵博会合于龟兹王城延城后，“合军八

在平定叛羌过程中，梁慬的表现尤其出众。从“朝廷大发兵西击之，逆诏慬留为诸军援”不难发现，起初东汉政府的意图是集结大军自东向西平叛，梁慬不过是留驻敦煌充当“诸军援”的角色，邓骘、任尚所统“五营及三河、三辅、汝南、南阳、颍川、太原、上党兵合五万人”①才是平定叛羌的绝对主力。然邓骘、任尚于永初二年（108）二月、十月先后两次败于叛羌，致使羌人声威大震，羌乱由是向凉州之外蔓延，“众遂大盛，东犯赵、魏，南入益州，杀汉中太守董炳，遂寇钞三辅，断陇道”②。对此东汉政府无能为力，只得召还邓骘，“留任尚屯汉阳，为诸军节度。”③永初三年（109）春，“复遣骑都尉任仁督诸郡屯兵救三辅”④。然任仁又重蹈覆辙，屡战屡败，不仅未能解三辅之困，反而助长了叛羌气焰。

反观同一时期梁慬的表现却大放异彩。梁慬所部汉军曾于西域同诸国叛军鏖战取胜，之后长途跋涉穿越叛汉势力的封锁得以回归敦煌，这支军队可谓百战劲旅。梁慬就是率领这支劲旅大破叛羌，使“河西四郡复安”。平定河西羌乱后，梁慬又率军转战关中，再次大破羌众，解三辅之危。于是，东汉政府“委以西方事，令为诸军节度”，梁慬成了平定凉州、三辅等“西方”地区羌乱的主心骨。然而未及梁慬平定“西方”羌乱，北边的南匈奴便已发动叛乱。在对南匈奴战局不利的情况下，东汉政府只得选

(接上页) 九千人”。其后这支汉军与温宿、姑墨等西域数万叛军鏖战数月，大败敌军。在龟兹鏖战期间及回撤途中这支军队当皆有折损，故具体军队人数当不足八九千之数。

①《后汉书》卷八七《西羌传》，第2886页。

②《后汉书》卷八七《西羌传》，第2886页。

③《后汉书》卷八七《西羌传》，第2886页。

④《后汉书》卷八七《西羌传》，第2887页。

择“拆东墙补西墙”，命梁慬“八千余人驰往赴之”[①]。此举虽有助于平定南匈奴之叛，但却削弱了凉州、三辅方面的军事力量。不仅如此，诸路汉军原本无力遏制叛羌发展，仅有梁慬所部屡克叛羌，故梁慬的存在对于鼓舞、凝聚诸军士气发挥着至关重要的作用，将其调离平羌前线对于“西方”诸军的军心士气而言也是不小的打击。

邓骘曾任讨羌诸军的最高指挥，两次败于叛羌，自然清楚镇压羌乱的难度及抽调梁慬后三辅、凉州会面临更加艰难的局势。但在东汉政府看来，北边南匈奴的威胁程度显然高于西边叛羌。事实也的确如此，南匈奴久居塞内西河郡一带，一旦叛乱不能平定，则南匈奴可直接南下威胁京师洛阳。至于凉州，纵然舍去，亦存三辅可为屏障。于是两相取舍，东汉政府选择坐视凉州局势进一步糜烂，甚至放弃凉州也要优先解决北边之患。如此，永初四年（110）正月东汉政府抽调西线兵力驰援北线之举，虽事出无奈但却会使邓骘及公卿对凉州局势持更加悲观的态度，这也是他们决定放弃凉州的重要原因。

其二，弃凉州保三辅的提议。在梁慬调离的永初四年（110）正月，“辛卯，诏以三辅比遭寇乱，人庶流冗，除三年逋租、过更、口算、刍稿”[②]。东汉政府通过施行仁政、减轻百姓徭役负担的方式凝聚三辅人心。二月，又“置京兆虎牙都尉于长安，扶风都尉于雍，如西京三辅都尉故事”[③]，以此增强三辅守备力量。长安是汉朝旧都所在，西汉园陵又皆在三辅，故东汉政府极为重视三辅安危，采取政治、军事双重手段巩固

---

① 《后汉书》卷四七《梁慬传》，第1592页。

② 《后汉书》卷五《安帝纪》，第214页。

③ 《后汉书》卷八七《西羌传》，第2887页。《续汉书·百官志五》亦云：“安帝以羌犯法，三辅有陵园之守，乃复置右扶风都尉，京兆虎牙都尉。”

三辅统治。至于凉州在很多朝臣眼中不过是汉羌混杂之地，必要时完全可以舍凉州而退保三辅。早在永初元年（107）羌乱初兴之时，东汉朝中便有上书呼吁放弃凉州者。《后汉书·庞参传》记载：

> 永初元年，凉州先零种羌反畔，遣车骑将军邓骘讨之。参于徒中使其子俊上书曰："方今西州流民扰动，而征发不绝，水潦不休，地力不复。重之以大军，疲之以远戍，农功消于转运，资财竭于征发。田畴不得垦辟，禾稼不得收入，搏手困穷，无望来秋。百姓力屈，不复堪命。臣愚以为万里运粮，远就羌戎，不若总兵养众，以待其疲。车骑将军骘宜且振旅，留征西校尉任尚使督凉州士民，转居三辅。休徭役以助其时，止烦赋以益其财，令男得耕种，女得织纴，然后畜精锐，乘懈沮，出其不意，攻其不备，则边人之仇报，奔北之耻雪矣。"书奏，会御史中丞樊准上疏荐参曰："……臣伏见故左校令河南庞参，勇谋不测……有魏尚之风。前坐微法，输作经时。今羌戎为患，大军西屯，臣以为如参之人，宜在行伍。惟明诏采前世之举，观魏尚之功，免赦参刑，以为军锋，必有成效，宣助国威。"邓太后纳其言，即擢参于徒中，召拜谒者，使西督三辅诸军屯，而征邓骘还。①

庞参在狱中遣子上书与樊准举荐时间相近，若非巧合则便是庞参有意设计，意图借羌乱之机进言脱罪。庞参的进言是基于凉州地区战事频繁、徭役繁重的现实，其与民休息的思想值得肯定。然

① 《后汉书》卷五一《庞参传》，第1687页。

其所提方案却过于理想化，缺乏可行性。彼时东汉始发大军征讨叛羌，胜负未定，庞参就上书请求邓骘班师，并主张徙“凉州士民”于三辅。首先，暂且不论庞参的言论是否动摇军心，单就其方案的可实施度来看，欲使凉州人口徙居三辅显然难以做到。即便和平时期欲完成大规模移民都需要沿途州县配合、军队监督，何况处于羌乱肆虐之时，东汉政府如何能完成这一方案；其次，即便不考虑沿途叛羌袭击，能顺利迁出大量人口，则凉州剩余人口无疑是被拱手让于叛羌；再次，大量凉州人口涌入三辅，势必会产生新的“侨土”矛盾。在此形势下，三辅会陷入内外交困的境地，令叛羌有机可乘；最后，叛羌不会坐视凉州人口迁入三辅地区，然后休养生息，庞参所谓“令男得耕种，女得织纴，然后畜精锐”的说法，是建立在叛羌不能突破三辅防线，凉州移民能顺利融入三辅的前提之下，但这两个前提都很难实现。因此，此时东汉政府并未采纳庞参提出的弃凉州退守三辅的方案，仅仅采纳“车骑将军骘宜且振旅”这一项建议，顺势将邓骘召还京师。尽管如此，庞参的进言还是反映出当时东汉朝中已经出现弃凉州、守三辅的苗头，这为之后邓骘正式提出弃凉州的主张埋下了伏笔、提供了启示，庞参本人也借助此次进言得以摆脱囚徒身份，被拜为谒者。

《后汉书·庞参传》又载：

> （永初）四年，羌寇转盛，兵费日广，且连年不登，谷石万余。参奏记于邓骘曰：“比年羌寇特困陇右，供徭赋役为损日滋，官负人责数十亿万。今复募发百姓，调取谷帛，眩卖什物，以应吏求。外伤羌虏，内困征赋。遂乃千里转粮，远给武都西郡。涂路倾阻，难劳百端，疾行则钞暴为害，迟进则谷食稍损，运粮散于旷野，牛马死于山泽。

> 县官不足，辄贷于民。民已穷矣，将从谁求？名救金城，而实困三辅。三辅既困，还复为金城之祸矣。参前数言宜弃西域，乃为西州士大夫所笑。今苟贪不毛之地，营恤不使之民，暴军伊吾之野，以虑三族之外，果破凉州，祸乱至今。夫拓境不宁，无益于强；多田不耕，何救饥敝！故善为国者，务怀其内，不求外利；务富其民，不贪广土。三辅山原旷远，民庶稀疏，故县丘城，可居者多。今宜徙边郡不能自存者，入居诸陵，田戍故县。孤城绝郡，以权徙之；转运远费，聚而近之；徭役烦数，休而息之。此善之善者也。”骘及公卿以国用不足，欲从参议，众多不同，乃止。①

永初四年（110），梁慬北调，羌乱猖獗，西线形势恶化。此时庞参再度向邓骘提出弃凉州、保三辅的方略。庞参奏记中反映的诸多现象的确是汉朝经营凉州、西域过程中暴露出的现实问题，其文针砭时弊，对规劝当权者重视民生、减轻徭役具有一定的积极意义。然从具体战略层面来看，庞参过去主张放弃西域，其后更进一步主张舍凉州以保三辅，这在一些具备战略眼光的东汉朝臣看来可谓鼠目寸光。《后汉纪·孝安皇帝纪下》记载：“（延光）二年春正月，敦煌太守张珰上书陈边事曰：‘臣在京师，亦以为西域宜弃。今亲践其土地，乃知弃西域则河西不能自存。……’”②张珰的经历表明非“亲践其土地”得出的结论难免失之偏颇，张珰便是在敦煌履职后才改变过去自以为正确的“西域宜弃”观点。此前张珰居于京师，远隔千里，自然对

① 《后汉书》卷五一《庞参传》，第1688页。
② 《后汉纪》卷一七《孝安皇帝纪下》，第331页。

西域、凉州的概念相对模糊，难以把握这些地区对东汉西北边防的战略意义。同样的，庞参没有在凉州生活、任官的经历，不理解凉州诸郡乃至西域对东汉边防的重要战略价值亦在情理之中。何况最初庞参是在狱中提出弃凉州退保三辅的建议，其消息来源尚不及张珰“在京师”，这种缺乏实践的战略意见通常有纸上谈兵的倾向。到永初四年（110）时，庞参已有“西督三辅诸军屯”的任职经历，他对凉州的基本情况已有更深入的认识。于是，此时期的庞参虽依旧固执己见，但在具体方案的实施细节方面有了很大提升。从过去的“令男得耕种，女得织纴，然后畜精锐”这种空洞的休养生息想法转变为提出更具体的执行步骤。如庞参提出“三辅山原旷远，民庶稀疏，故县丘城，可居者多”，给放弃凉州后的“移民”提供了善后安置方案。同时庞参又进一步细化区分了需要放弃的地区及需要迁居三辅的百姓。需要放弃的地区从原本的整个凉州改为“孤城绝郡”，需要迁徙的人口从过去的全体“凉州士民”改为“边郡不能自存者”，如此凉州尚未被叛羌占领、阻隔的郡县似不在被放弃之列，能够坚守存活的百姓也不在迁徙三辅之列。这样一来，庞参的方案虽然依旧很难实施，但是已初步具备了一定的可行性。

另外，庞参追溯了西域、凉州的相关历史，以佐证其放弃凉州战略的正确。该主张的内在逻辑是西域无益于中原，早应放弃。正因经略西域劳民伤财，才导致西羌反叛、“果破凉州”。同理观之，不应当救援羌乱肆虐之陇右，尤其是金城郡。因为救援金城会拖累三辅，三辅被拖累可能会导致凉州与三辅一同陷于叛羌。此举无异于重蹈凉州为西域所累之覆辙，因此要对凉州某些地区进行舍弃、移民。于是，庞参选择更为恰当的时机提出更具说服性的放弃凉州的原因及更为细致的善后方案，并最终获得了邓骘的支持。即邓骘及公卿提出放弃凉州的直接原因是采纳了庞参的建议。而庞参的建议最具说服力的核心观点是：弃凉州是为更好地保全三辅。这种观点成为促使邓骘及公卿赞成放弃凉州的重要因素之一。

图7-2 锁阳城遗址[①] 汉—唐

其三，缓西屯急东州的观念。除平定南匈奴、保全三辅两大因素外，优先解决关东相关事宜亦是邓骘及公卿赞同放弃凉州的影响因素。《后汉书·樊宏传》记载：

> (樊)准再迁御史中丞。永初之初，连年水旱灾异，郡国多被饥困，准上疏曰：
>
> ……伏见被灾之郡，百姓凋残，恐非赈给所能胜赡，虽有其名，终无其实。可依征和元年故事，遣使持节慰安。尤困乏者，徙置荆、扬孰郡，既省转运之费，且令百姓各

---

① 位于今瓜州县锁阳城镇南坝村7千米。

安其所。今虽有西屯之役，宜先东州之急。如遣使者与二千石随事消息，悉留富人守其旧土，转尤贫者过所衣食，诚父母之计也。愿以臣下公卿平议。

太后从之，悉以公田赋与贫人。即擢准与议郎吕仓并守光禄大夫，准使冀州，仓使兖州。[①]

《后汉书·安帝纪》将樊准、吕仓分行冀、兖二州事系于永初二年（108）二月[②]。从时间来看，樊准提出“今虽有西屯之役，宜先东州之急”的主张与邓骘提出“弃凉州”之间相隔两年，如此看来樊准的主张似不是邓骘提出“弃凉州”的影响因素。然而樊准的主张却反映出东汉政府中存在一种观念，即“东州之急”优先于“西屯之役”。所谓“西屯之役”指凉州、三辅屯兵讨伐叛羌的战事，“东州之急”则指关东的冀、兖等地受水旱之灾，急需救助。

一方面，自安帝即位后，关东地区自然灾害频发，赈灾的确成为东汉政府刻不容缓的大事。《后汉书·安帝纪》记载：

（延平元年九月）六州大水。己未，遣谒者分行虚实，举灾害，赈乏绝。……

冬十月，四州大水，雨雹。诏以宿麦不下，赈赐贫人。……

（永初元年正月）禀司隶、兖、豫、徐、冀、并州贫民。

二月丙午，以广成游猎地及被灾郡国公田假与贫民。……

（九月）癸酉，调扬州五郡租米，赡给东郡、济阴、陈留、梁国、下邳、山阳。……

---

① 《后汉书》卷三二《樊宏传》，第1127—1128页。

② 《后汉书》卷五《安帝纪》，第209页。

是岁，郡国十八地震；四十一雨水，或山水暴至；二十八大风，雨雹。

二年春正月，禀河南、下邳、东莱、河内贫民。……

二月乙丑，遣光禄大夫樊准、吕仓分行冀兖二州，禀贷流民。……

五月，旱。……

六月，京师及郡国四十大水，大风，雨雹。……

冬十月庚寅，禀济阴、山阳、玄菟贫民。……

十二月辛卯，禀东郡、钜鹿、广阳、安定、定襄、沛国贫民。……

(三年) 三月，京师大饥，民相食。……

己巳，诏上林、广成苑可垦辟者，赋与贫民。……

十二月辛酉，郡国九地震。……

是岁，京师及郡国四十一雨水雹。并凉二州大饥，人相食。①

安帝延平元年至永初三年间（106—109），东汉地震、洪水、旱灾等诸多自然灾害频发，影响地区广泛，其中尤以关东地区受灾程度最严重。这从以上赈济地区基本属于关东诸州郡可知。另外《后汉书·南匈奴传》记载南匈奴反叛原因时称汉人韩琮“说南单于云：‘关东水潦，人民饥饿死尽，可击也。’单于信其言，遂起兵反畔”②。又，《后汉书·皇后纪上》“和熹邓皇后”条云：“自太后临朝，水旱十载。”③同传平望侯刘毅上书褒扬邓太后功绩时称“援立陛下为天下主，永安汉室，绥静四海。又遭

① 《后汉书》卷五《安帝纪》，第205—214页。

② 《后汉书》卷八九《南匈奴传》，第2957—2958页。

③ 《后汉书》卷一〇上《皇后纪上》，第425页。

水潦，东州饥荒”[①]。“潦”即“涝”也。南匈奴反叛的重要原因是得悉关东水涝使“人民饥饿死尽”，刘毅在回忆太后临朝“水旱十载”时也特别提到水涝使东州饥荒一事，可见安帝即位初期关东（或称“东州”[②]）水涝灾害的传播地域之广、记忆烙印之深远超同时期其他地区、其他类型的灾害，其应是安帝初年最严峻的大灾。

关于关东水涝，延平元年（106）九十月间分别有“六州大水”“四州大水”；永初元年（107）有郡、国“四十一雨水，或山水暴至”；二年（108）六月“京师及郡国四十大水、大风，雨雹”；三年（109）“京师及郡国四十一雨水雹”。如此在永初四年（110）二月，邓骘提议放弃凉州前，东汉连续四年发生水涝灾害，这些水涝灾害应当主要集中在关东诸州。如此樊准提出“今虽有西屯之役，宜先东州之急”虽在永初二年（108），但这一主张到永初四年（110）二月仍未过时。因为东汉与叛羌对峙的同时，关东地区的水涝也连年发生，所以“西屯之役”“东州之急”成为长期困扰东汉政府的两大现实难题。于是，樊准提出

① 《后汉书》卷一〇上《皇后纪上》，第426页。

② 关于“东州”所指地区问题。《廿二史考异·后汉书一·光武帝纪上》对东汉时期的“东州”“西州”“南州”“北州”有所关注，但未作定论。《后汉书·樊宏传》李贤等在“宜先东州之急”下注云：“东州谓冀、兖州。”李贤等据朝廷遣樊准、吕仓分行冀、兖二州事，以为樊准所言“东州”即指冀、兖二州，其实樊准所称东州应泛指含冀、兖在内的东部诸州。《后汉书·皇后纪上》李贤等对“又遭水潦，东州饥荒”注云：“延平元年，安帝初即位，六州大水，永初元年，稟司隶、兖、豫、徐、冀、并六州贫人也。”即李贤等认为此处“东州”指遭水涝之六州。《后汉书·陈俊传》称“东州新平”则特指青、徐二州。可见“东州”在东汉时并非专指某些特定州级政区，通常是代指某些东部之州，不同情境下代指的州又有所差异。还有指代相对方位的特殊用法，如益州在西，故也将南阳、三辅等地呼为“东州”，这类用法并不常见。上文中“东州”应泛指东部遭遇水涝诸州，与“关东”文义相近。

须加强关东赈灾力度的提议自然会持续受到东汉政府的重视。

另一方面，与庞参“保三辅、弃凉州”的提议相似，樊准也认为西边凉州地区的重要程度不及关东诸州。二人也确有交集，永初元年（107）庞参能从狱中再获起用，除去遣子上书的原因外，另一重要原因便是有御史中丞樊准上书举荐：

> 臣伏见故左校令河南庞参，勇谋不测……有魏尚之风。前坐微法，输作经时。今羌戎为患，大军西屯，臣以为如参之人，宜在行伍。惟明诏采前世之举，观魏尚之功，免赦参刑，以为军锋，必有成效，宣助国威。①

樊准既能举荐庞参，则对其人应有一定的了解，双方政见也当有契合之处。事实上的确如此，庞参认为凉州不如三辅重要，樊准则更进一步认为东州之事比西屯之役更为重要紧急。

樊准提醒东汉政府重视关东赈灾于国于民皆是好事。然而，在国家资源总量有限的情况下，西边作战与东州赈灾在资源分配上势必存在着无形的冲突。尤其连年灾害、战争使东汉财政状况持续恶化，两者间的矛盾可能愈发显著。东汉政府“先东州之急”，意味着须缓“西屯之役”。东汉定都关东洛阳，朝臣中认为关东的重要程度超过关西的三辅、凉州的不在少数。何况随着水涝灾害肆虐，东部“被灾之郡，百姓凋残”，社会不稳定因素加剧。《后汉书·法雄传》记载：

> 永初三年，海贼张伯路等三千余人，冠赤帻，服绛衣，自称“将军”，寇滨海九郡，杀二千石令长。初，遣侍御史

① 《后汉书》卷五一《庞参传》，第1687页。

> 庞雄督州郡兵击之，伯路等乞降，寻复屯聚。明年，伯路复与平原刘文河等三百余人称“使者”，攻厌次城，杀长史，转入高唐，烧官寺，出系囚，渠帅皆称“将军”，共朝谒伯路。伯路冠五梁冠，佩印绶，党众浸盛。乃遣御史中丞王宗持节发幽、冀诸郡兵，合数万人，乃征雄为青州刺史，与王宗并力讨之。连战破贼，斩首溺死者数百人，余皆奔走，收器械财物甚众。①

《后汉书·安帝纪》亦载此事：

> （永初三年）秋七月，海贼张伯路等寇略缘海九郡，遣侍御史庞雄督州郡兵讨破之。……
>
> （四年正月）海贼张伯路复与勃海、平原剧贼刘文河、周文光等攻厌次，杀县令，遣御史中丞王宗督青州刺史法雄讨破之。②

从青州刺史法雄负责征讨来看，永初三年至四年（109—110）海贼张伯路寇掠的主要地区是青州，青州诸郡多沿海，恰与“缘海九郡”相印证。且张伯路攻击的厌次、高唐也皆属青州平原郡③，亦为佐证。另外，张伯路与勃海、平原“剧贼”联合，勃海郡属冀州，平原郡属青州，可见冀州也是贼寇活动区域。

水涝灾害使“百姓凋残”，流民、贫民数量剧增，这是关东社会秩序出现失控、混乱情况的重要内因，也是青、冀二州贼寇活动猖獗的重要诱因。在此背景下，东汉政府一方面更加重视赈

① 《后汉书》卷三八《法雄传》，第1277页。
② 《后汉书》卷五《安帝纪》，第213—214页。
③ 《续汉书·郡国志四》，《后汉书》，第3472页。

灾工作，另一方面不得不动用军事力量镇压叛乱势力。除青州本地军队外，东汉政府还动员“幽、冀诸郡兵，合数万人”共同进讨张伯路，可见东汉政府对维持关东统治稳定的重视和决心。

永初四年（110）正月，张伯路势力虽遭打击，但仍未被剿灭。东汉政府在制定重要战略决策时需要站在全局立场上，通盘考虑。关东赈灾与剿贼事宜极大分散了东汉政府的精力及资源调配，这对于西线讨羌，平定三辅、凉州而言是不利因素。于是，同年二月邓骘提议放弃凉州很可能也受到关东赈灾、剿贼因素的影响。

由上，此阶段四方多事，东汉政府须综合考量解决凉州、北边、三辅、关东诸地事宜的紧要程度及所需成本，以此制定决策。在这一战略抉择的过程中，凉州在与其他三地“竞争”中处于相对劣势地位。除上文考证外，对比其他三地，凉州还有两个极大的相对劣势：一是和平成本较高。凉州三面皆敌，产粮又难以自足。正如庞参指出：“比年羌寇特困陇右，供徭赋役为损日滋，官负人责数十亿万。……遂乃千里转粮，远给武都西郡。……运粮散于旷野，牛马死于山泽。”[1]这样一处危机四伏又常年依仗其他地区“输血”的地区单纯从经济价值考虑自然是东汉政府的累赘。而三辅、关东皆是农业经济发达地区。甚至北边自南匈奴内附后总体处于和平局面，较之饱受羌患的凉州也更易安定。二是，凉州不仅东有羌患之忧，西边还面临着北匈奴裹挟西域诸国的频繁犯塞[2]。即凉州两面御敌，沦陷危机最为严重。在此情势下，凉州相对地位的劣势导致其成为邓骘眼中的可弃之地。弃凉州后省出的资源可修补东汉这件“衣服”的漏洞，达到所谓

---

① 《后汉书》卷五一《庞参传》，第1688页。

② 《后汉书·西域传》记载：“自此遂弃西域。北匈奴即复收属诸国，共为寇边十余岁。敦煌太守曹宗患其暴害。”可见北匈奴裹挟西域诸国对凉州（尤其是敦煌郡）的寇掠持续了十余年。

“犹有所完”的目的。这是凉州险些沦为弃地的重要原因。

三、虞诩对凉州地位的再解读与巩固凉州方略

图7-3 汉“爰长□印”木穿带印（悬泉置）
（采自甘肃省地方史志编纂委员会编《甘肃省志·文物志》，第1675页）

在“公卿集议”基本赞成放弃凉州之时，郎中虞诩提出了截然相反的见解。《后汉纪·孝安皇帝纪上》记载：

> 郎中虞诩说太尉张禹曰：“若大将军之策，不可者三。”禹曰：“奈何?”诩曰：“先帝开土辟境，而今弃之，此不可一也。弃凉州即以三辅为塞，园陵单外，此不可二也。谚曰：‘关西出将，关东出相’烈士武臣出凉州，土风壮猛，便习兵事。今羌、胡所以不过三辅为腹心之害者，以凉州在其后也。凉州士民所以推锋执锐……父死于前，子战

于后，无反顾之心者，为臣属于汉也。今推而捐之，割而弃之，庶人安土，不肯迁徙，必引领而怨曰：‘中国弃我于夷狄。’虽赴义从善之人，不能无怨恨，卒然起谋以图不轨，因天下之饥弊，乘海内之虚弱，豪杰相聚，量才立帅，驱氐、羌以为前锋，席卷而东，虽贲、育为卒，太公为将，犹不能当。如此则函谷以西园陵旧京非复汉有，此不可三也。议者喻以补衣犹有所完，诩恐疽食浸淫而无限极也。”禹曰：“意不及此，微君大计几败。然则计将安出？”诩曰：“所忧与明公异。恐凉州一旦有嚣、述之变，宜且罗其雄杰，收其冠带，引起牧守子弟于朝，令诸府各辟数人，外以劝其勤，内以散其谋。计之长者。”从之。①

《后汉书·虞诩传》对此记载略同：

诩闻之，乃说李脩曰：“窃闻公卿定策当弃凉州，求之愚心，未见其便。先帝开拓土宇，劬劳后定，而今惮小费，举而弃之。凉州既弃，即以三辅为塞；三辅为塞，则园陵单外。此不可之甚者也。喭曰：‘关西出将，关东出相。’观其习兵壮勇，实过余州。今羌胡所以不敢入据三辅，为心腹之害者，以凉州在后故也。其土人所以推锋执锐，无反顾之心者，为臣属于汉故也。若弃其境域，徙其人庶，安土重迁，必生异志。如使豪雄相聚，席卷而东，虽贲、育为卒，太公为将，犹恐不足当御。议者喻以补衣犹有所完，诩恐其疽食侵淫而无限极。弃之非计。”脩曰：“吾意不及此。微子之言，几败国事。然则计当安出？”诩曰：“今凉土扰动，人情

① 《后汉纪》卷一六《孝安皇帝纪上》，第313—314页。

> 不安，窃忧卒然有非常之变。诚宜令四府九卿，各辟彼州数人，其牧守令长子弟皆除为冗官，外以劝厉，答其功勤，内以拘致，防其邪计。”脩善其言，更集四府，皆从诩议。于是辟西州豪桀为掾属，拜牧守长吏子弟为郎，以安慰之。①

关于虞诩进言的对象，《后汉纪》《后汉书》记载不同，此处应为《后汉纪》记载的太尉张禹②。《后汉书·庞参传》又云：“骘及公卿以国用不足，欲从参议，众多不同，乃止。”③再结合此前公卿集议结果来看，当是太尉张禹在采纳虞诩意见后，提出反对，其后转变态度者“众多”。

虞诩反对放弃凉州的原因主要有三点。其一，先帝开疆不易，不可轻弃；其二，弃凉州后三辅成为边塞，西汉园陵则面临危险，故不可弃之；其三，凉州军队“习兵壮勇，实过余州”，有凉州在后，则叛羌不敢全力东向。这无疑正面肯定了凉州具有超过其他诸州的重要军事价值。另外，虞诩认为若弃凉州，不但达不到庞参提出的保全三辅的目的，甚至可能引发凉州进一步混乱，产生割据势力，从而加剧关陇局势全面失控。这一推论从反

---

①《后汉书》卷五八《虞诩传》，第1866页。

②《后汉书·安帝纪》称“太傅张禹为太尉”时间是在永初元年（107）九月庚寅，至永初五年（111）正月“乙丑，太尉张禹免”。《后汉书·虞诩传》云虞诩先“辟太尉李脩府，拜郎中”，其后在永初四年向李脩进言。又据《后汉书·安帝纪》可知光禄勋李脩是在永初五年（111）正月甲申始接替张禹任太尉，既然永初五年（111）前李脩未任太尉，则易知《后汉书·虞诩传》关于虞诩“辟太尉李脩府”的记载有误。另外，永初四年（110）李脩仍任光禄勋，掌领宿卫侍从，地方之事非其职司范围。则虞诩当不会向光禄勋李脩进言凉州之事。由此，永初四年（110）虞诩进言对象当为《后汉纪·孝安皇帝纪上》所云之太尉张禹。

③《后汉书》卷五一《庞参传》，第1688页。

面揭示了放弃凉州可能带来的严重后果。即若迁徙政策引发凉州诸郡军民怨恨，致使凉州上下齐力反汉，会使当前已经混乱的关陇局势进一步崩盘，甚至动摇东汉统治根基①。这是东汉政府不能接受的可怕后果，也是促使朝臣们转变立场认识到凉州不可放弃的主要原因。

虞诩在力陈凉州不可弃的原因后，还提出了巩固凉州局势的方案。其方案为“罗其雄杰，收其冠带，引起牧守子弟于朝，令诸府各辟数人”，如此凉州豪杰及牧守令长子弟皆在朝中供职，可达到“外以劝厉，答其功勤，内以拘致，防其邪计”的效果。此举既降低了凉州郡县、豪杰趁乱生事的风险，又可激励郡县、豪杰一心效忠汉朝、抗击叛羌。

综上，虞诩最大的贡献是通过肯定凉州的军事价值、指出放弃凉州的危害成功阻止了东汉政府原本形成决议的放弃凉州计划。另外其方案对东汉政府巩固凉州局势具有一定的现实意义，当然仅仅依靠这一简略方案还不能完全解决凉州问题。东汉政府在采纳虞诩进言后，实际上已认可了虞诩对凉州定位的看法。即此时期凉州的主要定位是牵制叛羌，使之无法全力东向。

为实现这一战略目标，东汉政府有必要迅速巩固凉州，使之不致失陷于叛羌或北匈奴、西域之手。具体而言，东汉政府在巩固凉州方面除继续在军事上讨伐叛羌及采纳虞诩方案外，短期内采取的举措有：

> (永初四年) 于是徙金城郡居襄武。……段禧病卒，复

① 虞诩提到的地方豪杰驱氐羌为前锋，席卷而东并非危言耸听。且不论过去隗嚣割据陇右时曾驱羌人拒汉，在虞诩进言的次年（111）九月，便有汉阳人杜琦、王信勾结先零诸种羌攻陷上邽城一事发生，可见地方豪杰联结羌人作乱并不稀奇，对此若不加以限制、防范，虞诩所言很可能变为现实。

以前校尉侯霸代之，遂移居张掖。①

（五年）三月，诏陇西徙襄武，安定徙美阳……闰月丁酉，赦凉州河西四郡。②

（五年）其秋，汉阳人杜琦及弟季贡、同郡王信等与羌通谋，聚众入上邽城，琦自称安汉将军。于是诏购募得琦首者，封列侯，赐钱百万，羌胡斩琦者赐金百斤，银二百斤。汉阳太守赵博遣刺客杜习刺杀琦，封习讨奸侯，赐钱百万。③

将金城郡徙居陇西郡东之襄武，本居金城郡的护羌校尉也北移至张掖，表明金城郡局势已非汉朝可以挽救，另外“陇西徙襄武，安定徙美阳”也是为“上徙郡县以避寇难”④。这说明东汉政府虽不再主张放弃凉州，但面对“羌既转盛”⑤的局面不得不暂时采取战略收缩态势。此外，东汉政府还通过曲赦河西、悬赏刺杀等手段缓解凉州压力。

通过一系列举措的施行，东汉巩固了自身防线。汉、羌双方在凉州陇右地区形成长期对峙僵局，但在永初四年（110）后，随着南匈奴、关东先后平定，东汉政府能够调动更多力量投入对羌战争，于是叛羌势力逐渐萎缩。元初二年（115）春，东汉打通河西道⑥；四年（117）十二月，“虔人羌率众降，陇右平”⑦；五年（118），“自零昌、狼莫死后，诸羌瓦解，三辅、

① 《后汉书》卷八七《西羌传》，第2887页。
② 《后汉书》卷五《安帝纪》，第216—217页。
③ 《后汉书》卷八七《西羌传》，第2888页。
④ 《后汉书》卷八七《西羌传》，第2887页。
⑤ 《后汉书》卷八七《西羌传》，第2887页。
⑥ 《后汉书》卷八七《西羌传》，第2889页。
⑦ 《后汉书》卷五《安帝纪》，第227—228页。

益州无复寇儆”[①]。然终安帝一朝，凉州羌患始终未能完全消弭。直至顺帝永建元年（126），护羌校尉马贤击败陇西钟羌，钟羌归附，“自是凉州无事”[②]。

图7-4 绿釉陶碉楼院（武威雷台） 东汉晚期
（采自甘肃省地方史志编纂委员会编《甘肃省志·文物志》，第1070页）

① 《后汉书》卷八七《西羌传》，第2891页。
② 《后汉书》卷八七《西羌传》，第2893页。

第二节 安帝至灵帝时期河西军事价值的提升

在西羌叛乱的同一时期，北匈奴与其西域附属国也常年侵扰河西边塞。于是，这时期的河西四郡成为抵抗叛羌、北匈奴及西域的首要之地，其军事战略地位重新提升。

《后汉书·西域传》记载：

> 北匈奴即复收属诸国，共为边寇十余岁。敦煌太守曹宗患其暴害，元初六年，乃上遣行长史索班，将千余人屯伊吾以招抚之，于是车师前王及鄯善王来降。数月，北匈奴复率车师后部王共攻没班等，遂击走其前王。鄯善逼急，求救于曹宗，宗因此请出兵击匈奴，报索班之耻，复欲进取西域。邓太后不许，但令置西域副校尉，居敦煌，复部营兵三百人，羁縻而已。①

元初六年（119），东汉政府已将羌患影响控制在凉州范围内，然“自羌叛十余年间，兵连师老，不暂宁息。军旅之费，转运委

① 《后汉书》卷八八《西域传》，第2911页。

输，用二百四十余亿，府帑空竭。延及内郡，边民死者不可胜数，并凉二州遂至虚耗”[①]。上至东汉政府，下至并凉二州，皆在十余年的羌乱中元气大伤[②]。在此背景下，东汉政府默许了索班出屯伊吾之举，意图通过“招抚”诸国，削弱北匈奴与西域间的联盟，减轻北匈奴对敦煌及河西的军事进犯。出屯伊吾之事反映出东汉在敦煌及河西地区开始由过去的消极防御转变为积极防御。只是随着北匈奴反攻伊吾，东汉的初步方略暂时受挫。《后汉书·班勇传》记载：

> 鄯善王急，求救于曹宗，宗因此请出兵五千人击匈奴，报索班之耻，因复取西域。邓太后召勇诣朝堂会议。先是公卿多以为宜闭玉门关，遂弃西域。勇上议曰：“……今曹宗徒耻于前负，欲报雪匈奴，而不寻出兵故事，未度当时之宜也。夫要功荒外，万无一成，若兵连祸结，悔无及已。况今府藏未充，师无后继，是示弱于远夷，暴短于海内，臣愚以为不可许也。旧敦煌郡有营兵三百人，今宜复之，复置护西域副校尉，居于敦煌，如永元故事。又宜遣西域长史将五百人屯楼兰，西当焉耆、龟兹径路，南强鄯善、于阗心胆，北扞匈奴，东近敦煌。如此诚便。”[③]

曹宗将索班败亡之事上报东汉政府后，朝中公卿大多主张退保玉门关、放弃经营西域。当时班超之子班勇既不支持曹宗为报索班

---

① 《后汉书》卷八七《西羌传》，第2891页。

② 《后汉书·安帝纪》记载元初五年（118）七月：“遭永初之际，人离荒厄，朝廷躬自菲薄，去绝奢饰，食不兼味，衣无二綵。比年虽获丰穰，尚乏储积。”可证这时期东汉政府府库空竭。

③ 《后汉书》卷四七《班勇传》，第1587—1588页。

之仇而轻启战端的做法，也反对公卿“闭玉门关”“弃西域”的意见。从“府藏未充，师无后继”来看，此时东汉虽相比羌乱严重时期国力稍有恢复，但财政状况仍无法支持对外攻伐。

班勇先是剖析了曹宗请求出兵的动机，指出当时东汉缺乏出兵西域的客观条件，抨击曹宗请求出兵是冒险之举，稍有不慎可能会使东汉陷入“示弱于远夷，暴短于海内”的境地。在此基础上，班勇提出自己的主张：其一是复敦煌郡营兵三百人，复置护西域副校尉居于敦煌。此举既有助于提升敦煌郡的军事实力，又可以敦煌为基地对西域实行羁縻统治；其二是置西域长史，屯兵楼兰。

班勇与曹宗皆主张分屯军队于敦煌郡之外，稍有不同的是此前曹宗选择的屯兵地是伊吾，而班勇选择的是楼兰（即楼兰故城）。班勇认为楼兰地理位置更为关键，驻兵此地可达到“周游一处而所制者多也”[①]的效果。相对而言，楼兰距北匈奴、车师后部更远，敌军进犯困难更多；而伊吾靠近北匈奴呼衍王部驻牧区，易攻难守。加之此前车师前部与鄯善已然归附，车师前王败逃后，鄯善作为西域亲汉势力的代表，面临着北匈奴的威胁，于是“鄯善逼急，求救于曹宗”。曹宗的方案是主动进击匈奴，班勇则相对保守，认为驻兵楼兰即可“南强鄯善、于阗心胆”。如此驻兵楼兰既可为鄯善声援，又能就近征调鄯善等南道诸国兵同匈奴相抗衡，还可控遏“焉耆、龟兹径路”。班勇的思路其实就是先经略北匈奴势力薄弱的西域南道、北道诸国，之后向北与北匈奴争夺北新道之车师、伊吾地区，似在仿效西汉夺取西域的战略布局。班勇的主张仍是介于曹宗的激进进攻与公卿的闭关防御之间的一种积极防御方案，但东汉政府最终仅采纳班勇的部分建

①《后汉纪》卷一六《孝安皇帝纪上》，第319页。

议，即同意“置西域副校尉，居敦煌，复部营兵三百人”，然汉军“亦未能出屯”[①]楼兰。放弃出屯楼兰意味着此时期东汉基本采取了闭关防御的保守策略。尽管敦煌郡增加了三百兵力，军事力量有所提升，但西域副校尉龟缩于敦煌城中，西域之中又缺乏汉军屯兵以为支撑，实难肩负起笼络、羁縻西域诸国的重任。“其后匈奴果数与车师攻入寇钞，河西大被其害。”[②]在此形势下，东汉保守势力再度提出“闭玉门、阳关”的策略，与之相对的是除去原本持积极防御的班勇外，到延光二年（123）已有更多朝臣支持东汉重新经略西域，如敦煌太守张珰、尚书陈忠。

张珰上书提出经营西域之三策（详见下文）。《后汉纪·孝安

图7-5 阳关遗址附近的水源地

（采自郑炳林、李军著，贯慧、赵粉琴、马凌飞译《丝路明珠：敦煌》，第336页）

① 《后汉书》卷四七《班勇传》，第1589页。
② 《后汉书》卷四七《班勇传》，第1589页。

皇帝纪下》记载："臣在京师，亦以为西域宜弃。今亲践其土地，乃知弃西域则河西不能自存"[①]。可知张珰曾主张"西域宜弃"，然在经历"亲践其土地"后，其思想发生转变，转而支持东汉政府经略西域，并将自己的御边方略呈报给了东汉政府。从其提出的上中下三策来看，张珰倾向于发河西、鄯善之兵扫荡匈奴呼衍王部，一劳永逸[②]。尚书陈忠的主张与此相似：

> 遂开河西四郡，以隔绝南羌，收三十六国，断匈奴右臂。是以单于孤特，鼠窜远藏。……今北虏已破车师，埶必南攻鄯善，弃而不救，则诸国从矣。若然，则虏财贿益增，胆埶益殖，威临南羌，与之交连。如此，河西四郡危矣。河西既危，不得不救，则百倍之役兴，不訾之费发矣。议者但念西域绝远，卹之烦费，不见先世苦心勤劳之意也。方今边境守御之具不精，内郡武卫之备不修，敦煌孤危，远来告急，复不辅助，内无以慰劳吏民，外无以威示百蛮。蹙国减土，经有明诫。臣以为敦煌宜置校尉，案旧增四郡屯兵，以西抚诸国。庶足折冲万里，震怖匈奴。[③]

陈尚重申汉朝设立河西四郡的意义在于切断匈奴与羌之间的联系，以及控制西域诸国切断匈奴右臂，意在点明河西的战略价值在于经营西域、打击匈奴。在这种前提下，西域不可轻易放弃，一旦放弃则无异于将西域拱手让于北匈奴，如此北匈奴不仅能增强实力、壮大声势，还能"威临南羌，与之交连"。胡、羌联合

① 《后汉纪》卷一七《孝安皇帝纪下》，第331页。
② 《后汉书》卷八八《西域传》，第2911页。
③ 《后汉书》卷八八《西域传》，第2912页。

会使河西四郡陷入危局，东汉政府损耗将会更大。况且“敦煌孤危，远来告急”，若东汉政府对此无动于衷，则“内无以慰劳吏民，外无以威示百蛮”。因此，陈尚赞成张珰之见，并提出经略西域须从巩固河西、敦煌入手。张珰、陈尚的上书表明此时东汉政府已重新意识到河西、西域的战略价值，尤其是认识到经营西域对巩固河西、打击北匈奴的重要意义。其后班勇经略西域时期，敦煌及河西的确也发挥了重要作用[①]。

陈尚担忧北匈奴在制服西域诸国后与南部羌人“交连”并非杞人忧天，事实上东汉平定西羌之叛过程中，叛羌也曾向河西发展，后被梁慬迅速镇压，“河西四郡复安”[②]。因为河西四郡既要对抗东部金城、陇西方面的西羌叛军，又须抵御西部北匈奴、西域联军的袭扰，所以东汉政府对这块战略要地也格外重视。金城郡形势严峻时，东汉政府将护羌校尉治所北移至张掖郡，又通过“辟西州豪桀为掾属，拜牧守长吏子弟为郎”及曲赦河西等方式，凝聚四郡人心，增强河西抵抗外敌的力度。元初五年（118）三辅、益州的叛羌被平定后，凉州的西羌叛乱不仅没有彻底平定，反而有愈演愈烈之势。《后汉书·西羌传》记载：

> 永宁元年春，上郡沈氏种羌五千余人复寇张掖。……时当煎种大豪饥五等，以贤兵在张掖，乃乘虚寇金城……烧当、烧何种闻贤军还，率三千余人复寇张掖，杀长吏。……

---

①《后汉书·班勇传》记载：“（延光）四年秋，勇发敦煌、张掖、酒泉六千骑及鄯善、疏勒、车师前部兵击后部王军就，大破之。……（永建）二年，勇上请攻（焉耆王）元孟，于是遣敦煌太守张朗将河西四郡兵三千人配勇。”可见河西四郡尤其是敦煌郡在班勇重新经略西域时仍是主要的兵源征发地及出兵基地。

②《后汉书》卷四七《梁慬传》，第1592页。

> （建光元年）秋，遂相结共胁将诸种步骑三千人寇湟中、攻金城诸县。……麻奴等又败武威、张掖郡兵于令居，因胁将先零、沈氐诸种四千余户，缘山西走，寇武威。……延光元年春，贤追到湟中，麻奴出塞度河，贤复追击战破之，种众散遁，诣凉州刺史宗汉降。麻奴等孤弱饥困，其年冬，将种众三千余户诣汉阳太守耿种降。①

《后汉书·翟酺传》记载：

> 延光三年，出为酒泉太守。叛羌千余骑徙敦煌来钞郡界，酺赴击，斩首九百级，羌众几尽，威名大震。②

安帝后期西羌的主要进犯方向改为河西诸郡。其中以张掖、金城、武威三郡受到攻击较多，敦煌郡虽也有叛羌活动，但相对受到攻击最少。此时河西也仍然承担着隔绝羌胡交通的战略定位。只是由于北匈奴主要活动区域由漠北转移至西域，因此防范两者交通的重点也完全从河西腹地转移至西域南道诸国至敦煌一线③。

因河西对西域、西羌的作战还在继续，加之鲜卑屡屡侵犯北边，安帝延光三年（124），“诏郡国中都官死辠系囚减罪一等，诣敦煌、陇西及度辽营”④。顺帝永建元年（126）五月，“诏

---

①《后汉书》卷八七《西羌传》，第2892页。

②《后汉书》卷四八《翟酺传》，第1605页。

③ 此前西汉时期已有这种趋势，但在匈奴占据漠北的情势下，胡与羌还是有机会秘密穿越河西腹地进行交通。到此时期随着北匈奴失去漠北，被压制在西域，只能完全通过西域南道至敦煌一带与羌人取得联系。另外，这时期西羌还与南匈奴发生联系，这在上文已有论述。

④《后汉书》卷五《安帝纪》，第240页。

图7-6 穹庐羌女画像砖（酒泉市西沟村魏晋墓） 魏晋
（采自甘肃省地方史志编纂委员会编《甘肃省志·文物志》，第1502页）

幽、并、凉州刺史，使各实二千石以下至黄绶，年老劣弱不任军事者，上名。严敕障塞，缮设屯备，立秋之后，简习戎马”[①]。这些举措反映出这时期东汉政府更加重视增强、整饬敦煌等沿边地区的边防军备。

桓帝时，檀石槐统一鲜卑各部，“因南抄缘边，北拒丁零，东却夫余，西击乌孙，尽据匈奴故地”[②]。于是鲜卑取代匈奴成为东汉北方的主要威胁。檀石槐将鲜卑分为东中西三部，“从上谷以西至敦煌、乌孙二十余邑为西部”[③]。凉州与鲜卑西部对峙。《后汉书·鲜卑传》记载：

灵帝立，幽、并、凉三州缘边诸郡无岁不被鲜卑寇抄，

① 《后汉书》卷六《顺帝纪》，第252—253页。
② 《后汉书》卷九〇《鲜卑传》，第2989页。
③ 《后汉书》卷九〇《鲜卑传》，第2990页。

> 杀略不可胜数。……（熹平）六年夏，鲜卑寇三边。……光和元年冬，又寇酒泉，缘边莫不被毒。①

灵帝时期凉州处于鲜卑西部的威胁之下，常年遭受侵犯，同时也说明此时凉州已成为抵御鲜卑的重要阵地。关于鲜卑西部的情况，《三国志》裴松之注引王沈《魏书》云：

> 从上谷以西至燉煌，西接乌孙为西部，二十余邑，其大人曰置鞬落罗、日律推演、宴荔游等，皆为大帅，而制属檀石槐。②

鲜卑自东向西扩张自身势力，渐有匈奴故地，故其侵犯汉边主攻方向在东边、北边，至于西边之凉州，相对幽、并二州而言所受侵犯较轻。檀石槐死后，其子和连“材力不及父，而贪淫，断法不平，众叛者半”③。和连在位时鲜卑国力虽不及檀石槐时，然亦在“灵帝末年数为寇钞”④。和连攻北地郡战死后，鲜卑陷于权力斗争，爆发内乱，国力再次受损。因此，不论是持续时间还是主攻方向，凉州与鲜卑的对抗力度都比匈奴时期要稍逊一筹。但这不妨碍东汉后期尤其是灵帝时期凉州的重要战略定位之一是抵御鲜卑。

综上，东汉安帝至灵帝时期（106—189），敦煌及河西先后面临北匈奴、西域诸国、西羌、鲜卑等众多外部敌对势力威胁，

---

①《后汉书》卷九〇《鲜卑传》，第2990—2994页。

②［晋］陈寿著，［南朝宋］裴松之注《三国志》卷三〇《魏书·乌丸鲜卑东夷传》，北京：中华书局，1982年，第838页。

③《三国志》卷三〇《魏书·乌丸鲜卑东夷传》，第838页。

④《三国志》卷三〇《魏书·乌丸鲜卑东夷传》，第838页。

形势艰难。在此背景下，东汉政府压制了放弃凉州的意见，并采取措施不断巩固其在河西的统治。东汉也通过控制、利用河西这一军事战略要地展开对西域的经营（包括与北匈奴呼衍王部对抗）、对叛羌的镇压及对鲜卑的防御，并基本稳定了西北边塞局势。

图7-7 蹴鞠（马圈湾） 汉

（采自甘肃省地方史志编纂委员会编《甘肃省志·文物志》，第1686页）

第三节　凉州人控制下的东汉政府与凉州之间的关系

一、凉州叛乱的爆发及东汉政府平叛的失败

东汉后期的凉州还被赋予一个重要的战略定位——平定叛乱。灵帝时期，东汉统治已然腐朽，国内外形势都极为严峻。中平元年（184），关东爆发黄巾起义，东汉政府需要征发大军用以平叛，作为天下精兵聚集之地的凉州[①]，也应征出兵参与平叛。《后汉书》李贤等注引《续汉书》云："中平元年，黄巾贼起，故武威太守酒泉黄隽被征，失期。"[②]武威既在被征之列，推测东汉政府在凉州调兵当不止武威一郡。

武威太守黄隽被征后失期的原因或与当时凉州境内骚动有关。《曹全碑》记载：

---

① 《后汉纪·孝安皇帝纪上》记载："谚曰：'关西出将，关东出相'烈士武臣出凉州，土风壮猛，便习兵事。"

② 《后汉书》卷五八《盖勋传》，第1880页。

光和六年，复举孝廉。七年三月，除郎中，拜酒泉禄福长。妖贼张角，起兵幽冀，兖豫荆杨，同时并动。而县民郭家等复造逆乱，燔烧城寺，万民骚扰，人裹不安。三郡告急，羽檄仍至。于时圣主谘诹，群僚咸曰："君哉！"转拜郃阳令。①

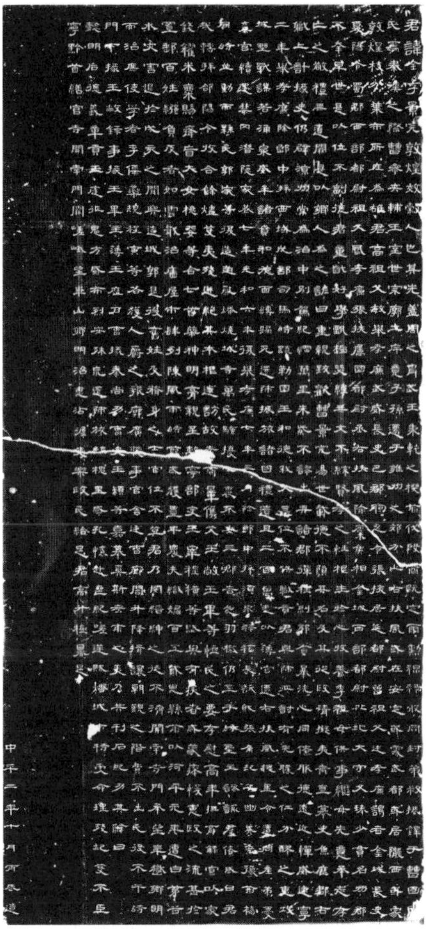

图7-8 曹全碑
（采自西安碑林博物馆官网）

黄巾起义爆发后，凉州亦有响应者。郭家等在酒泉郡禄福县起事后，"燔烧城寺"，致使"万民骚扰，人裹不安"。从"三郡告急，羽檄仍至"来看，郭家之乱波及地区不仅限于酒泉郡，还旁及邻近二郡。酒泉东邻张掖、西靠敦煌，还有张掖以东之武威皆有可能在告急的"三郡"之列。由此来看，武威太守黄雋未能按期奔赴关东战场很可能与郭家起事有关。

同年（184）十一月，"湟中义从胡北宫伯玉与先

① 毛远明《汉魏六朝碑刻校注》第2册，北京：线装书局，2008年，第57页。

零羌叛，以金城人边章、韩遂为军帅，攻杀护羌校尉伶征、金城太守陈懿”[①]。关于此次凉州叛乱，《后汉书·董卓传》记载中平元年（184）：

> 其冬，北地先零羌及枹罕河关群盗反叛，遂共立湟中义从胡北宫伯玉、李文侯为将军，杀护羌校尉泠徵。伯玉等乃劫致金城人边章、韩遂，使专任军政，共杀金城太守陈懿，攻烧州郡。明年春，将数万骑入寇三辅……诏以卓为中郎将，副左车骑将军皇甫嵩征之。嵩以无功免归，而边章、韩遂等大盛。朝廷复以司空张温为车骑将军……拜卓破虏将军，与荡寇将军周慎并统于温。并诸郡兵步骑合十余万，屯美阳，以卫园陵。章、遂亦进兵美阳。温、卓与战，辄不利。十一月……乃与右扶风鲍鸿等并兵俱攻，大破之，斩首数千级。章、遂败走榆中，温乃遣周慎将三万人追讨之。……而章、遂分屯葵园狭，反断慎运道。慎惧，乃弃车重而退。……时众军败退，唯卓全师而还，屯于扶风……（三年冬）韩遂乃杀边章及伯玉、文侯，拥兵十余万进围陇西。太守李相如反，与遂连和，共杀凉州刺史耿鄙。而鄙司马扶风马腾，亦拥兵反叛，又汉阳王国，自号“合众将军”，皆与韩遂合。共推王国为主，悉令领其众，寇掠三辅。五年，围陈仓。乃拜卓前将军，与左将军皇甫嵩击破之。韩遂等复共废王国，而劫故信都令汉阳阎忠，使督统诸部。忠耻为众所胁，感恚病死。遂等稍争权利，更相杀害，其诸部曲并各分乖。[②]

① 《后汉书》卷八《灵帝纪》，第350页。

② 《后汉书》卷七二《董卓传》，第2320—2322页。

《三国志》裴松之注引《典略》记载：

> 灵帝末，凉州刺史耿鄙任信奸吏，民王国等及氐、羌反叛。州郡募发民中有勇力者，欲讨之，腾在募中。州郡异之，署为军从事，典领部众。讨贼有功，拜军司马，后以功迁偏将军，又迁征西将军，常屯汧、陇之间。[①]

中平元年（184）凉州爆发的叛乱持续时间较长（韩遂、马腾的势力直到曹操西征陇右时才最终被消灭），影响范围也较大。此次叛乱有羌人参与，却又不仅仅是羌人作乱，它是汉、羌、氐、义从胡[②]等多方共同掀起的叛乱。韩遂、马腾、王国等前赴后继，以一种“接力”形式先后起事。最终多股叛军经过合流、内斗逐渐形成以韩遂、马腾为首的两股大的割据势力。韩遂、马腾等大致以陇右为根据，数次侵入三辅。

东汉政府征发“诸郡兵步骑合十余万”作为平叛主力。然汉军屡屡失利，平叛无果。在此情势下，司徒崔烈以“征发天下，役赋无已”[③]为由，再度提出“宜弃凉州”[④]。时任议郎的傅燮厉言反对此议，认为“今凉州天下要冲，国家藩卫。……今牧御失和，使一州叛逆，海内为之骚动，陛下卧不安寝。烈为宰相，不念为国思所以弭之策，乃欲割弃一方万里之土，臣窃惑之。若使左衽之虏得居此地，士劲甲坚，因以为乱，此天下之至虑，社稷之深忧也”[⑤]。傅燮的观点并无太多新意，然因其力谏，东汉

① 《三国志》卷三六《蜀书·马超传》，第945页。
② 小月氏的一支。
③ 《后汉书》卷五八《傅燮传》，第1875页。
④ 《后汉书》卷五八《傅燮传》，第1875页。
⑤ 《后汉书》卷五八《傅燮传》，第1875—1876页。

政府最终未采纳放弃凉州之议，而继续采取武力平叛。

在中央派遣军队进行平叛的同时，凉州地方政府与叛军之间也进行了长期的对抗。《后汉书·盖勋传》记载：

> 中平元年，北地羌胡与边章等寇乱陇右，刺史左昌因军兴断盗数千万。勋固谏，昌怒，乃使勋别屯阿阳以拒贼锋，欲因军事罪之，而勋数有战功。边章等遂攻金城，杀郡守陈懿，勋劝昌救之，不从。边章等进围昌于冀，昌惧而召勋。……勋即率兵救昌。到，乃诮让章等，责以背叛之罪。皆曰："左使君若早从君言，以兵临我，庶可自改。今罪已重，不得降也。"乃解围而去。昌坐断盗征，以扶风宋枭代之。枭患多寇叛，谓勋曰："凉州寡于学术，故屡致反暴。今欲多写《孝经》，令家家习之，庶或使人知义。"勋谏曰："昔太公封齐，崔杼杀君；伯禽侯鲁，庆父篡位。此二国岂乏学者？今不急静难之术，遽为非常之事，既足结怨一州，又当取笑朝廷，勋不知其可也。"枭不从，遂奏行之。果被诏书诘责，坐以虚慢征。时叛羌围护羌校尉夏育于畜官，勋与州郡合兵救育，至狐槃，为羌所破。[①]

这段史料反映的是凉州叛乱爆发初期的凉州政府应对情况。中平元年（184）叛乱爆发之初，凉州刺史左昌不识大体，缺乏危机意识，一门心思忙于中饱私囊排斥异己，甚至对金城之难不施以援手，以致造成"围昌于冀"的局面。左昌的继任者宋枭也不是一位合格的刺史。宋枭欲采取"多写《孝经》"的方式平息凉州"反暴"，该策略正如盖勋所言，"不急静难之术，遽为非常之

① 《后汉书》卷五八《盖勋传》，第1880页。

事，既足结怨一州，又当取笑朝廷”。东汉政府在凉州陷于危难时派宋枭任刺史，足见当权者缺乏识人之明。由此观之，正是接连两任刺史的“乱作为”才加剧了凉州局势的恶化。

此后，韩遂“杀边章及伯玉、文侯，拥兵十余万”，韩遂在整合叛军力量后，又与反叛的陇西太守李相如联合，占有金城、陇西二郡。《后汉书·傅燮传》记载：

> 时刺史耿鄙委任治中程球，球为通奸利，士人怨之。中平四年，鄙率六郡兵讨金城贼王国、韩遂等。……行至狄道，果有反者，先杀程球，次害鄙，贼遂进围汉阳。城中兵少粮尽，燮犹固守。……王国使故酒泉太守黄衍说燮曰：“……天下非复汉有，府君宁有意为吾属师乎？”……遂麾左右进兵，临阵战殁。[①]

《后汉纪·孝灵皇帝纪下》将凉州刺史耿鄙、汉阳太守傅燮的战死时间系于中平五年（188）[②]，与《后汉书》记载的中平四年（187）有所差异。至于内容大略相同。自中平元年至四年（或五年），凉州刺史至少有左昌、宋枭、杨雍[③]、耿鄙四人，短短四五年间，数易刺史，既反映出此时期凉州局势的紧张，又说明这些刺史大多并不称职。左昌、宋枭问题已明，杨雍情况不详，至于耿鄙，“任信奸吏”程球，致使“士人怨之”，引发“民王国等及氐、羌反叛”。可见数任刺史的治政失当致使凉州各阶层、各势力对汉朝向心力大大削弱。同时，临战之际，几度“易

---

① 《后汉书》卷五八《傅燮传》，第1877—1878页。
② 《后汉纪》卷二五《孝灵皇帝纪下》，第487页。
③ 《后汉书》卷五八《盖勋传》，第1881页。

帅”，也不利于凉州民心、军心的凝聚，进一步加剧了凉州局势的糜烂。另外，从耿鄙集结六郡之兵来看，凉州地方政府对叛军的重视程度已有很大的提升。然而耿鄙不顾“统政日浅，人未知教……而新合之众，上下未和”[①]的现实情况，贸然发兵攻击叛军，最终两军尚未交战，凉州六郡之兵就已崩溃。

耿鄙兵败后，史籍中再不见东汉政府或凉州地方政府组织大规模兵力讨伐叛军。究其原因大致有三：其一，不久后的董卓之乱，加速了东汉中央政府的崩溃。董卓入京后忙于夺权及对付关东反董势力，无暇西顾；其二，汉阳郡失守后，韩遂等叛军在陇右至少占有三郡之地，其发展势头已难遏制；其三，原本在耿鄙手下掌兵的马腾在耿鄙死后反叛，与韩遂等叛军合流，加之陇西太守李相如此前举郡反叛，这意味着部分凉州官军已加入叛军行列。在这些因素的共同作用下，这场凉州平叛最终只得以失败收尾。

二、凉州叛军韩遂、马腾与长安政府的关系

中平五年（188），韩遂、马腾等“共推王国为主，悉令领其众，寇掠三辅”，围困陈仓。六年（189），皇甫嵩击败王国，叛军撤回陇右，并再次陷入内部争斗，势力有所削弱。同年，灵帝驾崩，董卓入京夺取东汉中央实权。

董卓专政时期（189—192），东汉开始陷入割据分裂局面，中央式微的趋势愈演愈烈。初平元年（190），由于关东反董联军势大，董卓逼迫献帝迁都长安。二年（191）四月，“董卓入长安”[②]，其主导下的东汉政府开始依托关中与关东反董势力对

① 《后汉书》卷五八《傅燮传》，第1877页。

② 《后汉书》卷九《献帝纪》，第371页。

峙。《后汉书·董卓传》记载：

> 初，卓之入关，要韩遂、马腾共谋山东。遂、腾见天下方乱，亦欲倚卓起兵。[①]

董卓撤入关中后，意欲笼络凉州力量巩固长安政权，乃至夺取关东。与此同时，陇右的韩遂、马腾也有意依靠董卓获得进一步发展。双方能够一拍即合的重要原因是董卓本身出自凉州。《后汉书·董卓传》记载：

> 董卓字仲颖，陇西临洮人也。……少尝游羌中，尽与豪帅相结。后归耕于野，诸豪帅有来从之者，卓为杀耕牛，与共宴乐，豪帅感其意，归相敛得杂畜千余头以遗之，由是以健侠知名。为州兵马掾，常徼守塞下。……为羌胡所畏。……从中郎将张奂为军司马，共击汉阳叛羌……稍迁西域戊己校尉，坐事免。[②]

董卓籍贯是凉州陇西郡临洮县，早年又活跃于凉州、西域地区，并与羌中豪帅结交，后又曾参与镇压韩遂等人掀起的叛乱。这些经历使董卓与韩遂、马腾彼此都有了解，双方虽曾相互攻伐，但其实并无私怨。只因董卓是凉州出身的官军而韩遂、马腾是凉州起家的叛军，他们才会产生争斗。

董卓被王允、吕布诛杀后，其部下李傕、郭汜因王允、吕布籍贯并州，便迁怒并州人，将“并州人其在军者男女数百人，皆

---

① 《后汉书》卷七二《董卓传》，第2335页。
② 《后汉书》卷七二《董卓传》，第2319页。

诛杀之”[①]。同样的，武威人贾诩在劝说李傕进军长安时称“闻长安中议欲尽诛凉州人”[②]。《后汉书》李贤等注引《九州春秋》云：“胡文才、杨整脩皆凉州人，王允素所不善也。”[③]《后汉纪·孝献皇帝纪》记载东汉众臣在商议处置董卓部曲时，王允提到：“关东举义兵者，皆吾徒也。今若距险屯守陕，虽安凉州人，而疑关东之心也。”[④]不仅李傕、郭汜皆为凉州人[⑤]，还有董卓的军队也多为“湟中义从及秦胡兵”[⑥]，可以说董卓是依靠凉州兵马起家。贾诩所言“尽诛凉州人”是为坚李傕之心，或有恫吓成分。尽管如此，王允等在接掌大权后因董卓而鄙视凉州系将领也是事实。王允等朝臣将以董卓为首的凉州系势力视为扰乱朝廷的祸根，将关东起事者视为匡扶汉室的义军。因此董卓专政也可看作是凉州系势力凭借军事力量夺取了东汉中央实权。在此情势下，“山东州郡起兵以讨董卓”[⑦]，董卓俨然成为“国之大贼”[⑧]。至此，事实上董卓与韩遂、马腾之间最大的分歧已不存在，他们皆是叛逆国贼，又皆属凉州一脉，在“凉州”与“关东”“并州”彼此敌视的氛围下，双方自然具有一定的合作基础[⑨]。然韩遂、马腾未及归顺长安，董卓已被王允、吕布诛杀。到李傕、郭汜等夺占长安、掌握大权时，韩遂、马腾才正式归

---

① 《后汉书》卷七二《董卓传》，第2333页。

② 《后汉书》卷七二《董卓传》，第2333页。

③ 《后汉书》卷七二《董卓传》，第2334页。

④ 《后汉纪》卷二七《孝献皇帝纪》，第520页。

⑤ 《后汉书·董卓传》李贤等注云：“《英雄记》：‘傕，北地人。’刘艾《献帝纪》曰：‘傕字稚然。汜，张掖人。’”北地、张掖二郡皆属凉州。

⑥ 《后汉书》卷七二《董卓传》，第2322页。

⑦ 《后汉书》卷九《献帝纪》，第369页。

⑧ 《后汉纪》卷二七《孝献皇帝纪》，第517页。

⑨ 《后汉纪·孝献皇帝纪》记载兴平元年（194）韩遂与董卓故将樊稠交战败

顺。《三国志·魏书·董卓传》记载初平三年（192）：

> 是岁，韩遂、马腾等降，率众诣长安。以遂为镇西将军，遣还凉州，腾征西将军，屯郿。侍中马宇与谏议大夫种邵、左中郎将刘范等谋，欲使腾袭长安，己为内应，以诛傕等。腾引兵至长平观，宇等谋泄，出奔槐里。稠击腾，腾败走，还凉州。①

《三国志》裴松之注引《典略》记载马腾事迹时称：

> 初平中，拜征东将军。是时，西州少谷，腾自表军人多乏，求就谷于池阳，遂移屯长平岸头。而将王承等恐腾为己害，乃攻腾营。时腾近出无备，遂破走，西上。会三辅乱，不复来东，而与镇西将军韩遂结为异姓兄弟，始甚相亲，后转以部曲相侵入，更为仇敌。腾攻遂，遂走，合众还攻腾，杀腾妻子，连兵不解。②

韩遂、马腾归顺长安是在初平三年（192）。《三国志·蜀书·马超传》记载："初平三年，遂、腾率众诣长安。"③《后汉纪·孝献皇帝纪》亦云："卓死，傕、汜攻破京师，遂、腾将兵救天

(接上页）走时，韩遂谓樊稠曰："天地反覆未可知，本所争者非私怨，王家事耳。与足下州里，虽小有违，要当大同……"复乃交马，共语良久，别去。《后汉书·董卓传》记载略同。可证韩遂等叛军与董卓系将领因同出凉州，的确具有一定的乡里纽带。

①《三国志》卷六《魏书·董卓传》，第182页。

②《三国志》卷三六《蜀书·马超传》，第945页。

③《三国志》卷三六《蜀书·马超传》，第944页。

子。是月，遂屯郿，腾屯鄠。"[①]此处"是月"指初平三年九月。则韩遂、马腾率兵赴长安的时间当在初平三年（192）九月，李傕、郭汜初掌大权之时。此时凉州系将领依旧控制着长安政府，唯一不同的是董卓死后，长安局势更为混乱。对韩遂、马腾而言，选择此时入朝远比董卓时更加有利。于是，韩遂、马腾以"救天子"为名趁乱东进，兵临长安。李傕、郭汜以东汉政府名义封韩遂为镇西将军，马腾为征东将军[②]，以示拉拢。封官结束后，韩遂还据金城，马腾"遣屯郿"[③]。到兴平元年（194），马腾与李傕产生冲突，爆发长平观之战。《后汉书·董卓传》记载：

> 兴平元年，马腾从陇右来朝，进屯霸桥。时腾私有求于傕，不获而怒，遂与侍中马宇、右中郎将刘范、前凉州刺史种劭、中郎将杜禀合兵攻傕，连日不决。韩遂闻之，乃率众来欲和腾、傕，既而复与腾合。傕使兄子利共郭汜、樊稠与腾等战于长平观下。遂、腾败，斩首万余级……遂、腾走还凉州。[④]

《三国志》裴松之注引《典略》称马腾"常屯汧、陇之间"[⑤]。初平三年（192）九月后马腾留驻关中郿县，之后"求就谷于池阳，遂移屯长平岸头"，被王承偷袭，马腾被迫西撤。由此观之，马腾主要以汧陇地区为根据，后趁董卓败亡之隙，将势力扩展至关中郿县、池阳一带，但其在关中的地盘尚未巩固便遭驱

---

① 《后汉纪》卷二七《孝献皇帝纪》，第522页。

② 《三国志·蜀书·马超传》称汉朝拜马腾为"征西将军"，与《典略》记载有别。

③ 《三国志》卷三六《蜀书·马超传》，第944页。

④ 《后汉书》卷七二《董卓传》，第2335页。

⑤ 《三国志》卷三六《蜀书·马超传》，第945页。

逐，于是只得退守陇右故地。到兴平元年（194）三月，马腾自陇右发兵“进屯霸桥”，长平观之战爆发[①]。双方冲突起因是“腾私有求于傕”而未获准许，结合《典略》记载“西州少谷”马腾求就谷池阳而遇袭西撤一事来看，求取军粮与进驻池阳未果[②]之事或即为双方产生冲突的症结所在。此役韩遂、马腾战败，撤归陇右。旋即李傕等以汉献帝名义下诏“赦腾。夏四月，以马腾为安狄将军，遂为安羌将军”[③]。此举似反映李傕、郭汜等不愿与韩遂、马腾再继续作战。

此后，李傕、郭汜内斗不休。兴平二年（195），献帝趁乱东归，后曹操迎献帝都许昌。至此，董卓、李傕、郭汜等凉州人控制东汉政府的时代（189—195）宣告结束。曹操掌控献帝后，“遣谒者仆射裴茂率关西诸将诛傕，夷三族。汜为其将五习所袭，死于郿”[④]。至于“韩遂与马腾自还凉州，更相战争”[⑤]，出现《典略》所载“连兵不解”的局面，待李傕、郭汜死后，二人“乃下陇据关中”[⑥]。

综上，董卓、李傕、郭汜等凉州人掌控东汉中央时期，因忙于争权夺利及对付关东反对势力不再对凉州叛军韩遂、马腾等进行镇压。不仅如此，李傕、郭汜专政时，汉朝还对韩遂、马腾封官，变相默认了二人对凉州陇右地区的控制。原本李傕、郭汜意图通过册封的方式笼络韩遂、马腾，以巩固长安政权，增强对付

---

① 《后汉书·献帝纪》记载兴平元年：“三月，韩遂、马腾与郭汜、樊稠战于长平观，遂、腾败绩。”

② 池阳（今陕西泾阳县西北）邻近长安，马腾本已驻军郿县，若复移屯池阳自然会对长安造成更大威胁，故李傕不许。

③ 《后汉纪》卷二七《孝献皇帝纪》，第528页。

④ 《三国志》卷六《魏书·董卓传》，第187页。

⑤ 《后汉书》卷七二《董卓传》，第2343页。

⑥ 《后汉书》卷七二《董卓传》，第2343页。

关东反对势力的力量。不料最终双方矛盾激化，关系破裂。李傕、郭汜不久丧失了对东汉中央的控制权，韩遂、马腾则趁李傕、郭汜败亡之机，得以在关中占得一席之地。

三、陇右叛乱后河西的情况及雍州的设置

韩遂、马腾是凉州数支叛军经过多次内部倾轧最终脱颖而出的两股最大的势力，二人以陇右为根据，后又占据关中部分地区。除韩遂、马腾外，陇右还有宋建占据枹罕。《三国志·魏书·武帝纪》记载：

> 初，陇西宋建自称河首平汉王，聚众枹罕，改元，置百官，三十余年。遣夏侯渊自兴国讨之。冬十月，屠枹罕，斩建，凉州平。[①]

宋建在建安十九年（214）被灭，距中平元年（184）北宫伯玉、边章、韩遂等人发动凉州叛乱间隔时间恰为30年，则宋建当与北宫伯玉等人同时在枹罕发动叛乱并建立政权[②]。

另外，韩遂等凉州叛军尽管未能占据河西地区，但叛乱风潮亦曾席卷河西诸郡。上文已说明郭家等受黄巾起义影响，在酒泉郡禄福县起事，致使“万民骚扰，人裹不安。三郡告急，羽檄仍至”[③]。其后韩遂等人叛乱对河西亦有影响，《三国志·魏书·张

① 《三国志》卷一《魏书·武帝纪》，第44页。

② 《后汉书》李贤等注引《献帝春秋》云：“凉州义从宋建、王国等反，诈金城郡降，求见凉州大人故新安令边允、从事韩约。”《献帝春秋》与《后汉书》《三国志》关于凉州叛乱过程的记载略有出入，然此条史料当可佐证宋建是凉州叛乱最早的发动者之一。

③ 毛远明《汉魏六朝碑刻校注》第2册，第57页。

绣传》记载：

> 张绣，武威祖厉人，骠骑将军济族子也。边章、韩遂为乱凉州，金城麴胜袭杀祖厉长刘隽。绣为县吏，间伺杀胜，郡内义之。遂招合少年，为邑中豪杰。[①]

此次叛乱发生于武威郡祖厉县，因张绣出手果断，袭杀叛乱的组织者麴胜，使事态未及扩大便悄无声息地结束。但总的来看，河西诸郡亦受到叛乱风潮的波及，加之东汉中央式微，加剧了河西局势的动荡，张绣等地方豪杰趁机崛起[②]。

韩遂、马腾等割据陇右，实力强横，又紧邻关中，故董卓、李傕、郭汜等专权时极为重视陇右。但其实李傕、郭汜控制下的东汉政府对河西亦不乏关注，此时期东汉政府对河西最大的调整当数增置州郡。

《后汉书·献帝纪》记载：

> (兴平元年）夏六月丙子，分凉州河西四郡为廱州。[③]
>
> (建安十一年）秋七月，武威太守张猛杀雍州刺史邯郸商。[④]

《三国志》裴松之注引《典略》记载：

---

①《三国志》卷八《魏书·张绣传》，第262页。

②《三国志·魏书·仓慈传》记载：“(敦煌）郡在西陲，以丧乱隔绝，旷无太守二十岁，大姓雄张，遂以为俗。”此亦可为河西地方大姓、豪杰崛起之力证。

③《后汉书》卷九《献帝纪》，第376页。“廱州”即指“雍州”。

④《后汉书》卷九《献帝纪》，第384页。

> 建安初，猛仕郡为功曹，是时河西四郡以去凉州治远，隔以河寇，上书求别置州。诏以陈留人邯郸商为雍州刺史，别典四郡。时武威太守缺，诏又以猛父昔在河西有威名，乃以猛补之。商、猛俱西。初，猛与商同岁，每相戏侮，及共之官，行道更相责望。暨到，商欲诛猛。猛觉之，遂勒兵攻商。商治舍与猛侧近，商闻兵至，恐怖登屋，呼猛字曰："叔威，汝欲杀我耶？然我死者有知，汝亦族矣。请和解，尚可乎？"……后商欲逃，事觉，遂杀之。是岁建安十四年也。[①]

《晋书·地理志上》亦载：

> 献帝时，凉州数有乱，河西五郡去州隔远，于是乃别以为雍州。[②]

这些记载表明献帝时，凉州分河西而别置雍州。然河西置州在具体细节方面多有抵牾。

其一，关于雍州辖郡数量。《晋书》称以河西五郡置雍州，即"汉置张掖、酒泉、敦煌、武威郡，其后又置金城郡，谓之河西五郡"[③]。《后汉书》《典略》皆称以河西四郡置雍州，《后汉书》李贤等注四郡"谓金城、酒泉、燉煌、张掖"[④]，竟缺武威郡。河西置州当不会唯缺武威郡，《典略》所载"商治舍与猛侧近"，显然雍州与武威郡皆治武威，则武威郡无疑当为雍州属

① 《三国志》卷一八《魏书·庞淯传》，第547—548页。
② ［唐］房玄龄等《晋书》卷一四《地理志上》，北京：中华书局，1974年，第432—433页。
③ 《晋书》卷一四《地理志上》，第432页。
④ 《后汉书》卷九《献帝纪》，第376页。

郡。另外《三国志·魏书·庞淯传》记载庞淯：

> 初以凉州从事守破羌长，会武威太守张猛反，杀刺史邯郸商，猛令曰："敢有临商丧，死不赦。"淯闻之，弃官，昼夜奔走，号哭丧所讫，诣猛门，衷匕首，欲因见以杀猛。猛知其义士，敕遣不杀，由是以忠烈闻。[①]

《三国志》裴松之注引《魏略》云：

> 猛兵欲来缚淯，猛闻之，叹曰："猛以杀刺史为罪。此人以至忠为名，如又杀之，何以劝一州履义之士邪！"遂使行服。[②]

破羌县属金城郡[③]。破羌长庞淯冒死为雍州刺史邯郸商临丧、报仇，可见其"至忠"对象为雍州刺史，即庞淯应为雍州属官。否则若庞淯为凉州属官不当为雍州刺史之死行如此非常之事，张猛亦应不会以别州义士劝勉雍州"一州履义之士"。至于"凉州从事"或为"雍州从事"之误[④]，抑或是庞淯曾任凉州从事守破羌长，后随破羌县改属雍州，其身份也由凉州属官变为雍州属官。破羌长庞淯为雍州属官，意味着其所属之金城郡当为雍州属郡。由此可证：雍州当辖敦煌、酒泉、张掖、武威、金城五郡，而非

---

① 《三国志》卷一八《魏书·庞淯传》，第547页。

② 《三国志》卷一八《魏书·庞淯传》，第547页。

③ 《续汉书·郡国志五》，《后汉书》，第3519页。

④ 《后汉纪·孝献皇帝纪》记载建安十一年（206）七月，"武威太守张猛杀凉州刺史商邯"。该处不仅将"雍州刺史"误记为"凉州刺史"，还将"邯郸商"误为"商邯"。可见雍州误作凉州的情况是存在的。

四郡。

其二，关于雍州设置时间。《后汉书》与《典略》的记载有所出入。《后汉书》将雍州设置系于兴平元年（194），《典略》则系于建安初。此外，《后汉纪》记载兴平元年（194）“六月丙子，分河西〔四〕[①]郡为雍州”[②]。《资治通鉴》亦从此系年，并将邯郸商就任雍州刺史时间系于六月丙子[③]。《后汉书》《后汉纪》将雍州设置时间系于兴平元年（194）六月丙子日，相比《典略》之建安初要精确很多，因此也更为可靠。又，《晋书·地理志上》记载西海郡：“故属张掖，汉献帝兴平二年，武威太守张雅请置。”[④]《太平寰宇记·陇右道三》记载甘州删丹县：“删丹县，本汉旧县也，属张掖郡。后汉兴平二年分置西郡，以删丹县属焉。”[⑤]雍州是分河西五郡设置，彼时张掖郡应尚未分置西海郡、西郡，否则雍州设置时不止五郡之数。既然西海郡、西郡设置时间靠后，那么雍州设置是在兴平二年（195）之前，由此亦可证雍州设置于兴平元年（194）。

兴平元年、二年（七月前），献帝尚在长安，李傕、郭汜等掌控大权。他们此时分置雍州及增置西郡、西海郡应是意图通过支持河西独立建州及增置官位[⑥]的手段增强河西地区对长安的向

① 原缺“四”字，据《后汉书·献帝纪》补，故此条史料不可作为雍州辖四郡的证据。

② 《后汉纪》卷二七《孝献皇帝纪》，第529页。

③ ［宋］司马光编著，［元］胡三省音注《资治通鉴》卷六一，汉献帝兴平元年，北京：中华书局，2013年，第2020页。

④ 《晋书》卷一四《地理志上》，第434页。

⑤ ［宋］乐史撰，王文楚等点校《太平寰宇记》卷一五二《陇右道三》，北京：中华书局，2007年，第2943页。

⑥ 增置州郡意味着刺史、太守及其属官也须随之增设，如此可以多出官位以笼络河西势力。

心力，同时亦可对陇右的韩遂、马腾形成牵制之势。此举反映出李傕、郭汜控制下的东汉政府对河西地区也较为重视，对其战略定位亦有所改变。

第四节　曹操控制下的东汉政府对河西的经略

一、曹操对关陇地区的经略

建安元年（196），曹操迎汉献帝至许县，以为许都。开始以东汉政府名义经略天下。当时曹操与袁绍相争，担忧关中掣肘，于是派遣钟繇经略关中。《三国志·魏书·钟繇传》记载：

> 时关中诸将马腾、韩遂等，各拥强兵相与争。太祖方有事山东，以关右为忧。乃表繇以侍中守司隶校尉，持节督关中诸军，委之以后事，特使不拘科制。繇至长安，移书腾、遂等，为陈祸福，腾、遂各遣子入侍。[①]

《三国志》裴松之注引《典略》记载马腾事迹时云：

> 腾攻遂，遂走，合众还攻腾，杀腾妻子，连兵不解。建安之初，国家纲纪殆弛，乃使司隶校尉钟繇、凉州牧韦端

① 《三国志》卷一三《魏书·钟繇传》，第392—393页。

> 和解之。征腾还屯槐里，转拜为前将军，假节，封槐里侯。北备胡寇，东备白骑，待士进贤，矜救民命，三辅甚安爱之。十三年，征为卫尉，腾自见年老，遂入宿卫。[①]

关中诸将割据“又中立”[②]，袁、曹相争之际，皆欲争取关中以为己援。当时“关中将帅以十数，莫能久相一，唯韩遂、马腾最强”[③]，因此曹操拉拢的主要对象便是韩遂、马腾，具体执行方面由司隶校尉钟繇负责。《三国志·魏书·杨阜传》记载杨阜：

> 以州从事为牧韦端使许，拜安定长史。阜还，关右诸将问袁、曹胜败孰在，阜曰：“袁公宽而不断，好谋而少决；……今虽强，终不能成大业。曹公有雄才远略，决机无疑，法一而兵精，能用度外之人，所任各尽其力，必能济大事也。”……而端征为太仆，其子康代为刺史，辟阜为别驾。[④]

由韦端遣使诣许及其后应征入朝来看，韦端选择信从杨阜之说，归于曹操阵营。也正因如此，曹操才使韦端与钟繇一同解决韩遂、马腾问题。关中通益州存在“道路不通”[⑤]的情况，从杨阜可由凉州诣许来看，至少凉州通许都之路是畅通的。这应当得益于钟繇、韦端的经略及马腾等关中诸将的降附。尽管关中的暂时稳定与道路的畅通使曹操经略河西成为可能，但彼时关东未定，

① 《三国志》卷三六《蜀书·马超传》，第945页。
② 《三国志》卷二一《魏书·卫觊传》，第610页。
③ 《后汉纪》卷二九《孝献皇帝纪》，第557页。
④ 《三国志》卷二五《魏书·杨阜传》，第700页。
⑤ 《三国志》卷二一《魏书·卫觊传》，第610页。曹操命卫觊使益州，“至长安，道路不通”。

曹操先后与袁绍、刘表、孙权等割据势力作战，无暇西顾，以致关陇诸将并立的格局维持了一个较长的时期，遑论出兵经略河西①，更是鞭长莫及。

图7-9 曹操像

（采自中国历史博物馆保管部编《中国历代名人画像谱》第1册，福州：海峡文艺出版社，2003年，第35页）

① 《三国志·魏书·杜畿传》云："荀彧进之太祖，太祖以畿为司空司直，迁护羌校尉，使持节，领西平太守。太祖既定河北，而高幹举州反。……于是追拜畿为河东太守。"《三国志·魏书·武帝纪》记载高幹反叛系于建安十年至十一年（205—206），可知在诸将把持关中之时，曹操已经能够任命西平太守。只是因高幹之乱，杜畿赴任西平太守之事被中途打断。同时也可说明并州等与曹操统治腹地邻近地区的重要性在当时要远高于河西这样的偏远地区，何况河西与关东地区之间的关陇地区实际上仍未彻底稳定，因此并州等要紧地区一旦发生变故，杜畿赴任西平之事便可暂且搁置。

赤壁之战失败后，曹操开始将视线转向西方。《三国志》裴松之注引《魏书》记载：

> 是时关西诸将，外虽怀附，内未可信。司隶校尉钟繇求以三千兵入关，外托讨张鲁，内以胁取质任。太祖使荀彧问觊，觊以为“西方诸将，皆竖夫屈起，无雄天下意，苟安乐目前而已。今国家厚加爵号，得其所志，非有大故，不忧为变也。宜为后图。若以兵入关中，当讨张鲁，鲁在深山，道径不通，彼必疑之，一相惊动，地险众强，殆难为虑！”……太祖初善之，而以繇自典其任，遂从繇议。[①]

在卫觊看来，当时曹操控制下的东汉中央在关陇地区的统治极为脆弱，事实也的确如此。建安初年，关中“郡县贫弱，不能与争，兵家遂强”[②]，钟繇经略十余年间，关中未有大乱，甚至一度成为曹操抗衡袁氏的助力。虽然情况有所改善，但是曹操在关中的统治缺乏军事力量支撑，关中诸将又“外虽怀附，内未可信”。曹操赞成钟繇主张，命军队入关的出发点也有“胁取质任”，解决诸将隐患之意。然而事态发展正如卫觊预料一般，汉军入关成为引发关中叛乱的导火索。关于关中叛乱，《三国志》裴松之注引《典略》记载：

> 建安十六年，超与关中诸将侯选、程银、李堪、张横、梁兴、成宜、马玩、杨秋、韩遂等，凡十部，俱反，其众十万，同据河、潼，建列营陈。[③]

---

① 《三国志》卷二一《魏书·卫觊传》，第611页。
② 《三国志》卷二一《魏书·卫觊传》，第610页。
③ 《三国志》卷三六《蜀书·马超传》，第946页。

以韩遂、马超为首的关中诸将觉察威胁便群起叛乱，东汉在关中的统治顷刻遭到颠覆，这更加印证了此前东汉政府在关中统治的薄弱。其后随着曹操西征，关中平定，马超、韩遂西逃陇右、湟中。但马超一度卷土重来，“攻杀凉州刺史韦康，复据陇右”[①]。直到建安十九年（214），“天水人杨阜破超，超奔汉中，降刘备。韩遂走金城羌中，为其帐下所杀”[②]，“冬十月，屠枹罕，斩建，凉州平”[③]。随着马超、韩遂、宋建的败北，陇右平定。曹操的势力得以真正地向西扩张，经略河西。

二、曹操、曹丕对河西的经略

自兴平元年（194）始，河西设置雍州。《三国志·魏书·庞淯传》记载：

> 庞淯字子异，酒泉表氏人也。初以凉州从事守破羌长，会武威太守张猛反，杀刺史邯郸商……淯闻之，弃官……欲因见以杀猛。猛知其义士，敕遣不杀，由是以忠烈闻。太守徐揖请为主簿。后郡人黄昂反，围城。淯弃妻子，夜踰城出围，告急于张掖、燉煌二郡。初疑未肯发兵，淯欲伏剑，二郡感其义，遂为兴兵。军未至而郡城邑已陷，揖死。[④]

张猛杀邯郸商后，史籍中再未有雍州刺史赴任武威。至于武威郡则完全控制在太守张猛手中。《后汉书·献帝纪》《后汉纪·孝

---

① 《后汉书》卷七二《董卓传》，第2343页。
② 《后汉书》卷七二《董卓传》，第2343页。
③ 《三国志》卷一《魏书·武帝纪》，第44页。
④ 《三国志》卷一八《魏书·庞淯传》，第547页。

献皇帝纪》将张猛杀邯郸商事系于建安十一年（206）[①]，裴松之注引《典略》将此事系于建安十四年（209）[②]。该事发生时徐揖任酒泉太守。《三国志》裴松之注引《魏略·勇侠传》记载：

> 杨阿若后名丰，字伯阳，酒泉人。……至建安年中，太守徐揖诛郡中强族黄氏。时黄昂得脱在外，乃以其家粟金数斛，募众得千余人以攻揖。揖城守。丰时在外，以昂为不义，乃告揖，捐妻子走诣张掖求救。会张掖又反，杀太守。而昂亦陷城杀揖，二郡合势。昂恚丰不与己同，乃重募取丰，欲令张掖以麻系其头，生致之。丰遂逃走。武威太守张猛假丰为都尉，使赍檄告酒泉，听丰为揖报仇。丰遂单骑入南羌中，合众得千余骑，从乐涫南山中出，指趋郡城。……酒泉郡人望见尘起，以为东大兵到，遂破散。昂独走出，羌捕得昂。……丰遂杀之。时黄华在东，又还领郡。丰畏华，复走依燉煌。至黄初中，河西兴复，黄华降，丰乃还郡。[③]

武威太守张猛在建安十五年（210）为韩遂攻灭[④]。杨丰受张猛支持为酒泉太守徐揖报仇之事发生于此年或之前。由此，徐揖被黄昂攻灭时间当在建安十一年至十五年间（206—210）。徐揖死后，黄昂、黄华相继统治酒泉郡。与此同时，“张掖又反，杀太守”[⑤]。于是，

---

① 《后汉书》卷九《献帝纪》，第384页；《后汉纪》卷二九《孝献皇帝纪》，第567页。

② 《三国志》卷一八《魏书·庞淯传》，第548页。

③ 《三国志》卷一八《魏书·阎温传》，第552—553页。

④ 《三国志》卷一八《魏书·庞淯传》，第548页。

⑤ 从之后张掖和鸾举郡反看，此时杀太守作乱张掖者应为和鸾。

最迟在建安十五年（210），武威、酒泉、张掖三郡皆发生叛乱或为外敌攻击，三郡控制权随即易手。《三国志·魏书·张既传》记载：

> 是时，武威颜俊、张掖和鸾、酒泉黄华、西平麴演等并举郡反，自号将军，更相攻击。俊遣使送母及子诣太祖为质，求助。太祖问既，既曰："俊等外假国威，内生傲悖，计定势足，后即反耳。今方事定蜀，且宜两存而斗之，犹卞庄子之刺虎，坐收其弊也。"太祖曰："善。"岁余，鸾遂杀俊，武威王祕又杀鸾。[①]

"武威颜俊、张掖和鸾、酒泉黄华、西平麴演等并举郡反"是曹操"今方事定蜀"时期的河西格局。《三国志·魏书·武帝纪》记载建安二十年（215）：

> 三月，公（曹操）西征张鲁，至陈仓，将自武都入氐，……西平、金城诸将麴演、蒋石等共斩送韩遂首。……十一月，鲁自巴中将其余众降。……刘备袭刘璋，取益州，遂据巴中，遣张郃击之。[②]

麴演、蒋石等西平、金城诸将向曹操献诚是在建安二十年（215）曹操征张鲁之际，这也是曹操有战事于蜀的开始。推测武威颜俊"遣使送母及子诣太祖为质"大致也当在此阶段。则在建安二十年（215）前后，颜俊、和鸾等分据诸郡，"自号将军，更相攻

---

① 《三国志》卷一五《魏书·张既传》，第474页。

② 《三国志》卷一《魏书·武帝纪》，第45—46页。

击”。则彼时的河西诸郡形势大致如下：

武威郡在张猛为韩遂攻灭后，又有颜俊称雄；张掖郡在历经叛乱、太守被杀后，有和鸾据郡；酒泉郡依旧是黄华主政；西平[①]、金城二郡原本为韩遂控制，韩遂关中叛乱失败后，“还金城”[②]，又使其婿“阎行别领西平郡”[③]。阎行反叛韩遂，与之相攻，败归曹操。韩遂败亡后，麴演趁机据有西平郡[④]，金城郡则归曹操；至于敦煌郡长期为张恭掌控（详见下文）。此时期河西诸郡一面互相攻击，一面向曹操献诚，或为避免打击，或欲引曹为援。张掖、武威二郡争斗的结果是和鸾、颜俊身死，两郡控制权易手。张掖后有张进掌权[⑤]，武威则落入曹操之手。敦煌与酒泉亦有争斗，P.2005《沙州都督府图经》记载：

> 古效谷城，周回五百步。
>
> 右在州东北卅里，是汉时効谷县。……后秦苻坚〔汉献帝〕建安廿一年，为酒泉郡人黄花〔华〕攻破，遂即废坏。

① 据考，西平郡是建安时期分金城郡设立，设置时间最迟在建安十八年（213）前。详见周振鹤、李晓杰、张莉《中国行政区划通史·秦汉卷》，上海：复旦大学出版社，2017年，第887页。

②《三国志》卷一五《魏书·张既传》，第476页。

③《三国志》卷一五《魏书·张既传》，第476页。

④《三国志·魏书·王脩传》裴松之注等引《魏略》记载郭宪：“西平人，为其郡右姓。……至十七年，韩约失众，从羌中还，依宪。众人多欲取约以徼功，而宪皆责怒之……遂拥护厚遇之。其后约病死，而田乐、阳逵等就斩约头，当送之。……时太祖方攻汉中，在武都，而逵等送约首到。”《后汉书·董卓传》称：“韩遂走金城羌中，为其帐下所杀。”韩遂究竟是病死还是被杀难以得知，然麴演是在韩遂败亡后，才据有西平当无问题。且麴演或为韩遂旧部。

⑤《三国志》卷二《魏书·文帝纪》，第59页。

今北面有颓基数十步。[①]

敦煌郡效谷县县城即在此时为酒泉黄华所损毁。

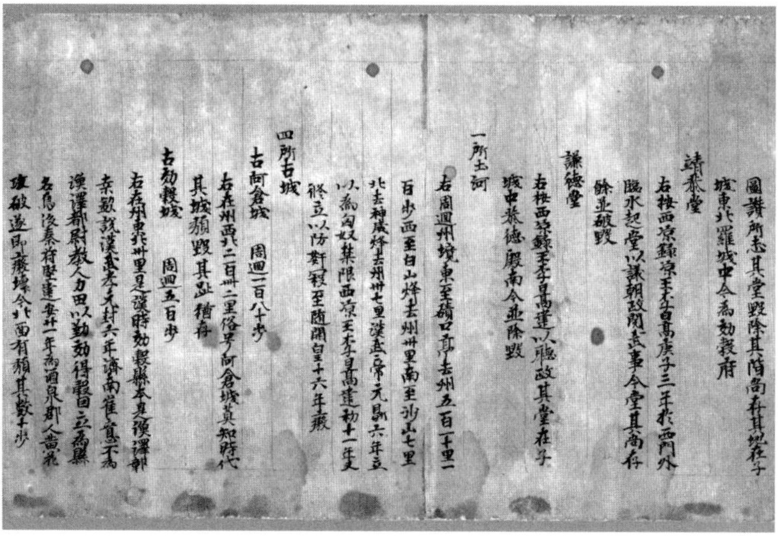
圖讃所志其堂毁除其階尚存其堂在子
城東北羅城中今爲効穀府
靖恭堂
右按西凉録凉王李暠庚子三年於西門外
臨水起堂以議朝政閲武事今堂其階尚存
餘並破毁
謙德堂
右按西凉録凉王李暠建以聽政其堂在子
城中謙德殿南今並除毁
一所土河
右周迴州境東至磧口亭去州五百一十里一
百步西至白山烽去州卌里南至沙山七里
北去神威烽去州卌七里漢武帝元鼎六年立
以遮匈奴集限西凉王李暠建初十一年更
修立以防剗寇至隋開皇十六年廢
四所古城
古河倉城　周迴一百八十步
右在州西二百卅二里俗號河倉城莫知時代
其城頽毁其趾猶存
古効穀城　周迴五百步
右在州東北卅里是漢時効穀縣本是漁澤鄣
桑欽說漢孝武元封六年濟南崔不意爲
漁澤鄣尉教人力田以勤効得穀因立爲縣
名焉後秦苻堅建元廿一年爲酒泉郡人黄花
攻破遂即廢壞今北面有頽基數十步

图7-10　P.2005《沙州都督府图经》

曹操及其控制的东汉政府对河西控制权的争夺始于政区调整。《续汉书》注引《献帝起居注》云："建安十八年三月庚寅，省州并郡，复《禹贡》之九州。……省凉州刺史，以并雍州部。"[②]河西诸郡仍属雍州。但此时雍州不仅辖河西诸郡，还包括关中、陇右之地[③]。建安十八年（213）时曹操仅平关中，尚

① 图版参上海古籍出版社等编《法藏敦煌西域文献》第1册，上海：上海古籍出版社，1995年，第56页；录文参郑炳林《敦煌地理文书汇辑校注》，兰州：甘肃教育出版社，1989年，第15页；李正宇《古本敦煌乡土志八种笺证》，兰州：甘肃人民出版社，2007年，第53—54页。

②《续汉书·百官志五》，《后汉书》，第3618页。

③《三国志·魏书·张既传》记载："是时不置凉州，自三辅拒西域，皆属雍州。文帝即王位，初置凉州。"

未实际占据陇右、河西，因此当时合并州郡不过徒具形式。我们推测曹操的真实意图应当是通过整合政区，使河西、陇右与关中至少在名义上皆处于雍州（治长安）的统一管理之下，为东汉政府以长安为基地经略河陇奠定基础。除政区调整外，其实这时期东汉政府还能从其他方面对河西施加影响。敦煌文献S.1889《敦煌氾氏人物传》记载：

> 氾孚，字仲夏，蜀郡太守吉之孙。通经笃行，州辟为从事。太守马艾甚重之，征为州辟司空，屡辞不起。孚志节尤高，耽道乐业，州累辟命，司空曹公察孝廉，皆不就。[①]

考察史实可知，曹操任司空是在建安元年至十三年间（196—208）[②]。曹操选拔出身"敦煌望族"[③]的氾孚入朝任官，说明建安初期东汉政府尚能对敦煌及河西进行人才选拔。这虽无法改变河西诸郡割据的现状，但通过察举这种选官方式征召敦煌及河西世族子弟入朝为官，能够潜移默化地增强敦煌及河西对中央政府的凝聚力，这也成为之后曹氏控制下的东汉政府经略河西过程中的积极因素。到建安二十年（215）曹操平汉中张鲁时，暂时无暇征讨河西，于是对河西割据内斗的格局不加干涉，图谋先"坐

① 图版参中国社会科学院历史研究所等编《英藏敦煌文献（汉文佛经以外部分）》第3卷，成都：四川人民出版社，1990年，第168页；录文参郑炳林《敦煌地理文书汇辑校注》，第121页。

② 《三国志·魏书·武帝纪》记载汉献帝建安元年（196）十月："天子拜公司空，行车骑将军。""十三年春正月……汉罢三公官，置丞相、御史大夫。夏六月，以公为丞相。"

③ 图版参中国社会科学院历史研究所等编《英藏敦煌文献（汉文佛经以外部分）》第3卷，成都：四川人民出版社，1990年，第168页；录文参郑炳林《敦煌地理文书汇辑校注》，第120页。

收其弊”再伺机取之。平张鲁后，曹操对河西的蚕食、经略才逐步展开。

曹操经略河西过程中，苏则出力最多。《三国志·魏书·毌丘俭传》载毌丘兴“黄初中为武威太守，伐叛柔服，开通河右，名次金城太守苏则”[①]。可见，毌丘兴“开通河右”的功勋仅次于苏则。

苏则“起家为酒泉太守，转安定、武都，所在有威名。”[②]在武都太守任上时，逢曹操伐张鲁，“见则悦之，使为军导。鲁破，则绥定下辩诸氐，通河西道，徙为金城太守”[③]。关于金城太守苏则为平定河西所作的前期准备，《三国志·魏书·苏则传》记载：

> 是时丧乱之后，吏民流散饥穷，户口损耗，则抚循之甚谨。外招怀羌胡，得其牛羊，以养贫老。与民分粮而食，旬月之间，流民皆归，得数千家。乃明为禁令，有干犯者辄戮，其从教者必赏。亲自教民耕种，其岁大丰收，由是归附者日多。李越以陇西反，则率羌胡围越，越即请服。太祖崩，西平麴演叛，称护羌校尉。则勒兵讨之。演恐，乞降。文帝以其功，加则护羌校尉，赐爵关内侯。[④]

金城郡“昔为韩遂所见屠剥，死丧流亡，或窜戎狄，或陷寇乱，户不满五百”[⑤]，可以说韩遂留给苏则的是一个残破不堪的烂摊

① 《三国志》卷二八《魏书·毌丘俭传》，第761页。
② 《三国志》卷一六《魏书·苏则传》，第490—491页。
③ 《三国志》卷一六《魏书·苏则传》，第491页。
④ 《三国志》卷一六《魏书·苏则传》，第491页。
⑤ 《三国志》卷一六《魏书·苏则传》，第491页。

子。然苏则到任后，施政得当，取得了“招怀羌胡”、充实人口、“明威禁令”等诸多政绩，这些举措和成就使苏则迅速稳固了金城局势，重新树立了东汉政府的威信。再从征讨陇西李越、西平麴演来看，金城郡应是当时东汉政府经略河西、陇右的重要支点和基地，因此苏则负责的区域不局限于金城一郡。

张掖和鸾杀武威颜俊，武威王祕又杀和鸾，发生于曹操征汉中后的“岁余”，这是东汉接管武威的契机，毌丘兴任武威太守即在此之后。则毌丘兴就任武威太守大概在苏则就任金城太守之后，又在延康元年（220）五月黄华、张进作乱河西之前[①]。毌丘兴在任期间的政绩大致与苏则相似，无外乎是“内抚吏民，外附羌、胡，卒使柔附，为官效用”[②]。

苏则、毌丘兴的努力使东汉政府得以在河西东部拥有了相对稳固的前进基地。这为河西全境再次归入中央统辖奠定了良好的基础。然而曹操在世时河西之事并未得到彻底解决，直到曹丕继掌大权后，河西才最终纳入中央管辖。

《三国志·魏书·文帝纪》记载延康元年（220）五月：

> 酒泉黄华、张掖张进等各执太守以叛。金城太守苏则讨进，斩之。华降。[③]

《三国志·魏书·张既传》又载：

> 是时不置凉州，自三辅拒西域，皆属雍州。文帝即王位，初置凉州，以安定太守邹岐为刺史。张掖张进执郡守

① 《三国志》卷二八《魏书·毌丘俭传》，第761页。
② 《三国志》卷二八《魏书·毌丘俭传》，第761页。
③ 《三国志》卷二《魏书·文帝纪》，第59页。

> 举兵拒岐，黄华、麴演各逐故太守，举兵以应之。既进兵为护羌校尉苏则声势，故则得以有功。[①]

《三国志·魏书·苏则传》记载更详：

> 后演复结旁郡为乱，张掖张进执太守杜通，酒泉黄华不受太守辛机，进、华皆自称太守以应之。又武威三种胡并寇钞，道路断绝。武威太守毌丘兴告急于则。时雍、凉诸豪皆驱略羌胡以从进等，郡人咸以为进不可当。又将军郝昭、魏平先是各屯守金城，亦受诏不得西度。则乃见郡中大吏及昭等与羌豪帅谋曰："今贼虽盛，然皆新合，或有胁从，未必同心；因衅击之，善恶必离，离而归我，我增而彼损矣。既获益众之实，且有倍气之势，率以进讨，破之必矣。若待大军，旷日持久，善人无归，必合于恶，善恶既合，势难卒离。虽有诏命，违而合权，专之可也。"于是昭等从之，乃发兵救武威，降其三种胡，与兴击进于张掖。演闻之，将步骑三千迎则，辞来助军，而实欲为变。则诱与相见，因斩之，出以徇军，其党皆散走。则遂与诸军围张掖，破之，斩进及其支党，众皆降。演军败，华惧，出所执乞降，河西平。乃还金城。[②]

从郝昭、魏平亦屯守金城郡来看，东汉政府除委任两郡太守外，亦在金城部署了军队以备不测。至于"受诏不得西度"当是曹操"坐收其弊"策略的惯性。

---

① 《三国志》卷一五《魏书·张既传》，第474页。
② 《三国志》卷一六《魏书·苏则传》，第492页。

此次河西叛乱，爆发于延康元年（220）五月。其背景是曹丕即魏王王位后，重新设置凉州，并派遣新任凉州刺史及诸郡太守。因当时河西除武威、金城外的诸郡虽表面恭顺，实则仍由本郡豪杰把控，故曹丕此举当是意图通过政区、人事调整重整河西秩序，乃至彻底解决河西割据问题。然而此前张进、黄华等归降不过是迫于形势，于是在曹丕对河西权力的重新洗牌之际纷纷发动叛乱，欲维持割据现状。

此次叛乱规模不可小觑，具体参与的有张掖张进、酒泉黄华、西平麴演、武威三种胡、雍州与凉州诸豪及羌胡。原本黄华、张进还邀敦煌张恭“并势”[①]。然张恭决意倒向曹氏，故敦煌反而与东部的汉军联合夹击张掖、酒泉。加之苏则能临机专断，果断出兵，河西叛乱得以迅速平定。同年（220）十月，曹丕建魏代汉，徒具虚名的东汉统治彻底宣告结束，河西随之归属曹魏。

曹操、曹丕父子控制下的东汉政府早期忙于关东战事，无暇西顾。直到平定关陇，东汉政府才开始重点关注河西问题。曹操时期，经略河西采取徐徐图之的蚕食策略，坐观河西诸将争斗，以收其利。待曹丕掌权之时，东汉政府在河西已据东部金城、武威二郡并有驻军。在此背景下，曹丕改变策略，采取分置凉州、派遣刺史及太守的手段意图将河西诸郡纳入中央政府统治，于是黄华、张进、麴演等发动河西叛乱，皆欲将曹丕势力阻挡在本郡之外。此时敦煌张恭选择倒向曹丕，并出兵东迎太守，于是敦煌郡在河西平定过程中发挥了牵制、夹击酒泉、张掖叛军的重要作用。

---

① 《三国志》卷一八《魏书·阎温传》，第550页。

第八章

东汉敦煌郡的职官考察

东汉敦煌郡的经营与治理主要依靠敦煌太守，因此本章将重点探讨东汉时期的敦煌太守群体。我们希冀通过对敦煌太守及其相关事迹的考察，尽可能反映东汉敦煌郡的时代面貌。另外，东汉政府还在敦煌郡设置专司西域事务的官员，如中郎将、西域副校尉，这些官职的设置对东汉政府通过敦煌经营西域发挥着重要作用。

第一节 东汉敦煌太守及其相关事迹梳理

通常而言，太守[①]是两汉时期郡的最高军政长官。梳理两汉敦煌郡历史自然绕不开敦煌太守这一地方权力核心。张俊民[②]、李永平[③]、张德芳[④]等学者已对两汉时期的敦煌太守作了系统性的研究。综合前人学者研究成果来看，他们借助西北出土汉简尤其是悬泉汉简资料已对西汉至新莽时期的敦煌太守及相关事迹进行了细致的考察。而东汉时期因相关汉简较少，加之《后汉书》等传世史籍鲜有为郡级官吏立传者，致使东汉敦煌太守相关资料匮乏，因此学界对东汉敦煌太守这一群体的关注不多。研究东汉敦煌太守难以如西汉那般将历任敦煌太守进行编年考察，只能根

① 秦称“郡守”，西汉初更名“太守”。

② 张俊民《敦煌悬泉汉简所见人名综述（三）——以敦煌郡太守人名为中心的考察》，卜宪群、杨振红主编《简帛研究二〇〇五》，桂林：广西师范大学出版社，2008年，第116—144页。

③ 李永平《汉简所见西汉敦煌太守及相关事迹考》，中国文物研究所编《出土文献研究》第8辑，上海：上海古籍出版社，2007年，第372—380页。

④ 张德芳《两汉时期的敦煌太守及其任职时间》，西北师范大学历史文化学院等编《简牍学研究》第5辑，兰州：甘肃人民出版社，2014年，第156—179页。

据现有的寥寥史料记载对东汉诸太守情况进行简略考察，另外东汉曾有以长史身份统治敦煌郡者——张恭，一并归入本节讨论。

辛肜及其继任者

建武元年至十二年（25—36），敦煌郡至少有两任太守。一者为辛肜。辛肜在建武元年（25）因参与窦融保据河西之事，由敦煌都尉升任敦煌太守，至建武七年（31），改任酒泉太守，在任共7年。此后建武七年至十二年（31—36），敦煌太守由何人担任及在此期间是否仅历一位太守皆不可考。在此期间，敦煌太守及郡兵共同参与了东汉平定陇右隗嚣的战争，到十二年（36）敦煌太守及所属诸县县令、长亦应随窦融入朝。至此，窦融任命的敦煌郡“守令”告一段落，东汉政府所委派的新任敦煌太守及诸县县令、长随即赴任以补其缺。

裴遵

建武十二年（36），东汉政府直接任命的敦煌太守名讳不详。然据《后汉书·西域传》记载：

> （建武）十七年，贤复遣使奉献，请都护。天子以问大司空窦融，以为贤父子兄弟相约事汉，款诚又至，宜加号位以镇安之。帝乃因其使，赐贤西域都护印绶，及车旗黄金锦绣。敦煌太守裴遵上言：“夷狄不可假以大权，又令诸国失望。”诏书收还都护印绶，更赐贤以汉大将军印绶。①

裴遵就任敦煌太守最迟在建武十七年（41），有可能他就是建武十二年（36）东汉政府所任命的敦煌太守，负责从窦融集团手中

① ［南朝宋］范晔撰，［唐］李贤等注《后汉书》卷八八《西域传》，北京：中华书局，1965年，第2923—2924页。

接管敦煌郡。《新唐书·宰相世系表一上》记载："九世孙燉煌太守遵，自云中从光武平陇、蜀，徙居河东安邑。"[①]清人所编《裴氏世牒》亦载："敦煌太守遵，自云中从光武平陇、蜀，徙居河东安邑。"[②]则裴遵很可能在参与东汉平定隗嚣、公孙述的战争中建功，故光武帝委以敦煌太守之职。当然也不能排除裴遵就任之前，东汉政府还曾派遣他人任敦煌太守这种可能。裴遵的卸任时间也不清楚，只知到建武二十一年（45）冬其仍在任上[③]。如此裴遵在敦煌太守任上可以明确的时段是建武十七年至二十一年（41—45）。

裴遵在任期间仅见两处事迹载于《后汉书·西域传》，一者即上段引文所述裴遵向东汉政府进言不可假莎车王贤以大权事。此前光武帝已采纳窦融建议答应莎车使者，"赐贤西域都护印绶"，而时任敦煌太守的裴遵与窦融意见相左。最终，光武帝采纳了裴遵意见，改赐贤以"汉大将军印绶"。裴遵是基于对当时西域局势的判断而提出的建议，若要掌握西域动向并据此形成决策并非朝夕之功，故此推断裴遵出任敦煌太守的时间远远早于建武十七年（41）。二者裴遵代西域十八国（一作"十六国"）向东汉政府反馈诉求，获准后留诸国质子于敦煌。当时迫于莎车王贤侵逼，西域诸国纷纷寻求东汉庇护。《后汉书·西域传》记载：

> （建武）二十一年冬，车师前王、鄯善、焉耆等十八国俱遣子入侍，献其珍宝。及得见，皆流涕稽首，愿得都护。

① ［宋］欧阳修、宋祁《新唐书》卷七一上《宰相世系表一上》，北京：中华书局，1975年，第2180页。

② ［清］翟凤翥《裴氏世牒》卷一《源流考》，清康熙五年刻本，第3页b。

③《后汉书》卷八八《西域传》，第2924页。

> 天子以中国初定，北边未服，皆还其侍子，厚赏赐之。是时贤自负兵强，欲并兼西域，攻击益甚。诸国闻都护不出，而侍子皆还，大忧恐，乃与敦煌太守檄，愿留侍子以示莎车，言侍子见留，都护寻出，冀且息其兵。裴遵以状闻，天子许之。①

东汉建国不久，光武帝致力于恢复国力而无心插手西域事务。西域诸国知悉东汉并无派遣都护、经营西域的打算，皆“大忧恐”，于是提出折中之策，留质子于敦煌，并称“都护寻出”，以此麻痹、震慑莎车，作为缓兵之计。裴遵将诸国诉求反馈于东汉政府，其后光武帝顺应诸国所请，敦煌太守裴遵便负责收容诸国质子。

图8-1 东汉五铢
（采自中国钱币博物馆官网）

王遵

裴遵之后，光武帝末年乃至终明帝一朝的敦煌太守史皆不载，直到章帝时，方有敦煌太守王遵著于史籍。《后汉纪·孝章皇帝纪上》记载：“建初元年春正月，敦煌太守王遵、酒泉太守段彭将兵五千人破车师。”②敦煌太守王遵与酒泉太守段彭合力攻破车师一事，发生在东汉与北匈奴争

① 《后汉书》卷八八《西域传》，第2924页。

② ［晋］袁宏撰，张烈点校《后汉纪》卷一一《孝章皇帝纪上》，北京：中华书局，2017年，第205页。

夺西域的背景下。

明帝永平十七年（74），东汉击破车师，设置西域都护及二部戊己校尉。其中戊己校尉耿恭“屯后王部金蒲城”[①]，戊己校尉关宠“屯前王柳中城”[②]。东汉政府欲以车师为前沿基地，整合西域诸国之力打击北匈奴势力。十八年（75）二月，汉军主力班师。三月，北匈奴发起反击。《后汉纪·孝明皇帝纪下》记载：

> 北匈奴左鹿蠡王将二万骑，率焉耆、龟兹来攻车师，王安得死。焉耆、龟兹杀都护陈穆、副校尉郭恂，遂攻金蒲城。[③]

《后汉纪·孝明皇帝纪下》记载：

> 初，耿恭被围，明帝怒甚，将遣兵救之，师未出而帝崩。匈奴闻中国有丧，遂复围之。粮尽，乃煮弩筋食之。……相拒数月，吏士消尽。戊己校尉关宠上书求救，事下公卿。司空第五伦以为不可救。司徒鲍昱以为：“使人于死亡之地，有急如弃之，外示弱戎夷，内伤死难之臣。此际若不救之，后或边上有警，陛下如何使人也？又戊己校尉才十数人，匈奴围之，数十日不下，是其弱效。兵家先名后实，可令燉煌、酒泉太守各将精骑，多其幡帜，倍道兼行以赴其急。匈奴疲困之兵必走。”帝然之。乃遣征西将军耿秉屯酒泉，发燉煌、酒泉兵击车师。[④]

---

①《后汉书》卷一九《耿恭传》，第720页。一作“金满城”，在今新疆吉木萨尔北护堡子。

②《后汉书》卷一九《耿恭传》，第720页。

③《后汉纪》卷一〇《孝明皇帝纪下》，第195页。

④《后汉纪》卷一〇《孝明皇帝纪下》，第198页。

《后汉书·耿恭传》记载：

> 时焉耆、龟兹攻殁都护陈睦，北虏亦围关宠于柳中。会显宗崩，救兵不至，车师复畔，与匈奴共攻恭。恭厉士众击走之。后王夫人先世汉人，常私以虏情告恭，又给以粮饷。数月，食尽穷困……而稍稍死亡，余数十人。……单于大怒，更益兵围恭，不能下。
>
> 初，关宠上书求救，时肃宗新即位，乃诏公卿会议。……司徒鲍昱议曰："……匈奴如复犯塞为寇，陛下将何以使将？又二部人裁各数十，匈奴围之，历旬不下，是其寡弱尽力之效也。可令敦煌、酒泉太守各将精骑二千，多其幡帜，倍道兼行，以赴其急。……"帝然之。乃遣征西将军耿秉屯酒泉，行太守事；遣秦彭与谒者王蒙、皇甫援发张掖、酒泉、敦煌三郡及鄯善兵，合七千余人，建初元年正月，会柳中，攻交河城，斩首三千八百级，获生口三千余人，驼驴马牛羊三万七千头。北虏惊走，车师复降。①

北匈奴率焉耆、龟兹二国兵，进攻车师，击杀西域都护陈睦（一作"穆"），围攻关宠于柳中（在今新疆鄯善西南鲁克沁）。耿恭退守疏勒城②，适逢明帝驾崩，救援搁浅，车师又顺势降于北匈奴。幸得"先世汉人"的车师后王夫人相助，耿恭坚守数月。关宠向东汉政府求援时，正值章帝即位，朝中对救援西域之事颇有反对之声，最终司徒鲍昱力排众议，提出"令敦煌、酒泉太守各

① 《后汉书》卷一九《耿恭传》，第721—722页。

② 胡三省注云："此疏勒城在车师后部，非疏勒国城也。"详见［宋］司马光编著，［元］胡三省音注《资治通鉴》卷四五，汉明帝永平十八年，北京：中华书局，2013年，第1512页。

将精骑二千，多其幡帜”驰援耿恭、关宠二部，获得章帝首肯，驰援西域的计划得以实施。时任敦煌太守的王遵便在此背景下率众出击车师。

章帝初即大位，当无暇任命新的敦煌太守，则王遵应在明帝末年已任敦煌太守。《后汉书·章帝纪》记载永平十八年（75）：“十一月戊戌，蜀郡太守第五伦为司空。诏征西将军耿秉屯酒泉。遣酒泉太守段彭救戊已校尉耿恭。”[①]汉军出击车师的时间在永平十八年（75）十一月，敦煌太守王遵亦在领军之列，故其就任太守的时间至迟就在永平十八年（75）。到建初元年（76）正月，诸路汉军会师柳中。如此王遵任敦煌太守可以明确的时段是永平十八年至建初元年（75—76）。

据敦煌汉简记载：

入西蒲书一，吏马行。鱼泽尉印，十三日起，诣府。永

图8-2 奇台石城子古城[②]
（采自祁小山、王博《丝绸之路·新疆古代文化》，第194页）

① 《后汉书》卷三《章帝纪》，第130页。
② 据学者推测此遗址即为东汉时期位于车师后部的疏勒城。

图8-3 交河故城

> 平十八年正月十四日日中时，扬威卒□□，受邻介卒赵仲。（敦2228）

“入西”指自东向西，“蒲书”即“簿书”，“府”指敦煌太守府或都尉府。则这封永平十八年（75）正月自鱼泽障尉向西发往敦煌太守府或都尉府的文书[1]，很可能与王遵掌管下的太守府有直接关联。

曹宗

王遵之后，著于史籍的敦煌太守为曹宗。《后汉书·西域传》记载：

> 及孝和晏驾，西域背畔。安帝永初元年，频攻围都护任

[1] 王国维《〈流沙坠简〉后序》，氏著《王国维讲考古学》，北京：团结出版社，2019年，第116页。

> 尚、段禧等，朝廷以其险远，难相应赴，诏罢都护。自此遂弃西域。北匈奴即复收属诸国，共为边寇十余岁。敦煌太守曹宗患其暴害，元初六年，乃上遣行长史索班，将千余人屯伊吾以招抚之，于是车师前王及鄯善王来降。数月，北匈奴复率车师后部王共攻没班等，遂击走其前王。鄯善逼急，求救于曹宗，宗因此请出兵击匈奴，报索班之耻，复欲进攻西域。邓太后不许，但令置护西域副校尉，居敦煌，复部营兵三百人，羁縻而已。①

宋人邓名世《古今姓氏书辩证》记载“敦煌太守曹”②，当即指曹宗。曹宗任敦煌太守的时间大致在安帝元初六年至永宁元年（119—120）前后③。另外，敦煌文献P.2625《敦煌名族志》“索氏”条记载：“其抚玄孙翊，字厚山，有文武才，明兵法，汉安帝永初六年拜行西域长史。”④池田温认为索翊当是索班的误记⑤。应是⑥。

① 《后汉书》卷八八《西域传》，第2911页。

② ［宋］邓名世撰，王力平点校《古今姓氏书辩证》卷一一“曹氏”条，南昌：江西人民出版社，2006年，第162页。

③ 《资治通鉴考异》考证北匈奴与车师后部攻击索班时间在永宁元年（120）。今采之。详见《资治通鉴》卷五〇，汉安帝永宁元年，第1652页。

④ 图版参上海古籍出版社等编《法藏敦煌西域文献》第16册，上海：上海古籍出版社，2001年，第331页；录文参郑炳林《敦煌地理文书汇辑校注》，兰州：甘肃教育出版社，1989年，第112页。

⑤ ［日］池田温著，韩昇译《唐朝氏族志研究——关于〈敦煌名族志〉残卷》，刘俊文主编《日本学者研究中国史论著选译》第4卷，北京：中华书局，1992年，第663—720页。

⑥ 安帝永初六年（112），东汉已弃西域，不当设置西域长史。直到元初六年（119），班勇还在建议“又宜遣西域长史将五百人屯楼兰”，可证“汉安帝永初六年拜行西域长史”当为误记，“永初”当作“元初”，索班出屯西域伊吾

曹宗在任期间力图改善敦煌被动局面，遂上奏安帝，命“有文武才，明兵法”的索班任行西域长史，屯兵伊吾。此举既可使伊吾与敦煌形成掎角之势，又能借地近西域之便招揽诸国投效。屯兵伊吾最初收到了一定的效果，引致车师前部与鄯善国归附，但随后北匈奴同西域车师后部联合进犯，击杀索班，迫使车师前王逃走，于是鄯善向敦煌太守曹宗请求援兵。但以敦煌郡的实力不足以反击北匈奴、车师后部联军，故曹宗上书东汉政府请求出兵西域、报仇雪恨。此事激起朝中争论，最终邓太后否决了曹宗的建议，放弃进攻西域、向北匈奴复仇。敦煌太守曹宗在此次东汉政府的争论中仅仅充当了导火索的角色，其出击北匈奴的方案遭到朝中上下一致反对，之后史籍中也再未书其事迹。到延光二年（123），敦煌太守张珰之名出现在《后汉书·西域传》。《后汉纪·孝安皇帝纪》时间记载更详，将“敦煌太守张珰上书陈边事”[①]系于此年（123）正月。考虑官位交割及上任路途所耗时间，则最迟在延光元年（122），曹宗已卸任敦煌太守。曹宗的进攻理念与彼时东汉的国家战略相悖，推测其卸任原因或即与此有关。

张珰

张珰与曹宗任期间隔时间极短，故其有可能就是曹宗的继任者。关于张珰事迹，《后汉书·西域传》记载：

> 其后北虏连与车师入寇河西，朝廷不能禁，议者因欲闭玉门、阳关，以绝其患。
>
> 延光二年，敦煌太守张珰上书陈三策，以为“北虏呼衍王常展转蒲类、秦海之间，专制西域，共为寇钞。今以酒

(接上页）地区，其“行长史”官职正对应索翊的“行西域长史”官职，则索班、索翊当为同一人。

① 《后汉纪》卷一七《孝安皇帝纪下》，第331页。

泉属国吏士二千余人集昆仑塞，先击呼衍王，绝其根本，因发鄯善兵五千人胁车师后部，此上计也。若不能出兵，可置军司马，将士五百人，四郡供其犁牛、谷食，出据柳中，此中计也。如又不能，则宜弃交河城，收鄯善等悉使入塞，此下计也。”朝廷下其议。尚书陈忠上疏曰：“臣闻八蛮之寇，莫甚北虏。汉兴，高祖窘平城之围，太宗屈供奉之耻。故孝武愤怒，深惟久长之计，命遣虎臣，浮河绝漠，穷破虏庭。当斯之役，黔首陨于狼望之北，财币縻于卢山之壑，府库单竭，杼柚空虚，算至舟车，赀及六畜。夫岂不怀，虑久故也。遂开河西四郡，以隔绝南羌，收三十六国，断匈奴右臂。是以单于孤特，鼠窜远藏。至于宣、元之世，遂备蕃臣，关徼不闭，羽檄不行。由此察之，戎狄可以威服，难以化狎。西域内附日久，区区东望扣关者数矣，此其不乐匈奴慕汉之效也。今北虏已破车师，埶必南攻鄯善，弃而不救，则诸国从矣。若然，则虏财贿益增，胆埶益殖，威临南羌，与之交连。如此，河西四郡危矣。河西既危，不得不救，则百倍之役兴，不訾之费发矣。议者但念西域绝远，卹之烦费，不见先世苦心勤劳之意也。方今边境守御之具不精，内郡武卫之备不修，敦煌孤危，远来告急，复不辅助，内无以慰劳吏民，外无以威示百蛮。蹙国减土，经有明诫。臣以为敦煌宜置校尉，案旧增四郡屯兵，以西抚诸国。庶足折冲万里，震怖匈奴。”帝纳之，乃以班勇为西域长史，将弛刑士五百人，西屯柳中。勇遂破平车师。[1]

---

①《后汉书》卷八八《西域传》，第2911—2912页。

张珰出任敦煌太守时间至迟在安帝延光二年（123）正月。又因《后汉书·顺帝纪》记载永建二年（127）六月，敦煌太守张朗与班勇讨焉耆等三国[①]，故张珰卸任时间至迟在永建二年（127）。

由于之前东汉政府否决了曹宗的主动出击匈奴的主张，又拒绝采纳班勇提出的出屯楼兰的计划，仅仅采取了保守防御的策略，致使河西尤其是敦煌郡饱受侵害。此时保守派朝臣再次提出“闭玉门、阳关”，放弃西域。此前班勇已对朝中这种放弃西域的论调进行过驳斥，其论曰：

> 今通西域则虏埶必弱，虏埶弱则为患微矣。孰与归其府藏，续其断臂哉！今置校尉以扞抚西域，设长史以招怀诸国，若弃而不立，则西域望绝。望绝之后，屈就北虏，缘边之郡将受困害，恐河西城门必复有昼闭之儆矣。今不廓开朝廷之德，而拘屯戍之费，若北虏遂炽，岂安边久长之策哉！[②]

班勇乃班超之子，史称其“少有父风”[③]。正因班勇熟悉西域情况，故此前曹宗请东汉政府发兵之时，邓太后特地诏其参与会议。其后东汉政府虽然采纳其说，设置西域副校尉，但布局西域的关键一步——出屯塞外的建议终究遭到搁置。仅置西域副校尉于敦煌，而不设西域长史出屯塞外，并不足以达到“招怀诸国”的目的。北匈奴仍可不受阻碍地经略西域、入侵河西，而无后顾之忧。此后数年，班勇的预言得到应验，东汉群臣大多“拘屯戍

① 《后汉书》卷六《顺帝纪》，第254页。
② 《后汉书》卷四七《班勇传》，第1588页。
③ 《后汉书》卷四七《班勇传》，第1587页。

之费”而缺乏战略眼光，所定策略实非“安边久长之策”。在此情势下若再进一步封闭玉门关、阳关，无异于将西域完全拱手让与匈奴，可谓是资敌之举。正如陈忠所论：“若然，则虏财贿益增，胆執益殖，威临南羌，与之交连。如此，河西四郡危矣……议者但念西域绝远，恤之烦费，不见先世苦心勤劳之意也。”

《后汉纪·孝安皇帝纪下》记载：

> （延光）二年春正月，敦煌太守张珰上书陈边事曰：“臣在京师，亦以为西域宜弃。今亲践其土地，乃知弃西域则河西不能自存。……”①

这条史料虽短，然包含信息颇多。其一，它指出张珰上任时间至迟是在延光二年（123）正月，又从“亲践其土地”来看，张珰已经通过亲身考察对敦煌及西域情况有了大概了解，而这自然需要一定的时间，故其履职时间应在延光元年（122）乃至更早，而张珰为曹宗继任者的可能性大大提高；其二，从“臣在京师”可知，张珰原在京师洛阳供职，后从京官转任地方官；其三，张珰曾为“西域宜弃”的拥护者，在“亲践其土地”后思想发生转变，开始转而主张经略西域。在此基础上推测：张珰任京官时，因主政者大多主张“弃西域”，而张珰为此说的拥护者，所以东汉政府使其取代曹宗为敦煌太守，此举是在为固守敦煌郡、不出屯西域的既定战略选择更适合的执行者。但出人意料的是，张珰到任后逐渐转变了思想，并将自己的御边方略整理为三策呈报给

① 《后汉纪》卷一七《孝安皇帝纪下》，第331页。

了东汉政府。

敦煌太守张珰“上书陈三策”，呼吁东汉政府改变对北匈奴、西域的保守策略。从其上中下三策来看，明显张珰更倾向于发河西、鄯善之兵扫荡匈奴呼衍王部与车师势力，一劳永逸。其次则是班勇提到过的遣兵出屯西域计划，只是张珰认为应屯兵柳中，而非楼兰。柳中更靠近车师后部，遭到北匈奴打击风险更大，显然张珰的中策比班勇意见更为大胆。最后张珰认为即便放弃经略西域也应将鄯善等亲汉势力“悉使入塞”，如此敦煌郡还可借此提升实力，当然在张珰看来此举实为下策。同时，张珰在朝中“议者因欲闭玉门、阳关，以绝其患”的背景下上疏直谏，也是在公开反对此等言论。

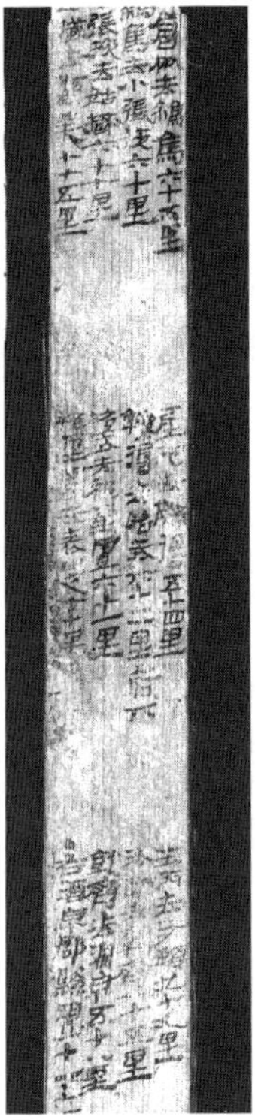

图8-4 悬泉里程简
（Ⅱ 90DXT0214①：130）
（采自甘肃省地方史志编纂委员会编《甘肃省志·文物志》，第1386页）

尚书陈忠对张珰的意见给予了支持，他回顾历史指出了河西、西域对汉朝防备匈奴所发挥的重要作用，并得出“戎狄可以威服，难以化狎”的论断。他认为东汉政府必须支援鄯善，增河西四郡屯兵，尤其“敦煌宜置校尉”。尽管陈忠在具体策略方面提到的比较简略，不如张珰的谋划具体细致，但其从战略角度提出了经略西域、河西的必要性，分析了放弃经略西域对东汉国防可能造成的巨大风险以及连带可能面临的“百倍之役兴，不訾之费发矣”，这与此前班勇的言论颇有相似之处。从张珰、陈忠的言论可见，在河西经历敌寇侵逼数年后，已有更多有识之士开始反思，反对东汉政府采取的保守策略。这是影响东汉政府最终改变对西域战略的重要因素。同时，邓太后去世后安帝亲政，陈忠得到重用，也是此次东汉战略改变的重要背景。

汉安帝采纳了张珰、陈忠的进言，“乃以班勇为西域长史，将弛刑士五百人，西屯柳中。勇遂破平车师。”这标志着东汉政府已摒弃保守防御的战略，转而走出敦煌，积极经略西域。而敦煌太守张珰在此次国家战略决策过程中扮演了极为重要的角色。

张朗

张朗在敦煌太守任上活动的明确时间是在顺帝永建二年（127），与张珰明确在任年份（123）间隔时间较短，故张朗可能是张珰的继任者。关于张朗在敦煌太守任上的事迹，《后汉书·顺帝纪》记载：

> （永建二年六月）西域长史班勇、敦煌太守张朗讨焉者、尉犂、危须三国，破之；并遣子贡献。①

《后汉书·班勇传》记载：

> 是后车师无复虏迹，城郭皆安。唯焉者王元孟未降。二年，勇上请攻元孟，于是遣敦煌太守张朗将河西四郡兵三千人配勇。因发诸国兵四万余人，分骑为两道击之。勇从南道，朗从北道，约期俱至焉者。而朗先有罪，欲徼功自赎，遂先期至爵离关，遣司马将兵前战，首虏二千余人。元孟惧诛，逆遣使乞降，张朗径入焉者受降而还。元孟竟不肯面缚，唯遣子诣阙贡献。朗遂得免诛。勇以后期，征

① 《后汉书》卷六《顺帝纪》，第254页。

下狱，免。[①]

《后汉纪·孝顺皇帝纪上》记载：

> 西域长史班勇请兵击焉耆，汉发河西四郡兵三千人诣勇。燉煌太守张朗有罪，欲以功自赎，即便宜领诸郡兵出塞。初，勇发诸国兵，使龟兹、鄯善自南道入，勇将诸郡兵率车师六国兵自北道入。会张朗徼功，径自尉黎入，焉耆王请降于朗，既而不出。汉兵罢还，焉耆王卒不加诛。汉以两将不和，皆征免，故勇不论。[②]

这三条材料皆是记载敦煌太守张朗随西域长史班勇出征西域之事。第一条材料最简略，后二条记载较详细。综合以上史料来看，当时班勇平定车师六国，驱逐北匈奴呼衍王部，西域诸国“唯焉耆王元孟未降”，故兴此役。至于尉犁（又作“梨”“黎”）、危须二国与焉耆邻近，又常臣属焉耆[③]，亦在汉军征讨之列。

班勇任西域长史的数年之中，战绩斐然，故此次出征仍以班勇为主，以张朗为辅配合作战。班勇率河西诸郡及车师六国军队自北道进攻，张朗率河西及龟兹、鄯善军队自南道进攻。原计划两路大军“约期俱至焉耆”，然张朗为立功赎罪，“先期”出兵，取得“首虏二千余人”的胜利后，焉耆王元孟请降，最终“张朗径入焉耆受降而还”。

---

① 《后汉书》卷四七《班勇传》，第1590页。

② 《后汉纪》卷一八《孝顺皇帝纪上》，第346页。

③ 《后汉书·西域传》“焉耆”条云：“至永元六年，都护班超发诸国兵讨焉

焉耆之战以焉耆等三国投降，“并遣子贡献”收场。《后汉书·西域传》记载：

> 顺帝永建二年，勇复击降焉耆。于是龟兹、疏勒、于阗、莎车等十七国皆来服从，而乌孙、葱岭已西遂绝。①

由此观之，焉耆之战可称得上东汉平定西域的重要战役。此战中敦煌太守张朗为抢功而先行进军，致使班勇及所率军队无功而返。如此一来，平定焉耆之功基本都落在了张朗头上。然此条材料仅称“勇复击降焉耆”，却不载敦煌太守张朗之功。究其原因或是此处漏载，抑或是记史者有意为之。这是因为此战对班勇、张朗人生影响深远，尤其是班勇因“后期”被治罪，先下狱后免职，此后未再起复。造成这一结果并非班勇“后期”，而是张朗抢功“先期”。胡三省抨击此事云：“汉之用刑，不审厥衷，勇免之后，西域事去矣。”②所以部分史料对此事的记载，似在刻意淡化张朗进军所取得的胜利及迫降焉耆的功劳，从而将讨平焉耆之功系于班勇身上，或是借此贬抑张朗在此战中表现出的“小人”行径。

敦煌太守张朗在此次焉耆战役中建功，得以“免诛”，但亦被免职。则张朗虽不知上任年份，然其卸任年份明确是在永建二年（127）平焉耆后。张朗抢功的原因是“有罪”，欲以功自赎。

（接上页）耆、危须、尉黎、山国……延光中，超子勇为西域长史，复讨定诸国。元孟与尉黎、危须不降。”由此可见，尉犁、危须二国与焉耆国立场基本保持一致。又《三国志》裴松之注引《魏略·西戎传》云：“中道西行尉梨国、危须国、山王国皆并属焉耆。”此亦可作为二国长期臣属于焉耆之佐证。

①《后汉书》卷八八《西域传》，第2912页。

②《资治通鉴》卷五一，汉顺帝永建二年，第1698页。

关于其所犯罪行，《续汉书·天文志中》记载：

> 孝顺永建二年二月癸未，太白昼见三十九日。闰月乙酉，太白昼见东南维四十一日。八月乙巳，荧惑入舆鬼。……是时中常侍高梵、张防、将作大匠翟酺、尚书令高堂芝、仆射张敦、尚书尹就、郎姜述、杨凤等，及兖州刺史鲍就、使匈奴中郎将张国、金城太守张笃、敦煌太守张朗，相与交通，漏泄，就、述弃市，梵、防、酺、芝、敦、凤、就、国皆抵罪。①

张朗因勾结串联朝臣而获罪。此次获罪时间恰在永建二年（127），与张朗“有罪”时间吻合。从东汉政府对这些涉事官员的处置来看，除去二人“弃市”外，其他大部分官员也都“抵罪”。《后汉书·翟酺传》记载：

> 顺帝即位，拜光禄大夫，迁将作大匠。损省经用，岁息四五千万。屡因灾异，多所匡正。由是权贵共诬酺及尚书令高堂芝等交通属托，坐减死归家。②

此次因私下串联获罪官员甚多，其中可能也存在翟酺这种被构陷获罪者。但不论如何，这些官员都受到惩处，唯有金城太守张笃、敦煌太守张朗未见“抵罪”。张朗若非立功恐也难逃“弃世”死罪。

另外，从“元孟竟不肯面缚”“既而不出。汉兵罢还，焉耆

① 《续汉书·天文志中》，《后汉书》，第3243页。
② 《后汉书》卷四八《翟酺传》，第1605页。

王卒不加诛”中透露的不满、惋惜的倾向来看，史家认为张朗迫降焉耆是一次并不彻底的胜利，这或许也能体现出当时朝中对此役存在的不满看法。毕竟东汉劳师动众地发动河西四郡及西域诸国数万大军，结果只换来焉耆遣质子入朝，而焉耆、尉犁、危须等三国仍在元孟等三王的掌控中。三王与东汉结怨已深，选择归附汉朝也不过是权宜之计。放任此三王居其旧位显然是东汉政府统治西域的一大隐患。由是在史家笔下，这位敦煌太守张朗可谓是为一己之私而不识大局的代表。从现有史料来看，张朗应是抢功心切，加之其并不擅于处理西域事务，才会使焉耆之事未能得到妥善处理[①]。

徐由

张朗在顺帝永建二年（127）卸任后，紧接着出现的敦煌太守是徐由。关于徐由事迹，《后汉书·西域传》记载：

> 顺帝永建四年，于阗王放前杀拘弥王兴，自立其子为拘

① 《后汉书·西域传》“焉耆”条云：“至永元六年，都护班超发诸国兵讨焉耆、危须、尉黎、山国，遂斩焉耆、尉黎二王首，传送京师，县蛮夷邸。超乃立焉耆左候元孟为王，尉黎、危须、山国皆更立其王。”又《后汉书·班勇传》记载：“（龟兹王）白英乃率姑墨、温宿自缚诣勇降。……（班勇）捕得（车师后部王）军就及匈奴持节使者，将至索班没处斩之，以报其耻，传首京师。永建元年，更立后部故王子加特奴为王。勇又使别校诛斩东且弥王，亦更立其种人为王，于是车师六国悉平。”从这两段记载不难发现，过去班超、班勇父子受投时，都有“自缚”环节，一方面是投降的国王展示其臣服的诚意，另一方面也可借此仪式展现东汉强势，起到震慑不臣的目的。另外对待某些负隅顽抗的西域国王，班超父子多采取斩首示众，“传首京师”，并“更立其王”的举措。这似乎成为处置西域问题的一种惯例，这种方式是为进一步展示汉朝强大，令诸国不敢造次。相比来看，敦煌太守张朗的处理方式太过柔和，使焉耆等三国的“反汉”势力完整保存了下来，这自然不符合东汉利益。

图8-5 旱湖脑遗址[①]
（采自甘肃省地方史志编纂委员会编《甘肃省志·文物志》，第134页）

> 弥王，而遣使者贡献于汉。敦煌太守徐由上求讨之，帝赦于阗罪，令归拘弥国，放前不肯。阳嘉元年，徐由遣疏勒王臣槃发二万人击于阗，破之，斩首数百级，放兵大掠，更立兴宗人成国为拘弥王而还。[②]

《续汉书·天文志中》记载：

> 阳嘉元年闰月戊子，客星气白……是时，敦煌太守徐白使疏勒王盘等兵二万人入于阗界，掳掠斩首三百余级。[③]

“徐白”应为“徐由”之讹误。从此两条材料来看，徐由任敦煌

---

① 位于今瓜州县布隆吉乡双塔村东南旱湖脑城址西南300米。汉代。
② 《后汉书》卷八八《西域传》，第2915页。
③ 《续汉书·天文志中》，《后汉书》，第3244页。

太守可以确定的时段是自永建四年至阳嘉元年（129—132）。自张朗卸任（127）至永建四年（129）不过间隔两年，徐由为张朗继任者可能性很大。上述史料介绍的两个事件皆与西域于阗国有关。一是于阗吞并拘弥，徐由上书请求讨伐于阗，顺帝不许，仅令于阗“归拘弥国”；二是于阗违抗顺帝旨意后，徐由派遣疏勒王臣磐（一作“槃”）等发兵二万出兵讨伐于阗，大胜之后，徐由驱逐拘弥境内的于阗势力，改立成国为拘弥王。从这两事来看，此时期敦煌太守对西域事务拥有相当的话语权。徐由能驱使疏勒王作战，虽应已获得顺帝首肯，但还是能展现出敦煌太守在西域的超然地位。

另外，于阗自吞灭莎车后，“其国转盛。从精绝西北至疏勒十三国皆服从”[①]，后与鄯善成为西域南道并立的两大强国。至于疏勒臣磐，本为疏勒王安国之舅，安国无子，其母当政，立“臣磐同产弟子遗腹为疏勒王”[②]。当时臣磐流落大月氏，听闻疏勒有变，遂借月氏之力夺取王位。臣磐当政时，逢莎车叛于阗，“属疏勒，疏勒以强，故得与龟兹、于阗为敌国焉”[③]。如此，疏勒夺于阗之莎车，一方面增强了实力，另一方面又与于阗成为“敌国”。徐由应是知悉两国交恶内情，故能借疏勒之力，教训于阗。此役不知汉军是否参与，然敦煌太守徐由借助疏勒力量，成功实现了帮助拘弥复国及打击于阗的双重目的，进一步巩固了东汉在西域的统治。

裴岑

敦煌太守裴岑，史不见载。清雍正七年（1729）岳钟琪于巴

---

① 《后汉书》卷八八《西域传》，第2916页。

② 《后汉书》卷八八《西域传》，第2927页。

③ 《后汉书》卷八八《西域传》，第2927页。

尔库尔（今新疆巴里坤哈萨克自治县）发现《裴岑纪功碑》记载了敦煌太守裴岑击败北匈奴呼衍王一事。其文曰：

> 惟汉永和二年八月，敦煌太守云中裴岑将郡兵三千人，诛呼衍王等，斩馘部众，克敌全师。除西域之疢，蠲四郡之害，边竟艾安，振威到此。立海祠以表万世。[①]

这段碑文史料价值颇高，可补传世史籍之不足。按碑文所言，裴岑任敦煌太守最迟是在顺帝永和二年（137），卸任时间不详。碑文记述了云中郡人裴岑在任敦煌太守时，率敦煌郡兵击杀北匈奴呼衍王，大胜敌军之事。

关于裴岑，清咸丰七年（1857）《裴氏世系源流考碑》记载：

> 抚恤六世孙曰遵。东汉敦煌太守，自云中徙居河东安邑。遵曾孙曰岑，世袭敦煌太守。东汉顺帝永和二年，平呼衍王有功，勒碑西域；曰晔，东汉并州刺史，度辽将军，顺帝永建初，定籍闻喜。[②]

裴氏世系还见载于《元和姓纂》[③]《新唐书》[④]《裴氏世牒》[⑤]等

---

① ［清］徐松著，朱玉麒整理《西域水道记（外二种）》，北京：中华书局，2005年，182页。

② 录文参郜三亲《唐代河东裴氏与文学》，博士学位论文，西北大学，2011年，第10—11页；李帅《河东裴氏世系补正与研究——以〈新唐书·宰相世系表〉为中心》，硕士学位论文，山西师范大学，2019年，第71页。

③ ［唐］林宝撰，岑仲勉校记，郁贤皓、陶敏整理，孙望审订《元和姓纂（附四校记）》卷三“裴氏”条，北京：中华书局，1994年，第333页。

④《新唐书》卷七一上《宰相世系表一上》，第2180页。

⑤ ［清］翟凤翥《裴氏世牒》卷一《源流考》，第3页b。

传世古籍，然这些古籍所载世系皆未列裴岑之名。因为《裴氏世系源流考碑》所载世系是清咸丰时期裴氏后人经综合文献资料重新整理所得[①]，且《裴岑纪功碑》是清雍正时期发现的，所以我们推测《裴氏世系源流考碑》很可能是裴氏后人为附会名人就据《裴岑纪功碑》碑文将裴岑增列入河东裴氏世系之中，并增补其事迹。则此碑所载裴岑与裴晔皆是裴遵曾孙的说法不足取，所谓

图8-6 裴岑纪功碑
（采自吴军、刘艳燕《敦煌古代石刻艺术》，兰州：甘肃人民出版社，2015年，第55页）

① 周征松《河东裴氏谱牒知见录》，《文献》1992年第4期，第115—128页。

“世袭敦煌太守”不过是不了解东汉敦煌太守传承致误。当然这并不意味着裴岑与裴遵毫无关联，据《元和姓纂》“裴氏”条记载：“九代孙遵，始自云中从汉光武平陇、蜀，徙居河东安邑。安、顺之际，又徙闻喜。”[①]易知裴遵原籍亦为云中郡，后徙居河东郡安邑县，那么裴岑有可能就是属于裴氏仍留在云中郡的一支。

从裴岑击杀呼衍王的背景来看，呼衍王部是北匈奴一支，常年游牧于蒲类海一带，马雍认为此支匈奴人的主要首领是呼衍王，该部“仍有单于，但单于似倚仗呼衍王”[②]。此前敦煌太守张珰上书时也曾提到呼衍王。因东汉中后期呼衍王部是与汉朝争夺西域控制权的主要对手，故史籍中对其多有记载。远者不论，仅就顺帝朝呼衍王部情况来看。《后汉书·班勇传》记载永建元年（126）：

> 其冬，勇发诸国兵击匈奴呼衍王，呼衍王亡走，其众二万人皆降。捕得单于从兄，勇使加特奴手斩之，以结车师匈奴之隙。北单于自将万余骑入后部，至金且谷，勇使假司马曹俊驰救之。单于引去，俊追斩其贵人骨都侯，于是呼衍王遂徙居枯梧河上。是后车师无复虏迹，城郭皆安。[③]

《后汉书·西域传》又载：

---

① ［唐］林宝撰，岑仲勉校记，郁贤皓、陶敏整理，孙望审订《元和姓纂（附四校记）》卷三“裴氏”条，第333页。

② 马雍《新疆巴里坤、哈密汉唐石刻丛考》，文化部文物局古文献研究室编《出土文献研究》，北京：文物出版社，1985年，第200页。

③《后汉书》卷四七《班勇传》，第1590页。

> （阳嘉）四年春，北匈奴呼衍王率兵侵后部，帝以车师六国接近北虏，为西域蔽扞，乃令敦煌太守发诸国兵，及玉门关候、伊吾司马，合六千三百骑救之，掩击北虏于勒山，汉军不利。秋，呼衍王复将二千人攻后部，破之。[①]

顺帝时的呼衍王部已遭遇过班勇的打击。原本呼衍王部与车师后部结盟，但随着班勇军事的胜利，北匈奴呼衍王势力被迫撤出车师，“徙居枯梧河上”。其后呼衍王也曾反攻车师，汉军救援不利，车师后部遭打击。由此可见，在永和二年（137）之前，呼衍王部对汉朝的西域是一个严重威胁，其与汉军接战也是互有胜负。

综合以上背景，永和二年（137）裴岑发动的作战取得了诛杀呼衍王的空前大胜，故碑文称赞此役“除西域之疢，蠲四郡之害”。此后直到桓帝永嘉元年（151）呼衍王部才再次出现在史籍之中。马雍认为“裴岑的胜利使这个地区保持了十三年的安定”[②]。可见裴岑是一位功勋卓著的敦煌太守。至于其事迹为何不见于《后汉书》，诸说纷纭[③]，尚无定论。

此外，《后汉书·西域传》还记载了一位不知名讳的敦煌太守，其出现的时间是在阳嘉四年（135）。由上，徐由任敦煌太守确定的时段是永建四年至阳嘉元年（129—132），裴岑任敦煌太守确定的年份是永和二年（137）。如此，这位不知名讳的敦煌太守可能是徐由，可能是裴岑，也有可能并非二人，而是夹于二人

① 《后汉书》卷八八《西域传》，第2930页。

② 马雍《新疆巴里坤、哈密汉唐石刻丛考》，第200页。

③ 关于裴岑功绩不彰于史籍，清代学者如钱大昕、王昶，当代学者如马雍、朱玉麒等皆有主张。对此尹雪萍、高健曾著文整理，可参见尹雪萍、高健《〈裴岑碑〉研究综述》，《兰台世界》2015年第27期，第183—184页。

之间的一任敦煌太守。无论其身份如何，其作为敦煌太守领导了阳嘉四年（135）对呼衍王部的作战，并且对“汉军不利”负有一定的责任。

图8-7 楼兰古城东汉墓出土漆器
（采自国家文物局主编《中国考古60年：1949~2009》，北京：文物出版社，2009年，第599页）

马达（司马达）

裴岑为目前已知的顺帝朝最后一任敦煌太守。此后冲帝、质帝时期，传世史籍、出土文献中皆不见有敦煌太守的相关记载。直到桓帝元嘉元年（151），新的敦煌太守才再次出现在史籍中。《后汉书·西域传》“于阗”条记载：

> 元嘉元年，长史赵评在于阗病痈死，评子迎丧，道经拘弥。拘弥王成国与于阗王建素有隙，乃语评子云：“于阗王令胡医持毒药著创中，故致死耳。”评子信之，还入塞，以告敦煌太守马达。明年，以王敬代为长史，达令敬因隐核其事。敬先过拘弥，成国复说云：“于阗国人欲以我为

> 王，今可因此罪诛建，于阗必服矣。”敬贪立功名，且受成国之说，前到于阗，设供具请建，而阴图之。……即前斩建。于阗侯将输僰等遂会兵攻敬。敬持建头上楼宣告曰：“天子使我诛建耳。”于阗侯将遂焚营舍，烧杀吏士，上楼斩敬，悬首于市。输僰欲自立为王，国人杀之，而立建子安国焉。马达闻之，欲将诸郡兵出塞击于阗，桓帝不听，征达还，而以宋亮代为敦煌太守。[1]

《后汉书·西域传》“车师”条记载：

> 桓帝元嘉元年，呼衍王将三千余骑寇伊吾，伊吾司马毛恺遣吏兵五百人于蒲类海东与呼衍王战，悉为所没，呼衍王遂攻伊吾屯城。夏，遣敦煌太守司马达将敦煌、酒泉、张掖属国吏士四千余人救之，出塞至蒲类海，呼衍王闻而引去，汉军无功而还。[2]

敦煌太守马达、司马达之名皆出自《后汉书·西域传》，又皆在元嘉元年（151），应是同一人而名字书写讹误[3]，今暂从“于阗”条下“马达”之名。以上两处史料记载了与敦煌太守马达相关的两个事件，一者是其在进攻呼衍王战役中的表现，一者是其在于阗事件中的表现。

关于伊吾与伊吾司马。《后汉书·西域传》记载顺帝：“（永建）六年，帝以伊吾旧膏腴之地，傍近西域，匈奴资之，以为钞

① 《后汉书》卷八八《西域传》，第2916页。
② 《后汉书》卷八八《西域传》，第2930页。
③ 张德芳《两汉时期的敦煌太守及其任职时间》，第179页。

暴，复令开设屯田如永元时事，置伊吾司马一人。”[1]所谓“永元时事”指的明帝永元年间之事。同传记载：“（永元）十六年，明帝乃命将帅，北征匈奴，取伊吾卢地，置宜禾都尉以屯田，遂通西域。”[2]“伊吾地宜五谷、桑麻、蒲萄。其北又有柳中，皆膏腴之地。故汉常与匈奴争车师、伊吾，以制西域焉。”[3]由此可知伊吾地区战略地位极为关键，所以当东汉夺取伊吾后，史称“遂通西域”。加之伊吾是“膏腴之地”，物产丰富，适宜驻军，故明帝时在此设立“宜禾都尉”，驻兵屯田。章帝时，东汉撤出西域，于是“（建初）二年，复罢屯田伊吾，匈奴因遣兵守伊吾地”[4]。安帝时，西域局势糜烂，敦煌郡屡遭寇侵，敦煌太守曹宗复以伊吾为突破点扭转敦煌被动局面，伊吾屯兵短暂恢复，只是这次尝试不久便在北匈奴与车师后部的联合打击下惨遭失败。顺帝重新掌控西域后，仿效“永元时事”，在伊吾驻兵屯田，设置“伊吾司马”。伊吾司马设置后，曾于阳嘉四年（135）率本部兵跟随敦煌太守救援车师，进攻呼衍王[5]。总之，伊吾既是拱卫敦煌郡之重要屏障，又是打通西域之战略要地。又从伊吾司马随敦煌太守作战来看，其似乎隶属于敦煌太守。因伊吾战略地位重要，故当伊吾司马毛恺与呼衍王作战失利，伊吾屯城被围攻之时，东汉政府就从敦煌、酒泉、张掖属国集结了四千兵马前去救援。此次领军者为敦煌太守马达，一来敦煌位置最近伊吾，二来伊吾司马应隶属敦煌太守，救援伊吾乃其职责所在。

元嘉元年（151）伊吾之战是继永和二年（137）敦煌太守裴

---

① 《后汉书》卷八八《西域传》，第2912页。

② 《后汉书》卷八八《西域传》，第2909页。

③ 《后汉书》卷八八《西域传》，第2914页。

④ 《后汉书》卷八八《西域传》，第2910页。

⑤ 《后汉书》卷八八《西域传》，第2930页。

岑击杀呼衍王后，东汉与北匈奴呼衍王部的又一次较量。呼衍王部蛰伏十余年后卷土重来，击败了伊吾司马毛恺，其后马达领大军出塞救援，呼衍王率众远遁，“汉军无功而还”。其实敦煌太守马达已完成了救援伊吾的战略目标，然大军出塞却未有丝毫斩获，因此对东汉政府而言此次出兵是徒费军资，算不得胜利，故称“无功”。

至于于阗事件，马达参与程度较低，几乎全程扮演了“旁观者”的角色。此次于阗事件以拘弥王成国混淆西域长史赵评死因为导火线展开。永建四年至阳嘉元年（129—132），于阗曾占据拘弥，后敦煌太守徐由遣疏勒发兵进击于阗，方使拘弥复国。所谓“拘弥王成国与于阗王建素有隙”，应指成国怨恨于阗亡国之仇。敦煌太守马达应了解这段过往，故当赵评之子告知拘弥王成国声称赵评是被于阗加害时，马达隐而未发。到元嘉二年（152），新任西域长史王敬上任时，马达命其核验成国揭发赵评死因的真伪，可见马达对成国的揭发是持怀疑态度的，同时也能看出西域长史应受敦煌太守节制。然王敬“贪立功名”，又偏听偏信，不经核查就认定于阗王建害死赵评，并设局杀之。此事引发于阗侯将输僰等群起攻之，王敬为求自保，竟伪称奉汉帝旨意诛建。王敬这种为一己之私而假借天子名号行阴诡之事的做法无疑是在损害汉朝声誉，即便如此其最终也仍难逃一死。当王敬被杀的消息传到敦煌，敦煌太守马达“欲将诸郡兵出塞击于阗”，结果东汉政府不仅不采纳其建议，反而将其征还京师，使宋亮代之。此事似反映出桓帝时期的东汉政府并不愿意在西域大动干戈。

马达因最后上书请击于阗而被征还京师，卸任敦煌太守一职。马达卸任时间是在元嘉元年的“明年”，也即元嘉二年（152）。上任时间不详，明确在任时间是元嘉元年至二年（151—

152）。马达卸任原因与其上书请击于阗有关。考虑到此前马达主导的对呼衍王作战，大动干戈却无功而返，东汉政府不许其再次领兵出征应当有这方面因素影响。

宋亮

桓帝元嘉二年（152），宋亮接替马达出任敦煌太守。关于宋亮在任期间的事迹，《后汉书·西域传》“于阗”条记载：

> 而以宋亮代为敦煌太守。亮到，开募于阗，令自斩输僰。时输僰死已经月，乃断死人头送敦煌，而不言其状。亮后知其诈，而竟不能出兵。于阗恃此遂骄。①

《后汉书·西域传》“车师”条记载：

> 永兴元年，车师后部王阿罗多与戊部候严皓不相得，遂忿戾反畔，攻围汉屯田且固城，杀伤吏士。后部候炭遮领余人畔阿罗多诣汉吏降，阿罗多迫急，将其母妻子从百余骑亡走北匈奴中，敦煌太守宋亮上立后部故王军就质子卑君为后部王。后阿罗多复从匈奴中还，与卑君争国，颇收其国人。②

宋亮就任后，开始处理于阗事件。于阗杀西域长史王敬，挑衅了东汉权威。东汉政府虽不支持马达出兵于阗，但对西域长史被杀之事不会无动于衷。于是，宋亮遣使于阗，令其“自斩输僰”。以输僰为首的“于阗侯将”击杀王敬，宋亮使于阗自行诛杀元

---

① 《后汉书》卷八八《西域传》，第2916页。

② 《后汉书》卷八八《西域传》，第2931页。

凶，既可给汉朝一个交代，也是借此打击于阗的嚣张气焰。然而此前“输僰欲自立为王，国人杀之，而立建子安国焉”[①]。于阗新王安国隐瞒输僰死讯，“乃断死人头送敦煌”，如此于阗不用付出任何代价便轻易满足了敦煌太守宋亮的要求。事后即便宋亮自知受骗，却不好将自己失察之事公之于众，攻击于阗便出师无名。由是，宋亮就任敦煌太守之初便因处事不够谨慎遭到于阗的“戏弄”。

永兴元年（153），宋亮又参与了车师后部之事。自班勇击破车师后部与呼衍王联盟、拥立后部新王之后，车师六国长期臣属汉朝，成为东汉抵御北匈奴呼衍王的重要屏障。直到永兴元年（153），车师后王阿罗多发动反叛，再次投入北匈奴阵营。在此情势下，宋亮上书桓帝拥立卑君为车师后部新王。不久，阿罗多卷土重来，“与卑君争国”，最终东汉政府因担忧阿罗多联合北匈奴进攻西域，故与阿罗多妥协，许其复位，换取其归顺。

《后汉书·西域传》记载：

> 元嘉二年，长史王敬为于阗所没。永兴元年，车师后王复反攻屯营。虽有降首，曾莫惩革，自此浸以疏慢矣。[②]

于阗杀西域长史，车师后王反攻屯营，无疑都是对东汉在西域统治权威的挑衅，然而东汉政府对二国“曾莫惩革”，这两个典型事件反映出的大事化了的处理方式与此前东汉在西域的杀伐果决形成鲜明对比，这会令西域诸国怀疑东汉已不具备掌控西域的实力，由此对东汉日渐轻慢，伴随而来的是汉朝在西域统治的日益

① 《后汉书》卷八八《西域传》，第2916页。
② 《后汉书》卷八八《西域传》，第2912页。

衰弱。此外，在于阗、车师后部二事的处理过程中，敦煌太守宋亮皆是重要的参与者，乃至主持者。尽管西域问题的决策者是东汉中央，策略转变又与国家实力、当权者意志紧密关联，但敦煌太守毋庸置疑也是重要执行者，因此敦煌太守宋亮难以避免地成为东汉统治西域由盛转衰的转折阶段的一个不光彩的角色。

赵袭、赵岐

赵岐原名赵嘉，“字邠卿，京兆长陵人也”[①]。《后汉书·赵岐传》记载：

> 中平元年，四方兵起，诏选故刺史、二千石有文武用者，征岐拜议郎。车骑将军张温西征关中，请补长史，别屯安定。大将军何进举为敦煌太守，行至襄武，岐与新除诸郡太守数人具为贼边章等所执。贼欲胁以为帅，岐诡辞得免，展转还长安。[②]

赵岐被任命为敦煌太守当在张温西征关中事后。《后汉书·张玄传》记载：“中平二年，温以车骑将军出征凉州贼边章等。”[③]则赵岐获得任命是在中平二年（185）或此年之后。又因赵岐是在赴任途中遭到边章虏劫，而中平三年（186）边章死于韩遂之手，故赵岐被任命为敦煌太守在中平二年至三年间（185—186），也即灵帝末年。赵岐虽获任命，然半途遭贼虏劫。从其逃脱后“展转还长安”来看，赵岐最终未能到敦煌赴任。

赵岐的从兄赵袭亦曾任敦煌太守。《后汉书》并未给赵袭立

① 《后汉书》卷六四《赵岐传》，第2121页。
② 《后汉书》卷六四《赵岐传》，第2123页。
③ 《后汉书》卷三六《张玄传》，第1244页。

传，仅在《赵岐传》中对其事迹有所提及：

> 先是中常侍唐衡兄玹为京兆虎牙都尉，郡人以玹进不由德，皆轻侮之。岐及从兄袭又数为贬议，玹深毒恨。延熹元年，玹为京兆尹，岐惧祸及，乃与从子戬逃避之。玹果收岐家属宗亲，陷以重法，尽杀之。[①]

《后汉书》并未记载赵袭任敦煌太守之事。赵袭任敦煌太守之事最早见著于赵岐所撰《三辅决录》，惜其原书已然亡佚，今所见版本为清人张澍辑本[②]。张澍辑本中亦未载赵袭任敦煌太守事，然现存最早引用《三辅决录》的唐初欧阳询所著《艺文类聚》对此有明确记载：

> 赵袭，敦煌太守。先是杜伯度、崔子玉以工草书称于前世，袭与罗晖，亦以能草，颇自矜夸，故张伯英书与袭同郡太仆朱赐书曰：上比崔、杜不足，下方罗、赵有余。[③]

除《艺文类聚》外，还有其他古籍记载赵袭事迹，或引用《三辅决录》所载赵袭事迹，兹列如下：

南朝宋人羊欣《采古来能书人名》记载：

> 罗晖、赵袭，不详何许人，与伯英同时，见称西州，而

---

① 《后汉书》卷六四《赵岐传》，第2122页。

② ［汉］赵岐撰，［清］张澍辑，陈晓捷注《三辅决录》，西安：三秦出版社，2006年。

③ ［唐］欧阳询撰，汪绍楹校《艺文类聚》卷七四《巧艺部·书》，上海：上海古籍出版社，1982年，第1266页。

矜许自与，众颇惑之。伯英与朱宽书，自叙云："上比崔、杜不足，下方罗、赵有余。"①

唐人李贤等注《后汉书》引《三辅决录》记载：

袭字元嗣。先是杜伯度、崔子玉以工草书称于前代，袭与罗晖拙书，见蚩于张伯英。英颇自矜高，与朱赐书云"上比崔、杜不足，下方罗、赵有余"。②

唐人张怀瓘《书断》记载：

赵袭，字元嗣，京兆长安人。为敦煌太守。与罗晖并以能草，见重关西。而矜巧自与，众颇惑之。与张芝素相亲善。灵帝时卒。③

北宋李昉《太平御览》引《三辅决录》记载：

赵袭字元嗣，为敦煌太守。先是杜伯度、崔子玉以工草称于前世，袭与罗晖亦能草，颇自矜夸，故张伯英书与袭同郡太仆朱赐书曰：上比崔、杜不足，下方罗、常（赵）有余。④

---

①［南朝宋］羊欣《采古来能书人名》，上海书画出版社等选编、校点《历代书法论文选》，上海：上海书画出版社，1979年，第46页。

②《后汉书》卷六四《赵岐传》，第2122—2123页。

③［唐］张怀瓘撰，邵军校注《书断》卷下《能品》，太原：山西教育出版社，2018年，第104页。

④［宋］李昉等编《太平御览》卷七四九《工艺部六·草书》，北京：中华书局，1960年，第3324页。

这些史料主要反映的是赵袭“书法家”的身份及相关逸闻。事实上正因这层身份，赵袭的事迹才能在正史之外被屡屡传抄记载。通过这些记载可知，赵袭是京兆郡长安县人，因擅长草书，“见重关西”。关于赵袭卒年，一说约卒于桓帝延熹元年（158），一说卒于汉灵帝时[①]。其实《书断》明确记载了赵袭“灵帝时卒”，另一种说法是根据《后汉书·赵岐传》记载延熹元年（158）唐玹任京兆尹后，“收岐家属宗亲，陷以重法，尽杀之。”赵岐、赵袭皆与唐玹结怨，赵袭可能也在被害之列。但《后汉书》李贤等注引《三辅决录》称：“岐长兄磐，州都官从事，早亡。次兄无忌，字世卿，部河东从事，为玹所杀。”[②]未载赵袭被害。由此观之，赵袭很可能同赵岐一样逃过一劫，到灵帝时期（167—189）方才离世。

赵袭卒年关系到其出任敦煌太守的时间，既然赵袭卒于灵帝时期，那么其任敦煌太守当在灵帝时期或更早。另外，通过考察《后汉书·赵岐传》记载的赵岐仕宦履历可知，赵岐“年九十余，建安六年卒”[③]，建安六年即公元201年，上溯九十年，是为公元111年（安帝永初五年）。赵岐出生年份当在此年或更早。赵岐“年三十余，有重疾，卧蓐七年”，病愈后超过三十七岁。桓帝“永兴二年，辟司空掾”[④]，则永兴二年（154）赵岐出仕时已四十三岁或更大。到其被任命为敦煌太守的中平二年至三年（185—186），又过去三十一至三十二年，这意味着赵岐被任命为敦煌太守时其年纪至少七十四岁或更大。赵袭为赵岐从兄，年纪

① 梁披云主编《中国书法大辞典》，香港：香港书谱出版社；广州：广东人民出版社，1987年，第267页。

②《后汉书》卷六四《赵岐传》，第2123页

③《后汉书》卷六四《赵岐传》，第2124页。

④《后汉书》卷六四《赵岐传》，第2121—2122页。

更大，若在赵岐之后出任敦煌太守也不会低于这个岁数，如此高龄出任敦煌太守的可能性极小。何况赵袭卒于灵帝时期，而赵岐被任命为敦煌太守已至灵帝末年，彼时赵袭很可能已经去世。赵岐会以如此高龄出任敦煌太守另有情由，其在桓帝延熹九年（166）之后至灵帝初年这一时期，已“擢拜并州刺史”[①]，只因“灵帝初，复遭党锢十余年”[②]，故再获起用时年岁偏高。这意味着赵岐从出仕到出任并州刺史，只用了十余年，其出任并州刺史至少超过五十五岁。再考虑到赵袭因擅长草书而“颇自矜夸”，“见重关西”，这种叙述倾向于形容青年才俊，如此赵岐从兄赵袭很可能成名更早、出仕更早。那么赵袭出任敦煌太守应当比其从弟赵岐出任并州刺史时间更为靠前。即赵袭出任敦煌太守应当不会晚于灵帝初年。到延熹九年（166）作为赵岐从兄的赵袭也至少五十五岁或更大，在此之后出任敦煌太守年龄方面也基本合适。综合以上因素来看，赵袭出任敦煌太守的时间当在赵岐之前。

据《后汉书·赵岐传》进一步考察赵岐于桓帝末年重新任官，并升任并州刺史的这段经历来看，赵岐“后诸唐死灭，因赦乃出。三府闻之，同时并辟。九年，乃应司徒胡广之命”[③]。诸唐指桓帝时的中常侍唐衡及其诸兄、弟。《后汉书·宦者列传》记载：“（延熹）七年，衡卒。”[④]八年（165），“超及瑝、衡袭封者，并降为侯，租入岁皆三百万，子弟分封者，悉夺爵土。”[⑤]也即到诸唐败落后，赵岐出来重新任官。《三国志》裴松之注引

---

① 《后汉书》卷六四《赵岐传》，第2123页。
② 《后汉书》卷六四《赵岐传》，第2123页。
③ 《后汉书》卷六四《赵岐传》，第3123页。
④ 《后汉书》卷七八《宦者传》，第2522页。
⑤ 《后汉书》卷七八《宦者传》，第2522页。

《魏略·勇侠传》“孙宾硕”条亦载：“后数岁，唐衡及弟皆死。岐乃得出，还本郡。三府并辟，辗转仕进，至郡守、刺史、太仆。”[①]可知赵岐在任并州刺史前也有过出任郡守的经历。由此推测赵袭应当也是在延熹九年（166）左右摆脱亡匿生活，重新任官。赵岐能在“诸唐死灭”后的桓帝末至灵帝初数年中官运亨通直至升任并州刺史，作为其从兄的赵袭即便有所不如，也当不会相差太多，则由此可进一步将赵袭出任敦煌太守的时间推定在桓帝延熹九年（166）至灵帝初这一阶段。目前所见赵袭仕宦经历仅有敦煌太守一项，联系赵岐遭受党锢之祸，闲置十余年，则年龄更大赵袭这很可能是在党锢之祸中去世，因此最高官职止步于敦煌太守，也可能在党锢之前的灵帝初年就已去世。

赵袭、赵岐兄弟先后出任敦煌太守，尤其赵岐数起数落身居高位，也得益于其家族势力。《三国志》裴松之注引《魏略·勇侠传》“孙宾硕”条记载赵息为京兆功曹数次刁难时任京兆虎牙都尉的唐衡之弟[②]，又称：

> 息自知前过，乃逃走。时息从父仲台，见为凉州刺史，于是衡为诏征仲台，遣归。遂诏中都官及郡部督邮，捕诸赵尺儿以上，及仲台皆杀之……时息从父岐为皮氏长，闻有家祸，因从官舍逃。[③]

《魏略·勇侠传》所载功曹赵息刁难唐衡之弟使家族蒙难之事与《后汉书·赵岐传》所载功曹赵岐及其从兄赵袭贬议唐衡之兄唐

① ［晋］陈寿著，［南朝宋］裴松之注《三国志》卷一八《魏书·阎温传》，北京：中华书局，1982年，第552页。

② 《后汉书·赵岐传》作唐衡兄唐玹。

③ 《三国志》卷一八《魏书·阎温传》，第552页。

玹使家族蒙难之事如出一辙。有所区别的是《魏略·勇侠传》称担任功曹的是赵息，惹祸者仅赵息一人；《后汉书·赵岐传》称担任功曹的是赵岐，惹祸者有赵岐、赵袭二人，且《魏略·勇侠传》相对记载更详。显然这是同一件事在流传过程中出现了不同的版本，如此赵息与赵袭应是一人。那么得罪诸唐的主要就是赵袭（息），至于"从父岐"应是"从弟岐"之误。赵袭、赵岐所在的京兆赵氏当时有赵仲台担任凉州刺史，赵袭、赵岐及诸兄弟亦在州郡任职，称得上地方望族。这是赵袭、赵岐能够出任敦煌太守的家族背景。另外，赵袭出任敦煌太守或与其"能草"有关，"能草"为其积攒了名望，使其仕途更加顺利，得以出任敦煌太守。赵袭与"草圣"张芝（字伯英）有所交集。张芝其父张

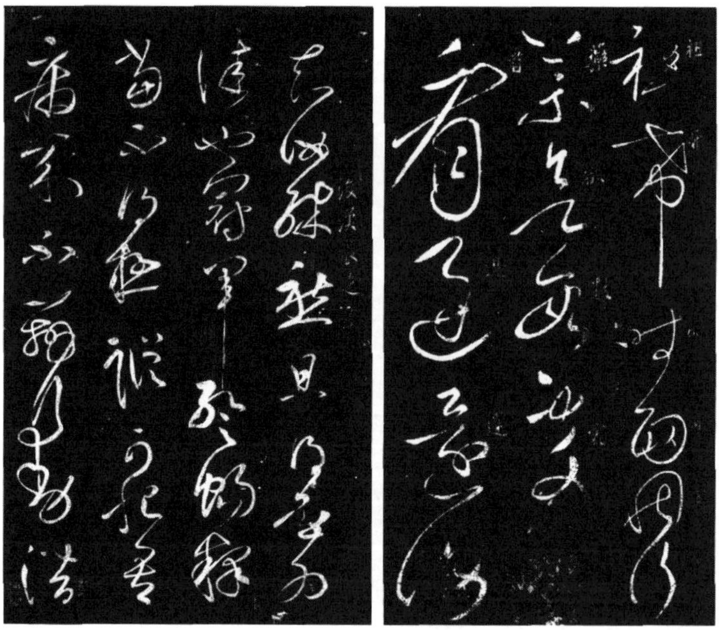

图8-8 张芝《冠军帖》
（宋拓《大观帖》，故宫博物院藏）

奂为“敦煌渊泉人”[①]，则张芝籍贯为敦煌郡渊泉县。因此赵袭能够与张芝产生交集，除二人皆研习草书外，还可能与敦煌郡这一地域纽带有关。

赵咨

敦煌太守赵咨，见载于《后汉书·赵咨传》：

> 赵咨字文楚，东郡燕人也。父畅，为博士。咨少孤，有孝行，州郡召举孝廉，并不就。
>
> 延熹元年，大司农陈奇举咨至孝有道，仍迁博士。灵帝初，太傅陈蕃、大将军窦武为宦者所诛，咨乃谢病去。太尉杨赐特辟，使饰巾出入，请与讲议。举高第，累迁敦煌太守。以病免还，躬率子孙耕农为养。[②]

赵咨出任敦煌太守的时间，应在太尉杨赐“请与讲议”之后。《后汉书·灵帝纪》记载光和五年（182）“太常杨赐为太尉”[③]，中平元年（184）“夏四月，太尉杨赐免”[④]。即杨赐任太尉时间是光和五年至中平元年（182—184），又考虑赵咨“举高第，累迁敦煌太守”亦须数年，则赵咨出任敦煌太守大概在中平元年（184）以后数年，应当在赵岐之后。

《后汉书》记载了赵咨较为完整的生平，当然他是作为道德楷模得以立传，而非敦煌太守身份。《后汉书·赵咨传》对其敦煌太守任上的事迹，仅有“道经荥阳，令敦煌曹暠，咨之故孝廉

---

①《后汉书》卷六五《张奂传》，第2138页。

②《后汉书》卷三九《赵咨传》，第1313页。

③《后汉书》卷八《灵帝纪》，第347页。

④《后汉书》卷八《灵帝纪》，第348页。

也”[①]这一条记载。说明荥阳令曹暠乃是赵咨在敦煌太守任上所举孝廉。

图8-9 二十里大墩[②]
（采自甘肃省地方史志编纂委员会编《甘肃省志·文物志》，第327页）

马艾

《三国志·魏书·阎温传》记载：

> 先是，河右扰乱，隔绝不通，燉煌太守马艾卒官，府又无丞。功曹张恭素有学行，郡人推行长史事，恩信甚著，乃遣子就东诣太祖，请太守。[③]

马艾是在“河右扰乱，隔绝不通”前东汉政府所任命的最后一任

① 《后汉书》卷三九《赵咨传》，第1314页。
② 位于今敦煌市阳关镇二墩村西北。
③ 《三国志》卷一八《魏书·阎温传》，北京：中华书局，1982年，第550页。

太守。当时中央式微，无力控制地方，于是马艾死于任上后，敦煌太守之位长期空缺。

《三国志·魏书·仓慈传》记载："太和中，迁敦煌太守。郡在西陲，以丧乱隔绝，旷无太守二十岁……前太守尹奉等，循故而已，无所匡革。"[①]该传文所载"旷无太守二十岁"应是尹奉任敦煌太守之前的背景，这与张恭以长史代掌敦煌之事也相吻合。既然尹奉之前敦煌已有二十年没有太守，那么尹奉就任敦煌太守的时间，再向前追溯二十年便应是马艾卒于任上的大致时间。

关于尹奉就任时间。《三国志·魏书·阎温传》记载张恭：

> 乃遣子就东诣太祖，请太守。时酒泉黄华、张掖张进各据其郡，欲与恭并势。……恭即遣从弟华攻酒泉沙头、乾齐二县。恭又连兵寻继华后，以为首尾之援。别遣铁骑二百，迎吏官属，东缘酒泉北塞，径出张掖北河，逢迎太守尹奉。于是张进须黄华之助；华欲救进，西顾恭兵，恐急击其后，遂诣金城太守苏则降。就竟平安。奉得之官。[②]

可见尹奉上任是在河西黄华、张进叛乱平定后不久。《三国志·魏书·文帝纪》记载延康元年（220）五月："酒泉黄华、张掖张进等各执太守以叛。金城太守苏则讨进，斩之。华降。"[③]则尹奉就任时间当在延康元年（220）。以此年为基准上溯二十年，即为公元200年。如《三国志》所载敦煌太守空缺时间无误，则马艾

---

① 《三国志》卷一六《魏书·仓慈传》，第512页。
② 《三国志》卷一八《魏书·阎温传》，第550—551页。
③ 《三国志》卷二《魏书·文帝纪》，第59页。

大概于汉献帝建安五年（200年）前后卒于任上，其任敦煌太守的时段大概在汉献帝早期。敦煌文献S.1889《敦煌氾氏人物传》记载：

> 氾孚，字仲夏，蜀郡太守吉之孙。通经笃行，州辟为从事。太守马艾甚重之，征为州辟司空，屡辞不起。孚志节尤高，耽道乐业，州累辟命，司空曹公察孝廉，皆不就。[①]

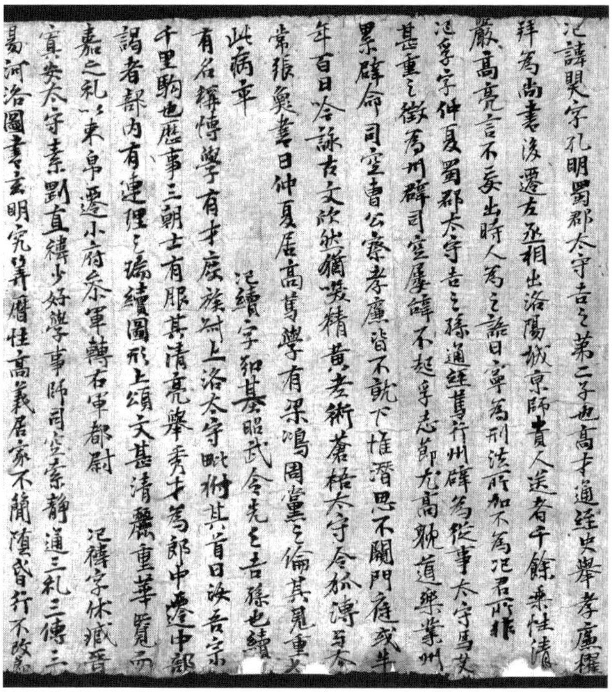
氾[illegible]字孔明蜀郡太守吉之第二子也高才通經史舉孝廉擢
拜為尚書後遷左丞相出洛陽城京師貴人送者千餘乘性清
嚴高亮言不妄出時人為之語曰寧為刑法所加不為氾君所非
氾孚字仲夏蜀郡太守吉之孫通經篤行州辟為從事太守馬艾
甚重之徵為州辟司空屢辟不起孚志節尤高耽道樂業州
累辟命司空曹公察孝廉皆不就下帷潛思不闚門庭或半
年百日吟詠古文欣然猶[illegible]精黃老術蒼梧太守令狐溥与太
常張奐善曰仲夏居高篤學有梁鴻周黨之倫其見重[illegible]
此病卒 氾績字知基昭武令先之吉孫也績
有名稱博學有才庶族為上洛太守[illegible]附其首曰汝吾宗
千里駒也歷事三朝士有服其清亮舉秀才為郎中遷中郎
謁者郡內有連理之瑞績圖形上頌文甚清麗重華覽而
嘉之礼以束帛遷小府參軍轉右軍都尉 氾禕字休臧晉
真安太守素剛直禕少好學事師司空索靖通三礼三傳三
易河洛圖書玄明究算曆性高義居家不簡[illegible]皆行不改[illegible]

图8-10 S.1889《敦煌氾氏人物传》

① 图版参中国社会科学院历史研究所等编《英藏敦煌文献（汉文佛经以外部分）》第3卷，成都：四川人民出版社，1990年，第168页；录文参郑炳林《敦煌地理文书汇辑校注》，第121页。

文献中的“太守马艾”“司空曹公”分别指敦煌太守马艾与司空曹操。马艾、曹操征召氾孚为官的时间应当接近。《三国志·魏书·武帝纪》记载汉献帝建安元年（196）十月：“天子拜公司空，行车骑将军。”[①]“十三年春正月……汉罢三公官，置丞相、御史大夫。夏六月，以公为丞相。”[②]则曹操任司空的时段是在建安元年（196）十月至十三年（208）六月。“太守马艾”与“司空曹公”出现在接近的时间，也能进一步佐证敦煌太守马艾任职时段大致就在曹操任司空的建安前期。同时，S.1889《敦煌氾氏人物传》还记载敦煌氾氏：“河〔和〕平元年，自济北卢县徙居敦煌。代代相生，遂为敦煌望族，孝廉纪世，声誉有闻。”[③]通过马艾看重氾孚一事还可以在一定程度上反映出东汉末年的敦煌太守与敦煌大族之间“相互依仗”的相处模式。

“河右扰乱，隔绝不通”是造成马艾死后敦煌二十年未有太守的背景。因从中平元年（184）“湟中义从胡北宫伯玉与先零羌叛，以金城人边章、韩遂为军师，攻杀护羌校尉伶征、金城太守陈懿”[④]开始，河陇地区逐渐陷入诸将割据的局面。建安五年（200）时，曹操已掌控东汉政府，然其势力不能越过关中。到曹操平定关中、汉中、陇右后，东汉政府仍旧采取“坐观其弊”策略，并未急于改变河西局面。直到延康元年（220）曹丕即魏王位，才开始向河西派遣太守。正是在这种背景下，张恭得以凭借长史身份主持敦煌事务二十年。

---

① 《三国志》卷一《魏书·武帝纪》，第14页。
② 《三国志》卷一《魏书·武帝纪》，第30页。
③ 图版参中国社会科学院历史研究所等编《英藏敦煌文献（汉文佛经以外部分）》第3卷，第168页；录文参郑炳林《敦煌地理文书汇辑校注》，第120页。
④ 《后汉书》卷八《灵帝纪》，第350页。

张恭（行长史事）

张恭不曾担任敦煌太守一职，《三国志·魏书·阎温传》记载：

> 燉煌太守马艾卒官，府又无丞。功曹张恭素有学行，郡人推行长史事，恩信甚著，乃遣子就东诣太祖，请太守。时酒泉黄华、张掖张进各据其郡，欲与恭并势。就至酒泉，为华所拘执，劫以白刃。就终不回，私与恭疏曰："大人率厉燉煌，忠义显然，岂以就在困厄之中而替之哉?昔乐羊食子，李通覆家，经国之臣，宁怀妻孥邪?今大军垂至，但当促兵以掎之耳；愿不以下流之爱，使就有恨于黄壤也。"恭即遣从弟华攻酒泉沙头、乾齐二县。恭又连兵寻继华后，以为首尾之援。别遣铁骑二百，迎吏官属，东缘酒泉北塞，径出张掖北河，逢迎太守尹奉。于是张进须黄华之助；华欲救进，西顾恭兵，恐急击其后，遂诣金城太守苏则降。就竟平安。奉得之官。[①]

马艾死后，在中央衰微、东道隔绝的情势下，张恭被郡人推举，以代理长史[②]的身份统御敦煌郡。《三国志·魏书·仓慈传》称敦

---

① 《三国志》卷一八《魏书·阎温传》，第550—551页。

② 《汉书·百官公卿表上》记载："有丞，边郡又有长史，掌兵马，秩皆六百石。"《续汉书·百官志五》记载："每郡置太守一人，二千石，丞一人。郡当边戍者，丞为长史。"《续汉书》注引《古今注》云："建武六年三月，令郡太守、诸侯相病，丞、长史行事。十四年，罢边郡太守丞，长史领丞职。"由此来看，自东汉建武十四年后，敦煌等边郡太守之下开始不设郡丞，以原本"掌兵马"的长史兼领郡丞职责。且太守不能正常履职的情况下，以长史代行其事在东汉初年已成为惯例。东汉末年，在敦煌太守缺位的情况下，以张恭代理长史，事实上也是遵循旧例使其以长史身份暂摄太守之职。

煌郡“旷无太守二十岁”[①]即指张恭主政时期，其主政敦煌时段约在建安五年至延康元年（约200—220）。

张恭在曹操在世时就遣子张就入朝“请太守”，张就途经酒泉为黄华所擒，于是“请太守”之事作罢。张就在被扣留酒泉期间仍暗中传递消息回敦煌，劝张恭向曹丕投诚。从“今大军垂至，但当促兵以掎之耳”及张恭收到张就消息后立刻出兵奉迎太守来看，当时酒泉黄华、张掖张进等已公然反叛，苏则也已出兵平叛[②]。否则若苏则大军未发，张恭当不会冒险以敦煌一郡之力对抗酒泉、张掖二郡之兵。张就时在酒泉，应是得悉苏则发兵平叛的消息，才催促其父张恭出兵配合平叛，抓住投效曹丕的最佳时机。此时敦煌出兵与苏则军合力，可对酒泉、张掖二郡形成夹击之势，最终张恭听从张就建议出兵果得建功。至于张就，先前为黄华“所执”，在张掖张进、西平麴演先后兵败后，“华惧，出所执乞降”[③]。张就由此也得以活命。

《三国志·魏书·仓慈传》记载：

> 太和中，迁燉煌太守。郡在西陲，以丧乱隔绝，旷无太

---

① 《三国志》卷一六《魏书·仓慈传》，第512页。

② 《三国志·魏书·苏则传》云：“后演复结旁郡为乱，张掖张进执太守杜通，酒泉黄华不受太守辛机，进、华皆自称太守以应之。又武威三种胡并寇钞，道路断绝。武威太守毌丘兴告急于则。时雍、凉诸豪皆驱略羌胡以从进等，郡人咸以为进不可当。又将军郝昭、魏平先是各屯守金城，亦受诏不得西度。……于是昭等从之，乃发兵救武威，降其三种胡，与兴击进于张掖。……则遂与诸军围张掖，破之，斩进及其支党，众皆降。演军败，华惧，出所执乞降，河西平。乃还金城。”可知苏则、张恭在河西平叛中皆有贡献，因《三国志》二人本传各记本人事迹，故在考察平定黄华、张进河西叛乱事时须至少同时参考二人事迹。由此方可得知黄华、张进是在东（苏则、毌丘兴等）、西（张恭）夹攻的情势下败亡。

③ 《三国志》卷一六《魏书·苏则传》，第492页。

> 守二十岁，大姓雄张，遂以为俗。前太守尹奉等，循故而已，无所匡革。[①]

尹奉到任前，属于张恭统治敦煌的二十年，敦煌“大姓”趁机发展，至曹魏初年此地“大姓雄张”已然习以为俗。张恭所属张氏正是敦煌“大姓”，同时他也凭借这些“大姓”统御敦煌。无论初衷如何，“大姓”做大势必影响地方行政。但由于张恭并无太守之名义，仅能依靠“大姓”支持，加之自身行事有方，“恩信甚著”才得以维系其在敦煌二十年的统治。从主持迎奉太守尹奉，发动对酒泉、张掖战事来看，张恭至少还能掌控敦煌军事大权。至于张恭平时治政受到“大姓”牵制及其率郡归附曹氏掌控下的东汉政府皆归入“尹奉”部分一并讨论。

尹奉

尹奉，天水郡（即汉阳郡）人，曾与杨阜等一道起兵讨伐马超[②]。尹奉赴任敦煌太守是在延康元年（220），不久曹魏代汉，故尹奉既是东汉最后一位敦煌太守，又是曹魏第一位敦煌太守。

韩遂、张鲁败亡后，曹操的势力已抵达河西东部的金城、武威一带。尤其是苏则出任金城太守后，通过一系列的施政措施增加了金城郡人口，稳定了此地的局势，又接连在陇西、西平取得

---

① 《三国志》卷一六《魏书·仓慈传》，第512页。

② 《三国志·魏书·武帝纪》云：“（建安）十九年春正月，始耕籍田。南安赵衢、汉阳尹奉等讨超，枭其妻子，超奔汉中。”《三国志·魏书·杨阜传》云：“计定，（杨阜）外与乡人姜隐、赵昂、尹奉、姚琼、孔信、武都人李俊、王零结谋，定讨超约。”同传裴松之注引《魏略》云：“阜少与同郡尹奉、次曾、赵昂、伟章俱发名。”同传裴松之注又引皇甫谧《列女传》云：“因敕叙与阜参议，许诺，分人使语乡里尹奉、赵昂及安定梁宽等，令叙先举兵叛超，……约誓以定，叙遂进兵入卤，昂、奉守祁山。”由此观之，杨阜、尹奉俱为天水人，又在平定马超之役中建功。

军事胜利，这对河西重归中央政府具有积极的促进意义。《三国志》裴松之注引《魏名臣奏》记载：

> 试守金城太守苏则，既有绥民平夷之功，闻又出军西定湟中，为河西作声势，吾甚嘉之。[①]

这条史料出自曹丕与张既的对话，可见在当时东汉实际统治者曹丕的认识中，金城太守苏则在金城、陇西、西平一带的表现可“为河西作声势”，使之更加顺利地归附中央政府。正是在此形势下，敦煌长史张恭才选择向东汉政府请求派遣敦煌太守，后因张就“请太守”途中被酒泉扣留，未能成行。但此举既表明了敦煌投附曹氏之意，同时又公开拒绝了与酒泉、张掖二郡联合，足以表明归顺之诚意。随着张恭举兵东进，酒泉、张掖二郡陷入两线作战境地，黄华、张进“遂诣金城太守苏则降”[②]。如此，河西在经历长期割据混乱后，重新归于东汉中央管辖。这既是尹奉出任敦煌太守的背景，亦是张恭选择归顺东汉政府的经过。

《三国志·魏书·仓慈传》记载：

> 郡在西陲，以丧乱隔绝，旷无太守二十岁，大姓雄张，遂以为俗。前太守尹奉等，循故而已，无所匡革。慈到，抑挫权右，抚恤贫羸，甚得其理。旧大族田地有余，而小民无立锥之土；慈皆随口割赋，稍稍使毕其本直。先是属城狱讼众猥，县不能决，多集治下；慈躬往省阅……又常日西域杂胡欲来贡献，而诸豪族多逆断绝；既与贸迁，欺诈

① 《三国志》卷一六《魏书·苏则传》，第491页。
② 《三国志》卷一八《魏书·阎温传》，第551页。

侮易，多不得分明。胡常怨望，慈皆劳之。[①]

这段记载表明尹奉是一位“守成”的太守，他对张恭时期所形成“大姓雄张”局面仅仅“循故而已”。除尹奉本人因素外，其在任时的河西局势也是造成其施政保守的重要原因。彼时敦煌、河西新附，尹奉若施政雷厉风行，势必要拿“大姓”开刀。在“大姓雄张”的形势下，尹奉一旦处置失当，敦煌“大姓”难免不会反叛。果真如此，造成敦煌一郡动荡事小，若引发连锁反应，可能致使河西形势重新恶化[②]。到仓慈任敦煌太守时，代汉而立的曹魏政权已经稳固了河西局势，这成为仓慈在敦煌改革的坚实基础。至于张恭、尹奉在任期间敦煌的情况，基本等同于仓慈改革之前敦煌的情况，即：一、大族土地兼并严重，致使“小民无立锥之土”；二、治下诸县诉讼案件积压，出现“县不能决，多集治下”情况[③]；三、与西域交往方面，敦煌大族既阻扰使团朝贡，又破坏贸易秩序，致使西域杂胡常怀“怨望”。

尹奉任敦煌太守时，因循守旧，对敦煌郡存在的诸多问题并未有所“匡革”。而且尹奉赴任不久，手握大权的魏王曹丕便代汉建魏，作为东汉最后一任敦煌太守的尹奉便顺理成章成为曹魏政权的首位敦煌太守。

---

① 《三国志》卷一八《魏书·仓慈传》，第512页。

② 《三国志·魏书·张既传》记载：“凉州卢水胡伊健妓妾、治元多等反，河西大扰。”又，《三国志·魏书·文帝纪》裴松之注引《魏书》云：“（黄初二年）十一月辛未，镇西将军曹真命众将及州郡兵讨破叛胡治元多、卢水、封赏等，斩首五万余级……河西遂平。”可见延康元年（220）五月河西黄华、张进被平定后，河西的局势仍然存在动荡的隐患。

③ 诸县不能判决案件背后或有大族干涉。

赵子仁

另外，通过检索碑刻资料发现，赵子仁曾担任敦煌太守。《赵宽碑》记载：

三老讳宽，字伯然，金城浩亹人也。其先盖出自少皓

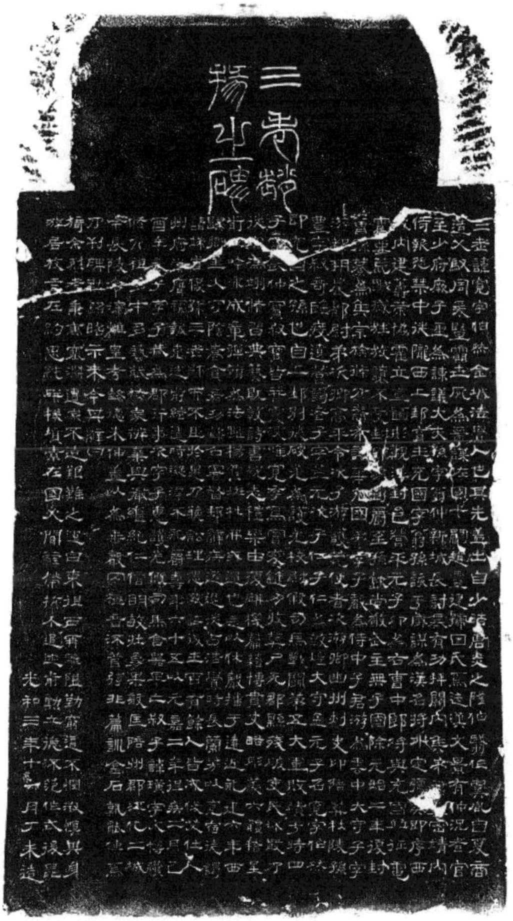

图8-11　赵宽碑

（采自雷生忠《汉三老赵宽碑》，兰州：甘肃人民出版社，2010年，第2页）

> ……育生充国，字翁孙，该于威谋，为汉名将。外定强[夷]，即序西戎；内建筹策，协霍立宣。图形观口，封邑营平。元子卬，为右曹中郎将，与充国并征……卬陪葬杜陵，孙丰，字叔奇，监度辽营谒者。子字孟元，次子仁，子仁为敦煌太守。[①]

碑主赵宽是赵孟元之子，敦煌太守赵子仁之侄。敦煌太守赵子仁籍贯为金城郡浩亹县，事迹不详。以碑文内容来看，“子仁”应当是其字，其名不知。关于赵子仁出任敦煌太守的时间，可作大致推定。赵宽死于元嘉二年（152），终年六十五岁，则其出生年份约在公元88年（章帝章和二年），又据《赵宽碑》记载赵孟元“四子孟长、仲宝、叔宝皆并覆没，唯宽存焉”[②]，可知赵宽上有三兄。如此，若赵子仁与赵孟元年龄相仿，则赵宽出生时，赵子仁恐不下二十岁。若赵子仁与赵孟元兄弟年龄相差悬殊，则赵子仁与赵宽年岁相仿，甚至比赵宽年纪更小也是存在这种可能的。当然这种可能性不大。在没有其他佐证的情况下，不妨以赵宽出生的大致年份章帝章和二年（88）为基准，此时赵子仁的年龄大致在零岁至三十岁这一范畴。之后还须推算其成长、出仕直到官拜敦煌太守的时间。

顺帝阳嘉元年（132），左雄进言提出“请自今孝廉年不满四十，不得察举”[③]，东汉政府后即以四十岁为选官年限。到阳嘉元年（132）赵子仁应当已经超过四十岁，且很可能在这一规定出台之前就已出仕任官，但仍可以将四十岁作为东汉人出仕为官

① 毛远明《汉魏六朝碑刻校注》第2册，北京：线装书局，2008年，第20页。
② 毛远明《汉魏六朝碑刻校注》第2册，第20页。
③《后汉书》卷六一《左雄传》，第2020页。

年龄的一个参考。赵子仁是西汉名将赵充国的后裔，尽管到赵子仁时，赵氏已不复当初之显贵，但仍代代为官，不失为一方望族。如此其在四十岁前任官的可能性还是很大的，但若要做到敦煌太守这样的高位，一般还是需要十数年。此处还可参考赵岐仕宦经历，赵岐出仕时年龄在四十三岁左右，从其出仕到当上郡守也经历了十余年。那么若从出生算起，赵子仁若要当上敦煌太守很可能需要四十年，甚至五六十年的时间。由此相加推算，赵子仁出任敦煌太守的大致时间可能在公元99—147年这样一个时间范畴，即约在1世纪末至2世纪中叶的某个时段。这一推算未必完全正确，但已设定了比较大的浮动空间，应当误差不大。至此，至少能够说明赵子仁出任敦煌太守的时间当属东汉中期。

经统计，东汉敦煌太守（含长史张恭）姓名可考者共计17人。但由于资料匮乏，这些已知的敦煌太守多难确定其准确任期，只能进行大致推定。《后汉书》《后汉纪》对东汉敦煌太守的记载多集中在内地与西域交往方面，或反映敦煌太守对西域所持之策略，或反映敦煌太守参与对西域之作战[①]。对敦煌太守的记载有这方面偏重，与敦煌郡紧靠西域的地理位置有关，也与敦煌太守对西域事务负有职责有关。正因汉、匈奴、西域诸国的多方博弈与东汉西北边塞安危息息相关，史官记史时才会对西域之事多有着墨，至于敦煌太守不过是作为西域主题下的参与因素之一才得以被史官记载。若非如此，史籍中关于东汉敦煌太守的记载只会更少。另外，由于王朝末年常会出现割据局面，新莽末年、东汉末年的河西皆是如此。多事之秋意味着史官有事可记，因此在混乱割据背景下的东汉初年辛肜、东汉末年尹奉也才有机

① 敦煌太守也参与对抗北匈奴呼衍王部，因此支匈奴亦在西域活动，是东汉争夺西域的主要竞争者，故将其也纳入西域方面战事。

会在正史中“登场”。

表1　东汉敦煌太守简表

任职太守	明确任职时段	任内主要事迹
辛肜	建武元年至七年(25—31)	参与窦融保据河西之事,由敦煌都尉升任敦煌太守,后改任酒泉太守。
裴遵	建武十七年至二十一年(41—45)	进言不可假莎车王贤以大权;代西域十八国反馈留质子于敦煌的诉求,获准。
王遵	永平十八年至建初元年(75—76)	与酒泉太守段彭共同领兵击车师,救戊己校尉耿恭。
曹宗	元初六年至永宁元年(119—120)	遣索班屯兵伊吾,招揽鄯善等国归汉。后北匈奴击破索班,曹宗上奏请兵复仇,未许。
张珰	延光二年(123)	上书陈述解决西域问题的上中下三策,安帝纳之,乃以班勇为西域长史重新经略西域。
张朗	永建二年(127)	先因串联朝臣获罪,后率河西四郡兵配合班勇击败焉耆,为徼功自赎而先行进兵,使焉耆王卒不加诛。汉以两将不和,皆征免。
徐由	永建四年至阳嘉元年(129—132)	因于阗灭拘弥,徐由上书请攻于阗,顺帝初不许,后许之。徐由遣疏勒王臣磐发二万人击破于阗,更立成国为拘弥王而还。
裴岑	永和二年(137)	率郡兵三千人,出兵西域,诛呼衍王等。
赵子仁	约在1世纪末至2世纪中叶间(?)	

续表

任职太守	明确任职时段	任内主要事迹
马达(司马达)	元嘉元年至二年(151—152)	率军援救伊吾司马毛恺,至蒲类海,呼衍王引去,汉军无功而还。后于阗杀西域长史王敬,马达欲出塞击之,桓帝不听,征达还。
宋亮	元嘉二年至永兴元年(152—153)	于阗以死人首级送敦煌,赎其杀王敬之罪。亮后知其诈,而竟不能出兵。又上书立质子卑君为车师后王。
赵袭	延熹九年(166)至灵帝初(？)	
赵岐	中平二年至三年间(185—186)	未到任
赵咨	中平元年(184)以后数年	曾举曹暠为孝廉,暠后任荥阳令。
马艾	献帝早期至约建安五年(约200)	氾孚,出身敦煌望族,通经笃行。太守马艾甚重之。
张恭(行长史事)	约建安五年至延康元年(约200—220)	遣子张就入朝"请太守",未成。出兵相助东汉平定酒泉黄华、张掖张进。任内"大姓雄张,遂以为俗"。
尹奉	延康元年(220)	循故而已,无所匡革。

综合来看，现存资料对东汉敦煌太守的记载偏重外交、军事方面，民政、风俗方面则较匮乏，致使我们对东汉敦煌太守及相关事迹的研究也只能有所偏重。但就现存资料来看，东汉敦煌太守，尤其是东汉中期的敦煌太守在处理西域事务方面的职权相对有所扩大，西域长史、伊吾司马等基本受其统辖节制。到魏晋时

期凉州刺史兼护西域，很大程度上即受此影响[①]。

另外，根据现存资料对东汉敦煌太守们的记载，我们可对其进行大致归类：

一、在对内统一进程中有所表现者。如辛彤为窦融任命，尹奉为曹丕任命，二人名为东汉敦煌太守，实为割据者、权臣的“私臣”。他们的事迹彰显于东汉、曹魏统一河西的进程中，对新政权统一大业有所建树，敦煌长史张恭亦可归入此类。

二、在对外开拓、稳固西域方面有所表现者。如裴遵、王遵、曹宗、张珰、张朗、徐由、裴岑、马达（司马达）、宋亮等皆属此类。他们或给西域问题提出建议，或直接率兵参与讨伐西域敌对势力。

三、以书法、品德等非军政因素闻名于世者。以赵袭、赵咨为代表。

四、个人事迹、任职时间皆记载不详者。以赵子仁、马艾为代表。

五、接受任命却未能赴任者。仅见赵岐一人。

西汉的敦煌太守及相关事迹因前人学者已有细致的考察，故未作重点讨论，兹列简表如下，以备参考。

① 刘光华主编《西北通史》第1卷，兰州：兰州大学出版社，2004年，第616—617页。

表2 西汉敦煌太守简表[①]

公元年代	年号	任职太守
公元前 72 年	本始二年	登
公元前 71 年	本始三年	登
公元前 70 年	本始四年	
公元前 69 年	地节元年	
公元前 68 年	地节二年	
公元前 67 年	地节三年	
公元前 66 年	地节四年	
公元前 65 年	元康元年	
公元前 64 年	元康二年	
公元前 63 年	元康三年	
公元前 62 年	元康四年	
公元前 61 年	神爵元年	快
公元前 60 年	神爵二年	快
公元前 59 年	神爵三年	快
公元前 58 年	神爵四年	快
公元前 57 年	五凤元年	常乐
		千秋

① 此表制作主要参考张德芳《两汉时期的敦煌太守及其任职时间》，第156—179页；张俊民《敦煌悬泉汉简所见人名综述（三）——以敦煌郡太守人名为中心的考察》，第116—144页。根据他们的研究，另有西汉时期敦煌太守客（一作“宏”）、武、咸、宪、忠（大体在元帝初年）、冯博（?），疑似西汉敦煌太守的汜辑及新莽时期的文德大尹伦因不知确年，故未在表中列出，详参二人论文。

续表

公元年代	年号	任职太守
公元前 56 年	五凤二年	常乐
公元前 55 年	五凤三年	步
公元前 54 年	五凤四年	步
公元前 53 年	甘露元年	步
公元前 52 年	甘露二年	千秋
公元前 51 年	甘露三年	千秋
公元前 50 年	甘露四年	千秋
公元前 49 年	黄龙元年	千秋
		如意
公元前 48 年	初元元年	千秋
公元前 47 年	初元二年	千秋
		恭
公元前 46 年	初元三年	恭
公元前 45 年	初元四年	恭
		憙
公元前 44 年	初元五年	众
公元前 43 年	永光元年	千秋
公元前 42 年	永光二年	千秋
公元前 41 年	永光三年	千秋
公元前 40 年	永光四年	千秋
公元前 39 年	永光五年	弘
公元前 38 年	建昭元年	
公元前 37 年	建昭二年	强

续表

公元年代	年号	任职太守
公元前 36 年	建昭三年	强
公元前 35 年	建昭四年	强
		千秋
公元前 34 年	建昭五年	渊 以长史行太守事
公元前 33 年	竟宁元年	山都
公元前 32 年	建始元年	通
公元前 31 年	建始二年	通[①]
公元前 30 年	建始三年	
公元前 29 年	建始四年	贤
公元前 28 年	河平元年	贤
公元前 27 年	河平二年	贤
公元前 26 年	河平三年	贤
公元前 25 年	河平四年	贤
公元前 24 年	阳朔元年	贤
公元前 23 年	阳朔二年	贤
公元前 22 年	阳朔三年	（宗）[②]
公元前 21 年	阳朔四年	（宗）
公元前 20 年	鸿嘉元年	（宗）
公元前 19 年	鸿嘉二年	（宗）

① 张俊民作“延”。

② 太守宗任职时间为推断。

续表

公元年代	年号	任职太守
公元前 18 年	鸿嘉三年	充国 以长史行太守事
公元前 17 年	鸿嘉四年	
公元前 16 年	永始元年	吉
公元前 15 年	永始二年	吉
公元前 14 年	永始三年	
公元前 13 年	永始四年	
公元前 12 年	元延元年	
公元前 11 年	元延二年	
公元前 10 年	元延三年	
公元前 9 年	元延四年	宽
公元前 8 年	绥和元年	
公元前 7 年	绥和二年	汉昌
公元前 6 年	建平元年	
公元前 5 年	建平二年	永
公元前 4 年	建平三年	永

第二节　敦煌设置的西域官员——以中郎将与西域副校尉为中心

东汉在敦煌郡设置有专门负责西域事务的官员。如中郎将、西域副校尉，这两个官职的设置具有临时性，而非常设官职。东汉敦煌郡设置的中郎将仅见郑众一人，至于西域副校尉确定居于敦煌者甚至没有，这是研究东汉敦煌郡所设的西域官员所面临的困境。本节试以史籍中仅有的数条记载，大致勾勒这两个官职在敦煌的设置时间及职责情况。

一、中郎将与副校尉搭配的演变及对二者同治敦煌的推测

《后汉书·班勇传》载班勇言：

> 昔永平之末，始通西域，初遣中郎将居敦煌，后置副校尉于车师。[①]

此处的“副校尉”应指“西域副校尉”。西域副校尉在西汉、东

① 《后汉书》卷四七《班勇传》，第1588页。

汉皆有设立。李炳泉的研究表明西域副校尉实为“使副都护西域校尉”或“都护西域副使者校尉”，也即以校尉担任西域都护的副使[①]。事实上，西域副校尉不仅只担任西域都护的副贰，还存在担任中郎将副贰的情况。黎虎考证认为两汉时期多有中郎将与副校尉匹配组成外交使团的正、副使节的事例，还存在以中郎将与副校尉匹配组成边境驻军的正、副将领的情况。其用以佐证中郎将与副校尉担任边境驻军正、副将领的例证之一便是上述这条史料[②]。可见此处西域副校尉也可能是驻敦煌郡的中郎将的副贰。

又据《后汉书·南匈奴传》记载建武二十五年（49）：

> 南单于复遣使诣阙，奉藩称臣，献国珍宝，求使者监护，遣侍子，修旧约。二十六年，遣中郎将段郴、副校尉王郁使南单于，立其庭，去五原西部塞八十里。……令中郎将置安集掾史将弛刑五十人，持兵弩随单于所处，参辞讼，察动静。单于岁尽辄遣奉奏，送侍子入朝，中郎将从事一人将领诣阙。……南单于遣兵拒之，逆战不利。于是复诏单于徙居西河美稷，因使中郎将段郴及副校尉王郁留西河拥护之，为设官府、从事、掾史。令西河长史岁将骑二千，弛刑五百人，助中郎将卫护单于，冬屯夏罢。[③]

中郎将与副校尉的搭配在西汉早已有之，东汉延续这一传统仍以二者搭配作为出使南匈奴的正、副使节。东汉允许南匈奴入居云

① 李炳泉《两汉“西域副校尉”略考》，《史学月刊》2008年第12期，第125—126页。

② 黎虎《汉代外交体制研究》，北京：商务印书馆，2014年，第302—303页。

③《后汉书》卷八九《南匈奴传》，第2943—2945页。

中后[①]，中郎将及其属吏“掾史”“从事”开始“随单于所处”，并围绕南单于划定职责范围。南匈奴徙居西河美稷后，东汉使中郎将、副校尉常驻南匈奴王庭，为之设置专门的机构。这一机构以中郎将为主官，副校尉次之，其下又设从事、掾史等属吏。此中郎将的主要职责是监控、保护南单于，故称“使匈奴中郎将”或“护匈奴中郎将”[②]。于是使匈奴中郎将开始与其他类型中郎将有所区别，发展成一新官职[③]。其属吏从事承担着护送南匈奴侍子入朝的职责；安集掾史承担着率弛刑徒五十人监护单于，

图8-12 当谷燧[④]
（采自甘肃省地方史志编纂委员会编《甘肃省志·文物志》，第331页）

① 《后汉书·南匈奴传》云：“彬等反命，诏乃听南单于入居云中。”
② 《续汉书·百官志五》，《后汉书》，第3626页。
③ 廖伯源《从汉代郎将职掌之发展论官制演变的一些特征》，《中研院历史语言研究所集刊》第65本，1994年，第847页。
④ 位于今敦煌市阳关镇二墩村北。

“参辞讼，察动静”的职责。另外，使匈奴中郎将还有西河长史率汉军协助。概言之，在南匈奴迁入塞内的过程中，使匈奴中郎将与副校尉的搭配开始由过去的正、副使节演变为常驻南单于王庭的机构正、副主管官员。使匈奴中郎将与副校尉的搭配在应对南匈奴问题方面已取得一定的成绩，且二者的搭配在制度层面已渐趋成熟。

到永平八年（65），鉴于南、北匈奴存在“合流”的风险，东汉“由是始置度辽营，以中郎将吴棠行度辽将军事，副校尉来苗、左校尉阎章、右校尉张国将黎阳虎牙营士屯五原曼柏，又遣骑都尉秦彭将兵屯美稷”[①]。“行度辽将军事”是兼摄之职，吴棠本职仍是中郎将。度辽营的最初架构是以中郎将兼领度辽将军[②]，副校尉次之，属官又增加了左校尉、右校尉、骑都尉等。另外度辽营拥有直属军队，其屯驻点也由过去南单于所在西河一处，变为五原曼柏、西河美稷两处。因此可说，到明帝时，使匈奴中郎将与副校尉的搭配又融入了新的变化，一方面是机构属官扩大，另一方面是军事色彩增强。其后因度辽将军常以别官兼行，使匈奴中郎将与副校尉的搭配不再固定。

中郎将与副校尉的搭配在解决南匈奴问题上积累了成功经验，这对东汉解决西域问题具有一定的示范效应。如果将使匈奴中郎将、副校尉及其所统机构发展演变历程视作已卓有成效的“试点”，那么东汉在敦煌设置中郎将很可能是对使匈奴中郎将制度的一次异地推广，只是敦煌郡设置中郎将针对的对象主要是北匈奴呼衍王部及西域诸国。

---

① 《后汉书》卷八九《南匈奴传》，第2949页。

② 中郎将兼行度辽将军事并非定例，其后也有骑都尉等其他官职兼领度辽将军的情况。

基于以上考察可知，无论是参考此前中郎将与副校尉搭配作为正、副使，还是仿效中郎将与副校尉搭配担任常驻机构的正、副主官，敦煌在设置中郎将时，很有可能同时设置“副校尉”为其副贰，亦居敦煌。其后随着东汉平定车师，副校尉的治所才转移至车师。《后汉书·班勇传》记载班勇上书：“旧敦煌郡有营兵三百人，今宜复之，复置护西域副校尉，居于敦煌，如永元故事。”[①]同传又云：“于是从勇议，复敦煌郡营兵三百人，置西域副校尉居敦煌。”[②]可见在永元时期（89—105）及元初六年（119）采纳班勇进言后的一段时期，西域副校尉不是设于西域，而是居于敦煌。即东汉不止一次置西域副校尉于敦煌。因此，我们推断永平末东汉政府在敦煌也很可能同时设置中郎将与副校尉。

二、敦煌中郎将的设置时间及职责

东汉政府在敦煌设置的中郎将目前可考者仅郑众一人。《后汉书·郑众传》记载明帝：

> 乃复召众为军司马，使与虎贲中郎将马廖击车师。至敦煌，拜为中郎将，使护西域。会匈奴胁车师，围戊己校尉，众发兵救之。迁武威太守，谨修边备，虏不敢犯。[③]

《后汉书·耿恭传》记载范羌率兵救耿恭时，亦对郑众有所记载：

> 明日，遂相随俱归。虏兵追之，且战且行。吏士素饥困，发疏勒时尚有二十六人，随路死没，三月至玉门，唯

① 《后汉书》卷四七《班勇传》，第1587—1588页。
② 《后汉书》卷四七《班勇传》，第1589页。
③ 《后汉书》卷三六《郑众传》，第1225页。

> 余十三人。衣屦穿决，形容枯槁。中郎将郑众为恭已下洗沐易衣冠。上疏曰：“耿恭以单兵固守孤城，当匈奴之冲，对数万之众，连月踰年，心力困尽。凿山为井，煮弩为粮，出于万死无一生之望。前后杀伤丑虏数千百计，卒全忠勇，不为大汉耻。恭之节义，古今未有。宜蒙显爵，以厉将帅。”①

明帝使马廖与郑众“击车师”事当在永平十七年（74）十一月东汉平定车师之际。我们推测马廖、郑众“至敦煌”时，车师已然平定②。之后马廖返回洛阳，郑众则由军司马“拜为中郎将”。建初元年（76），东汉兵发车师，迎回戊已校尉耿恭。三月耿恭等抵达“玉门”。敦煌郡有玉门关，酒泉郡有玉门县。仅凭“玉门”无法判定耿恭所至是玉门关还是玉门县。然《东观汉记》云：“三月至敦煌。”③《后汉纪·孝章皇帝纪上》亦云：“明日，随军俱还敦煌，吏士余十三人。”可证该“玉门”指敦煌玉门关，则中郎将郑众当屯于敦煌玉门关附近④。由此亦可得知，郑众任敦煌中郎将的可考时段是永平十七年（74）末至建初元年（76）三月。其后随着东汉撤出西域，中郎将当不再设于敦煌。

《后汉书·班勇传》记载班勇称“昔永平之末，始通西域，初

① 《后汉书》卷一九《耿恭传》，第722—723页。

② 下文另有详考，此不赘言。

③ ［汉］刘珍等撰，吴树平校注《东观汉记校注》卷一〇《耿恭传》，北京：中华书局，2008年，第363页。

④ 刘光华亦持此论。详见氏著《论东汉敦煌在中原与西域关系中之重要地位》，敦煌文物研究所编《1983年全国敦煌学术讨论会文集：文史·遗书编（上册）》，兰州：甘肃人民出版社，1987年，第31—32页。后收入氏著《秦汉西北史地丛稿》，兰州：甘肃文化出版社，2007年，第232—233页。

图8-13　当谷燧附近的汉代积薪
（采自甘肃省地方史志编纂委员会编《甘肃省志·文物志》，第331页）

遣中郎将居敦煌"[①]。《后汉书·西域传》又载："十六年，明帝乃命将帅，北征匈奴，取伊吾卢地，置宜禾校尉以屯田，遂通西域。"[②]可知永平十六年（73）"始通西域"，则此年可能是"初遣中郎将居敦煌"的年份[③]。但"始通西域"也未必是确指，可能仅是大略言之，并不能由此确定永平十六年（73）是中郎将始置于敦煌的年份。其实考察敦煌中郎将始置时间的关键在于郑众是否是永平末置于敦煌的首位中郎将。若郑众之前敦煌已置中

① 《后汉书》卷四七《班勇传》，第1588页。

② 《后汉书》卷八八《西域传》，第2909页。

③ 李炳泉由此推定中郎将、副校尉设置时间在永平十六年（73），甚至进一步提出"汉廷设置西域副校尉的时间或较设置西域都护为早"。详见氏著《两汉"西域副校尉"略考》，《史学月刊》2008年第12期，第126页。

郎将，则“初遣中郎将居敦煌”的年份很可能在永平十六年（73）；若郑众就是敦煌设置的首位中郎将，则“初遣中郎将居敦煌”的时间当在永平十七年（74）末。就现有史料来看，后者可能性更高。

考察敦煌中郎将的职责，须先大致清楚东汉初年中郎将的具体职掌。廖伯源的研究表明中郎将本是宫廷禁卫军官员，“往往因此受信任而外派担任临时性之任务”[①]，据其对中郎将职责的分类可知汉代外派之中郎将职责范围包含极广，究其原因正如廖氏所论“盖使者的性格之一是使命无所不包，因为皇帝掌握最高的权力，可派人做任何工作”[②]。这些中郎将职责分类中与郑众任中郎将期间的表现相类似或吻合的大致有“监军”“领军征伐”。敦煌中郎将与西域都护存在重合时段，其使命又皆是“护西域”。关于两者的职责区分，刘光华认为西域都护是西域地方长官，而中郎将的职责是卫护在西域的汉官[③]。从郑众率兵救援戊己校尉事来看，刘氏观点有理，但并不全面。从郑众上疏为耿恭请封赏事来看，郑众似有向中央反馈西域汉官表现的职责。东汉初年中郎将常充当“监军”，郑众此举反映出敦煌中郎将似还有监察西域汉官之责。又，郑众为耿恭已下“洗沐易衣冠”，表明郑众作为中郎将虽常驻敦煌，然本质上仍是外派之使者，故能代表皇帝对耿恭等有功之臣给予郑重的礼遇。此外，使匈奴中郎将作为针对南匈奴问题设置的中郎将有迎送入朝侍子、干涉南匈奴内政的职责。敦煌中郎将是针对西域问题设置的外派中郎将，

① 廖伯源《从汉代郎将职掌之发展论官制演变的一些特征》，《中研院历史语言研究所集刊》第65本，1994年，第836页。

② 廖伯源《从汉代郎将职掌之发展论官制演变的一些特征》，《中研院历史语言研究所集刊》第65本，1994年，第842页。

③ 刘光华《秦汉西北史地丛稿》，第235页。

或亦有迎送入朝侍子及处理西域其他事务的职权[①]。加之敦煌中郎将作为皇帝的外遣使者，这一性质决定了其在某些西域都护难以决断的事务上或许会有更高的话语权。只是史籍缺载，难以细究。

三、西域副校尉居敦煌情况考察

西域副校尉明确置于敦煌存在两个时段：即永元时期（89—105）与元初六年（119）后的一段时期。此外，不能排除永平末敦煌同时设置副校尉作为中郎将副贰的可能。至于“后置副校尉于车师”，可理解为西域副校尉从敦煌移治车师成为西域都护的副贰。

关于永平末西域副校尉的设置情况。《后汉书·西域传》记载：“永平末，焉耆与龟兹共攻没都护陈睦、副校尉郭恂，杀吏士二千余人。”[②]《后汉纪·孝明皇帝纪下》亦载永平十八年（75）：“三月，北匈奴左鹿蠡工将二万骑，率焉耆、龟兹来攻车师，王安得死。焉耆、龟兹杀都护陈穆、副校尉郭恂，遂攻金蒲城。”[③]可知永平末西域副校尉一职由郭恂担任[④]。

郭恂其人。《后汉书·班超传》记载：“十六年，奉车都尉

---

① 据廖伯源分类，汉朝中郎将常有“出使外国”“安辑属国”的职责。敦煌中郎将主“护西域”，很可能也有这种职责。详见氏著《从汉代郎将职掌之发展论官制演变的一些特征》，《中研院历史语言研究所集刊》第65本，1994年，第841—842页。

②《后汉书》卷八八《西域传》，第2928页。

③《后汉纪》卷一〇《孝明皇帝纪下》，第195页。

④ 自永平十六年（73）二月，窦固击破呼衍王，占据伊吾，至十八年（75）三月，西域都护及西域副校尉被攻没，其间不过两年。若要从平定车师起算，则不足一年。那么永平末的西域副校尉不大可能出现职位更替，此时段担任西域副校尉者应仅郭恂一人。

窦固出击匈奴，以超为假司马，……固以为能，遣与从事郭恂俱使西域。”[①]在班超出使鄯善，欲率众夜袭北匈奴使者之际，“众曰：‘当与从事议之。’超怒曰：‘吉凶决于今日。从事文俗吏，闻此必恐而谋泄，死无所名，非壮士也！’”[②]事毕后，班超“乃还告郭恂，恂大惊，既而色动。超知其意，举手曰：‘掾虽不行，班超何心独擅之乎？’恂乃悦”[③]。黎虎认为此“从事”指“从事中郎”[④]。从事中郎在军中“职参谋议”[⑤]，黎氏所言应是。郭恂本是窦固帐下的从事中郎，后与班超搭配出使鄯善。班超收服鄯善后，因功从假司马升至军司马[⑥]。从班超暗示郭恂自己不会“独擅”大功来看，鄯善收服后，郭恂很可能也同时因功晋升。若果真郭恂是此年晋升为西域副校尉，则副校尉先居敦煌后移治车师的可能性很大。

永元时期（89—105）明确担任西域副校尉者仅李恂一人，另有“河西副校尉”冯豹、“副校尉”阎磐（又作“盘”“槃”）二人，亦与西域相关，在此一并讨论。《后汉书·冯衍传》记载：

> 肃宗闻而嘉之，使黄门持被覆豹，敕令勿惊，由是数加赏赐。是时方平西域，以豹有才谋，拜为河西副校尉。和帝初，数言边事，奏置戊己校尉，城郭诸国复率旧职。[⑦]

---

① 《后汉书》卷四七《班超传》，第1572页。
② 《后汉书》卷四七《班超传》，第1572页。
③ 《后汉书》卷四七《班超传》，第1573页。
④ 黎虎《汉代外交体制研究》，第241页。
⑤ 《续汉书·百官志一》，《后汉书》，第3564页。
⑥ 《后汉书》卷四七《班超传》，第1573页。
⑦ 《后汉书》卷二八下《冯衍传下》，第1004页。

章帝（肃宗）末年，东汉政府尚未彻底平定西域，然班超已经取得辉煌战绩，打通了西域南道。“方平西域”即指此也。章帝在此背景下，任冯豹为河西副校尉，欲使冯豹之“才谋”施展于西域。冯豹在任期间，“数言边事，奏置戊已校尉”，进一步表明“河西副校尉”主要就是负责西域事务。另外，“副校尉”当是以校尉之职担任某官的副贰。冯豹出任河西副校尉大致在章帝末年，当时并未设置西域都护，西域最高汉官是将兵长史班超。冯豹既负责西域事务，或即为班超之副贰。《后汉书·班超传》云：“（建初）八年，拜超为将兵长史，假鼓吹幢麾。”[①]李贤等注云：“横吹、麾幢皆等大将所有，超非大将，故言假。”[②]由此观之，此时期班超虽非都护，品秩不高，然东汉政府赋予其较大权限，冯豹以校尉身份副于将兵长史班超应可成立。在班超平定西域过程中未见冯豹有何表现，加之冯豹官职名为“河西副校尉”，则其应居河西。敦煌为河西交通西域之门户，那么河西副校尉冯豹当以驻丁敦煌为宜[③]。

关于河西副校尉具体职责，冯豹事迹仅见河西副校尉对西域事务有上书言事权，但从班超经略西域需要河西支持分析，河西副校尉很可能是东汉政府设置于敦煌，专门负责支援班超西域作战的“机构”。

关于副校尉阎磐，《后汉书·和帝纪》记载永元二年（90）五月：

① 《后汉书》卷四七《班超传》，第1577页。

② 《后汉书》卷四七《班超传》，第1578页。

③ 刘光华推测河西副校尉冯豹“当以驻敦煌为宜”，然亦无实据。详见氏著《秦汉西北史地丛稿》，第236页。

己未，遣副校尉阎磐讨北匈奴，取伊吾卢地。[①]

图8-14 新疆伊吾幻彩湖畔湿地草原

《后汉书·西域传》记载：

和帝永元元年，大将军窦宪大破匈奴。二年，宪因遣副校尉阎槃将二千余骑掩击伊吾，破之。[②]

《后汉书·窦宪传》记载永元元年（89）：

宪分遣副校尉阎盘、司马耿夔、耿谭将左谷蠡王师子、右呼衍王须訾等，精骑万余，与北单于战于稽落山，

① 《后汉书》卷四《和帝纪》，第170页。
② 《后汉书》卷八八《西域传》，第2910页。

大破之。[①]

阎磐击北匈奴、取伊吾属经营西域范畴，此处“副校尉”有可能就是指“西域副校尉”。首先，东汉进攻伊吾的最佳路线是自敦煌出塞；其次，永元年间（89—105）东汉的确曾置西域副校尉于敦煌。两相印证则阎磐有可能在永元初任西域副校尉屯于敦煌。阎磐至迟在永元元年（89）任副校尉，而和帝初冯豹尚在河西副校尉任上，如此阎磐有可能是冯豹的继任者，二人就在永元元年（89）完成交接。即阎磐所任“副校尉”或指“河西副校尉”，且“河西副校尉”不排除是“西域副校尉”之讹。

关于西域副校尉李恂。《后汉书·李恂传》记载李恂：“后复征拜谒者，使持节领西域副校尉。”[②]李恂任西域副校尉的时间可大致限定在永元五年至延平元年（93—106）[③]。西域副校尉李恂并无明确记载是居敦煌还是居西域，其在任期间的活动情况也未展现出明显的地区倾向。李恂之后，又有梁慬任西域副校尉。《后汉书·梁慬传》记载梁慬：“延平元年拜西域副校尉。慬行至河西，会西域诸国反叛，攻都护任尚于疏勒。尚上书求救，诏慬将河西四郡羌胡五千骑驰赴之，慬未至而尚已得解。”[④]显然梁慬任西域副校尉时不居敦煌，而是屯于西域。其后东汉撤出西域，永初二年（108）春，梁慬“还至敦煌。会众羌叛，朝廷大发兵西击之，逆诏慬留为诸军援”[⑤]。即梁慬撤出西域后，因平羌需要在敦煌有过短暂停驻。

---

①《后汉书》卷二三《窦宪传》，第814页。

②《后汉书》卷五一《李恂传》，第1683页。

③ 关于李恂任西域副校尉时间的考证，详见下文。

④《后汉书》卷四七《梁慬传》，第1591页。

⑤《后汉书》卷四七《梁慬传》，第1592页。

梁慬之后，东汉政府不再设西域副校尉，直到元初六年（119）采纳班勇进言，复置西域副校尉。《后汉书·西域传》仅载："但令置护西域副校尉，居敦煌，复部营兵三百人，羁縻而已。"[①]除知此次所置西域副校尉居于敦煌外，其他如任职者、撤废时间[②]等信息皆不详。另外，此时并未设置西域都护或西域长史，仅有西域副校尉的设置。

四、西域副校尉的职责

综上可知，西域副校尉非常设官职，其设置具有临时性。它存在充当西域都护副贰的情况，也不排除充当中郎将副贰的情况，甚至在西域都护、中郎将都不设置时，西域副校尉亦可独当一面，单独设置。

西域副校尉的驻地并不固定，或居敦煌，或居西域。永元时，西域副校尉居敦煌的用意不详，推测应与支援西域战事有关。元初六年（119），西域已不属东汉，且北匈奴与其西域附属国屡屡犯边，因此西域副校尉置于敦煌既是权宜之计，也是为改变敦煌所面临的被动局面。

关于西域副校尉的职责，《后汉书·班勇传》记载：

> 勇对曰："昔永平之末，始通西域，初遣中郎将居敦煌，后置副校尉于车师，既为胡虏节度，又禁汉人不得有所侵扰。故外夷归心，匈奴畏威。……"[③]

---

① 《后汉书》卷八八《西域传》，第2911页。

② 《后汉书·西域传》记载延光二年（123）陈忠进言云："臣以为敦煌宜置校尉，案旧增四郡屯兵，以西抚诸国。"似在此年之前，敦煌已停止设置西域副校尉，否则敦煌已有校尉，何必再新置校尉。

③ 《后汉书》卷四七《班勇传》，第1588页。

> 太尉属毛轸难曰："今若置校尉，则西域骆驿遣使，求索无厌，与之则费难供，不与则失其心。……"勇对曰："……置校尉者，宣威布德，以系诸国内向之心，以疑匈奴觊觎之情，而无财费耗国之虑也。且西域之人无它求索，其来入者，不过稟食而已。……"于是从勇议，复敦煌郡营兵三百人，置西域副校尉居敦煌。虽复羁縻西域，然亦未能出屯。①

首先，班勇称西域副校尉的职责包括约束"胡虏"、禁止汉人"侵扰"。此处"胡虏"应指降汉的匈奴人与西域人，乃至常被汉朝驱使到西域屯戍的羌人。如此，西域副校尉的职责之一是震

图8-15 一棵树墩②

（采自甘肃省地方史志编纂委员会编《甘肃省志·文物志》，第330页）

① 《后汉书》卷四七《班勇传》，第1588—1589页。

② 位于今敦煌市阳关镇二墩村北小方盘城西南。

慑北匈奴，保护西域附汉诸国。同时处理好西域屯戍汉人与附汉之西域人、匈奴、羌人之间的关系，使西域都护府管辖下的不同种族势力之间不致互相侵扰。

其次，西域副校尉有“护道”之责。《后汉书·李恂传》记载：

> 西域殷富，多珍宝，诸国侍子及督使贾胡数遗恂奴婢、宛马、金银、香罽之属，一无所受。北匈奴数断西域车师、伊吾，陇沙以西使命不得通，恂设购赏，遂斩虏帅，悬首军门。自是道路夷清，威恩并行。①

从李恂任西域副校尉期间表现来看，西域副校尉还有打击北匈

图8-16 马迷兔墩②
（采自甘肃省地方史志编纂委员会编《甘肃省志·文物志》，第330页）

① 《后汉书》卷五一《李恂传》，第1683—1684页。
② 位于今敦煌市阳关镇二墩村西。

奴、维护西域道路通畅的职责。“诸国侍子及督使贾胡”向李恂送礼，表明西域副校尉打交道的对象包括西域诸国侍子，同时毛轸所言“若置校尉，则西域骆驿遣使”，又说明西域副校尉的职责包括接待西域诸国使节。除去与西域诸国侍子、使节打交道外，西域副校尉还与“督使”与“贾胡”产生交集。李贤等注云：“督使，主蕃国之使也。贾胡，胡之商贾也。”[①]督使是西域汉官，负责督察西域诸国。督使向李恂送礼，疑其受西域副校尉节制。贾胡即西域商人，他们向李恂送礼意味着与西域贸易可能也属西域副校尉职责范畴之内。

此外，校尉本是军职，《后汉书·西域传》云：“但令置护西域副校尉，居敦煌，复部营兵三百人，羁縻而已。”[②]《续汉书·百官志一》云：“大将军营五部，部校尉一人，比二千石。”[③]即大将军帐下分为五部，每部设置校尉一人。校尉为部的军事主官，则敦煌的“部营兵三百人”应归西域副校尉节制。这是西域副校尉居敦煌期间所能掌控的基本军队。再从梁慬“将河西四郡羌胡五千骑驰赴”西域来看，战时的西域副校尉除能掌控本部营兵三百人外，还可调动指挥河西、西域其他军队参战。班勇当初提议同时设置西域副校尉与西域长史，一者居敦煌，一者屯楼兰。由此观之，西域副校尉居敦煌时，其在军事上的主要作用应是调动敦煌及内地资源支持西域屯兵，借以掌控西域。当然，东汉政府仅置西域副校尉居敦煌，汉军不出屯西域，最终难以收控制西域之实效。敦煌的西域副校尉只能发挥“羁縻西域”[④]的微弱作用，此后匈奴、车师依旧联兵入寇即是明证。

---

① 《后汉书》卷五一《李恂传》，第1684页。
② 《后汉书》卷八八《西域传》，第2911页。
③ 《续汉书·百官志一》，《后汉书》，第3564页。
④ 《后汉书》卷四七《班勇传》，第1589页。

第九章

东汉经敦煌对西域的经营

东汉敦煌郡周边形势大致与西汉相同。简言之，敦煌西邻西域、南接羌、东有酒泉郡、北有匈奴、鲜卑[①]。其中酒泉与敦煌皆为汉郡，羌、鲜卑又与敦煌接触较少，故东汉时期敦煌郡的主要定位仍是经略西域。《后汉书·西域传》记载："自建武至于延光，西域三绝三通。"[②]敦煌郡作为经略西域的军队、物资集结地，对东汉政府经略西域发挥着重要作用。

东汉政府经敦煌与西域交通始于光武帝。光武帝"以中国初定，未遑外事"[③]，与西域的联系仅限于使者往来。尽管当时东汉对经略西域并不上心，但是西域对东汉的动向却极为关注[④]。

---

① 鲜卑崛起于东汉时期。《三国志·魏书·乌丸鲜卑东夷传》裴松之注引《魏书》记载："永平中，祭肜为辽东太守，诱赂鲜卑，使斩叛乌丸钦志贲等首，于是鲜卑自燉煌、酒泉以东邑落大人，皆诣辽东受赏赐，青、徐二州，岁二亿七千万以为常。"可见至迟在明帝永平年间（58—75），鲜卑已活动于敦煌、酒泉塞外。桓帝时，檀石槐统一鲜卑各部。同传裴松之注引《魏书》又云："乃分其地为中东西三部。从右北平以东至辽，东接夫余、濊貉为东部……从右北平以西至上谷为中部，……从上谷以西至燉煌，西接乌孙为西部，二十余邑，其大人曰置鞬落罗、日律推演、宴荔游等，皆为大帅，而制属檀石槐。"至此敦煌以北成为鲜卑西部控制区域。

② ［南朝宋］范晔撰，［唐］李贤等注《后汉书》卷八八《西域传》，北京：中华书局，1965年，第2913页。据《后汉书·西域传》记载，建武十四年（38）"贤与鄯善王安并遣使诣阙，于是西域始通"。其后东汉初立，未遑外事，车师、鄯善等诸国转归匈奴，是为"一绝"；明帝末，出兵西域击北匈奴，始置都护、戊己校尉，是为"一通"；章帝迎还戊己校尉、罢伊吾屯田，是为"二绝"；和帝时，班超平定西域，是为"二通"；安帝初，罢都护，弃西域，是为"三绝"；安帝延光二年（123），复使班勇经略西域，西域内属，是为"三通"。其后直到东汉末，汉朝国势日衰，对西域的控制才逐渐削弱。

③《后汉书》卷一下《光武帝纪下》，第73页。

④ 据《后汉书·西域传》"莎车国"条记载，当时一方面是莎车王贤谋求东汉政府册封其为西域都护，以便名正言顺地兼并西域诸国；另一方面，车师前部、鄯善、焉耆等国殷切请求东汉政府设置西域都护，以遏制莎车对诸国的侵逼。

这时期作为中原与西域的交汇点的敦煌郡发挥了重要的“外交”职能。具体表现有二：其一，敦煌太守裴遵反对封莎车王贤为西域都护，光武帝许之，“更赐贤以大将军印绶”[①]。敦煌郡就在接待莎车使者时负责“易印”事宜。其二，“诸国闻都护不出，而侍子皆还，大忧恐，乃与敦煌太守檄，愿留侍子以示莎车，言侍子见留，都护寻出，冀且息其兵。裴遵以状闻，天子许之”[②]。于是，敦煌郡成为西域诸国质子暂居地，其后这些质子又皆亡归本国，西域部分小国重新依附匈奴，东汉与西域交通断绝。明帝末，在进攻北匈奴的背景下，东汉政府开始正式经略西域。东汉经敦煌对西域的经营主要包括三方面：与北匈奴争夺伊吾、车师地区及北新道的控制权；经敦煌对鄯善、于阗、莎车等南道诸国的经营；经敦煌对焉耆、龟兹、疏勒等北道诸国的经略。此外，北匈奴长期活动于西域北部，并与东汉争夺西域。尤其在金微山之役后，北匈奴的“根本”已转移至西域。因此我们以永元八年（96）系囚减死“诣敦煌戍”事为线索和切入点，专门探讨金微山之役后的一段时期内东汉与北匈奴之间的微妙关系。

① 《后汉书》卷八八《西域传》，第2924页。

② 《后汉书》卷八八《西域传》，第2924页。

第一节　东汉经敦煌与北匈奴争夺伊吾、车师

明帝末年，东汉为打击北匈奴，开始经略西域。经略西域，首要的是控制伊吾（今新疆哈密市西北四堡）、车师（今新疆吐鲁番一带）地区。《后汉书·西域传》记载：

> 自伊吾北通车师前部高昌壁千二百里，自高昌壁北通后部金满城五百里。此其西域之门户也，故戊己校尉更互屯焉。伊吾地宜五谷、桑麻、蒲萄。其北又有柳中，皆膏腴之地。故汉常与匈奴争车师、伊吾，以制西域焉。[①]

伊吾、车师地区是西域诸国与匈奴之交界，可称西域之门户。另外，伊吾、柳中、金满城等皆是“膏腴之地”，适宜屯田驻兵。北匈奴经由伊吾、车师可将势力扩展至西域腹地，东汉若能控制伊吾、车师，再联合乌孙，则可形成自敦煌至乌孙的战略防线（敦煌—伊吾—车师—乌孙），将北匈奴势力阻挡于西域之外。

---

① 《后汉书》卷八八《西域传》，第2914页。

不仅如此，伊吾、车师一线还是在西汉末已具雏形的北新道的主干线，对东汉政府交通西域北部诸国乃至更远的中亚诸国都有着重要意义。因此，汉匈双方皆将伊吾、车师地区视为“制西域”之关键，并为此展开反复的争夺。

图9-1 高昌故城（司豪强 摄）

东汉最早意识到伊吾、车师战略重要性的当数耿秉。《后汉纪·孝明皇帝纪下》记载永平十三年（70）耿秉提出对北匈奴作战方略，就将夺取伊吾、车师地区视为战争关键：

> 臣愚以为当先击白山，得伊吾，破车师，通使乌孙诸国，以断其右臂，未可先击匈奴也。伊吾亦有匈奴南呼衍一部，破此复为折其左角。观往者汉兵出，匈奴辄为乱。五单于争来，必不以五将出之故也。今可先击白山，以观其变，击匈奴未晚也。[①]

① ［晋］袁宏撰，张烈点校《后汉纪》卷一〇《孝明皇帝纪下》，北京：中华书局，2017年，第188页。

伊吾、蒲类海（今新疆巴里坤湖）是北匈奴呼衍王部驻牧之地，呼衍王部是北匈奴经略西域的核心力量。于是，耿秉计划击破呼衍王部，夺取伊吾，进军车师，再联合乌孙，斩断北匈奴伸向西域的“右臂”。

图9-2 巴里坤湖

永平十六年（73），东汉政府正式向北匈奴开战，汉军在西域执行的便是耿秉的战略方针。《后汉书·明帝纪》记载：

> （永平）十六年春二月，遣太仆祭肜出高阙，奉车都尉窦固出酒泉。……窦固破呼衍王于天山，留兵屯伊吾卢城。[①]
>
> 九月丁卯，诏令郡国中都官死罪系囚减死罪一等，勿笞，诣军营，屯朔方、敦煌；妻子自随，父母同产欲求从者，恣听之；女子嫁为人妻，勿与俱。谋反大逆无道不用

① 《后汉书》卷二《明帝纪》，第120页。

此书。[1]

（十七年）秋八月丙寅，令武威、张掖、酒泉、敦煌及张掖属国，系囚右趾已下任兵者，皆一切勿治其罪，诣军营。

冬十一月，遣奉车都尉窦固、驸马都尉耿秉、骑都尉刘张出敦煌昆仑塞，击破白山虏于蒲类海上，遂入车师。初置西域都护、戊己校尉。[2]

《后汉书·窦固传》记载：

明年，固与忠率酒泉、敦煌、张掖甲卒及卢水羌胡万二千骑出酒泉塞，……固、忠至天山，击呼衍王，斩首千余级。呼衍王走，追至蒲类海。留吏士屯伊吾卢城。……时诸将唯固有功，加位特进。明年，复出玉门击西域，诏耿秉及骑都尉刘张皆去符传以属固。固遂破白山，降车师。[3]

《后汉书·西域传》记载：

十六年，明帝乃命将帅，北征匈奴，取伊吾卢地，置宜禾都尉以屯田，遂通西域，于阗诸国皆遣子入侍。西域自绝六十五载，乃复通焉。明年，始置都护、戊己校尉。[4]

白山虏即呼衍王部[5]。永平十六年（73）、十七年（74）东汉军

---

① 《后汉书》卷二《明帝纪》，第121页。

② 《后汉书》卷二《明帝纪》，第122页。

③ 《后汉书》卷二三《窦固传》，第810页。

④ 《后汉书》卷八八《西域传》，第2909页。

⑤ 林幹《匈奴史》，呼和浩特：内蒙古人民出版社，2007年，第39页。

队的打击重点皆是盘踞伊吾、蒲类海一带的呼衍王部。通过这两次作战，东汉在西域暂时取得优势，得以占领车师、伊吾。

敦煌郡在东汉经略伊吾、车师的过程中扮演着不可或缺的角色。永平十六年（73）的作战，东汉从敦煌、酒泉、张掖三郡及卢水羌胡征兵，由酒泉或敦煌[①]出塞，夺取伊吾卢地[②]。《后汉书·明帝纪》称窦固“留兵屯伊吾卢城”，《后汉书·西域传》称“取伊吾卢地，置宜禾都尉以屯田”。又据敦煌文献S.367《沙州伊州地志》记载伊吾县：“本后汉伊吾屯，其城云是窦固所筑也。”[③]可见窦固在取伊吾卢地后于此筑伊吾屯城，并设置宜禾都尉驻兵屯田，以增强东汉对此地的控制。

永平十七年（74）的作战，敦煌郡的参与程度更高。在前期备战阶段，东汉政府曾两次增兵敦煌。第一次在永平十六年（73）九月，明帝令全国死囚减死一等，徙于敦煌、朔方。这些被发配的囚徒还可有家属随从，这种发配式的移民对于增加敦煌人口、增强敦煌军事力量都具有重要意义。第二次在永平十七年（74）八月，令包括敦煌在内的河西诸郡“系囚右趾已下任兵者”发配充军。东汉政府在敦煌郡的这两次增兵显然是针对接下来的西域战事。另外，此次汉军由敦煌出塞[④]，足见敦煌是东汉

① 《后汉纪·孝明皇帝纪下》记载永平十六年（73）窦固：“出敦煌昆仑塞，击南呼衍王。”与《后汉书·明帝纪》《后汉书·窦固传》记载的由酒泉出塞不同。

② 《后汉书·班超传》云：“十六年，奉车都尉窦固出击匈奴，以超为假司马，将兵别击伊吾，战于蒲类海，多斩首虏而还。”班超即在伊吾、蒲类海之役建功。

③ 图版参中国社会科学院历史研究所等编《英藏敦煌文献（汉文佛经以外部分）》第1卷，成都：四川人民出版社，1990年，第158页；录文参郑炳林《敦煌地理文书汇辑校注》，兰州：甘肃教育出版社，1989年，第67页。

④ 关于此次作战出塞地点，一说出玉门，一说出敦煌昆仑塞。关于玉门，敦煌郡有玉门关，酒泉郡有玉门县；关于昆仑塞，李并成认为昆仑塞约相当

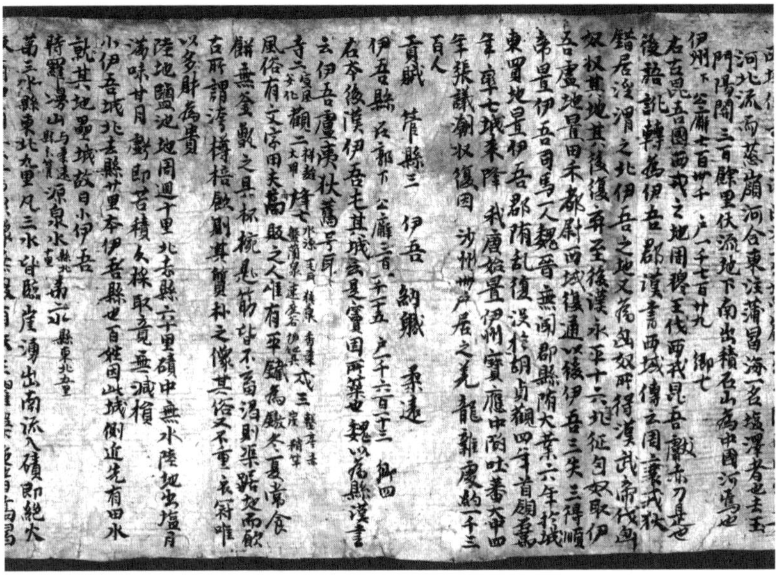

图9-3 S.367《沙州伊州地志》

经略西域名副其实的战略支点。

永平十七年（74），东汉再次在白山、蒲类海一带击破呼衍王部，入主车师。《后汉书·耿秉传》记载：

> 十七年夏，诏秉与固合兵万四千骑，复出白山击车师。车师有后王、前王，前王即后王之子，其廷相去五百余里。固以后王道远，山谷深，士卒寒苦，欲攻前王。秉议先赴后王，以为并力根本，则前王自服。固计未决。秉奋身而

（接上页）于甘肃安西县（今瓜州县）双塔农场至北干沟段，均位于疏勒河南岸。详见氏著《河西走廊历史地理》第1卷，兰州：甘肃人民出版社，1995年，第213页。若说此次是由酒泉玉门县出塞亦有可能，然从敦煌两次增兵来看，此次作战由敦煌出塞可能性更高。不论如何，永平十六年（73）、十七年（74）两次作战中当至少有一次是由敦煌昆仑塞出塞的，《后汉纪》《后汉书》不会凭空捏造汉军出敦煌昆仑塞的史实。

> 起曰："请行前。"乃上马，引兵北入，众军不得已，遂进。并纵兵抄掠，斩首数千级，收马牛十余万头。后王安得震怖，从数百骑出迎秉。……安得惶恐，走出门，脱帽抱马足降。秉将以诣固。其前王亦归命，遂定车师而还。[①]

《后汉书·耿恭传》记载：

> 永平十七年冬，骑都尉刘张出击车师，请恭为司马，与奉车都尉窦固及从弟驸马都尉秉破降之。始置西域都护、戊己校尉，乃以恭为戊己校尉，屯后王部金蒲城，谒者关宠为戊己校尉，屯前王柳中城，屯各置数百人。恭至部，移檄乌孙，示汉威德，大昆弥已下皆欢喜，遣使献名马，及奉宣帝时所赐公主博具，愿遣子入侍。恭乃发使赍金帛，迎其侍子。[②]

据考永平十七年（74）夏是明帝下诏时间，汉军击车师在是年冬[③]。具体时间应从《后汉书·明帝纪》记载之永平十七年（74）十一月[④]。光武帝时，车师附于匈奴[⑤]。故汉军打击北匈奴的同

---

①《后汉书》卷一九《耿秉传》，第717页。

②《后汉书》卷一九《耿恭传》，第720页。《后汉纪·孝明皇帝纪下》记载永平十七年："冬十月，窦固、耿秉将万余骑击车师，王请降。于是固奏置西域都护、戊己校尉。陈穆为都护，耿恭为戊己校尉，关宠为戊己校尉。恭屯金蒲城，宠屯折中城，相去千余里。恭乃移檄乌孙大昆弥，宣喻威德，皆遣使献马，求入侍天子。"此条史料与《后汉书·耿恭传》记载略同，可相参佐。

③ 余太山《两汉魏晋南北朝与西域关系史研究》，北京：商务印书馆，2011年，第98页。

④《后汉书》卷二《明帝纪》，第122页。

⑤《后汉书·西域传》"莎车国"条记载建武二十二年冬："鄯善王上书，愿

时，对其附属车师也采取了军事行动。《后汉书·西域传》记载：“前后部及东且弥、卑陆、蒲类、移支，是为车师六国。”[①]当时车师六国皆附于北匈奴，前部又附于后部[②]。窦固、耿秉先破后部，绝其根本，之后果真“其前王亦归命”，由此车师平定。

图9-4 云纹残瓦当（高昌故城东墙外） 东汉（采自祁小山、王博《丝绸之路·新疆古代文化》，第111页）

东汉政府平定车师后，在此地设置西域都护[③]、戊己校尉。耿恭、关宠皆为戊己校尉，耿恭屯车师后部金蒲城（一作“金满

(接上页) 复遣子入侍，更请都护。都护不出，诚迫于匈奴。天子报曰：‘今使者大兵未能得出，如诸国力不从心，东西南北自在也。’于是鄯善、车师复附匈奴，而贤益横。”《后汉书·西域传》“车师国”条云：“建武二十一年，与鄯善、焉耆遣子入侍，光武遣还之，乃附属匈奴。”

① 《后汉书》卷八六《西域传》，第2929页。

② 余太山认为建武二十一年（45）后，车师后部在匈奴支持下兼并前部。应是。详见氏著《两汉魏晋南北朝与西域关系史研究》，第98页。

③ 关于永平末西域都护陈睦的治所。《后汉书·明帝纪》记载：“焉耆、龟兹攻西域都护陈睦，悉没其众。”《后汉书·班超传》又载永元六年：“七月

城”，在今新疆吉木萨尔北护堡子），关宠屯车师前部柳中城（在今新疆鄯善西南鲁克沁）。于是，伊吾、金蒲城、柳中成为东汉经营西域的战略基地。东汉政府以车师为前沿基地，招揽乌孙等国附汉，暂时封堵了北匈奴经略西域的门户。

东汉在西域的屯兵据点，并不能实现自给自足，其军资还要仰仗内地供给。《后汉纪·孝章皇帝纪上》云：“耿恭遣吏范羌迎军资于燉煌，羌还，与大军俱西。”[①]《后汉书·耿恭传》亦云：“先是恭遣军吏范羌至敦煌迎兵士寒服，羌因随王蒙军俱出塞。”[②]可见车师地区驻留的汉军须从敦煌郡获取寒服等军资。当然这些军资未必皆由敦煌郡承担，敦煌郡主要是充当内地军资

（接上页）晦，到焉耆，去城二十里，营大泽中。……遂叱吏士收广、汎等于陈睦故城斩之。”这两条史料似表明永平末所置西域都护当治于焉耆、龟兹附近，否则何以二国能轻易攻灭都护。又从班超杀焉耆王广等于“陈睦故城”来看，陈睦故城似与班超彼时驻地不远，即西域都护陈睦驻地当在焉耆国附近。余太山推测西域都护陈睦的治所很可能在西汉时西域都护的治所乌垒城（参见氏著《两汉魏晋南北朝与西域关系史研究》，第111页）。乌垒城属龟兹，而又距焉耆不远，该说似有成立的可能性。然不可忽略的是龟兹为坚定的北匈奴附庸，班超历十余年方能平定龟兹，因此我们认为西域都护陈睦治龟兹乌垒城之说难以成立。又据《后汉纪·孝明皇帝纪下》记载：“三月，北匈奴左鹿蠡王将二万骑，率焉耆、龟兹来攻车师，王安得死。焉耆、龟兹杀都护陈穆、副校尉郭恂，遂攻金蒲城。”《后汉书·班勇传》亦云：“昔永平之末，始通西域，初遣中郎将居敦煌，后置副校尉于车师。”西域副校尉为西域都护之副贰，陈睦、郭恂又同时遇害，说明西域都护与西域副校尉同治一地。西域副校尉既置于车师，则西域都护理当同治车师。另，北匈奴率焉耆、龟兹来犯车师，先斩杀后王安得，又杀都护、副校尉，再攻后部之金蒲城。这表明北匈奴与焉耆、龟兹联军未出车师后部，则西域都护陈睦当治车师后部。联系到后王死后，陈睦紧接着被害，中间不见围城攻击记载，故推测西域都护陈睦即治于车师后部王城务涂谷。

① 《后汉纪》卷一一《孝章皇帝纪上》，第205页。

② 《后汉书》卷一九《耿恭传》，第722页。

的中转站。过去西汉政府为经营西域在敦煌郡修建中转仓库——居卢訾仓及配套的漕运工程，到东汉时这些运输渠道及居卢訾仓应当还在继续发挥作用。

永平十八年（75）二月，窦固等率汉军主力班师，三月：

> 北匈奴左鹿蠡王将二万骑，率焉耆、龟兹来攻车师，王安得死。焉耆、龟兹杀都护陈穆、副校尉郭恂，遂攻金蒲城。[①]

北匈奴联合焉耆、龟兹二国攻灭车师后王安得、西域都护陈睦（又作“穆”），继而攻耿恭于金蒲城。《后汉书·耿恭传》记载：

> 恭乘城搏战，以毒药传矢。传语匈奴曰：“汉家箭神，其中疮者必有异。”因发强弩射之。虏中矢者，视创皆沸，遂大惊。会天暴风雨，随风击之，杀伤甚众。匈奴震怖，相谓曰：“汉兵神，真可畏也！”遂解去。[②]

北匈奴此次出兵未竟全功。戊己校尉耿恭后率部转移至疏勒城。七月，“匈奴复来攻恭”[③]，又被击退。不久，北匈奴第三次进攻车师。《后汉书·耿恭传》记载：

> 时焉耆、龟兹攻殁都护陈睦，北虏亦围关宠于柳中。会显宗崩，救兵不至，车师复畔，与匈奴共攻恭。恭厉士众击走之。后王夫人先世汉人，常私以虏情告恭，又给以粮

① 《后汉纪》卷一〇《孝明皇帝纪下》，第195页。
② 《后汉书》卷一九《耿恭传》，第720页。
③ 《后汉书》卷一九《耿恭传》，第721页。

> 饷。数月，食尽穷困……而稍稍死亡，余数十人。……单于大怒，更益兵围恭，不能下。[①]

此次北匈奴进攻车师大约在明帝驾崩的八月前后，双方僵持、交战持续了数月时间，因车师倒向北匈奴，北匈奴势力更盛，同时耿恭已成孤军。东汉政府方面，恰逢明帝驾崩以致救兵迟迟不至。幸有车师后王夫人相助，耿恭能够知悉敌情并获得粮饷支援，才得以坚守数月。

关于东汉政府对戊己校尉的援救，《后汉书·郑众传》记载明帝：

> 乃复召众为军司马，使与虎贲中郎将马廖击车师。至敦煌，拜为中郎将，使护西域。会匈奴胁车师，围戊己校尉，众发兵救之。迁武威太守，谨修边备，虏不敢犯。[②]

马廖与郑众击车师是奉明帝诏令。明帝平定车师是在永平十七年（74）十一月，驾崩是在永平十八年（75）八月。其间发生在车师的战事包括窦固、耿秉平定车师之战及前两次北匈奴攻车师之战。前两次北匈奴攻车师，就是攻击东汉设置在车师的西域都护及戊己校尉。这符合传文所载“会匈奴胁车师、围戊己校尉”情况，如此马廖与郑众“击车师”显然在北匈奴进攻戊己校尉之前，即其与永平十七年（74）十一月窦固、耿秉平定车师之战同属一事[③]。又据传文，耿恭遭北匈奴攻击之时，中郎将郑众自敦

---

① 《后汉书》卷一九《耿恭传》，第721页。

② 《后汉书》卷三六《郑众传》，第1225页。

③ 刘光华观点与此相悖，认为永平十七年（74）十一月平定车师之战“将领非马廖、郑众，出击之时尚未在西域置都护、校尉官，与上引《郑众传》文

煌发兵救援。由上已知，永平末北匈奴攻击戊己校尉大致有三次，分别发生于永平十八年（75）三月、七月、八月前后。八月前后北匈奴对戊己校尉耿恭的作战，《后汉书·耿恭传》称“会显宗崩，救兵不至”，事实上直到建初元年（76）正月，章帝所遣援兵才抵车师[①]。此次赴车师救援亦未见郑众领兵参与，加之在耿恭撤回敦煌玉门关后，“中郎将郑众为恭已下洗沐易衣冠”[②]。这表明郑众发兵救援戊己校尉不在八月前后那次，基本可限定在前两次北匈奴进犯之际[③]。这两次作战据《后汉书·耿恭传》记载皆是耿恭独立退敌，然不排除其曾向敦煌求援的可能。七月战事规模不详，以现有记载看，三月战事中北匈奴出动

（接上页）似不符合”。该说出现“不符合”，原因是刘氏将马廖、郑众“击车师”与“会匈奴胁车师，围戊己校尉，众发兵救之”混为一谈。须明确这是两个事件。前者有马廖参与，后者没有。后者郑众发兵救戊己校尉时，西域已置都护、戊己校尉，而前者马廖、郑众发兵“击车师”并未显示西域已置都护、戊己校尉。至于十七年（74）平车师时领军将领中未见马廖、郑众，推测应与二人并未参战有关。《后汉书·郑众传》虽称明帝使马廖、郑众“击车师”，然从“至敦煌，拜为中郎将，使护西域”观之，马廖、郑众二人抵达敦煌时，车师已然平定。否则若二人抵达车师作战，此处记载应以“还至敦煌”为宜。由此，郑众、马廖奉明帝命令征讨车师应是作为窦固等征车师的后援，只是当郑众、马廖到敦煌时，车师已然平定，因此明帝改任郑众为中郎将，使护西域。参见氏著《论东汉敦煌在中原与西域关系中之重要地位》，敦煌文物研究所编《1983年全国敦煌学术讨论会文集：文史·遗书编（上册）》，兰州：甘肃人民出版社，1987年，第31—32页。

① 《后汉书》卷一九《耿恭传》，第722页。

② 《后汉书》卷一九《耿恭传》，第722—723页。

③ 郑众既发兵救之，为何《后汉书·耿恭传》却称“救兵不至”？余太山认为郑众的救兵可能是得悉明帝去世后中途撤回。余氏似将永平十八年（75）北匈奴的三次进犯混淆为一次进行讨论。由此未能详察所谓“救兵不至”仅仅是针对北匈奴第三次进犯而言，而并非前两次北匈奴进犯也出现“救兵不至”。详见氏著《两汉魏晋南北朝与西域关系史研究》，第99页。

"二万骑"，又挟焉耆、龟兹二国之兵，在此危势下，耿恭求援，郑众出兵救援的可能性更大。只是很可能当援兵抵达时，耿恭已然击退敌军，援兵遂撤还。或是北匈奴见敦煌援兵即将抵达，撤兵"解去"[①]。

明帝驾崩之际，北匈奴趁机发动第三次攻击[②]，车师遂顺势降于北匈奴。帝位更迭致使救援戊己校尉之事搁浅。章帝即位后，朝中对救援西域存在反对意见，最终司徒鲍昱力排众议，提出救援方案。《后汉书·耿恭传》记载：

> 司徒鲍昱议曰："……匈奴如复犯塞为寇，陛下将何以使将？又二部人裁各数十，匈奴围之，历旬不下，是其寡弱尽力之効也。可令敦煌、酒泉太守各将精骑二千，多其幡帜，倍道兼行，以赴其急。……"帝然之。乃遣征西将军耿秉屯酒泉，行太守事；遣秦彭与谒者王蒙、皇甫援发张掖、酒泉、敦煌三郡及鄯善兵，合七千余人，建初元年正月，会柳中击车师，攻交河城，斩首三千八百级，获生口三千余人，驼驴马牛羊三万七千头。北虏惊走，车师复降。[③]

此次援军的组成部分，《后汉书·章帝纪》仅言"酒泉太守段彭"[④]，《后汉纪·孝章皇帝纪上》称"敦煌太守王遵、酒泉太守段彭将兵五千人破车师"[⑤]，《后汉书·耿恭传》称"遣秦彭

---

① 我们认为后者可能性更大。耿恭破敌解围的过程颇具传奇色彩，按理说北匈奴面临耿恭所据孤城不应当轻易解围，故推测应是北匈奴在郑众援兵到达前，主动解围撤退。

② 《后汉纪·孝明皇帝纪下》云："匈奴闻中国有丧，遂复围之。"

③ 《后汉书》卷一九《耿恭传》，第721—722页。

④ 《后汉书》卷三《章帝纪》，第130页。

⑤ 《后汉纪》卷一一《孝章皇帝纪上》，第205页。

与谒者王蒙、皇甫援发张掖、酒泉、敦煌三郡及鄯善兵，合七千余人”。三条史料中尤以《后汉书·章帝纪》记载最简略，遗漏细节最多。以《后汉书·耿恭传》记载最详，今采之。但无论如何，敦煌太守王遵率敦煌郡兵参战是没有问题的，至于敦煌出兵数量是否符合鲍昱建言的“精骑二千”则难以确定。

关于敦煌等数支汉军救援两位戊己校尉的后续，《后汉纪·孝章皇帝纪上》记载：

> 耿恭遣吏范羌迎军资于燉煌，羌还，与大军俱西。及车师破，诸将欲还，羌请迎恭，诸将不肯。羌固请之，乃分兵二千人，至疏勒城。城中夜闻兵声，以为虏至，皆恐。羌呼曰：“我范羌也。汉兵来相迎。”恭等皆称万岁。乃开城门，恭见，悲喜垂涕相持。明日，随军俱还燉煌，吏士余十三人。关宠病死，以丧归。西域遂绝。[①]

最终戊己校尉关宠未及汉军来援便已病故，耿恭属下范羌率军到达疏勒城，迎回耿恭，戊己校尉残部与汉军援军得以撤回敦煌。章帝建初元年（76），“不欲疲敝中国以事夷狄，乃迎还戊己校尉，不复遣都护”[②]。二年（77），东汉“复罢屯田伊吾，匈奴因遣兵守伊吾地。时军司马班超留于阗，绥集诸国”[③]。于是，车师复降于北匈奴，伊吾也再度沦为北匈奴驻牧地。西域在很长一段时间内仅余班超在孤立无援的境地下艰难经营。

班超经略西域奉行“以夷狄攻夷狄”[④]策略。与此前汉朝先

①《后汉纪》卷一一《孝章皇帝纪上》，第205页。
②《后汉书》卷八九《西域传》，第2909—2910页。
③《后汉书》卷八八《西域传》，第2910页。
④《后汉书》卷四七《班超传》，第1576页。

集结河西乃至中原军队、物资，后以敦煌为基地向西进攻不同，班超主要是利用于阗、疏勒等附汉诸国的军队，从西域（狭义）西部向东进攻。因此汉朝经敦煌向西域输兵支援班超的力度相对较小。

和帝永元二年（90）五月“己未，遣副校尉阎磐讨北匈奴，取伊吾卢地”[①]。阎磐进攻路线史未明言，然伊吾邻近敦煌郡，汉军攻击伊吾最便捷的路线就是从敦煌郡出塞。《后汉书·南匈奴传》记载永元三年（91），金微山之役，北单于逃遁后：

> 其弟右谷蠡王於除鞬自立为单于，将右温禺鞬王、骨都侯已下众数千人，止蒲类海，遣使款塞。大将军窦宪上书，立於除鞬为北单于，朝廷从之。四年，遣耿夔即授玺绶，赐玉剑四具，羽盖一驷，使中郎将任尚持节卫护屯伊吾，如南单于故事。……五年，於除鞬自畔还北，帝遣将兵长史王辅以千余骑与任尚共追诱将还斩之，破灭其众。[②]

这时期东汉恢复伊吾屯兵，并使中郎将任尚居伊吾，监视驻牧蒲类海的北匈奴於除鞬。《后汉书·西域传》记载顺帝：“复令开设屯田如永元时事，置伊吾司马一人。”[③]亦可佐证和帝永元时期，东汉已恢复伊吾屯田。另外於除鞬与东汉政府互遣使者应当经过敦煌郡。

《后汉书·西域传》记载：“和帝永元二年，大将军窦宪破北

---

① 《后汉书》卷四《和帝纪》，第170页。《后汉书·西域传》记载更详：“二年，宪因遣副校尉阎槃将二千余骑掩击伊吾，破之。”

② 《后汉书》卷八九《南匈奴传》，第2954页。

③ 《后汉书》卷八八《西域传》，第2912页。

匈奴，车师震慑，前后王各遣子奉贡入侍，并赐印绶金帛。”[①]车师前部、后部在窦宪大破北匈奴、阎磐复夺伊吾的背景下，顺势归降。东汉政府遂也在车师前部、后部恢复屯田机构。

《后汉书·西域传》记载：

> （永元）八年，戊己校尉索頵欲废后部王涿鞮，立破虏侯细致。涿鞮忿前王尉卑大卖己，因反击尉卑大，获其妻子。明年，汉遣将兵长史王林，发凉州六郡兵及羌（虏）胡二万余人，以讨涿鞮，获首虏千余人。涿鞮入北匈奴，汉军追击，斩之，立涿鞮弟农奇为王。[②]

敦煌文献P.2625《敦煌名族志》亦载：“后汉有索頵，明帝永平中为西域代〔戊〕己校尉，居高昌城。”[③]此处虽误将索頵任职年代记到明帝时期，然可佐证东汉确有敦煌索頵任戊己校尉于高昌。永元八年（96）七月，车师后部涿鞮叛汉后不久，“八月辛酉，饮酎。诏郡国中都官系囚减死一等，诣敦煌戍”[④]。次年（97），东汉又征发凉州六郡兵，平定车师之叛。推测其出兵路线当是出敦煌经伊吾至车师（北新道）。此次车师后部叛乱事件亦与北匈奴有关，下文另有详述，此不赘言。

《后汉书·李恂传》记载李恂：

① 《后汉书》卷八八《西域传》，第2929页。
② 《后汉书》卷八八《西域传》，第2929—2930页。
③ 图版参上海古籍出版社等编《法藏敦煌西域文献》第16册，上海：上海古籍出版社，2001年，第331页；录文参郑炳林《敦煌地理文书汇辑校注》，第112页。
④ 《后汉书》卷四《和帝纪》，第182页。

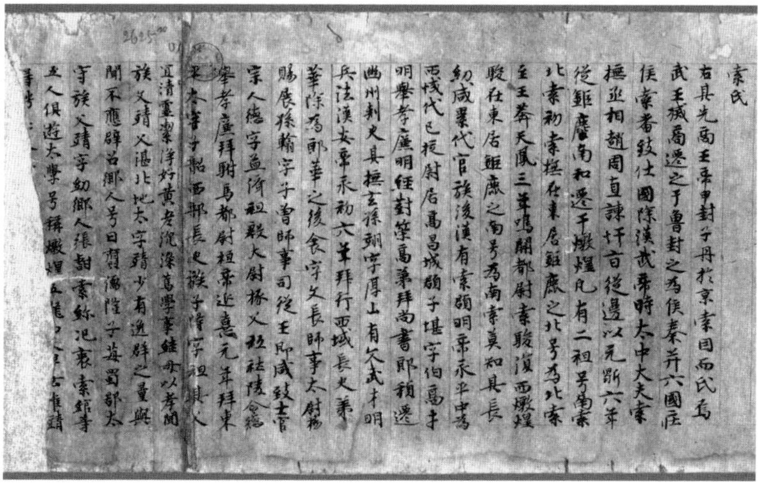

图9-5 P.2625《敦煌名族志》

> 后复征拜谒者，使持节领西域副校尉。……北匈奴数断西域车师、伊吾，陇沙以西使命不得通，恂设购赏，遂斩虏帅，悬首军门。自是道路夷清，威恩并行。[①]

李恂任西域副校尉的时间可大致限定在永元五年至延平元年（93—106）间，至于“遂斩虏帅，悬首军门”事当发生在永元十六年（104）前[②]。可见和帝时期的北匈奴除与涿鞮叛汉事件有纠葛之外，还曾与汉朝发生直接冲突。从其一度切断敦煌与伊吾、车师之间的交通来看，北匈奴显然是意图重新夺回车师、伊吾地区。但李恂斩杀“虏帅”，使敦煌通伊吾、车师“道路夷清”，巩固了东汉政府对两地的统治。

殇帝延平元年（106）冬，西域诸国反叛[③]。永初元年（107），

---

① 《后汉书》卷五一《李恂传》，第1683—1684页。

② 关于李恂任西域副校尉时间的考证，详见下文。

③ 《后汉纪》卷一五《孝殇皇帝上》，第299页。

东汉政府“遂罢都护，遣骑都尉王弘发关中兵迎慬、禧、博及伊吾卢、柳中屯田吏士”[①]。北匈奴遂重据伊吾、车师地区，侵寇敦煌及河西长达十余年。《后汉书·西域传》记载：

> 北匈奴即复收属诸国，共为边寇十余岁。敦煌太守曹宗患其暴害，元初六年，乃上遣行长史索班，将千余人屯伊吾以招抚之，于是车师前王及鄯善王来降。数月，北匈奴复率车师后部王共攻没班等，遂击走其前王。[②]

安帝元初六年（119），敦煌太守曹宗为遏制北匈奴寇边活动，上书安帝重夺伊吾，使“行长史索班，将千余人屯伊吾”，并以此为据点招引西域诸国来附。于是，伊吾成为敦煌郡抵御北匈奴的战略纵深和外延据点，车师前部也在此时重新附汉。

《后汉书·西域传》记载永宁元年（120）：“后王军就及母沙麻反畔，杀后部司马及敦煌行事。”[③]对此李贤等注云：“司马即属戊校尉所统也。和帝时，置戊己校尉，镇车师后部。行事谓前行长史索班。”[④]永初元年（107）东汉撤出西域后，“北匈奴即复收属诸国”，并联兵寇边十余年。如此车师后部早已归降北匈奴，既不属汉，何以称其在永宁元年（120）叛汉？对此余太山认为索班屯伊吾后，前来归附的不仅有车师前部，还有车师后部，后部降后，东汉于其地置司马以镇抚之。因后部旋叛，故《后汉书·西域传》不载后部来降[⑤]。此说应是。

---

① 《后汉书》卷四七《梁慬传》，第1591—1592页。
② 《后汉书》卷八八《西域传》，第2911页。
③ 《后汉书》卷八八《西域传》，第2930页。
④ 《后汉书》卷八八《西域传》，第2930页。
⑤ 余太山《两汉魏晋南北朝与西域关系史研究》，第101页。

此次敦煌郡主导的伊吾屯兵、拉拢车师行动，仅仅持续“数月”便在北匈奴与车师后部的联合打击下宣告失败。“其后匈奴果数与车师共入寇钞，河西大被其害”[①]，直到安帝延光二年(123)，东汉政府开始重新经略西域。《后汉书·班勇传》记载：

> 延光二年夏，复以勇为西域长史，将兵五百人出屯柳中。明年正月，勇至楼兰，以鄯善归附，特加三绶。而龟兹王白英犹自疑未下，勇开以恩信，白英乃率姑墨、温宿自缚诣勇降。勇因发其兵步骑万余人到车师前王庭，击走匈奴伊蠡王于伊和谷，收得前部五千余人，于是前部始复开通。还，屯田柳中。
>
> 四年秋，勇发敦煌、张掖、酒泉六千骑及鄯善、疏勒、车师前部兵击后部王军就，大破之。首虏八千余人，马畜五万余头。捕得军就及匈奴持节使者，将至索班没处斩之，以报其耻，传首京师。永建元年，更立后部故王子加特奴为王。勇又使别校诛斩东且弥王，亦更立其种人为王，于是车师六国悉平。[②]

西域长史班勇经营西域，选择的战略支点仍是车师前部柳中城。为实现这一战略意图，班勇西出敦煌后，先招抚鄯善、龟兹等国附汉，又借助“其兵步骑万余人”进攻车师前部，击走盘踞此地的北匈奴伊蠡王。最终得以占据前部，屯田柳中。延光四年(125)，班勇又征发敦煌等三郡兵及鄯善、车师前部等附汉诸国兵攻破车师后部，到顺帝永建元年（126），东汉重新控制车师

---

① 《后汉书》卷四七《班勇传》，第1589页。

② 《后汉书》卷四七《班勇传》，第1589—1590页。

六国。

“索班没处”即指伊吾[1]，班勇率军复至伊吾，并于该地斩杀车师后王军就与匈奴持节使者。然东汉政府并未急于恢复伊吾屯田，直到永建六年（131），“帝以伊吾旧膏腴之地，傍近西域，匈奴资之，以为钞暴，复令开设屯田如永元时事，置伊吾司马一人”[2]。至此，东汉政府再次以敦煌郡为基地西出西域，取得对车师六国及伊吾地区的控制权，并恢复了屯田机构的设置。此后北匈奴始终未曾放弃对车师、伊吾地区的觊觎，敦煌郡也在东汉政府与北匈奴对抗的过程中发挥了更加显著的作用。《后汉书·西域传》记载：

> 四年春，北匈奴呼衍王率兵侵后部，帝以车师六国接近北虏，为西域蔽扞，乃令敦煌太守发诸国兵，及玉门关候、伊吾司马，合六千三百骑救之，掩击北虏于勒山，汉军不利。秋，呼衍王复将二千人攻后部，破之。桓帝元嘉元年，呼衍王将三千余骑寇伊吾，伊吾司马毛恺遣吏兵五百人于蒲类海东与呼衍王战，悉为所没，呼衍王遂攻伊吾屯城。夏，遣敦煌太守司马达将敦煌、酒泉、张掖属国吏士四千余人救之，出塞至蒲类海，呼衍王闻而引去，汉军无功而还。
>
> 永兴元年，车师后部王阿罗多与戊部候严皓不相得，遂忿戾反畔，攻围汉屯田且固城，杀伤吏士。后部候炭遮领余人畔阿罗多诣汉吏降。阿罗多迫急，将其母妻子从百余

① 索班在伊吾屯兵被北匈奴、车师后部攻灭。

② 《后汉书》卷八八《西域传》，第2912页。S.367《沙州伊州地志》记载：“顺帝置伊吾司马一人。”图版参中国社会科学院历史研究所等编《英藏敦煌文献（汉文佛经以外部分）》第1卷，成都：四川人民出版社，1990年，第158页；录文参郑炳林《敦煌地理文书汇辑校注》，第67页。

> 骑亡走北匈奴中，敦煌太守宋亮上立后部故王军就质子卑君为后部王。后阿罗多复从匈奴中还，与卑君争国，颇收其国人。戊校尉阎详虑其招引北虏，将乱西域，乃开信告示，许复为王，阿罗多乃诣详降。于是收夺所赐卑君印绶，更立阿罗多为王，仍将卑君还敦煌，以后部人三百帐别属役之，食其税。①

《裴岑纪功碑》记载：

> 惟汉永和二年八月，敦煌太守云中裴岑将郡兵三千人，诛呼衍王等，斩馘部众，克敌全师。除西域之疢，蠲四郡之害，边竟艾安，振威到此。②

以上这两段史料大致记载了东汉与北匈奴争夺伊吾、车师的四个事件：其一，顺帝阳嘉四年（135），北匈奴呼衍王进攻车师后部，“敦煌太守发诸国兵，及玉门关候、伊吾司马”救援，呼衍王胜；其二，顺帝永和二年（137），敦煌太守裴岑率敦煌郡兵击杀北匈奴呼衍王，“克敌全师”；其三，桓帝元嘉元年（151），呼衍王攻击伊吾，伊吾司马毛恺战败保城，敦煌太守马达（司马达）率“敦煌、酒泉、张掖属国吏士四千余人救之”，呼衍王退走；其四，桓帝永兴元年（153），车师后王阿罗多叛乱，敦煌太守宋亮议立新王卑君，阿罗多复与卑君争国，之后卑君失败，率“后部人三百帐”迁居敦煌。这四个事件中的敦煌太守或为伊吾、车师地区抵御北匈奴的前线最高指挥，或能左右车师后王的

---

①《后汉书》卷八八《西域传》，第2930—2931页。

②［清］徐松著，朱玉麒整理《西域水道记（外二种）》，北京：中华书局，2005年，182页。

废立。由此观之，至少在阳嘉四年至永兴元年（135—153）这一时期，敦煌郡尤其是敦煌太守在东汉经略伊吾、车师过程中扮演了极为重要的角色，甚至可以说敦煌太守在处理伊吾、车师事务方面已占据主导地位，这一点在此前并不明显。阿罗多重新附汉后，东汉经敦煌对伊吾、车师的经略史不见载，仅知车师的附汉立场一直持续到东汉末年[①]。

东汉政府与北匈奴争夺伊吾、车师，实际上也是在争夺北新道的控制权，《汉书·西域传下》记载：

> 元始中，车师后王国有新道，出五船北，通玉门关，往来差近，戊己校尉徐普欲开以省道里半，避白龙堆之阸。车师后王姑句以道当为拄置，心不便也。地又颇与匈奴南将军地接，普欲分明其界然后奏之，召姑句使证之，不肯，系之。[②]

这条新道最迟在西汉末年已经出现，它不仅较之旧北道“往来差近”，还能绕开白龙堆沙漠，更便于通行。只是由于当时沿途供应问题还未得到妥善解决，故此北新道很可能还不具备官方通道的性质，这种情况在西汉末至新莽时期是否发生改变不得而知。

---

①《后汉书·西域传》“疏勒国”条记载建宁三年：“凉州刺史孟佗遣从事任涉将敦煌兵五百人，与戊司马曹宽、西域长史张晏，将焉耆、龟兹、车师前后部，合三万余人，讨疏勒。”足见建宁三年（170）车师前后部仍附于东汉，并参与东汉在西域主导的军事行动。又《后汉书·赵谦传》载：“献帝迁都长安，以谦行车骑将军，为前置。明年病罢。复为司隶校尉。车师王侍子为董卓所爱，数犯法，谦收杀之。”献帝迁长安在初平元年（190），“明年”即初平二年（191），此年车师尚有人侍质子，可证车师直到东汉末年依旧附汉。

②［汉］班固撰，［唐］颜师古注《汉书》卷九六下《西域传下》，北京：中华书局，1962年，第3924页。

但是东汉政府经营西域、攻击北匈奴之初，选择以伊吾、车师为突破点很可能也有贯通、巩固北新道的考虑。尤其是随着伊吾筑城、屯田活动的开展，势必会保障东汉经敦煌、伊吾至车师通道的畅通。李正宇、李并成认为东汉时期，随着北新道的开通，东汉政府在敦煌郡东部的冥安县新置玉门关[①]。如此说成立，则东汉政府对北新道的经营还促成了玉门关的东移。即一方面敦煌郡是东汉政府经略北新道的前沿基地，另一方面北新道的贯通也反过来对敦煌郡产生重要影响。也就是说敦煌郡与北新道之伊吾、车师的关系是相互作用、相互影响。

图9-6 草城遗址[②]
（采自甘肃省地方史志编纂委员会编《甘肃省志·文物志》，第147页）

① 参见李正宇《新玉门关考》，《敦煌研究》1997年第3期，第1—13页；李并成《东汉中期至宋初新旧玉门关并用考》，《西北师大学报（社会科学版）》2003年第4期，第103—106页。

② 位于今瓜州县锁阳城镇北桥子村长沙岭东南8千米处风蚀台地中，推测其为汉代敦煌郡冥安县北部重要的军防设施与农牧业管理机构。

第二节 东汉经敦煌对鄯善、于阗、莎车等南道诸国的经营

鄯善、于阗、莎车皆为西域南道之国。莎车在东汉初年强盛一时，慑服诸国，却旋即败亡。此后鄯善、于阗分据东、西，控制南道[①]。

鄯善在光武帝建武十四年（38）与莎车“并遣使诣阙贡献”[②]，后因莎车威逼，又于二十一年（45）遣使请求东汉政府设置西域都护，光武帝不许。这些遣使应当皆经敦煌入朝。鄯善与敦煌郡的直接交集是在光武帝拒绝派遣西域都护后不久，《后汉书·西域传》记载建武二十一年（45）：

> 诸国闻都护不出，而侍子皆还，大忧恐，乃与敦煌太守檄，愿留侍子以示莎车，言侍子见留，都护寻出，冀且息

① 关于南道，《后汉书·西域传》云：“自鄯善踰葱岭出西诸国，有两道。傍南山北，陂河西行至莎车，为南道。”《三国志》裴松之注引《魏略·西戎传》云：“从玉门关西出，经婼羌转西，越葱岭，经县度，入大月氏，为南道。”

②《后汉书》卷八八《西域传》，第2923页。

> 其兵。裴遵以状闻，天子许之。二十二年，贤知都护不至，遂遗鄯善王安书，令绝通汉道。安不纳而杀其使。贤大怒，发兵攻鄯善。安迎战，兵败，亡入山中。贤杀略千余人而去。……鄯善、焉耆诸国侍子久留敦煌，愁思，皆亡归。鄯善王上书，愿复遣子入侍，更请都护。都护不出，诚迫于匈奴。天子报曰："今使者大兵未能得出，如诸国力不从心，东西南北自在也。"于是鄯善、车师复附匈奴，而贤益横。①

鄯善最初是西域亲汉势力的代表，因此两度请求东汉设置西域都护。后莎车逼迫甚急，东汉无暇西顾，鄯善只得附于匈奴。在此之前，鄯善即便面临莎车威逼也仍维持着"通汉道"的畅通，这里的"通汉道"当指鄯善经敦煌进入中原之路。另外，从鄯善侍

图9-7 "望四海富贵寿为国庆"锦（楼兰故城东北孤台墓地） 东汉（采自祁小山、王博《丝绸之路·新疆古代文化》，第31页）

①《后汉书》卷八八《西域传》，第2924页。

子“久留敦煌”来看，鄯善也是“与敦煌太守檄，愿留侍子”于敦煌的诸国之一。由此，鄯善与敦煌的初次直接交集就是鄯善请求敦煌太守留其侍子。

《后汉书·西域传》记载：

> 建武末，莎车王贤强盛，攻并于阗……明帝永平中，于阗将休莫霸反莎车，自立为于阗王。休莫霸死，兄子广德立，后遂灭莎车，其国转盛。从精绝西北至疏勒十三国皆服从。而鄯善王亦始强盛。自是南道自葱岭以东，唯此二国为大。①

莎车在光武帝时称霸西域（狭义），当时西域唯有匈奴可与之分庭抗礼。明帝永平三年（60），于阗休莫霸反叛莎车，“自立为于阗王”②。四年（61），于阗兼并莎车，鄯善、于阗遂在西域南道崛起。同传又载：“贤死之后，遂更相攻伐。小宛、精绝、戎庐、且末为鄯善所并。渠勒、皮山为于阗所统，悉有其地。”③尽管这些被吞并的诸国其后“并复立”④，但鄯善、于阗两国称霸南道的格局始终不曾改变，甚至延续到曹魏时期⑤。

明帝永平十六年（73），窦固“遣从事郭恂、假司马班超使西域”⑥。班超出使西域的首站为鄯善，其次就是于阗。时二国

① 《后汉书》卷八八《西域传》，第2915—2916页。
② 《后汉书》卷八八《西域传》，第2925页。
③ 《后汉书》卷八八《西域传》，第2909页。
④ 《后汉书》卷八八《西域传》，第2909页。
⑤ 《三国志》裴松之注引《魏略·西戎传》云：“南道西行，且志国、小宛国、精绝国、楼兰国皆并属鄯善也。戎卢国、扜弥国、渠勒国、皮山国皆并属于阗。”可见此后鄯善、于阗应长期控制南道直至曹魏时期。
⑥ 《后汉纪》卷一〇《孝明皇帝纪下》，第192页。

图9-8 萧绎《职贡图》末国使[1]

已附北匈奴，班超在鄯善趁夜斩杀北匈奴使者，后“召鄯善王广，以虏使首示之，一国震怖。超晓告抚慰，遂纳子为质”[2]。当时的于阗“雄张南道，而匈奴遣使监护其国”[3]。班超到后，又斩杀其国中之“巫”，将其首级送于阗王广德。“广德素闻超

① 南北朝时期的末国即两汉时期的且末国。
②《后汉书》卷四七《班超传》，第1573页。
③《后汉书》卷四七《班超传》，第1573页。

在鄯善诛灭虏使，大惶恐，即攻杀匈奴使者而降超”[①]。至此，鄯善、于阗皆降于东汉。

章帝建初元年（76），杨终上书：

图9-9 “君宜高官”铜镜（楼兰LK古城北墓地） 东汉

（采自祁小山、王博《丝绸之路·新疆古代文化》，第31页）

自永平以来，仍连大狱……家属徙边。加以北征匈奴，西开三十六国，频年服役，转输烦费。又远屯伊吾、楼兰、车师、戊己，民怀土思，怨结边域。……今伊吾之役，楼兰之屯，久而未还，非天意也。[②]

① 《后汉书》卷四七《班超传》，第1573页。

② 《后汉书》卷四八《杨终传》，第1597—1598页。

可见明帝永平十六年（73）开通西域后，东汉政府开始在鄯善国楼兰城驻兵屯田，此事当在班超平定鄯善之后。关于敦煌与鄯善屯田的联系，《水经注·河水二》记载：

> 敦煌索劢，字彦义，有才略，刺史毛奕表行贰师将军，将酒泉、敦煌兵千人，至楼兰屯田。起白屋，召鄯善、焉耆、龟兹三国兵各千，横断注滨河。河断之日，水奋势激，波陵冒堤。劢厉声曰：王尊建节，河堤不溢，王霸精诚，呼沱不流。水德神明，古今一也。劢躬祷祀，水犹未减，乃列阵被杖，鼓噪欢叫，且刺且射，大战三日，水乃回减，灌浸沃衍，胡人称神。大田三年，积粟百万，威服外国。[①]

学界对索劢屯田楼兰的研究颇多[②]，关于此次屯田时间大致可归纳为东汉说、魏末晋初说、西晋说三种[③]。从焉耆、龟兹出兵参与楼兰屯田看，索劢屯田的时间应不在永平末，因为彼时焉耆、龟兹尚未附汉[④]。尽管这段材料所反映史实当不在永平末，但索

---

① ［北魏］郦道元著，陈桥驿校证《水经注校证》卷二《河水》，北京：中华书局，2007年，第37页。

② 关于索劢屯田楼兰的主要研究有：陈连庆《东汉的屯田制》，《东北师范大学科学集刊》1957年第3期，第100—124页；林梅村《楼兰国始都考》，《文物》1995年第6期，第79—85页、100页；李宝通《敦煌索劢楼兰屯田时限探赜》，《敦煌研究》2002年第1期，第73—80页、112页；王子今《说索劢楼兰屯田射水事》，《甘肃社会科学》2013年第6期，第75—78页、87页；谢振华《楼兰简纸文书西晋纪年中断始末》，《中国边疆史地研究》2020年第1期，第50—51页。

③ 谢振华《楼兰简纸文书西晋纪年中断始末》，《中国边疆史地研究》2020年第1期，第44—55页。

④ 余太山亦持此说，并认为索劢屯田楼兰可能是和帝时事。详见氏著《两汉魏晋南北朝与西域关系史研究》，第115—116页。

励屯田楼兰大致不出东汉至西晋这段时期，因此这段史实可从侧面印证鄯善屯田离不开敦煌郡支持。章帝即位后，撤西域都护、戊己校尉，“悉罢边屯”[①]，鄯善屯田亦当撤还。其后西域仅留班超继续经略。《后汉书·班超传》记载：

> 建初三年，超率疏勒、康居、于阗、拘弥兵一万人攻姑墨石城，破之，斩首七百级。超欲因此叵平诸国，乃上疏请兵。……平陵人徐幹素与超同志，上疏愿奋身佐超。五年，遂以幹为假司马，将弛刑及义从千人就超。[②]

鄯善、于阗等国附汉，意味着东汉已基本打通西域南道。因此，建初三年（78）班超上书请兵及东汉政府向班超派遣援兵皆能畅通无阻。即东汉援兵可经敦煌西出[③]，过鄯善、于阗抵达疏勒、姑墨，班超也经南道诸国进行上书。其后东汉政府遣李邑赴乌孙，亦经于阗[④]，其所行路线应是出敦煌经南道，西抵于阗、疏勒后，转北至乌孙[⑤]。由此来看，敦煌及西域南道已成为班超进一步经略西域的基本通道[⑥]。

莎车被于阗攻灭后，“匈奴复遣兵将贤质子不居徵立为莎车王，广德又攻杀之，更立其弟齐黎为莎车王”[⑦]。则在班超经略

---

① 《后汉书》卷四八《杨终传》，第1598页。

② 《后汉书》卷四七《班超传》，第1575—1576页。

③ 敦煌地处东汉至鄯善必经之路，关于敦煌通鄯善之路，详见前文研究。

④ 《后汉书》卷四七《班超传》，第1578页。

⑤ 当时东汉已弃车师、伊吾，北道亦为亲北匈奴之龟兹、焉耆掌控。因此东汉只能绕行南道与乌孙接触。

⑥ 《后汉书·班超传》还记载班超“遂去其妻”、李邑护送“乌孙侍子还京师”、“明年，复遣假司马和恭等四人将兵八百诣超”，亦当皆经南道往来。

⑦ 《后汉书》卷八八《西域传》，第2926页。

图9-10 楼兰故城佛塔遗址（张世奇 提供）

莎车前，莎车已沦为于阗附庸。班超平定于阗后，莎车亦当降汉。建初五年（80），莎车“以为汉兵不出，遂降于龟兹”①。元和元年（84），东汉政府“复遣假司马和恭等四人将兵八百诣超，超因发疏勒、于阗兵击莎车”②。遇疏勒王忠叛汉而作罢。这是东汉第二次经敦煌派遣军队支援班超。章和元年（87），“西域长史班超击莎车，大破之”③。随着莎车降汉，东汉政府对西域南道的掌控更加稳固。东汉通过敦煌及西域南道向班超提供支持，而班超联合南道于阗、鄯善等诸国兵与汉兵之力又接连击败大月氏、龟兹、焉耆等诸国，至和帝永元六年（94），“西域五十余国悉皆纳质内属焉”④。

延平元年（106）冬，西域诸国反叛，永初元年（107），东

① 《后汉书》卷四七《班超传》，第1577页。
② 《后汉书》卷四七《班超传》，第1579页。
③ 《后汉书》卷三《章帝纪》，第158页。
④ 《后汉书》卷四七《班超传》，第1582页。

汉遂弃西域，“北匈奴即复收属诸国，共为边寇十余岁”[①]。为抑制边患，敦煌太守曹宗在元初六年（119）请示东汉政府，“遣行长史索班，将千余人屯伊吾”[②]招抚诸国，“于是车师前王及鄯善王来降”[③]。《后汉书·班勇传》云：

> 后数月，北单于与车师后部遂共攻没班，进击走前王，略有北道。鄯善王急，求救于曹宗，宗因此请出兵五千人击匈奴，报索班之耻，因复取西域。[④]

北匈奴“略有北道”后，鄯善承受的军事压力大增，因此向敦煌求援。东汉政府针对曹宗上书展开朝议，班勇的意见是：

> 旧敦煌郡有营兵三百人，今宜复之，复置护西域副校尉，居于敦煌，如永元故事。又宜遣西域长史将五百人屯楼兰，西当焉耆、龟兹径路，南强鄯善、于阗心胆，北扞匈奴，东近敦煌。如此诚便。[⑤]

从这段记载看，班勇建议东汉政府以敦煌、楼兰为战略支点展开积极防御。即增强敦煌军事力量，同时恢复鄯善国楼兰城之屯戍，以坚定鄯善抵御北匈奴之心。另外，“南强鄯善、于阗心胆”似证鄯善、于阗在东汉弃西域的十余年间仍心系汉朝，至少两国并非坚定的北匈奴附庸。因此班勇才欲以屯田楼兰增强鄯

① 《后汉书》卷八八《西域传》，第2911页。
② 《后汉书》卷八八《西域传》，第2911页。
③ 《后汉书》卷八八《西域传》，第2911页。
④ 《后汉书》卷四七《班勇传》，第1587页。
⑤ 《后汉书》卷四七《班勇传》，第1587—1588页。

图9-11 铜佛头（和田约特干遗址①） 东汉
（采自祁小山、王博《丝绸之路·新疆古代文化》，第76页）

善、于阗两国亲汉反匈之信心。只是东汉政府并未采纳班勇之议，由是此次东汉对鄯善、于阗的经略仅仅停留在战略规划层面，并未付诸实施。

延光二年（123），东汉“以班勇为西域长史”②开始重新经

① 属古于阗的聚落遗址。

②《后汉书》卷八八《西域传》，第2912页。

略西域。三年（124）正月，“勇至楼兰，以鄯善归附，特加三绶”[①]。班勇率兵方出敦煌至楼兰城，鄯善便来归顺，可见鄯善的确是西域诸国中较为坚定的亲汉之国[②]。四年（125），班勇征调鄯善、疏勒等诸国兵同敦煌等河西诸郡兵参加对车师后部的征讨[③]。永建二年（127），“勇复击降焉耆，于是龟兹、疏勒、于阗、莎车等十七国皆来服从”[④]。此次焉耆之战，东汉政府“遣敦煌太守张朗将河西四郡兵三千人配勇”[⑤]。可见敦煌太守及敦煌郡兵在此次平定焉耆之战及于阗、莎车等国附汉过程中发挥了重要作用。

《后汉书·西域传》记载：

> 顺帝永建四年，于阗王放前杀拘弥王兴，自立其子为拘弥王，而遣使者贡献于汉。敦煌太守徐由上求讨之，帝赦于阗罪，令归拘弥国，放前不肯。阳嘉元年，徐由遣疏勒王臣槃发二万人击于阗，破之，斩首数百级，放兵大掠，更立兴宗人成国为拘弥王而还。[⑥]

《后汉书·顺帝纪》又载永建六年（131）：

① 《后汉书》卷四七《班勇传》，第1589页。

② 《后汉书·班勇传》元初六年（119）班勇上书时称：“今鄯善王尤还，汉人外孙，若匈奴得志，则尤还必死。此等虽同鸟兽，亦知避害。若出屯楼兰，足以招附其心，愚以为便。”可证鄯善确有亲汉反匈的倾向。后来事实证明，班勇推断无误。

③ 《后汉书》卷四七《班勇传》，第1589页。

④ 《后汉书》卷八八《西域传》，第2912页。

⑤ 《后汉书》卷四七《班勇传》，第1590页。

⑥ 《后汉书》卷八八《西域传》，第2915页。

> 丁酉，于阗王遣侍子贡献。……（十二月）于阗王遣侍子诣阙贡献。①

于阗附汉之后，擅自兼并拘弥国，为东汉所不容。顺帝命于阗撤出拘弥，于阗不从，于是东汉政府决定动用武力。在此期间，于阗曾两度遣使赴汉，意在通过交涉，使东汉政府承认其对拘弥的吞并。最终事与愿违，东汉开始讨伐于阗。敦煌太守徐由在此事件中扮演了重要角色，无论是上书请求顺帝讨伐于阗，还是阳嘉元年（132）遣疏勒攻击于阗，都显示出此时期敦煌太守在处理西域事务方面处于关键地位。

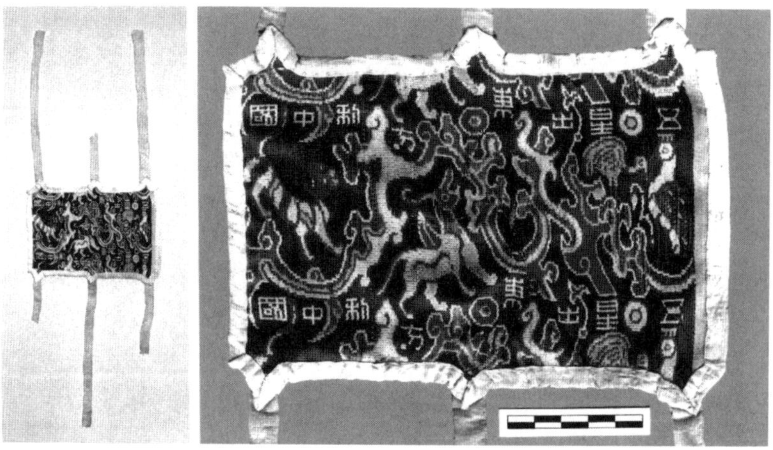

图9-12 “五星出东方利中国”锦护臂（民丰尼雅遗址） 汉
（采自祁小山、王博《丝绸之路·新疆古代文化》，第52页）

《后汉书·西域传》记载：

> 元嘉元年，长史赵评在于阗病痈死，评子迎丧，道经拘

① 《后汉书》卷六《顺帝纪》，第258页。

> 弥。拘弥王成国与于阗王建素有隙，乃语评子云："于阗王令胡医持毒药著创中，故致死耳。"评子信之，还入塞，以告敦煌太守马达。明年，以王敬代为长史，达令敬隐核其事。敬先过拘弥，成国复说云："于阗国人欲以我为王，今可因此罪诛建，于阗必服矣。"敬贪立功名，且受成国之说，前到于阗，设供具请建，而阴图之。……即前斩建。于阗侯将输僰等遂会兵攻敬。……上楼斩敬，悬首于市。输僰欲自立为王，国人杀之，而立建子安国焉。马达闻之，欲将诸郡兵出塞击于阗，桓帝不听，征达还，而以宋亮代为敦煌太守。亮到，开募于阗，令自斩输僰。时输僰死已经月，乃断死人头送敦煌，而不言其状。亮后知其诈，而竟不能出兵。于阗恃此遂骄。[①]

元嘉二年（152）西域长史王敬冤杀于阗王建，被于阗侯将群起攻杀。此事中有几处细节可反映出此时期东汉经敦煌经略于阗的状况。其一，赵评之子误信拘弥王成国之言，将前任西域长史赵评之死"内情"告知敦煌太守马达。其二，新任西域长史王敬赴西域上任前，"达令敬因隐核其事"。此二事表明西域长史受敦煌太守节制[②]，敦煌太守通过西域长史干涉于阗事务。其三，敦煌太守马达"欲将诸郡兵出塞击于阗"，桓帝不许。这说明此时期的西域战事一般由敦煌太守负责。出征之时，敦煌太守不仅能统率本郡兵，还可统率河西诸郡兵，当然前提是东汉政府默许。从于阗事件也可看出，此阶段东汉政府不置西域都护，敦煌太守在处理西域事务中的地位的确有很大提升，原本西域都护的某些

---

① 《后汉书》卷八八《西域传》，第2916页。

② 余太山《两汉魏晋南北朝与西域关系史研究》，第119页。

职能已经转由敦煌太守负责。

《后汉书·西域传》记载：

> 至灵帝熹平四年，于阗王安国攻拘弥，大破之，杀其王，死者甚众，戊己校尉、西域长史各发兵辅立拘弥侍子定兴为王。①

于阗恃敦煌太守不能出兵“遂骄”，在熹平四年（175）再次兴兵进攻拘弥②。于是，东汉“发兵辅立拘弥侍子定兴为王”。此次出兵拘弥负责领军的是戊己校尉、西域长史，不见敦煌太守及敦煌郡参与的痕迹。由此观之，尽管敦煌太守干涉西域事务的程度有所增强，但西域长史、戊己校尉在西域事务中依旧发挥着不可替代的重要作用。

---

①《后汉书》卷八八《西域传》，第2915页。

② 关于两汉政府对于阗的经略及于阗国的发展与中原的关系可参朱丽双、荣新江《两汉时期于阗的发展及其与中原的关系》，《中国边疆史地研究》2021年第3期，第12—23页、212页。

第三节　东汉经敦煌对焉耆、龟兹、疏勒等北道诸国的经营

《后汉书·西域传》记载："自车师前王庭随北山，陂河西行至疏勒，为北道。"[①]《三国志》裴松之注引《魏略·西戎传》将之称为"中道"[②]。其文云：

> 中道西行尉梨国、危须国、山王国皆并属焉耆，姑墨国、温宿国、尉头国皆并属龟兹也，桢中国、莎车国、竭石国、渠沙国、西夜国、依耐国、满犁国、亿若国、榆令国、捐毒国、休脩国、琴国皆并属疏勒。[③]

余太山的研究表明《魏略·西戎传》所载不仅包括曹魏时期西北

---

① 《后汉书》卷八八《西域传》，第2914页。

② 《魏略·西戎传》所载中道的具体路线是："从玉门关西出，发都护井，回三陇沙北头，经居卢仓，从沙西井转西北，过龙堆，到故楼兰，转西诣龟兹，至葱岭，为中道"。

③ ［晋］陈寿著，［南朝宋］裴松之注《三国志》卷三〇《魏书·乌丸鲜卑东夷传》，北京：中华书局，1982年，第860页。

诸戎及西域诸国史实，其叙事还追溯到东汉时事。《后汉书·西域传》在编撰过程中也有摘录《魏略·西戎传》[①]。至于此处记载的西域中道被焉耆、龟兹、疏勒三大国瓜分的情况，虽是曹魏代汉后的形势，但其根源是东汉末年汉朝国力衰弱，对西域统治力减弱。这才导致西域大国自行兼并，形成各自的势力范围。事实上，北道焉耆、龟兹、疏勒三国的崛起在东汉时期已现端倪[②]。

光武帝时，焉耆、龟兹、疏勒皆处于莎车威逼或占领之下。因此，焉耆也曾参与建武二十一年（45）车师前部、鄯善等十八国遣使东汉请置都护及后续留侍子于敦煌的活动[③]。请求东汉庇护失败后，焉耆降于匈奴[④]。龟兹曾被莎车占领，莎车“乃分龟兹为乌垒国，徙驷鞬为乌垒王，又更以贵人为妫塞王。数岁，龟兹国人共杀则罗、驷鞬，而遣使匈奴，更请立王。匈奴立龟兹贵人身毒为龟兹王，龟兹由是属匈奴”[⑤]。匈奴通过控制龟兹、焉耆等国向西域延伸势力。至明帝永平十六年（73），疏勒被龟兹攻陷，龟兹“自以龟兹左侯兜题为疏勒王”[⑥]。同年，东汉开始

① 余太山《〈后汉书·西域传〉与〈魏略·西戎传〉的关系》，《西域研究》1996年第3期，第47—51页。后收入氏著《两汉魏晋南北朝正史西域传研究》，北京：商务印书馆，2013年，第29—38页。

② 余太山考证出东汉时称霸北道的大国除车师外，另有焉耆、龟兹二国。详见氏著《两汉魏晋南北朝时期西域的绿洲大国称霸现象》，《西北史地》1995年第4期，第1—7页。后收入氏著《两汉魏晋南北朝正史西域传研究》，北京：商务印书馆，2013年，第595—610页。至于疏勒，《后汉书·西域传》记载安帝元初中（114—120）：“后莎车连畔于阗，属疏勒，疏勒以强，故得与龟兹、于阗为敌国焉。”可见疏勒亦在东汉时期崛起，成为堪与龟兹、于阗匹敌的大国。

③《后汉书》卷八八《西域传》，第2924页。

④《后汉书·西域传》云：“匈奴闻广德灭莎车，遣五将发焉耆、尉黎、龟兹十五国兵三万余人围于阗。”可证焉耆已降于匈奴。

⑤《后汉书》卷八八《西域传》，第2924—2925页。

⑥《后汉书》卷八八《西域传》，第2926页。

征讨北匈奴，经略西域。

图9-13 克孜尔尕哈烽燧（库车县城西北[①]） 汉

班超经略西域时，东汉政府通过敦煌及南道对其提供支持。班超平定于阗后，以此为根基自西向东经略北道诸国。《后汉书·班超传》记载：

> 时龟兹王建为匈奴所立，倚恃虏威，据有北道，攻破疏勒，杀其王，而立龟兹人兜题为疏勒王。明年春，超从间道至疏勒。[②]

这条史料交代了永平末龟兹、疏勒在北道的情况。当时龟兹倚仗北匈奴，称雄北道，疏勒等周边小国臣属之。班超知“兜题本非

① 属古龟兹地区。
② 《后汉书》卷四七《班超传》，第1574页。

疏勒种，国人必不用命”[①]，于是出其不意地控制兜题，复立疏勒“故王兄子忠为王”[②]。此后，疏勒也成为班超经略西域的重要基地。然龟兹始终对疏勒虎视眈眈。于是永平十八年（75），焉耆、龟兹攻灭西域都护陈睦[③]。“超孤立无援，而龟兹、姑墨数发兵攻疏勒”[④]。另外，班超最初奉诏返汉之际，“疏勒两城自超去后，复降龟兹，而与尉头连兵。超捕斩反者，击破尉头，杀六百余人，疏勒复安”[⑤]。班超决定留驻西域后，返回疏勒，收捕疏勒叛汉者，又平定尉头。此役打击、削弱了龟兹的外围势力，并巩固了东汉政府对疏勒的控制。建初三年（78），“超率疏勒、康居、于阗、拘弥兵一万人攻姑墨石城，破之”[⑥]。姑墨亦附于龟兹[⑦]，班超率疏勒等诸国兵进攻姑墨石城也是在进一步打击龟兹外围势力，为进攻龟兹扫清障碍。因此攻克石城后，班超便向东汉政府请兵，准备平定龟兹。《后汉书·班超传》记载班超上书：

> 今拘弥、莎车、疏勒、月氏、乌孙、康居复愿归附，欲共并力破灭龟兹，平通汉道。若得龟兹，则西域未服者百分之一耳。……臣见莎车、疏勒田地肥广，草牧饶衍，不比敦煌、鄯善间也，兵可不费中国而粮食自足。且姑墨、温宿二王，特为龟兹所置，既非其种，更相厌苦，其埶必有

① 《后汉书》卷四七《班超传》，第1574页。
② 《后汉书》卷四七《班超传》，第1574页。
③ 《后汉书》卷二《明帝纪》，第123页。
④ 《后汉书》卷四七《班超传》，第1574—1575页。
⑤ 《后汉书》卷四七《班超传》，第1575页。
⑥ 《后汉书》卷四七《班超传》，第1575页。
⑦ 《后汉书·班超传》云：“且姑墨、温宿二王，特为龟兹所置。”

降反。若二国来降，则龟兹自破。[①]

班超须借助疏勒、乌孙等诸国兵加上汉军合力才具备进攻龟兹的条件，且平定龟兹则汉道平通，“西域未服者百分之一”，这些皆可印证当时龟兹国力之强。班超介绍莎车、疏勒“田地肥广，草牧饶衍”的地理条件意在向东汉政府建议于莎车、疏勒屯田驻兵。此后班超在西域活动前期基本都驻于疏勒，东汉经敦煌及南道又不止一次派遣援兵。这些汉兵应当长期驻扎在疏勒一带，此地很可能有屯田活动。

图9-14 班超像
（采自祁小山、王博《丝绸之路·新疆古代文化》，第177页）

尽管班超已在疏勒收捕过反叛者，但龟兹对疏勒的影响依旧很大。班超等待东汉援兵期间，莎车与“疏勒都尉番辰亦复反叛”[②]，后被平定。又，《后汉书·班超传》载：“李邑始到于阗，而值龟兹攻疏勒”[③]。可见在班超筹备攻击龟兹的同时，龟兹也在继续对疏勒进行争夺，加

① 《后汉书》卷四七《班超传》，第1575—1576页。
② 《后汉书》卷四七《班超传》，第1577页。
③ 《后汉书》卷四七《班超传》，第1578页。

之部分小国在东汉与龟兹之间摇摆，这使得平定龟兹之役并未如班超设想的那般顺利，事实上东汉与龟兹在北道陷入了长期的拉锯。直到永元三年（91），在窦宪破北匈奴、班超击退大月氏的背景下，“龟兹、姑墨、温宿皆降”[①]。平定龟兹后，东汉改立其王，并任命班超为西域都护、徐幹为西域长史。“超居龟兹它乾城，徐幹屯疏勒”[②]。永元六年（94），西域都护班超又发“龟兹、鄯善等八国兵合七万人”，攻下焉耆、尉黎（又作“尉梨”“尉犁”）、危须三国[③]。至此，北道诸国皆附于东汉。

《后汉书·梁慬传》记载梁慬：

> 延平元年拜西域副校尉。慬行至河西，会西域诸国反叛，攻都护任尚于疏勒。尚上书求救，诏慬将河西四郡羌胡五千骑驰赴之，慬未至而尚已得解。会征尚还，以骑都尉段禧为都护，西域长史赵博为骑都尉。禧、博守它乾城。它乾城小，慬以为不可固，乃谲说龟兹王白霸，欲入共保其城，白霸许之。吏人固谏，白霸不听。慬既入，遣将急迎禧、博，合军八九千人。龟兹吏人并叛其王，而与温宿、姑墨数万兵反，共围城。慬等出战，大破之。连兵数月，胡众败走，乘胜追击，凡斩首万余级，获生口数千人，骆驼畜产数万头，龟兹乃定。……永初元年，遂罢都护，遣骑都尉王弘发关中兵迎慬、禧、博及伊吾卢、柳中屯田吏士。[④]

---

①《后汉书》卷四七《班超传》，第1581页。

②《后汉书》卷四七《班超传》，第1581页。

③《后汉书》卷四七《班超传》，第1581—1582页。

④《后汉书》卷四七《梁慬传》，第1591—1592页。

这段史料至少揭示出四点细节：其一，西域都护任尚在疏勒被攻击，或表明任尚当时正在巡视疏勒，或表明当时西域都护在疏勒有临时驻地。考察史实可知，班超曾长期以疏勒为根据与西域反汉势力征战，直到永元三年（91）班超成为西域都护，始以龟兹它乾城作为新屯驻地，其后西域长史徐幹还继续在疏勒屯驻，加之任尚在疏勒被攻击能够顺利得救，这些史实说明此时疏勒仍是东汉政府在西域重要的屯兵地之一，因此不排除疏勒国中有西域都护的临时驻地。其二，任尚于疏勒被攻击表明延平元年（106）的西域反叛很可能最早就在疏勒周边诸国爆发，至于疏勒是否参与叛乱难以得知。其三，段禧仟西域都护后，西域形势进一步恶化，龟兹“吏人”与温宿、姑墨皆反。龟兹王白霸为东汉所立，在叛乱中也站在东汉阵营，这说明东汉在西域的经略还是取得了一定成效的。其四，西域副校尉梁慬赴龟兹援助西域都护，所率河西四郡兵中包括敦煌郡。即敦煌郡兵在平定龟兹、温宿、姑墨等三国叛乱及西域都护撤回内地的过程中都发挥了重要作用。

图9-15 “唐诩印信”兽纽铜印（阿克陶县） 汉
（采自祁小山、王博《丝绸之路·新疆古代文化》，第171页）

永初元年（107），东汉弃西域。延光二年（123），西域长史班勇重新经略西域，率兵出敦煌至楼兰，“而龟兹王白英犹自疑未下，勇开以恩信，白英乃率姑墨、温宿自缚诣勇降”[①]。最迟在延光四年（125），疏勒也重新归附，并与敦煌郡兵一同参与了班勇主持的平定车师后部之役[②]。永建元年（126）冬，班勇平定车师后，唯余焉耆王元孟不降。《后汉书·班勇传》记载：

> 二年，勇上请攻元孟，于是遣敦煌太守张朗将河西四郡兵三千人配勇。因发诸国兵四万余人，分骑为两道击之。勇从南道，朗从北道，约期俱至焉耆。而朗先有罪，欲徼功自赎，遂先期至爵离关，遣司马将兵前战，首虏二千余人。元孟惧诛，逆遣使乞降，张朗径入焉耆受降而还。元孟竟不肯面缚，唯遣子诣阙贡献。朗遂得免诛。勇以后期，征下狱，免。[③]

平定焉耆之役，敦煌太守张朗是两位统兵者之一，敦煌郡兵也参与其中。《后汉书·西域传》称永建二年（127），“勇复击降焉耆，于是龟兹、疏勒、于阗、莎车等十七国皆来服从”[④]。可见敦煌参与的此次焉耆之役对于平定北道，乃至慑服整个西域（狭义）皆有重要意义。

《后汉书·西域传》记载于阗王放前兼并拘弥国后：

---

① 《后汉书》卷四七《班勇传》，第1589页。

② 《后汉书》卷四七《班勇传》，第1589页。

③ 《后汉书》卷四七《班勇传》，第1590页。

④ 《后汉书》卷八八《西域传》，第2912页。此处记载并不十分准确，龟兹、疏勒在永建二年（127）前已然重新归附东汉。《后汉书·西域传》“疏勒国”条云：“顺帝永建二年，臣磐遣使奉献，帝拜臣磐为汉大都尉，兄子臣勋为守国司马。”所谓永建二年（127）疏勒“来服从”，当指疏勒王臣磐此次遣使诣阙。

> 敦煌太守徐由上求讨之，帝赦于阗罪，令归拘弥国，放前不肯。阳嘉元年，徐由遣疏勒王臣槃发二万人击于阗，破之，斩首数百级，放兵大掠，更立兴宗人成国为拘弥王而还。①

顺帝阳嘉元年（132）东汉讨伐于阗之役，是一场由敦煌太守徐由主导发起、疏勒王臣槃（一作“磐”）具体执行的战役。关于敦煌太守徐由及西域长史不直接出兵而假手疏勒的原因，余太山认为西域长史屯于柳中，距西域西端的于阗较远，鞭长莫及，因此东汉政府有意假手疏勒对西域西端进行间接统治②。应是③。至于东汉假手疏勒进行间接统治的中间环节便是敦煌太守。敦煌太守负责向疏勒转达东汉政府意志，乃至节制诸国。

灵帝建宁元年（168），疏勒国内发生政变。《后汉书·西域传》记载：

> 至灵帝建宁元年，疏勒王汉大都尉猎中为其季父和得所射杀，和得自立为王。三年，凉州刺史孟佗遣从事任涉将敦煌兵五百人，与戊司马曹宽、西域长史张晏，将焉耆、龟兹、车师前后部，合三万余人，讨疏勒，攻桢中城，四十余日不能下，引去。其后疏勒王连相杀害，朝廷亦不能禁。④

---

① 《后汉书》卷八八《西域传》，第2915页。

② 余太山《两汉魏晋南北朝与西域关系史研究》，第112页。

③ 班超经略西域时常亲率东汉、西域联军征伐于疏勒等西域西端诸国，此时期东汉政府改变策略，对西域西端实行间接统治，其原因或与东汉国力衰退有关。

④ 《后汉书》卷八八《西域传》，第2927页。

《曹全碑》亦记载和得篡位事：

> 建宁二年，举孝廉，除郎中，拜西域戊部司马。时疏勒王和德[①]，弑父篡位，不供职贡。君兴师征讨，有兖脓之仁，分醪之惠。攻城坚战，谋若涌泉，威牟诸贲，和德面缚归死。还师振旅，诸国礼遗且二百万，悉以薄官。[②]

《后汉书·西域传》《曹全碑》对东汉征疏勒之役结果的记载截然相反，孰是孰非，存在争议。另外，曹宽与曹全是否同一人也存在争议[③]。但无论如何，敦煌郡兵、西域屯戍汉军及焉耆、龟兹等北道诸国兵皆参与了此次疏勒之役是可以确定的。并且东汉兴兵的原因不仅仅是疏勒国内政变，更重要的是篡位的和得“不供职贡”，表明疏勒对东汉态度已不甚恭敬，这不仅损害了汉朝在西域的统治权威，还在一定程度上破坏了东汉政府在西域西端原有的统治格局。因此，东汉才会大举出兵讨伐疏勒。无论战役结果如何，这都是东汉政府经敦煌对北道疏勒国经略的一次典型事例。其后东汉国力日蹙，对西域的控制也愈发衰弱，东汉政府经敦煌对龟兹、焉耆、疏勒等北道诸国的后续经营情况不详。

---

① “和得”与“和德”为一人之不同音译。

② 毛远明《汉魏六朝碑刻校注》第2册，北京：线装书局，2008年，第57页。

③ 相关争议主要参见：［清］王昶《金石萃编》卷一八《汉郃阳令曹全碑碑阴》，北京：中国书店，1985年，第288—297页；［清］张澍辑，李鼎文校点《续敦煌实录》卷三“曹全”“曹宽”条，兰州：甘肃人民出版社，1985年，第51—55页；马雍《东汉〈曹全碑〉中有关西域的重要史料》，《西域史地文物丛考》，北京：文物出版社，1990年，第41—45页；余太山《两汉西域戊己校尉考》，《史林》1994年第1期，第8—11页、7页；王子今《〈曹全碑〉丝路史料考议》，西安碑林博物馆编《碑林集刊》总第25辑，西安：三秦出版社，2020年，第81—93页。

第四节　东汉与北匈奴残部在西域的对抗——以永元八年（96）系囚减死“诣敦煌戍”为线索

金微山之役后，北单于西逃使得北匈奴政权走向崩溃。北匈奴政权瓦解后，呼衍王部与逢侯部作为两支留于西域、塞北的北匈奴残余势力继续与东汉进行来往与交战。学界关于这两股势力的研究不少，但对於除鞬败亡后至北匈奴两次遣使诣阙前（93—104）这一阶段北匈奴的具体情况了解甚少[①]。因此，笔者拟从永元八年（96）死囚减死“诣敦煌戍”的历史背景出发，再次对

① 相关研究主要参见：［日］内田吟風《匈奴西移年表：附フンネン=匈奴に関する再考察》，《東洋史研究》第2卷第1号，1936年，第23—25页；林幹《匈奴史》，呼和浩特：内蒙古人民出版社，2007年，第98—102页；陈序经《匈奴史稿》，北京：中国人民大学出版社，2007年，第385—388页；王宗维《匈奴诸王考述》，《内蒙古大学学报（哲学社会科学版）》1985年第2期，第6—7页；余大钧《公元91年后居留新疆北部一带的北匈奴》，《中华文史论丛》1986年第1辑，第151—168页；王彦辉《北匈奴西迁欧洲的历史考察》，《东北师大学报（哲学社会科学版）》1989年第3期，第42—49页；［日］泽田勳著，王庆宪、丛晓明译《匈奴：古代游牧国家的兴亡》，呼和浩特：内蒙古人民出版社，2010年，第179—182、189—190页；马雍《新疆巴里坤、哈密汉唐石刻丛考》，文化部文物局古文献研究室编《出土文献研究》，北京：文

这两支北匈奴残余势力展开讨论。

一、和帝令死囚减死“诣敦煌戍”与南匈奴逢侯叛汉徙占涿邪山

《后汉书·和帝纪》记载：

> （永元八年）八月辛酉，饮酎。诏郡国中都官系囚减死一等，诣敦煌戍。①

皇帝诏令死囚减死徙边是东汉赦免制度的一大特色。东汉令死囚减死诣某地戍，意味着有或将有战事于该地或其附近。通常是为配合东汉政府对北方、西域、西羌等各方的经略。至于将囚犯流放敦煌则是出于移民实边、经略西域的目的②。东汉减死徙边的时机选择一般都有对应的历史背景。故欲探究此次和帝诏令死囚减死“诣敦煌戍”的具体用意，须先考察永元八年（96）八月前的漠北及西域形势。

和帝永元三年（91）东汉在金微山大破北匈奴，北单于西逃

（接上页）物出版社，1985年，第199—200页；苗普生《匈奴统治西域述论》，《西域研究》2016年第2期，第6—7页；翟飞《东汉时期南匈奴逢侯叛乱探析》，《西夏研究》2018年第1期，第103—108页；刘俊、王海《论匈奴呼衍氏地位的演进》，《北方文物》2018年第1期，第86—87页；马利清《〈通湖山摩崖石刻〉与南、北匈奴关系考》，《中州学刊》2019年第9期，第128页。

①《后汉书》卷四《和帝纪》，第182页。

② 关于东汉减死徙边，主要参见张鹤泉《略论汉代的弛刑徒》，《东北师大学报（哲学社会科学版）》1984年第4期，第110页；邬文玲《汉代赦免制度研究》，博士学位论文，中国社会科学院研究生院，2003年，第35—36、42—44页；孙志敏《秦汉刑徒兵制与谪戍制考辨》，《古代文明》2017年第4期，第77—78页；张文安《两汉流放地的分布状况及其成因》，《中国历史地理论丛》2019年第4期，第48—53页。

图9-16 绢底平绣屯戍人物图（武威磨嘴子汉墓） 汉

（采自甘肃省地方史志编纂委员会编《甘肃省志·文物志》，第1667页）

无踪。鲜卑趁机占据蒙古高原，开始融合北匈奴残余部落；与此同时，班超经营西域也卓有成效，东汉政府恢复了西域都护、戊己校尉的设置，至永元六年（94），葱岭以东诸国已基本内属[①]。这意味着东汉西面防线已由敦煌郡移至伊吾、车师、龟兹等西域诸地。随着战略纵深的扩大，西域分担了敦煌部分防御职能，敦煌及河西的军事防御态势有所缓和。《后汉书·和帝纪》记载永元五年（93）："二月戊戌，诏有司省减内外厩及凉州诸苑马。"[②]凉州是汉朝的战马供应地，此时缩减养马规模应有休养民力用意，同时似亦可证在外部环境安定之后[③]，凉州军防态

① 《后汉书》卷八八《西域传》，第2910页。

② 《后汉书》卷四《和帝纪》，第175页。

③ 《后汉书·和帝纪》记载永元三年："诏曰：'北狄破灭，名王仍降，西域诸

势确有缓和迹象。既然永元六年（94）西域内属后，东汉西境愈发安定，那么为何东汉政府不继续休养生息，却在不久后又重新提升敦煌边防力量呢？

进一步考察永元六年至八年（94—96）间史事可知，永元六年（94）南匈奴未能妥善处理北匈奴归降势力，致使变生肘腋。北匈奴降众发动叛乱，拥逢侯为单于，其规模达到“十五部二十余万”[①]，后在东汉、南匈奴、鲜卑、乌桓诸方势力的联合打击之下，经历折损后出塞远遁[②]。金微山之役后，“北单于逃走，鲜卑因此转徙据其故地。匈奴余种留者尚有十余万落，皆自号鲜卑，鲜卑由此渐盛”[③]。在鲜卑控制漠北的情况下，逢侯所部无法重返故地。于是，“逢侯于塞外分为二部，自领右部屯涿邪山下，左部屯朔方西北，相去数百里”[④]。即该部匈奴活动于鲜卑、东汉、南匈奴三股势力的夹缝之中。逢侯自领右部据涿邪山[⑤]，对南面的敦煌郡及西域构成威胁。单以地理位置看，即便左部也可威胁河西，则敦煌增兵或与防范逢侯势力有关。

二、永元十六年、元兴元年遣使诣阙的北单于身份辨析

《后汉书·南匈奴传》记载：

（接上页）国，纳质内附……’”这正表明永元三年（91）之后的一段时期内，随着强敌破败，东汉边境无事。

①《后汉书》卷八九《南匈奴传》，第2955页。

②《后汉书》卷八九《南匈奴传》，第2956页。

③《后汉书》卷九〇《鲜卑传》，第2986页。

④《后汉书》卷八九《南匈奴传》，第2956页。

⑤ 涿邪山具体位置众说纷纭，有今蒙古戈壁阿尔泰东南额德伦格山、今蒙古南戈壁省古尔班塞汗山、巴里坤之东的尼赤金山等诸多说法。谭其骧《中国历史地图集》第2册东汉时期“鲜卑等部”组图上将涿邪山标注在蒙古西南部，敦煌北偏东位置。可见此山大体位于汉敦煌郡的北方或东北方。

> 南单于比岁遣兵击逢侯，多所虏获……逢侯转困迫。十六年，北单于遣使诣阙贡献，愿和亲，修呼韩邪故约。和帝以其旧礼不备，未许之，而厚加赏赐，不答其使。元兴元年，重遣使诣敦煌贡献，辞以国贫未能备礼，愿请大使，当遣子入侍。①

永元十六年（104）、元兴元年（105）两次经敦煌遣使贡献的“北单于”具体是指何人？

图9-17 任尚碑（亦称“汉平戎碑”）（采自祁小山、王博《丝绸之路·新疆古代文化》，第189页）

① 《后汉书》卷八九《南匈奴传》，第2956—2957页。

首先，北单于逃遁后，“塞北地空，余部不知所属”[①]。北单于之弟於除鞬自立为单于，驻牧于蒲类海（今新疆巴里坤湖），窦宪上书和帝立其为北单于。“方欲辅归北庭，会窦宪被诛。五年，於除鞬自叛还北，帝遣将兵长史王辅以千余骑与任尚共追诱将还斩之，破灭其众。”[②]新疆巴里坤县发现的《任尚碑》可辨认十余字，有“惟汉永元五年”“平任尚”等字样[③]，虽辨识文字有限，但关键年代、事件、人物俱在，正可与《后汉书》记载相互印证。於除鞬既死于永元五年（93），其部众也已破灭，则其后遣使敦煌的北单于先可排除於除鞬。

其次，有学者认为两次遣使的北单于指逢侯。如林幹主张逢侯部是漠北最后一批以“北匈奴”之名与东汉发生关系的，并称其为“北单于逢侯”，认为永元十六年（104）及元兴元年（105）两次遣使贡献之北单于便是逢侯[④]。孙危亦称“公元107—117年间以逢侯为首的北匈奴与西域诸国共同寇边”[⑤]。然此说当误。王彦辉已对北匈奴与逢侯部众进行区分，然论述过简[⑥]。故今复详论理由如下：

其一，史籍中未见逢侯以“北匈奴”之名活动的记载。逢侯是南匈奴前单于屯屠何之子，北匈奴新附者因对新立的南单于师子不满，故发动反叛并拥立逢侯为单于。从选择拥立南单于后裔为单于的举动来看，北匈奴归顺者应已认同了南匈奴单于的正统

---

① 《后汉书》卷四五《袁安传》，第1520页。

② 《后汉书》卷八九《南匈奴传》，第2954页。

③ 毛远明《汉魏六朝碑刻校注》第1册，北京：线装书局，2008年，第58页。

④ 林幹《匈奴史》，第100—101页。

⑤ 孙危《内蒙古阿拉善汉边塞碑铭调查记》，《北方文物》2006年第3期，第22页。

⑥ 王彦辉《北匈奴西迁欧洲的历史考察》，《东北师大学报（哲学社会科学版）》1989年第3期，第43页。

地位，其反对的并非南匈奴，而只是南单于师子。如此即便逢侯可称单于，也应是一位南单于，逢侯部也当以南匈奴或直接以匈奴之名活动，而非北匈奴。

其二，东汉始终视逢侯为“伪单于”。《后汉书·邓鸿传》称邓鸿“出塞追畔胡逢侯，坐逗留，下狱死”[①]。《后汉纪·孝明皇帝纪上》亦云邓鸿：“坐出塞追叛胡，下狱死。”[②]显然逢侯在《后汉书》《后汉纪》中的定位不是匈奴单于，而仅仅是“叛胡”（“畔”通“叛”也）。《后汉书》中，除《和帝纪》《邓鸿传》称其“南单于安国从弟子逢侯”[③]“畔胡逢侯”[④]外，其他各处记载皆以本名“逢侯”称之。若《后汉书·南匈奴传》中永元十六年（104）及元兴元年（105）两次遣使贡献的北单于指逢侯，则同传中逢侯在元初四年（117）为鲜卑所败、元初五年（118）赴朔方塞归降二事之时，当继续称之“北单于”，何以复以其本名“逢侯”称之？如此，同传中对同一人的称呼岂非前后矛盾。事实上东汉政府始终视逢侯为叛逆，史籍中对逢侯与北单于也有区分，二者不能等同。

其三，《后汉书·南匈奴传》云：“（元初）四年，逢侯为鲜卑所没，部众分散，皆归北虏。”[⑤]北虏在东汉初指匈奴，匈奴分裂后，则专指北匈奴。逢侯败于鲜卑后，其部众逃散，重归北匈奴。可见北匈奴是区别于鲜卑、逢侯之外的第三方势力。这是最直接、有力的一条证据，证明逢侯部与北匈奴有所区别。综上，逢侯部有别于北匈奴，逢侯也非北单于。

---

① 《后汉书》卷一六《邓鸿传》，第606页。
② 《后汉纪》卷九《孝明皇帝纪上》，第165页。
③ 《后汉书》卷四《和帝纪》，第179页。
④ 《后汉书》卷一六《邓鸿传》，第606页。
⑤ 《后汉书》卷八九《南匈奴传》，第2958页。

再次，北单于自永元三年（91）为耿夔所破后，《后汉书·南匈奴传》称其“逃亡不知所在”[①]。《后汉书·窦宪传》曰：“北单于逃走，不知所在。”[②]《后汉书·袁安传》曰：“北单于为耿夔所破，遁走乌孙。”[③]《魏书·西域传》称金微山之役后北单于西逃至康居[④]。据此，早期学者们认为北单于直接迁至康居。后来又有更多学者认为北单于在乌孙停驻一段时间后，其精壮再西迁至康居，另有一部留驻乌孙[⑤]。此说应是，则驻牧乌孙的北单于诣敦煌遣使贡献也可以说通[⑥]。

最后，除去逃遁的北单于外，两次遣使贡献的北单于也可能是驻牧西域的北匈奴残部重新拥立的单于。《魏书·蠕蠕传》载：“其西北有匈奴余种，国尤富强，部帅曰拔也稽，举兵击社仑，社仑逆战于额根河，大破之，后尽为社仑所并。”[⑦]林幹据此认为金微山之役后，始终有部分北匈奴人留在漠北的西北角[⑧]。马雍赞成该说，并认为“《裴岑碑》中所提到的呼衍王即属这一

①《后汉书》卷八九《南匈奴传》，第2954页。

②《后汉书》卷二三《窦宪传》，第818页。

③《后汉书》卷四五《袁安传》，第1520页。

④《魏书·西域传》“悦般国”条云：“悦般国，在乌孙西北……其先，匈奴北单于之部落也。为汉车骑将军窦宪所逐，北单于度金微山，西走康居，其羸弱不能去者住龟兹北。地方数千里，众可二十余万。凉州人尤谓之‘单于王’。”

⑤ 参见贾衣肯《匈奴西迁问题研究综述（上）》，《中国史研究动态》2006年第9期，第11—19页；《匈奴西迁问题研究综述（下）》，《中国史研究动态》2006年第10期，第11—16页。

⑥ 王彦辉《北匈奴西迁欧洲的历史考察》，《东北师大学报（哲学社会科学版）》1989年第3期，第43—44页。

⑦［北齐］魏收《魏书》卷一〇三《蠕蠕传》，北京：中华书局，2018年，第2489页。

⑧ 林幹《匈奴史》，第100页。

部分”[1]。事实上柔然社仑征伐漠北时值五世纪初，与金微山之役相隔三个世纪有余。以五世纪初生活在漠北西北角的匈奴余种去推测这些部众是自北匈奴瓦解后便始终留在此处的，显然站不住脚。当然这种可能性也不能完全排除，因为在东汉时期确有一支北匈奴活跃于西域天山以北地区，其首领为呼衍王。

明帝永平十三年（70）耿秉提到：“伊吾亦有匈奴南呼衍一部，破此复为折其左角。”[2]十六年（73），“窦固破呼衍王于天山，留兵屯伊吾卢城”[3]。可见至迟到明帝时，呼衍王部已成为北匈奴在西域的主要军事力量[4]。延光二年（123），张珰上书时亦称“北虏呼衍王常展转蒲类、秦海之间，专制西域，共为寇钞。今以酒泉属国吏士二千余人集昆仑塞，先击呼衍王，绝其根本”[5]。安帝永初元年（107）东汉弃西域后，“北匈奴即复收属诸国，共为边寇十余岁”[6]。这与呼衍王“专制西域，共为寇钞”的表现基本吻合。则永初元年（107）后，控制西域及挟诸国寇边的北匈奴当指呼衍王部或至少是以呼衍王部为核心。这意味着驻牧西域的呼衍王部不仅未在金微山之役遭到重创，反而趁机壮大了实力。在北单于逃遁，於除鞬被灭后，北匈奴挛鞮氏（单于氏族）已极度衰弱，其直属军事力量也基本在数次大战中损耗殆尽。而呼衍王部凭借其军事实力，成为日后与东汉争夺西域的主要竞争对手。《裴岑纪功碑》在永和二年（137）裴岑击

① 马雍《新疆巴里坤、哈密汉唐石刻丛考》，第199页。
② 《后汉纪》卷一〇《孝明皇帝纪下》，第188页。
③ 《后汉书》卷二《明帝纪》，第120页。
④ 据考，西汉时匈奴单于命出身于挛鞮氏的日逐王坐镇西域。东汉时，西域改由北匈奴呼衍王控制。详见丛晓明、王庆宪《姻亲氏族与匈奴政权的关系》，《黑龙江民族丛刊》2013年第3期，第63—69页。
⑤ 《后汉书》卷八八《西域传》，第2911页。
⑥ 《后汉书》卷八八《西域传》，第2911页。

杀呼衍王后，称“除西域之疢，蠲四郡之害，边竟艾安，振威到此”[①]。此亦为呼衍王部已成为威胁东汉西域、河西安定最大隐患的力证。基于这种现实，不少学者认为呼衍王已凭借其强大的军事力量演进为北匈奴的根本、核心[②]。因此，在失去漠北根据地后，西域的呼衍王部具有拥立新单于的实力。

《后汉书·南匈奴传》记载北单于：“其弟右谷蠡王於除鞬自立为单于，将右温禺鞬王、骨都侯以下众数千人，止蒲类海，遣使款塞。”[③]《后汉书·耿夔传》云：“会北单于弟左鹿蠡王於除鞬自立为单于，众八部二万余人，来居蒲类海上，遣使款塞。”[④]蒲类海为呼衍王驻牧地，於除鞬率北匈奴残部至此自立单于，当有依仗呼衍王再造王庭之意。於除鞬所率部众有“数千人”和“二万余人”两种不同记载，此或为於除鞬部众汇合呼衍王部众的佐证。即於除鞬仅率数千人，至蒲类海与呼衍王汇合后部众达到“八部二万余人”。如此，呼衍王既然已有另立单于的“实践”，则於除鞬败亡后，呼衍王再立新单于也在情理之中。而且於除鞬在蒲类海自立为单于一事还反映出逃遁的北单于不仅与漠北余部失去联络，甚至与驻牧西域的呼衍王等部之间的联系也已中断，否则若北单于逃走后能继续指挥呼衍王等部，於除鞬当难以获得西域的北匈奴部众支持自立为单于。另外，呼衍王部拥立於除鞬也代表其彻底与逃遁的北单于进行了割裂，其后即便双方再建立联系，呼衍王再次支持“旧主”的可能性也很小。

---

① ［清］徐松著，朱玉麒整理《西域水道记（外二种）》，第182页。

② 丛晓明、王庆宪《姻亲氏族与匈奴政权的关系》，《黑龙江民族丛刊》2013年第3期，第68页；刘俊、王海《论匈奴呼衍氏地位的演进》，《北方文物》2018年第1期，第87页。

③《后汉书》卷八九《南匈奴传》，第2954页。

④《后汉书》卷一九《耿夔传》，第719页。

综上，逃遁的北单于与西域呼衍王等部很可能已互不统属，各自独立发展。以地缘观之，呼衍王部居蒲类海、伊吾一带，靠近敦煌郡，则永元十六年（104）及元兴元年（105）两次遣使诣敦煌贡献的北单于当是呼衍王等部重新拥立的。当然不能完全排除逃遁的北单于与呼衍王部再度合流的可能。但在呼衍王部众占据绝对优势的情况下，无论此时的北单于是旧日逃走的，还是重新拥立的，其若要延续北匈奴的统治无疑会比此前任何时期都要更为倚重呼衍王。

此外，呼衍王能够于安帝初年再度掌控西域、兵犯河西的重要原因是其吸纳了部分北匈奴残余势力。金微山之败后，逃亡西域的北匈奴残余当不止於除鞬一支。元初四年（117）逢侯残部逃奔的“北虏”应即指以呼衍王部为核心所组建起来的新的北匈奴政权。通过吸纳北匈奴残余势力，以呼衍王为“根本”的新生北匈奴才得以在西域重建霸权。因此，永元八年（96）的呼衍王应在加紧吸纳北匈奴流散部众、扩充实力。这对东汉西域、敦煌的安定而言是一大隐患，则和帝增强敦煌边防力量或与呼衍王部举动有关。

三、涿鞮叛汉事件与北匈奴的纠葛及对平叛汉兵规模的再思考

《后汉书·西域传》记载：

> 和帝永元二年，大将军窦宪破北匈奴，车师震慑，前后王各遣子奉贡入侍，并赐印绶金帛。八年，戊己校尉索頵欲废后部王涿鞮，立破虏侯细致。涿鞮忿前王尉卑大卖己，因反击尉卑大，获其妻子。明年，汉遣将兵长史王林，发凉州六郡兵及羌（虏）胡二万余人，以讨涿鞮，获首虏千余人。涿鞮入北匈奴，汉军追击，斩之，立涿鞮弟

农奇为王。[①]

永元八年（96）七月，车师后部叛汉。八月，和帝命死囚减死“诣敦煌戍”。此二事间隔时间很短，应有很强的关联性。再联系永元九年（97）王林“发凉州六郡兵”击涿鞮事，东汉出兵西域，敦煌首当其冲。那么和帝八月增兵敦煌的最直接原因当是为出兵西域做准备。至于逢侯部及呼衍王部，因缺乏直接证据表明敦煌增兵是在针对这两方势力，故此二者仅可暂列为影响敦煌增兵这一决策制定的重要因素。

另外，车师后部叛乱与北匈奴有牵涉。后王涿鞮叛乱的起因是戊己校尉索颙欲废其王位。然涿鞮起兵后攻击的首要目标却不是戊己校尉索颙，而是出卖自己的前王尉卑大。可见尉卑大的出卖应是导致戊己校尉欲废涿鞮的原因。告发之事能使涿鞮王位不保，必然十分关键。东汉治理西域时，一般怀有二心或持反汉立场的国王才会遭到更换。联系涿鞮在汉军来袭时投奔北匈奴之事，真相已呼之欲出。应是涿鞮对东汉已怀二心，谋划依附北匈奴，并打算与前王尉卑大共同进退。毕竟此前两国皆为北匈奴附庸，又一道归汉，有协同行动的交情和默契。但尉卑大在得知涿鞮意图后，却向戊己校尉告发此事，由此引发车师后部叛汉事件。

关于“涿鞮入北匈奴，汉军追击，斩之”一事也须详察。此时北匈奴当以呼衍王部为核心。涿鞮进入北匈奴势力范围后仍被汉军击杀存在两种可能：其一，涿鞮尚未与呼衍王达成共识便仓促起事，其逃奔北匈奴是为转移汉军视线，引汉匈相争，趁机脱身。只是汉军至时，呼衍王率众暂避，涿鞮因此丧命。其二，涿

① 《后汉书》卷八八《西域传》，第2929—2930页。

鞮已与呼衍王达成协议，只是东汉出兵规模远超呼衍王预估，于是呼衍王选择暂避锋芒，坐视涿鞮败亡。为重建北匈奴政权，呼衍王不仅需要吸纳北匈奴残余部众，还需要招引西域诸国归顺，如此方可在失去漠北后，仍能使北匈奴在西域伸张自身势力。在此需求下，呼衍王与涿鞮暗通款曲的可能性很大，甚至很可能是呼衍王主动诱使车师后部投效。基于这种背景，第二种推测成立的可能性显然更大。另外呼衍王部充其量不过是北匈奴残余，不敢主动迎击大规模汉军，这是呼衍王无力救援后王涿鞮的重要原因。

从此次平叛的汉兵规模看，东汉对付区区车师后部竟“发凉州六郡兵及羌胡二万余人”。须知永元三年（91）耿夔赴金微山讨伐北单于时不过“将精骑八百”[①]；建初元年（76），北匈奴联合焉耆、龟兹又策动车师倒戈，围困耿恭，东汉所遣援兵不过“发张掖、酒泉、敦煌三郡及鄯善兵，合七千余人”[②]。如此大规模征发凉州六郡及境内羌胡之兵，在此之前仅有永平十六年（73）明帝遣四道大军大举进攻北匈奴时在凉州的征兵情况可堪与之比肩。当时窦固、耿秉分领两道汉军，共征发凉州酒泉、敦煌、张掖、武威、陇西、天水六郡及羌胡合计两万余人[③]，达到明帝进攻北匈奴总兵力的一半。永元九年（97）平定车师后部的汉军规模竟然与之相当，以这般规模汉军攻击“胜兵三千余人”[④]的车师后部岂非杀鸡用牛刀？何况当时西域都护班超已基本控制西域，足可征调数万城邦诸国之兵讨伐车师后部。若仅为平定后部之叛似无必要从凉州六郡大举征发军队，故此事更显蹊跷。由

① 《后汉书》卷一九《耿夔传》，第718页。
② 《后汉书》卷一九《耿恭传》，第722页。
③ 《后汉书》卷二三《窦固传》，第810页。
④ 《后汉书》卷八八《西域传》，第2929页。

此联系涿鞮败逃北匈奴之事，不妨推测：车师后部之叛已惊动东汉政府，尤其是后部似与北匈奴残余——呼衍王部有勾结，更加深了和帝的警惕。于是，此次汉军出击西域，除平定车师后部外，另有打击隐于后部背后的北匈奴呼衍王部的意图。后因呼衍王闻风退避，汉军寻其主力不得，只能在击杀涿鞮后撤军归塞。若此推论成立，则和帝增强敦煌屯戍兵力的主要目的应是为次年（97）凉州大军出击呼衍王做准备。当然这一推论尚缺乏直接史料证据，并不确凿。

四、李恂事迹所见永元五年至十六年东汉与北匈奴的关系

上文论述"诣敦煌戍"及平叛主要目的时，仅能大致推定此阶段的呼衍王部在积蓄实力，图谋复兴北匈奴，至于其与东汉的接触情况并未展开讨论。这是因为根据有明确纪年的史籍记载，北匈奴自永元五年（93）於除鞬败亡后，直到永元十六年（104）才再次与东汉发生接触。其间虽有永元九年（97）涿鞮逃奔北匈奴事件，然当时北匈奴的反应却未有记载。因此学者们在涉及永元五年至十六年（93—104）间北匈奴的情况时皆一笔带过，由是此阶段北匈奴与东汉关系至今尚不清楚。

事实上，《后汉书·李恂传》记载的关于李恂任西域副校尉的经历，对于研究永元五年至十六年（93—104）间东汉与北匈奴关系具有较高的史料价值。只因其生平履历缺乏明确纪年，故此前多为学界所忽视。《后汉书·李恂传》记载李恂：

> 迁张掖太守，有威重名。时大将军窦宪将兵屯武威，天下州郡远近莫不修礼遗，恂奉公不阿，为宪所奏免。
>
> 后复征拜谒者，使持节领西域副校尉。西域殷富，多珍宝，诸国侍子及督使贾胡数遗恂奴婢、宛马、金银、香罽

> 之属，一无所受。北匈奴数断西域车师、伊吾，陇沙以西使命不得通，恂设购赏，遂斩虏帅，悬首军门。自是道路夷清，威恩并行。
>
> 迁武威太守。后坐事免，步归乡里，潜居山泽，结草为庐，独与诸生织席自给。会西羌反畔，恂到田舍，为所执获，羌素闻其名，放遣之。恂因诣洛阳谢。时岁荒，司空张敏、司徒鲁恭等各遣子馈粮，悉无所受。[①]

李恂任西域副校尉时曾与北匈奴发生冲突，使用这段史料前则须先考证李恂任西域副校尉的时间，以此才能判定史料中出现的北匈奴的活动时间。此前林幹的《匈奴史料汇编》对此史料已有收录，并将李恂领西域副校尉时间系于和帝永元二年（90）窦宪出屯凉州以后[②]。这一时间推定虽无误，但却过于模糊宽泛，因此须进一步推定李恂任西域副校尉的时间。

李恂因得罪窦宪才遭免职。窦宪出屯武威的时间是在永元二年（90），窦宪奏免李恂事大致即在此年。李恂既为窦宪不容，则其复起任西域副校尉的时间当在永元四年（92）窦宪倒台之后。和帝诛杀窦宪后，大肆清除窦宪党羽，同时对受窦宪构陷打压者有所起复。《后汉书》李贤等注引华峤《后汉书》记载应顺：

> 迁东平相……时窦宪出屯河西，刺史、两千石皆遣子弟奉赂遗宪，宪败后咸被绳黜，顺独不在其中，由是显名。为将作大匠，视事五年，省费亿万。[③]

① 《后汉书》卷五一《李恂传》，第1683—1684页。

② 林幹《匈奴史料汇编》，北京：商务印书馆，2017年，第360页。

③ 《后汉书》卷四八《应奉传》，第1607页。

又《后汉书·梁慬传》记载梁慬：

> 父讽，历州宰。永元元年，车骑将军窦宪出征匈奴，除讽为军司马……后坐失宪意，髡输武威，武威太守承旨杀之。窦氏既灭，和帝知其为宪所诬，征慬，除为郎中。①

李恂与应顺在窦宪屯武威时皆未送礼贿赂。应顺因不附窦氏赢得美名，这与其日后受重用任将作大匠不无关系。又，梁讽得罪窦宪被害，窦宪伏诛后，和帝为其平反，并任命其子梁慬为郎中。李恂亦为窦宪诬陷免官，窦宪垮台后，应当亦会“显名”于朝堂，和帝在梁讽死后尚能为其平反并任用其子，这进一步表明李恂在窦宪垮台后获得平反并获重新起用的可能性很高。

李恂任西域副校尉时遭遇“北匈奴数断西域车师、伊吾，陇沙以西使命不得通”的情况，於除鞬附汉时期的北匈奴不符合这一条件。於除鞬自立为北单于，驻牧蒲类海，东汉先后使中郎将耿夔、任尚屯兵伊吾进行监视②，加之於除鞬指望东汉助其重归漠北，故於除鞬既无断车师、伊吾通道的动机，也不具备挑战伊吾屯驻汉军的实力。因此，李恂就任西域副校尉至少在永元五年（93）於除鞬败亡之后。

另外，李恂曾在“岁荒”时拒绝司空张敏、司徒鲁恭的赠粮。《后汉书·安帝纪》云：“（永初元年）十二月乙卯，颍川太守张敏为司空。……（永初六年）夏四月乙丑，司空张敏罢。”③则张敏任司空的起讫时间是永初元年十二月至六年四月（107—

① 《后汉书》卷四七《梁慬传》，第1591页。

② 《后汉书》卷一九《耿夔传》，第719页；《后汉书》卷八九《南匈奴传》，第2954页。

③ 《后汉书》卷五《安帝纪》，第209、218页。

112）。鲁恭曾两度官至司徒。第一次在和帝时，任期自永元十三年十一月至十六年七月（101—104）[①]。第二次在安帝时，任期自永初元年五月至三年三月（107—109）[②]。鲁恭第二次任司徒时与张敏任司空有重叠的时段。重叠时段自永初元年十二月至三年三月（107—109），这时期张敏任司空、鲁恭任司徒，也即为二人各自遣子赠粮于李恂的时期。

李恂是“安定临泾人”[③]，其在回归乡里——安定郡之后，为西羌叛军抓获，后被释放。其后李恂“因诣洛阳谢”，遇到“岁荒”。《后汉书·安帝纪》云：“（永初二年）六月，京师及郡国四十大水，大风，雨雹。……（三年）三月，京师大饥，民相食。”[④]可知京师洛阳在永初二年（108）六月曾遭遇自然灾害，到三年三月（109）饥荒严重，出现“民相食”的情况。则李恂到达洛阳的时间应在永初二年六月至三年三月（108—109）。又因此时李恂被西羌释放不久，由时间推知李恂遭遇的是爆发于永初元年（107）六月的西羌叛乱[⑤]。则李恂获擒当在永初元年六月至永初三年初（107—109）。

梁慬在延平元年至永初元年（106—107）任西域副校尉并参与西域作战[⑥]，后以西域副校尉身份率军平定西羌直至永初四年（110）改任他职[⑦]。由此可知李恂任西域副校尉在梁慬之前，李

① 《后汉书》卷四《和帝纪》，第189、193页。
② 《后汉书》卷五《安帝纪》，第207、212页。
③ 《后汉书》卷五一《李恂传》，第1683页。
④ 《后汉书》卷五《安帝纪》，第210、212页。
⑤ 《后汉书》卷八七《西羌传》，第2886页；《后汉书》卷五《安帝纪》，第207页。
⑥ 《后汉书》卷四七《梁慬传》，第1591—1592页。
⑦ 《后汉书》卷八九《南匈奴传》，第2957—2958页。

恂卸任西域副校尉最迟在延平元年（106）。

又因北匈奴单于在永元十六年（104）及元兴元年（105）先后两次遣使称臣纳贡[①]。可知至少在此二年北匈奴对东汉的态度甚为谦恭。则“北匈奴数断西域车师、伊吾，陇沙以西使命不得通”的情况与此时期双方态势极不吻合。假设李恂在此二年仍在西域副校尉任上，按时间推算也当是在其斩获虏帅后。此二年间北匈奴款服，比较符合史籍中赞许李恂政绩时提到的“自是道路夷清，威恩并行”的景象。

基于以上考证，李恂任西域副校尉可限定在永元五年至延平元年（93—106）间。至于“北匈奴数断西域车师、伊吾，陇沙以西使命不得通”当发生在永元五年至永元十六年（93—104）间。此时段北匈奴“数断西域车师、伊吾”，使东汉政府使命无法顺利到达西域。这表明永元五年至十六年（93—104）间东汉与北匈奴间存在对抗阶段。“数断”表明北匈奴对车师、伊吾进行了多次打击，又从“陇沙以西使命不得通”来看，其主要目的是打算先切断西域同中原的联系，再进一步蚕食西域。最终，李恂设法斩杀“虏帅”，粉碎了此次北匈奴意图染指西域的野心。传文中的被斩杀的“虏帅”身份缺载，然其死后东汉在西域“道路夷清，威恩并行”，可见斩杀虏帅使北匈奴受挫不小，如此这位“虏帅”，即便不是北单于或呼衍王，也是一位重要角色[②]，否则北匈奴当不会轻易放弃攻击车师、伊吾。

---

① 《后汉书》卷八九《南匈奴传》，第2956—2957页。

② 原本击杀北匈奴“虏帅”应是较大功绩，然在金微山之役后，北匈奴早已沦为二流势力，不能再对东汉构成实质性威胁。故这一“壮举”在史书中湮灭无闻。对造成这类现象的原因，已有学者进行探析。详见马利清《纪功刻石的文本传统与〈任尚碑〉反映的“历史事实”》，《中国人民大学学报》2017年第1期，第11—20页。

再者，东汉已于永元三年（91）迫使北单于逃遁，永元五年（93）击杀北单于於除鞬。若再于永元五年至八年（93—96）间斩杀“虏帅”，则车师后部在此形势下选择叛汉依附北匈奴显然极不明智。如此，北匈奴“数断”车师、伊吾及李恂斩“虏帅”事应当发生于永元八年（96）以后。

由上考证可推知，永元八年至十六年（96—104）间，北匈奴招引车师后部投效失败后，尝试切断西域与中原通道，后其阴谋被西域副校尉李恂挫败，“虏帅”被杀迫使北匈奴转变对东汉策略。到永元十六年（104）及元兴元年（105）北匈奴两次遣使贡献，并“愿和亲，修呼韩邪故约”，应即与李恂斩杀“虏帅”打击北匈奴有关。从北匈奴遣使贡献时“旧礼不备”“辞以国贫未能备礼”观之，由于李恂等治理得当，东汉在西域统治日益稳固，变相压缩了北匈奴的生存空间，致使北匈奴在西域的境况十分艰难，不得不向东汉屈服。

此外，永元八年至十六年（96—104）间，北匈奴与东汉存在对抗阶段，更加说明此阶段敦煌郡乃至凉州的战略定位是防范、打击以呼衍王部为核心的北匈奴。《后汉书·班勇传》记载：“旧敦煌郡有营兵三百人，今宜复之，复置护西域副校尉，居于敦煌，如永元故事。”[①]这也印证了永元时期（89—105）东汉的确有意通过增强敦煌军事力量，控制西域，其主要针对目标也应是北匈奴。基于以上考证，永元八年（96）囚犯减死“诣敦煌戍”主要是针对北匈奴呼衍王部之推论成立的可能性也大大提高。

北匈奴政权崩溃后，其残余部众分散各处。南匈奴因未处理好与北匈奴残余间的关系，致使内部生变。逢侯得以率北匈奴残部驻牧于敦煌以北的涿邪山。这支匈奴与北匈奴有所区别，之后

① 《后汉书》卷四七《班勇传》，第1587—1588页。

在南匈奴、鲜卑的接连打击下难以支撑，最终与西域的北匈奴重新合流。东汉时长期活动于西域北部的呼衍氏在北匈奴挛鞮氏衰弱后，成为北匈奴“根本”。呼衍王为在西域伸张北匈奴势力，一面积极吸纳北匈奴残余部众，一面与汉争夺西域诸国。在此期间北匈奴先欲以武力夺取西域，后在东汉打击下其计划受挫，又转变策略积极谋求东汉承认。适逢东汉在西域、凉州统治动摇，北匈奴旋即放弃与汉和解策略，抓住时机再度以武力在西域建立霸权并兵犯河西。

敦煌郡地处匈奴、西域与中原交汇要冲，其战略位置对于稳定西域局势、威慑“叛胡”逢侯乃至打击呼衍王部都能发挥至关重要的作用。有鉴于此，和帝采取减死徙边、置“营兵三百人”及西域副校尉等诸多手段积极充实敦煌郡边防力量，并以敦煌为基地发动讨伐战争。

结 语

敦煌在汉初及更早时期是大月氏、乌孙的生活区域，西汉前期随着匈奴击败大月氏，敦煌成为匈奴西域地区的浑邪王管辖的地方。元狩二年（前121），汉武帝派霍去病击败河西地区的匈奴，浑邪王杀休屠王降汉，汉朝政府派兵占领河西并屯田敦煌。元狩三年（前120），来自南阳新野的一批屯田士兵在敦煌界渥洼池抓住一批野马，编造渥洼池出天马的故事，以迎合汉武帝对骏马的个人嗜好，敦煌作为地名正式成为敦煌地区的名称，以代替原来因音译不准确而产生的各种称谓，如敦薨或者焞煌等，并且正式给敦煌这一地名赋予“大而盛”的含义。

西汉占据包括敦煌在内的河西走廊地区，主要是为断绝胡与羌通之路，同时也是为打通与西域诸国交流之路，以分匈奴之势。为实现这一战略目标，西汉政府最初计划是派遣张骞出使西域劝说原来居住在河西走廊的乌孙回迁故地，以此断匈奴之右臂。张骞劝说乌孙失败后，西汉政府转而对河西进行直接管辖，先后设置酒泉、武威、张掖、敦煌四郡，以通西域诸国。

两汉敦煌郡的主要定位之一就是作为汉朝中央政府经营西北地区的军事基地，这也是敦煌置郡最重要的初衷。两汉时期的敦煌郡在军事上需要防御或打击的对象主要来自三个方向。

首先是北面占据蒙古高原的匈奴政权。匈奴在数个世纪内牢牢掌控着中原以北广大的游牧世界的霸权，在西汉、新莽乃至东汉前中期始终是包括敦煌郡在内的汉朝北边、西北边诸边郡的首要防御对象。敦煌郡主要面临的是来自匈奴右部的威胁。在汉朝国力强盛时，汉军也会出敦煌打击匈奴，主要打击的是驻牧于东天山、蒲类海（巴里坤湖）地区的匈奴势力。西汉时有右贤王、日逐王等在这一区域活动，东汉时主要是呼衍王部在这一地区活动。这些匈奴诸王是两汉时期汉军出敦煌攻击的主要目标。到东汉后期，鲜卑崛起逐渐取代匈奴称雄于蒙古高原，东汉敦煌郡的防御目标转而改为鲜卑西部。

其次是南面及西南面生活于青藏高原西北部，也即祁连山区、阿尔金山区及柴达木盆地一带的南山羌势力。早在西汉初诸羌便是匈奴附庸，联合匈奴威胁西汉西北边境。大月氏西迁后，残余的月氏人进入南山地区与羌人融合，称为“南山羌”或“小月氏”。这部分羌人活动在敦煌南面及西南面，在河西地区胡与羌通之路断绝后，常常作为匈奴沟通湟中诸羌的中间桥梁，这股势力也是敦煌郡设置后南面的主要威胁。西汉宣帝时，赵充国、辛武贤打击叛乱的先零羌，辛武贤与敦煌太守快等也顺势平定南山羌，凸显出敦煌郡在经略南羌过程中的军事战略地位。其后直到东汉时期诸羌始终活动在祁连山以南，甚至羌患愈演愈烈，一度动摇东汉在西部凉州、三辅等地区的统治，而敦煌郡也始终充当着经略诸羌的前沿军事基地。

最后是西面新疆及中亚地区的西域城邦诸国。如果说敦煌郡在对付匈奴、诸羌方面只能视为众多的沿边军事基地之一，那么在经略西域方面，敦煌郡可谓发挥着不可或缺的主导作用。西域城邦诸国虽整体实力偏弱，难以单独对敦煌郡构成威胁，但匈奴经常裹挟车师等西域北道诸国联兵进犯，尤其东汉时随着北匈奴统治中心逐步西移，这种局面经常出现。当然敦煌郡西面处于被动防御的时段较少，更多时期是汉朝政府主动通过敦煌郡经略西域。两汉时期的敦煌郡是汉朝政府出兵征讨西域敌对势力的军队和物资集结地，为将敦煌郡建设成更高效、便捷的对付西域的军事基地，西汉宣帝时开始在敦煌郡进行大规模仓储及漕运工程建设，著名的居卢訾仓就在此时期修筑，此后这一工程更由敦煌塞内延伸至塞外成为真正系统性的国家级工程。其后，设置不久的西域都护府顺理成章地接手了居卢訾仓的管辖权，并得以利用漕运系统更便捷地将敦煌及汇聚于敦煌的内地物资先转存于居卢訾仓，再由此输送于西域都护府及各屯田机构。于是，敦煌郡成为汉朝经略西域更加坚实的后盾。

两汉政府都通过敦煌郡经营西域，经营西域的主要目的也都是为对付匈奴，但又有所差别。从统治持久程度来看，西汉自武帝经略西域以降直到王莽篡汉始终在西域占据一席之地，且大部分时段都占据着主动、统治地位；东汉情况则不然，东汉政府曾多次撤出西域。故《后汉书·西域传》记载："自建武至于延光，西域三绝三通。"[①]造成这种差别的原因或许是东汉整体国力与西汉有所差距，反映在经略西域方面就常表现得后劲不足。但不可否认的是，东汉时期随着匈奴分裂、衰弱，汉朝北方防御态势已不如西汉前中期那般紧张，这使得东汉政府在执行经略西域以断匈奴右臂战略上远不如西汉时期积极。因为东汉政府凭借自身力量足以镇压分裂后的北匈奴，所以对经营西域的兴致和需求相对西汉时期更低；另外西羌势力的膨胀使得东汉政府常年遭受羌患之苦，甚至一度使敦煌等河西诸郡防御的重点从过去主要

① 《后汉书》卷八八《西域传》，第2913页。

防御北方匈奴转变为主要防御南方诸羌。纵观东汉一朝，匈奴始终未对东汉中原造成太多威胁，而主要是在西域地区与东汉展开争夺。同时，西羌叛乱有愈演愈烈之势，叛羌曾一度攻入东汉凉州、三辅、并州、益州等地，影响范围更是波及东汉统治腹地的关东诸州。到东汉后期，西羌与义从胡、汉人等多方势力联合叛乱，与黄巾起义东西呼应，演变出包含更加复杂性质的叛乱活动，给东汉政府的统治造成巨大冲击。正是西羌的这些叛乱活动对东汉西部造成的重大隐患、威胁，致使东汉朝中不止一次提出放弃凉州的建议。尽管这种论调最后被压制，但从这一点也足以反映出在西羌严重掣肘之下，东汉政府难以充分地、无后顾之忧地经略西域，毕竟经营凉州尚且艰难，何况经略西域。

从经略西域的策略方面来看，西汉与东汉也呈现出不同的特点。西汉经营西域之初是先经略鄯善，打通南道，再将势力逐渐扩展至北道车师地区；东汉最初经营西域则选择先经略伊吾、车师，这种差别应与汉、匈实力对比发生变化及汉朝对西域了解程度加深有关。相较而言，西汉面临的是极盛时期的匈奴，对河西走廊的经营都经历了一个探索期，何况更为陌生的西域地区。因此经略西域之初，西汉采取了相对保守的策略，先绕开匈奴影响力较强的北道，选择从南道突破，并与乌孙联合，待在西域打开局面后再向北与匈奴展开争夺，最终成功将整个西域（狭义）纳入统治。东汉则无需如此。一来东汉政府对西域的了解已达到一定的程度，更加清楚匈奴在西域活动的情况，也更加明确控制西域的关键在于伊吾、车师，这是西汉长期经营西域积攒下来的宝贵经验。二来匈奴在东汉建国之初便分为两国，东汉面临的对手仅仅是北匈奴，且自身国力正值鼎盛，在这种以强击弱、居高临下的态势下，东汉在对西域的北匈奴作战之初就直奔关键，甚至无须再联合外力。

敦煌太守作为两汉时期敦煌郡的最高军政长官，在汉朝政府经营西域方面也有颇多建树。如西汉时最初伊循屯田由敦煌太守节制，东汉时敦煌太守甚至可率军出征西域，左右西域城邦国家的王位归属等。总体来看，敦煌太守从西汉到东汉经历了一个职权扩大的阶段。不仅如此，敦煌太守还在经略南羌、匈奴方面发挥着重要作用。如西汉敦煌太守快参与平羌之战，东汉敦煌太守裴岑击破北匈奴呼衍王，这些事例都反映出两汉敦煌太守在汉朝政府经略西北诸方势力，尤其是经略西域方面扮演着举足轻重的角色。

两汉时期敦煌郡已经具备一定规模并承担着重要的政治、外交使命。《续汉书·郡国志五》注引《耆旧记》记载敦煌郡："华戎所交，一都会也。"[①]其实敦煌成为华戎交汇之都会并非只是形容东汉时期的情况，早在西汉经敦煌开辟西域南北道后，敦煌已经开始逐渐成为东西方交流通道——丝绸之路上的璀璨明珠。自汉武帝打通西域、置敦煌郡后，敦煌就成为两汉政府沟通西域诸国最重要的口岸城市，专门负责接待中原及西域诸国来往使团，有时也会接待羌人及匈奴使者，可见这个"戎"也包含羌、匈奴。不仅如此，东西来往的使团常伴随着官方贡赐贸易的展开，当然民间贸易也在敦煌同步进行。频繁的商业活动，使两汉敦煌郡成为中西方商品贸易的重要中转站和集散地。此外，西汉政府自敦煌置郡之前，就已开始将中原地区的大量贫民、流民、罪犯、戍卒等迁徙至敦煌，移民实边。此后直到东汉时期，移民敦煌的活动仍在不断进行，特别是将犯罪的高级官员和文士发配敦煌，这些人都是汉朝社会的上层，具有很高的文化造诣，他们迁徙敦煌实际上形成了敦煌的文化移民，汉代敦煌地区的文化实际上就是在这个基础上建立起来的。

---

① 《续汉书·郡国志五》，《后汉书》，第3521页。

参考文献

古籍

[1] ［汉］司马迁撰，［南朝宋］裴骃集解，［唐］司马贞索隐，［唐］张守节正义《史记》，北京：中华书局，2014年。

[2] ［汉］班固撰，［唐］颜师古注《汉书》，北京：中华书局，1962年。

[3] ［汉］刘珍等撰，吴树平校注《东观汉记校注》，北京：中华书局，2008年。

[4] ［汉］孔安国传，［唐］孔颖达等正义，黄侃经文句读《尚书正义》，上海：上海古籍出版社，1990年。

[5] ［汉］赵岐撰，［清］张澍辑，陈晓捷注《三辅决录》，西安：三秦出版社，2006年。

[6] ［晋］陈寿著，［南朝宋］裴松之注《三国志》，北京：中华书局，1982年。

[7] ［晋］袁宏撰，张烈点校《后汉纪》，北京：中华书局，2017年。

[8] ［晋］郭璞注，［清］郝懿行笺疏，沈海波校点《山海经》，上海：上海古籍出版社，2015年。

[9] ［南朝宋］范晔撰，［唐］李贤等注《后汉书》，北京：中华书局，1965年。

［10］［南朝宋］羊欣《采古来能书人名》，上海书画出版社等选编、校点《历代书法论文选》，上海：上海书画出版社，1979年。

［11］［北魏］郦道元著，陈桥驿校证《水经注校证》，北京：中华书局，2007年。

［12］［北齐］魏收《魏书》，北京：中华书局，2018年。

［13］［唐］欧阳询撰，汪绍楹校《艺文类聚》，上海：上海古籍出版社，1982年。

［14］［唐］房玄龄等《晋书》，北京：中华书局，1974年。

［15］［唐］杜佑撰，王文锦等点校《通典》，北京：中华书局，2016年。

［16］［唐］张怀瓘撰，邵军校注《书断》，太原：山西教育出版社，2018年。

［17］［唐］李吉甫撰，贺次君点校《元和郡县图志》，北京：中华书局，1983年。

［18］［唐］林宝撰，岑仲勉校记，郁贤皓、陶敏整理，孙望审订《元和姓纂（附四校记）》，北京：中华书局，1994年。

［19］［宋］欧阳修、宋祁《新唐书》，北京：中华书局，1975年。

［20］［宋］李昉等编《太平广记》，北京：中华书局，2003年。

［21］［宋］司马光编著，［元］胡三省音注《资治通鉴》，北京：中华书局，2013年。

［22］［宋］乐史撰，王文楚等点校《太平寰宇记》，北京：中华书局，2007年。

［23］［宋］邓名世撰，王力平点校《古今姓氏书辩证》，南昌：江西人民出版社，2006年。

［24］［清］徐松著，朱玉麒整理《西域水道记（外二种）》，北京：中华书局，2005年。

［25］［清］王昶《金石萃编》，北京：中国书店，1985年。

［26］［清］张澍辑，李鼎文校点《续敦煌实录》，兰州：甘肃人民出版社，1985年。

［27］［清］朱右曾辑，王国维校补，黄永年校点《古本竹书纪年辑

校》，沈阳：辽宁教育出版社，1997年。

［28］周天游辑注《八家后汉书辑注（修订本）》，上海：上海古籍出版社，2020年。

专著

［1］张春树《汉代边疆史论集》，台北：食货出版社，1977年。

［2］黄文弼《西北史地论丛》，上海：上海人民出版社，1981年。

［3］岑仲勉《汉书西域传地里校释》，北京：中华书局，1981年。

［4］谭其骧主编《中国历史地图集》第2册，北京：中国地图出版社，1982年。

［5］林梅村、李均明编《疏勒河流域出土汉简》，北京：文物出版社，1984年。

［6］复旦大学历史地理研究所《中国历史地名辞典》编委会《中国历史地名辞典》，南昌：江西教育出版社，1986年。

［7］黄烈《中国古代民族史研究》，北京：人民出版社，1987年。

［8］刘光华《汉代西北屯田研究》，兰州：兰州大学出版社，1988年。

［9］郑炳林《敦煌地理文书汇辑校注》，兰州：甘肃教育出版社，1989年。

［10］孟凡人《楼兰新史》，北京：光明日报出版社，1990年。

［11］中国社会科学院历史研究所等编《英藏敦煌文献（汉文佛经以外部分）》第1卷，成都：四川人民出版社，1990年。

［12］中国社会科学院历史研究所等编《英藏敦煌文献（汉文佛经以外部分）》第2卷，成都：四川人民出版社，1990年。

［13］中国社会科学院历史研究所等编《英藏敦煌文献（汉文佛经以外部分）》第3卷，成都：四川人民出版社，1990年。

［14］甘肃省文物考古研究所等编《居延新简：甲渠候官与第四燧》，北京：文物出版社，1990年。

［15］甘肃省文物考古研究所编《敦煌汉简》，北京：中华书局，1991年。

［16］中国社会科学院历史研究所等编《英藏敦煌文献（汉文佛经以外部分）》第7卷，成都：四川人民出版社，1992年。

［17］刘俊文主编，夏日新、韩昇、黄正建等译《日本学者研究中国史论著选译》第4卷，北京：中华书局，1992年。

［18］郭锋《斯坦因第三次中亚探险所获甘肃新疆出土汉文文书》，兰州：甘肃人民出版社，1993年。

［19］甘肃省文物考古研究所等编《居延新简·甲渠候官》，北京：中华书局，1994年。

［20］中国社会科学院历史研究所等编《英藏敦煌文献（汉文佛经以外部分）》第9卷，成都：四川人民出版社，1994年。

［21］上海古籍出版社等编《法藏敦煌西域文献》第1册，上海：上海古籍出版社，1995年。

［22］李并成《河西走廊历史地理》第1卷，兰州：甘肃人民出版社，1995年。

［23］焦北辰主编《中华人民共和国地名词典·甘肃省》，北京：商务印书馆，1995年。

［24］李晓杰《东汉政区地理》，济南：山东教育出版社，1999年。

［25］王素《高昌史稿：交通编》，北京：文物出版社，2000年。

［26］中国历史大辞典·科技史卷编纂委员会编《中国历史大辞典·科技史卷》，上海：上海辞书出版社，2000年。

［27］王国维《观堂集林（外二种）》，石家庄：河北教育出版社，2001年。

［28］胡平生、张德芳《敦煌悬泉汉简释粹》，上海：上海古籍出版社，2001年。

［29］岳邦湖、钟圣祖著，甘肃省文物局编《疏勒河流域汉代长城考察报告》，北京：文物出版社，2001年。

［30］上海古籍出版社等编《法藏敦煌西域文献》第14册，上海：上海古籍出版社，2001年。

［31］上海古籍出版社等编《法藏敦煌西域文献》第15册，上海：上海古籍出版社，2001年。

［32］上海古籍出版社等编《法藏敦煌西域文献》第16册，上海：上海古籍出版社，2001年。

［33］上海古籍出版社等编《法藏敦煌西域文献》第17册，上海：上海古籍出版社，2001年。

［34］中国简牍集成编委会编《中国简牍集成》第9、10、11、12册，兰州：敦煌文艺出版社，2001年。

［35］上海古籍出版社等编《法藏敦煌西域文献》第25册，上海：上海古籍出版社，2002年。

［36］上海古籍出版社等编《法藏敦煌西域文献》第27册，上海：上海古籍出版社，2002年。

［37］上海古籍出版社等编《法藏敦煌西域文献》第30册，上海：上海古籍出版社，2003年。

［38］刘光华主编《西北通史》第1卷，兰州：兰州大学出版社，2004年。

［39］上海古籍出版社等编《法藏敦煌西域文献》第34册，上海：上海古籍出版社，2005年。

［40］甘肃省文物考古研究所、吴礽骧《河西汉塞调查与研究》，北京：文物出版社，2005年。

［41］余太山《两汉魏晋南北朝正史西域传要注》，北京：中华书局，2005年。

［42］陈序经《匈奴史稿》，北京：中国人民大学出版社，2007年。

［43］李正宇《古本敦煌乡土志八种笺证》，兰州：甘肃人民出版社，2007年。

［44］刘光华《秦汉西北史地丛稿》，兰州：甘肃文化出版社，2007年。

［45］林幹《匈奴史》，呼和浩特：内蒙古人民出版社，2007年。

［46］严耕望《两汉太守刺史表》，上海：上海古籍出版社，2007年。

［47］汪受宽《甘肃通史·秦汉卷》，兰州：甘肃人民出版社，2008年。

［48］毛远明《汉魏六朝碑刻校注》第1册，北京：线装书局，2008年。

［49］毛远明《汉魏六朝碑刻校注》第2册，北京：线装书局，2008年。

［50］郝树声、张德芳《悬泉汉简研究》，兰州：甘肃文化出版社，2008年。

［51］李富华、姜德治《敦煌人物志》，兰州：甘肃人民出版社，2008年。

[52] 祁小山、王博《丝绸之路·新疆古代文化》，乌鲁木齐：新疆人民出版社，2008年。

[53] 李水城《东风西渐：中国西北史前文化之进程》，北京：文物出版社，2009年。

[54] 中国陵墓雕塑全集编辑委员会编《中国陵墓雕塑全集》第2卷，西安：陕西人民美术出版社，2009年。

[55] [日] 泽田勳著，王庆宪、丛晓明译《匈奴：古代游牧国家的兴亡》，呼和浩特：内蒙古人民出版社，2010年。

[56] 雷生忠《汉三老赵宽碑》，兰州：甘肃人民出版社，2010年。

[57] 余太山《两汉魏晋南北朝与西域关系史研究》，北京：商务印书馆，2011年。

[58] 徐光冀主编《中国出土壁画全集》第9册，北京：科学出版社，2011年。

[59] 徐龙国《秦汉城邑考古学研究》，北京：中国社会科学出版社，2013年。

[60] [英] 奥利尔·斯坦因著，向达译《斯坦因西域考古记》，乌鲁木齐：新疆人民出版社，2013年。

[61] 张德芳《敦煌马圈湾汉简集释》，兰州：甘肃文化出版社，2013年。

[62] 马怡、张荣强主编《居延新简释校》，天津：天津古籍出版社，2013年。

[63] 王国维著，黄爱梅点校《王国维手定观堂集林》，杭州：浙江教育出版社，2014年。

[64] 黎虎《汉代外交体制研究》，北京：商务印书馆，2014年。

[65] 向达《唐代长安与西域文明》，北京：商务印书馆，2015年。

[66] 吴军、刘艳燕《敦煌古代石刻艺术》，兰州：甘肃人民出版社，2015年。

[67] 周振鹤《西汉政区地理》，北京：商务印书馆，2017年。

[68] 周振鹤、李晓杰、张莉《中国行政区划通史·秦汉卷》，上海：复旦大学出版社，2017年。

[69] 林幹《匈奴史料汇编》，北京：商务印书馆，2017年。

[70] [日] 池田雄一著，郑威译《中国古代的聚落与地方行政》，上海：复旦大学出版社，2017年。

[71] 胡永鹏《西北边塞汉简编年》，福州：福建人民出版社，2017年。

[72] 甘肃省地方史志编纂委员会编《甘肃省志·文物志》，北京：文物出版社，2018年。

[73] 白军鹏《敦煌汉简校释》，上海：上海古籍出版社，2018年。

[74] 甘肃简牍博物馆等编《悬泉汉简（壹）》，上海：中西书局，2019年。

[75] 郑炳林、郑怡楠辑释《敦煌碑铭赞辑释（增订本）》，上海：上海古籍出版社，2019年。

[76] 黎虎《汉唐外交制度史（增订本）》，北京：中国社会科学出版社，2019年。

[77] [英] 奥利尔·斯坦因著，中国社会科学院考古研究所主持翻译《西域考古图记（修订版）》第2卷，桂林：广西师范大学出版社，2019年。

[78] 王国维《王国维讲考古学》，北京：团结出版社，2019年。

[79] 刘全波《织网与凿井：中西交通史研究论稿》，北京：科学出版社，2019年。

[80] 甘肃简牍博物馆等编《悬泉汉简（贰）》，上海：中西书局，2020年。

[81] 杨富学等《敦煌民族史》，北京：社会科学文献出版社，2021年。

论文

[1] [日] 内田吟風《匈奴西移年表：附フンネン=匈奴に関する再考察》，《東洋史研究》第2卷第1号，1936年。

[2] 张维华《汉河西四郡建置年代考疑》，《中国文化研究汇刊》第2卷，1942年。

[3] 劳榦《汉代兵制及汉简中的兵制》，《中研院历史语言研究所集刊》第10本，1948年。

[4] 阎文儒《敦煌史地杂考》，《文物参考资料》1951年第5期。

[5] [日] 日比野丈夫《河西四郡の成立について》，《東方學報》

25，1954 年。

[6] 陈连庆《东汉的屯田制》，《东北师范大学科学集刊》1957年第3期。

[7] 张春树《汉代河西四郡的建置年代与开拓过程的推测：兼论汉初向西扩张的原始与发展》，《汉代边疆史论集》，台北：食货出版社，1977年。

[8] 薛英群《新获居延简所见窦融》，《社会科学》1979年第1期。

[9] 刘光华《汉武帝对河西的开发及其意义》，《敦煌学辑刊》1980年总第1辑。

[10] 黄文弼《河西四郡建置年代考》，《西北史地论丛》，上海：上海人民出版社，1981年。

[11] 张鹤泉《略论汉代的弛刑徒》，《东北师大学报（哲学社会科学版）》1984年第4期。

[12] 王宗维《匈奴诸王考述》，《内蒙古大学学报（哲学社会科学版）》1985年第2期。

[13] 王宗维《秦汉之际河西地区的民族及其分布》，《兰州大学学报（社会科学版）》1985年第3期。

[14] 马雍《新疆巴里坤、哈密汉唐石刻丛考》，文化部文物局古文献研究室编《出土文献研究》，北京：文物出版社，1985年。

[15] 余大钧《公元91年后居留新疆北部一带的北匈奴》，《中华文史论丛》1986年第1辑。

[16] 王宗维《汉代河西四郡始设年代问题》，《西北史地》1986年第3期。

[17] 刘光华《论东汉敦煌在中原与西域关系中之重要地位》，敦煌文物研究所编《1983年全国敦煌学术讨论会文集：文史·遗书编（上册）》，兰州：甘肃人民出版社，1987年。

[18] 史念海《新秦中考》，《中国历史地理论丛》1987年第1期。

[19] 王宗维《“敦煌”释名——兼论中国吐火罗人》，《新疆社会科学》1987年第1期。

[20] 王彦辉《北匈奴西迁欧洲的历史考察》，《东北师大学报（哲学社会科学版）》1989年第3期。

［21］孟凡人《罗布淖尔土垠遗址试析》，《考古学报》1990年第2期。

［22］马雍《东汉〈曹全碑〉中有关西域的重要史料》，《西域史地文物丛考》，北京：文物出版社，1990年。

［23］李正宇《敦煌大方盘城及河仓城新考》，《敦煌研究》1991年第4期。

［24］周征松《河东裴氏谱牒知见录》，《文献》1992年第4期。

［25］［日］池田温著，韩昇译《唐朝氏族志研究——关于〈敦煌名族志〉残卷》，刘俊文主编《日本学者研究中国史论著选译》第4卷，北京：中华书局，1992年。

［26］余太山《张骞西使新考》，《西域研究》1993年第1期。

［27］郑炳林《敦煌本〈张淮深变文〉研究》，《西北民族研究》1994年第1期。

［28］余太山《两汉西域戊己校尉考》，《史林》1994年第1期。

［29］廖伯源《从汉代郎将职掌之发展论官制演变的一些特征》，《中研院历史语言研究所集刊》第65本，1994年。

［30］钱伯泉《乌孙和月氏在河西的故地及其西迁的经过》，《敦煌研究》1994年第4期。

［31］李并成《汉敦煌郡宜禾、中部都尉有关问题考》，《西北师大学报(社会科学版)》1995年第2期。

［32］余太山《两汉魏晋南北朝时期西域的绿洲大国称霸现象》，《西北史地》1995年第4期。

［33］林梅村《楼兰国始都考》，《文物》1995年第6期。

［34］余太山《〈后汉书·西域传〉与〈魏略·西戎传〉的关系》，《西域研究》1996年第3期。

［35］李正宇《新玉门关考》，《敦煌研究》1997年第3期。

［36］［日］鹈饲昌男著，徐世虹译《建武初期河西地区的政治动向——〈后汉书·窦融传〉补遗》，中国社会科学院简帛研究中心编《简帛研究译丛》第2辑，长沙：湖南人民出版社，1998年。

［37］侯灿《魏晋西域长史治楼兰实证——楼兰问题驳难之一》，《敦煌研究》2001年第4期。

[38] 侯灿《楼兰研究析疑——楼兰问题驳难之二》，《敦煌研究》2002年第1期。

[39] 李宝通《敦煌索劢楼兰屯田时限探赜》，《敦煌研究》2002年第1期。

[40] 李并成《东汉中期至宋初新旧玉门关并用考》，《西北师大学报(社会科学版)》2003年第4期。

[41] 邬文玲《汉代赦免制度研究》，博士学位论文，中国社会科学院研究生院，2003年。

[42] 高荣《月氏、乌孙和匈奴在河西的活动》，《西北民族研究》2004年第3期。

[43] 张俊民《敦煌悬泉汉简所见人名综述（三）——以敦煌郡太守人名为中心的考察》，卜宪群、杨振红主编《简帛研究.2005》，桂林：广西师范大学出版社，2008年。

[44] 孙危《内蒙古阿拉善汉边塞碑铭调查记》，《北方文物》2006年第3期。

[45] 贾衣肯《匈奴西迁问题研究综述（上）》，《中国史研究动态》2006年第9期。

[46] 贾衣肯《匈奴西迁问题研究综述（下）》，《中国史研究动态》2006年第10期。

[47] 李永平《汉简所见西汉敦煌太守及相关事迹考》，中国文物研究所编《出土文献研究》第8辑，上海：上海古籍出版社，2007年。

[48] 李炳泉《两汉“西域副校尉”略考》，《史学月刊》2008年第12期。

[49] 袁延胜《荆州松柏木牍所见西汉南郡的历史地理问题》，《中国历史地理论丛》2009年第3期。

[50] 殷晴《汉代丝路南北道研究》，《新疆社会科学》2010年第1期。

[51] 李正宇《“敦薨之山”、“敦薨之水”地望考——兼论“敦薨”即“敦煌”》，《敦煌研究》2011年第3期。

[52] 郃三亲《唐代河东裴氏与文学》，博士学位论文，西北大学，2011年。

[53] 郑炳林《西汉初年的羌中和羌中道考》，中央文史研究馆等编

《庆贺饶宗颐先生95华诞——敦煌学国际学术研讨会论文集》，北京：中华书局，2012年。

［54］胡平生《敦煌马圈湾木简中关于西域史料的辨证》，《胡平生简牍文物论稿》，上海：中西书局，2012年。

［55］张忠炜《〈居延新简〉所见“购偿科别”册书复原及相关问题之研究——以〈额济纳汉简〉“购赏科条”为切入点（增订稿）》，张德芳、孙家洲主编《居延敦煌汉简出土遗址实地考察论文集》，上海：上海古籍出版社，2012年。

［56］丛晓明、王庆宪《姻亲氏族与匈奴政权的关系》，《黑龙江民族丛刊》2013年第3期。

［57］李岩云《敦煌河仓城址考》，《敦煌研究》2013年第6期。

［58］魏迎春、郑炳林《汉婼羌国管辖范围与南山羌中道考》，郑炳林、尹伟先主编《2010丝绸之路与西北历史文化学术讨论会论文集》，兰州：甘肃人民出版社，2013年。

［59］王子今《说索劢楼兰屯田射水事》，《甘肃社会科学》2013年第6期。

［60］张德芳《两汉时期的敦煌太守及其任职时间》，西北师范大学历史文化学院等编《简牍学研究》第5辑，兰州：甘肃人民出版社，2014年。

［61］张德芳《“居卢訾仓”的记载及其百年探寻》，中共金塔县委等编《金塔居延遗址与丝绸之路历史文化研究》，兰州：甘肃教育出版社，2014年。

［62］薛小林《西州与东汉政权的建立》，《史学月刊》2015年第1期。

［63］张文平《西汉眩雷塞小考》，中国人民大学北方民族考古研究所等编《北方民族考古》第2辑，北京：科学出版社，2015年。

［64］张德芳《古代从长安到敦煌走多长时间》，《甘肃日报》2016年9月20日，第6版。

［65］苗普生《匈奴统治西域述论》，《西域研究》2016年第2期。

［66］张俊民、贾丽英《西北汉简中“海廉渠”初探》，张德芳主编《甘肃省第三届简牍学国际学术研讨会论文集》，上海：上海辞书出版社，2017年。

［67］杨富学《河西考古学文化与月氏乌孙之关系》，陕西师范大学历

史文化学院、陕西历史博物馆编《丝绸之路研究集刊》第1辑，北京：商务印书馆，2017年。

［68］刘力耘《汉〈赤伏符〉释义》，《中华文史论丛》2017年第1期。

［69］马利清《纪功刻石的文本传统与〈任尚碑〉反映的“历史事实”》，《中国人民大学学报》2017年第1期。

［70］钟良灿《两汉之际河西所奉正朔考——以居延汉简年号简为中心》，《内蒙古大学学报(哲学社会科学版)》2017年第2期。

［71］孙志敏《秦汉刑徒兵制与谪戍制考辨》，《古代文明》2017年第4期。

［72］刘俊、王海《论匈奴呼衍氏地位的演进》，《北方文物》2018年第1期。

［73］达吾力江·叶尔哈力克《汉武边塞与西域屯田——轮台、渠犁屯田考古发现初论》，《历史研究》2018年第6期。

［74］张俊民《汉代西域漕运之渠“海廉渠”再议》，西北师范大学历史文化学院等编《简牍学研究》第7辑，兰州：甘肃人民出版社，2018年。

［75］翟飞《东汉时期南匈奴逢侯叛乱探析》，《西夏研究》2018年第1期。

［76］魏振龙《新莽时期居延的更名及隶属关系考辨——以居延都尉为中心》，李学勤主编《出土文献》第15辑，上海：中西书局，2019年。

［77］屈直敏《〈西河旧事〉考略》，《敦煌学辑刊》2019年第3期。

［78］马利清《〈通湖山摩崖石刻〉与南、北匈奴关系考》，《中州学刊》2019年第9期。

［79］李帅《河东裴氏世系补正与研究——以〈新唐书·宰相世系表〉为中心》，硕士学位论文，山西师范大学，2019年。

［80］谢振华《楼兰简纸文书西晋纪年中断始末》，《中国边疆史地研究》2020年第1期。

［81］王蕾《汉唐时期的玉门关与东迁》，《西域研究》2020年第2期。

［82］李鑫鑫《西汉“眩雷塞”新考》，《内蒙古社会科学》2020年第4期。

［83］王蕾、卢山冰《汉唐时期阳关的盛衰与丝路交通》，《西北大学学报(哲学社会科学版)》2020年第6期。

［84］王子今《〈曹全碑〉丝路史料考议》，西安碑林博物馆编《碑林集刊》

总第25辑，西安：三秦出版社，2020年。

[85] 张德芳《从出土汉简看汉王朝对丝绸之路的开拓与经营》，《中国社会科学》2021年第1期。

[86] 张俊民《玉门关早年移徙新证——从小方盘汉简T14N3的释读说起》，《石河子大学学报(哲学社会科学版)》2021年第1期。

[87] 李艳玲《西汉祁连山考辨》，《敦煌学辑刊》2021年第2期。

[88] 郑炳林、张静怡《西汉敦煌郡的设置和敦煌城的修筑》，《敦煌学辑刊》2021年第2期。

[89] 王子今《秦汉边政的方位形势："北边""南边""西边""西北边"》，《中央民族大学学报(哲学社会科学版)》2021年第3期。

[90] 朱丽双、荣新江《两汉时期于阗的发展及其与中原的关系》，《中国边疆史地研究》2021年第3期。

[91] 郑炳林、许程诺《从匈奴西域到西汉通西北国与通西域》，《敦煌学辑刊》2021年第4期。

[92] 郑炳林《西汉经敦煌郡对南山羌的经营》，《国学学刊》2022年第1期。